"十三五"江苏省高等学校重点教材（编号：

普通高等教育经管类专业"十三五"规划教材

江苏省教学成果奖（高等教育类）一等奖

管理学原理

领域、层次与过程

（第三版）

张智光　主　编

蔡志坚　谢　煜　杨加猛　副主编

清华大学出版社

北　京

内 容 简 介

　　为弥补管理学教材在知识体系化和管理集成化等方面的缺陷，本书首先构建了由管理领域维、层次维和过程维所构成的三维管理金字塔体系。先从领域维入门，介绍营销、生产、物流、人力资源和财务管理的横向单元，为后续学习提供实际背景的铺垫；后沿层次维提高，阐述战略、战术和作业管理的纵向层级，使读者理解从组织高层战略到基层执行的协作机理；再由过程维深入，详细描述计划、组织、领导和控制的经典原理与创新成果，为各领域、各层次乃至各类组织千差万别的管理问题提供制胜法宝。在以上内容中，贯穿着各维度的集成管理知识，把组织的管理和运行联结成一个有机整体。

　　这是一部精致的管理学教材，内容经典且前沿，体系完整且严谨，表达深入浅出，既有理论深度又紧密联系实际。本书是高等院校经济管理类专业的本科生教材，也适合相关研究生、企事业组织和政府部门管理人员等阅读。

图书在版编目(CIP)数据

　　管理学原理：领域、层次与过程 / 张智光　主编. —3 版. —北京：清华大学出版社，2018(2020.11重印)
(普通高等教育经管类专业"十三五"规划教材)
　　ISBN 978-7-302-50661-4

　　Ⅰ．①管…　Ⅱ．①张…　②蔡…　③谢…　④杨…　Ⅲ．①管理学－高等学校－教材　Ⅳ．①C93

　　中国版本图书馆 CIP 数据核字(2018)第 156479 号

责任编辑：崔　伟
版式设计：思创景点
封面设计：周晓亮
责任校对：成凤进
责任印制：宋　林

出版发行：清华大学出版社
　　　　网　　址：http://www.tup.com.cn，http://www.wqbook.com
　　　　地　　址：北京清华大学学研大厦 A 座　　　　　邮　　编：100084
　　　　社 总 机：010-62770175　　　　　　　　　　　邮　　购：010-62786544
　　　　投稿与读者服务：010-62776969，c-service@tup.tsinghua.edu.cn
　　　　质 量 反 馈：010-62772015，zhiliang@tup.tsinghua.edu.cn
印 装 者：三河市少明印务有限公司
经　　销：全国新华书店
开　　本：185mm×260mm　　　　　印　　张：25.5　　　　字　　数：658 千字
版　　次：2002 年 8 月第 1 版　2018 年 9 月第 3 版　　印　　次：2020 年 11 月第 4 次印刷
定　　价：68.00 元

产品编号：077368-02

本书编委会

主　编：张智光

副主编：蔡志坚　谢　煜　杨加猛

编著者：(按姓氏笔画排列)

王　妹　杨加猛　张　浩　张智光

陈　岩　赵　航　谢　煜　蔡志坚

(前版其他编著者)

宓　燕　姚惠芳　谢海涛

前　　言

  自 2002 年《管理学原理》出版以来，尤其是 2010 年《管理学原理：领域、层次与过程(第二版)》问世之后，本书得到了来自各方面的鼓励和好评。其最大的特点是从领域、层次与过程三个维度构成了管理金字塔体系，将管理理论与实践的纷繁内容纳入了一个逻辑清晰的科学框架之中。在管理理论上的学术创新、管理实践中的广泛应用，以及管理教学中的良好效果，使得以这本教材为主体的教研成果于 2013 年获得江苏省教学成果奖(高等教育类)一等奖。2016 年，该教材又被评为"十三五"江苏省高等学校重点教材。与此同时，教材编著团队一直持续从事管理学的教学研究、科学研究和应用实践，发表和出版了一系列相关论著，为该教材的进一步提升奠定了坚实的基础。在保留第二版教材优点的前提下，第三版教材从架构到内容又进行了新一轮升级和优化，力图打造一部精致的管理学教材。具体来说，本书具有以下一些主要特色和优势。

1. 构筑三维管理金字塔体系，弥补知识体系化和管理集成化等方面的缺陷

  本书不仅深入系统地介绍了管理学原理课程的基本内容，而且作为管理类的专业基础课，还承担了描绘各门管理类课程之间的相互关联的任务。国内外代表性的管理学教材主要依照管理过程学派的观点，将各类管理理论均纳入计划、组织、领导和控制的一维体系之中，而管理过程维难以承载如此庞杂的负荷，造成管理体系在逻辑上含混不清，结果导致知识碎片化。理论上的知识割裂，必然导致实践中管理理论的综合运用和组织集成化管理的困惑。本书作者在系统梳理众多管理理论、管理类课程和管理实践特征及其相互关系的基础上，运用三维管理金字塔理论(张智光，2009)，构建了包含管理领域维、层次维和过程维的三维"管理大厦"，使纷繁的管理理论和实践，与三维体系之间有一个更加科学与合理的匹配。如此，不仅便于读者系统掌握管理科学博大精深的知识体系，而且能够对各门管理类课程的地位和作用有一个整体的把握。更重要的是，有助于管理理论在实践中的综合运用，从而实现组织高层管理者梦寐以求的集成化管理。

2. 从领域维入门，介绍实际管理系统的运行概貌和背景知识

  有些管理学教材将人力资源管理放在"组织"篇章中介绍，将生产管理(含质量管理)放在"控制"篇章中介绍……其实，人力资源管理也需要进行计划、领导和控制，而组织过程中所涉及的工作设计和人力配置等，并不等同于也无法涵盖人力资源管理的内容；生产管理也不仅仅是控制问题。为克服这些缺陷，本书将营销、生产、物流、人力资源和财务管理等归入管理领域维进行系统介绍，捋顺了这一维度的管理问题。

  此外，本书将"管理领域维"安排在三个管理维度之首。其目的是使读者，尤其是从未接触过企业等组织实际工作的低年级大学生，在学习较为抽象的管理理论之前，先了解一下管理科学的实际应用背景，对一个实际组织中各领域的运作机理和管理概貌有一个基本认识。这样可以为后续理论知识的掌握奠定"落地"的基础，以提高学习兴趣，降低入门难度。

3. 沿层次维提高，厘清战略、战术和作业管理的协作机理

国内外许多管理学教材将战略管理放在"计划"篇章中介绍，将作业管理放在"控制"篇章中介绍。其实，战略的组织、领导和控制也是十分重要的；作业管理也需要进行计划、组织和领导；而战术管理是一个不可或缺的承上启下的重要环节。可见，这种教学内容的安排方式造成了从战略到执行的纵向维度上的支离破碎，从而误导了学习者和实际管理者。为解决这一问题，本书作者运用多层次集成管理理论(张智光，2006b)，把战略、战术、作业管理作为三维管理体系中的一个重要维度，专门研究各层次的管理知识及其集成化运行机理，以便读者能够更加全面和系统地领悟实际组织中各管理层次的分工与协作关系。本书在后续章节中还多次应用并深化了层次维管理理论，例如在第五章"计划过程：决策的制定"中介绍多层次决策的目标体系，在第八章"控制过程"中介绍多层次集成控制系统等，从而形成了前后呼应的完整知识体系。

4. 由过程维深入，阐述计划、组织、领导和控制的经典原理与创新成果

管理过程维是管理学的经典内容，也是本书详细阐述的重点内容。但经过多年的教学实践和研究，我们发现其中仍存在许多不合理之处，仍有很大的创新和完善的空间。

(1) 计划：明晰决策与计划的关系，凸显"管理就是决策"

目前国内外主流的管理学教材在采用管理过程学派观点的同时，忽视了决策理论学派的思想，这是一个很大的损失。其实，计划包括确定决策方案和编制决策实施计划两项内容，合起来就是决策的制定；而组织、领导和控制过程实际上是对决策实施的管理。所以两大学派并不矛盾，完全可以"珠联璧合"。本书将决策科学的最新研究成果引入第五章"计划过程：决策的制定"中，理顺了决策与各管理过程的关系。并且将诺贝尔奖得主、决策理论学派创立者西蒙提出的"管理就是制定决策"拓展为"管理就是决策，包括决策的制定和实施管理"(张智光，2006a)，确立和凸显了决策在整个管理过程中的统领地位，使决策理论学派与管理过程学派的理论融为一体。同时还为在一些教材中游离于管理过程体系之外的"环境分析"找到了合理的归属，将其纳入"计划过程：决策的制定"体系之中。

(2) 组织：引入系统工程原理，理顺组织结构分析与设计的逻辑主线

关于组织过程的教学内容安排，在理论上一直缺乏一种很有说服力的逻辑主线，显得比较散乱。其实，组织过程主要做4件事情：组织结构分析、组织结构设计、组织结构构建、任务分配与资源配置。其中，前两件事情是组织过程的核心内容，后两件事情是组织结构设计方案的实现。实际上，这就是一个典型的系统工程的逻辑步骤。

组织是一个系统，根据系统工程原理，在进行组织结构设计之前需要进行系统分析，即组织行为和结构分析。其理论依据是组织行为学，主要包含个体行为分析、群体行为分析和组织行为分析三个部分，而组织结构分析是组织行为分析的重要内容。但许多教材将组织行为学放在"领导"篇章中介绍，导致"组织"篇章的内容单薄且缺乏理论基础，而"领导"篇章又过于庞杂。其实，除了组织行为分析是组织过程的基础外，个体和群体行为分析是组织和领导过程共同的理论基础，这一点在现代组织行为学中已得到了纠正。因此，本书将组织行为学前移至第六章"组织过程"中。

在组织结构设计中，我们进一步运用系统工程原理，将其分为组织结构的要素设计和关联设计两个部分，前者包含工作(岗位)设计和部门设计，后者包含组织结构体制设计和运行机制设计。其逻辑线路就像设计一部机器一样清晰，依次是"零件"设计、"部件"设计、"整机硬件"设计和"整机软件"设计。

总之，根据系统工程原理，本书理顺了组织过程的条理，构建了一个严谨而科学的逻辑主线。

(3) 领导：构建领导理论体系，发掘"理论丛林"的内在条理性

关于领导过程，学界公认的内容有：激励理论、领导理论和沟通理论。于是问题来了：似乎第二部分已涵盖了领导过程的所有理论，而且三者之间的联系也不够清晰。另外，领导过程的理论流派非常纷杂，不便于初学者理解。为解决这些问题，本书重新梳理了这三部分内容的逻辑关系，将它们统一归入领导理论的"大家庭"之中，并赋予它们"家族的姓氏"：面向客体的"领导的激励理论"、面向主体的"狭义的领导理论"、面向主客体关系的"领导的沟通理论"。这样，不仅三部分理论相互并列，而且还提炼出了它们的内在联系：面向客体、面向主体和面向主客体关系。

进一步地，我们对三类领导理论下属的具体理论进行了系统的分析，构建了领导理论完整的体系结构，从而凸显了领导"理论丛林"的内在条理性。首先，将繁杂的激励领导理论梳理为4类：内容型、过程型、反馈型和综合型激励理论，并用激励原理模型将这些理论串连成一个有机整体。其次，将更为错综复杂的狭义领导理论归纳为三类：领导特质理论、领导行为理论和领导情境理论，并提炼出了横跨这些理论的通用的变量体系，从而为读者学习复杂的领导理论"簇"提供了极大的便利。再次，关于领导的沟通理论，本书以沟通过程模型为基础，将沟通媒介、沟通渠道和沟通障碍串联起来，体现出其内在的关联性。

(4) 控制：引入现代控制理论，探讨管理三维体系的综合控制

控制过程和其他管理职能相比，是管理学教材和研究中最为薄弱的环节。其主要原因是这部分内容偏"硬"，而经典的管理学又偏"软"。为解决这一难题，许多教材加入了生产管理、质量管理和作业管理等内容，或者将可用于整体管理过程的管理信息系统(而不是控制信息系统)作为控制的主要内容，试图弥补控制过程的薄弱性。但这只是用数量换质量的"权宜之计"，一方面造成了管理学体系的混乱，另一方面又冲淡了控制过程应有的核心内容。本书将现代工程控制理论和管理控制理论相结合，对这部分内容进行了深化和"工程化"。首先，按管理过程、领域和层次对控制进行了多维度的分类。然后，从这三个维度切入控制过程的三个核心知识：过程维视角的控制方式与原理、领域维视角的控制内容与方法、层次维视角的控制尺度与集成。在此过程中，研究了各类控制方式和多层次集成控制系统的结构与原理，提出了事前、事中和事后控制的三道防线理论。最后，运用管理信息系统技术介绍了基于管理控制信息系统的控制手段。

5. 以读者为本，为中国管理学教育量身定制

许多中国师生和实际管理者赞叹国外管理学"洋教材"内容开放、案例丰富、贴近实际、更新速度快、前沿性强等优势的同时，也指出了一些明显的不足。例如，知识体系零散、逻辑结构不严谨、内容设置随意性强，导致学习和运用困难；语言冗余而不精准、篇章太多、篇幅庞大、

版面过于花哨，人为造成阅读障碍；一方面理论深度趋于弱化，另一方面案例偏离教学内容，不能很好地解释相关理论，同时又稀释了管理理论，背离了案例教学法的根本宗旨。而这些问题，在一定程度上也"传染"给了中国的管理学教材。本书在吸收国内外管理学教材优点的同时，也尽量避免上述问题，以读者为本，努力为中国管理学教育量身定制适合国情的高质量教材。

(1) 知识系统化，体系框架化

我们知道，系统化和关联化的知识比较容易理解和掌握，也便于综合应用。本书不仅注重知识点的介绍，而且更强调知识之间的关联性，使之形成有机联系的整体系统。首先，在三维管理金字塔的总体框架下，在第一章阐释了三个管理维度之间的相互关联和集成管理，并在第三章、第四章和第八章分别介绍各维度内部的相互关联和集成管理。其次，在介绍比较复杂的大类知识之前，本书都要描绘其总体的框架体系图，例如"领导理论的体系结构"图等。再次，在介绍各种具体理论时，还注意辨析它们之间的内在联系，例如绘制了各种内容型激励理论之间的对应关系图等。这样使得读者在学习丰富的管理原理的过程中，始终有一个整体而清晰的关系图谱。

(2) 目录结构化，标题扁平化

知识系统化靠什么来体现呢？除了上述具体的体系框架图外，还要依靠总体目录的结构化和标题的扁平化。国外管理学教材的篇章较多，也影响到国内的某些教材，有的竟多达20余章，显得知识零散、条理不清，令人眼花缭乱。本书的知识分类比较紧凑、合理，在此基础上又精心设计了结构化很强的目录体系，共分为3篇8章，使读者直接从目录上就能够看出教学内容的系统性与关联性(见图0-1)。同时，通过"章""节"和"节要点"三级目录，力图使各个重要的理论和方法都能在目录上"浮现出水面"。为此，我们尽可能减少标题的层次，实现结构扁平化，以便于读者迅速查阅。

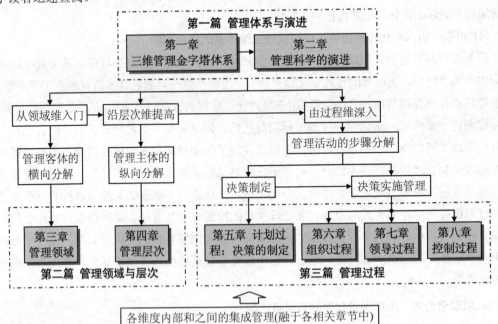

图 0-1　本书各篇章之间的逻辑关系

(3) 文例一体化，案例多样化

案例教学是一种很好的模式，但不容易用好。本书一方面避免单纯、枯燥的理论描述，另一方面也反对"为案例而案例"，避免生硬地植入一些冗长、与理论联系不紧密的"案例故事"。对于比较难以理解的理论，本书在内容中随时嵌入一些短小精悍的例子。如果需要安排较大的案例，则列出一个小标题专门介绍，作为正文的有机组成部分。我们认为，例子不论长短，有助于读者理解和应用相关理论就达到了目的。在排版上，本书也不对案例和正文进行人为分割，而是将两者融为一体，以便读者流畅地阅读。另外，本书每一章的习题中都设有一个与本章理论相吻合的案例分析题，主要选用"本土化"案例，给出背景材料和问题，这样有助于提高读者运用所学理论分析和解决问题的能力。

(4) 习题规范化，试卷实战化

为便于读者综合掌握和运用所学知识，也为了满足读者参加课程考试、考研和其他职称考试等需要，本书每一章都配有习题，最后还提供一张完整的全书模拟试卷。让读者在使用本书的同时，也获得了一套精选的习题集。关于习题和试卷的形式、内容，我们参考了国内各类管理学考试的试卷，从中归纳出比较共性的模式，最后确定本书的习题和试卷均由单项选择题、是非判断题、概念解释题、理论辨析题和案例分析题等几个部分组成，以增强其规范性和实战性。

(5) 内容国际化，行文中国化

本书以国外经典教材的原版和翻译版为主要参考书，并参考一部分有影响的国内教材，以及有关的论文和专著。在编著过程中，我们遇到了大量的译文拗口、含义不清或不通顺，术语提法不统一，理论出处和时间混乱，以及姓名翻译不一致等问题，我们都一一进行了认真考证和确认，选择和使用比较规范、准确和中国化的表述方式。对于有多种常用名称的概念和理论，本书尽量给出说明，以方便读者阅读其他参考书。书中的关键概念均采用黑体加粗形式，以便读者查阅。同时，本书精心设计了许多结构图、表格和公式来辅助文字表述，以增强内容的易读性和易理解性，并降低语义的模糊性。此外，在排版上我们并未追逐国外某些工商管理教材"板报式"的流行风格，还是采用中国成人读者习惯的顺序阅读的形式，以免过于花哨的版面给阅读造成额外的障碍。

6. 本书编著团队

本书编著团队由长期从事管理科学教学和科研的教授(博导)、副教授(硕导)、博士和博士后等组成，具有从事企事业组织的技术工作、管理工作和培训工作的丰富经历，以及国外的研修经历，并取得了丰硕的教学和科研成果。在分工方面，张智光承担编著工作的组织协调、全书体系构架的设计、各章理论体系的构建和创新部分的研究、各章文稿修改和局部重写，以及全书的统稿等。蔡志坚、谢煜和杨加猛对本教材建设的组织、推进和研讨等做出了积极且富有成效的贡献，谢煜还辅助张智光完成了教材建设项目的日常事务。各章节的具体分工见表 0-1。由于各版内容有差异，章节编排也不相同，因此表 0-1 中的章节均以第三版为准，"第二版作者"和"第一版作者"两列中的章节序号均指在内容上与第三版相对应的第三版的章节号。

表 0-1　本书各篇章作者

第三版篇章		第三版作者	第二版作者	第一版作者
第一篇 管理体系与 演进	第一章　三维管理金字塔体系(共 5 节)	张智光	张智光	蔡志坚：1，3 节 张智光：5 节
	第二章　管理科学的演进(共 3 节)	陈岩	陈岩：1，3 节 张智光：2 节	蔡志坚：1，3 节 张智光：2 节
第二篇 管理领域与 层次	第三章　管理领域(共 6 节)	赵航：1~2，4 节 张浩：3，6 节 王姝：5 节	张浩：1，4~6 节 宓燕：2~3 节	谢海涛：1~5 节
	第四章　管理层次(共 4 节)	张智光	张智光	张智光
第三篇 管理过程	第五章　计划过程：决策的制定(共 7 节)	杨加猛	杨加猛	谢煜
	第六章　组织过程(共 7 节)	蔡志坚、张智光	蔡志坚	蔡志坚：2~4，6 节
	第七章　领导过程(共 9 节)	谢煜	谢煜	蔡志坚：1~7 节 谢海涛：8 节
	第八章　控制过程(共 6 节)	张智光	张智光	姚惠芳：1~3，5 节

　　本书内容经典而前沿，体系合理而严谨，表达深入而浅出，既有理论深度又紧密联系实际。本书提供丰富的教学资源(课件和习题答案)，可作为高等院校经济管理类专业的本科生教材，也适合相关研究生、企事业组织和政府部门管理人员等阅读。最后，真诚希望读者能对本书提出宝贵的意见和建议，以便今后进一步完善(电子邮箱：zzg@njfu.edu.cn)。

教学资源包

张智光
2018 年 2 月 24 日于南京紫湖林

目　录

第一篇　管理体系与演进

　　管理体系是管理学的总体框架，它是一个由管理领域维、层次维和过程维构成的三维管理金字塔体系。该体系是经历了管理科学错综复杂的演进过程而逐步形成的。

第一章　三维管理金字塔体系

第一节　管理的概念与要素

一、管理的重要性

自从有人类以来，人们的社会活动就表现为群体的协作行为，并逐渐形成了各种类型、各种规模的组织，以便实现任何个人都无法完成的使命。所谓**组织**(organization)，就是经过系统化构建的，能够协调和规范个体行为，以实现某种特定使命和目标的集体。这些组织大到国家和国际机构，小到企业、学校、医院、银行和军队等，它们就像一辆辆奔跑的马车，装载着各种必需的资源，有着自己的目标和协同机制。马车的动力来自由组织各类成员组成的马匹。马车的行进依靠两只轮子的共同支撑和协调滚动——两者缺一不可：一个是技术活动，一个是管理活动。而驾驭马车的车夫就是组织的高层管理者。这个比喻笔者曾在不同场合讲授过多次，也得到了许多管理者的认同，而有趣的是，"管理"一词的英文 management 的原意正是"驾驭"。

"驾驭"，对一个组织来说有多重要？从前，人们很重视技术和资源，认为有了人、财、物资源，有了技术，就可以战无不胜。而管理，虽然必要，但并不很重要。人们把管理者称作当官的、干部、领导、统治者、从政者(politician)等，或俗称"头儿"，看重的不是其管理职能，而是象征着一种权力、地位、荣誉或待遇，甚至可以作为对从事不同职业的人士成功与否或成功程度的一种统一的度量标准。似乎谁都能做管理，不需要专业，不需要专门的理论，更不需要专门的技术。不就是做官么？不就是发号施令么？谁还不会？于是，出现了诸如"业而优则仕""演而优则仕""赛而优则仕"等现象。结果怎样呢？"业务虽优，但管理堪忧"者比比皆是。

为什么会产生这种误区呢？分析之后不难看到，管理与技术相比，有一些特殊的性质。表 1-1 从专业性质、工作性质、工作方式、工作过程、对象性质、结果评价、结果滞后、后果影响、人才需求方面对技术与管理进行了全面的比较。由表 1-1 可见，正是由于管理具有这些特殊性，导致了人们在认识上对管理工作产生了种种误区，而这些错误的认识恰恰更说明了优秀的管理者和科学的管理方法的重要性。就好比一个不懂音乐的人，往往会认为一个交响乐队的指挥没有什么技术，不过是挥挥小棒而已；而那些演奏小提琴、大提琴、长笛、双簧管、单簧管、小号和长号等乐器的乐手，才是技艺高超的音乐家。实际上，一个交响乐团如果缺少优秀的乐队指挥，即使它拥有世上最优秀的乐手也很难演奏出美妙和谐的乐曲。而这个乐队指挥就像一个组织的管理者，乐手就像技术人员，两者缺一不可，但前者更为重要。当然，作为管理者，如果也能适当懂得与本组织核心业务相关的技术(不需要非常深入)，对管理工作是有帮助的，这样可以避免"外行领导内行"的困惑。但是，这是做好管理工作的"充分条件"，而非"必要条件"。懂管理、会管理才是一个管理者的必要条件。因此，如果一个技术专家担任了管理职务，他就必须要先经过管理培训，以便尽快"转型"，否则就会出现"业虽优，但仕不优"的状况。

表1-1 技术与管理的特性比较

比较内容	技 术	管 理
专业性质	研究"物理"，探寻物质世界的运动规律，为构建、改造和操作物质系统提供技能	研究"事理"，探索人类组织的做事原理，为人、事、物复合系统的"管资源"和"理业务"提供方法
工作性质	工作刚性强，专业界限分明，进入门槛高，非专业人员难以伪装	工作柔性强，专业界限模糊，进入门槛低，非专业人员短期内容易伪装
工作方式	视野聚焦，直接干预，微观介入，亲自动手，精准出击，以强克刚——"截拳道"	视野开阔，间接调节，全局把控，调动他人，借力打力，刚柔相济——"太极功"
工作过程	问题的结构化好，专业人员可以严格遵循相关专业知识解决问题，是科学而非艺术	问题的结构化差(非结构化或半结构化)，专业人员也需要灵活应用相关管理专业知识，既是科学又是艺术
对象性质	物质系统，自组织性弱，如果处理不当或不处理，容易立刻发生故障	人类组织，自组织性强，如果处理不当或不处理，短期内仍可按"惯性"照常运行
结果评价	结果的评价标准明确，是非分明	结果的评价标准比较模糊，是非难辨
结果滞后	结果的滞后性小，成败见效快	结果的滞后性大，成败见效慢
后果影响	后果影响面较小，影响期短，如影响一个产品、项目、工程等	后果影响面大，影响期长，如影响一个组织、地区、国家等
人才需求	需要专才：有知识、有专业；懂科学、懂技术	需要通才：有知识、有文化；懂科学、懂艺术

随着时代的发展和社会的进步，在经历了无数失败的教训和成功的经验后，人们越来越意识到管理的重要性，认识到管理工作是一种专业性很强的职业，没有受过专门训练的人是难以胜任的。人们从大量丰富的管理实践中总结和发展了一整套管理理论、方法和手段，并称之为管理学，或管理科学。现代管理科学在深入的理论研究和广泛的实际需求中迅速成长，已成为一个独立的学科门类，不仅引起了越来越多的学者的浓厚兴趣，而且还受到了越来越多的企业家、领导者和官员的普遍青睐。

总之，从某种意义上说，管理比技术、财力、物力和人力等资源更为重要，因为它是这些资源的"灵魂"。没有良好的管理系统，再先进的技术和设备、再充足的财力和物力、再优秀的人才和劳动力也不能发挥其应有的作用。管理失误要远比技术失误的影响面更大，影响周期更长。反之，有了高质量的管理，没有技术也会获得技术，没有资金也会获得资金，没有人才也会获得人才。

二、管理的概念

既然管理如此重要，那么在学好并做好管理之前，首先得搞清楚什么是管理。然而，要想给管理下一个科学的定义并不是一件容易的事。各类和各时期的政府官员、企业经理、学者、被管理者等，从各自熟悉的角度对管理都有不同的看法。

1. 管理的"解字"

我们先从字面上来看管理的含义。中国古代把开锁的钥匙称为"管"。成语"北门之管"就用以比喻军事要地或守御重任，其出处是《左传·僖公三十二年》中的一句话："郑人使我掌其北门之管，若潜师以来，国可得也。""理"字由"玉"和"里"两部分构成，原意为加工雕琢玉石。《说文》道："理，治玉也。顺玉之文而剖析之。"《韩非子·解老》中说："理者，成物之文也。长短大小、方圆坚脆、轻重白黑之谓理。"以后，人们将"理"的含义引申为，按事物本身的规律或依据一定的标准对事物进行加工、处置。因此，"管理"一词在汉语中就是"管束、治理"之意。而在英语中，前面说过，"管理(management)"是指"驾驭"。

2. 管理的"偏见"

当然，仅从词义上了解"管理"的内涵是远远不够的。一些从事实际管理工作的人士和一些管理研究者，从不同的侧面对管理有不同的理解。有一定道理，也有一些误区。主要有以下几种观点。

其一，管理就是按规则行事，相当于英文的 regulation(管理，规则，校准，调节)。例如，有一位财务主管认为，管理就是要做到工作规范化，按章办事。此外，《管理就是走流程：没有规范流程，管理一切为零》一书也指出，设计并遵循有效的规范流程是十分重要的(石真语，2014)。然而，工作的规范化只是管理的手段之一，而不是目的，管理远比走流程要复杂得多。

其二，管理就是监控，相当于英文的 supervision(监督，管理，指导)和 control(控制，管理，抑制)。例如，一个市场监管人员认为，管理就是监督、检查和整治。而被管理者的感受则是，管理就是让人受约束、上规矩，让人难受。其实，监督和控制只是管理的一个方面。而且，管理者不仅要让人守规矩，还要提高人们的满意度。

其三，管理就是统治和"治人"，相当于英文的 government(管辖，统治，治理，管理)和 rule(统治，规定，管理，裁决，支配)。例如，《孟子·滕文公章句上》中提出，"劳心者治人，劳力者治于人"。一位见识过各种各样领导者的老职工总结道："管理就是要能管得住人，镇得住人。"一位城管人员不无感慨地说："什么叫管理？说白了，你不'管'，就没人'理'你。"显然，管理不是为了有人理你，更不是为了享受治人或镇住人的威风。

其四，管理就是命令的传递，相当于英文的 direction(指挥，命令，管理，指导)。例如，一位长期在机关工作的干部认为，管理就是一级指挥一级——上级指挥，下级服从；对上执行命令，对下行使权力。还有一位中层领导认为，管理就是上传下达——上级领导下达指令给你，你回去再传达给你的下级；下级将执行情况汇报给你，你再去向上级汇报。其实，一个好的管理者不能只是一个"传声筒"，要有工作的主动性，要根据上级的要求制定本级的管理决策，并善于调动下级的积极性。

其五，管理就是经营，相当于英文的 administration(管理，经营，行政，实施)。例如，一位企业老板说："管理就是要会经营，能挣到钱就行。"对企业来说，这句话有一定道理。但"经营"是一个大概念，包含了管理和具体操作。而且现代企业管理的目标不仅仅是挣钱，还要考虑员工的利益、企业的社会责任，以及企业的长远发展等。

其六，管理就是在领导之下做事，也就是说 leading 高于 management。例如，现代管理学之父彼得·德鲁克说过："管理者就是把事情做得正确的人，企业家就是做正确的事情的人……做正确的事远比正确地做事重要。"领导力大师沃伦·本尼斯在《领导者》一书中写道："领导者做正确的事，管理者正确地做事。"这些观点都把企业家和领导者置于高层，决定应当做哪些正确的事(解决 what 的问题)；而管理者则在低层，用正确的方式去完成领导者提出的正确的事(解决 how 的问题)。国外其他领导学的著作也有类似的观点(Shelton，1997)。这样的分层和分工显然是不合理的，甚至是有害的。管理者包含了高层、中层和基层管理者；领导者也是管理者，是指履行领导职能(管理过程职能之一)的管理者；企业家则是高层管理者。

这些名人名言在遇到中国官本位传统思想时，便有了良好的繁育土壤，经过"本土化"加工后就演绎成"领导就是做正确的事，管理就是正确地做事"，而且还产生了许多衍生的观点(张智光，2010a)。但是后面我们将看到，管理包含计划、组织、领导和控制 4 项过程职能，而领导职能并不是"做正确的事"。"科学管理之父"弗雷德里克·温斯洛·泰勒(Frederick Winslow Taylor，1856—1915)在 100 多年前就已经告诉我们，管理既要决定做正确的事，又要考虑如何正确地做事。

其实，这些"领导高于管理"的观点的真正危害之处并不在于对管理者、领导者、管理过程和领导过程进行重新定义，而在于把本属于同级的管理群体分出了高低，把整体的管理工作人为割裂成两个部分：一部分人只负责决定什么是"正确的事"，而不管如何去做(也许根本无法做)；另一部分人只负责用好方法"做事"，而不用考虑"做什么"。这些都是不切实际的书斋里的观点。而事实上，任何一个管理层级的管理者都需要同时考虑两类同样重要的问题——"该层级该做的正确的事"和如何"正确地去做该层级的这些事"。也就是说，战略层有战略层的 what 和 how 的问题，战术层在战略要求下也有战术层的 what 和 how 的问题……这是整体的决策问题(详见第五章)，各层级管理者不能只考虑其中的一个问题，否则将无法实现管理目标。例如，企业家在决定发展战略时，必须考虑如何去实现，不能把一个正确而不可行或不可靠的战略丢给下级去完成；下级也不是完全被动地执行，应发挥自己的主观能动性，也要想出创新的 what 和 how(详见第四章第四节)。再如，邓小平在决定中国走改革开放的道路时，就已经在他的"总设计师"层级上想到了"怎样走"的问题，以避免成为脱离实际的空想。而地方干部在执行改革开放战略时也要决定，根据本地区的实际情况应该具体地做什么正确的事(因为邓小平不可能下达如此具体的指令)，以及怎样才能做好这些事情。

对以上"偏见"进行去伪存真和综合加工后，可以从一定程度上看出管理的概貌，同时也可以纠正一些错误的认识。但是，要完整地了解管理的确切内涵，还需要依据管理科学的理论。

3. 管理的定义

随着管理理论和管理实践的不断发展，人们对管理概念的认识也逐步趋于完善。下面列举几个具有代表性的管理定义，说明不同时代管理定义的演进过程。

【定义 1】

管理就是确切地知道你要别人干什么，并使他用最好的方法去干(Taylor，1911)。

这个定义是"科学管理之父"泰勒在《科学管理原理》一书提出的。泰勒的这个定义指出了管理的两个基本特性。①管理者不是执行者或操作者，他必须懂得如何指挥他人做事，而不是自己亲自去干具体的工作。也就是说，通常受到人们赞扬的事无巨细、事必躬亲的管理者，实际上并不是一个好的管理者。②管理者要抓两件大事：要别人做什么正确的事，以及用什么正确的方法去做。

【定义2】

管理是所有的人类组织(企业、政治、宗教、慈善事业、军队以及其他各种行业)都有的一种活动，这种活动由五项要素组成：计划、组织、指挥、协调和控制(Fayol，1925，1949)。

"现代经营管理之父"、管理过程学派的开山鼻祖亨利·法约尔(Henri Fayol，1841—1925)在《工业管理与一般管理》一书中给出了这一定义。之后，对西方管理理论的发展产生了整整一个世纪的重大影响。法约尔的管理定义的主要贡献在于以下两个方面。①将管理从传统的企业管理范畴推广到一个更大的范围，认为它是人类各类组织所共有的一种活动。这一贡献不仅提升了管理科学的地位，而且拓展了管理理论和方法的应用范围和价值。②从众多的管理行为或活动中总结出具有共性的过程职能，即计划、组织、指挥、协调和控制。这一看法颇受后人的推崇与肯定，进而形成了管理过程学派。在现代管理科学的发展进程中，管理过程学派起到了举足轻重的作用，可以说目前已占据了统治地位。

【定义3】

管理就是设计并保持一种良好的环境，使人在群体里高效率地实现既定目标的过程。管理包括计划、组织、人员配置、领导和控制五项职能；管理适用于各类组织和组织的各层次管理者；管理的目标就是创造盈余，并以生产率来反映实现目标的情况。生产率包含效益和效率，效益是指达到目标的程度，而效率要求以最少的资源来达到目标(Koontz，1955；Koontz and Weihrich，2007)。

这是哈罗德·孔茨(Harold Koontz，1908—1984)在他的著作《管理学原理》和《管理学精要》中给管理下的定义。孔茨是"二战"后管理过程学派的继承人和主要代表人物，他进一步发展了法约尔的管理理论，使该学派风行全球。孔茨对管理的定义有以下几个显著的特点和创新。①指出要实现管理目标，需要营造一个良好的环境，在这种环境下管理就会变得十分轻松，人们能够高效率地努力工作。这就是"无为而治"的管理基础。②对法约尔提出的五项管理职能进行了一些调整，用"领导"和"人员配备"取代"协调"和"指挥"。从此，"领导"过程职能就诞生了，这是对管理过程学派的一个非常了不起的贡献。但是，"人员配备"并不能作为一个独立的管理过程，它属于"组织"过程的部分职能。③在法约尔提出的管理适用于各类组织的基础上，进一步提出管理适用于一个组织的各个管理层次。从此，管理的层次维被正式提出。④提出管理目标包含效益和效率两个方面，不仅要实现效益最大化，而且要用最小的投入获得最大的产出。但是，孔茨用生产率(productivity)来反映盈余，并包含效益和效率两个目标，这是不恰当的。孔茨把生产率定义为产出与投入之比，实际上这就是效率的概念，而盈余则是效益的概念。为弥补这一缺憾，理查德·L.达夫特(Richard L. Daft)在他的著作中把"生产率"和"盈余"换成了"绩效"(performance)一词(Daft，2004)。

【定义4】

管理就是制定决策(Simon, 1960)。

这是1978年诺贝尔经济学奖获得者赫伯特·西蒙(Herbert Alexander Simon，1916—2001)在《管理决策新科学》一书中提出的极其精炼的管理定义。西蒙是管理决策理论学派的主要代表人物。他认为，决策是管理的核心，决策贯穿于管理的全过程。任何作业开始之前都要先作决策，制定计划就是决策，设计组织结构、确定领导方式、选择控制手段也需要决策。

但也有人认为，管理活动并不都与决策有关，例如管理者的对外交往、检查工作、慰问生病员工等活动就与决策没有什么关系。但笔者认为，这些活动虽然与决策没有直接关系，但它们都是为了支持某项或某些决策的实施而做的必不可少的管理工作，因此还是与决策有关。由此可见，"管理就是制定决策"这句话应当修改为"管理就是决策，包括决策的制定和实施管理"(张智光，2006a)。决策的制定与计划的关联度较大，决策实施的管理与组织、领导、控制的关系较为密切，而在实施的管理过程中还需要制定一些较小的决策。如果一个管理者做了大量与决策的制定和实施毫无关系甚至是阻碍正确决策的活动，那他一定是一个不称职的，甚至是很糟糕的管理者。总之，"管理就是决策"是一个十分重要的管理理念。

【定义5】

管理就是同别人一起或通过别人使活动完成得更加有效的过程。这个过程包括计划、组织、领导和控制四个职能。管理不仅追求效率，同时还必须使活动实现预定的目标，即追求活动的效果(Robbins，1988，2015)。

斯蒂芬·罗宾斯(Stephen P. Robbins)的管理定义有以下两个特点和贡献。①泰勒指出管理者必须懂得如何指挥他人做事，而罗宾斯补充道，有时候管理者也要同别人一起干活。这里的"别人"可能是其他管理者，也可能是具体操作者；而他们共同从事的"活动"有可能是管理活动，也有可能是执行活动。例如，一所大学的商学院院长既要和他的副院长们一同从事管理工作，也要同他的教师们一样在讲台上授课，并完成科研和指导研究生等具体工作。②将管理过程定位在计划、组织、领导和控制四个职能上，把孔茨的"人员配置"职能去掉了。目前，罗宾斯的管理四大职能已成为公认的管理过程，并成为国内外管理学教材的规范模式。

【定义6】

管理就是一个组织通过一系列的决策活动，营造良好的内部环境，适应多变的外部环境，使其各层次和各领域(如企业的营销、生产等，国家的经济、社会等，以及各类组织的人事、财务等)协调运行，从而实现效率和效果两个目标的过程。这个过程包括与决策制定相关的计划，以及与决策实施相关的组织、领导和控制四项职能(张智光，2002，2010a)。

定义6是本书所给出的管理定义。笔者以本书第一版和第二版的管理定义为基础，综合了上述各定义的优点和主要内核，并作了进一步完善。该定义具有以下几个主要特点和创新点。①将计划、组织、领导和控制四个过程职能进一步概括为决策的制定(计划)和决策实施的管理(组织、领导和控制)两大阶段，从而把管理过程学派和决策理论学派的观点有机地融合起来。②提出了由管理的层次、领域和过程三个维度构成的完整的管理科学体系。③把组织视为一种开放系统，将组织环境进一步分解为内部环境和外部环境。内部环境是可以营造的，而对于外部环境，组织只能去适应或部分地去影响，但是却无法去"营造"或"设计"(见定义 3)。

三、管理系统的构成要素

1. 管理要素与系统

由以上定义可以看出，一个组织的管理包含了管理者(管理主体)、管理对象(管理客体)、管理目标、管理活动和管理环境等**管理要素**(management factors)。这些要素相互作用，构成了一个具有特定功能的**管理系统**(management system)。从图 1-1 所示的管理系统的要素与结构图中可以看出，管理主体为了实现管理目标而开展一系列的管理活动。管理主体一方面对管理环境进行监测、分析和预测，获得前馈信息；另一方面对组织的运行结果进行实时监测和分析，获得反馈信息；然后根据这些信息对管理客体施加某种作用，以保证组织的运行结果达到管理目标的要求。此外，由管理活动引起的管理客体的变化也会对管理环境产生间接的影响，从而改善组织的管理环境(主要是内部环境)。

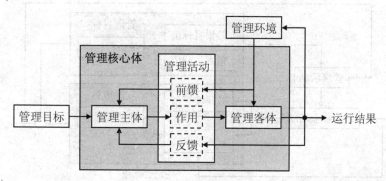

图 1-1 管理系统的要素与结构

在管理的 5 个要素中，管理主体、管理客体和管理活动是核心要素，构成了管理系统的核心体。管理目标对管理核心体提出了管理要求，而管理环境和核心体之间具有相互作用和相互影响的关系。下面分别对这 5 个要素做一些简要的说明。

2. 管理主体

管理主体(management subject)是指从事管理活动的人员，是管理作用的发出者，又称为**管理者**(managers)。一个较大型的组织中的管理主体通常是分层次的，如高层管理者、中层管理者和基层管理者等。基层管理者一方面对被管理者(管理客体)进行管理，另一方面又是中层管理者的管理对象，而中层管理者一方面对基层管理者施加管理作用，另一方面又要接受高层管理者的管理。因此，中层和基层管理者既是管理主体又是管理客体。

3. 管理客体

管理客体(management object)是指管理的对象，是管理作用的接受者，其中的人员也是管理措施的执行者。例如，企业内部的人、财、物和信息等资源，生产、销售和运输等活动，以及企业外部的某些相关资源或组织的可控部分都是管理客体。如上所述，管理者可能既是管理主体，又是管理客体。因此，对于管理客体中的人员，按照管理层次可以分成终端管理客体(如车间的操作工人等)和中间管理客体(如某营业部的经理等)两类。**终端管理客体**又称为终端执行者，简称执行者(operatives，又称操作者、实施者或作业人员)[1]；**中间管理客体**也可以称作中间执行者，是指中层或基层管理者，他们相对于其上层管理者而言属于管理客体。

4. 管理目标

管理目标(management objective)是指一个组织，或组织的某一层次、部门的管理活动的努力方向和所要达到的目的。管理目标及其实际成效可以用绩效来衡量。**绩效**(performance)包含效果和效率两个方面。其中，**效果**(effectiveness)又称为效益、效用、效能，是指组织作业活动的产出量；**效率**(efficiency)反映了实现一定数量的产出所投入的各类资源(人力、物力、财力和时间等)的数量，可以用产出与投入之比来衡量。管理目标的含义和作用可以用图 1-2 表示。由图 1-2 可见，管理活动是依据管理目标对组织作业活动进行干预，作业活动的实际成效与管理目标的差距就反映了组织实现管理目标的程度。这一信息将反馈到管理活动中，对组织的作业活动进行下一步的调节。

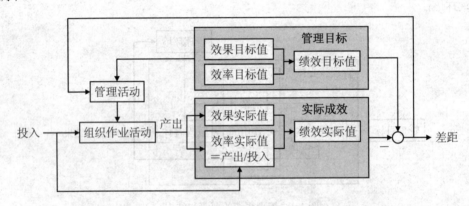

图 1-2　管理目标的含义和作用

一般认为，效率和效果具有正相关关系：效率提高了，效果自然也会得到改善；而效果良好，效率必定也比较高。但有时候两者并不一致。一种情况是，效果高而效率低。例如，一个企业实现同样的利润却耗费了比其他企业多得多的劳动力、原材料、资金或加班时间等，那么尽管它的效果较好，但效率却很低。这是一种以高投入为代价的粗放型经营方式。另一种相反的情况是，效率高但效果不高。

后一种情况乍看起来不好太理解，其原因相对来说比较复杂。但仔细分析后我们不难看到，在实际管理工作中经常会发生以下几种现象。①虽然效率较高，但由于资金限制等原因导致资源投入量不足，从而造成产出量效果较低。②尽管效率高而使得产出量较高，但由于品牌知名度较低等原因导致销售价格很低，因而使得盈利效果不理想。③尽管提高了完成某项任务的效率，但

---

1. 本书中的"执行者"是指 operatives(操作者)，而不是指 executives(执行官)；"执行层"是指终端管理客体层。在现代汉语里，"执行"一词的含义可以理解为非管理者贯彻施行管理者指令的行为。但由于英文 executive(行政长官，经理)一词来源于 execute(执行)，所以 executive 在个别英汉词典里被翻译成"执行官"，甚至有些词典还误译成"执行者"，因而导致现代汉语里"执行"一词原本很清晰的含义也被扭曲了。

完成的质量反而降低了，因而效果也就变差了。例如，一个公司把人工接听顾客电话的传统方式改进成了用计算机提示顾客一层层地选择菜单，尽管减少了人工，提高了工作效率，但是让顾客得到满意服务的效果却大打折扣。④提高了某项工作的效率，但工作质量或能力却维持原状，那么效果也就没有得到提高。例如，某公司用计算机信息系统取代财会人员的手工计算，但该系统并没有在财务统计、分析、预测、决策或控制等方面增加一些能够超越以往手工计算的新功能，因此尽管提高了工作效率，但财务管理的效果却还是老样子。

总而言之，管理必须同时追求组织的效率和效果两个目标，既不能以牺牲效率方式来换取效果，也不能只讲效率不看效果。

5. 管理活动

管理活动(management activity)是管理主体和管理客体之间发生联系的纽带，是管理工作的主要体现。管理主体是管理活动的施加者，而管理客体是管理活动的接收者。由图 1-1 可以看出，在管理系统中，管理活动是核心要素之一，它一方面按照管理主体的意愿向管理客体施加管理作用；另一方面，将管理结果反馈给管理主体，以便进行管理控制；第三，检测管理的内部和外部环境的情况，并进行分析与预测，为管理主体的计划与决策提供前馈信息。结合上述"定义 6"我们可以看到，从这些众多的管理活动中可以归纳出计划、组织、领导和控制四项主要的管理职能，而这些管理职能实际上构成了一个有机联系的管理过程。

6. 管理环境

任何一个组织都不可能孤立地存在，总是处于一个环境之中，环境对组织的运行与发展产生着重要的影响。因此，管理活动需要了解环境、分析环境、估计环境的变化、营造良好的环境、利用有利的环境机遇、避免或应对不利的环境影响。**管理环境**(management environment)就是组织环境，它是指对组织的运行与绩效有间接或潜在影响的，而组织无法直接对其施加管理作用的那些因素和条件的集合。由此定义可见，对组织来说管理客体是可控的，可以直接对其施加管理作用；而管理环境则是不可控的，最多只能对其产生一定的间接影响(如对顾客进行广告宣传等)。

有些学者认为，组织环境可分为组织外部环境和内部环境两部分(Daft，2004；Griffin，2008；Kinicki，2003)；但也有一些学者认为，只有组织边界以外的因素才能称为组织环境(如 Robbins，2015；Koontz，2007；Jones，2003)。为了更加全面地认识管理环境，本书采用第一种观点，认为组织环境可分为外部环境和内部环境两部分。

一个棘手的问题是，如何将组织内部环境与管理客体区别开来呢？笔者经研究认为，**内部环境**(internal environment)是指组织边界以内的对组织的运行与绩效有间接或潜在影响的，管理者需要长期营造的，但短期内难以通过直接施加管理作用使其改变的，或者即使能改变但却一直没能实现的那些因素和条件的集合。管理者对内部环境的营造或改变往往是通过对管理客体的直接作用而间接和缓慢地达成的。例如，组织文化、民主氛围、人际关系、员工归属感、无力改变的工作环境等因素都属于组织的内部环境；而组织的员工、部门、原材料、设备、资金等资源，以及组织营销活动、生产活动、研发活动等业务都属于组织的管理客体。当然，有时候管理客体与内部环境(尤其是"硬环境")之间的界限也不是一成不变的。例如，当要解决企业内部运输线路优化的问题时，企业内部的总体建筑布局就是该管理问题的内部环境；但如果要投入大笔资金彻底改造企业内部的整体布局时，它就成了管理客体。组织中的管理客体、内部环境和管理主体等组成部分的总和称作**组织系统**，为了和外部环境对应起来，亦可称作**内部系统**。需要说明的是，管理主体既是管理该组织系统的一个群体，但同时它们自己通常也是管理客体的一部分。

　　外部环境(external environment)是指组织边界以外的对组织的运行与绩效有间接或潜在影响的因素和条件的集合。外部环境又可进一步分为外部一般环境和外部特定环境。**外部一般环境**(external general environment)是指对组织产生"远距离"间接影响的那些因素，如宏观经济环境、科学与技术环境、社会文化环境、人口环境、政治与法律环境、广域生态环境等(均含国内和国际环境)。外部一般环境是各类组织所共有的外部环境，又称为总体环境或大环境。**外部特定环境**(external specific environment)是指与组织比较接近的、日常交往的、对组织的经营和绩效产生"近距离"间接影响的各个方面，如区域经济、行业管理部门，上游的供应商和资源市场，下游的销售商、顾客和产品市场，竞争对手，局域自然环境等。外部特定环境是某个或某类组织所拥有的外部环境，又称为行业环境或小环境。通过更细致的研究可以看到，组织外部的某些相关资源或其他组织的可控部分也可以作为管理客体，这时它们很难和外部环境完全分离开来，例如企业可决定采购量的原材料、外部应聘者、作为服务对象的顾客(如客户关系管理)、被本公司控股或参股的其他企业、待收购的其他企业等。当然，组织对其外部管理客体的管理力度相对较弱。

　　至此，我们可以绘制出描绘管理客体与各层次管理环境(包括组织内部环境、外部特定环境和外部一般环境)之间关系的罗盘图(图 1-3)。而管理主体正是依据这个"罗盘"来驾驶企业这艘"远洋航船"的。

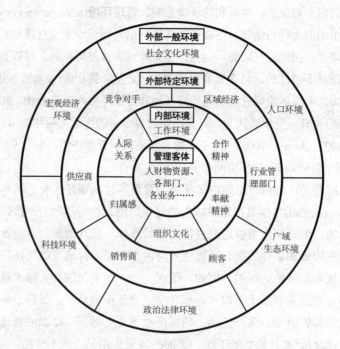

图 1-3　管理环境与管理客体的罗盘图

最后，需要解释的是，既然环境不是管理客体，那么一个组织如何才能改变内部环境，或影响外部环境(主要指外部特定环境)呢？其实，这些过程都是通过对相关管理客体的作用来间接实现的。例如，要想在内部环境中改善组织文化的创新氛围，就需要对人力资源和研发等客体进行管理，可以采取加大对创新成果的奖励力度、加强相关宣传和培训等措施。久而久之，组织的创新文化就会有所改善。再如，要想在外部环境中培养顾客对企业产品的忠诚度，就需要对企业的市场营销客体进行管理，可以采取提高产品质量、加强广告宣传、做好产品的售后服务、加强客户关系管理等措施。长期坚持下去，企业就会培养出一大批忠诚度较高的用户。

第二节　管理客体及其领域

一、管理客体的类型

前面说过，管理适用于各类组织。从宏观层面上看，一个国家，甚至整个世界，都可以看成是一个组织；从中观层面上看，一个省份或城市，也是一种组织；从微观层面上看，一个企业、学校或医院等，就是一个组织。需要说明的是，一个产业并不是一个组织，它只是某一宏观或中观组织的管理客体，隶属于经济系统，并由若干微观组织构成。宏观和中观组织的管理客体是其系统边界范围内的经济系统、社会系统和生态系统等。

下面我们重点考察微观组织的管理客体。图 1-4 以企业为例，给出了微观组织管理客体与管理领域的分类结构。在表 1-1 中我们指出，管理的专业性质是研究"事理"，即做事的规律，为"管资源"和"理业务"提供方法。因此，管理客体总体上可以分为组织资源(resources)和组织业务(resources utilization)两部分，后者是指对各种组织资源的综合运用或运营。

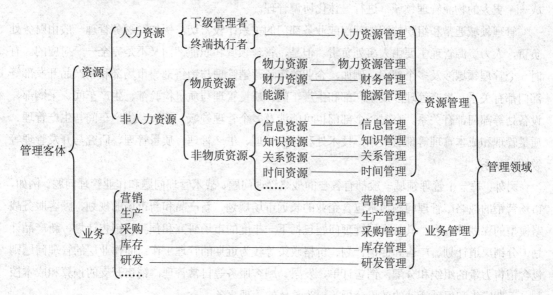

图 1-4　管理客体与管理领域的分类

按照被管理的资源类别，管理客体可分为人力资源和非人力资源两类。人力资源管理客体是指组织中的各类成员，包括下级管理者和终端执行者。非人力资源管理客体又分为物质资源和非物质资源两类。物质资源管理客体包含物力、财力和能源等，其中物力资源又包含原材料、设备、工具和厂房等；非物质资源管理客体包括信息、知识、技术、关系、时间等。此外，按照组织业务分，管理客体可分为营销、生产、采购、库存、研发、运输等业务活动。

对于不同性质的组织，它们各自的资源和业务都有所不同。例如，大学的资源有教师、学生、教工、管理者、图书馆、教室、实验室、学生宿舍、食堂、校办产业、教师和学生的知识成果、图书资料等，而大学的业务主要有教学、科研、社会科技服务、招生、培养、后勤服务、毕业工作和就业指导等。

最后需要说明的是，图1-4中的管理客体主要来自组织内部，但组织外部的某些相关资源和其他组织中的某些可控部分也可以成为组织的管理客体。例如，关系资源中就包含了外部组织、个人和客户。此外，还有本章第一节中提到的企业可决定采购量的原材料、外部应聘者、待收购的其他企业等，也都是企业的管理客体。

二、管理客体视角的管理领域划分

对不同类型的管理客体分别进行管理，这就形成了组织的若干个**管理领域**(management domain)。从图1-4可见，管理领域总体上可以分为两类：资源管理和业务管理。资源管理包括人力资源管理、物力资源管理、财务管理、能源管理、信息管理、知识管理、技术管理、时间管理等，业务管理包括营销管理、生产管理、质量管理、采购管理、库存管理、研发管理(research and development，R&D)、运输管理等。管理领域基本上与管理客体的类型相对应，但有些管理客体还是太大，在实际管理中还需要进一步分解；有些管理客体之间的关联度较大，需要组合起来作为一个管理领域进行综合管理。例如，物力资源管理可以进一步分为原材料管理、设备管理和固定资产管理等管理领域。而另一方面，采购管理、原材料管理、库存管理、运输管理等可以组合成一个更大的物流管理领域，进行一体化协调管理。

管理领域通常和组织的职能部门或业务部门的关系比较密切。例如，财务管理一般由财务处负责，人力资源管理主要由人事处负责。但是，管理领域和职能部门又不是完全一一对应的。有时一个管理领域涉及多个部门。例如，企业的市场营销管理与销售部、市场部和新产品开发部等部门都有关系；生产管理涉及生产部和生产车间；质量管理与质量检验部、生产车间、采购部、设备处等部门都有关系。有时一个部门也可能涉及多个管理领域。例如，生产车间与生产管理、质量管理和成本管理等都有关系；技术处和技术管理、生产管理、质量管理、研究与开发管理等领域相联系。

另外，每一个管理领域一般都有各自的战略管理问题、战术管理问题和作业管理问题。例如，市场营销的战略层管理问题通常包含企业的长远市场规划、新产品和新市场的规划、顾客服务战略模型的谋划等内容；其战术层管理问题包括下一年度的市场研究和预测、销售计划、新产品计划、分销渠道计划、广告和促销计划、价格政策等较为近期的管理工作；而作业层的管理问题则包含销售力量的组织和分配，销售订单、发票、顾客服务等日常管理，销售开支的预算和成本控制，近期广告和促销活动的效果分析等更为具体的管理事务。

第三节 管理主体及其层次

一、管理主体的角色

1. 角色分类

关于管理主体(即管理者),我们感兴趣的一个问题是,他们都要做哪些事情?或者说他们都扮演哪些角色?所谓管理主体的**角色**(role),是指组织中与管理者的职位和职能相对应的责任、权利、义务和管理行为等方面的规范或模式。著名管理学家亨利·明茨伯格(Henry Mintzberg)在20世纪60年代末期通过对5位总经理的工作进行仔细研究发现,管理者扮演着10种不同但高度相关的角色。这10种角色可以进一步归纳成决策、人际关系和信息3种类型(Mintzberg, 1971, 1973),如表1-2所示。下面依次加以简要说明。

表1-2 管理者的10种角色

角色类型	角 色	行 为
决策类角色	企业家	利用组织资源,寻求环境中的机会,制定变革和创新决策(如开发新产品、国际化扩张、开拓市场等),启动和监督方案的实施
	混乱驾驭者	当组织面临来自外部环境的突发事件(如石油危机)和来自内部环境的意外混乱(如生产出大批劣质产品)时,迅速作出决策,采取应对和补救措施
	资源分配者	负责分配组织的各种资源(如财力、物力、人力、权力、任务和薪资等),作出预算、授权、分配计划、分配优先顺序等方面的决策
	谈判者	作为组织的代表,与供应商、分销商、工会就产品或货品的质量和价格、技术、人力资源等达成一致,与其他组织就合作项目的资源筹集等达成协议
人际关系类角色	挂名首脑	作为礼仪性和象征性的组织首脑,履行法律性或社会性的例行义务,如接待来访者、签署法律文件、出席公司庆典等
	领导者	通过动员、教育、奖惩、指挥、沟通和协调等手段,激励和约束下属和员工,使其保持良好的工作状态
	联络者	维护自行发展起来的外部联系网络,保持信息畅通与共享,营造良好的外部环境,例如发送感谢信或贺卡,从事外部委员会的工作,参加外部社会活动等
信息类角色	信息接收者	通过各种信息媒介或现场了解,寻求并获取各种有价值的信息,以便透彻地了解组织内部与外部环境
	信息传播者	通过会议、报告、电子邮件等方式,向组织成员传递组织内部和外部的对组织发展有影响的信息或观点,包括组织的目标、前景和困难等
	发言人	向外界发布有关组织的计划、政策、行动和结果等信息,以维护和提升组织的对外形象

2. 决策类角色

决策类角色是指管理者负责制定和监督实施各类决策的管理工作,主要分为4种具体角色:企业家、混乱驾驭者、资源分配者和谈判者。

企业家角色是其中最核心的任务,主要是负责制定和监督实施组织生存与发展方面的重大决策。作为企业家,管理者应当具有战略眼光,具有变革与创新精神,善于利用组织的资源和特色,善于在多变的外部环境中寻找组织的发展机会,制定和推动重大决策,如开发新项目、进入国际市场、拓展国内市场等，并运用强有力的措施，监督和控制决策的实施。

如果说企业家的决策是经过深思熟虑的，那么管理者还需要有处理突发事件的快速应变能力，这就是**混乱驾驭者**的角色任务。一个组织在其发展过程中难免会遇到来自外部或内部的突发事件，例如，来自外部的石油危机、金融危机、经济危机、消费者的抗议、竞争对手的发难和政府部门的举措等，以及来自内部的生产事故、质量问题、工人罢工等。处理这些问题的决策既要迅速又要得当，对管理者的应变能力、快速反应能力和处理意外事件的艺术都是极大的挑战。

作为**资源分配者**，管理者需要对组织的各种资源(如财力、物力、人力、权力、任务和薪资等)在各个部门、项目和人员之间进行合理、公正、有效的配置，把有限的资源用在刀刃上，使其发挥出最大的效益。这些工作包括制定财务预算、权力与责任分配、物资分配计划、薪资计划、优先分配顺序等方面的决策。

管理者在进行上述决策的制定和实施的管理过程中，经常要作为**谈判者**，代表组织、部门或所承担的职位和与该决策相关的各类人员或组织进行谈判。许多决策需要得到上级、下级、同僚、员工或工会的理解和支持，这时就需要谈判、协商与沟通。此外，为了组织的利益，还需要与供应商、分销商及合作伙伴等其他组织进行议价或商定交易条件。

3. 人际关系类角色

人际关系类角色是指管理者处理内部和外部与人际或组织间关系有关的工作，可分为挂名首脑、领导者和联络者三种具体角色。

所谓**挂名首脑**，是指管理者作为礼仪性和象征性的组织首脑，代表组织履行法律性或社会性的例行义务，并不进行实质性的决策制定或实施的管理工作。例如，大学校长给毕业生颁发毕业文凭，厂长带领检查团参观工厂，董事长签署法律文件，总经理主持公司庆典等，都是在扮演挂名首脑的角色。第二种人际关系类角色是**领导者**，这个角色的主要任务是调动组织内部各层次员工的积极性和工作热情，通过动员、教育、劝告、奖惩、指挥、沟通和协调等手段，激励和约束下属和员工，使其努力工作。第三种角色是**联络员**，这个角色的主要任务是维护和开发组织的关系资源，保持外部信息的畅通，营造良好的外部环境，使组织成为一个开放系统。为此，管理者需要经常参加一些重要的社会活动，兼任一些外部委员会的工作，遇到重要事件和节日还要发放贺卡和贺信，出席或举办联谊活动等。

管理者在人际关系方面所扮演的三种角色在实践中有时是分不开的，通常需要同时扮演几种角色。例如，当管理者代表组织去出席其他组织的庆祝活动时，他既是组织的挂名首脑，同时又作为联络员，担负为自己组织开发关系资源的重任。

4. 信息类角色

信息类角色是指管理者从事信息的收集和传递方面的工作，可分为信息接收者、信息传播者和发言人三种具体角色。

管理离不开信息，决策的依据就是信息。要做好管理工作首先要收集有用的信息，因此管理者必须是一个**信息接收者**，以便了解组织内部的状况和外部环境的变化。为此，管理者需要通过各种信息媒介得到信息，或与组织内部和外部的某些个人或组织保持私人的或业务的关系来获得所需的信息，或通过现场调研了解情况。其次，管理者的**信息传播者**角色的主要任务是向组织内部成员传播信息。通常，管理者可以通过会议、报告、文件、电子邮件等方式，向组织成员传递组织内部和外部的对组织发展有影响的信息，以及经过自己或组织其他成员加工过的信息，如组织当前的目标、未来的前景、面临的困难、今后的打算等。再次，**发言人**角色的任务是向组织外部以正规的方式发布信息，以维护和提升组织的对外形象。例如，向各类评估机构、监督机构、商会、消费者群体和媒体等发布组织的经营状况、产品质量、计划、政策、行动和结果等信息。

二、管理主体视角的管理层次划分

1. 管理层次

管理层次(management hierarchy)是指组织管理者之间由一系列管理与被管理关系构成的等级链中的层级。对于一个具有一定规模的组织而言，管理工作通常比较庞杂，而每个管理者的能力又是有限的，因此有必要对组织的管理工作进行分工。将组织的管理工作分出几个部分，分别交给第二层管理者去管理，第一层管理者仅对剩余的工作和对第二层管理者进行管理。如果第二层管理者的工作仍然太多，可以再划分成几个部分，交给第三层管理者去管理……这样就形成了组织的若干个管理层次。要不然，大到组织发展方向，小到员工考勤，事无巨细，一律由同一个管理层进行管理，这样势必无法达到预期的管理效果，也不符合管理的规律。如果一个大公司的总经理，一手抓产品开发和市场战略，同时一手抓车间生产调度的各个细节和每个员工的劳动纪律，很难想象他能够管理好这个公司。通过对管理主体进行层次划分，一方面可以使高层管理者将部分责任和权力分给下层管理者，从而减轻工作压力，能够集中精力抓大事，同时指导和督促下层管理者做好工作。另一方面，下层管理者在获得权力和责任的同时，也增强了执行任务的信心，提高了工作的主动性，能够很好地对上层管理的指令进行细化和具体化，并加以实现。各层次管理者只有分工明确、相互协调，才能使组织的事业有条不紊地向前发展。

组织管理层次的分解方式因组织规模和性质的不同而有所差异。本书在没有特别说明时将组织的管理层次统一分为三个层级：高层管理(战略管理)、中层管理(战术管理)、基层管理(作业管理)。相对应的管理者分别为：高层管理者、中层管理者和基层管理者。如图1-5所示，各管理层次构成了金字塔形状，越到下层人员越多，工作总量也越大。执行层(又称为操作层)是最终的管理对象，已不属于管理的范畴。该层次的人员为终端执行者，他们对各层管理指令进行最终实现。下面分别对三个管理层次进行简要说明。

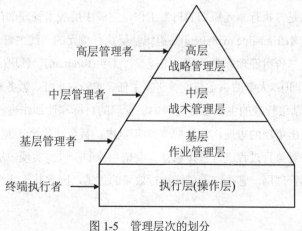

图 1-5　管理层次的划分

2. 高层管理与高层管理者

高层管理又称为战略管理，其管理对象是由各个部门构成的整体组织，它主要关注组织全局的和长远的发展问题。**高层管理者**(top managers)是处在组织最高领导位置的管理者。例如，企业的董事长(chairman of board of directors)、首席执行官(chief executive officer，CEO)、总裁(general superintendent)、总经理(general manager)，以及上述职位的副职和董事会成员等；大学的校董事会主席、校长，以及上述职位的副职和董事会成员等。该层次管理者对组织所有部门的绩效负责，担负着跨部门的管理职责。其主要任务是制定组织的长远发展战略(如 3~5 年，或更长的时期)，组织和安排战略规划的实施，领导中层管理人员完成组织的各项任务，进行组织与外部环境以及组织内部各部门之间的相互协调与沟通，控制战略规划的执行效果等。高层管理除了关心组织的总体发展外，还要考虑其中各个领域的发展战略，例如企业的市场战略、产品战略、人才战略和财务战略等，因为这些领域的发展战略是支撑总体战略的重要内容。

3. 中层管理与中层管理者

中层管理又称为战术管理，其管理对象通常是组织的某一部门，它关注的重点是该部门的中期工作，完成高层战略管理部门下达给本部门的任务。**中层管理者**(middle managers)是组织中层各部门的负责人。例如，企业的分公司经理、产品系列主管、项目主管、分区经理、部门主管、工厂主管、首席人力资源长官(chief human-resource officer，CHO)、首席财务长官(chief financial officer，CFO)、首席信息长官(chief information officer，CIO)等(含副职)；大学的学院院长、教务处长、科研处长、学生处长、研究生院院长、图书馆馆长等(含副职)。中层管理者的主要任务是根据高层管理部门的要求，制定本部门较短期的行动计划(如 0.5~3 年)，组织力量实施该计划，并且在实施过程中进行协调和控制，以保证管理任务的顺利完成。中层管理既要考虑组织的整体利益和长远目标，又要兼顾部门的局部利益和短期目标；既要考虑与本部门基层管理之间的关系，又要考虑与其他部门的横向关联。

4. 基层管理与基层管理者

基层管理又称为低层管理、底层管理或作业管理，其管理对象通常是组织的非管理层的执行单元，它关注的重点是该执行单元短期的日常工作，完成中层战术管理部门下达给本执行单元的具体任务。**基层管理者**(front-line managers)是组织基层执行单元的一线主管。例如，企业的营销点经理、营业部主任、广告组经理、班组长、工段长、工头(foreman)、领班(shift foreman)、监管人员(supervisor)等(含副职)；大学的系主任或教研室主任、实验室主任、教务科科长、学生宿舍管理科科长等(含副职)。基层管理的主要任务是对中层管理的目标和计划作进一步分解，使其更加具体和可操作，并制定出单项的短期作业计划(如半年以内，甚至细化至 1 周或 1 日)；然后进入实质性的执行阶段，并对执行过程进行直接监督、调整和控制，以便实现中层和高层管理计划。可见，基层管理是末端管理层，它决定着最终执行效果的优劣，因此其重要性是不容忽视的。

第四节　管理活动及其过程

一、管理活动的构成模式

尽管各类不同组织，以及各组织的不同管理层次和管理领域中的管理活动是多种多样、千差万别的，但从中可以抽象出一些具有共性的基本管理程式。例如，内部和外部环境分析、确定管理目标、选定决策方案、编制实施计划，组织结构分析、组织结构体制设计、组织运行机制设计、任务分配与资源配置，描绘愿景、实施激励、树立榜样、营造良好环境、指导和教育员工、沟通、服务，环境预测与前馈、现场监督与检查、结果反馈、发现偏差、纠正偏差、调控和管制等活动就是各类组织和各种管理者都需要完成的相通的工作。我们可以把这些管理活动整理、归纳成 4 项基本的管理职能：计划、组织、领导和控制。而从决策的角度看，计划职能与决策的制定关联度较大，组织、领导和控制职能与决策实施的管理关联度较大。因此，管理活动又可以进一步归纳成两个管理阶段：决策制定(含决策方案及其实施计划的制定)和决策实施(也可称为计划实施)的管理，而从决策制定到决策实施的管理正好完成了一个完整的管理过程(management process)。由此，我们得到如图 1-6 所示的管理活动 M-4-2-1 构成模式(张智光，2009)。图 1-6 从左到右表示管理活动的归纳或提炼，而从右到左表示管理过程的分解或展开，从上到下大体上表示了管理过程的步骤或流程。当然，管理过程的步骤不可能是一个简单的流程，后面我们将说明这些步骤之间会有很多交叉和反复。

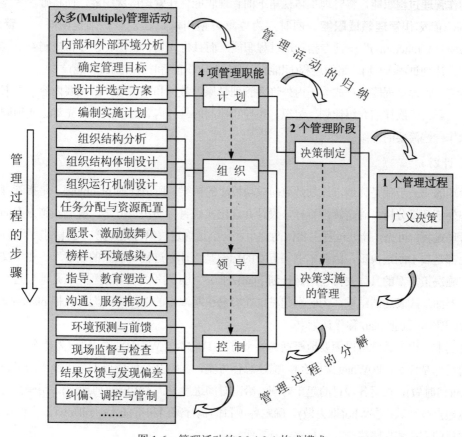

图 1-6　管理活动的 M-4-2-1 构成模式

图 1-6 还体现了"管理就是决策"的思想。从广义的决策概念看，管理决策包含了决策的制定和决策实施的管理两个阶段(张智光，2006a)，也就是说，图 1-6 描述的管理过程其实就是一个决策过程。实际上，不管是什么组织，决策的制定和实施的管理过程对这些组织的任何管理领域和任何管理层次都是存在的。首先，不同的组织都需要作各种各样、大大小小的决策，如政府部门关于城市建设规划的决策，企业促销方式的策划，银行贷款发放的决策，大专院校增设新专业的选择，军队作战方案的确定等。其次，不同的业务领域都需要作出各种类型的决策，如企业销售网点的设置、生产调度决策、财务预算的制定、管理干部的选用、奖金发放方案的确定等。再次，不同的管理层次都需要制定各种决策，如企业经营方向的战略性决策、产品结构调整的战术性决策、某次广告策划方案的作业性决策等。而且，管理决策的理论、原则和方法对不同的决策问题基本上都是普遍适用的。由此可见，图 1-6 将管理过程学派和决策理论学派进一步融合起来了。

二、管理活动视角的管理过程划分

图 1-6 中，决策制定和实施的管理过程进一步展开就是管理的计划、组织、领导和控制 4 项管理职能。其实，人们习惯上把管理过程的 4 个职能称作"管理职能"并不太合适，因为"职能(function)"一词的含义比较广泛。有些文献也将高层管理(或战略管理)、中层管理(或战术管理)和基层管理(或作业管理)等视为一类管理职能。同样，生产管理、营销管理、人力资源管理、财务管理等又是另一类管理职能，只是视角不同而已。为区别起见，本书将管理活动视角下的管理职能称作**管理过程职能**，将管理主体视角下的管理职能称作**管理层次职能**，而将管理客体视角下的管理职能称作**管理领域职能**。同时，为尊重习惯用法，在没有特别说明时，"**管理职能(management functions)**"一词专指管理过程职能，而且将计划、组织、领导和控制 4 个过程职能分别称作计划过程(职能)、组织过程(职能)、领导过程(职能)和控制过程(职能)。

目前，管理过程职能已成为国内外许多管理学原理教材和相关著作的主要内容。本书从第五章到第八章将依次详细介绍计划、组织、领导和控制的具体内容。下面我们先对这 4 项职能的基本概念作一些简要的介绍。

1. 计划

管理的第一步就是计划，计划是通向成功彼岸的桥梁。所谓**计划(planning)**，是指管理者通过内部和外部环境分析，确定管理目标，设计并选定实现目标的决策方案，编制实施方案的具体安排的管理过程。可见，计划过程主要做两件事，一个是确定决策方案，第二是编制决策实施计划。总体上都是属于制定决策，因此本书第五章的标题是"计划过程：决策的制定"。在中文里，我们把实施决策方案的具体安排也叫做**计划(plan)**，但这一计划不是管理过程，而是计划过程产生的一个以书面形式表达的结果。为区别起见，在容易引起混淆的地方，我们可以把 planning 称为计划过程(职能)，而把 plan 称作计划书。

计划书的内容通常可以简要地概括为 6 个方面(或称为 5 W+1H)：①Why(为什么做)，说明该方案的目标是什么；②What(做什么)，描述总体方案，并将其分解成若干个可操作的具体项目；③When(何时做)，指明各项目的起止时间，给出时间进度表；④Where(何地做)，明确执行各项目的具体地点或区域；⑤Who(谁去做)，确定各项目的执行部门和责任人；⑥How(怎么做)，指出完成各项目的方法和保障措施，包括资金预算等。

2. 组织

如果说计划是通向成功彼岸的桥梁，那么下一步就需要构建能够通过这一桥梁的"机体"(体制和机制)，这就是组织过程。在管理学中，"组织"有两个含义：其一，"组织(organization)"是本书开头所说的一种集体，如企业组织等；其二，"组织(organizing)"就是这里将要介绍的一种管理过程职能。为区别起见，在容易混淆的地方，我们可以将前者称作组织系统，而将后者称作组织过程(职能)。

所谓**组织**(organizing)，是指管理者为实现管理目标和计划，分析、设计、构建或优化组织结构，对组织结构中的各部门进行人员配备、任务分配和其他资源配置的管理过程。其中，组织结构设计主要包括以下内容：①组织要素设计，包括工作设计(作业和管理岗位设计)、部门设计等；②组织结构体制设计，即各部门之间的关联架构设计；③组织运行机制设计，包括组织的责权利配置、运行流程设计和规章制度制定等。

该定义中的"或优化"是指，不是每一个新的管理计划制定后都要重新设计和重新构建组织结构，在大多数情况下，只是根据新计划的要求对组织机构进行局部改进和完善，以便更好地适应和完成计划的目标。

3. 领导

组织过程只是将计划的任务和要求通过比较"刚性"的行政手段安排下去了，但员工能否积极、主动和富有创造性地努力工作，还不能完全指望这些事先设定的规则，管理者还需要运用比较"柔性"的管理手段，即通过领导过程来调动员工的内在动力，从而保证任务的顺利完成。所谓**领导**(leading)，是指管理者运用权力、权威和人格魅力等影响力，通过非强制性手段，对组织成员进行引导和施加影响，鼓舞、感染、塑造和推动他们，使其自觉自愿地和管理者一道为实现组织目标而努力工作的过程。关于领导的概念，有以下两点需要辨析。

(1) 关于强制性与非强制性

按照这一定义，领导过程与其他过程相比的两个显著特征是管理行为的非强制性和员工行为的自觉自愿性。如何区分管理过程或行为的强制性和非强制性呢？可以从管理手段和员工意愿两个方面来分辨，而两者之间存在因果关系。①对于非强制性过程，一方面管理手段比较温和，另一方面员工内心则是心甘情愿的。具体来说，管理者可以通过描绘愿景、指明目标、实施激励等举措鼓舞员工，调动其工作积极性；通过提升管理者自身形象、树立先进榜样、营造良好环境等方式感染员工，激发其工作热情；通过工作指导和思想教育等途径塑造员工，提高其工作能力；通过沟通、协调、服务和关心人等行为推动员工，增强其工作动力。进而使员工自愿服从命令、听从指挥、遵从行为规范或主动行事。②对于强制性过程，一方面管理手段比较强硬，如重罚、制裁、解雇、罢免、辱骂、关押、体罚、威胁、高压等；另一方面员工内心则是不情愿的，是被迫地服从。

需要说明的是，被管理者有没有选择余地并不是强制与否的标志。因为在没有选择余地时，员工也可能心甘情愿地服从，自觉地为组织做贡献；也可能被迫服从，以避免受到重罚；还有可能坚决不服从，宁可接受重罚。第一种情况就属于非强制性的管理，说明领导过程做得好；而后两种就属于强制性的了。当然，让被管理者"有选择"更便于领导，更有利于调动积极性[1]。

另外，领导是一种非强制性的过程，并不等于说计划、组织和控制就一定是强制性的过程。

---

1. 参见张智光所著《管理学智慧：为官的定理》(南京大学出版社，2015年版)一书中的"180. 给好处不如给选择"。

它们可以成为强制性过程，也可以不是。如果领导过程做好了，计划、组织和控制也可以成为或部分地成为非强制性过程。这样，管理的效率和效果将会得到极大提高。

(2) 关于领导过程职能与领导者

"领导"有两种含义：其一，"领导(leading)"是指一种管理过程(职能)；其二，"领导(leader)"表示领导者。而"领导者"又有两种解释：第一种是普通释义，等同于"管理者"；第二种是管理学的专业释义，表示"履行领导过程职能的人"，与计划者、组织者和控制者相对应(见图1-7)。本书在没有特殊说明时，"领导者"是指其专业释义，例如前面表1-2中的"领导者"就是指管理者在履行领导职能或扮演领导角色时的称呼。也就是说，当管理者在履行计划、组织和控制职能时，就不能称其为领导者。当然，专业释义的领导者一般是指正式组织的管理者，但有时也可以指非正式组织的领导者。他们没有被任命，因而不是管理者，但却影响着他人的行为。另外，一些文献将高职位者叫领导者，而低职位者叫管理者，这是错误的。组织的高层、中层和基层管理者都需要履行相应层级的领导职能。

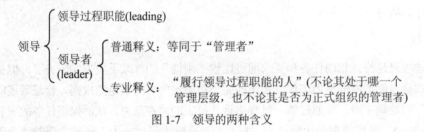

图 1-7　领导的两种含义

4. 控制

不管前面几项管理过程完成得多么完美，组织在执行计划的实际过程中还是难免会出现这样或那样的问题、困难和差错。这些偏差可能来自组织内部的诸多波动和冲突，也可能来自外部环境的各种变化和干扰。更何况，计划、组织和领导过程本身也可能出现问题。因此，管理者还需要通过控制来纠正随时可能发生的种种不测，给计划的执行装上目标制导装置。所谓**控制**(controlling)，是指管理者根据计划所规定的管理目标(称为控制目标)，对计划的执行情况和组织的内外部环境变化进行实时监测，并分析和判断已经发生或将要发生的各种偏差或偏差的影响因素，然后及时对计划执行机构采取纠偏或预防措施(称为控制措施)，从而保证计划的最终执行结果与管理目标相一致的过程。

跟计划、组织和领导相比，控制并不是一个相对独立的管理步骤，它是一个将各管理过程串联起来的特殊管理职能。控制的目标与计划过程有关，控制措施的实施有时需要通过组织和领导过程才能得以实现，而且控制过程把各项管理职能联系成一个多重闭环的完整的管理系统。关于这一点，本书将在第八章作进一步阐述。

5. 各管理过程职能的时间关系

从大的逻辑关系看，四项管理过程的时间循序是：计划先行，它是行动前的谋划，是其他管理过程的行动纲领；组织紧接其后，它是行动开始的准备工作，是实现计划的体制、机制保障和资源配备；领导略先于控制，但两者几乎并行，分别是行动的内在动力来源和目标制导。

更细致的分析还可以看到，决策的制定和实施管理，以及计划、组织、领导和控制职能是难以完全分开的。首先，尽管组织、领导和控制过程主要是为实现计划而进行的一系列管理活动，但是在这些活动中也需要制定一些较小的决策和计划。例如，在组织过程中需要选择恰当的组织结构，领导过程中需要确定合适的领导方式，控制过程中需要制定最佳的控制方案，有时在实施控制方案时也需要制定一个小计划。当然，这些"小决策"和"小计划"的制定都是为实现"大决策"和"大计划"服务的。其次，在计划过程中常常也需要进行组织、领导和控制。例如，在制定决策和计划时，管理者可能需要组织一个强有力的智囊团或决策班子，需要运用领导技巧来激发决策班子成员的创新思维，还需要控制决策和计划制定的进度和质量。再次，有时在实施过程中会遇到无法控制的问题，需要通过修改计划才能解决。此外，组织、领导和控制过程之间也是有交叉的。例如，在配置人力和其他资源时，会遇到许多阻力，这时需要用到领导技巧；有些控制方案还需要通过组织和领导过程加以实现。

第五节　三维管理金字塔体系的构建

随着科学技术和社会经济的不断发展，以及市场竞争的日益激烈，管理问题变得越来越复杂、越来越重要。因而，管理学得到了前所未有的重视和发展，现代管理科学的门类和内容已经相当丰富。例如，在管理的门类方面有行政管理、工商管理、国民经济管理等；在管理学内容方面出现了各种专门的管理学分支：战略管理学、组织管理学、人力资源管理学、财务管理和决策科学等。作为管理学的基础理论，管理学原理(有学者称它为一般管理学或普通管理学)试图揭示各行业或各部门的管理活动中的一般规律和普遍原理，并且描述各种专门的管理学之间的相互关系，进而构筑起管理体系的整体结构。为此，本节首先梳理一下管理学的学科体系，然后在以上各节的基础上构建三维管理金字塔体系。

一、管理学的学科体系

图 1-8 给出了管理学的学科体系结构。由该图可以看出，管理学是一门横跨社会科学、自然科学和技术科学的交叉学科。长期以来，人们为管理学究竟属于社会科学还是自然科学的问题争论不休。实际上，它是在这些学科的基础上发展起来的一门独立的学科，它既不属于社会科学，也不属于自然科学，更不可能属于技术科学。也就是说，理、工、文、管是相互平行的学科。

管理学的基础科学主要有三类。在社会科学方面，管理学主要涉及哲学、经济学、社会学、心理学和人类学等学科。在自然科学方面，管理学的基础主要是数学，其中包括统计学、运筹学、概率论、线性代数、矩阵论、随机过程理论、动态优化理论等。有时还包括与管理对象系统相关的自然科学，例如生态环境管理的自然科学基础有生物学、生态学和环境科学等。在技术科学方面，包括信息科学与信息技术(含计算机技术和网络技术等)、系统科学与系统工程、控制理论与控制技术等学科。

管理学的基本原理运用在不同的部门、行业或领域就出现了各种管理门类，如宏观经济管理(包括宏观和中观经济管理，如国民经济管理、区域经济管理、产业经济管理等)、工商管理(包括各种工业企业和商业服务企业的管理)、行业管理(如旅游管理、农林经济管理、交通管理、建筑管理等)、公共管理(如环境管理、资源管理、行政管理、社会保障管理、医疗卫生管理、教育管理、文化管理、财政管理、税收管理、社区管理、人口管理、治安管理、城市交通管理、体育管理等)、科技管理、情报管理、军事管理等。从这些管理门类中可以抽象出一些相通的和具有共性的管理学内容，如营销管理、生产管理、物流管理、人力资源管理、财务管理、战略管理、作业管理、决策科学、组织管理、领导科学、管理沟通、管理控制、管理信息系统等。那么，这些管理学内容之间有何种内在的联系？它们构成了一个怎样的管理体系结构？下面我们将回答这些问题。

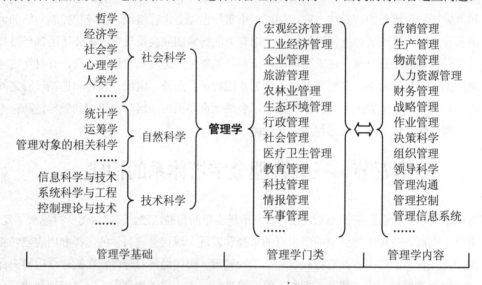

图 1-8 管理学的学科体系

二、三维管理金字塔体系

如何将图 1-8 所示庞大的管理学学科体系整理成一个有序的体系结构呢？图 1-9 总结了本章第一节至第四节的相互关联，给出了构建管理体系的思路。如前面图 1-1 所示，在管理系统的 5 个要素中，管理主体、管理客体和管理活动 3 个要素构成了管理的核心体。对管理客体进行横向分解，可以得到各资源(如人力资源、物力资源和财力资源等)和各业务(如市场营销、生产等)的管理领域维；对管理主体进行纵向分解，可以得到高层、中层和基层等管理层次维；对管理活动进行步骤分解，可以得到计划、组织、领导和控制等管理过程维。

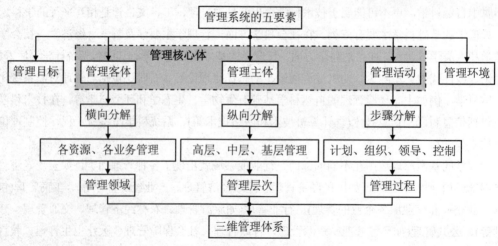

图 1-9 构建管理体系的思路

上述三个管理维度交织在一起，便构成了完整的三维管理金字塔体系。如图 1-10 所示，一个组织的管理体系是一个三维的立体结构，它包括管理层次维、管理领域维和管理过程维。管理层次维包括高层管理(战略管理层)、中层管理(战术管理层)和基层管理(作业管理层)等职能；管理领域维包括人力资源管理、财务管理、物力资源管理等资源管理职能，以及营销管理、生产管理、研发管理等业务管理职能；管理过程维包括计划、组织、领导和控制等职能。无论是从管理人员的数量、总体工作量、工作的繁琐程度，还是从所涉及的信息量、信息处理量、信息的精细程度和使用频度来看，下层管理都要比上层管理"庞大"得多，因此我们通常都把管理的体系画成金字塔形的。而上层管理通常具有管理难度大、责任大、影响面大、风险大以及综合性和系统性强等特点。三维管理金字塔体系的下面是管理对象层，称为执行层或操作层，已不属于管理的范畴。

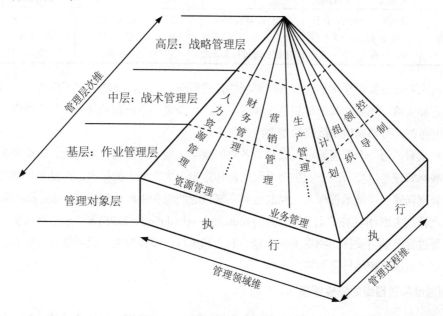

图 1-10　三维管理金字塔体系结构

三、各维度之间的集成管理

图 1-10 所示三维管理金字塔体系中的各管理单元只有分工明确、相互协调，才能使组织有条不紊地向前发展。关于各管理维度内部的协调运行机理，在前面第二节至第四节中已经进行了简要的说明(后面在第三章、第四章和第八章中还要详细阐述)。除了每一个维度内的各管理单元需要相互联系、相互协调外，一个组织的管理过程维、层次维和领域维之间也必须相互交织、协同运作，构成一个立体的有机整体。而且，组织的每一项具体的管理活动都可以在由该管理体系构成的三维坐标系中确立各自的"坐标"，并在三维管理体系的协同运行中发挥应有的作用。下面通过两两维度之间的交互关系来说明三维管理体系集成管理的功能结构(张智光，2007)。

1. 层次维和领域维的集成管理

表 1-3 以市场营销、生产、人力资源和财务管理为例，描述了管理层次维和领域维集成管理

的功能结构，由此可以看出两个维度交互的各集成化功能模块。

表 1-3　层次维和领域维集成管理的功能结构

层 次 ＼ 领 域	市 场 营 销 管 理	生 产 管 理	人 力 资 源 管 理	财 务 管 理
战略管理	长远市场研究和预测，选定长远的目标市场，确定市场战略定位等	生产能力与生产组织结构优化、生产系统总体设计等方面的战略管理	人力资源规划，人才引进、培养和使用的战略决策及其实施管理等	组织战略所需大笔资金的筹措、使用等长期规划的制定和实施管理等
战术管理	中期市场研究和预测，制定并实施年度销售、新产品研发及推介等计划，确定 4P 营销策略等	综合生产计划 PP 和主生产计划 MPS 等方案的制定和实施管理	年度人才招聘、培训计划的制定和实施管理，员工业绩考核与奖励制度等	年度财务计划(固定资产、流动资金、利润和财务收支平衡等)制定和实施管理等
作业管理	需求调查与调控，销售过程管理，客户关系管理，销售人员管理等	劳动力、物资采购、库存、设备、产品质量、生产进度等日常管理	近期人力资源招聘、培训、考核、奖惩、调动、晋升等日常管理	资金筹集、投放、耗费、回收、分配、流动资产与负债等日常财务管理

从横向来看，各管理层次都涉及各个领域的管理问题。例如，战略管理不仅要关注组织总体战略的制定和实施，还要将其分解到各个领域中去，或者说，市场营销战略、生产战略、人力资源战略和财务战略等都是组织战略的重要组成部分。

从纵向来看，每一个管理领域一般都有各自的战略、战术和作业管理问题。以企业生产管理为例，在战略管理上，要研究企业生产系统的总体建设、生产能力的扩大、产品结构的优化等方面的战略管理问题；在战术管理上，要制定和实施企业的综合生产计划(production planning，PP，又称为生产计划大纲)和主生产计划(master production scheduling，MPS)等中层管理方案；在作业管理上，要进行劳动力安排、物资采购计划的制定和执行、库存控制、设备维修和保养、产品质量检验、生产进度监控等日常的管理工作。

2. 领域维和过程维的集成管理

表 1-4 仍以市场营销、生产、人力资源和财务管理等领域为例，描绘这些管理领域和计划、组织、领导、控制四项管理过程的交互关系，反映领域维和过程维集成管理的功能结构。

从横向来看，不管是什么管理领域，其管理活动都是通过计划、组织、领导和控制等过程职能的协调运用完成的。以企业生产管理为例，其计划过程需要制定企业生产系统的长远规划、PP、MPS、物料需求计划(materiel requirements planning，MRP)和车间作业计划等一系列不同管理层次和不同类型的相互关联的生产计划；在组织过程中，为落实各类生产计划，需要进行生产系统的结构设计、组建和优化，进行生产部门的结构设计和优化，以及生产资源和人员的配备等工作；在领导过程中，通过奖惩制度规范生产人员的工作行为，调动其生产积极性，还要协调相关部门的关系，解决生产过程的人际矛盾等；在控制过程中，为保证生产计划的最终实现，需要对生产进度、产品质量、库存量、生产成本和生产现场等进行实时检查，及时发现生产问题，并尽快解决。

表 1-4　领域维和过程维集成管理的功能结构

过程 领域	计 划	组 织	领 导	控 制
市场营销管理	制定新产品开发、产品与服务、分销、促销、价格和销量等计划	营销网络布局，销售、促销、服务与新产品开发等部门设置、流程设计和力量布局等	为完成营销目标和任务，进行营销工作的动员、激励、指导、协调和服务等	对销售额、销售成本、价格、促销效果等信息进行分析、及时发现问题并采取措施
生产管理	制定生产系统长远规划、PP、MPS、MRP、车间作业计划等	生产系统结构和部门结构进行设计、组建和优化，合理配备生产资源和人力等	通过奖惩制度规范生产人员的行为，调动其积极性，协调相关部门关系，解决生产过程的人际矛盾等	对生产进度、产品质量、库存量、生产成本和生产现场秩序等进行实时检查，及时解决所发现的生产问题
人力资源管理	确立人力资源(HR)的数量、质量和结构目标，制定人才招聘、培训、使用、晋升、调动等人力资源管理(HRM)计划	本部门：设置和优化HRM 的组织机构等；全组织：设计 HRM 运行规则，协调各部门 HR 配备，协同各部门制定岗位说明书等	本部门：使人事工作者树立以人为本观，鼓励其做好 HRM 工作等；全组织：制定总体 HR 激励措施，协调和指导各部门 HR 领导工作等	对人力资源数量、质量、结构、业绩、工作热情等信息进行分析，及时发现和解决问题
财务管理	制定资金筹措、使用、销售收入、成本费用、利润及其分配、投资等计划	本部门：确立财务管理的组织形式，配备财会力量；全组织：各部门财力配置，设计和优化财务管理制度和流程等	本部门：使财会人员树立严谨工作态度，激励财会人员等；全组织：宣传财务规定，鼓励节约成本等	财务信息统计、分析和评价，及时发现并解决财务收支、现金、成本、利润、投资等问题

从纵向来看，每一个管理过程职能可以适用于任何一个管理领域。例如，管理控制过程对不同的管理领域都有相应的控制对象和控制内容：市场营销管理领域的控制对象有销售额、销售成本、销售价格和促销效果等，生产管理领域的控制对象有生产进度、产品质量、库存量、生产成本和生产现场秩序等，人力资源管理领域的控制对象有人力资源数量、质量、结构、业绩、工作热情等，财务管理领域的控制对象有财务收支、现金流量、成本、利润额、投资等。

需要强调的是，有些管理学教材把人力资源管理归入组织过程(Robbins，2015)，这就混淆了不同维度之间的区别。从而使读者误认为，一方面，人力资源管理不需要计划、领导和控制，只进行组织就可以了；另一方面，组织过程只针对人力资源，对其他资源和其他业务的管理，甚至对整个组织系统的管理，就不需要组织过程了。可见，这种模糊观念是十分有害的。然而从表1-4我们可以清楚地看到，两者分别处在不同的管理维度上，只在人力资源的组织方面才有交集。

3. 层次维和过程维的集成管理

(1) 集成管理的功能结构

对于一个特定的管理领域，在其每一个管理层次中，都需要按照计划、组织、领导和控制等管理过程进行科学管理。表 1-5 以生产管理领域为例，描绘了生产管理的层次维和过程维集成管理的功能结构。同样，市场营销管理、人力资源管理、财务管理等管理领域也存在类似的管理过程维和管理层次维的集成管理功能结构。这里就不再一一赘述了。

表 1-5　层次维和过程维集成管理的功能结构(以生产管理领域为例)

过程 层次	计　划	组　织	领　导	控　制
战略管理	生产系统总体设计、总体安排、生产规模与能力、生产组织的一体化或国际化等长远规划	公司生产系统顶层组织机构、高层生产管理人员的责任和权利等设计和优化	公司高层描绘生产战略远景，调动各分厂的积极性，协调各分厂关系，处理重大生产冲突等	对公司生产规模、产品结构和质量、大型生产系统建设等按规划进行宏观调控
战术管理	PP 和 MPS,生产流程的设计、优化和实施等	各分厂内部生产系统的机构设置，各机构的职责分工，布置生产任务等	分厂中层生产管理者进行生产激励，协调各车间、科室的工作，优化生产环境等	对分厂的生产进度、产品品种、产量和质量，以及产品的各种结构进行中层监督和管控
作业管理	制定 MRP、CRP、车间作业计划和物资供应计划等	各车间和生产科室内部的机构设置，劳动力组织和安排，相关岗位职责的建立等	车间等基层生产管理者在生产过程中鼓舞士气，做好服务，协调现场矛盾等	对车间和班组的生产进度、产品质量、库存量、生产成本等进行基层检查、调度和纠偏等

从横向来看，表 1-5 描述了各管理层次的生产管理过程。以生产作业管理为例，其计划过程需要制定 MRP、能力需求计划(capacity requirements planning，CRP)、车间作业计划和物资供应计划等管理计划；生产组织过程要进行各车间和科室内部的机构设置，劳动力组织和安排，相关岗位职责的建立等管理活动；在生产领导过程中，车间和科室基层生产管理者要调动具体操作工人的积极性，鼓舞士气，做好相关的服务工作，协调和解决生产现场的矛盾等；在生产控制中，要对车间和班组的生产进度、产品质量、库存量、生产成本等进行基层的检查、生产调度、及时纠正生产偏差等。

从纵向来看，每一个管理过程都存在高层战略、中层战术和基础作业管理的问题。以生产计划为例，高层生产计划有生产系统的总体结构、生产规模、生产能力和产品结构等长远规划；中层生产计划有 PP 和 MPS，生产流程的设计、优化和实施等；基层生产计划有 MRP、CRP、车间作业计划和物资供应计划等。

(2) 各层次管理者在各管理过程中的时间分配

关于层次维和过程维集成管理的另一个值得探讨的问题是，处于不同管理层次的管理者在计划、组织、领导和控制 4 个管理过程职能中所花费的时间和精力是如何分配的？图 1-11 给出了不同层次的管理者，在一个管理期间内(如一年，或一个计划期)，累计耗费在计划、组织、领导和控制过程中的工作时间的大致比例，即管理工作时间的分配比例。需要说明的是，管理者在某项管理过程中累计耗费的时间和该过程本身所持续的时间并不是一回事。有的管理过程持续时间很长，但是管理者所花的时间则很少，如各层次的控制过程和高层的领导过程。而有的管理过程持续时间比较短，但管理者所花的时间并不少，如高层的计划和组织过程。因为他们在制定计划和构建组织结构过程结束之后，还一直在持续地调研、思考和准备完善今后的计划和组织工作。从图 1-11 我们可以看出以下几点规律。

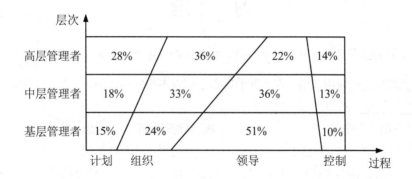

图 1-11　不同层次的管理者在管理过程职能中的时间分配

从纵向来看，随着管理层次的升高，计划、组织和控制的时间占比也随之升高。这是因为高层计划和组织过程关乎组织系统的全局和长远发展，以及组织系统整体功能的发挥，意义重大，影响深远，因此需要花大气力认真做好。另外，就计划和决策问题的特点而言，高层遇到的通常是非结构化决策问题(没有固定的解决程序和方法的例外问题)，基层往往是结构化问题(有固定的解决程序和方法的例行问题)，而中层一般是半结构化问题(介于前两者之间)，因此高层计划时间比基层多。在控制方面，高层控制的难度很大，需要对中层和基层的信息进行逐层调查、传递和分析，控制措施也是间接传达的，而且控制周期比较长，因此所消耗的时间比中层和基层相对多一点。

还是从纵向来看，随着管理层次的升高，领导过程的时间比例则降低了。这并不是因为高层管理者的直接下属人数少，而基层管理者的直接管理对象人数多。就一个管理者而言，有时候基层的小班长所管辖的小组人数并不比高层的某一个副总经理的直接下属多。高层花在领导上的时间比基层少的主要原因是，高层管理者面对的是中层管理者，而基层管理者面对的是一线的操作人员和执行者，如操作工人等。一般来说，中层管理者的基本素质和觉悟相对较高，而且有权利、有责任、还有上进的需求，而且他们的下面还有基层管理者的支撑，因此指挥和调动中层管理者相对来说还算比较容易。然而，一线的操作人员是组织系统的最底层执行人员，没有任何职务和权力。各层管理者都可以"动嘴"，可以指派别人做事，唯独他们只能实实在在地亲自干活，非常辛苦。而且多数人还没有"向上进步"的欲望，导致"无欲则刚"。因此，他们有很多软的和硬的办法来应对来自上头的管理和压力，保护和获取自身的利益，再加上存在于他们中间的非正式组织通常还起到一定的消极作用。可见，要调动一线人员的工作积极性，难度是非常大的。因此，基层管理者需要花大量的时间和精力在组织的最前线"摸爬滚打"，需要用高超的领导技能督促、鞭策和激励别人去干活。

从横向来看，各层次管理者在控制上所花的时间普遍比较少。这并不是因为该项工作不重要，而是由其工作性质所决定的。控制虽然需要实时监测和调整，而且要伴随整个计划执行的过程，但是在工作进展正常和顺利的情况下，管理者不需要采取什么特别的措施，只有在发现或预测到问题时才会采取控制措施。而且采取控制措施所占的时间也是相对较少的，更何况有些措施又"转嫁"给了领导和组织职能。

习　题

一、单项选择题(每题只有一个正确答案，将其前面的字母填入相应的空格中)

1. 关于管理理论的应用范围，在不同的时期人们有不相同的认识。亨利·法约尔认为管理的理论和方法_____。

    A. 只适用于企业　　　　　　　　B. 普遍适用于各类组织

    C. 只适用于非营利性组织　　　　D. 只适用于营利性组织

2. 管理过程所包含的 4 项基本职能是：计划、组织、_____和控制。

    A. 激励　　　　　B. 指挥　　　　　C. 协调　　　　　D. 领导

3. 管理者出席社区的集会或者参加社会活动时，所承担的是_____角色。

    A. 挂名首脑　　　B. 联络者　　　　C. 发言人　　　　D. 谈判者

4. 人力资源管理属于三维管理金字塔体系中的_____。

    A. 激励过程　　　B. 组织过程　　　C. 管理领域维　　D. 管理过程维

5. _____不是管理系统的核心要素。

    A. 管理主体　　　B. 管理客体　　　C. 管理活动　　　D. 管理目标

6. 管理目标包含效果和_____两个方面。

    A. 效率　　　　　B. 绩效　　　　　C. 效用　　　　　D. 效益

二、是非判断题(判断下列句子的正确性，用 T 表示正确，F 表示错误，填写在括号里)

1. 管理主体又称为管理者，但对于企业的某一个管理人员来说，他可能既是管理主体又是管理客体。　　　　　　　　　　　　　　　　　　　　　　　　　（　　）

2. 高层管理者的主要任务是制定决策，中层管理者的主要任务是对决策实施的管理，而基层管理者的主要任务是对决策实施过程进行控制。　　　　　　　　　（　　）

3. 总经理在领导过程中所耗费的时间要多于车间主任。　　　　　　　　（　　）

4. 技术问题的结构化较好，而管理问题的结构化较差。　　　　　　　　（　　）

三、概念解释题

1. 什么是管理环境？它可以分为哪两部分？

2. 如何区分管理过程或行为的强制性和非强制性？

3. 从管理学专业的角度看，"领导者"的含义和特征是什么？

四、理论辨析题

1. 某公司通过某些措施提高了某项经营活动的效率，但经营效果并没有得到明显改善。请举例说明出现这种情况可能有哪几种原因。

2. 组织的内部环境不是管理的客体，管理者能够改变内部环境吗？如果可以，应该通过什么方式才能改变呢？

五、案例分析题

背景材料

赵鹏最近被他就职的生产机电产品的公司聘为总裁。在准备接任此职位的前一天晚上，他浮想联翩，回忆起他在该公司工作 20 多年的情形。

他在大学时学的是工商管理专业，大学毕业后就到该公司工作，最初担任液压装配工段的助理监督。当时他对液压装配所知甚少，在管理工作上也没有实际经验。通过自己的努力学习和监督长的指点，他很快胜任了工作，半年后他已有能力独自承担监督长的工作。可是，公司没有提升他为监督长，而是直接提升他为装配部经理，负责包括液压装配在内的 4 个装配工段的管理工作。

在当助理监督时，他主要关心的是每日的作业管理，工作非常具体，而且技术性很强。例如，考察每天装配任务完成的情况，检查装配质量，解决装配流程的障碍问题，协助监督长编制 1 周以内的作业计划等。而当他担任装配部经理后，他发现自己不能只关心当天的装配工作状况，还得做出数月乃至 1 年的计划，要完成许多报告和参加许多会议，而且还学会了如何把一些常规的工作交给助手去做。这样，他可以腾出更多时间来从事制定计划、参加会议、批阅报告和向上级汇报等工作。

担任装配部经理 6 年之后，赵鹏又升任公司负责规划工作的副总裁一职。开始时，他碰到了不少麻烦，例如预测 1 年以上的产品需求情况，处理市场营销、财务、人事和生产等部门之间的协调问题等。这些问题他很不熟悉，解决的难度很大。他感到，随着职位的提升，越来越难按照标准的工作程序去工作。现在，赵鹏又被提升为公司总裁，作为公司最高主管，他所面临的管理问题将更加综合与复杂，更加难以遵循固有的工作程序，他明白自己尚未达到这样的管理水平。对此，他难免深感担忧。

问　题

根据不同管理层次的工作职责、结构化和非结构化管理决策问题的特点，以及不同层次的管理者在管理过程职能中的时间和精力分配的变化等知识，回答以下问题：

1. 赵鹏担任助理监督、装配部经理、副总裁和总裁这 4 个职务的管理职责有何变化？
2. 赵鹏担任公司总裁后，其决策工作的特点将有什么变化？
3. 赵鹏担任公司总裁后，其工作重点应做怎样的调整？首先应当抓什么工作？

第二章　管理科学的演进

第一节　管理科学的发展历程

一、管理科学发展概述

从历史角度看，管理与人类社会活动几乎同时产生。经过长期的经验积累和总结，人们逐步深化了对管理实践的认识和理解，于是形成了管理思想；通过对管理思想不断加以归纳、提炼和演绎，得出了对于管理活动的基本规律和普遍原理，产生了管理科学理论。反过来，管理科学理论又进一步指导管理实践，并在实践中得到检验、修正和发展。管理科学作为一门独立科学出现虽然只有近百年的时间，但是管理思想却和人类历史一样悠久深远。图 2-1 描述了管理实践、管理思想与管理科学理论的关系(杨文士，1994)，三者相互依存，形成循环发展的过程。

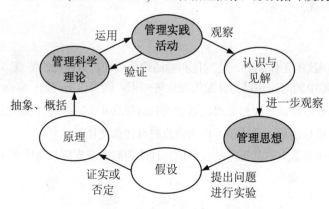

图 2-1　管理科学的循环发展过程

追溯人类发展史，可以发现中国、古希腊、古罗马、古埃及等文明古国的早期管理活动尤为突出。大约在公元前 1100 年，中国人就初步实践了计划、组织、领导和控制等管理职能。在公元前 400—公元前 350 年，希腊人认识到管理是门独立的艺术，并在许多活动中采用科学方法进行管理。罗马人在公元前就在其庞大的帝国中实行分权管理。古埃及很早就形成了以法老为最高统治者的"金字塔"式的管理机构。

人类通过对管理实践活动的进一步认识逐渐产生了管理思想。中国古代管理思想源远流长，影响深远。从中国管理思想的历史轨迹看，先秦时期的管理思想是中国管理思想的产生阶段，以孔子、老子、墨子和韩非子等为代表人物的儒、道、墨、法等传统管理思想至今还影响着我们。西方国家管理实践活动的历史较长，尤其是许多工业发达国家，经历了奴隶社会、封建社会和资本主义社会的全过程，形成了较为丰富的管理思想。在奴隶社会时期，古希腊涌现出了以苏格拉底、色诺芬、柏拉图和亚里士多德等为代表人物的早期管理思想；在封建社会，西欧的商业复兴、城市兴起、行会手工业的形成和对外贸易的发展，带来了以威尼斯为代表的工商管理思想。

管理思想虽然产生时间较早，但管理科学理论的系统形成则是在西方资本主义社会中伴随着工厂制度的出现而开始的。工厂的经营不仅引起了许多值得人们思考的管理问题，而且使管理活动逐渐成为许多人的专门职业，他们的任务便是思考和改善管理活动。这种思考的积累必然有助于管理科学理论的形成和发展。从管理科学萌芽到古典管理理论的产生，从行为管理学派到现代管理理论丛林的出现，经历了一个世纪的演变过程，凝结了无数管理实践者和思想者的心血和汗水。每一种管理科学理论和思想都有自己的优势和局限性，新理论的提出并不是对原有理论的否定，而是对它的补充和完善。现代管理科学是在这些管理思想和理论的基础之上，博众家之特长，取各派之精华，建立起来的一个完整的学科体系。本书在此重温管理科学理论的发展进程，有助于我们了解当今的管理科学体系是如何演变而来的，有助于进一步揭示管理的本质，从而了解管理科学的总体发展规律和未来发展趋势。

图 2-2 描绘了管理科学发展历程的总体轮廓。由图 2-2 可见，管理科学的发展经历了管理科学萌芽、古典管理理论、行为科学管理理论、现代管理理论和当代管理理论等阶段。有些文献将行为科学管理理论归入现代管理理论阶段。但考虑到行为科学管理理论发展过程的时间跨度比较大，是古典管理理论和现代管理理论两个发展时期的过渡阶段，因此本书把它单列出来。

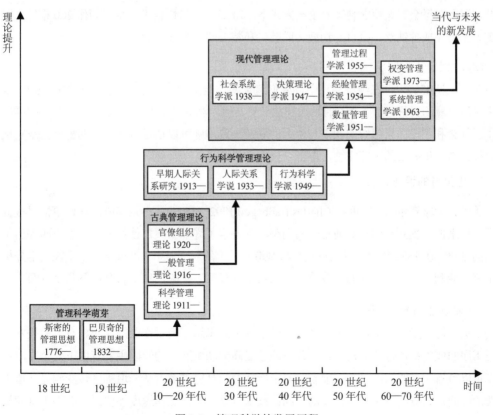

图 2-2　管理科学的发展历程

二、管理科学萌芽

在工业革命时期，人们已开始注意到对管理活动的研究。这一时期的管理研究是夹杂在经济学研究之中体现出来的，管理科学还没成为一个独立的认识对象和研究对象，正处于萌芽阶段。

1. 斯密的管理思想

亚当·斯密(Adam Smith，1723—1790)是英国古典政治经济学的主要代表人物之一，是最早对经济管理思想进行系统论述的学者。他在 1776 年发表的《国民财富的性质和原因研究》(简称《国富论》)一书中，系统地阐述了劳动价值论和劳动分工理论。亚当·斯密认为，劳动是国民财富的源泉，一国财富的多寡取决于两个因素：一是该国从事有用劳动的居民在总人口中所占的比重；二是这些人的劳动熟练程度、劳动技巧和判断力的高低，劳动分工有助于提高劳动者这方面的能力。亚当·斯密的分工理论对以后管理理论的发展产生了深远的影响。《国富论》所包含的重要的管理思想可以概括为以下两个主要方面。

(1) 劳动分工和协作可以提高劳动生产率

亚当·斯密认为，劳动分工可以节省工人的培训时间，使工人重复完成简单的操作，从而可以提高劳动熟练程度，提高劳动效率；协作可以节省工人工序转换的时间；分工还可以实现工具专门化，有利于创造新工具和改进设备，从而使得劳动进一步简化，劳动生产率因此得到进一步的提高。

亚当·斯密系统分析了劳动分工的经济效益，提出生产合理化的概念。他以制针业为例形象地说明了劳动分工带来的效率变化：在分工合作的生产方式下，10 名工人如果每天能制 48 000 根针，那么在每个工人独立制针的生产方式下，10 名工人最快也不过每天制作 200 根针，因为每个工人都得完成抽铁丝、拉直、切截、磨针尖和装上圆头等各个加工工序。

(2) "经济人"假设

亚当·斯密认为，在经济活动中，人们追求的完全是私人利益，个人在组织(企业)中以追求最大经济报酬为目标。而每个人的私人利益又受其他人利益的限制，由此产生了相互的共同利益，产生了社会利益。如果组织的利益与个人的利益一致，则可以通过调动个人的积极性来实现组织的目标。这一论断虽然不够完善，但至今仍有指导意义。

2. 巴贝奇的管理思想

英国数学家查尔斯·巴贝奇(Charles Babbage，1792—1871)从小就养成对任何事情寻根究底的习惯，后来他又受到数学和其他科学的训练，并考察了许多工厂，使得他在管理方面提出了许多创新的见解。在 1832 年出版的《论机器与制造业的节约》一书中，巴贝奇提出了在科学分析的基础上有可能制定出企业管理的一般原则。巴贝奇在管理方面的贡献主要有以下几个方面。

(1) 制造业的节约原则

巴贝奇进一步发展了亚当·斯密关于劳动分工的思想。他对作业的操作、有关的技术以及每一道工序的成本都进行了分析，认为分工能够提高劳动生产率的原因主要有以下几个方面：劳动分工可以节省学习所需的时间；节省学习中所耗费的材料；节省从一道工序转变到另一道工序所耗费的时间；节省改变工具所需要的时间；技术容易熟练，工作速度加快；能改进工具和机器，设计出更精致适用的机器。他还指出，劳动分工不仅可以提高工作效率，还可以为资本家带来减少工资的好处。一项复杂的工作，如果不进行分工，每个人都要完成制造过程中的每项劳动，企业则必须根据全部工序中的技术要求最高和体力要求最强的标准来雇用工人，并支付较高的工资；如果进行合理分工后，企业就可以根据不同工序的复杂程度和劳动强度来雇用不同的工人，支付不同标准的工资，从而使工资总额减少。

(2) 制造业的机械原则

巴贝奇对设备、物资和人力使用上的具体管理技术进行了较为全面的分析。他利用计数机来计算工人的工作数量和原材料的利用程度。他发明了一种"监督制造厂的方法"，为经营者提供了一种印有使用原料、正常消耗、开支、工具、价格、最终市场、工人、工资、所需技术以及工作周期等内容的表格，作为管理工具。他还研究了科学测定作业时间等方法，这种方法同古典管理理论阶段以及之后提出的科学、系统的作业研究方法非常相似。

(3) 基于生产率的报酬制度

巴贝奇是工厂制度的拥护者，强调不能忽视人的因素，认为工厂制度有利于工人生活状况的改善。同时他认为，工人和工厂主之间存在利益的共同点，因此他提倡一种工资加利润分成的报酬制度。工人可以按照他对生产率所做的贡献，分得工厂利润的一部分。他主张工人的收入应该由三个部分组成：按工作性质所确定的固定工资，按对生产率所做出的贡献分得的利润，以及为增进生产率提出建议而应得的奖金。

(4) 将数学方法引入管理领域

巴贝奇对于管理领域的影响，不只局限于他提出的管理思想，更重要的是他将数学方法引入管理领域，试图用数学方法来解决管理问题。在巴贝奇之前，没有人将数学方法和管理结合起来，这是他区别于其他先驱的最伟大的贡献。

3. 从管理科学萌芽到古典管理理论

亚当·斯密、查尔斯·巴贝奇，还有罗伯特·欧文等一些管理学先驱者的贡献，形成了管理科学的萌芽。这些管理思想是随着生产力的向前推进，为适应资本主义工厂制度的发展而产生的。虽然这些理论萌芽还不系统、不全面，还没有形成专门的管理科学理论和学派，但是对于促进管理古典理论的形成和发展有着积极的影响。

19 世纪末和 20 世纪初是人类现代化进程和工业化发展明显加快的时期。在这个时期，科学技术得到了空前的发展，社会生产力水平也达到了一定的高度。当时一个突出的矛盾就是管理落后于技术，致使许多生产潜力得不到充分的发挥。这一时期产生的古典管理思想使管理实践活动从经验管理跃升到科学管理。下面将介绍的古典管理理论是以"经济人"假设为基础的管理理论，其出发点是经济利益是驱动员工提高劳动效率的主要动力，在研究方法上侧重于从比较机械的观点分析管理过程的一般规律。其代表性的理论有泰勒的科学管理理论、法约尔的一般管理理论和韦伯的官僚组织理论等。

三、古典管理理论

1. 科学管理理论

(1) 背景与创立

科学管理理论的产生是管理发展史中的重大事件。19 世纪末和 20 世纪初，美国的工商业发展迅速，资本日益雄厚，但劳动力缺乏，而且企业管理落后。当时工人劳动时间长、强度大，但由于生产效率低，工人工资水平低，劳资关系很紧张。随着社会生产力的发展、企业数量的增加和规模的扩大，企业管理需要从传统的经验管理走向科学管理。管理人员和技术人员经过不断的实验，提出了许多行之有效的理论和方法，逐步形成了科学管理理论。弗雷德里克·温斯洛·泰勒(Frederick Winslow Taylor，1856—1915)是科学管理的创始人，被誉为"科学管理之父"。他和他的追随者们所创建的科学管理理论体系被后人称为"泰勒制"(Taylorism，又译作泰罗制)。

(2) 泰勒的科学实验

泰勒出生于美国宾夕法尼亚州的一个律师家庭，从小就有追求真理的强烈欲望，青年时期考入了哈佛法学院，但是由于眼疾无法继续深造。1878 年，泰勒来到米德瓦尔钢铁公司当普通工人，先后被提升为工长、机修车间主任、总机械师和总工程师。在整个工作期间，泰勒深切感受到工人劳动效率不高。从 1898 年起，泰勒着手开展了一系列著名的科学实验，着重对工人的劳动时间和工作方法进行系统分析，为后来创建科学管理理论奠定了实践基础。

泰勒的实验内容主要包括以下几个方面(张明玉，2005)。

① 生铁搬运实验。伯利恒钢厂有 5 座高炉，生产出的生铁块由 75 名装卸工装运到货车车厢，搬运距离为 30 米。由于工作效率不高，每人每天平均只能搬运 12.5 吨生铁块。泰勒对搬运过程进行仔细观察和分析，并挑选一名叫施密特的工人进行实验。由于改进了操作方法和作息时间，使各班组每人每天的劳动定额都提高到 47.5 吨，比原来提高了将近 3 倍，工人的工资也由当时每天的 1.15 美元提高到 1.85 美元。

② 铁锹实验。泰勒对伯利恒钢厂堆料场工人的铁锹进行了系统研究，造出了能使各种材料达到标准负载的铁锹的形状和规格，并研究出各种原料最好的装锹方法，保证了每种铁锹的最佳载荷都在 21 磅左右，然后训练工人使用新的操作方法。结果使平均每人每天的工作量从 16 吨提高到 59 吨，堆料场工人从 400～600 人减少到 140 人，每吨操作成本从 7.2 美分降到 3.3 美分。

③ 金属切削实验。泰勒从米德瓦尔工厂工作开始，先后对金属切削进行了长达 26 年的各种实验，实验次数共计 3 万次以上，耗费 80 万磅钢材，资金 15 万美元。通过实验发现了能够大大提高金属切削产量的高速钢，并取得了各种车床的适当转速和进刀量的完整数据资料。

(3) 泰勒制的基本原理

通过科学实验和研究，1911 年泰勒出版了《科学管理原理》一书。他通过对传统经验管理与科学管理的比较分析，为科学管理制定了 4 项基本原理。

① 操作方法的科学原理。用科学的操作方法取代旧的单凭经验的方法。通过动作和时间研究对工人工作过程的每一个环节进行科学的观察和分析，制定标准的操作方法，以提高劳动生产效率。

② 工人技能与工作的匹配原理。科学地挑选合适的工人，并进行培训和教育，改变过去由工

人任意挑选自己的工作，并进行自我培训的情况，使他们能够胜任规定的标准操作方法。

③ 管理者与工人的合作原理。通过雇主与工人合作的"精神革命"，保证一切工作都按已形成的科学原则去办，确保劳资双方都能从生产效率的提高中得到好处。

④ 管理者与工人的分工原理。明确管理者和工人各自的工作和责任，管理者把自己比工人更胜任的那部分工作承揽下来，改变过去把所有的工作和职责都推到工人身上的做法，实现管理工作与操作工作的分工。

上述 4 条管理原理是一个密切联系的整体，其中心思想是通过管理的科学化途径达到提高生产效率的目的。

(4) 泰勒制的具体方法

泰勒按照科学管理的基本原理，进一步提出了一系列具体的管理措施和方法，概括起来主要有以下 7 个方面的内容。

① 制定工作定额。企业设立一个专门制定定额的部门或机构，通过劳动动作和时间研究，确定科学的操作规程和动作规范，确定工人"合理的日工作量"，即工作定额，从而解决资本家任意延长工作时间和降低工人工资与工人要求缩短工作时间和增加工资的矛盾。

② 实施标准化管理。为了使每一个工人都能够以标准的方法进行操作，完成较高的工作定额，需要在作业方法、工艺流程、机器、设备、工具、材料和工作环境等方面全面实施标准化管理。这样，一方面可以使工人通过使用有效的劳动工具和采用科学的工作方法，提高劳动生产率；另一方面，只有在标准设备和标准条件下工作，才能对工人的工作做出公正合理的衡量。

③ 挑选和培训工人。不同的人有不同的禀赋才能，管理者的责任就在于为员工找到合适的工作，使其所拥有的技术能力与所从事工作的需要相匹配。在此基础上，按照已建立的规则和程序对工人进行培训，使他们成为称职的工人。对于经过培训仍不能胜任的员工将被调换到他们能够胜任的岗位上工作。这样可以充分发挥人的潜能，以促进劳动生产率的提高。

④ 实行差别计件工资制。所谓差别计件工资制，就是对同一种工作设有两种不同的工资率：对那些用最短的时间高质量完成工作的工人，按一个较高的工资率计算；对于那些完成工作耗时长、质量差的工人，则按一个较低的工资率计算。为此，设立一个公平或可以接受的工作绩效水平，建立起一个薪酬管理系统，对于超出既定工作绩效水平的工人给予奖励。这样做的目的是鼓励工人高效率地工作，激励工人主动去发现完成工作的最有效的技术，从绩效的提高中获益。

⑤ 区分计划职能和执行职能。企业中设置计划部门，以区别于执行部门，把计划职能与执行职能分开。其中，计划部门实际上是较高层次的管理部门，由资方担任管理职能。其主要任务有：进行作业研究和时间研究，制定科学的作业方法、时间定额、工资标准和工作计划，把实际执行情况与标准进行比较和控制。另一方面，执行部门由作为监督者的工头和从事操作的工人组成，他们的任务是根据计划部门制定的标准和要求进行监督和生产作业。

⑥ 实行职能工长制。细化生产过程的管理职能，根据不同职能的要求设置若干个工长，每个工长负责一方面的职能管理工作。在计划部门设置工作命令工长、工时成本工长、工作程序工长和纪律工长等，在执行部门(车间)设置工作分派工长、速度工长、修理工长和检验工长等。

⑦ 进行例外管理控制。在较大规模的企业中，高层管理者还需要进行例外管理控制，就是把日常的事务授权给下级管理人员处理，自己保留对例外事项的决策权和监控权。

以上⑤～⑦条是对管理维度的最初划分。

(5) 其他代表人物的贡献

① 甘特的贡献。亨利·劳伦斯·甘特(Henry Laurence Gantt，1861-1919)是泰勒创立和推广科学管理制度的亲密合作者，也是科学管理运动的先驱者之一。甘特是在泰勒指导下开始从事管理研究的，为帮助泰勒创立科学管理原理做出了重大贡献，但他在宣传和运用科学管理理论方面较为谨慎。他扩展了泰勒最初的一些思想，丰富了科学管理理论的内涵。与泰勒相比，他更关心工人的利益，因此他也是人际关系理论的先驱者之一。

在对员工的激励方面，甘特提出了针对工人和领班的激励性奖金分配制度。一方面对那些用较少时间(标准时间)完成工作任务的工人进行奖励，另一方面还设置了对领班的奖金制度。只要领班手下的人都完成了定额，不仅工人，而且领班本人也可以得到奖金。这样，科学管理的对象就扩大到了基层管理者。

甘特最著名的发明是创造了甘特图(Gantt Chart)，一种便于管理者进行计划和控制的图表。甘特提出，工作控制中的关键因素是时间，时间应当是制定任何计划的基础。解决时间安排问题的办法，是绘出一张标明计划和控制工作的线条图，图中纵坐标表示各项计划的工作与完成的工作，横坐标表示时间。管理人员能够从甘特图所提供的信息中清楚地看出哪一项工程或生产落后于预定的计划，然后采取行动加以纠正，以便使工程赶上计划的安排。管理学界认为，甘特用图表帮助管理者进行计划与控制的作法是当时管理技术上的一次革命。后来所有控制生产的图表几乎都从甘特最初的工作中得到了启发，甘特图至今仍被广泛应用(详见第五章)。现代网络技术中的关键线路法和计划评审技术，也是以计划和控制时间的原则为基础，其基本思想就是源于甘特图。

② 吉尔布雷斯夫妇的时间和动作研究。弗兰克·吉尔布雷斯(Frank Gilbreth，1868—1924)及其妻子莉莲·吉尔布雷斯(Lillian Gilbreth，1878—1972)是泰勒的杰出追随者。弗兰克是工业工程师，他关心工作效率，强调科学管理方法要与工人的个性和需要相结合，是从事时间和动作研究的著名先驱者，被称为"动作研究之父"。弗兰克的夫人莉莲是一位工业心理学家，是美国第一位获得心理学博士学位的女士，着重研究人在工作方面的特性和工人的个性与需要，被称为"管理学第一夫人"。吉尔布雷斯夫妇对管理思想的主要贡献有5个方面：动作研究、疲劳研究、建立制度管理、工人自身素质对工作成绩的影响、管理人员的培训和提升。

吉尔布雷斯夫妇在动作研究方面极大地丰富了"时间—动作"的理论与方法。他们研究的主要步骤是：分析一项特定任务所必需的每一个动作，并将其分解为单个动作元素；寻找完成每一个动作元素更好的方法；把这些动作元素重新组合，成为一个完整的动作。这个新的动作花费更少的时间和精力，从而提高了效率。吉尔布雷斯夫妇在设计和采用适当的工具方面进行了大量的实验，其中最著名的就是砌砖动作的研究。研究的目的有两个：第一，设计并采用适当的工具；第二，工作中如何消除手和身体动作的浪费。在省略砌砖动作的实验中，他开发出了一种新的堆放砖块的方法，利用专门设计的脚手架减少弯腰动作。他们还重新调配了灰浆的浓度，从而减少了砌砖工为了使砖放平每次都要用泥刀敲击砖的动作。通过分析砌砖的工作过程，吉尔布雷斯将砌外墙砖的动作从18个减少到9个甚至4个，将砌内墙砖的动作从18个减少到2个。

吉尔布雷斯夫妇是最先采用动作摄影技术来研究手和身体动作的研究者之一。他们发明了一种瞬时计，用来记录 1/2 000 秒的时间，把工人完成一项特定任务的过程拍摄下来，然后把其中连续的动作一帧一帧地加以分解，使之成为动作元素，从而能够辨认出被肉眼忽略的多余动作并将其省去。吉尔布雷斯夫妇还设计出一种分类体系，用来标示手的 17 种基本的动作，诸如"寻找""选择""抓取"和"持握"等，他们称之为基本动作元素。这套体系使吉尔布雷斯夫妇能够以更加精确的方式，分析任何操作者手的运动所包含的动作要素。

吉尔布雷斯夫妇对疲劳问题的研究也非常感兴趣。他们对工作场所的照明、加热、墙壁颜色、工具和设备构造等容易导致工人疲劳的因素分别进行了研究，了解工作场所的这些物理特征是如何使工人产生压力、引起疲劳，从而降低绩效的。

(6) 科学管理理论的贡献和局限性

科学管理理论的许多思想和做法至今仍被广大管理者参照采用，仍具有现实指导作用。该理论对管理科学发展的主要贡献有以下 4 个方面。①第一次使管理从经验上升为科学。科学管理理论的最大贡献在于将科学知识、科学方法、科学实验和科学实践精神用于管理，并以此取代个人的主观判断和经验。②通过科学方法优化生产效率。科学管理理论的核心是寻求最佳的工作方法，追求最高的生产效率。泰勒和他的同事们创造和发展了一系列有助于提高生产效率的技术和方法，如时间与动作研究技术、差别计件工资制等。这些技术和方法直到现在仍然是合理组织生产的基础。③计划职能与执行职能的分离，例外管理和日常管理的分离。科学管理理论对管理人员与执行人员进行职责分工，并把管理人员分为从事计划职能的较高层次的管理者和进行执行职能管理的较低层次的管理者(如工头)，以及从事例外管理控制的更高层次的管理者。各级管理人员与执行人员应各司其职、相互配合，才能提高企业的绩效和双方的收益，从而扩大劳资之间的利益相关性，并调和劳资矛盾，从中看到了管理层次维的雏形。④对各层次管理人员又进行了横向的职能工长分工。在计划管理部门划分了工作命令工长、工时成本工长、工作程序工长和纪律工长等，在执行管理部门设置了工作分派工长、速度工长、修理工长和检验工长等。这里体现出了管理领域维的最初思想，以及设置职能部门的最初做法。

科学管理理论建立在"经济人"的假设前提下，同时也受到时代的局限，所以存在以下两方面的不足。第一，科学管理理论虽然从"工具人"假设(将工人当作会说话的工具，主要通过强制性手段实施管理)发展到了"经济人"假设，但把经济利益作为人的唯一动机，实质上又回到了经济的"工具人"观念。"经济人"假设忽视了人除了经济目的以外的其他多种需求，忽视了企业成员之间的交往、工人的情感和态度等社会因素对生产效率的影响。第二，科学管理理论仅解决了个别具体工作的作业效率问题，而没有解决企业作为一个整体的开放系统应当如何经营的更全面和更长远的管理问题。

2. 一般管理理论

(1) 背景与创立

古典管理理论的另一个重要理论是亨利·法约尔(Henri Fayol，1841—1925)创立的一般管理理论。法约尔出生于法国的一个富裕家庭，1860 年毕业于圣艾蒂安国立矿业学院，以矿业工程师的身份进入法国康门塔里·福尔香堡采矿冶金公司工作，并在该公司奋斗了一生。

法约尔与泰勒研究管理问题的视角有很大差别。泰勒的研究是从工厂管理的一端——"车床前的工人"开始的，从中归纳出科学管理的一般结论，研究重点是企业具体作业的工作效率。而法约尔在公司担任了46年的经理和总经理，他对管理的研究是从总经理的办公桌前开始的，以企业整体作为研究对象，探索一般性的经营管理问题。由于站在一个较高的层次上对管理进行研究和实践，他认识到，管理理论是指有关管理的、得到普遍承认的理论，是经过普遍经验论证的一套有关原则、标准、方法和程序等内容的完整体系；有关管理的理论和方法不仅适用于企业，也适用于军政机关和社会团体。

在总结和研究管理经验的基础上，法约尔一生中发表了一系列关于管理的著述，其中比较重要的是 1916 年出版的著作《工业管理和一般管理》，首次提出了管理的计划、组织、指挥、协调和控制 5 项要素和一般管理原理。一般管理理论对现代管理理论具有重要的影响，法约尔的主张和术语在现代管理文献中也使用得非常普遍。因此法约尔被誉为"现代经营管理理论之父"和管理过程学派的开山鼻祖。继泰勒的科学管理理论之后，一般管理理论被誉为管理学史上的第二座丰碑。

(2) 经营与管理

法约尔认为经营与管理是不同的概念，经营比管理内容更广泛，它包括 6 种基本活动：技术活动、商业活动、财务活动、安全活动、会计活动和管理活动。法约尔指出，这 6 个方面的活动，在任何组织的任何层次都会以不同的方式和不同的程度存在，组织中不同层次的员工都应根据任务的特点，不同程度地拥有这 6 种职能活动的知识和能力。比如，对于作业层的工人，主要应具备技术能力；随着组织中层次的提高，员工技术能力的重要性相对降低，而管理能力则要求不断加强。也就是说，法约尔将管理从诸多的经营活动中剥离出来，并认为它是经营活动中的一个重要内容。除管理活动以外的其他 5 项活动实际上都属于企业的各类作业活动，管理活动对这 5 项作业活动都要进行管理(见图 2-3)。

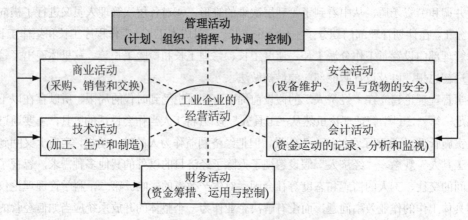

图 2-3　工业企业的 6 类活动

(3) 管理的要素

法约尔不仅将管理从经营作业活动中分离出来，更重要的是，他提出管理的要素包括计划、组织、指挥、协调和控制 5 项职能。其中，计划是指预测未来并制定行动方案；组织是指确定企业在物质资源和人力资源方面的结构；指挥是指通过发出指令来增强下属的责任感，使其有良好的工作表现，并履行组织赋予他的职能，最终使企业的活动最富成效；协调就是让企业人员团结一致，使各种资源保持适当的比例，使企业中所有活动和努力协同一致；控制是指保证企业所进行的一切活动符合既定的计划和原则。这 5 项要素对一般管理具有普遍的指导意义。

(4) 一般管理原则

法约尔根据长期的管理实践和研究，提炼出了 14 项一般管理原则。他强调，这些原则虽然可以适应一切管理，但是在实际工作中不能刻板地应用；原则的应用是一门很难掌握的艺术，它要求管理者综合运用智慧、经验和判断，并注意把握好尺度。下面我们简要介绍法约尔的 14 项管理原则。

① 劳动分工原则。法约尔认为，劳动分工属于"自然规律"的范畴，可以提高效率。这种分工同时适用于技术工作和管理工作。劳动分工还需要把握一定的限度，否则会使工人产生厌倦的情绪。

② 权力和责任对等原则。权力是指挥和要求别人服从的力量，包括职位权力和个人权力。职位权力是由职务和地位赋予的，个人权力则与担任一定职务的人的智慧、学识、经验、道德品质和领导能力有关。出色的管理者要用个人权力补充职位权力。权力要与责任对等，如果要求某人对一个工作的结果负责，就应该赋予其相应的权力。

③ 纪律约束原则。组织纪律对于实现组织的目标是十分重要的，所有员工都必须服从和尊重组织的规定。高层领导者要以身作则，管理者和工人一样接受纪律的约束，并统一受到公正的奖励和惩罚。

④ 统一指挥原则。执行某项任务的员工只能接受一个命令来源的指挥。双重命令是对权威、纪律和组织稳定性的一种威胁。如果打破这条原则，那么权力就会受到损害，纪律将受到破坏，组织秩序将被扰乱。

⑤ 统一领导者原则(简称统一领导原则)。某岗位上的员工只能有一个分管该岗位的直接上级领导者。围绕同一目标的所有活动，应该且只能在一位领导者的指导下进行，多头领导(多个领导者)将造成管理的混乱。统一领导是统一指挥的前提，没有统一的领导者就无法保证统一的指挥[1]。

⑥ 个人利益服从整体利益原则。组织要想生存和发展，组织的整体利益必须要高于任何个人和团体利益。但应当注意的是，组织目标应包含员工的个人目标，应尽可能保证个人目标与组织目标的一致性。组织和成员之间要建立起平等的协议，保证员工能够得到公平的对待和应得的报酬。

⑦ 报酬公平与合理原则。报酬方式将对企业生产发展产生重大影响。报酬制度应当公平，与员工的工作业绩和绩效挂钩。但是奖励应该有一定的限度，应以能激发起职工的热情为限，否则将会出现副作用。因此，报酬方式必须符合 3 个条件：保证报酬公平；能奖励有益的努力和激发热情；避免导致超过合理限度的过多报酬。

⑧ 集权与分权适度原则。集权与分权作为一种管理制度并无绝对的好坏之分，应根据不同组织的特点，采取适度的集权和分权方式。影响组织集权程度的因素主要有：组织的规模，领导者与被领导者的个人能力和工作经验，以及外界环境特点等。

⑨ 等级链与跳板原则。等级链是从最高的权威者到最低层管理者的等级系列，它表明了权力

---

1. 有些岗位，如总经理办公室主任，需要接受来自总经理和各位副总经理的任务，但是其直接领导者只有一人(如分管办公室的副总经理)，而同一项任务只能接受一个命令来源(可能不是来自直接领导者)。详见本书第五章关于"统一管理原则"的相关内容。

等级的顺序和传递信息的途径。为了保证命令的统一，各种沟通都要按照组织的等级关系，在直接关联的上下级之间逐级进行，不能轻易违背等级链，但这样又会产生信息延误和效率低下的问题。为解决这一问题，法约尔提出跳板原则，如图 2-4 所示。

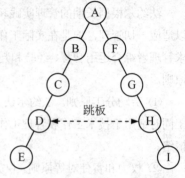

图中的字母分别表示组织的各个等级的不同部门。如果从 D 部门向 H 部门传递信息，必须攀登从 D 到 A 的阶梯，然后再从 A 到 H 向下传递，这样信息传递不仅速度慢，而且容易失真。法约尔设想，可以在等级链中非直接关联的不同部门之间建立一条连线(如图 2-4 中 D 和 H 之间虚线所示)，即"跳板"，允许部门之间进行必要的信息交流和沟通。这种横向沟通的方式，并不包括下达管理指令和正式报告关系。这样既可以维护组织的等级链原则，还可以大大提高组织的运行效率。

图 2-4　跳板原则示例

⑩ 秩序原则。任何组织都要建立秩序，包括人的秩序和物的秩序，没有秩序的工作将会是杂乱无章的。秩序原则要求每个人和每一个物品都处在恰当的位置上。

⑪ 公平原则。公平对于调动组织人员的积极性是十分重要的。领导者要特别注意下属和员工要求平等和公平的愿望，公平地对待下属。在不公平的情况下，任何激励措施都将失效。

⑫ 人员稳定原则。长期雇佣员工，并保持人员的稳定性，对于企业工作的正常进行和提高活动的效率将起到很大的作用。一个人要适应新的工作，不仅要求具备相应的能力，还要给他一定的时间来熟悉工作和环境，如果人员流动很大，将不利于企业的正常运行。

⑬ 首创原则。首创精神是指人们在工作中的主动性和创造性。管理者不仅自己要有首创精神，还要尽可能地鼓励和开发员工的首创精神。只要运用恰当，首创精神可以成为组织优势的一个主要来源，能够给组织的发展带来必不可少的创新力和创造力。

⑭ 团结原则。提倡协作精神，在组织中建立起和谐、团结的氛围，避免无谓的内耗，这是企业发展的巨大内在力量。企业领导者应尽一切可能，维护和巩固组织人员的团结。

(5) 一般管理理论的贡献和局限性

一般管理理论对管理科学的发展做出了具有里程碑意义的重要贡献，主要体现在以下 4 个方面。

① 提出了管理的普遍性。法约尔不再把管理局限于某一个特定的范围内(如企业)，认为各类组织都需要实行管理。

② 提升了管理的地位。法约尔把管理活动从经营活动中单独分离出来作为一个独立的功能，也就是把经营活动分为作业和管理两类活动，并赋予管理活动调控其他经营活动(作业活动)的重要地位。

③ 创立了更具一般性的管理理论。法约尔除了提出管理的普遍性，还将管理理论提升到更具一般意义的新高度。泰勒以工厂(尤其是生产车间)管理这一具体对象为出发点，提出了非常富有实践性的科学管理方法，但缺乏一般的理论性。而法约尔的管理理论从企业等组织的整体出发，概括性地提出了更具一般意义的管理要素和一般管理原则，从而提升了管理理论的指导价值。

④ 为管理过程学派奠定了基础。法约尔最先归纳了管理的 5 项要素——计划、组织、指挥、协调和控制，这在管理学史上具有划时代的意义，为后来形成管理过程职能奠定了基础。

当然，处于管理科学的初创时期，一般管理理论也有一些局限性。例如，该理论只是提出了计划、组织、指挥、协调和控制的初步概念，其理论内涵、管理过程和相互关系还不够清晰。尤其是指挥和协调两项功能比较单薄和模糊，缺乏实质性的管理内容和方法。

3. 官僚组织理论

(1) 背景与创立

马克斯·韦伯(Max Weber，1864—1920)是官僚组织理论(又译作科层组织理论)的创始人。韦伯是德国著名的社会学家，他在很多方面具有天赋，对社会学、宗教、经济学和政治学等领域都有广泛的兴趣和独到的见解。他不仅是现代社会学的奠基人，而且提出了所谓理想的行政组织体系理论。

官僚制在 19 世纪已盛行于欧洲，尽管人们对官僚制的效率存在争论，但韦伯把目光投向官僚组织制度体系的稳定、精细、严格、可靠等优越性上。在工业化高速发展的时期，传统的"人治"管理模式需要变革，官僚制组织的特点能够很好地适应当时的社会环境变化和组织管理需求。韦伯在 20 世纪早期发展了官僚组织理论，认为官僚组织体系是理想的行政组织形态。1920 年他出版了官僚组织理论的代表作《社会和经济组织的理论》。因此，在管理科学发展史上，韦伯被称为"组织理论之父"。

需要说明的是，"官僚"一词在中文里通常是贬义的，它和"高高在上、脱离群众、脱离实际、拘泥于条条框框、在组织中作威作福"等工作作风联系在一起。但在管理理论中，"官僚(bureaucracy)"是一个中性词，是指一种管理模式。其特点是，组织的职位和权力均以公开和正式的条文明确规定，组织的各项活动都要按照客观的准则，理性、公正和有效地进行，杜绝以"人治"的方式开展管理。官僚组织体系是一种通过"公职"或职位，而不是通过"世袭"或"个人魅力"来进行管理的理想的组织制度。

(2) 官僚组织的权力基础

韦伯认为，权力是统治社会或管理某个组织的基础。社会或组织与其构成部分的关系，主要不是通过契约关系或道德来维持的，而是通过权力的行使来凝聚的。任何组织都必须以某种形式的权力作为基础，韦伯认为，被社会所接受的合法的权力有以下三种类型。

① 传统权力。传统权力是建立在对习惯和古老传统的神圣不可侵犯的要求之上的，这是一种由族长、部落首领或帝王来行使的权力。臣民之所以服从，是基于对神圣习惯的认同和尊重。在这种权力中，领导人的作用主要是维护传统，因而管理效率较低，不宜作为官僚组织的权力基础。

② 超凡权力。这种权力来源于他人对具有超凡人格魅力的领导者的崇拜与追随。为了维持追随者的信仰，领导者必须以不断的奇迹和英雄之举来赢得人们的敬仰。在日常管理中，管理者树立个人形象和人格魅力是必要的，但完全依靠超凡权力进行管理是难以做到的。超凡权力过多地带有感情色彩，不依靠规章制度，是非理性的，所以也不宜作为官僚组织的权力基础。

③ 法理权力。法理权力是一种由法律或制度确定的职位或地位所赋予的权力，它的依据是对标准规则的"合法化"的信念，或对那些按照标准规则被提升到领导地位的人的权力的信念。

韦伯认为，只有法理权力才能作为官僚组织的权力基础。它具有合理性，所有权力都有明确的规定，而且是按照组织任务所必需的职能加以详细的划分，为管理的连续性提供了基础，领导人可以借助法律和制度手段来保证权力的行使。

(3) 理想的行政组织体系——官僚组织体系

有了适合于官僚组织的权力基础，韦伯勾画出理想的行政组织体系——官僚组织体系应当具备的特征，也就是这种理想的官僚组织在管理上应当达到的要求。主要有以下几条。

① 劳动分工。将工作分解为简单、例行、程序化和清晰定义的任务。对成员进行合理分工，并明确每人的工作范围及权责，然后通过技术培训来提高其工作效率。

② 权力体系。权力体系由严格的等级层次所构成，具有明确的命令链，各职位的权力由该等级的职位所赋予。在组织内，按照地位的高低规定成员间命令与服从的关系，每个下级都要接受上级的控制和监督。

③ 人员甄选。每一职位都有明确规定的任职资格的限制，如经过培训、教育或正式考试所取得的技术资格(如学历)及必需的工作经历和资历等。在人员任用时，按自由契约原则，通过规定的正式程序(如公开考核等)进行选拔，务求人尽其才。

④ 组织规则。根据合法的程序，制定明确的行动目标、规章制度和标准化的运作程序。为了确保全体成员的各类活动的规范化和一贯性，管理者必须倚重这一套完整的法规和制度，组织与规范成员的行为，使得组织人员都按照固定和正式的职责，依法、按章行使职权，以期有效地追求与达到组织的目标。

⑤ 非人格性。组织成员间的关系只有对事的关系而无对人的关系，所有规则及其执行过程都具有一致性。每一个人都必须遵守规则，不会因人而异，避免掺杂任何个性、情感和成员的个人偏好。

⑥ 职业定向。组织中的管理者是职业化的公职人员，而不是该组织的所有者，他们按职位领取规定的薪金。组织应建立起明确的奖惩与升迁制度，以培养成员的事业心，并调动其工作热情，使成员在组织中通过努力工作来谋求自身的发展。

韦伯认为，具有上述 6 项特征，可使组织表现出高度的理性化，其成员的工作行为也能达到预期的效果，组织目标也能顺利达成。

(4) 官僚组织理论的贡献与局限性

韦伯的官僚组织理论向人们描绘了一种理想化的组织模式，不管这种官僚组织体系是否现实、是否可行，但是它为各类行政组织指明了一条制度化的组织准则，指明了一种值得去追求的理想状态。这就是韦伯的官僚组织理论的价值所在，也是他对管理组织理论的最大贡献。

然而，韦伯的理论"成也理想，败也理想"[1]。这一理想的组织体系误导了一些过分迷信官僚组织模式的管理者，以至于他们在管理实践中四处碰壁。韦伯的许多假设是脱离实际的，也许人类社会永远也无法构建出这种理想的组织模式。因为人是有情感的，人的情感、情绪、认知、思维和行为等都是十分复杂的，人的理性也是有限的，而由人所构成的社会组织将更加复杂，因此我们无法用管理物质系统的方法来管理人类社会组织。所以，官僚组织理论从它诞生起就一直遭到各种批评。其主要缺陷有：①过分强调劳动分工的简单性和清晰性，忽视了专业的交叉、职能权限的关联、组织的整体协调、工作的完整性，导致本位主义盛行，工作内容单调乏味；②过分强调权力体系的法理权力和等级服从制度，忽视了下级往往对具体情况更加了解、对问题的判断

---

1. 参见张智光所著《管理学智慧：为官的定理》(南京大学出版社，2015 年版)一书中的"135. 科层组织理论——成也理想，败也理想"。

更加准确等因素，导致管理者不注重培养良好的个人品格，高高在上、脱离群众、独断专行，组织缺乏民主氛围；③过分强调人员甄选的技术标准，忽视了人的复杂性和岗位要求的综合性，导致技术资格符合要求，但其他综合素质较弱的人选在工作中难以胜任；④过分强调组织规则的制度作用，忽视了工作情况和环境的复杂性和多变性，导致规章制度膨胀、组织迷失根本目标、创造力和革新精神丧失、管理者怕担风险、工作效率和效益低下；⑤过分强调非人格性的人际关系，忽视了人的感情等因素对管理者决策和组织运行的影响，导致人际关系紧张，各种矛盾冲突加深，反而给组织的决策和行动造成障碍；⑥过分强调职业定向的严格性和规范性，忽视了个人的主动性、积极性、兴趣特长和个性化的全面发展，导致组织成员的职业能力受到制约，难以应对多样化和多变性的工作和社会需求。

四、行为科学管理理论

1. 背景与创立

在工业革命早期，科学管理理论在提高劳动生产率方面取得了显著的成绩，但是它片面强调对工人的严格控制和劳动的规范化，忽视了工人的尊严、社会关爱和受尊重等其他需求。工人们长期从事一种简单、标准的操作，使他们被动、机械地完成任务，导致主观能动性和工作效率下降。20 世纪 20—30 年代，随着科学技术不断转化为生产力，生产和资本的集中化程度越来越高，企业的规模及管理机构的规模也日益庞大，组织内部的成员关系也日趋复杂化，在此背景下单纯用科学管理的理论和方法已不能有效管理工人以达到提高生产率和获取利润的目的。一些管理学家开始把管理的注意力从生产现场的机器操作转向生产过程的人性关怀方面，从对"经济人"的研究转向对"社会人"的研究。他们从心理和人际关系入手，研究组织中个体和群体的行为，研究工人的工作态度、情绪、积极性、主动性和社会心理需求等问题，从而开拓了管理理论的一个新的研究方向——行为科学。

行为科学管理理论始于 20 世纪 20 年代中至 30 年代初梅奥的霍桑实验,梅奥因此建立了人际关系学说。1949 年在美国芝加哥召开的一次跨学科会议上，第一次提出了"行为科学"的概念。1953 年在美国福特基金会召开的会议上，正式把这门综合性学科定名为"行为科学"。由此可见，管理科学的行为科学学派产生的时间大致在 20 世纪 40 年代末期。

2. 早期人际关系研究

(1) 闵斯特伯格的工业心理学

雨果·闵斯特伯格(Hugo Munsterberg, 1863—1916)是德国著名的心理学家，最早把心理学的观念运用于工业组织，是工业心理学的创始人，被人们尊称为"工业心理学之父"。他于 1913 年出版了著作《心理学与工业效率》。在这本书中，他强调应更好地理解心理学成果并将其用于提高工业效率上，论述了对人类行为进行科学研究以辨认出一般模式和解释个体之间差异的重要性。

在获得最大工业效率问题的研究上，闵斯特伯格认为其中包含了 3 个重要目标：最合适的人、最合适的工作和最理想的效果。闵斯特伯格提出用心理测验方法来改进组织成员的选拔，研究了激励工人最有效的方法，并在对增加工人的干劲和减少疲劳的心理方法提出了明确的建议。

闵斯特伯格还研究了科学管理与工业心理学之间的联系和区别。他认为，二者都是通过科学的工作分析，以及通过使个人技能和能力更好地适合各种工作的要求，提高生产率；但是，科学管理研究者们往往过于注重工人的身体技能与工作要求相适应，忽略了心理和精神方面的技能。闵斯特伯格的工业心理学研究为以后的组织过程、领导过程和人力资源管理等奠定了基础，今天关于人员甄选技术、成员培训、工作设计和激励等方面的知识，很多都建立在闵斯特伯格的研究基础上。

(2) 福莱特的早期行为学研究

玛丽·帕克·福莱特(Mary Parker Follett，1868—1933)是另一位提倡行为科学思想的管理学家。虽然她生活在泰勒的科学管理时代，但她的研究和著作关注了被泰勒所忽视的组织中人性方面的问题。

在群体与个体的协调方面，福莱特认为，组织应该基于群体道德而不是个人主义，个人的潜能只有通过与群体的结合才能释放出来，管理者的任务是调和与协调群体的努力。她认为，组织内部总是存在冲突的，在处理冲突时有三种原则：①形势原则。谁有权威不是由等级制度，而是由形势本身来确定。因此，发布命令的人应该是最了解形势、最能完成工作的人，而不必顾虑职位的高低。②协作原则。人们的协作对整个群体都有好处，应当通过协作来解决问题，而不是由个人利益来左右形势。这是形势法则的补充。③利益相结合原则。可以通过仔细检查冲突各方面的情况来找到与各方都有利的办法，即通过利益结合来消除冲突。

在改善群体绩效方面，福莱特指出，无论是在职权链条的顶层还是下端，职权应当与知识相结合。如果工人具有相关的知识，那么应该由工人而不是管理者来控制工作。管理者应发挥教练和助手的作用，而不是一味地高高在上。这一观点是对当前的自我管理团队和授权理论的早期预见。她还认识到，让不同部门的管理者进行直接的交流，对提高决策速度具有重要的作用。

玛丽·帕克·福莱特的"利益结合"的论述同泰勒的"精神革命"基本相似，而她关于协作的论述同行为学派梅奥等人的观点相似，所以有人把福莱特喻为"科学管理和行为科学之间的桥梁"。由于她对管理学的巨大贡献，当代的管理大师德鲁克把她称为"管理学的先知"。甚至有人把她与泰勒相提并论，宣称这位杰出的女性应当与"科学管理之父"并列，可称之为"管理理论之母"。

3. 霍桑实验

在行为科学的研究中，管理学家们进行了无数的科学实验，其中最著名的是"霍桑实验"。梅奥等人正在霍桑实验的基础上创立了人际关系学说。霍桑实验是20世纪20年代美国国家科学院的全国科学委员会组织研究人员围绕工作条件与生产率的关系，在美国芝加哥西方电气公司所属的霍桑工厂进行的一项科学实验，从1924年起至1932年止，历时8年。1927年后由美国心理学家和管理学家乔治·埃尔顿·梅奥(George Elton Mayo，1880—1949)领导的研究团队进行了开拓性的研究。下面简要介绍其中的一些主要实验及其结论(周三多，2006)。

(1) 照明实验(1924—1927)

照明实验是由美国科学研究委员会组织研究人员设计的，从1924年持续到1927年。实验最初的目的是研究工作环境因素(特别是光线或照明水平)对工人疲劳和绩效的影响。研究人员选择了一批工人，把他们分为两组：一组为实验组，一组为控制组。控制组一直处于正常的照明强度下工作，而实验组的照明强度要发生变化。起初实验者设想，增加照明强度可能会使产量提高，降低照明强度会使产量下降。但实验却产生了出乎意料的结果。研究者发现，当实验组的照明强度逐渐增加时，生产量增长了；但当照明强度下降时，生产量仍以几乎相同的比例增长；只有当光线亮度降低到月光的水平时，生产率才开始下降，因为工人们已经无法看清楚周围环境，无法高效率地工作。更令人意外的是，控制组在照明强度一直不变的情况下，生产量几乎与实验组以相同比例增长。此后，又进行了改变工作时间和增加休息时间、变集体激励为个人计件工资制、在休息时间提供咖啡和点心等一系列改善工作条件的实验，结果也看不出工作条件与劳动生产率之间的联系。研究结果表明，工作条件与劳动生产率之间并不存在明显的正相关关系。研究人员对这些结果感到迷惑不解。西方电气公司的检验主任乔治曾推测产量增加是因为工人对实验本身感兴趣，但这种解释并没有太强的说服力和依据，也无法得出明确的结论。

(2) 继电器装配和云母片剥离实验(1927—1932)

前面实验以无结论而告终，正当研究人员准备放弃实验时，西方电气公司的乔治邀请到了哈佛大学的梅奥教授来主持实验，实验得以继续进行。

梅奥率领了一个哈佛小组来到霍桑工厂继续科学院专家小组的工作，这其中有他的主要助手弗里茨·朱利斯·罗特利斯伯格(Frity Jutes Roethlisberger，1898—1974)。他们在分析前一段实验的基础上，列出了一系列可能导致产量变化的假设，并用先前的实验结果加以验证，试图解释照明试验的结果。这些假设是：①在实验中改进物质条件和工作方法，可导致产量的增加；②安排工间休息和缩短工作日，可以解除或减轻身体的疲劳；③工间休息可以降低工作的单调性；④个人计件工资制能促进产量的增加，刺激生产效率的提高；⑤由于监督和控制方法的改进，使得员工的态度有所改善，从而增加了产量。研究人员逐个检验和分析以上假设的真实性，他们否定了前三个假设，最后选择第四和第五两个假设进行继电器装配和云母片剥离实验。

研究人员选择了继电器装配和云母片剥离两个小组进行实验。继电器装配小组是由5个有经验的女工组成的一个新小组。实验以前实行的是集体计件工资制，实验时改为个人计件工资制，工人产量连续上升，最后稳定在原产量112.6%的水平上。9个月以后，又恢复了先前的集体计件工资。实验到第7个星期，小组的产量下降到实验前的96.2%。云母片剥离小组的工资制度没有改变，唯一变化的是工作场所被安排在一间特别的观察室中。在实验期间，该小组产量比实验前平均提高15%。哈佛研究小组由此得出结论，认为工资制度的变化与产量提高并无直接的关系。

根据继电器装配和云母片剥离实验的结果，研究人员对第五种假设进行了分析。他们认为是由于管理方式的改变带来了士气的提高和人际关系的改善。在实验过程中，工人的劳动从生产现场转移到特殊的实验室中进行，由实验研究人员担任管理者。他们力图创造一种"更为自由愉快的工作环境"。这些"管理者"改变了传统的监督和控制方法，就各种项目的实验向工人提出建议，征询意见。工人的意见被研究人员倾听，工人的身体状况和精神状况成为研究人员极为关心的事情。这种可以自由发表意见并得到关心的工作环境使得工人感觉到自己受到了重视，士气和工作态度也随着改善，从而促进了产量的变化。这个结论正好支持了前面提出的第五种假设。

(3) 访谈实验(1928—1930)

在上述实验的基础上，梅奥等人又进行了为期两年的大规模访谈调查，涉及的访谈对象有2万多人次。访谈的目的是要了解如何获取工人内心真正的感受，倾听他们对解决问题的看法，进而提高生产效率。开始时,调查人员提出了有关督导管理和工作环境方面的问题,但是发现员工的回答往往是带有防卫性的千篇一律的话语,而且员工喜欢对提纲以外的问题发表意见。于是,研究小组对访谈实验进行了调整,每次访谈之前不规定谈话的内容和方式,工人可以自由发表意见,这样工人有了一个自由发表意见和发泄心头之气的机会。结果,虽然工人的工作条件或劳动报酬并没有任何改善,但他们却普遍认为自己的处境比以前好了。

访谈研究人员发现,工人由于关心个人问题而会影响工作效率。因此,管理人员应该了解工人的这些问题,充分重视人的因素,与工人相处时应当更为热情,更关心他们,学会倾听和交流,这样才能够改善人际关系,进而提高员工的士气和生产效率。

(4) 绕线实验(1928—1930)

在实验中,研究人员感觉到工人中似乎存在一种非正式群体(又称非正式组织、非正式团体)。为了证实这种非正式群体的存在及其对工人态度的影响,研究小组又进行了电话线圈的绕线实验。他们挑选了 14 名男工,其中 9 名绕线工、3 名焊工和 2 名检验工。除检验工外,其他 12 人分成三组,构成正式群体。实验采用集体计件工资制,目的是要求他们加强协作。

实验中,研究人员观察到工人们对于"合理的日工作量"有明确的概念,且这个工作量低于管理当局估计的水平和他们的实际能力。工人们认为,如果产量超过这种非正式的定额,工资率就可能降低;而如果产量低于这个水平,则可能引起管理当局的不满。所以他们在产量水平上达成了默契,并运用团体的压力来促使人们共同遵守这一非正式的定额,这些压力包括讽刺和嘲笑等。每个工人都自觉限制自己的产量,以避免自己的"形象"在同伴眼中受到损坏。如果某个工人在某天的产量高了,他也只会上报符合"合理工作量"的部分,其余产品则会隐藏起来,第二天通过放慢生产速度来"消化"这部分多余的产量。

进一步研究发现,在正式组织中存在着小团体,即非正式群体。这种非正式群体可能跨越正式群体的界限,而且相对稳定。非正式群体有自然形成的领袖或领导者和自己的行为规范。比如,不应该提供过多或过少的产量;不应该成为"告密者",或向监工打"小报告";不应该在工作中一本正经,对同伴保持疏远的态度,或好管闲事等。违反这些规范就会受到某种形式的攻击会压力。非正式群体往往会影响正常的工作效率,管理人员需要加以正确引导。

4. 人际关系学说

根据对霍桑实验结果的分析和研究,梅奥出版了《工业文明中人的问题》(1933 年),罗特利斯伯格出版了《管理与工人》(1939 年)和《管理与士气》(1941 年)等著作,标志着人际关系学说的建立。下面简要说明其中的一些主要观点。

(1) 企业员工是"社会人",而非"经济人"

在企业中,除了金钱与物质之外,还有社会和心理因素影响着人们生产的积极性,如人际交往、社会尊重和社会认可等。因此,要调动员工的积极性,还需要考虑人的社会和心理因素,要把他们当成"社会人"来看待,而非纯粹的"经济人"。

(2) 企业中存在着非正式群体

非正式群体是与正式群体相对而言的。正式群体是指为了有效实现企业目标,对企业成员的职位、任务、责任、权力及其相互关系进行明确规定和划分而形成的组织体系。非正式群体是通过成员共同的思想观念、社会背景、业余爱好或利益需求等因素将他们联系在一起的。这类组织有自己独特的感情、规范和倾向，对生产率的提高有很大的影响。不管管理者承认与否，非正式群体都是客观存在的，它与正式群体互相交融，并会通过影响工人的工作态度来影响企业的生产效率。因此，管理人员应该正视这种非正式群体的存在，分析非正式群体的特点，通过正确的引导和沟通，可以利用非正式群体为正式群体的活动和目标服务。

(3) 人际关系影响企业生产效率

生产效率的高低不仅受物质条件诸因素的影响，而且还取决于员工的工作态度。而员工的工作态度受人际关系(包括在家庭、组织和社会生活中人与人的关系)的影响，良好的人际关系有利于提高生产效率。此外，从访谈实验可知，管理人员尤其是低层管理人员要设身处地地关心员工，通过认真的倾听和积极的意见交流，达到感情上的沟通，这样才有利于提高生产效率。

(4) 新型的领导能力在于提高员工的满足度

科学管理理论认为，生产效率主要取决于作业方法、工作条件和工资制度。而梅奥等人根据在霍桑工厂的观察得出的结论是，生产效率的高低主要取决于工人的士气，而工人士气的高低则取决于他们感受到各种需要得到的满足程度。在这些需要中，不仅是工人的物质需求，还包括安全需求、归属需求和尊重需求等诸多方面。所以，新型的管理人员应该认真分析员工各种需要的特点，掌握他们的心理状况，采取适当的措施，合理、充分地激励工人，以便提高员工的劳动生产率。

5. 行为科学学派

(1) 主要研究内容

人际关系学说在经历了 20 世纪 30—40 年代的迅速发展后，逐步形成了一个庞大而复杂的学科群，大批受过专业的社会科学训练的研究者从心理学、社会学、人类学和管理学的角度对人际关系进行综合研究，从而建立了关于人的行为及其调控原理的一般理论——行为科学。由此产生了管理科学的行为科学学派。行为科学是专门研究人的行为的产生、发展和变化规律的一门科学，其目的是预测、控制和引导人的行为，发挥人的作用，调动人的积极性。行为科学的研究内容大体上分为 3 个层面：个体行为研究、群体行为研究和领导行为研究。

个体行为研究，是对独立个人的行为特征和规律进行研究。其研究内容主要包括人的需要、动机和激励，以及企业中人的特性等问题，由此得出关于个体的行为原因、行为过程以及行为结果的个体行为理论。这方面的理论主要有：马斯洛(Maslow)的需要层次理论，赫茨伯格(Herzberg)的双因素理论，弗鲁姆(Vroom)的期望理论等。

群体行为研究，是研究由个体组成的员工群体，而不是相互独立的个人，研究各式各样正式和非正式群体中的成员彼此之间存在着的相互影响和相互作用。群体行为理论除了包括对正式群体与非正式群体的特征、相互关系等方面的探讨外，还包括关于群体的沟通与冲突，以及群体的动态发展、群体动力学等内容的研究。

领导行为研究，是在对个体和群体行为研究的基础上，探讨领导者的行为对员工的士气、工作表现和生产效率的影响。领导行为理论的研究成果十分丰富，如麦格雷戈(McGregor)的 X-Y 理论、勒温(Lewin)等人的三分法理论和布莱克(Blake)的方格图理论等。

20 世纪 60 年代以后，一些专门研究行为科学在企业中应用的学者，将行为科学和人力资源管理、组织管理学与领导理论等结合起来，创立了"组织行为学"。组织行为学探讨个体、群体及其结构对组织内部行为的影响，以便应用这些知识来改善组织的有效性。关于组织行为学和行为科学的相关理论，我们将在本书的第六章和第七章中进行介绍。

(2) 行为科学学派的贡献与局限性

行为科学学派在管理科学上的贡献主要有以下几个方面。①从以工作绩效为中心转向以人为中心的新型管理理念。工作绩效是由人创造的，只有以人为本，才能从根本上解决绩效的问题。②从"经济人"假设转向"社会人"假设，肯定了人的社会性和复杂性，经济利益并不是人的唯一追求，也不是人的根本追求。经济利益只是基础和手段，人们更高的追求是要受尊重、受关爱、有成就、愉快地生活和工作等。③运用定性和定量相结合的科学研究方法来研究人的行为和管理学问题。④引发人们对组织目标的深层次思考，组织绩效的内涵除了工作绩效外，还应当包含员工的满意度等其他目标。

行为科学学派的局限性在于对人的类型的分析还不够深入和细致。宏观上以人为本的原则是正确的，但是在微观上，对不同的人应当采取不同的管理方式。后面的权变管理学派理论弥补了这一缺憾。

五、现代管理理论

1. 管理理论的丛林

早期的管理学家都是一些富有实际经验的管理人员，他们既从事实际管理工作，同时又根据实际经验进行管理理论的研究，如"科学管理之父"泰勒和"现代经营管理之父"法约尔等。并且，他们的理论在自己所处的时期都起着主导的作用。第二次世界大战之后，随着科学技术的发展，生产的社会化程度不断提高，环境对企业的影响越来越大，管理教育和管理研究也都有了蓬勃的发展，从事管理研究和教育的队伍的构成发生了明显的变化，专职的管理学教授和研究人员占据了主流。特别是到了 20 世纪 50 年代以后，管理方面的论著如雨后春笋般地出现，管理理论进入了一个新的发展阶段——现代管理理论阶段。由于研究者的学科背景、经历和研究方法不同，他们常常从不同的视角来讨论管理问题，从而形成许多不同的管理学派。这个阶段与过去相比，最大的不同在于，没有哪一个理论能够在这个时期的理论发展和实践中起到主导作用。

现代管理理论这种学派林立、百家争鸣的现象被管理学家哈罗德·孔茨(Harold Koontz)称为"管理理论的丛林"。由于他对"丛林"的论述，有人称他为"穿梭在管理丛林中的游侠"。孔茨是美国管理学家、管理过程学派的主要代表人物之一。他早年在美国耶鲁大学获得博士学位，以后在美国、欧洲各国讲授管理学，并在美国、荷兰和日本等国的大公司中做管理咨询工作。他担任过美国管理学会会长，并在美国加利福尼亚大学管理研究院任管理学教授。孔茨在 1941 年以后出版了 20 多本著作，并发表了近百篇论文。1961 年孔茨在发表于《管理学会杂志》(*Academy of Management Journal*)上的论文"论管理理论的丛林"中指出，管理理论的发展已经出现了一种"众说纷纭、莫衷一是的乱局"。他把各种管理理论分成了 6 个主要学派：管理过程学派、经验和案例学派、人类行为学派、社会系统学派、决策理论学派、数学学派。1980 年孔茨又发表了一篇题为"再论管理理论的丛林"的论文，把管理理论学派从 6 个发展到 11 个，即经验管理学派、人际关系学派、群体行为学派、社会系统学派、社会技术学派、决策理论学派、系统管理学派、数量管理学派、权变管理学派、经理角色学派、管理过程学派(又称经营管理学派)。

现代管理各种理论流派的出现反映了管理理论的复杂性、渗透性和交互性。这些理论各具特色，不存在谁是谁非的问题，从不同的侧面体现了管理科学的整体复杂性。本书试图将这些理论纳入一个统一的三维管理体系之中，使它们与先前的理论一起共同构成一个完整的管理科学的理论大厦。下面简要介绍几个有代表性的现代管理理论学派。

2. 社会系统学派

(1) 背景与创立

社会系统学派(又称社会协作系统学派)把系统理论和社会学用于管理领域，认为社会的各级和各类组织都是一个由组织成员构成的协作系统。社会系统学派的创始人是美国的管理学家切斯特·巴纳德(Chester Barnard，1886—1961)。他出生于美国的马萨诸塞州，从小就养成用哲学来思考问题的习惯。巴纳德于 1906—1909 年通过勤工俭学完成了哈佛大学经济学的课程，1909 年进入美国的电报电话公司工作，1927 年起担任新泽西贝尔电话公司总经理。巴纳德在美国电话电报公司的职业生涯中，前 10 年担任参谋部门的管理职务，以后长期担任中心业务部门的领导职务，这两方面的经验对他以后创立社会系统学派的理论提供了很大的帮助。巴纳德还是一位积极的社会活动家，担任了许多社会职务。

20 世纪 30 年代正处于行为科学学派的发展初期，人际关系学说的兴起，使管理学者开始使用社会学、心理学的方法来分析和处理管理问题，注意协调好组织中的人际关系。但在巴纳德看来，梅奥等人的人际关系学说研究的重点只是组织中人与人之间的关系，这种人际关系强调的是行为个体相互之间的关系，并没有研究行为个体与组织之间的关系协调问题。而当时的管理实践中也暴露出了某些单纯以人际关系学说为理论指导而不能解释的管理问题。正是基于这样的历史背景，社会系统学派得以产生，并将协调组织中个人与组织之间的关系作为其研究的主导方向。1938 年，巴纳德出版了《经理的职能》一书，标志着社会系统学派的创立。在这本著作中，他对组织和管理理论的一系列基本问题提出了全新的观点，认为组织是一个复杂的社会系统，应从社会学的观点来分析和研究管理的问题。由于巴纳德的贡献，有人把他称为"系统组织理论创始人"和"现代管理理论之父"。下面介绍社会系统学派的几个主要思想。

(2) 组织是一个协作系统

组织是由若干人员组成的相互作用的系统，在这个系统中人们自觉的、有意识的和有目的的进行协作。社会的各级和各类组织，包括军事的、宗教的、学术的和企业的等，本身都是一个协作的系统，同时又是社会这个大协作系统的某个组成部分。组织是由个人组成的，个人对是否参加组织的活动可以做出选择，这取决于个人的动机，包括目标、愿望和推动力，而组织则通过其影响和控制的职能来有意识地协调和改变个人的行为和动机。从整体组织来看，管理的职能就在于保持组织同外部环境的平衡。

(3) 协作系统的三要素

作为正式组织的协作系统，不论其规模大小、级别高低，都包含了 3 个基本要素：协作的意愿、共同的目标和组织成员间的信息沟通。

① 协作的意愿。组织中个体的协作意愿，是构成一个组织的前提条件。个体要有协作的意愿，就意味着个体要自我克制，要交出个人行为的控制权，实现个人行为的非个人化。实际上，这就是要求个人为实现协作系统的目标，愿意付出个人的努力和做出个人的牺牲。没有这种意愿，就不可能产生对组织有用的持续的个人努力，也就不可能将不同个体的个人行为有机地结合在一起，协调地进行组织活动。不同个体的协作意愿强度是不同的，即使是同一个个体，其在不同时期的协作意愿的强度也不同。个体协作意愿的强弱程度取决于自己提供协作而导致的"牺牲"与组织因自己的协作而提供的"诱因"这两者之间的比较。在"诱因"与"牺牲"相平衡或者"诱因"更大时，个体才可能有协作的意愿。然而"牺牲"与"诱因"之间比较的尺度，通常是由个人主观决定的，而不是客观的。所以，组织要获得或增强个体的协作意愿有两个途径：一方面可以有针对性地提供客观刺激，包括物质刺激(如金钱)、非物质刺激(如地位、权力等)和社会性的刺激(如参与决策)等；另一方面可以说服个体改变其主观态度，培养和提高个体的协作精神。

② 共同的目标。共同的目标是组织成员产生协作意愿的基础。没有共同的目标，组织成员就不知道要求他们做何种努力，同时也不知道自己能从协作劳动的结果中有可能获得何种满足，因而不会进行协作活动。组织成员对共同目标的接受程度影响到他对组织提供的服务，但仅仅有共同的组织目标是不够的，个人之所以愿意为组织目标做出贡献，是因为他意识到实现组织目标有助于实现他的个人目标。而现实中，组织目标与个人目标并不总是一致的，两者有时是矛盾的。对于一个协作系统来说，如果不能实现个人的动机，就不可能实现组织的共同目标；只有在较大程度上满足了个人目标时，协作系统才能对组织成员产生较强的向心力和内聚力，组织目标才能得以实现。因此，管理人员的一项非常重要的职责，就是将组织目标和个人目标联系起来，对为实现共同目标而做出贡献的组织成员，尽可能通过各种措施辅助他实现个人目标。当然，对于组织成员来说，组织的共同目标是外在的和客观的，而个人目标却是内在的和主观的。因此，管理者需要帮助个人加深对这两种目标相一致的认识，并努力避免组织目标和个人目标的不一致或理解上的背离。

③ 信息的沟通。成员之间只有通过信息沟通才能理解组织的共同目标，才能增强相互联系和协作意愿，形成互动过程。为了有效地保证信息沟通，必须遵循以下原则：信息沟通的渠道要为所有组织成员所了解；每个组织成员都有一个正式的信息沟通渠道；信息沟通的路线要尽可能地直接和便捷；信息沟通要按正式的线路进行，避免因信息越级沟通而带来矛盾和误解；信息沟通中心的各级管理人员必须称职和尽职；组织履行职能时，信息沟通的线路不能中断；每一次信息沟通都必须具有权威性。

(4) 经理人员的职能

根据协作系统的三要素，经理人员的职能是：①建立和维持一个信息交流系统，以确保信息的沟通；②规定组织的共同目标，并对目标进行分解和下达，使组织中的每个成员都能为完成组织目标而承担一份责任；③促使个人付出必要的努力，并给予相应的"诱因"回报，保证组织共同目标与个人目标相一致，以增强组织成员的协作意愿。

(5) 社会系统学派的贡献与局限性

巴纳德是最早把系统论和社会学知识用于管理领域的学者，不仅拓展了系统论的应用领域，而且为复杂的社会系统管理提供了科学的理论与工具。作为社会系统学派的开山祖师，巴纳德在系统组织管理理论方面进行了开创性的研究，奠定了现代组织理论的基础。在关于经理人员的职能方面，尤其是将一个传统的组织改造为现代组织的经理人，巴纳德的贡献尤为突出。巴纳德的理论对后期的决策理论学派和系统管理学派等都产生了重要的影响。

当然，社会系统学派的也有一定的局限性。例如，"诱因"与"牺牲(或贡献)"的平衡理论将组织成员的协作意愿的复杂原因简单化了。有时候来自组织外部和内部以及个人自身的其他因素也会影响个人的协作意愿，而且协作意愿并不等同于协作行为。再如，系统理论中还有许多科学理论和分析工具(如自组织理论和最优化方法等)都可以用于组织的管理中，而社会系统学派对此研究得还不够，这也为后期系统管理学派等留下了发展空间。

3. 决策理论学派

(1) 背景与创立

决策理论学派是在社会系统管理学派的基础上，吸收行为科学学派的观点，运用计算机技术、运筹学和系统论的方法而发展起来的。其代表人物是美国卡内基·梅隆大学的教授，诺贝尔经济学奖获得者赫伯特·亚历山大·西蒙(Herbert Alexander Simon，1916—2001)。西蒙出生于美国威斯康星州，受过良好的教育，学识广博。他的研究领域涉及经济学、管理学、认知心理学、计算机科学、公共行政学和科学哲学等多个学科。由于西蒙卓越的学术成就，他获得了许多项级荣誉：1975年的图灵奖、1978年的诺贝尔经济学奖、1986年的美国国家科学奖和1993年美国心理协会的终身成就奖。西蒙不仅执教于著名大学，也活跃于企业界、行政机构和多种顾问公司，这些经历为他的研究工作打下了坚实的实践基础。

西蒙在1939—1942年担任加利福尼亚大学一个研究小组的主任，从事地方政府的研究工作，并完成了关于管理决策制定的博士论文。该论文后来成为他的经典著作《管理行为》(1947)的基础。西蒙以巴纳德提出的社会系统学派的思想作为出发点，建立起一个更加系统、全面和成熟的现代组织理论体系。尤其是从行为科学学派的视角探讨了决策理论，取得了令人瞩目的成就，因而被公认为决策理论学派的创始人。也正是由于他对经济组织内决策过程所进行的开拓性研究，1978年瑞典皇家科学院向他颁发了诺贝尔经济学奖。西蒙的决策理论不仅适用于经济组织，而且适用于一切正式组织的决策，特别适用于行政组织，因为政府所制定的决策影响和作用更大。西蒙说，他写《管理行为》这本书的目的，就是要告诉读者，如何从组织的决策过程上去理解组织。下面介绍一下以西蒙为代表的决策理论学派的主要思想。

(2) 管理就是制定决策

西蒙认为，管理就是制定决策，它不仅贯穿于管理的全过程，而且涉及组织的各个层次和各个方面。首先，组织是作为决策者的个人(包括管理者和被管理者)所构成的系统。组织之所以存在，是因为所有成员作出了参加组织的决策，这也是任何组织任何成员所作的第一次决策。其次，组织中各项活动的本质是制定决策。组织的活动分为制定决策和作业(实施决策)两部分，而制定决策是组织活动中最为本质、最为核心的问题。这是因为制定决策先于作业，并决定作业的效果，即任何作业开始前都要制定决策，决策的合理性在很大程度上决定作业的成效。再次，对组织活动进行管理，包含着各种类型的决策。管理在本质上就是制定一系列决策，这些决策包括管理方案选择、计划制定等计划过程的决策，组织设计、机构选择、权力分配等组织过程的决策，领导方式的确定、激励方式的选择等领导过程的决策，以及检测和监控方式的选定、控制措施的制定等控制过程的决策。最后，决策还包括高层管理、中层管理和基层管理等不同层次的决策，以及生产、营销和财务等不同领域的决策。总之，制定决策贯穿于整个组织的各类活动之中。

(3) 决策的满意准则

西蒙提出了与"经济人"和"完全理性"相对应的"决策人"和"有限理性"的假设。在古典管理理论的"经济人"假设条件下，人们运用"最优"或"绝对的理性"作为决策的准则，根据这个准则进行决策时需要满足三个前提：第一，确切地知道所有的可供选择的方案及其执行结果；第二，决策者有很强的判断能力和估算能力；第三，决策者根据"全面而一贯的优选程序"来进行方案的选择。这是一种绝对的理想状态，与实际情况不相符。

西蒙按照自己提出的"决策人"和"有限理性"的假设进行决策准则的确定。由于决策者受自身能力、时间、经费及情报来源的限制，不具备前面所说的前提，所以事实上不可能作出"完全理性"或"最优"的决策。西蒙提出更为合理和现实的标准，即"满意准则"。"满意准则"有两个可行的前提条件：第一，有一套可以表示最低满意程度的标准；第二，具有选择符合最低满意标准和较高满意标准的手段。

(4) 决策的过程

管理的实质是制定决策，它是由一系列相互联系的工作构成的一个过程。这个过程包括以下4个阶段。①情报活动：搜索和分析反映决策条件的信息，为拟定和选择方案提供依据。②设计活动：在情报活动的基础上设计、制定和分析可能采取的行动方案。③抉择活动：从可行方案中选择一个适宜的行动方案。④审查活动：对已做出的抉择进行评估，以便改进方案。

(5) 程序化决策和非程序化决策

决策可以分为两类：程序化决策和非程序化决策。程序化决策又称作结构化决策，它是针对一些重复出现的例行活动所进行的决策，通常基层管理者所面对的问题主要是程序化决策。这些活动的决策是经常反复进行的，可以建立固定的决策程序，如订货和材料的出入库决策等。非程序化决策又称作非结构化决策，它主要是针对非例行活动而进行的决策，通常高层管理者所遇到的问题多为非结构化决策。这类决策难得发生，没有一成不变的方法和程序。或者是因为这类活动过去尚未发生过，或者因为其重要性十分突出，因而需用个别方式加以处理，比如新产品的开发、生产规模的扩大、产品结构的调整等问题。

在西蒙的决策理论中，对非程序化决策的方法进行了详细的研究。他用心理学的观点和运筹学的手段，提出了一系列指导企业管理人员处理非例行活动、非程序化决策的技术。

(6) 决策理论学派的贡献与局限性

决策理论学派在管理学界产生了重要的影响，为管理理论的发展做出了重大贡献。该学派抓住了管理的核心问题，吸收了其他管理理论中各种定性分析的思想和定量分析的方法，并将现代计算机技术用于管理决策的制定，形成了严谨、完整的理论体系，为管理现代化提供了重要的理论与方法支撑。

该学派的局限性在于以下两点。①在制定决策过程中，过多地将注意力放在对备选方案的定量分析上，以便从中选出最优的或满意的决策方案。但是现实的决策难点恰恰不是对已知方案的选择，而在于备选方案的设计。管理者们往往为想不出好方案而苦恼，而对已有的备选方案进行比较和选择则是一件相对容易的事情，通常不需要大动干戈地进行高深的定量分析。②在现实管理中，实施一个正确的方案往往比制定它更困难。决策理论学派过分地强调"管理就是制定决策"是比较片面的，夸大了"纸上谈兵"的作用。因此，有学者认为这句话应该改成"管理就是决策，包括制定决策和实施决策"(张智光，2006a)。

4. 数量管理学派

(1) 背景与创立

数量管理学派(又称为计量管理学派、管理科学学派[1])侧重依据系统的观点、数学的方法、技术的手段和客观的事实，按照最优化的标准来解决管理问题；着重研究如何运用管理数学模型(如运筹学模型)、定量分析方法(如统计学方法)和计算机手段等科学技术成果，来描述和求解可定量的管理问题；从而给出以最低的资源投入获得最大的经济效益的最优解决方案，以降低决策风险，提高决策的质量，更好地实现组织的管理目标。与其他管理学派不同，数量管理学派主要是为管理提供数量分析的方法，因此其产生的背景和时期没有十分明确的标志。有人认为该学派的产生应当追溯到泰勒时代(其实早在巴贝奇时代就已经将数学引入管理了)；也有文献认为，1939 年英国曼彻斯特大学教授布莱克特领导的运筹学小组的成立可以作为一个标志。但是，数量管理方法真正成为一个管理学派，还应当从 1951 年莫尔斯(Philip M. Morse, 1903—1985)和金博尔(George E. Kimball, 1906—1967)出版了第一本运筹学著作《运筹学的方法》算起。

就数量管理学派的理论实质而言，数量管理学派是科学管理理论和决策理论等的继续与发展。因为它们都力图抛弃凭经验、凭主观判断来进行管理，而提倡采用"硬科学"的方法探求最有效的工作方式或最优方案获取最高的工作效率，以最小的时间和经费投入获得最大的效果。所不同的是，数量管理学派的研究已经突破了泰勒时期的操作方法和作业研究的范围，并以现代管理理论时期的诸如决策理论学派的定量化方法和系统化思想为基础，向整个组织的所有活动方面扩展，要求进行整体性的优化管理。

(2) 前提假设

现实的管理问题是很复杂的，存在许多不可数量化或定量化的因素，因此数量管理学派在研究组织的管理时需要以一些假设为前提。这些假设主要有以下几点。

① 组织是由"经济人"组成的一个追求经济效益的系统。组织成员是"经济人"，或者叫做"组织人""理性人"，物质手段刺激程度的不同导致组织成员努力程度的差异。由"经济人"组成的组织系统，追求以最小的成本获取最大的收益，并追求整体系统的最大收益，而不是局部

---

1. 这一命名不太合理，因为"管理科学"一词太大，涵盖了其他所有的管理学派。不能认为侧重数学的运用就是科学，而其他管理学派就不是科学。因此，本书更倾向于采用"数量管理学派"或"计量管理学派"。

的最大收益。

② 组织是由物质技术和决策网络组成的系统。这个系统对投入的各种物质资源进行加工，转变成为产品的输出。组织的决策是一个符合理性的程序，并遍布于组织活动的各个方面，构成一个网络。大量的管理决策都是结构化问题，可以运用计量模型进行求解。

③ 可用数学模型来表示系统中各个方面或诸多变量之间的关系。数学模型可以描述一个实际系统的各种关系，并能帮助人们更准确地理解和解决问题。

(3) 工作程序

数量管理学派认为，在利用定量化和模型化方法解决管理问题时，一般需要遵循以下工作程序。①提出问题：包括确定目标、变量、各变量的权重以及约束条件等。②建立模型：用数学方式表示所要解决的问题各变量之间的关系。③推导解决方案：利用规范性数学模型(如线性规划模型)可求解出各种方案的具体数据，指出要完成一个特定目标，这个系统应该采取什么具体的方案；而描述性模型(如盈亏平衡模型)则可精确地描述所要研究问题的现状，并指明改变这种现状的途径方向。④验证模型和方案：通过定性和定量的方法检验模型和方案的正确性，必要时可进行模型和方案的修正。⑤制定控制方法：寻求和设计方案实施过程中的控制方法。⑥方案的实施：根据以上控制方法，在方案的实施过程中进行实时监控，以确保管理目标的实现。

(4) 数量管理学派的贡献与局限性

数量管理学派自从兴起之后就一直得到管理学界的极大重视，很多学者加入这个学派的研究行列之中。数量管理学派在对管理过程及其结果进行定量分析的过程中，借用和发展了很多科学方法，如统计学、概率论、运筹学(含规划论、排队论、对策论、存储论和网络分析方法等)、决策分析方法、投入产出分析方法、盈亏平衡分析方法等。这些方法可以增进决策的科学性，减少决策的风险。数量管理学派对管理学科的贡献为当代和未来的管理信息化、网络化和智能化等管理手段的发展奠定了良好的基础。这些新的发展趋势使得管理理论不只是停留在理念的阶段，而且让这些理念演进成为一种先进的科学和技术。因此可以说，数量管理学派不仅体现了管理的科学化，也体现了管理的现代化。

但我们也要看到，数量管理方法并不是万能的，它的适用范围是有限的。一般来说，该学派的管理方法只适合中低层管理中的结构化问题。但是，许多中高层的管理问题是非结构化的或半结构化的，这些问题难以用定量化和模型化的方法进行解决。即使是结构化问题，在解决的过程中也存在许多困难。尤其是对于复杂的管理问题，数量管理学派的许多假设都是脱离实际的，导致定量分析的结果有时会发生很大的偏差，甚至不如定性分析的结果可靠。此外，孔茨等一些学者还认为，虽然数学模型和定量分析方法对于解决管理中的一些结构化问题有很大的帮助，但它只是一种分析方法和工具，可以用于许多管理学派的理论中，严格来说还不能作为一个独立的管理学派。

5. 经验管理学派

(1) 背景与创立

经验管理学派(又称经验主义学派，或案例学派)主张通过分析企业管理的实际经验(通常是一些经典案例)，而不是从一般原理出发来研究管理问题，强调将这些经验进行比较和概括，以便企业管理的实际工作者学习。这个学派的代表人物包括了许多管理学家、企业高级管理人员和咨询人员，其中最具代表性的人物是管理大师彼得·德鲁克(Peter F. Drucker，1909—2005)。

德鲁克出生于奥地利维也纳，祖籍荷兰，先后在奥地利和德国受教育；1929 年后在伦敦任新闻记者和国际银行的经济学家；1937 年移民美国，曾在一些银行、保险公司和跨国公司任经济学家与管理顾问；后来担任通用、克莱斯勒等大企业的顾问；1950 年起任纽约大学商业研究院管理学教授。他的主要著作有：《管理的实践》(1954)、《有效的管理》(1966)、《管理：任务、责任、实践》(1974)以及《动荡年代的管理》(1980)等。他一生出版了 30 多本著作，在《哈佛商业评论》上发表文章 30 多篇，被称作"现代管理学之父"，并被尊称为"大师中的大师"。

"管理理论丛林"盛行时期，在许多著名的管理理论问世的同时，也有许多学院派脱离实际的所谓"研究成果"大量涌现，有些已偏离了管理科学的宗旨。作为热衷于深入管理实践的学者，德鲁克对管理的本质有着坚定的认识。他认为，传统管理理论是以管理技巧、原则和职能为中心的，它带来的结果仿佛是先天就存在一整套管理职能能够运用到各种组织的管理实践中；管理归根到底是一种实践，其本质不在于"知"，而在于"行"；管理理论的验证不在于逻辑，而在于实践成果，其唯一权威就是管理成就；管理理论产生于实践，又以实践为归宿(Drucker，1973)。

下面简要阐述经验管理学派的几个主要管理思想。

(2) 管理的实质是实践

管理应侧重于实际应用，而不是纯粹理论的研究。它与一般社会科学不同，是一门应用科学，具有很大的灵活性与艺术性。因此，对于这门科学研究不能仅靠逻辑推理，应依靠对实践经验的总结。管理是一种特定的管人的技巧，一种特殊的独立的活动，同时也是一个独立的知识领域。在管理学中，管理的定义是努力把一个人群或团体朝着某个共同目标引导、领导和控制。一个好的管理者应能够使团体以最少的资源和人力耗费达到其目的。

(3) 经理的 5 项职责

根据德鲁克的分析，每个经理，不论他是否意识到，都在执行一些基本的、共同的职责。这些职责包括以下 5 个方面。①实行目标管理。树立目标并围绕目标决定做些什么，之后把它传达给与实现目标有关的人员。而且经理在制定每个决策或采取每个行动时，都必须统筹考虑企业的长期利益和眼前利益。②进行组织工作。为方便管理，经理要把组织的活动划分成较小的项目，并据此建立组织机构，选拔人员。经理必须创造一个"生产的统一体"，这个统一体的生产力要大于其组成部分的生产力之和，使各种资源，特别是人力资源的作用得到充分的发挥。③鼓励员工，并与员工沟通。经理要利用表扬、奖金、报酬和提拔等手段来鼓励人们提高工作绩效，并通过信息沟通来协调整个企业的活动。④绩效评价。经理要选择合适的评价标准，对企业成果和所有员工的工作绩效进行评价。⑤帮助职工成长和发展。经理的工作将影响到职工的才能能否得到发展。

德鲁克提出的 5 项管理职责正好契合了管理过程学派的观点。其中第 1 项职责属于计划过程，第 2 项职责属于组织过程，第 3 和第 5 项职责属于领导过程，第 4 项职责属于控制过程。只不过管理过程学派的 4 项过程内容更加广泛和全面，而德鲁克的 5 项职责更加聚焦经理人对员工的管理。可见，管理科学的原理是客观的规律，不同学派总将会殊途同归。

(4) 不存在普遍适用的组织结构

合理的组织结构是有效管理的保证。组织结构不是自发演变的，是需要通过思考、分析和研究组织系统而进行设计和建立的。它应当是符合该组织管理需要的组织结构，不存在普遍适用的组织结构模式。设计一个组织结构不是第一步，有关组织结构的任何工作都必须从目标和战略出发，并关注那些关键的活动或关键的工作。德鲁克还把组织模式概括为 5 种：集权的职能性结构、分权联邦式结构、矩阵结构、模拟性分散管理结构、系统结构。各类组织要根据自己的工作性质、特殊条件以及管理人员的特点，来确定本组织的管理结构，切忌照搬别人的模式。

(5) 经验管理学派的贡献与局限性

经验管理学派的思想可以说在现代管理理论中是比较具有特色的一种类型。其可取之处在于，进一步提醒人们，管理理论的一个重要来源是实际的管理经验，从经验中可以提炼出理论，而理论的最终目的是反过来指导实践。此外，经验管理学派关于经理人的管理职责和关于组织结构的观点，也为管理过程学派的发展提供了理论和实践的依据。

经验管理学派的贡献和局限性都十分明显，在受到各方面赞赏的同时，也受到了许多管理学家的批评。主要的批评有：经验管理学派过于强调经验，因而无法形成有效的原理和原则，无法形成统一完整的管理理论；案例是千差万别的，没有上升到管理理论的"案例故事"是很难运用到另一个具体的管理问题上的；有经验的管理者可以依靠自己的经验，而无经验的初学者则无所适从；过去所依赖的经验未必能运用到将来的管理中；一个组织的经验未必能够运用到另一个组织的管理中。

其实，许多管理理论本身就源于管理经验，进而形成一般的管理原理，再经过逻辑推理又会产生新的理论。来自经验的管理理论应当和来自一般原理的管理理论进行相互比较和相互检验，由此修正各自的缺陷，这样才能得出更为科学和可信的管理理论。因此，"经验派"和"理论派"的观点本身就是一个完整事物的两个侧面，需要进行有机的整合，不能走极端。

6. 管理过程学派

(1) 背景与创立

管理过程学派(又称管理职能学派、经营管理学派)是继古典管理理论和行为科学学派之后影响最大、最持久的一个学派。其理论观点源于管理过程学派的开山鼻祖亨利·法约尔的一般管理理论。管理过程学派的主要代表人物还有詹姆斯·穆尼(James D. Mooney，1884—1957)、哈罗德·孔茨、拉尔夫·戴维斯(Ralph C. Davis，1894—1986)和威廉·纽曼(William H. Newman)等。其主要著作有法约尔的《工业管理和一般管理》(1916 年)、穆尼等人的《组织原理》(1939 年)、戴维斯的《工业组织和管理》(1940 年)、纽曼的《经营管理的原则》(1950 年)和孔茨等人的《管理原理》(1955 年)等。该学派虽然起源较早，但真正作为一个比较有影响的理论学派的形成是在20 世纪 50 年代以后。

管理过程学派的理论吸纳了此前各管理理论和学派中关于管理过程的要素或职能的成果。例如，一般管理理论中的计划、组织、指挥、协调和控制 5 项要素，官僚组织理论中的组织过程理论，行为科学学派的领导过程理论，决策理论学派提出的计划过程的决策制定理论，经验管理学派提出的经理的 5 项职能，数量管理学派提出的方案制定和方案实施控制等工作程序。管理过程学派从这些要素中提炼出计划、组织、领导和控制 4 项管理过程职能，并形成了适合于不同组织、不同层次和不同领域管理的完整的理论体系，使得该学派逐渐成为现代管理理论丛林中的一个主流学派，而且目前已成为主导当代管理科学的基本理论框架。

(2) 基本观点

管理过程学派认为，管理活动就是在组织中通过别人或同别人一起完成工作的过程，而这一管理过程包含着一系列相互关联的管理职能，管理活动的过程就是管理职能的逐步展开和实现的过程。因此，管理理论应当同管理人员所从事的管理活动和管理职能联系起来，把管理的过程职能作为研究对象。为此，首先把管理工作划分为若干职能，然后对这些职能进行研究，阐明每项职能的性质、特点和重要性，论述实现这些职能的原则和方法。该学派所提取的管理过程职能具有普遍性，适用于任何类型的组织(如经济组织、政府组织、宗教组织和军事组织等)、组织的不同层次、不同领域和所处的不同环境。因此，用这种方法就可以把管理工作的主要方面加以理论概括并有助于建立起系统的管理理论，以指导各类不同的管理实践。

(3) 管理过程的划分

关于管理过程职能的划分，不同时期的学者有不同的认识。管理过程学派对管理过程的职能分析和归纳始于法约尔，他把管理过程分为计划、组织、指挥、协调和控制 5 大管理职能(Fayol，1925)。此后，孔茨认为，组织结构确定之后，应当进行人员的配备，而指挥和协调再加上激励等工作可以归为领导职能，因此，他把管理过程分为计划、组织、人员配置、领导和控制 5 项职能(Koontz，1955)。其他学者还提出了一些其他的管理职能。当代的管理过程学派学者，对这些研究进行了进一步总结和概括，保留了各种职能划分中比较合理的职能——计划、组织、领导和控制，将人员配置过程归入组织职能，将指挥和协调等过程归入领导或者控制等相关职能中(Robbins，1988)。目前，计划、组织、领导和控制 4 项管理过程职能已被当前管理理论界所普遍接受，并成为主导管理研究、实践和教育的基本理论框架。许多学者认为，指挥并不是一个独立的管理职能，在各个管理过程中都有指挥工作，而与之关联最大的是领导职能；协调是领导职能的一部分；人员配置属于资源配置工作，应当归入组织职能。

另外，受决策理论学派的影响，有学者认为决策应当作为管理的一项重要职能。但实际上，决策和指挥一样，也不是一个相对独立的管理职能。狭义的决策是指决策的制定，广义的决策还包括决策的实施(或执行)。决策的制定主要是在计划阶段完成的，而组织、领导和控制都是为实施决策服务的。同时，在组织、领导和控制的过程中，为实现计划过程确定的决策方案，还需要制定和实施一些较小的决策(张智光，2006a)。总之一句话，"管理就是决策"。尽管如此，与狭义决策关联最大的管理过程还是计划。为此，本书第五章在介绍计划过程时，将突出阐述决策制定的过程。这种思路实际上是将管理过程学派和决策理论学派的观点统一起来了。

(4) 管理过程学派的贡献与局限性

管理过程学派相对于其他学派而言，构建了最为系统的管理理论体系。该学派首先从确定管理人员的管理职能入手，并将此作为他们理论的核心结构。孔茨认为管理学这样分类具有内容广泛、能划分足够多的篇章、有利于进行逻辑性分析等优点。综观管理过程学派的发展，孔茨等人一直致力于管理理论的"统一"，对于探索管理的规律性具有重要意义。这对后世影响很大，许多管理学教科书都是按照管理的职能编写的。管理过程学派把管理任务和非管理任务(如财务、生产以及市场交易等)加以明显的区分，能使经理集中于管理人员的基本工作。管理过程学派认为，管理存在着一些普遍运用的原则，这些原则是可以运用科学方法发现的。他们所阐述的许多原理、原则、方法和步骤等对于揭示管理规律，提高人类的管理水平有着重要的帮助。同时，这些管理职能和管理原则也为训练管理人员提供了基础。

但是管理过程学派也有一些局限性。一些学者指出，管理过程学派试图以管理的过程职能为理论框架来统一各种管理学派，企图从一个维度来囊括一切管理理论，难免有削足适履之嫌。该学派的理论所归纳出来的管理职能不能适用于所有的组织，对于稳定的环境较为合适，而对动态多变的生产环境则难以应用，而且这些管理职能并不包括所有的管理行为(Mintzberg，1973)。实际上，管理的过程只是描述管理活动的一个维度。除了管理过程维外，战略管理、战术管理和作业管理等管理职能构成了管理的层次维；营销管理、生产管理、人力资源管理、财务管理等管理职能则又构成管理的领域维。三个维度相互联系、相互配合、相互协调，才能很好地实现组织的管理目标(张智光，2007)。

7. 系统管理学派

(1) 背景与创立

以往的管理理论都只侧重于管理的某一个方面，它们或者侧重于生产技术过程的管理，或者侧重于人际关系，或者侧重一般的组织结构问题，即使是综合性比较强的管理过程学派也只是侧重于管理的过程职能。随着企业规模的日益扩大，企业内部的组织结构也更加复杂，从而提出了一个重要的管理课题，即如何从企业整体的要求出发，处理好企业组织内部各个单位或部门之间的相互关系，保证组织整体的有效运转。于是，产生了系统管理学派。

系统管理学派以系统的观点来考察组织结构及管理基本职能，将系统科学理论和方法运用于管理理论的研究。代表人物是美国西雅图华盛顿大学的教授弗里蒙特·卡斯特(Fremont E. Kast)和詹姆斯·罗森茨韦克(James E. Rosenzweig)。其代表作有卡斯特和罗森茨韦克等人合著的《系统理论与管理》(1963 年)和《组织与管理：系统与权变方法》(1970 年)。

在管理学的研究中运用系统思想，并非起始于系统管理学派。社会系统学派的代表人物巴纳德最早提出了协作系统的概念，并指出管理的职能就在于保持组织同外部环境的平衡；早期的行为学研究者福莱特也明确提出了管理的整体性思想，她把企业组织视为一个不断运动着的统一整体，指出管理必须着眼于内部整体的协调；决策理论学派在进行方案的制定和筛选过程中运用了系统分析和优化的思想方法；数量管理学派把系统分析作为一种基本方法用于解决某些工程项目的规划和复杂管理问题的决策。但是，应用一般系统理论建立一种管理理论并形成一个学派，则是从 20 世纪 60 年代开始的。上述学派的相关思想和理论对系统管理学派的形成和发展起到了一定的支撑作用。

除了管理理论的支撑外，系统管理学派的另一个重要理论依据是系统科学，而且它伴随着系统科学的发展而发展。系统科学的产生和发展过程可以用以下标志性的事件加以粗略描述：1945年，美籍奥地利生物学家贝塔朗菲(Ludwig von Bertalanffy, 1901—1972)发表论文《关于一般系统论》，之后创立了一般系统论；1948 年，美国数学家、通信工程师香农(Claude Elwood Shannon, 1916—2001)建立了信息论；同年，美国数学家维纳(Norbert Wiener, 1894—1964)出版了《控制论》一书；1951 年，莫尔斯(Philip M. Morse, 1903—1985)和金博尔(George E. Kimball, 1906—1967)出版了第一本运筹学著作《运筹学的方法》；1957 年，美国密执安大学的古德(H. Goode, 1909—1960)和麦克霍尔(R. E. Machol, 1917—)合著了《系统工程学》，综合论述了基于运筹学的系统工程方法；1962 年，霍尔(Arthur D. Hall, 1924—)撰写了《系统工程方法论》，把系统工程看作一种解决问题的程序，并提出了系统工程的三维结构模型；1969 年，比利时统计物理学家普利高津(Ilya Prigogine, 1917—2003)发表论文《结构、耗散和生命》，之后创立了耗散结构理论；1976 年，德国斯图加特大学物理学家哈肯(Hermann Haken 1927—)发表《协同学导论》，并著有《高等协同学》，创立了协同学；1977 年，德国柏林大学物理化学家艾根(Manfred Eigen, 1927—)发表《超循环——自然界的一个自组织原理》，创立了超循环理论……这些系统理论和方法为系统管理学派的发展提供了有效的思维方式和分析工具。

(2) 主要观点

① 组织是一个由许多子系统构成的整体。组织作为一个开放的社会技术系统，是由 5 个分系统构成的整体。这 5 个分系统包括：目标与价值分系统、技术分系统、社会心理分系统、组织结构分系统和管理分系统。这 5 个分系统之间既相对独立，又相互作用、不可分割，从而构成一个有机的整体。这些分系统还可以继续分解成更小的子系统。

② 企业是由人、物资、机器和其他资源在一定目标下组成的系统。它的成长和发展同时受到这些组成要素的影响，在这些要素的相互关系中，人是主体，其他要素则是被动的。管理人员须力求保持各部分之间的动态平衡、相对稳定、一定的连续性，以便适应情况的变化，达到预期的目标。同时，企业还是社会这个大系统中的一个子系统，企业预定目标的实现，不仅取决于内部条件，还取决于企业外部条件，如资源、市场、社会技术水平和法律制度等，它只有在与外部条件的相互影响中才能达到动态平衡。

③ 企业是一个投入-产出系统。如果运用系统观点来考察管理的基本职能，可以把企业看成是一个投入-产出系统，投入的是物资、劳动力和各种信息，产出的是各种产品和服务。运用系统观点使管理人员不至于只重视某些与自己有关的特殊职能而忽视了大目标，也不至于忽视自己在组织中的地位与作用，这样可以提高组织的整体效率。

④ 企业系统管理应遵循系统的开放性、整体性、层次性和动态性等观念。企业是一个开放系统，边界是可渗透的，可以有选择地输入和有选择地吸收，因此企业不仅要适应环境，还要影响环境。企业系统管理是把信息、能源、材料和人员等资源，结合成为一个具有有序的层次结构的整体系统。其目标是整个系统的最优化，而不是局部子系统的最优化，并且要协调好长期目标最优化和短期利益的关系。此外，计划、组织、领导和控制等基本职能不是孤立的，而是围绕着系

统及其目标进行相互协调的动态过程。

(3) 系统管理学派的贡献与局限性

首先，系统管理学派通过对组织系统的研究来分析管理行为，体现了管理哲学的改变。它使人们从整体的观点出发，更加清晰地认识组织的各个子系统的地位和作用，以及它们之间的相互关系和作用机理。同时，它也使人们注意到任何社会组织都具有开放系统的性质，从而要求管理者不仅要分析组织的内部因素，解决组织内部因素的相互关系问题，还必须了解组织的外部环境因素，注意解决组织与外部环境的相互关系问题，为人们处理和解决各种复杂组织的管理问题提供一种十分有效的思路和方法。

其次，从系统的观点来考察和管理企业，有助于提高企业的整体效率。如果企业领导人掌握了系统观点，就更易于在企业各部门的需要和企业整体的需要之间保持适当的平衡，使得企业的管理人员不至于因为只注意一些专门领域的特殊职能而忽略总目标，也可以避免只注重眼前利益而忽略长远目标。

但是，也有不少学者指出，现代组织的管理面临着十分复杂的条件，系统管理理论企图用系统的一般原理和模式来解决如此复杂多变的现实问题是难以奏效的。他们认为，系统方法过于抽象，实用价值不大。系统理论只是笼统地提出一些原理和观点，初学者在实践中难以掌握和运用。因此，与其他管理理论相比较，它在解决具体管理问题上的研究显得不太实用。

从总体上看，系统管理学派的理论为管理现代化提供了十分重要的理念。虽然系统管理理论比较抽象，难以被一般管理者所直接使用，但是近年来它同定量化管理方法和信息化管理手段相结合，引发了管理现代化的一系列重大变革。例如，管理信息系统、企业资源计划系统、决策支持系统和网络营销系统等现代管理系统的出现，都体现了系统管理学派的重要价值。另外，本书所依据的三维管理金字塔理论也是将系统管理学派和管理过程学派等相结合而发展起来的(张智光，2009)。该理论既体现了系统科学的原理，克服了一维管理过程的局限性；又强化了管理理论的实用性，克服了系统理论的抽象性。

8. 权变管理学派

(1) 背景与创立

权变管理学派的理论是 20 世纪 70 年代初在经验管理学派和系统管理学派的基础上发展起来的管理理论。其基本思想是应变的思想，即应对不断变化的具体情况，灵活采取相应的管理理论和措施。20 世纪 70 年代，美国社会不安，经济动荡，企业所处的环境很不稳定，权变管理学派应运而生，并受到广泛重视。该学派认为，每个组织的内在要素和外在环境条件都各不相同，因而在管理活动中不存在适用于任何情景的原则和方法，世界上没有一成不变的和普遍适用的"最佳管理理论"或管理模式。在管理实践中，应该要根据组织所处的环境和内部条件的发展变化随机应变，灵活地应用各种管理方法解决不同的管理问题。权变管理学派这一思想的渊源来自于系统管理学派和经验管理学派。系统管理学派为权变管理学派提供了直接的理论模式和分析手段，尤其是对系统内部结构和外部环境的分析，并提供与之相对应的最优对策；经验管理学派注重研究特定情景和条件下的不同管理经验，同样否认存在任何"普遍通用的管理准则"。

权变管理学派的主要代表人物有弗雷德·卢桑斯(Fred Luthans)、弗雷德·菲德勒(Fred E.

Fiedler)、约翰·莫尔斯(John J. Morse)和杰伊·洛尔施(Jay W. Lorsch)等人。美国管理学家、尼波拉斯加大学的教授卢桑斯在 1973 年发表了论文《权变管理理论：走出丛林之路》。1976 年他又出版了《管理导论：一种权变学说》，系统地概括了权变管理理论，提出了用权变理论可以统一各种管理理论的观点。美国西雅图华盛顿大学心理学与管理学教授菲德勒从 1951 年起由管理心理学和实证环境分析两方面研究领导学，提出了"权变领导理论"，被管理学界称为"权变管理的创始人"。美国的管理学者莫尔斯和洛尔施根据"复杂人"假设和工作结构化情境，提出了超 Y 理论，它是权变管理学派的理论基础。

(2) 权变关系

有效管理的关键在于对组织内外状况的充分了解，并制定有效的应变策略。在一定的环境条件下，应采用与之相应的管理对策才能实现管理目标。环境变量与管理变量(对策)之间的函数关系就是权变关系，可以由"权变矩阵图"来描述(图 2-5)。图 2-5 中，横坐标 X 表示环境自变量(包括组织的内部环境因素和外部环境因素)，纵坐标 Y 表示管理因变量(包括管理模式、方案、原则、方法和措施等)。环境自变量中，外部环境又可以分为两类：一类由社会、技术、经济、政治和法律等组成，另一类由供应者、顾客、竞争者、雇员和股东等组成。内部环境是正式组织系统范围内的条件和氛围，

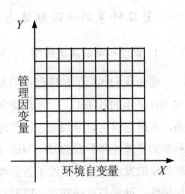

图 2-5　权变矩阵图

它的各个变量与外部环境各变量之间是相互关联的。权变理论的实质是根据环境 X 的变化，选出一种最有效的管理方法 Y。

(3) 权变内容

权变管理学派的研究方向主要涉及人性假设、领导方式、组织结构、人事选择、计划和财务工作等方面的权变问题。

例如，在领导方式的权变方面，权变管理学派在行为科学学派的领导行为理论的基础上引入了权变的思想，认为领导是领导者、被领导者、环境条件和工作任务结构等诸多因素交互作用的动态过程，不存在普遍适用的一般领导方式，好的领导应根据具体情境采取与之相应的领导行为。这方面比较有代表性的理论有费德勒的领导权变理论、赫塞和布兰查德的领导生命周期理论、莫尔斯和洛尔施的超 Y 理论、豪斯的路径-目标理论等。这些理论将在本书第七章中进行详细介绍。

另外，在组织结构的权变方面，权变管理学派认为组织作为一个开放系统，其组织结构应根据内部和外部各种因素，以及组织的发展阶段等因素进行选择或设计。不存在普遍适用的组织结构，管理者应从组织系统的相互关系和动态活动中考察并建立适合特定条件的最佳组织结构。

(4) 权变管理学派的贡献与局限性

权变管理学派试图整合不同管理学派的基本理论，建立多变量和动态化的新的管理规则，提倡实事求是，具体情况具体对待，注重管理活动中各项因素的相互作用。因此，权变管理学派的出现意味着管理科学从理论主义向实用主义的进步。另外，管理既是一门科学，又是一门艺术，权

变管理强化了管理艺术的成分。鉴于这些原因，权变理论被一些研究者誉为现代管理理论的新方向。

但是，权变理论也存在一些缺陷。例如，缺乏统一的概念和标准，研究的随意性较大，管理者也难以掌握；权变的思想虽然很有益，但理论的权变因素过于简化，而实际环境非常复杂，在实际应用时比较困难；有些研究成果还存在偏重组织的表面结构特征，缺乏深层次因素分析，以及样本缺乏普遍意义等问题。

第二节　管理现代化

一、管理科学的演进脉络与现代化标志

1. 管理科学的演进脉络

前面我们回顾了管理理论的发展历程，自泰勒提出科学管理原理到现在已超过一个世纪，在这 100 多年的时间里，管理理论从零散到系统，从侧重物质到注重人，从单个要素分析到注重全面，从静态固定思维到动态权变思维，形成了一个比较系统的管理理论体系。图 2-2 描绘了管理科学的各理论和学派的时间演进过程，但看不出它们之间的相互影响关系。图 2-6 总结了上述管理理论的发展历程，描绘了各管理理论和学派在发展过程中的相互影响，包括继承合理性、克服局限性、继承与克缺并存，以及对其他理论的后期发展的影响等演进关系。沿着这一演进脉络，图 2-6 刻画了管理现代化的形成过程，反映出其中的系统化理念、定量化方法和信息化手段的构成要素和标志。另外，本书所依据的三维管理金字塔理论正是在管理过程学派和系统管理学派的基础上发展而来的，是两者相结合后的创新成果(张智光，2009)。

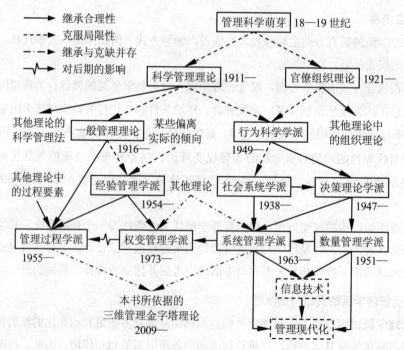

图 2-6　管理科学的演进脉络

通过回顾管理科学的发展历程我们发现，管理理论是随着社会经济的发展和环境的变化而不断进步的。当今的组织管理又面临着新的环境：以计算机、网络和大数据为主体的信息技术的广泛应用，知识在经济增长中的作用日益突出，产品升级换代周期大大缩短，企业与社会的联系更加密切，经济活动国际化趋势明显，绿色经济和共享经济崛起等。面对这些新的变化，管理又呈现出什么新的特点呢？这里，我们仅从管理现代化的角度来审视管理的新特点。下一节我们将介绍管理的其他主要发展动态。

2. 管理现代化的标志

什么叫管理现代化？管理现代化是指把科学技术和管理理论的最新成果应用到管理中去，使组织的管理能够适应各种环境因素的新变化。管理现代化包含管理思想现代化、管理组织现代化、管理方法现代化、管理手段现代化和管理人员现代化等许多内容，但概括起来可以归纳为管理理念的现代化、管理方法的现代化和管理手段的现代化三个方面。这三个方面相互关联、相互作用、相互支撑，形成一个有机的整体。

接下来的问题是，一个组织怎样才算是实现了管理现代化，其最主要的标志是什么？使用计算机、互联网、移动通信、大数据、云计算、智能化等系统进行管理，就是管理现代化了吗？要回答这些问题，必须将管理理念现代化、管理方法现代化和管理手段现代化三个方面联系成一个有机整体进行分析(见图 2-6)。在管理理念方面，各种先进的管理理念多如丛林，但最能够支撑管理方法和管理手段现代化的管理理念是系统化理念。系统化理念主要源自社会系统学派和系统管理学派的相关理论，以及系统科学的最新成果。在管理方法方面，最核心的是定量化数学方法在管理中的应用。定量化管理方法主要源自数量管理学派和决策理论学派的各种方法，以及在此基础上发展起来的其他先进的管理模型和方法。在管理手段方面，主要是最具时代特色的信息技术在管理中的应用，包括各类先进的计算机管理信息系统、网络管理系统和通信系统等信息技术，这些都是实现管理理念和管理方法现代化不可缺少的手段。

可见，管理现代化的主要标志是系统化理念、定量化方法和信息化手段，这三者构成了一个相互联系和相互作用的"集成管理支撑体系的钻石模型"(张智光，2009)。下面从这三个方面分别进行阐述。

二、管理理念现代化——系统化理念

管理理念现代化是管理现代化的灵魂，管理方法和手段的现代化都是实现管理理念现代化的途径。现代化的管理理念是指现代管理科学各种先进的理论、观点、理念和思路等的集合，其内容非常丰富，而其中最核心的就是——系统管理的理念。

下面简要介绍一个组织系统(如企业)的基本特性，以及对组织进行系统管理的基本原则。

1. 组织系统的基本特性

所谓系统，是由一些要素(组成部分或子系统)按照一定有序的方式所组成的有机整体。这一整体具有一定的功能或目的；它处在一个特定的环境之中，并且成为一个更大的系统的组成部分(子系统)；而且要素与要素、要素与整体、整体与环境之间存在着种种有机的联系。管理学认为，社会组织都是由人、物、信息等组成的系统。在处理管理问题时，应该把组织看成一个系统，运用系统的观点去认识和指导管理活动,对各种管理要素及其相互关系进行系统的分析,从而更好地实现组织的整体功能。组织系统具有以下一些基本特性,它们是系统化管理的指导思想,在管理中应当给予足够的重视。

(1) 目的性

组织作为一个系统都是有目的的,其功能性是目的性的体现,目的的具体化就是系统的目标。如果一个组织系统没有明确的目的,或者其目的与系统的内部特性和外部环境不相适应,它将无法发展,甚至无法生存。因此,为组织系统确定一个正确的目的是十分重要的。组织系统的目的通常称为组织的使命,它包含了组织哲学(对企业来说,又称作经营思想)和组织宗旨,它是确定组织的目标和战略的依据,是组织不断发展的行动指南(详见第四章)。

(2) 集合性

组织系统一定是若干个要素(组成部分)的集合体,只含有单个要素的整体无法达到系统所具有的功能。例如,企业系统按资源分,其组成要素有人员、资金、设备、厂房、工具、原材料、产品和土地等;按组织机构分,它包含销售部门、技术部门、生产部门、质量检验部门、财务部门、人事部门和生产车间等。

(3) 关联性

组织系统的各组成部分之间存在着相互作用、相互依存和相互制约的关系。如果一个企业的各部门各自为政,没有建立起相互联系和相互协调的关系,它就不能成为一个有机的整体,就无法实现企业系统的目的,也就无法产生所希望的功能,就不可能获得期望的效益。

(4) 层次性

层次性又称为有序性,是指组织系统不仅仅是由若干个相互联系的要素组成的整体,而且这些要素应具有有序的结构,而不是杂乱无章的。这种结构的有序性主要表现为组织系统的层次性。例如,企业系统的层次性包括战略管理、战术管理和作业管理等管理的层次关系,也包括母公司、子公司和各部门之间等大系统和子系统之间的组成关系,还包括各类工作流程中的先后关系,或各变量之间的因果关系等。

(5) 整体性

组织系统是一个有机的整体,其整体性主要表现为以下三个方面。

① 系统的组合性。存在于组织整体中的部分只有在整体中才能体现出它作为部分的意义。例如,企业的销售部门只有在企业中,在和企业的生产部门、物流部门和财务部门等相互配合时,才能体现出销售部门的作用。离开了企业整体,它就失去了原有的价值和意义。

② 系统的有机性。组织整体的功能和特性只有当各部分按一定规律进行有组织、有秩序的运动时,即作为一个有机体时才能体现出来。例如,企业只有进行各种有序的经营活动时才能体现出它的作用、功能和活力,才能创造价值。企业维持饱满的业务和正常的运行是其生存和发展的基本前提。

③ 组合效应。系统各部分构成了有机的整体后就会产生质变,就具有各部分独立存在或简单相加所不具有的特性和功能,即所谓 $1+1\neq2$。如果企业各要素之间进行了有效的组合,就会产生

1+1>2 的效应; 反之, 如果企业各要素结构不合理, 不能协同运行, 就会出现 1+1<2 的情况。

(6) 运动性

系统的运动性有两层含义。①系统的存在不是静止的, 而是运动的。组织系统及其所处的环境都处于不断的运动和变化之中, 运动是系统存在的基本形式, 也是它生存和发展的基本前提。②系统的状态不是静态的, 而是动态的。组织系统某一时刻的状态, 不仅取决于它此刻的条件和输入, 而且还与它过去的状态和环境有关。也就是说, 系统输入的效果具有一定的滞后性。因此, 在实际管理中, 我们应当动态地看问题, 任何静止地看待问题的思维方式都是不对的, 甚至是有害的。例如, 我们不能因为某一管理措施暂时没有起作用而轻易地否定它, 它的效果也许需要经过一段时间后才会逐步显现出来; 也不能因为现阶段企业业绩的上升而简单地认定是现任领导者的功绩, 也许是因为过去的管理措施到现在开始起作用了。

(7) 环境适应性

组织系统应当是一个开放系统, 系统和环境之间必然存在着物质、能量和信息的交流及相互作用。只有开放系统才能从无序走向有序, 封闭系统是难以生存和发展的。我们把从外部环境流入系统的物质、能量或信息, 以及环境对系统的作用量, 称为系统的输入; 而把从系统流向外部环境的物质、能量或信息, 以及系统对环境的作用量, 称为系统的输出。所谓系统的功能, 就是系统与环境进行相互联系和相互作用的秩序和能力, 就是系统与环境进行物质、能量和信息交换的能力, 也就是系统把一定的输入转换成一定的输出的能力。因此, 企业要生存并且发展, 首先要求它应当是一个开放的系统, 其次还要能够适应环境以及环境的变化, 否则企业必定会走向衰退和消亡。

(8) 自组织性

所谓系统的组织, 是指按照特定的指令, 系统要素形成特定结构和功能的过程。系统的自组织是指系统自动调节自身的结构和活动, 使之协同一致形成有序的结构和功能, 以适应环境的变化的过程。这种自动调节是在没有任何内部和外部指令的情况下, 依据事物自身的变化规律和特定的条件, 靠系统内部某种"默契"自动形成的。例如, 市场经济条件下, 经济系统能够根据价值规律, 通过市场价格和供求关系的变动自发地调节商品的生产和流通, 以达到实现供需平衡、优化资源配置、刺激企业竞争等效果。这就是系统自组织特性所起到的作用。

企业系统之所以具有上面所说的"环境适应性", 其原因无非是由于系统的"组织"和"自组织"过程的作用。前者依靠企业系统内部的指令发挥作用, 例如企业的改革与管理措施等。后者是靠企业内部的"默契", 而不是靠内部或外部的指令。例如, 企业员工自发地调整自己的行为, 以适应环境的变化就是自组织现象, 这些自组织性使得企业具有一定的环境适应性。明智的管理者会充分利用组织的"自组织性", 从而使其"组织"过程更加轻松有效。

以上 8 个系统的基本特性可以归纳为 3 大类: 目的性、结构性(集合性、关联性和层次性)、功能性(整体性、运动性、环境适应性和自组织性)。

2. 系统化管理的基本原则

根据以上系统的基本特性, 在管理中就需要遵循与之相应的系统化管理的基本原则, 以适应和利用组织系统的这些特性，从而更好地发挥组织系统的功能，实现其管理目标。

(1) 全局原则

全局原则是系统整体性的体现。这一原则要求管理者从组织全局的高度看待问题。一方面，要协调好局部和整体的关系，在保证全局利益的前提下考虑局部利益，必要时还要牺牲局部利益来保证全局的利益。另一方面，要协调好局部和局部的关系，使系统各部分能够相互配合、相互促进、相互协调，使系统的整体功能大于各部分功能的简单相加，实现 1+1>2 的效果。

(2) 动态原则

动态原则是系统的运动性的体现。组织系统作为一个运动着的有机体，其稳定状态是相对的，运动状态是绝对的。动态原则要求管理者不能静止地看待事物，要用动态和变化的观点看待问题。具体来说，有以下几个方面的要求。①考虑环境的动态性，树立前瞻意识。决策的效果在于未来，而不是现在，未来的环境是会变化的，因此要充分预测未来的环境变动趋势，以便做出具有前瞻性的正确决策。②考虑利益的动态性，树立长远意识。要协调好近期利益和长远利益的关系，近期利益应当服从于长远利益。③考虑方案的动态性，树立创新意识。随着系统及其环境的不断变化和运动，过去曾经行之有效的管理模式、管理措施和竞争策略等方案也许已经不适合或无法解决新的问题，应当随着时间的推移而不断创新。④考虑结果的动态性，树立坚韧意识。系统输入或管理措施一般都不会立刻产生效果，都会有一定的时间滞后性，因此不能因暂时的困难而轻易放弃科学的决策，要坚定不移、坚韧不拔地走正确的道路。⑤考虑原因的动态性，树立历史意识。现在的问题不一定就是现在的原因造成的，往往还与过去的原因有关，因此在分析产生问题的原因时也要有动态性。

(3) 整分合原则

整分合原则是系统的集合性、关联性、层次性和整体性的体现。该原则要求我们在处理复杂的系统工程问题时，要按照如下过程来开展工作。①"整"：从整体系统着手，从组织的整体目标和整体利益着眼来研究问题。应从整体上了解组织系统的状态和问题、环境变化趋势、系统目标等。②"分"：根据整体目标，进行系统分解和系统分析。应仔细分析组织系统的内部结构，了解系统的组成要素，认识要素之间的各种关联，厘清系统的层次结构，从而掌握系统的运动机理和影响因素等。③"合"：根据以上分析的结果，进行系统综合，并整合成一个新的有序整体，使之具有更好的结构与功能。"合"的过程是一个创新的过程。例如，调整企业的子系统和要素的划分，重新设计合理的企业系统的结构，理顺企业的物流、信息流、资金流、能量流和工作程序流，进行人力、财力和物力资源的合理配置，协调各部分之间的关系，从而实现企业整体目标的优化。

"整、分、合"的过程是一个有秩序的不断循环上升的过程，这一过程也是系统工程的三个基本方法——系统分析、系统综合和系统评价有秩序地不断循环使用的过程。系统分析方法用于"整"与"分"的过程，系统综合方法用于"合"的过程，系统评价可用于"整、分、合"三个过程。

(4) 开放原则

开放原则是系统的环境适应性的体现。根据系统论的研究结果，只有开放系统才能从无序走向有序，而且只有具有良好的环境适应性的开放系统才能很好地得到发展。因此，我们仅仅对系统内部有深入的了解并进行良好的整合是不够的。管理者应当从开放的观点出发，充分估计到外部环境对系统的各种影响，对环境进行深入的调查和研究，分析系统输入和输出的类型和性质，评价系统和环境之间的协调关系以及系统的环境适应能力，预测环境的变化趋势，由此做出应对这些变化的科学决策。

(5) 综合原则

综合原则是系统各种特性的综合体现，它包括系统目标的综合、影响因素的综合、管理方案的综合、相关学科的综合和研究方法的综合几个方面。

① 目标的综合。研究复杂的系统化管理问题不能只考虑单一的目标，应当进行多目标的综合。例如，在组织一项工程项目的实施时，就不能光考虑降低工程的成本这一目标，管理人员还必须考虑项目的工程质量、工程进度、施工人员的利益，以及对周围居民生活的影响等多方面的目标。而这些众多的目标之间往往是有矛盾的，因此必须进行目标间的协调和综合。

② 影响因素的综合。要对影响组织系统的各种因素进行综合研究，分析环境对系统有哪些影响，系统对环境有哪些影响；哪些是有利的因素，哪些是不利的因素；哪些是短期的因素，哪些是长期的因素；哪些是现有的因素，哪些是潜在的因素；哪些是可控的因素，哪些是不可控的因素；哪些是可预测的因素，哪些是不可预测的因素；哪些是确定的因素，哪些是随机的因素等。

③ 管理方案的综合。要实现组织的目标通常有多种途径和手段，而且每一种途径中又有多种可供选择的方案，只有将这些方案进行合理的综合才能够达到良好的效果，单一的管理手段是难以解决复杂的管理问题的。

④ 相关学科的综合。组织的管理是一项复杂的系统工程，因此需要综合运用各相关学科的知识，例如各种管理理论、系统论、信息论、控制论、数学、社会科学、经济学、法律科学、计算机科学以及相关的工程技术等。

⑤ 研究方法的综合。由于管理问题的复杂性，除了在学科上进行综合外，对于研究和解决问题的方法也要进行综合。要将系统分析、系统综合和系统评价方法相结合，将定性分析和定量分析方法相结合，将结构分析方法(白箱方法)和功能分析方法(黑箱方法)相结合，将规范研究和实证研究方法相结合……这样才能取得良好的管理效果。

(6) 优化原则

优化原则是由系统的目的性导出的。它要求对管理方案进行合理的筛选和优化，主要考虑以下三个方面的具体原则(参见第五章)。

① 约束的满足化，即考虑方案的可行性。方案的可行性是管理方案筛选和优化的第一道"关卡"。任何管理方案都必须满足一定的约束条件，如资金约束、劳动力约束、时间约束、市场需求约束、生产能力约束、法律和法规约束、道德约束等。有些管理方案能够使得系统目标达到较好的水准，但却不能满足约束条件的要求，也就是说，这种方案是不可行的。可行性的要求是管理决策的基本要求，只有在可行的前提下才谈得上目标最优化的问题，否则再好的方案也是没有

意义的。当然，有些约束条件是可以通过努力来满足的，例如资金约束可以通过银行贷款、寻求投资者等方式得到满足，生产能力约束可以通过购置设备、合作加工等方法加以解决。但是，有的约束条件则是刚性的，必须遵循，如法律约束等。

② 目标的最优化，即考虑方案的可意性。在备选方案满足了约束条件之后，就需要对这些可行方案进行第二步筛选，即尽可能实现多个目标的最优化，使管理者满意。这些目标具有不同的要求，有的希望实现最大化(如产值、利润、销售额等)，有的希望达到最小化(如成本、工期、污染物浓度等)，还有的则希望被控制在某一个范围内(如产品结构的比例、原材料的库存量、产品的某些技术指标等)。目标最优化的对象或途径主要包括系统结构的优化(如企业组织机构的优化)和可控输入的优化(如企业管理方案的优化)两大类。

③ 风险的最小化，即考虑方案的可靠性。通过以上两步的筛选后得到的方案同时具备可行性和可意性，但这只是方案实施成功前提下的结果。接下来就需要考虑第三步问题：方案成功的概率有多大、可靠性有多大、风险有多大？利益与风险总是结伴而行的，利益越大，往往风险越大，因此优化原则还需要考虑方案的可靠性和风险性。这时管理者需要在利益和风险之间做一个折中，有时不得不为了降低风险而放弃利益。在这种情况下，不同的决策者会做出不同的选择，这就是风险型决策的特点(张智光，2006a)。

(7) 能动原则

能动原则出自于系统的环境适应性和自组织性。系统，尤其是包含了具有高等智能的人类组织，是一个有机体，它具有自组织性和环境适应性，它能够根据情况的变化能动地调节自身的结构和活动来实现系统的平衡和发展。因此，在解决管理问题时应当充分利用系统的这些重要特性，对组织系统进行宏观的控制和协调，充分调动系统的能动性，这样有时可以达到"四两拨千斤"的效果。管理者如果事无巨细地越级进行详细和具体的指导和指示，不仅在能力上和精力上难以胜任，而且将打击下属的积极性，破坏系统的自组织性和能动性，进而导致系统无法有序运行。

三、管理方法现代化——定量化方法

实现管理的现代化除了拥有先进的管理概念、观点、理念，还需要有现代的管理方法。管理理念固然重要，但仅仅停留在理念的层次上是不足以最终解决问题的。先进的管理方法是实现管理思想的技术保证。它不像管理理念那样生动形象、直接明了、引人入胜、富有哲理，并体现管理的艺术性，而是以科学、严谨的面貌出现，给人以枯燥、繁琐和令人费解的感觉。然而，科学的管理方法从根本上体现了先进的管理理念，并在技术上保证了这种思想的实现。

现代管理方法的内容非常丰富，例如市场预测与分析方法、关键因素分析法、决策分析方法、绩效评价方法、人事考评方法、财务分析和评价方法、投资分析方法、库存控制方法、生产计划编制方法、作业计划编制方法、产品最优组合方法等。这些方法在原理上体现了系统化管理的理念，在技术上可分为定性分析方法和定量分析方法两大类。其中，定量化管理方法的基础和基本内容是管理数学方法，表 2-1 给出了定量化管理方法的主要内容。由于内容太多，表 2-1 只是从管理数学的角度列举其中主要的方法和学科分支。

表 2-1　定量化管理方法的主要内容举例

方法大类	具体方法	方法说明
确定型规划类 针对确定型或经过确定化处理的非确定型决策问题，寻找在满足约束条件的前提下，使目标函数达到最优值的方案；属于运筹学的一个分支	线性规划	目标函数和约束条件都是决策变量的线性函数
	非线性规划	目标函数和约束条件至少有一者是决策变量的非线性函数
	目标规划	一种多目标规划方法：使各目标值和期望目标值尽可能接近
	整数规划	决策变量的最优解为整数解的线性规划
	动态规划	一种多阶段决策方法：求解可将整个问题按时间或空间顺序分成若干个阶段的决策问题，得出由一系列局部决策所构成的最优策略
非确定型决策类 针对风险型、竞争型等非确定型决策，在预测环境变化的基础上寻求解决方案	预测学	对系统外部环境的过去和现在的有关信息进行分析，推测环境的未来变化趋势及其概率信息，为决策制定提供依据
	决策分析	解决具有后果的不确定性、目标的矛盾性、决策者的利益冲突性等原因所造成的非确定型决策问题，需要利用决策者的偏好信息，并以确定型规划方法为基础；属于决策科学的一个重要分支
	博弈论 (对策论)	研究竞争各方采取不同策略的结果、是否存在使自己取胜的最优策略、如何寻找最优策略等问题；属于运筹学的一个分支
网络分析类 以工作项目各要素的网络结构为研究对象，对其进行统筹安排、协调和控制，又称为统筹法、网络技术、网络分析方法、网络计划技术等	图论	以直观的图形和代数方法来研究组合关系的数学分支，是网络技术的基础
	关键路径法(CPM)/计划评审技术(PERT)	CPM 和 PERT 是 20 世纪 50 年代后期同时独立出现的两种基本原理相同的计划方法，用网络图表达项目中各项活动的进度和相互关系，确定关键活动与关键路径，由此调整与优化网络，使时间、资金等资源的最小化
	图解评审法(GERT)	综合运用网络理论、概率论、信流图理论和模拟技术，研究各工序之间的相互关系具有随机性的随机网络问题
业务管理类 对组织的经营领域进行定量化管理的方法；属于运筹学的一个分支	排队论(随机服务系统理论)	研究各种排队系统的概率规律(如队长分布、等待时间分布、忙期分布等)、系统优化和统计推断等问题
	存储论	根据存储物资的性质、需求和存储费用等因素，确定购买物资的时间和数量等问题，使其效益最大或损失最小
性能计量类 对系统的各种技术经济变量的性能进行数学分析和评价，揭示其运行状态、特性和规律等	统计学	以概率论为基础，通过研究和分析随机现象的某些数量指标的分布、均值和方差等统计特征，找出各指标间的相互关系，揭示其中的规律性
	经济计量学(计量经济学)	把经济理论、统计学等数学理论结合在一起，把各种经济变量间的依存关系表达为方程或方程组(经济计量模型)来研究经济系统运动规律，是数量经济学的内容之一
	综合评价方法	针对具有多属性特点的系统性能(如企业竞争力、员工绩效等)，设计评价指标体系，运用数学方法进行综合评价
系统仿真类 对组织系统在各种条件和各种方案下的运行状况进行模拟实验	随机模拟法(蒙特卡罗法、统计实验法)	利用电子计算机产生随机数，对系统的概率模型进行模拟(仿真)实验，以此来研究原型系统的运行规律，求解出最优的管理策略
	系统动力学	利用系统的信息反馈原理，建立各子系统间的因果关系、系统流程图和方程式，并通过计算机仿真方法研究社会组织系统的动态行为

四、管理手段现代化——信息化手段

1. 信息化管理的概述

有了现代化的管理理念和管理方法，是不是就足以实现管理现代化了呢？实际上这是很困难的。以工商企业为例，现代企业管理思想要求企业进行全面、系统和集成化的管理，以适应和应对市场的各种变化，满足用户对产品和服务的质量、品种、价格、交货期等多方面的不同的和多变的需求，抵御由经济全球化以及原料、能源、人才和金融市场的各种波动所带来的冲击和风险。这样，在管理方法上就要求企业能够运用市场调研和预测方法分析市场动态，并根据市场信息优化产品结构，调整经营策略；运用数学规划模型合理分配各种资源，制定使利润最大化或成本最小化的生产计划；运用库存管理模型或物料需求计划(MRP)等技术进行物资的采购和存储管理，降低物流成本；运用现代质量管理方法和成本控制技术提高产品质量，降低生产成本；通过作业管理和生产调度模型控制生产进度，保证按时交货；通过财务分析和评价技术保证财务状况的良性发展……很显然，要有效地运用这些先进而复杂的管理方法，没有现代化的管理手段是不行的，通过手工管理，无论是从效率上还是从效果上，都无法实现现代化管理的目标。

所谓现代管理手段，是指以计算机技术为核心的，包括网络技术、通信技术、云计算和大数据等在内的信息技术在管理上的应用。只有运用现代计算机信息技术，才可能使得大量的信息采集、储存、传递、加工、处理和运算等工作量巨大的任务在较短的时间内得以完成，才能保证现代管理思想通过现代管理方法得以实现。

因此，从信息化的角度看，所谓"管理"，从本质上说就是通过信息流来控制物流、资金流和人的活动。因此，信息系统实际上就是一个组织的"神经系统"和管理控制系统，它为管理现代化提供了一个先进的技术平台。信息化管理所涉及的信息系统的种类很多，例如物料需求计划(MRP)系统、制造资源计划(MRPⅡ)系统、企业资源计划(ERP)系统、智能化决策支持系统(IDSS)、群决策支持系统(GDSS)、专家系统(ES)、经理信息系统(EIS)、战略信息系统(SIS)、办公自动化系统(OAS)、集成化管理信息系统(IMIS)、计算机集成制造与管理系统(CIMMS)、电子商务系统(ECS)、客户关系管理(CRM)系统、物流管理系统(LMS)、供应链管理系统(SCMS)等。我们将在第八章从管理控制的角度介绍其中一些信息系统。下面我们仅从信息运动的角度，介绍信息化手段对组织现代化管理的主要作用。

2. 管理信息的收集、传递、储存和提供

有了计算机信息系统后，首先，管理数据的采集就会十分便利，许多单据、发票、合同和台账等可以直接利用计算机处理，既提高了业务处理的效率，同时又起到了信息采集的作用。例如，电子商务系统、会计电算化系统、库存管理系统和 POS 系统(销售点终端系统)等都具有这类功能。此外，运用大数据技术，企业还可以从互联网上挖掘对企业管理有价值的信息。其次，数据传递的速度大大加快。组织内部的各种指令、文件、计划、报表和报告等资料和数据的上传、下达、沟通和审阅等都可以通过组织内部网络(Intranet)变得快速而高效。组织管理者和遍布全国及世界各地的分支机构、销售网点之间的联系，组织和外部其他组织和机构的联系，以及组织和客户的联系也可以通过因特网(Internet)变得十分方便。第三，计算机的硬件存储设备和数据库软件的不断发展，使得大量存储各类管理信息成为可能。第四，计算机信息系统可以及时、准确地提供管

理上所需要的各类信息，并实现信息的一致性(统一结构、统一量纲、统一格式和统一标准)、信息的系统性(分门别类地提供不同部门、不同层次和不同详细程度的系统化信息)和信息的及时性(使信息延迟降到最低)。

3. 管理信息的维护

用手工方式进行大容量的管理信息的维护是相当困难的。例如，若要更正某一个销售量数据，那么与之相应的销售总量数据、销售收入数据、利润数据等都应当随之被修正，而且不同部门同样的数据也要同时被修正。可见，用手工方式处理时，不仅工作量很大，而且容易产生遗漏和错误。然而在信息系统的支持下，不仅各类数据在数据库系统严格统一的管理之下，而且数据的更新、修正、添加和删除等操作都是在预先经过严密设计的软件系统的统一安排和信息维护人员的监控下自行完成的，从而大大减轻了信息维护的难度，提高了信息维护的效率和质量。

4. 管理信息的加工处理

上面谈到的数据库是用来存放和管理数据的，然而，这些数据一般来说难以直接用于管理工作，需要经过加工处理才能获得对管理(尤其是中、高层管理)更有用的信息。管理信息系统的一个重要功能是对数据的加工处理。例如，数据的过滤、筛选、排序、分类、汇总、统计和校验，数据挖掘(data mining，DM)，环境预测，系统仿真，方案优化，决策分析，经济评价和分析，制定计划等。对于上面提到的管理方法的现代化，由于其数据处理量极大而且数学计算过程非常复杂，如果没有计算机数据加工技术的支持是无法获得实际效果的。因此，信息系统的数据加工能力是实现管理现代化的关键功能。有些特殊的运算，还可以借助云计算技术，利用网络运算资源来完成。

5. 管理信息的集成化

一个组织的实际管理系统本身是一个整体化的系统，由于它规模庞大、结构复杂，因此有必要将其分解成一些相互关联的不同部门和不同管理层次。但如果这些部门和层次之间出现信息流不畅通、信息传递有误、传递速度缓慢和协调困难等问题，都会造成管理系统运行的各种问题，甚至造成管理的混乱。例如，如果产品设计部门不能及时得到市场分析部门的信息，就会导致设计出的产品与客户的要求不相符；生产管理部门没有及时获得销售部门的信息，就会制定出与市场需求偏差较大的生产计划；采购部门得不到确切的物料需求信息，就会造成缺货或库存积压；高层管理者如果不了解下层管理、执行状况以及环境变化的信息，就会做出错误的战略决策；下层管理者如果不了解上层管理的意图，就无法正确执行高层管理的决策方案。可见，一个组织的管理系统的整体化或集成化程度在管理上是十分重要的，为此需要将组织中各类独立的管理信息系统进行集成。如果组织的计算机管理信息系统能够将各个部门和各个层次的管理职能，在数据库、管理流程、管理模块和网络信息等方面实现集成化，就能够最大程度地实现整个组织的管理系统的集成化，从而使各部门各层次的管理活动和执行活动协调运行，实现组织功能和绩效的整体优化。

6. 管理信息的使用

管理者能够方便地使用管理信息是管理信息系统的另一个重要功能。由于有针对性的信息结构和管理功能的设计，加上能够实现用户友好的系统界面，各类管理人员可以十分方便地使用管理信息。管理信息的使用包括组织的经营状态报告、信息的查询、数据通信、文档处理、电子会议、业务处理、管理控制、状态分析和预警、决策支持、网络信息发布、网上交易和网络支付等。

第三节　管理科学的最新动态

进入 21 世纪以来，由于全球气候的变化、大数据时代的到来和共享经济的出现等新的发展动态，组织的发展面临着新的环境、机遇和挑战，对于管理也提出了新的要求，企业界和管理理论界因此掀起了新一轮的管理变革浪潮。在现代管理理论的基础上，管理科学又出现了许多新的管理理念、方法和模式。下面仅选择其中有代表性的内容，从气候变化背景下的绿色管理、大数据网络环境下的大数据营销管理、共享经济模式下的共享管理三个方面来介绍管理科学的最新发展动态。

一、绿色管理

1. 绿色管理产生的背景

进入 20 世纪以来，伴随着企业规模的不断扩大，很多企业在追求自身利润的同时，给生态环境带来了很大程度的破坏，空气、水质、土壤等污染严重，公众的健康、安全面临威胁。据国家生态环境部统计，我国污染物排放的 80% 以上都来自企业，特别是煤炭、冶金、化工、造纸、纺织、印染、建材等行业尤为突出。在此背景下，人类开始检讨和反思传统的发展观，探索新的发展模式。企业管理者也意识到，企业应当承担起必须担负的社会责任，实行绿色管理，走可持续发展的道路。

绿色管理的研究始于 20 世纪 80 年代，目前已成为管理理论研究和实践探索的新焦点，研究内容已涉及绿色管理的理念和方式、绿色产品研发管理、绿色生产管理、循环经济管理、绿色认证等诸多方面。21 世纪后，企业在管理实践上开始尝试以"绿色"为核心的管理方式，在认知上注重环保意识，运营上采用绿色战略，努力提升企业的社会形象和绿色竞争力。

2. 绿色管理的概念

绿色管理是指企业按照可持续发展思想和环境保护的要求，形成的一种经营理念及其所实施的一系列管理活动。它是以"生态人"(能与自然环境相协调、合理利用资源的自然人和法人)假设为管理原点，绿色价值观为导向，绿色技术创新为动力，企业绿色组织为保证，清洁生产为主线，绿色产品为核心，绿色营销为中介，绿色消费为依托，绿色认证为标准，经济效益和生态效益相统一为目标的一种全过程管理。其主旨在于使企业和企业群在生产经营过程中做到物质和能量的循环、再生和充分利用，并纳入自然系统的循环，不仅最大限度地降低对自然环境的污染，而且还要努力促进人与自然的和谐发展(黄志斌，2004)。

3. 绿色管理的层次

企业可以通过很多种方式和手段来节约资源和保护自然环境。例如，谷歌和英特尔公司设法使计算机制造商和消费者采用能够降低能源消耗的技术；斐泉公司使用可再生能源来保护森林和水源；联合包裹服务公司(UPS)采取了很多先进的技术和措施来保护环境。企业为什么要实施绿色管理？有的企业仅限于按照法律要求的范围来履行自己的社会义务，还有一些企业是自愿努力寻找各种方法和技术来保护地球的资源。这其中的动因各有不同，我们可以根据不同的驱动力将企业绿色管理的深度从浅绿到深绿分为不同的层次(Robbins，2015)。

(1) 法律驱动的浅绿色管理

这类企业实行环境保护的目的仅仅是按照法律的要求，履行其必须承担的社会义务。例如，我国的很多制浆造纸企业根据国家排放标准进行环保设施和技术的应用，使得"三废"(废气、废水和废渣)排放量达到国家规定的排放标准。企业按照这种方式进行绿色管理是比较被动的方式，对于环境的敏感度较低。企业会遵守相关的法律、法规和政策，但是不会主动或者过多地投入到环保事业中去。因此，将这种绿色管理的程度称为浅绿色管理。

(2) 市场驱动的中浅绿色管理

在市场驱动的模式下，企业会对环境保护变得比较敏感，会对顾客的环境偏好做出响应。顾客需要什么样的环境友好型产品，企业就会积极地研发和生产。例如，杜邦公司开发了一种新型除草剂，这种产品已经帮助全世界的农民每年减少使用超过4500万磅的化学物质。通过开发这种产品，该公司对那些希望尽量降低对农作物使用化学物质的消费者和农民的需求作出了响应。虽然研发投入较大，但是从长远来看这类企业会赚取更多的利润。因此，将这种绿色管理的程度称为中浅绿色管理。

(3) 利益相关群体驱动的中深绿色管理

在这种驱动模式下，企业设法满足由多种利益相关者(例如公司员工、供应商、社区等)所构成的群体的环境要求。例如，惠普公司为自己利益相关群体(供应商、顾客、社会、员工等)在供应链管理、产品设计、产品回收以及业务运营等方面实施了一系列环境计划。这时，企业不仅仅考虑到顾客的偏好和市场销售量，还考虑到了其他利益相关者的诉求、社会舆论、企业的社会形象和责任等因素。因此，将这种绿色管理的程度称为中深绿色管理。

(4) 环境保护倡导者驱动的深绿色管理

在这种层次上，企业成为了环境保护的积极倡导者，对环境的灵敏度非常高，会努力寻求各种方法来保护自然资源，表现出积极的企业社会责任观。例如，比利时生产生态环保型清洁用品的 Ecover 公司是一家几乎零排放的企业，它的厂房屋顶是一个巨大的草坪，可以实现冬暖夏凉的效果。同时，企业还拥有一个以风能和太阳能为能源的水处理系统。这家企业建造这样一个生态工厂的原因是企业对于环境保护具有强烈的愿望和坚定承诺。因此，将这种绿色管理的程度称为深绿色管理。

4. 绿色管理的方法

企业实施绿色管理的方法和途径有多种多样，对于不同性质的企业和不同绿色管理深度的企业，都会有不同的做法。下面仅介绍几种常见的绿色管理方法(黄志斌，2004)。

(1) 绿色理念的树立

绿色理念是绿色管理的指导思想，是指企业要实现与自然和社会相协调，并把环保与和谐的观念融入企业的经营管理中的思想观念。企业要实行绿色管理首先要将绿色理念融入企业哲学和发展观中去，变被动应对环保事件为积极主动的环保要求，使得环保不再被认为是企业的负担，从而推动企业节能降耗、实现长远发展的前瞻性投资。

(2) 绿色产品的研发

产品质量是企业的生命线，而产品的绿色化是产品质量的重要方面。因此，企业应根据用户的绿色需求和环境保护要求进行绿色产品的研发，在产品的设计阶段就把产品对环境的影响和对消费者绿色需求的影响等因素考虑进去。绿色产品的研发和设计要求在产品的整个生命周期内优先考虑产品的环境属性，使得产品在生产、使用和回收处理的全过程中都要符合环境要求，从而保障产品对环境无污染，对人的身体健康没有危害，并有利于资源再生和回收利用。例如，采用无毒、无害、无污染、易降解的材料进行产品的制造，采取易拆卸、易修理、易回收、对人体无损害的产品结构设计方案等。

(3) 绿色生产技术的运用

绿色生产技术是按照有利于生态环境保护的原则进行产品生产的相关技术，以便制造出绿色产品，满足绿色消费。绿色生产技术包括低能耗、低物耗和低污染的加工技术、加工设备和加工工艺，清洁生产技术，废弃物回收、再生和循环利用技术，污染物处理技术，低成本、高效率的物料需求和生产计划技术等。而这些技术的综合运用则是一个绿色管理的问题。此外，绿色生产技术是一个相对的、动态的概念，是一个不断完善的过程。随着技术进步和经济发展，绿色生产技术的内涵将不断更新和进步。例如，由循环经济向超循环经济技术发展等(张智光，2017a)。

(4) 绿色认证的实施

许多国际集团为了增强竞争力、树立绿色企业形象、扩大国际影响力，希望进行企业的绿色管理水平和环保绩效水平的评估和认证。通过认证的产品，将被授予相应的认证标志，从而增强了产品的绿色竞争力。目前评估企业绿色管理效果比较常见的标准是国际标准化组织(ISO)制定的ISO 14000(环境管理)标准。遵守这个标准需要开发一个全面的环境管理系统来应对环境挑战。企业如果取得该项认证，就意味着企业的绿色管理质量得到了外部认可，其产品便可以通行无阻地进入国际市场，也可以更好地被消费者认可。目前，已经有155个国家的企业组织达到了ISO 14000标准。除了这项国际绿色认证外，在不同领域还有一些国际和国家的绿色认证。例如，双绿认证(产品生产过程的ISO 14000体系与产品使用和回收过程中的环境标志的双认证)、GP(Green Partner，绿色伙伴)认证、森林认证(含森林经营认证和产销监管链认证)、欧盟生态标签(Eco-label，又名花朵标志、欧洲之花)认证、各国的绿色建筑认证等。此外，中国的绿色产品认证的种类也有很多。例如，中国环境标志认证(十环认证)、中国节能认证、中国节水认证、中国有机产品认证、电子信息产品污染控制认证(RoHS认证)、低碳产品认证、绿色食品认证等。但是目前中国绿色认证体系一性和认证过程的规范性，以及消费者的认可度等方面还有待完善和提高。

二、大数据营销管理

1. 大数据的概念

随着互联网、移动科技、大数据存储技术和云技术等的发展，全球数据量正在快速膨胀。据国际数据公司(IDC)发布的《数字宇宙膨胀：到 2020 年全球信息增长预测》显示，数字信息每年按照几何级数态势递增，到 2020 年数字宇宙将会膨胀到 40 万亿 GB。2011 年，麦肯锡全球研究所提出，大数据时代已经来临。那么到底什么是**大数据**(big data)呢？麦肯锡公司(McKinsey & Company)给出的定义是："大数据是个大的数据池，其中的数据可以被采集、传递、聚集、存储和分析。与固定资产和人力资本等其他重要的生产要素类似，没有数据，很多现代经济活动、创新和增长都不会发生，这正成为越来越普遍的现象。"高德纳咨询公司(Gartner Group)的定义是："大数据是大容量、高速度和形式多样的信息资产，它需要低成本的、形式创新的信息处理，以增强洞察力和辅助决策。"IBM 公司提出了大数据的 4V 特征："可以用 4 个特征来描述大数据，即规模性(volume)、高速性(velocity)、多样性(variety)和真实性(veracity)。"维基百科的定义是："大数据是指规模庞大且复杂的数据集合，很难用常规的数据库管理工具或传统数据处理应用软件对其进行处理。其主要挑战包括数据抓取、策展、存储、搜索、共享、转换、分析和可视化。"美国国家科学基金会(NSF)提出："大数据是指由科学仪器、传感器、网上交易、电子邮件、视频、点击流或所有其他现在或将来可用的数字源产生的大规模、多样的、复杂的、纵向的和/或分布式的数据集。"从这些定义我们可以看出大数据的以下基本特征：海量的数据规模、高速的数据增长、快速的数据流转、多样的数据类型和稀疏的价值密度等。

2. 大数据市场的现状与趋势

由于大数据的海量性、速转性、多样性和低密性，导致从大数据资源中获取和挖掘所需的数据，以及对其分析和加工就变得十分困难。因此，用大数据技术"制造"出的"大数据产品"将在大数据市场上有着巨大的需求量，大数据将成为一个新兴的产业，因为大数据的应用对企业和其他组织的经营、决策和市场营销等管理具有重要的参考价值，会给组织带来丰厚的经济利益和社会效益。2012 年，美国政府发布"大数据研究与发展创意"，正式启动大数据发展计划。随后，英国、加拿大、澳大利亚、法国、日本等发达国家也相继启动；惠普、微软、阿里巴巴、百度等国内外知名大公司正在积极抢占大数据技术市场。在大数据应用起步的背景下，2013 年 IBM 商业价值协会对 40 多个行业中的 4000 多名企业员工和管理人员进行的一项调查发现，有超过 60%的企业人员表示大数据分析已经带来了具体、可观的效益(齐建军，2016)。麦肯锡公司在一份研究报告中指出，根据西方产业数据预测，大数据的应用将能为欧洲发达国家的政府节省 1000 亿欧元以上的运作成本，使美国医疗保健行业的成本降低 8%，约每年 3000 亿美元，并使得零售商的营业利润率提高 60%以上。根据国际数据公司(IDC)最新发布的预测报告，2017 年大数据市场规模将达 324 亿美元，年复合增长率为 27%。其中增长最快的市场领域是云计算基础设施，年复合增长率高达 49%。

2015 年被称为中国大数据应用发展元年，国务院发布《促进大数据发展行动纲要》，给出了我国大数据产业顶层设计蓝图，首次提出了数据强国的目标，并规划了大数据十大建设工程。《2015 年中国大数据发展调查报告》显示，2015 年中国大数据市场规模达到 115.9 亿元，增速达 38%。2016 年中国大数据市场规模达到 168 亿元，预计 2017—2020 年仍将保持 30%以上的增长。大数据产业在我国已具备了从概念到应用落地的成熟条件，迎来了飞速发展的黄金机遇期。

大数据的应用范围十分广泛，将在打造社会治理新模式、经济运行新机制、民生服务新体系、创新驱动新格局、产业发展新生态、企业管理新模式等方面发挥重要的作用，下面我们仅介绍大数据对企业营销管理所带来的新变化。

3. 大数据下的消费者洞察

企业营销的第一步是要寻找目标消费者及潜在消费人群，发现消费者真实的需求和偏好，这类行为被称为消费者洞察。消费者洞察可以明确企业的产品和服务的对象，发现新的市场，根据消费者的需求开展营销活动，提高消费者的体验感。传统的消费者洞察方法是通过市场调查、消费者行为分析和市场细分等手段来获取消费者信息。但是由于消费者行为的主观性很强，其行为偏好会随着时间和空间的变化而发生改变，传统的消费者洞察手段只能获取特定时期、特定地点的消费者的行为和心理，分析出消费者一时的需求，难以对消费者有一个全面、动态和持续的了解，容易出现一叶障目的情况。因此在传统的手段下，此时与其说是消费者洞察，不如说是消费者调查。例如，意大利一家方便面企业通过调查发现，一些主妇在购买他们的产品之后，会加入一些洋葱进去，所以他们就在产品中附加了一份洋葱包，目的是为了吸引更多的顾客。然而，即便如此，很多顾客仍然会自己切洋葱加进去。这让企业很困惑，难道消费者的需求不是洋葱吗？很快，他们在进一步的调查中发现，主妇在购买方便面的时候会有对家庭的愧疚心理，为了弥补这种愧疚，她们选择自己切洋葱。可见，用传统方法进行消费者调查，不仅耗时较长，而且容易得出错误的结论，会给企业带来损失。在大数据时代，新的数据获取和分析技术为消费者洞察带来了新的曙光。消费者在网站上的所有活动都留有痕迹，在大数据条件下，企业可以长期追踪消费者的消费行为，对消费者有了全方位的了解，能够知道消费者的真正心理和真实需求。亚马逊公司拥有每个用户详细的搜索内容、产品详细记录、在每一个网页上的停留时间、与类似产品的比较、最后购买的产品等信息。对这些大数据加以分析，亚马逊公司能够掌握消费者的喜好、购物习惯等，并通过对数据分析了解消费者的潜在需求。而这些信息不仅对亚马逊公司有用，而且对其供应链上的合作伙伴也是十分有价值的。

4. 大数据精准营销

精准营销(precision marketing)是当今企业营销的趋势和热点，它是在精准定位的基础上，依托现代信息技术手段建立个性化的顾客沟通服务体系。大数据精准营销就是将上述消费者洞察等大数据技术运用于精准营销的过程。有了大数据技术，精准营销可谓如虎添翼。

传统的市场细分营销过程首先是根据一些合理的依据，如年龄、性别、职业、收入等变量对消费者进行细分，然后根据细分结果对市场进行判断，选择目标市场，并采取一系列针对性的营销活动。然而市场环境是动态变化的，消费需求是有个性差异的，而根据之前分析得到的结果在一段时期内是静态的，在细分群体中是无差异的，因此其营销效果并不太理想。而在大数据时代，企业可以获取消费者长期的消费行为，分析出其消费心理的变化规律，根据这种动态的"用户画像"精准匹配到用户个体。腾讯、阿里巴巴、百度等公司通过大容量数据挖掘，已经拥有丰富的数据资源，销售数据和提供相关的数据服务已成为公司新的增长点，数据业务已逐渐演变成中国电商的发展趋势。

另外，随着"网红"直播、移动广告、微信、微博等新兴销售媒介的兴起，企业可以利用这些新媒介，根据大数据分析得到的消费者需求变化，通过常用的移动应用程序 APP(application 的缩写)对消费者进行实时的个性化的精准营销。在 2011 年百度世界大会上，百度公司创始人、董事长兼首席执行官李彦宏把推荐引擎、云计算和搜索引擎并列为未来互联网企业的重要战略规划以及发展方向。其中，推荐引擎就是利用大数据技术主动挖掘用户当前或潜在的需求和喜好，并主动向用户推荐其感兴趣或者需要的相关信息。因此，推荐引擎不是被动查找，而是主动推送；不是独立媒体，而是媒体网络；不是检索机制，而是主动学习。推荐引擎利用基于内容、基于用户行为、基于社交关系网络等多种方法，为用户推荐其喜欢的商品或信息。李彦宏提出，百度新首页将逐步实现个性化，智能地推荐出用户喜欢的网站和经常使用的 APP。另外，京东公司每天都会产生数亿的用户信息，公司从多个维度对用户大数据进行分析，通过设置个体识别模型，结合用户自身特点，给用户推荐适当的产品和网站。这些都是精准营销服务的例子。

总之，大数据精准营销具有精准化、个性化、动态化、实时化、主动化和智能化等特点。

5. 大数据营销决策

(1) 提升营销决策的公众参与度

在传统的营销决策模式中，企业的中高层管理者和一些咨询公司一直是企业决策的主体和参与者。随着互联网和大数据技术的发展，传统的决策模式受到冲击，社会公众参与的决策模式悄然兴起，决策群体从"精英型"转变为"大众型"。一方面，社交网络和移动互联网等平台让信息传播的更快更广，企业通过这些平台可以搜集社会公众对企业营销决策的意见和建议；另一方面，数据挖掘和分析技术有力地支持了对这些信息的加工，从中提炼出更有价值的决策信息和决策方案。公众参与营销决策不仅为企业决策提供了重要依据，提高了决策的质量和市场适应性，而且也有效地培养和扩大了企业的消费者群体，提高了顾客的忠诚度。

(2) 增强营销决策的信息支撑

传统的企业营销决策方式主要是根据历史经验或者简单市场调研做出决策，注重的是事物的因果关系和内部运行机制，所依据的是有限的样本数据。在大数据时代，企业所面临的不是样本数据，而是庞大的海量的大数据。企业可以通过对这些数据的分析，探寻事物之间的关联关系，可以更加准确地预测出未来市场的发展状况，并据此做出营销决策。美国从事信息技术研究和分析的 Gartner Group 公司预测，在未来的 5 年中，企业所面临的数据是现在的 8 倍，其中的 80% 是非结构化数据。这些数据增加了企业决策的难度，因此大数据技术将在企业营销决策中起到关键性的作用。

6. 大数据营销管理的成功案例

(1) 大数据支撑网络营销和网络金融——阿里巴巴的案例

中国最大的电子商务公司阿里巴巴每天有数以万计的交易在淘宝上进行，相应的交易时间、商品价格、购买数量、交易双方的特点都会被记录下来，这是一笔宝贵的信息资源。淘宝数据魔方是淘宝网面向商家开放这些大数据的平台。通过数据魔方平台，商家可以直接获取行业宏观情况、自己品牌的市场状况、消费者行为、商品交易情况等数据，而且可以通过第三方研究机构合作的方式，商家可以直接向研究机构获取服务。根据这些信息，商家可以进行生产和库存决策，而与此同时，更多的消费者也能以更优惠的价格买到更心仪的商品。各大中小城市的百货大楼做不到这一点，大大小小的超市做不到这一点，而互联网时代的网络营销公司可以实现这一目标。

另外，目前我国互联网金融行业正处于发展阶段，而大数据技术对这种新兴的金融业态的发展有着至关重要的作用。互联网金融必然会产生海量的数据，如何利用大数据技术对这些数据进行合理的分析是互联网金融成功发展的关键。阿里信用贷款是阿里巴巴公司为会员企业提供的融资贷款服务，它主要满足会员企业在生产经营过程中产生的流动资金需求。阿里巴巴公司通过所掌握的企业交易数据，借助大数据技术自动分析判定是否给予企业贷款，全程不需要人工干预。截至目前，阿里巴巴公司已经放贷 300 多亿元，坏账率约 0.3%，大大低于商业银行。

(2) 试衣间里的大数据应用——PRADA 的案例

物联网和大数据的结合是意大利 Miuccia Prada 公司的 PRADA(普拉达)服装品牌成功的关键之一。该公司利用物联网技术从试衣间里收集数据，再利用大数据技术进行分析，进而得出服装领域市场需求的结论。传统奢侈品牌 PRADA 正在向大数据时代迈进，它在纽约及其他一些旗舰店里开始了大数据时代行动。PRADA 的每件衣服上都有 RFID(射频识别)码，每当顾客拿起衣服进试衣间时，这件衣服上的 RFID 码就会被自动识别，试衣间里的屏幕会自动播放模特穿着这件衣服走台步的视频。顾客一看见模特，会下意识地认为自己穿上衣服就是那样，不由自主地会认可手中所拿的衣服。而在顾客试穿衣服的同时，这些数据会传至 PRADA 总部，包括每一件衣服在哪个城市的哪个旗舰店，什么时间被拿进试衣间，停留多长时间等。这些数据都被存储起来加以分析。

举一个例子，如果有一件衣服销量很低，以往的做法是直接被废弃掉。但是如果大数据分析显示这件衣服虽然销量很低，但进试衣间的次数较多，那就说明这款服装存在一些问题，或许还有改进的余地。物联网和大数据的这项应用在提升消费者购物体验的基础上，还帮助 PRADA 公司将销售量提升了 30%以上。传统奢侈品牌在大数据时代所采取的行动，不仅体现了该公司对大数据运用的敏锐嗅觉，也体现了大数据技术正在向各个商业领域渗透。

(3) 孕妇营销的大数据分析——塔吉特的案例

孕妇对零售商来说是个含金量很高的顾客群体，但是她们一般会去专门的孕妇商店。而对于像美国第二大零售商塔吉特(Target)这样的超市，人们往往想到的都是日常生活用品，却忽视了塔吉特有孕妇需要的一切。在美国，出生记录是公开的，等孩子出生了，新生儿母亲就会被铺天盖地的产品优惠广告所包围，到那时候再行动就晚了。塔吉特公司意识到，必须赶在孕妇怀孕前期就行动起来。

塔吉特公司的顾客数据分析部门发现，怀孕的妇女一般会在怀孕第三个月的时候购买很多无香乳液；几个月后，她们就会购买镁、钙、锌等营养补充剂。因此根据大数据分析，塔吉特公司能够先于大多数商家提前锁定孕妇群体。于是，根据大数据分析模型，塔吉特公司制定了全新的广告营销方案，在孕期的每个阶段给孕妇们寄送相应的优惠券。结果塔吉特超市的孕期用品销售呈现了爆炸性的增长，而且还带动了后期的婴儿用品的销售。2002 年到 2010 年期间，塔吉特公司的销售额从 440 亿美元增长到了 670 亿美元。大数据的巨大威力轰动了全美商界。

三、共享管理

1. 共享经济与共享管理概述

(1) 概念

共享经济(sharing economy)是互联网时代的一种新的经济模式,又被称作分享经济、协同消费。在这种经济模式下,某些组织、机构或个人将自己所拥有的某种资源(可以是闲置资源,也可以是专门为共享而购置或制造的资源)的使用权有偿让渡给另外一些组织、机构或个人,以提高资源的使用效率,并由此获取回报,而使用者则通过分享他人的资源获取该资源的使用价值,有时可以创造出新的价值。因此,共享经济是一种实现资源共享、绿色消费和利益双赢的经济模式。共享经济模式产生了一系列新的管理问题,对共享经济体进行管理就叫做**共享管理**。

需要说明的是,所谓闲置资源是指不是专门为出租而购置的资源。例如,私家车在车主自己不用的时候通过交易平台出租给别人用,或通过拼车方式出租闲置的座位等,都属于闲置资源的出租。但是,出租车、公共汽车和共享单车等就不能算是闲置资源了。

(2) 产生与构成

共享经济是在特定的背景下产生的,其主要的驱动力来自经济、环境和技术三个方面。在经济方面,1973 年阿拉伯国家大幅提升石油价格触发能源危机并波及国际经济,引发了全球经济危机,共享经济这一新的消费模式在这种经济背景下应运而生。为了应对汽油价格大涨带来的交通成本上涨,用以分摊汽车成本的私人汽车共享模式兴起,并持续至今。根据已有文献记载,英国早在 20 世纪 70 年代开始就流行汽车共享模式。目前,美国的 Uber(优步)公司作为全球汽车共享的领导者,其市场遍布全球 70 多个国家 200 多个城市。在我国,ofo(俗称"小黄车")和 mobile(摩拜)等共享单车在国内各大城市已经兴起,并开始走出国门。在环境方面,21 世纪以来全球对环境保护问题日渐关注,民众的环保观念和绿色消费意识逐渐增强,从而进一步强化了共享消费的社会环境。例如,共享单车作为绿色出行工具,和公共交通形成无缝对接,对节能减排和低碳发展起到了良好的促进作用。此外,我国的新能源共享汽车也正在起步。在技术方面,互联网、移动通讯等新兴技术的快速发展为共享经济提供了良好的技术和平台支撑。由这些技术手段逐渐建立起来的交易双方信任关系,是支撑这种消费模式迅速扩张的基本条件。

除了上述三个外部驱动因素外,共享经济体内还包含三大主体,即资源和服务的需求方、供给方和共享经济平台。共享经济平台作为连接供需双方的纽带,通过互联网、移动通讯、物联网和卫星定位等相关技术以及共享运作机制,便于供给与需求双方在共享经济平台上交易。因此共享管理并不是对某一个组织进行管理,而是对共享经济体内的三大主体的管理,以及对三方协调关系的管理。其管理的主体包含共享经济体内和体外的两类管理主体。在共享经济体内,平台组织的管理者是当然的管理主体。而供给方和需求方包含一些零散的个体,有时也包含一些组织,不管是这些组织的管理者还是供需个体,也都需要进行组织内部和个体自我管理以及参与共享经济体的决策,因此它们也都是共享管理的主体。在共享经济体外,行业协会和政府相关部门对共享经济来说也是重要的不可或缺的管理者。通过以上分析,可以绘制出共享经济和共享管理的构成结构,如图 2-7 所示。当然,有些公司融共享经济平台和供给方于一体,例如共享单车公司通常既是平台，同时也是单车资源的拥有者和提供者。

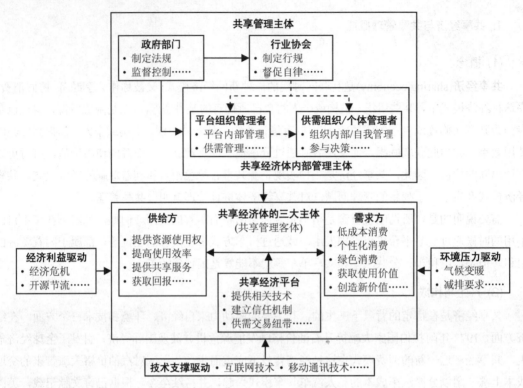

图 2-7　共享经济与共享管理的构成

(3) 共享经济的主要特点

根据以上概念可以看出，共享经济有三个显著的特点：其一，出租某种资源的使用权；其二，具有良好的共享性，或闲置资源的分享；其三，实现绿色消费。同时满足这三点的才能算得上共享经济。因此在交通领域，共享单车、公共自行车、共享汽车等都是共享经济的典型业态，而公共汽车、出租车、汽车租赁等业态就不属于共享经济了，属于传统业态。公共汽车并没有出租使用权；出租车的共享性不高，不属于低碳出行；汽车租赁的租赁手续复杂，还车地点固定，一个用户的租用时间较长，共享性较低。因此，这些业态都不属于共享经济。而共享汽车采用分时租车方式，按小时收费，使用效率较高，共享性较好，而且所提供的车型通常是环保性能好的新能源汽车；私人汽车和游艇等交通工具出租，虽然共享性也不太高，但属于闲置资源分享，提高了使用效率，租用人无须重复购置这些资源，实现了绿色消费。因此，这些业态属于共享经济。此外，网约交通服务的情况就比较复杂了，这些平台的部分业务属于共享经济范畴，如拼车、搭乘顺风车等，以及私家汽车、飞机、轮船、游艇等交通工具的共享，但是通过网约手段提供传统出租车服务等业务则仍然属于传统经济的范畴。

2. 共享经济的发展

虽然共享经济行业发展的时间不长，但在短时间内已经快速地渗透到了很多行业和细分市场。按行业分，可以将共享经济分为五个主要类型：旅行住宿共享、物流共享、交通共享、服务共享、闲置用品共享。按需求类型分，共享经济可以分为衣、食、住、行、用几个方面，表 2-2 从这几方面汇总了目前国内外的主要共享平台(程熙镕，2016)。下面我们举两个比较知名的共享平台例子说明共享经济的快速发展。

表 2-2　国内外主要共享平台

类型	领域	国外共享平台	国内共享平台
衣	服饰	Rent the Runway, PoshMark, Rentez-Vous, LE TOTE, AirCloset	美丽租、久物
食	饮食	EatWith, Plenry, Feastly, Cookening	有饭、爱宴遇、爱大厨、觅食、回家吃饭、妈妈的菜、一起吃、蹭饭
住	房屋	Airbnb, HouseTrip, Wimdu, Luxury Retreats, Easynest	小猪短租、蚂蚁短租、游天下
行	汽车、飞机、轮船等①	Uber, BlaBlaCar, Getaround, Lyft, RelayRides, SideCar, Zipcar, FlightCar, Wheelz, Car2Go, DriveNow, Rent2Buy, Shuddle, Hailo; Qraft, JumpSeat, BlackJet, SurfAir, AirPooler, Netjets, PROP, BoatBound	滴滴出行、易到用车、嘀嗒拼车、START 租车、AA 租车
	车位	Parking Panda, ParkatmyHouse, JustPark	丁丁停车、无忧停车、ETCP
	自行车	SpinLister	摩拜单车、优拜单车、ofo 单车、小鸣单车、小蓝单车、骑呗单车等
用	宠物寄存	Rover, DogVacay	宠托邦、小狗在家、人人养宠
	闲置物品短租	Fribi, Rentoid, SnapGoods	—
	办公场所短租	WeWork, miLES, LiquidSpace, LooseCubes, PivotDesk, Breather	马上办公、SOHO3Q、点点租

① 这些平台的部分业务属于共享经济范畴，如拼车、搭乘顺风车等，以及私家汽车、飞机、轮船、游艇等交通工具共享，但是通过网约手段提供传统出租车服务等业务仍属于传统经济。

(1) Airbnb 公司的发展

Airbnb 公司是一个旅行房屋租赁社区,亦即一个联系游客和有待出租空房房主的服务型网站。Airbnb 公司成立于 2008 年 8 月，总部位于美国加利福尼亚州旧金山市，拥有用户房客数 6000 多万，房源数 200 多万，遍及全球 192 个国家 34 000 多个城市。用户可通过网站、手机或平板电脑发布、发掘和预订世界各地的独特房源。2010 年,Airbnb 公司的服务业务难以置信地增长了 800%，被《时代周刊》称为"住房中的 eBay"(eBay 是一个可让全球民众上网买卖物品的线上拍卖及购物的著名网站，总部位于美国加利福尼亚州圣荷塞市)。2015 年 12 月 Airbnb 公司确认完成 15 亿美元的新一轮融资，估值升到 255 亿美元，成为全球第三大创业公司，仅次于 Uber 和小米。2016 年 12 月 7 日,Airbnb 宣布正式进入我国内地市场。2017 年 3 月 21 日，公司的中文名称确定为"爱彼迎"。2017 年 1 月 27 日，Airbnb 公司首次盈利，公司营业额增长超过 80%。这标志着公司的共享经济发展步入了可持续增长的轨道。

(2) ofo 公司的发展

2014 年，年轻创业者戴威与 4 名合伙人创立北京拜克洛克科技有限公司，主要提供 ofo 共享单车出租服务，简称 ofo 公司或 ofo 平台。他们提出了"以共享经济+智能硬件，解决最后一公里出行问题"的理念，创立了国内首家以平台共享方式运营校园自行车业务的新型互联网科技公司。ofo 公司以"ofo 共享单车"为核心产品，基于移动 APP 和智能硬件开发，为广大高校师生和市民提供便捷经济、绿色低碳、更高效率的校园和社会共享单车服务。2016 年 9 月 26 日，滴滴出行以数千万美元战略投资 ofo 共享单车平台；12 月 8 日，ofo 公司在广州召开城市战略发布会，宣布正式登陆广州，与海珠区政府建立战略合作；12 月 23 日，共享单车平台 ofo 宣布在硅谷、伦敦等地开启城市服务试运营。2017 年 5 月 3 日，ofo 公司宣布正式进入第 100 座城市——拉萨，成为当时全球覆盖城市最多的共享单车出行平台。

3. 共享管理的新变化

随着共享经济的兴起和共享时代的到来，相应的共享管理问题也涌现出来了。以共享单车为例，车辆乱停乱放、阻碍交通、车辆维修不及时、车辆分布不均匀、无人调整单车分布、无序发放单车、僵尸车潜在隐患、人为破坏单车、押金管理等问题让相关管理部门、共享单车公司、用户、居民等十分头疼。因此，共享管理已成为新经济模式下的新的管理方向。下面从管理目标的变化、组织边界的变化、管理主体的变化、管理客体的变化、管理方式的变化几个方面探讨共享管理的新变化。

(1) 管理目标的变化

前面说过，共享经济具有资源共享、绿色消费和利益双赢等特点，因此共享管理的目标也有相应的变化，即以提高资源利用率、利益相关者互利共赢、实现全社会的绿色消费为管理目标。虽然一般公司的管理目标也涉及经济效益、社会效益和环境效益，但其立足点是站在本公司的立场上，社会效益和环境效益仍然是为本公司的经济效益服务的，经济效益是首位的目标。而共享管理的立足点是站在全社会的立场上，经济利益只是共享经济运行的一种驱动方式，并不是主要目的，而且经济利益是指多方共赢的利益。

(2) 组织边界的变化

之所以共享管理的目标有上述变化，是因为共享管理所涉及的"组织"属于无边界、网络化和平台化的松散型组织。也就是说，平台本身并不是一个组织，只是供需交易的媒介或纽带，组织的边界在全社会范围内，包括有组织的或零散的供给方和需求方(见图 2-7)，它是一种比供应链组织还要松散的组织体系，可称为共享经济体。这一特点就是上述共享管理目标变化的组织根源之一。

(3) 管理主体的变化

由于组织边界的变化，共享管理的主体也是比较复杂的，某一个经济组织的管理者难以担负无边界的共享经济体的管理。由图 2-7 可以看到，共享管理呈现出共享经济体内和体外两个部分的多主体管理的局面。在经济体内，平台企业、供给方和需求方既是博弈的关系，也是合作的关系，因此需要共同承担管理的职责，其中平台企业起到了主导的作用。另外，由于共享经济的共享性和公众性，导致共享管理还需要有共享经济体外的管理主体，这就是政府相关部门和行业协会。以共享单车为例，乱停乱放、堵塞交通、安全隐患、恶性竞争、引起社会混乱等问题已经超出了经济体内公司经营管理的范围和能力，因此需要政府的交通管理、工商管理、环境管理等有关部门进行管控，也需要行业协会制定相关的行业规范或标准，并督促各经济主体自律和自我管理。图 2-7 "共享管理主体"内的实线箭头表示行政性或指令性管理，而虚线箭头表示合作性或指导性管理。

虽然政府部门也要对一般企业进行监管，但并不参与企业的经营决策，只是进行宏观调控，不属于该组织的管理主体。而共享经济体是无边界组织，涉及全社会的问题，已经进入了政府的管辖范围。因此政府部门就需要制定全社会的共享经济发展规划，制定具体的管理法律和法规，处理发生的社会问题，对平台和供需方进行监管等，介入的深度已大大超过了一般的宏观调控，因此图 2-7 中将其划入共享管理主体的范围内。类似地，在这种情况下，共享经济行业协会的作用和功能也会得到相应的强化。但目前来说，共享经济行业协会还处于缺位的状态。

(4) 管理客体的变化

既然政府部门和行业协会已纳入共享管理的管理主体，那么共享管理的客体范围也与一般组织管理不同，包含了共享经济平台企业、供给方和需求方的整个共享经济体，也呈现出无边界的特点。此外，从起主导作用的平台企业角度看，供给方和需求方和平台内部系统都是它的管理客体。再者，如果供给方和需求方也包含一些组织，那么这些组织内部系统也是各自管理者的管理客体。可见，共享管理体系包含了多角度和多层次的主客体关系。

(5) 管理方式的变化

在共享经济体的三大主体之间，由于不存在一般组织的上下级的直线管理关系，难以运用行政指令的方式进行管理，因此主要依靠交易规则制定、合作规则优化、利益共享激励、贡献奖励、违规惩罚、参与决策、自我约束等方式进行管理。政府部门对共享经济体的管理方式主要包含制定行业准入门槛、控制资源发放数量和质量、制定相关法律法规、制定共享经济市场规则、违反公共利益的处罚、诚信体系建立、公众道德教育等。行业协会也是一支重要的管理力量，它成为政府管理和共享经济体管理之间的桥梁，弥补两者管理的空缺和不足，在制定行业规范和标准、督促行业自律等方面将起到不可或缺的作用。另外，由于共享经济是建立在互联网技术、移动通信技术、物联网技术和卫星定位技术等相关技术之上的经济模式，因此技术手段和管理手段的结合也是共享管理方式的一个重要特点。以共享单车为例，通过科技手段就可以确定违停车辆的位置和用户名单，确定长期未使用车辆的位置和数量，确定单车分布的合理性等，据此开展用户管理，以及车辆维修、合理配置、规范摆放等管理工作。

习 题

一、单项选择题(每题只有一个正确答案，将其前面的字母填入相应的空格中)

1. _____被称为"科学管理之父"。

A. 亚当·斯密　　B. 查尔斯·巴贝奇　　C. 亨利·法约尔　　D. 弗雷德里克·泰勒

2. 一个员工应该且只能接受一个命令来源的指挥。双重命令是对权威、纪律和组织稳定性的一种威胁。如果打破这条原则，那么权力就会受到损害，纪律将受到破坏，组织秩序将被扰乱。这是一般管理理论中的_____原则。

A. 纪律约束　　B. 统一指挥　　C. 集权与分权　　D. 秩序

3. 社会系统学派代表人物巴纳德认为，个体协作意愿强度的高低，取决于_____。

A. 个体的"牺牲"与组织提供的"诱因"的比较

B. 机会成本与期望收益的比较

C. 个体的"牺牲"与获得的"满意度"的比较

D. 投入与产出的比较

4. 决策理论学派的代表人物是_____，他获得了许多顶级荣誉：1975 年的图灵奖、1978 年的诺贝尔经济学奖、1986 年的美国国家科学奖和 1993 年美国心理协会的终身成就奖。

A. 赫伯特·西蒙　　　　　　　　　B. 亨利·甘特

C. 马克斯·韦伯　　　　　　　　　D. 彼得·德鲁克

5. _____认为：每个组织的内在要素和外在环境条件都各不相同，因而在管理活动中不存在适用于任何情景的原则和方法，世界上没有一成不变的管理模式，在管理实践中要根据组织所处的环境和内部条件的发展变化随机应变。

A. 系统管理学派　　　　　　　　　B. 权变管理学派

C. 经验管理学派　　　　　　　　　D. 社会系统学派

6. 目前评估企业绿色管理效果比较常见的标准是国际标准化组织(ISO)制定的_____标准。

A. 双绿认证　　B. RoHS　　　　C. ISO 14000　　D. ISO 9000

二、是非判断题(判断下列句子的正确性，用 T 表示正确，F 表示错误，填写在括号里)

1. "官僚组织理论"中的"官僚"一词是指管理者身上存在着高高在上、脱离群众、脱离实际、拘泥于条条框框、在组织中作威作福等工作作风。　　　　　　　（　　）

2. 亨利·法约尔认为经营与管理是两个不同的概念，后者只是前者的一种活动。　（　　）

3. 数量管理学派力图抛弃凭经验、凭主观判断来进行管理，提倡采用"硬科学"的方法探求最有效的工作方式或最优方案，以达到最高的工作效率。　　　　　　（　　）

4. 经验管理学派的主要思想是：管理理论的一个重要来源是实际的管理经验，因此不需要学习太多的管理理论，只需要研究一些成功或失败企业的案例，从中吸取经验或者教训。（　　）

三、概念解释题

1. 什么是现代管理理论的丛林？

2. 什么是管理现代化？它的几个重要标志是什么？

3. 什么是企业的绿色管理？其主旨是什么？

四、理论辨析题

1. 科学管理理论的创始人泰勒于 1911 年出版了《科学管理原理》，提出了科学管理的基本原理和操作方法。试阐述科学管理理论的贡献和局限性。

2. 什么是共享经济和共享管理？

五、案例分析题

背景材料

共享单车进入人们的视野才不过一年多，已经遍布国内上百个城市，并且还在呈几何式扩张。在北京、上海、南京等大城市，大街小巷随处可见橙、黄等各色共享单车。与公交车站、地铁站等交通枢纽接驳，解决出行最后一公里问题，无论是缓解交通拥堵，还是保护环境，共享单车都起到了重要作用。然而，共享单车"攻城略地""野蛮生长"的姿态却让消费者"爱不起"，管理问题日益突出。上海市消保委副秘书长宁海说，上海共享单车市场从 2016 年以来呈爆发式增长，投诉量也随之飙升。2017 年 1—4 月，上海市消保委受理共享单车类投诉 2619 件，比上年同期增长 8.6 倍。在北京一些地铁站周围，共享单车"任性"停放现象明显：有的横亘在人行道上，妨碍行人走路；有的无序摆放，阻碍交通；有的直接停在地铁出入口台阶下，挡住进站通道；有人甚至将车塞进绿化带里、锁在栏杆上、倚靠在大树上。在南京，共享单车进驻才半个月，仅是闹市区新街口一处就有近 600 辆单车因违章乱放被管理部门拖走。在成都等地，共享单车也因"占道"等问题屡被城管部门扣押。此外，各地还出现了私自上锁、恶意损坏等非法行为。

为解决以上问题，各家共享单车企业开始逐步出台管理办法。ofo 公司开始给车辆加载卫星定位系统，摩拜决定接受 3 年报废的设定……行业巨头曾经认为难以实现的改变，现在即将成为现实。免押金、电子围栏，越来越多的共享单车企业正在"自我加压"，往前"多走一步"。此外，一场以信用分替代押金的"风潮"也在席卷全行业，ofo、永安行等企业陆续宣布开启"信用解锁"新模式，给达到一定信用等级的消费者免去押金，为被质疑"靠押金沉淀盈利"的行业带来了"新玩法"。2017 年 5 月，共享单车三项团体标准在上海市发布，包括摩拜、ofo 在内的十多家共享单车企业自愿签订《社会团体标准自我声明承诺书》。上海市质量技术监督局副局长陈晓军说，市场主体自我制定、自主承诺执行的团体标准上线后，企业未来就需要按照标准执行，标准将有助于强化市场主体自律，促进新生行业的规范发展。

问 题

1. 试分析共享单车的管理主体是谁？

2. 一个新的事物产生之后必然存在一些问题，需要我们及时进行科学管理。针对共享单车的上述问题，试从政府监管、行业自律、平台企业管理、供需双方自我管理等多种角度提出管理对策。

第二篇　管理领域与层次

对管理客体进行横向分解便产生了管理领域维，包括各种资源和业务管理；对管理主体进行纵向分解便形成了管理层次维，包括战略、战术和作业管理。

第三章　管理领域

第一章已经介绍了三维管理金字塔体系结构，其中，管理的领域维包括市场营销管理、生产管理、物流管理、人力资源管理、财务管理等内容；管理的层次维包括高层管理、中层管理和基层管理；管理的过程维包括计划、组织、领导和控制。从本章开始依次介绍各管理维度的具体内容。本章以企业管理为背景，先介绍管理领域维，使读者对管理理论的应用领域的背景知识有一个大致的了解，为后续管理层次维和管理过程维的理论知识学习打下基础。

管理的领域可分为两大类：资源管理和业务管理。资源管理包括人力资源管理、物资资源管理和财务管理等，这些对于各类组织都是必不可少的管理内容，只不过不同的组织对人、财、物等资源的具体需求有一定的差异。而业务管理对于不同的组织在内涵上有根本的区别，譬如企业、政府部门和学校所涉及的业务管理差别甚大。即使都是营利性企业，不同企业的业务管理也有较大的差别，譬如加工制造业、家电连锁销售业和电子商务网站的业务管理就有很大的不同。本章选取大多数企业涉及的管理领域，介绍市场营销管理、生产管理、物流管理、人力资源管理和财务管理的基本内容，并分析各管理领域的相互关系。

第一节　市场营销管理

市场营销是组织经营活动的基本内容之一，绝大多数企业对市场营销都十分重视。市场营销是否成功将直接影响到组织的利润与发展，在很大程度上引领并制约着组织的其他活动。一般企业都设有专门的职能部门来负责市场营销管理工作，如销售部和营销部等。但成功的市场营销绝不仅仅是这些职能部门的事情，还需要其他部门如产品设计、生产、原材料采购、物流和财务等部门的支持，并且还与有效的人力资源管理是分不开的。

一、市场营销管理的概念

1. 市场营销及其管理的总体概念

市场营销(marketing)是指组织通过创造并同他人交换产品和价值以满足消费者需求，实现组织目标的过程。**市场营销管理**(marketing management)是指在组织目标的指导下，为了建立和保持组织在市场中与顾客之间的互利交换关系，而对组织的整个市场营销活动进行计划、组织、领导和控制的过程。从这两个概念可以看出，市场营销涉及了 5 类核心概念，它们之间流程和相互关联如图 3-1 所示。

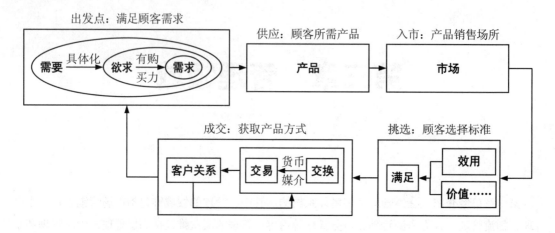

图 3-1　市场营销的核心概念及其关联

2. 市场营销的核心概念

首先，市场营销的出发点是满足顾客(消费者)的需要、欲求和需求，这是市场营销的第一类核心概念。**需要**(needs)是指消费者生理和心理的欲望或要求，如人们为了生存，对食物、衣服、房屋等有生理需要，以及对安全、归属感、尊重和自我实现等有心理需要。**欲求**(wants)是指消费者进一步的具体需要，例如，对食物的需要方面，有些消费者的欲求是大米饭，有些人则爱吃面包。人的欲求受职业、团体、家庭、教会等社会因素的影响。**需求**(demands)指有支付能力和愿意购买某种物品的欲求。可见，消费者的欲求在有购买力作后盾时就变成为需求。

然后，组织根据顾客的需求生产并提供产品，以满足其需求。可见，市场营销的第二类核心概念是产品。**产品**(product)是指用来满足顾客需求和欲求的事物，包括实物(如手机产品)、服务(如法律服务项目)、软件(如手机 APP)、场所(如景观产品)、思想(如创意和知识产品)、策划(如广告策划方案)和资金载体(如金融产品)等。

产品需要进入市场进行销售，如房地产市场、日用品市场和金融市场等，这就是市场营销的第三类核心概念。**市场**(markets)是指买卖双方进行商品交换的场所，并包括相关的所有厂商和个人。市场起源于古时人类对于固定时段或地点进行交易的场所的称呼，现代市场是由供给方、需求方、交易设施等硬件要素和交易的结算、评估、信息服务等软件要素构成的商务活动平台。

在市场中，顾客按照一定的标准挑选自己满意的产品。因此市场营销的第四类核心概念是顾客选择产品的标准，即从产品中可能获得的效用和价值，以及这两者的满足程度。**效用**(utility)是指消费者通过产品的使用，能够使自己的需求和欲求得到满足的功效和作用的度量。**价值**(value)是指凝结在产品中无差别的或抽象的人类劳动的多少，通常用货币单位进行衡量，以便在购买时和价格进行比较。这里所说的"无差别的或抽象的人类劳动"不能简单地理解成制作某一产品的劳动量或劳动时间。假如两件衣服的制作劳动量是相同的，但是其中一件衣服是知名品牌，另一件是无名的品牌，那么在计量前者的劳动量时需要加上该品牌创立过程中所付出的"人类劳动"，因此它的价值更高。另外，价值与效用有一定的关系，一般来说效用高，价值也会高，但两者又没有严格的对应关系。假如有两件产品的效用是相同的，但其中一件是大规模机器制造的，另一件是手工制造的。显然，后者所含的劳动更多(包含加工产品的劳动量和工人为获得这项手艺所进行的培训)，因此价值更高。可见，产品的价值是无法确切地测算的，它具有一定的主观性。**满足**(satisfaction)是指消费者的需要、欲求和需求的实现程度，它取决于产品的效用满足和价值满足等属性。其中价值满足包含产品价格与价值的吻合程度，以及顾客的支付能力等因素。

顾客根据其对产品的效用、价值和满足的评估选中了产品后，就会通过与卖家讨价还价、达成协议、价值交换、货币支付等过程获得产品，这一过程包含了交换、交易和建立长期客户关系等方式——这就是市场营销的第五类核心概念。**交换**(exchange)是指人们相互换取活动和劳动产品的过程。通常意义下的交换，是指人们在等价基础上的商品交换。**交易**(transactions)是指买卖双方以货币为媒介的价值的交换。而交换不一定以货币为媒介，它可以是物物交换。交易是交换的基本组成部分。**客户关系**(customer relationships)是指组织为达到其经营目标，主动与客户建立起的某种联系。精明的市场营销者都会重视在交换和交易的过程中同顾客、分销商等建立长期、信任和互利的关系。这些关系要靠不断承诺及为对方提供高质量产品、良好服务及公平价格来实现，靠双方加强经济、技术及社会联系来实现，以便减少交易费用和时间，使协商成为惯例。从图3-1可见，通过市场交易和交换，顾客的需求得到了满足，同时企业也获得了自己的利润。

由以上核心概念的介绍可知，市场营销是一个交互的过程。整个营销过程涉及大量的工作，卖方必须寻找买方，发现他们的需求，设计良好的产品和服务，设定合理的价格，有效开展促销活动，并高效地组织存储和运输等工作。因为涉及调研、产品开发、联络、销售、定价和服务等核心营销活动，所以，不能认为营销是由卖方负责的，与买方无关，实际上买方也在参与营销活动。一方面，消费者买方也在积极寻找自己真正需要的并且买得起的产品；另一方面，企业买方为了满足生产需要，也在主动进行采购工作。此外，除了买卖双方外，还可能有中间商和竞争者，都在参与整个市场营销活动。

二、市场营销观念的演进

市场营销的观念是指组织指导营销活动的基本思想，其核心是如何处理企业、顾客和社会三者之间的关系。随着社会经济的不断发展，市场营销观念也在不断更新和发展，主要经历了生产观念、产品观念、推销观念、市场营销观念、社会营销观念和绿色营销观念等阶段。

1. 生产观念

生产观念是最古老的营销观念，盛行于20世纪初。当时市场上产品匮乏，企业生产什么，市场就接收什么，属于卖方市场。所以这一阶段的营销观念是生产观念，组织仅关注生产系统，专注于不断扩大生产规模、提高生产效率和降低生产成本。其典型代表是1914年成立的福特汽车公司利用流水线大量生产T型轿车，到了1921年这种产品在美国市场上已占56%。福特公司当时有句名言，"不管市场需要什么，我们的福特车都是黑色的"。

2. 产品观念

20世纪20年代，当产量提升后企业的产品意识有所增强，认为顾客需要的是高质量的产品，只要有好的产品，销路没有问题。因此，在产品观念下，组织的关注范围从生产系统扩大到了企业系统，从多方面入手致力于生产质量高、性能好和有特色的产品。例如，瑞士的钟表就是高质量产品的典型代表；中国的传统商业也有类似观点，如"酒香不怕巷子深"等。

生产观念和产品观念容易出现"营销近视症"，过分重视自己的产品而忽视产品背后的效用和利益，忽视对消费者及其需求的分析。其实，顾客真正需要的并不是产品本身，而是通过产品和服务的消费后获得的效用和满足。譬如机械加工中用到的钻头，其实用户真正的需要并不是钻头本身，而是钻头钻出来的孔。

3. 推销观念

推销观念流行于 20 世纪 30—40 年代的生产相对过剩时期。企业发现不通过积极的促销和大力的推销，消费者是不会购买本企业产品的。于是，纷纷致力于产品的推广和广告活动，劝说消费者购买。企业的关注范围从企业系统扩大到交易市场系统，但还是从企业角度，而不是从消费者角度来考虑市场问题。研究表明，对产品不满意的顾客通常不会再次购买这种产品。更重要的是，感到满意的顾客会告诉另外 3 个人其美好的购物经历和满意的使用效果，而感到不满意的顾客通常会把他糟糕的经历告诉另外 10 个人。遗憾的是，目前我国有些企业仍然没有放弃这种比较陈旧的观念。

4. 市场营销观念

20 世纪 50 年代产生的市场营销观念同时考虑了企业和消费者的利益，并以消费者为中心。企业的关注范围从交易市场系统扩展到了市场顾客系统。企业营销管理人员通过认真研究消费者的需求，正确选择市场并进行产品定位，以顾客需求的变化为基准来调整组织营销策略，树立起"顾客需要什么，我们就生产什么"的营销观念。许多组织都转变了营销观念，例如英国航空公司的"飞行就是服务"，通用电气公司的"只有您满意，我们才满意"，以及很多企业提出的"顾客是上帝"等。

现实中，推销观念有时会和市场营销观念相混淆，表 3-1 对两者进行了比较。二者的本质区别在于，推销是"我有什么就卖什么"，采用由内向外"推"的方式将产品销售出去，而营销则是"市场需要什么就卖什么"，从顾客需求出发，采用由外向内"拉"的方式将产品销售出去，通过顾客满意获取利润。

表 3-1　推销观念与市场营销观念的比较

观念	出发点	中心	手段	目的	顾客感受
推销观念	厂商	现存产品	外推式推销促销	通过增加销售额获得利润	被动购买
市场营销观念	目标市场	顾客需要	内拉式市场协调	通过顾客满意获得利润	主动消费

5. 社会营销观念

社会营销观念始于 20 世纪 70 年代，它是一种运用商业营销手段达到社会公益目的，或者运用社会公益价值推广商业服务的营销理念。企业的关注范围从市场顾客系统扩展到社会系统，挖掘出企业的社会属性，把经济或商业运作转移到社会公共领域来。它要求企业承担相应的社会责任，树立社会公德和良好的社会形象。也就是说，企业除了追求经济效益外，还要兼顾社会效益，除了关注企业自身利益和消费者需求外，还要关注社会公众的利益，如关注和解决食品安全、青少年保护、贫困求助、环境污染等社会关切的问题。企业不再一味迎合消费者的偏好，还要考虑这种偏好是否具有负面的社会影响，引导人们遵从身心健康的生活方式。社会营销观念认为，企业只有变被动适应为主动从事其社会属性范围内的事业，企业的经济属性才会有生存和发展的基础，因此它的最终目的仍然是为了经济利益，而社会效益是一个必要和有效的手段。

6. 绿色营销观念

绿色营销观念始于 20 世纪 80 年代，随着环境污染、资源耗竭和全球气候变暖等问题的日益严重，企业的关注范围从人类社会系统进一步扩大到了自然系统。绿色营销观念要求企业的生产和营销不仅要考虑组织和人类社会的利益，还要考虑生态环境效益。为此，企业通过开展清洁生产、污染处理、废弃包装物回收利用、节约资源和能源、开展绿色认证等一系列行动，树立良好的绿色形象，提升绿色竞争力，由此提高企业的经济效益。绿色营销是第二章所介绍的绿色管理的一个重要组成部分。

虽然上述社会营销观念也会关注环境保护问题(因此也有文献将绿色营销归入社会营销范畴)，但它只是从人类自身利益出发，以缓解社会公众对环境问题的担忧，并没有像绿色营销那样真正从自然系统及其与人类共生的角度去考虑和解决问题。因此，绿色营销是一种可持续发展观下的营销观念。

三、STP 营销战略：市场细分、目标与定位

市场营销战略的关键问题是确定企业的市场方向和目标市场。组织可能面临很多机会，不仅要能发现机会，还要对这些市场机会进行正确分析、评价和判断，以便组织能够把握住真正适合自身特点的机会。因此，对各种市场机会进行科学的评价是十分重要的。市场机会评价的标准有很多，其中有两条是至关重要的：第一，组织是否具备足够的利用机会的能力；第二，组织是否拥有超过竞争对手的突出优势。若能在全面评价的基础上找到对组织最有利的市场的机会，确定正确的目标市场，成功的可能性就会很大。关于目标市场战略决策的一个重要理论工具是 STP 营销战略理论，其中的 S、T、P 三个字母分别指 segmenting(市场细分)、targeting(目标市场选择)、positioning(市场定位)。STP 营销战略理论是现代市场营销战略的核心，下面就从这三个方面阐释目标市场战略管理的思路。

1. 市场细分

为什么要进行市场细分？由于消费心理、购买习惯、收入水平、受教育程度、地理位置和风俗民情等因素的不同，消费者的需求和消费行为有很大的差异，通常一种产品不可能适合所有的消费者。也就是说，市场常常由各种不同特点的子市场组成，企业应当根据这些子市场的特点，开展有针对性的营销活动，才能提高市场效率。市场细分一般采用描述性变量和行为变量两个维度进行聚类。前者通常包括性别、年龄、地域、收入、受教育程度等人口统计变量，后者则涉及特定的行为与诉求，如送礼、健身、品质等不同的要求。根据企业的具体情况，可以有选择地选取两个维度中的细分指标，据此分析并组合成一系列的细分市场，每个细分市场都代表了独特的需求特点，从而为下一步目标市场的选择提供依据。

2. 目标市场选择

资源的有限性决定了企业不可能针对所有细分市场的需求生产出各种各样的产品，更不可能在各个细分市场都构建强大的竞争优势，于是企业必须在这些细分市场中做出选择，以便能够更好地匹配企业的总体战略和竞争优势。为此，企业需要对各个细分市场的市场机会进行分析和评价，从中选择市场机会较大同时又与企业的能力和优势相匹配的细分市场作为目标市场。

对细分市场选择范围的不同，形成了三种市场营销战略。第一，无差异性营销战略，该战略忽略细分市场之间的差异，只提供一种产品面对整个市场。20世纪60年代前的美国可口可乐公司，早期一直使用单一的标准化产品和统一的广告宣传，长期占领非酒类饮料市场。但是对于多数企业来说，这种营销战略一般是不可取的，因为它不仅要求企业的产品具有较好的通用性，而且要求企业要有强大的市场竞争力，或者市场上缺乏有力的竞争者。即使是可口可乐公司，在它进入中国市场后也改变了营销战略，把年轻人群体作为其细分的目标市场。第二，差异化营销战略，该战略把整体市场分成若干具有相似需求的细分市场，企业为其中部分细分市场提供不同的产品和营销组合。例如，美国通用汽车公司既生产高档的凯迪拉克，同时也生产中档的别克。第三，集中性市场营销战略，该战略只选择一个细分市场作为目标市场进行集中营销，从而在较小的目标市场上获得较大的市场份额。例如，德国大众汽车公司集中经营小型汽车市场，拉罗奇公司拥有全世界60%的维生素C市场占有率。由于中小企业拥有的资源有限，一般更适合应用这种战略找到市场的缝隙和空白，取得优势市场地位。

3. 市场定位

组织在确定了一个或多个目标市场后，还必须决定在这些目标市场中要取得什么样的地位，即进行目标市场的定位。市场细分和目标市场选择后，产品就确定下来了，而市场定位主要是指该产品定位，即确定相对于竞争对手而言该组织的产品在消费者心目中的位置。如果消费者认为某产品的属性，譬如形状、颜色、性能和价格等与市场上的另一些产品雷同，就难以选择购买该产品。所以，企业提供的产品要有与众不同的特色(Trout, 2011)。

在进行市场定位时，不同组织关注的重点不同，一般与组织的某些优势有关。例如，日本汽车业流行这样一句话："丰田的安装，本田的外形，日产的价格，三菱的发动机"，这就反映了不同组织的优势。每个组织应根据自身的特点和优势，有的关注质量，有的关注功能，有的关注价格等，有的同时关注几个方面。然后，在所关注的方面再做出具体的定位，如产品档次定位在高端、中端或低端等，产品价格定位在适合工薪阶层、中产阶层或富有阶层等，产品款式和功能定位在适合追逐时髦的年轻女性、追求大方得体的女性教师或看中实用性的家庭主妇等。

四、营销组合策略

目标市场战略确定后，企业明确了总体的市场方向，接下来就需要制定分项的营销战略及其战术方案，即制定营销组合策略，从产品、价格、渠道以及促销等方面构建营销要素，并进行合理的组合，以满足市场需要。可见，营销组合策略既包含了营销战略层面的内容，也涉及战术层面的具体举措。关于营销组合的理论有很多，其中最基本的就是4P营销组合理论。在此基础上，许多学者又提出了各种拓展的营销组合理论。下面介绍一些有代表性的理论。

1. 4P 营销组合理论

1960 年美国密西根州立大学教授、营销学大师杰罗姆·麦卡锡(Jerome McCarthy)在《基础营销学》一书中，第一次提出了著名的 4P 营销组合经典模型。该模型将影响市场需求的关键因素分为 4 组变量，即产品(product)、价格(price)、渠道(place)和促销(promotion)。每个 P 下面又有一些具体的营销手段，组织应将这些手段进行组合运用。犹如一名优秀的拳击运动员，上场后绝不会只打直拳，需要打出一组漂亮的组合拳，其获胜的把握就会增大，市场营销也是如此。下面依次介绍 4P 营销理论的要点。

(1) 产品

产品是企业组织向市场提供的商品和服务，服务也是产品的一部分。产品可以是有形的，如手机、服装等；也可以是无形的，如各种金融产品。整体的产品概念由内向外分为 4 个层次：核心产品、有形产品、附加产品和心理产品。

① **核心产品**，是指顾客从消费过程中得到的核心利益和效用，如电脑消费者得到的是文字处理、网络服务和游戏娱乐等需要的满足。

② **有形产品**，是指产品利益或效用转化成的产品实体或服务的外观或形态。消费者在满足了产品的核心效用后，还希望产品在外观上具有良好的美观性。产品实体的有形性比较容易理解，如产品的造型、款式、尺寸、颜色、外观质量(不含内在质量和使用质量等)、装饰和包装等。而"服务的外观或形态"怎么理解呢？一般认为，服务是无形产品，具有下述附加产品的特征。其实，服务也有有形的一面。例如，在旅游服务中，旅馆的基础设施、服务人员的衣着特征和礼仪形态等就是服务的外形。此外，有时服务的结果也是有形的，例如理发服务的结果不仅是头发剪短了，而且还会有一定的发型。

③ **附加产品**，是指组织为产品提供的各种附加利益和附加服务的总和，如销售服务、运输、安装、维修、保养、使用指导、疑问解答、技术培训、质量保证和融资服务等各种附加价值。例如，个人电脑的附加价值可表现为保修期、免费送货、安装、赠送必要软件、技术咨询和售后维修等。附加产品并不是免费的，其价格有的已经包含在产品价格之中，有的项目则需要额外收取一定的费用，消费者可以进行选择。

④ **心理产品**，是指产品的品牌和形象提供给顾客心理上的满足。产品的消费往往是生理消费和心理消费相结合的过程，随着人们生活水平的提高，消费者越来越看重产品的品牌、知名度、美誉度、口碑和感知形象，因而它也是产品整体概念的重要组成部分。

组织在运用具体的营销策略时应考虑整体产品的概念，从产品的品种、质量、设计、特色、品牌、包装、尺寸、服务、保修、退换货、品牌建设等多个方面入手，设计满足顾客多方面需求的营销策略。

(2) 价格

价格是市场营销中非常重要又非常敏感的因素，直接影响到产品的销售和组织的利润，因此产品和服务的定价是营销中的一项重要决策。产品的定价方法有很多种，可以归纳为三大类方法：成本导向定价法、需求导向定价法和竞争导向定价法。组织应根据实际情况灵活运用各种定价方法，并且随着情况的变化，动态地调整价格。具体定价时，应考虑的主要因素有：定价目标、产品成本、供求关系、产品特性、竞争对手的产品和价格、其他环境因素等。此外，还要根据付款期限、信用条件和交易量等因素，综合运用折扣或折让等辅助价格手段。

(3) 渠道

渠道是产品从生产者到达消费者所经历的环节(如批发商、零售商和代理商等)和路径的总和。产品营销渠道的合理构成与通畅对产品销售有很大的影响，因此渠道管理是营销管理的一个重要方面。渠道管理的主要内容包括：营销渠道结构的设计、营销渠道的构建、渠道成员的选择、成员的激励约束、渠道冲突的解决、渠道控制等几个方面。一般来说，营销渠道的设计、构建和管理应考虑的因素有：产品特性、顾客特性、中间商特性、竞争者特性、产品覆盖面、分销商位置和层次、产品存货和运输、渠道长度和复杂性、渠道成本和价格等。

(4) 促销

促销是组织通过人员和非人员的方式，在组织和消费者之间进行信息传递与沟通，引导和刺激消费者的购买兴趣和购买欲望，并促使消费者产生购买行为的活动。促销的策略一般包括人员推销、广告宣传、营业推广和公共关系促销 4 个方面。人员推销(personal selling)是指推销人员直接与消费者接触，向目标顾客进行产品介绍和推广。广告促销(advertising)就是通过各种媒体对产品进行广泛的宣传。营业推广(sales promotion)是指一系列短期诱导性营业方法，如横幅店招、生动的商品陈列、合理的货架布置、优惠销售、捆绑销售、免费品尝和店员优质服务等。公关促销(public relation)就是通过开展公共关系活动或通过第三方在各种传播媒体上宣传企业形象，促进组织与内部员工、外部公众的良好关系，如广场促销、渠道促销、超市促销和公益捐赠等。

不同的组织需要根据各自的促销目标、产品性质、竞争关系、产品生命周期、市场范围和促销预算等因素，在以上 4 个方面有侧重地选择具体的促销策略，并构成合理的促销策略组合。

2. 营销组合理论的拓展

(1) 6P、10P 和 11P 营销理论

1986 年，被誉为"现代营销学之父"的美国西北大学凯洛格管理学院终身教授菲利普·科特勒(Philip Kotler)提出了大营销的 6P 组合理论(megamarketing mix theory)，在原来 4P 的基础上增加了政治权力(policy power)和公共关系(public relation)两项变量(Kotler, 2016)。同年，科特勒又提出在大营销的 6P 之外，还要加上战略 4P，即探查(probing，又称为市场调研)、划分(partitioning，即市场细分)、优先(prioritizing，即确定目标市场)、定位(positioning，即进行产品定位)。这样到 20 世纪 90 年代初，人们普遍认同把原来大营销的 6P 组合理论再加入战略营销的 4P，形成一个比较完整的 10P 营销组合理论。此后，科特勒甚至提出第 11 个 P——人(people)，这里的"人"既指员工，又指顾客。这是所有"P"中最基本的一个内容，它的意思是了解人，理解人，调动人的积极性。从本质上看，10P 或 11P 营销组合理论是 STP 营销理论加上 4P 营销组合理论后，再进行适当拓展的产物。

(2) 4C 营销理论

随着市场竞争日趋激烈以及电子商务的普及，4P 理论及其实践越来越面临挑战。1990 年，美国营销专家罗伯特·劳特朋(Robert Lauterborn)教授提出了与传统营销的 4P 理论相对应的 4C 营

销理论。4C 分别指代顾客(customer，或 consumer)、成本(cost)、便利(convenience)和沟通(communication)，具体含义如下。①"顾客"(customer)营销要素，强调首先要了解、研究和分析消费者的需要和期望，然后再考虑组织应生产和能生产什么产品(product)。②"成本"(cost)营销要素，强调首先要了解消费者为满足其需要和期望，愿意付出多少费用(成本)，然后再给产品制定价格(price)。③"便利"(convenience)营销要素，强调首先要考虑在交易过程中如何给顾客提供方便，然后再考虑销售渠道(place)的选择和策略。④"沟通"(communication)营销要素，强调首先要以消费者为中心实施营销的双向沟通和互动，然后再考虑把顾客和组织的利益整合在一起的促销(promotion)方式。

由此可见，4C 理论实质上是在 4P 理论基础上演变而来的，是顾客导向的 4P 理论，更加强化了以满足顾客需要为中心的现代市场营销观念。

(3) 4R 营销理论

4R 营销理论是由美国整合营销传播理论的鼻祖唐·舒尔茨(Don E. Schuhz)于 1992 年在 4C 营销理论的基础上提出的新营销理论。4R 分别指代反应(reaction)、回报(reward)、关联(relevance)和关系(relationship)。该营销理论认为，随着市场的发展，组织需要从更高层次上以更有效的方式在组织与顾客之间建立起有别于传统的新型的主动性关系。

下面分别阐释 4R 理论的基本含义。①"反应"(reaction)是指提高对市场的反应速度。多数公司倾向于说给顾客听，却往往忽略了倾听的重要性，组织应及时地倾听顾客的希望、渴望和需求，并及时做出反应，通过合适的产品来满足顾客的需求。这一营销要素与 4P 组合中的产品(product)和 4C 组合中的顾客(customer)比较接近。②"回报"(reward)是指营销的最终目的是为了给组织带来利益。组织要以顾客愿意支付的价格向其提供价值，在满足客户需求的同时获取回报。这一营销要素与 4P 组合中的价格(price)和 4C 组合中的成本(cost)比较接近。③"关联"(relevance)是指紧密联系顾客。组织必须通过某些有效的方式在组织业务和顾客需求之间建立便利的渠道，形成一种互助、互求和互需的关系，以提高顾客的忠诚度，赢得长期而稳定的市场。这一营销要素与 4P 组合中的渠道(place)和 4C 组合中的便利(convenience)比较接近。④"关系"(relationship)是指重视与顾客的互动关系。如今，抢占市场和产品促销的关键已转变为与顾客建立长期而稳固的关系，通过沟通建立起和顾客的互动关系。这一营销要素与 4P 组合中的促销(promotion)和 4C 组合中的沟通(communication)比较接近。

如果说 4P 理论是产品导向的营销组合理论，而 4C 理论是顾客导向的 4P 理论，那么 4R 理论就是关系导向的 4P 和 4C 理论。4R 理论体现了关系营销的思想，认为响应机制应当是互动的，而赢利模式应当是双赢的。这些营销理论各有特色和侧重点，并不是对立的，不存在谁优谁劣和谁取代谁的问题，而是反映了同一个事物的多个侧面，将它们综合起来才能更好地理解现代营销理论的全貌。其中，4P 理论是基础性的营销组合理论，其影响力最大，应用也最为广泛。实际上，4P 营销组合理论虽然在表面上看是产品导向的营销理论，但本质上并不是产品观念时期的销售模式，而是市场营销观念下的理论，也是以顾客为中心，也是要考虑组织与顾客之间关系。例如，其"产品"(product)要素要求企业应当把核心产品、有形产品、附加产品和心理产品看作一个有机的整体，制定双向互动的营销策略，以便更好地满足顾客的需求。也就是说，4C 和 4R 等理论把隐含在 4P 理论中的顾客、关系等其他属性挖掘并更加凸显出来了。

五、营销作业管理

市场营销作业管理的内容非常丰富，包括市场需求、市场销售、销售渠道、广告宣传、促销活动、售后服务、客户关系、销售人员、销售成本等方面的日常管理工作。归纳起来，主要有以下4大类基本的市场营销作业管理内容。

(1) 需求管理

营销管理的第一项使命就是需求管理，这是组织价值链前端的管理。需求管理包含两个方面的内容。第一，需求调查与分析，即对市场需求进行调查，收集基础性数据，并进行需求变动的分析，从而为各层次市场营销管理决策提供信息支撑。第二，需求调控管理，即根据需求调查和分析的数据，对需求量进行监测、调节和控制。企业可能随时面临需求不足、需求旺盛、不规则需求或过量需求的情况，因此营销管理部门应通过各种努力稳定已有需求、寻找新的需求，或引导消费者的需求倾向，以改善组织的需求状况。有时，营销管理部门不但要负责寻找增加需求的方法，还要试图降低需求，这叫做"缓适营销"(demarketing)。例如，电力企业针对用电高峰采取的分时定价法，其目的不是破坏需求，而是在一定时间内减少和转移需求。

(2) 市场管理

对于市场的管理主要包括两方面内容。第一，对各销售区域的各类销售活动以及售后服务进行规范化管理。譬如，在汽车营销中对4S店的整车销售(sale)、零配件(spare part)、售后服务(service)和信息反馈(survey)等进行规范化管理。第二，对销售渠道、价格和成本等进行日常管理，包括销售渠道进行监控和维护，对价格进行动态调整，对销售成本和收益进行控制等。有时，这两方面的管理是联系在一起的。例如，江苏中烟南京卷烟厂生产的红色南京牌香烟深受南京烟民的喜爱，在南京供不应求，但在外地却常受到冷落。于是，企业采用了"歧视定价法[1]"，对不同地区进行差别定价。但是由于利益驱动，有些经销商开始"倒货"，即把计划销售到外地的香烟实际上倒卖到了南京。对此，烟厂花了很大的精力才基本实现了市场管理的规范化。

(3) 顾客管理

组织的需求来自两类顾客：新顾客和回头客。顾客管理就是要吸引新顾客，留住老顾客，并培养顾客的忠诚度。顾客管理包括客户关系管理、顾客满意管理、顾客保留管理、客户服务管理、客户价值管理、广告宣传对顾客购买行为的影响效果分析等内容。在竞争日益加剧的市场上，顾客管理具有十分重要的意义。特别是在电子商务技术日益成熟的情况下，顾客管理成为一个新的营销管理方向，受到许多企业的重视。

(4) 销售人员管理

组织的营销业绩最终是通过销售人员的具体工作实现的，因此许多组织管理者都十分重视对销售人员的管理。销售人员管理主要包括销售人员的招聘、培训、配置、激励、惩罚、绩效评估、顾客回访和薪酬管理等内容。

---

1. 针对不同的地域、消费者和时间等因素，制定不同价格的定价方法。

第二节 生产管理

生产活动是人类最基本的活动，是人类文明的基本标志，目前世界上大多数人都在从事生产活动，它是实体经济乃至整个经济系统的基石。没有生产活动，营销等其他活动就无从谈起，虚拟经济也就失去了根基。而有生产活动就有生产管理，所以生产管理是企业基本的管理领域职能之一。而且因为生产活动是组织创造价值、服务社会和获取利润的主要环节，企业在生产环节投入的人力、物力和财力资源往往也是最多的，所以生产管理绩效的好坏对提高组织的整体经营绩效有着重要的意义。

一、生产管理的概念与职能

1. 生产管理的概念

生产管理（production management）是指为了实现组织经营目标，有效地利用生产资源，对"资源投入→加工转换→产品产出"过程进行计划、组织、领导和控制，使得组织能以较小的投入获得较大的产出，以满足市场需求，为顾客提供满意的产品和服务的过程。图 3-2 给出了生产管理的概念结构，由此可见，生产管理涉及投入管理、加工管理和产出管理等环节。其中，投入管理针对生产环节涉及的各类原辅料、设备、资金以及人员的管理；加工管理针对生产转换活动，即生产加工过程的管理，包括基本生产、辅助生产和生产服务等环节；产出管理针对产成品及其服务进行管理，它是衔接加工过程和营销过程的重要环节，包括库存、运输、验货、交货、服务等管理。有些生产管理的内容涉及整个生产过程的各个环节，例如针对产品质量、数量、工期和成本等方面的管理。另外，在整个生产及其管理的过程中，都会受到外部环境因素的影响，生产管理需要根据外部环境的变化以及生产系统内部的反馈信息，对三个环节进行投入、加工和产出的管理，确保生产系统能在规定的时间，以适宜的价格，向顾客提供质量合格的产品和服务。

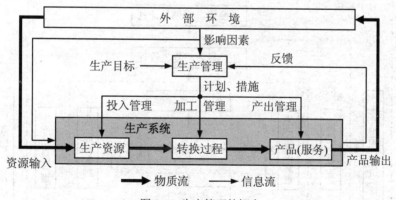

图 3-2 生产管理的概念

在生产系统的三个主要环节中，转换过程最为复杂和庞大，它包含了基本生产、辅助生产和生产服务等环节。基本生产是通过设备、人工等加工方式将原辅料投入转化为产品的过程；辅助生产是为保证基本生产而进行的各类辅助活动，如设备维修、能源供应、工具和量具准备等工作；生产服务是为基本生产提供的服务活动，如车间内部物流、半成品仓储等活动。相对于生产服务环节，辅助生产环节与基本生产具有更紧密的关系，而生产服务则是相对"外围"的支持工作。

需要提示的是，另一个与生产管理相关的概念是生产运作管理(production and operations management)，也称作生产与运作管理。"生产"与"生产运作"的区别在于：前者主要是指制造企业的生产活动，即产品的制造和服务；后者不仅局限于制造企业，还包含了各类服务业、社会公益组织和政府机构中凡是具有"投入—转换—产出"过程的活动，是一种广义的产品(包含有形和无形产品)和服务的提供活动。无形产品的生产和服务过程有时是很难分开的，例如金融产品的服务过程恰恰就是该产品的生产过程。因此，用生产运作管理替代生产管理更具有普遍性(陈荣秋，2016)。但是在这里，我们侧重介绍制造业中的生产管理。

2. 生产管理职能的层次结构

关于生产管理职能的分类，从不同的角度有不同的划分方法。在图 3-2 所示的生产管理概念结构中，将生产管理分为投入管理、加工管理和产出管理三类。但是前面已经说过，有些生产管理职能横跨这三类管理环节，例如产品质量、数量、工期、成本等管理。因此，这种分类方法虽然能够很好地解释生产管理的概念，但并不适合用于管理职能的划分。为此，我们按照与生产运行过程的接近程度，将生产管理职能分为三个层次：核心运行层、资源支持层和规划设计层(图 3-3)。①核心运行层管理，距离"投入—转换—产出"的生产过程最近，直接对其进行管理，包括生产现场管理、生产进度管理、产品质量管理和生产库存管理(包含原料、半成品和产成品等库存管理)等职能。②资源支持层管理，是对核心运行层提供人、财、物和信息等各类资源支持，包括生产设备与物资管理、劳动力管理、生产资金与成本管理、生产信息管理等职能。③规划设计层管理，是在生产行动之前，为生产过程提供各种相关的规划、计划和设计等方案，包括产品生产规划与计划、生产组织结构设计、生产能力规划、生产系统设计与优化等职能。这些规划和设计可能是战略层面的，也包含战术和作业层面的。下面我们就按照由外层向内层的顺序，分别介绍图 3-3 中各生产管理职能的主要管理任务。

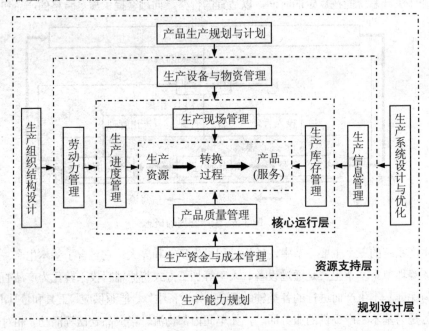

图 3-3　生产管理职能的层次结构

二、规划设计层生产管理

1. 产品生产规划与计划

产品生产规划与计划包含战略管理层面的产品生产规划，以及战术和作业管理层面的生产计划，是关于生产领域运行的一组相互关联的由粗到细、由大到小的系列工作安排。

战略层产品生产规划是指组织在竞争环境中，为适应未来的发展变化，依照组织的整体战略，对生产过程进行全局性和整体性谋划。产品生产规划包括产品品种和规模的关系(例如，单品种大量大批生产，还是多品种小批量生产？备货生产，还是订货生产？经济规模为多大？)，生产总体要求(例如，根据营销战略对产品生产的成本、质量、响应时间和柔性化等提出战略性的总体要求)，新产品投产方式(例如，确定新产品推出品种、时机、方式和数量，制定新老产品更替生产的最优规划)等内容。产品生产规划与下面生产组织结构顶层设计、生产能力规划和生产系统总体设计等合起来属于生产战略的范畴(见第四章)。生产战略是组织战略的重要构成部分，是组织生产系统有效运作的指南，对组织生产运营的成败具有决定性的影响。例如，日本丰田公司的精益生产战略就使得该公司在降低生产成本上取得了惊人的成效，给公司带来了巨大的利益。

战术和作业层面的生产计划是指在战略层产品生产规划的指导下，在计划期内组织应完成的产品生产任务和进度的计划，即给出组织在计划期内应当完成的产品品种、质量、产量、产值和出产期等一系列任务的计划。生产计划根据其详细程度的不同和投入资源的不同又可分成多种类型。在战术层面，需要制定综合生产计划 PP 和主生产计划 MPS 等计划；在作业层面，需要根据 PP 和 MPS，制定物料需求计划 MRP、能力需求计划 CRP、车间作业计划和物资供应计划等(参见第一章)。生产计划的制定需要综合考虑产品的市场需求、产品生产规划、产品战略、生产能力、原材料供应、资金投入、劳动力投入和产品的经济效益等因素。

2. 生产组织结构设计

生产组织结构设计是根据企业的总体战略和营销战略等，对企业生产系统范围内的组织结构进行设计，包含战略层面的企业生产组织结构顶层设计，以及战术和作业层面的生产单元组织结构具体设计等。

在战略层面，企业需要对下属的各生产单元的相互关联结构进行顶层设计，例如是采用工厂制，还是采用事业部制，或者矩阵制等组织结构，以及这些组织结构的运行机制设计等。生产组织结构顶层设计应当与企业总体战略相适应。例如，企业欲采取扩张战略时，生产系统也需要重新设计其组织结构，以便适应和实现总体战略。如果要实行一体化扩张战略，就需要设计生产系统的前向、后向或横向一体化组织结构；如果要实行国际化扩张战略，就需要设计国外办厂，或进行国际合作生产的新型组织结构。

在战术和作业层面，也同样需要设计一个生产单元(如事业部、工厂、车间)内部具体的组织结构，这时需要以生产组织结构顶层设计方案为依据进行进一步的细化设计。

3. 生产能力规划

生产能力是指在一定的时期内直接参与生产过程的生产设施所能生产的一定种类的产品或加工处理一定数量的原材料的能力。由于企业生产能力建设的投资巨大，影响时期很长，因此生产能力规划是一个战略决策问题。影响组织生产能力的主要因素有三个：①生产系统中固定资产的数量，即机器设备或生产线等生产设施的数量；②生产设施的有效工作时间；③生产设施的生产效率。在规划组织未来的生产能力时，除了考虑组织现有的固定资产数量和效率外，还要考虑产品的市场销售前景、组织的投入能力、产品的经济规模、技术和工艺的发展等因素。

在市场需求不确定的情况下，如何制定生产能力战略规划，以保证既不会产能过剩，又不会供不应求，这是一个难度很大的课题。由于生产能力决定了生产规模，如果规模太低，不能达到经济规模，单位产品的成本就比较高，企业的盈利能力就比较低。反过来，如果生产能力设计得过高，市场需求又比较低迷，就会出现开工不足、产能浪费、无法收回投资等问题。因此，企业应当对市场需求和行业竞争态势的变化趋势及波动情况等进行科学的估计和预测，据此对生产能力做出合理的规划和设计，并借助柔性制造技术、供应链合作生产等方式使得企业的生产能力能够很好地适应多变的市场需求。

4. 生产系统设计与优化

生产系统的设计与优化是在上述生产组织结构设计和生产能力规划的基础上，对企业的生产系统选址、生产设施布置、生产流程规划等制定科学方案的过程。它也分为战略层面的生产系统总体设计，以及战术和作业层面的生产系统详细设计等不同的层次。不管是哪一个层次，一般都要考虑以下几个基本问题。第一，生产系统的选址，就是根据原材料供应、目标市场位置、各生产单元的关联、交通便利性、自然和经济环境等多种因素，选择生产系统及其各子系统的地址，规划其总体布局和结构。生产系统的选址是否恰当不仅影响到投资的大小、见效的快慢以及生产系统的运行绩效，而且在很大程度上影响着整个组织生产战略的布局与目标的可实现性。第二，生产设施的布置，就是根据已选定地址的地貌和交通线路等情况，对组成生产系统的各个部分(如基本生产车间、辅助生产车间、仓库、共用设施、道路和办公部门等)进行合理布置，确定其平面和立体的位置。第三，生产流程规划，是在生产系统选址和生产设施布置的基础上，对相应的工艺流程、物料运输方式和运输路线等进行设计。以上三项设计是由相互关联的，需要整体考虑和反复调整，才能做出科学合理的设计方案。经过一段时间的运行后，如果发现生产系统设计不合理，还需要进行局部和小范围的优化。

三、资源支持层生产管理

1. 生产设备与物资管理

生产设备与物资管理是为生产过程提供可靠而有效的物力资源的支持，包括仪器设备、工具、原材料、配件、燃料等方面的管理。以设备管理为例，企业需要采取各种管理措施保证设备的正常安全运行，不断改善和提高设备运行性能。具体来说，要做好设备的维保(维修、维护和保养)、运行和更新三个方面的管理工作。在设备维保管理方面，需要制定年度、月度维保计划；组织人力对设备进行维护、保养和检修，及时更换零部件；建立设备性能和维护保养档案；依据维保标准，监控维保计划的实施，降低设备故障发生率。在设备运行管理方面，一方面，应制定明确和规范的设备操作手册，保证操作者有据可循、科学操作；另一方面，按照定点(设备上的规定部位)、定标准、定人、定方法、定周期和定量的"六定"原则，对设备是否运行正常进行预防性周密检查(称为设备点检)，以使设备的隐患和缺陷能够得到早期发现、早期预防和早期处理，预防事故发生，减少停机次数或时间。在设备更新管理方面，应对设备的局部更新或完全更新进行科学决策与落实。局部更新指在对设备大修的过程中，局部引入新的生产技术或更换先进的设备组件，而不更新整个设备系统；而完全更新则是用先进的技术和装备更换整个设备系统。

2. 劳动力管理

劳动力管理是指为生产过程提供有效的人力资源支持和保障。生产过程的人力资源主要是指劳动力，包括体力和脑力劳动者。无论是有形产品的制造还是无形产品的提供，除了完全以营销为主导的企业外，绝大多数企业中，生产系统的人员规模都是最多的。因此，企业的劳动力管理在人力资源管理中占有很大的分量。简单说，劳动力管理包括各类生产劳动人员的"选、育、用、留"几个方面。在选人方面，根据生产需要制定招聘计划，以及生产岗位技术技能的要求，选拔合适的劳动者；在育人方面，制定岗前和在岗职业技能培训计划，对生产人员进行定期轮训，或采取"师傅带徒弟"的方式进行培养，以提高劳动者的技能；在用人方面，通过设计合理的绩效考核机制，对员工的生产业绩进行考核，并与报酬挂钩，以激发生产劳动者的积极性；在留人方面，通过待遇、职务、职业发展前途、工作环境、用人机制等措施留住生产技术人才。

3. 生产资金与成本管理

生产资金与成本管理是对生产过程中的财力资源进行科学管理和监控，以提高生产资金的利用效率，降低生产成本。

生产资金是处于生产系统中的固定资金和流动资金。其中，固定资金包括生产设施、设备、工具、交通运输工具等资金；流动资金包括原材料、燃料与辅助材料储备，以及在制品和半成品等资金。生产资金在整个企业的资金运动和循环中占有较大的比重，具有重要作用，是企业生产规模的物质基础。生产资金管理就是要保证资金的使用方向与市场需要变化相一致，资金的结构与产品结构优化的目标相一致，并通过提高资金的使用效率进而提高企业的劳动生产效率，通过提高资金的利用程度进而提高企业的资金运动速度。生产资金占用的多少取决于生产过程的长短、生产成本的高低和投料的合理性等因素。因此，在生产资金管理的过程中，要合理地制定生产工时定额、原材料消耗定额以及各项费用定额，在这个基础上，按照企业生产类型和特点，核定企业的生产资金定额。由此可见，生产资金管理中的一个重要环节就是生产成本管理和控制。

生产成本是企业各生产单位为生产产品或提供服务而发生的各项费用，包括各项直接支出和制造费用。直接支出包括直接材料、直接工资以及其他直接支出；制造费用是指企业内的分厂、车间为组织和管理生产所发生的各项费用，如生产管理人员工资、折旧费、维修费以及其他制造费用。生产成本管理的任务或职能包括企业生产经营过程中各项成本分析、成本预测、成本决策和计划、成本核算、成本考核、成本控制等。其中，生产成本控制是成本管理中的一个重要环节，它是根据成本计划，对各种生产消耗和费用进行引导、限制、监督、检查并采取措施纠正偏差，使实际成本维持在预定的标准成本之内的一系列工作。

4. 生产信息管理

生产信息管理是为生产作业及其管理过程提供必要的信息支撑的管理活动。信息的通畅、准确和及时对生产系统的正常和有效运行至关重要。随着计算机和信息技术的快速发展，生产信息的管理出现了许多新的技术和系统。例如，在生产作业的信息支持方面，出现了各类生产自动化控制、智能制造、柔性生产等先进的技术和信息系统；在生产管理的信息支持方面，从物料需求计划 MRP 到制造资源计划 MRP II，从企业资源计划 ERP 到面向供应链的 ERP 等，信息系统技术也在不断发展；而在生产作业和管理的集成化信息支持方面，还出现了计算机集成制造和管理系统 CIMMS 等综合性信息系统。不管是生产作业还是生产管理，都需要生产信息的支持，而这些信息系统都需要一种共同的功能——就是生产信息的管理。通过生产信息管理，可以将整个生产过程与上下游环节完整的联系起来，从销售和生产计划信息，到通过物料清单(BOM)形成的原料需求信息，再到各类原料采购、入库、中间品、产成品的信息，以及生产辅助环节和市场信息等，形成完整的生产信息链，为生产准备、生产组织、生产系统控制等各个方面提供充分的信息支持，从而大幅度降低信息不对称带来的不必要的成本，并提高生产系统的运行质量和效率。

四、核心运行层生产管理

核心运行层生产管理是与“资源投入—转换过程—产品(服务)产出”三个生产作业环节直接相关联的各类管理活动，涉及生产现场管理、生产进度管理、产品质量管理和生产库存管理等几个方面。

1. 生产现场管理

生产中的许多问题都会通过现场表现出来，用科学的标准和方法对生产现场进行合理有效的管理，使生产现场处于整洁有序的状态，可以保证生产作业过程的优质、高效和安全。现场管理的方法有很多，其中 5S 现场管理法是一种起源于日本而目前已被普遍接受的有效现场管理方法。5S 是指整理、整顿、清扫、清洁和素养五个方面。由于它们的日语罗马拼音首字母均为“S”，故简称 5S 方法，又被称为“五常法则”。“整理”是指将混乱状态有序化；“整顿”是指在有序化的基础上进一步定置化，即规定某个物品在现场的位置，且不能随意变动，用后必须归位，以保证持续的有序化；“清扫”是指把与生产无关的物品清除出生产现场；“清洁”是指保持清扫的成果；“素养”是指通过现场管理，最终获得良好的现场作业习惯。其中，“素养”是 5S 的核心，因为只有培养出良好的素养，才能够获得真正有序和高效的生产现场。

2. 生产进度管理

生产进度管理是在生产计划执行过程中，对有关产品生产的数量和期限进行实时监控，对生产作业过程进行调度，及时纠正进度偏差，从而保证完成生产作业计划所规定的产品产量和交货期限指标。可见，生产进度管理的核心问题是生产进度控制，而生产进度控制和生产调度等管理过程相互促进。一方面，进度控制需要通过生产调度措施来实现；另一方面，高质量的生产调度也会降低生产进度控制的难度。

根据生产流程，生产进度控制的基本内容主要包括投入进度控制、工序进度控制和出产进度控制等方面。生产调度就是根据生产作业计划和生产进度控制的要求，采取各种措施保证生产进度的正常完成。其具体工作包括进行劳动力的调配；督促和保证原材料、工具、动力等资源供应的及时性和平衡性；督促和协助有关部门及时做好各项生产作业准备工作；编制和组织实施设备检修计划，处理设备临时性故障；保证原材料进厂和投入、半成品生产、成品装配和包装、产品出厂等各生产作业环节的相互衔接等。在现代企业管理中，通过建立生产进度管理信息系统，可以为生产进度控制和生产调度提供更加有效和便利的手段。

3. 产品质量管理

产品质量就是产品在使用时能够满足用户需要的程度。产品质量管理是指为了实现产品(含服务)质量目标,围绕影响产品质量的各种因素而进行的所有管理活动,简称质量管理。质量管理经历了 4 个发展阶段:质量检验阶段、统计质量控制阶段、全面质量管理阶段和质量管理规范化阶段。而每一个新的阶段不是对前面各阶段的否定或替换,而是包含并发展了前面的管理内容。因此,目前的产品质量管理在内容上包含了与上述 4 个发展阶段相对应的 4 个方面。

① 质量检验。企业的产品质量管理部门在生产过程中对原材料、零部件、半成品和产成品等不断进行质量检查,以便发现并剔除废品,获得质量管理的基础数据。在 20 世纪初的质量检验阶段,企业通过逐个质量检验来剔除不合格中间品和产品,保证最终出厂产品的质量,是一种简单的事后管理方法。

② 统计分析与质量控制。对质量检验(全检或抽检)的结果进行统计分析,通过样本的检验结果来推断总体的质量状态,发现已经发生和潜在的产品质量问题,并及时采取措施纠正或预防偏差,使得产品质量稳定在正常的水平。这就是 20 世纪 20 年代之后发展起来的统计质量控制阶段所采取的质量管理方式,它可以从质量检验数据中分析出更有价值的质量信息,不仅可以从样本推断总体,降低检验工作量,而且能够实现质量问题的预警并分析其原因,提前采取有效的质量管理措施,以减少损失。

③ 构建全面质量管理体系。根据 20 世纪 60 年代发展起来的全面质量管理(total quality control,TQC;后演化成 total quality management,TQM)思想,产品(含服务)质量是由整个企业各方面的工作质量所决定的,因此要保证产品质量需要构建全员参与(包括各级各部门管理人员、工程技术人员和工人等)、全过程控制(包括市场调查、研究开发、产品设计、生产准备、采购、生产制造、包装、检验、储存、运输、销售、为顾客服务等过程)和全方位管理(包括多层次协调、多部门联动、多方法配合和多阶段循环等)的全面质量管理体系。该体系以顾客为中心,强调为用户服务(在企业内部下道工序也是上道工序的用户),以预防为主,用数据说话,通过计划(plan)、执行(do)、检查(check)、处理(action)4 个阶段的循环运行(称为 PDCA 循环,或戴明循环),不断提升产品和服务的质量(马林,2004)。

④ 开展质量认证。从 20 世纪 80 年代开始,质量管理进入了质量管理规范化阶段,企业通过推行各种国内和国际的质量认证,使质量管理进入一个更高的规范化的水平。质量认证是为确定产品或服务的质量及其管理体系完全符合有关标准或技术规范而进行的第三方机构的证明活动。开展质量认证的过程就是企业提高全面质量管理水平的过程,通过质量认证后,企业还要继续保持和不断提高质量管理水平,因为这种认证审核并不是一次性"终生制"的,还要进行定期复审。质量认证通常有两种:一种是产品认证,即对某种产品的质量进行审核与证明,如 CCC 认证(China Compulsory Certification,中国强制性产品认证,又称 3C 认证)、CE 认证(欧盟市场准入许可)[1]、绿色食品认证等;另一种是体系认证,即证明该组织的质量保证体系达到某标准,如 ISO 9000 认证等。组织通过长期、稳定而严格的质量管理获得和保持各类质量认证,是许多组织质量管理的一项重要内容,是保证产品质量和扩大产品销售的有效途径(尤建新,2014)。

---

1. 源自"欧共体"一词,European Communities(EC)。在法文和意大利文等文字中,EC 为 CE。

4. 生产库存管理

生产库存管理指的是对生产中所涉及的原辅材料、备品和备件等各类物料的进货、存货、出货3个环节进行管理。其中，进货管理是对生产所需物料的需求时间、品种和数量进行计划与组织实施和控制的过程；存货管理是对仓库、生产现场存放物料的品种结构、安全存量、存放位置、储存质量等方面进行管理；出货管理是按照生产需要，对出货的品种结构、时间、去向等进行管理。生产库存管理的目标是在满足生产需要与优化存货成本之间建立平衡，因此要采取各种方式在及时满足生产需要的同时，又能将存货成本控制在较低的水平上。例如，通过与供应商建立信息交换系统，使供应商以小批量、多频次的方式供货，从而降低安全存量的基准线，达到既控制存货成本，又保证生产供货的目标。

五、现代生产管理方式

1. 准时制

准时制(just in time，JIT)是1953年由日本丰田汽车公司首先倡导的生产管理方式，这是一种在上下工序之间、生产和销售之间追求一种零库存或库存量最小的生产管理方式。它的基本思想可以概括为：上一道工序在下一道工序需要的时候，按照其需要的量和需要的品种进行加工和生产，并准时提供加工品或产品，从而消除或降低中间产品和最终产品的库存量，以节约成本和提高效率。

2. 精益生产

精益生产(lean production，LP)是美国企业界在全面研究以JIT为代表的日本生产管理方式的应用效果的基础上，于1990年提出来的生产管理方式，它是对JIT的进一步总结、提炼和完善。精益生产强调以人为本，提倡员工培训，使员工增加对工作的兴趣和热情。同时通过改善现有的生产方式和管理方式，不断追求降低成本、消除浪费、完善质量、消灭故障、零缺陷、零库存、及时制造和产品多样化等目标。

3. 定制生产

定制生产(customization production，CP)是20世纪90年代以来，针对市场和消费需求的多样化、差异化和个性化倾向，而产生的一种生产管理方式，即根据消费者的特别需求而专门为其定制产品。所以，定制生产实现了产品制造过程与营销过程的紧密结合，克服了以往生产与营销分离的状况。定制生产运行成功的关键，主要看是否能控制因定制而导致成本的上升。所以组织实行定制生产是一项系统工程，需要从模块化的产品设计、模块化的制造流程设计和灵活的供给网络设计等多方面改变原先的生产和管理方式。为适应这种需要，组织需要采用计算机辅助设计(CAD)、企业资源计划(ERP)、计算机辅助制造(CAM)、柔性制造技术(FMT)等先进的管理方法和制造技术。

4. 敏捷制造

敏捷制造(agile manufacturing，AM)是20世纪90年代从美国国防工业中首先研究和发展起来的一种快速应对市场需求变化的生产管理方式。敏捷制造应具有三大类支撑体系：动态的组织和管理结构、先进制造技术(以信息技术和柔性智能技术为主导)、高素质的管理人员,并采用企业间网络技术形成快速适应市场的社会化制造体系。敏捷制造综合了 JIT、LP 和 ERP 等先进生产管理模式的优点,能够系统全面地满足高效、低成本、高质量、多品种、迅速、及时、动态适应和柔性化等生产管理目标,比起其他制造方式具有更灵敏和更快捷的反应能力。

第三节 物流管理

物流是从第二次世界大战期间军事后勤(logistics)的概念演变而来的。军用物资的及时运送是战争获得胜利的必要因素,所谓"大军未动,粮草先行"。战争中的物资供应,即军事后勤管理是一个庞大的系统工程,它需要运用科学的方法进行优化管理。"二战"以后,军事后勤的活动延伸到了商业领域,20 世纪 70 年代后逐步形成了一个新兴的产业——物流产业。2009 年我国政府将物流产业纳入中国十大产业调整振兴规划之中,目前中国物流产业正处于快速发展的阶段(张浩,2014)。

一、物流管理及其相关概念

所谓物流,简单地说就是指"物"的"流动"。这里的"物"指的是一切有形的物质,例如原材料、半成品、零部件和成品等;"流动"是指随着时间的变化,"物"在空间位置上的移动和停留的序列。例如,从供应商处将原材料和半成品运到企业仓库进行储存,然后从企业仓库将其送到生产车间;从连锁超市的物流中心将货品运送到各超市,并放到超市的货架上;将商品从出口国运到进口国……诸如此类的活动都是物流。根据我国颁布的"物流术语"国家标准(GB/T 18354—2001),我们把**物流**(logistics)定义为:物品从供应地向接收地的实体流动过程,这一过程包括运输、储存、搬运、包装、流通加工、配送和信息处理等基本功能或活动,以及这些活动的有机结合。目前,物流服务已经成为一个新兴的产业。**物流产业**(logistics industry)是对由物流活动产业化而形成的各单项产业(如运输业、仓储业、装卸业、包装业、加工配送业、物流信息业等)进行整合,所形成的一种复合型服务产业。

物流管理(logistics management)是指在社会生产过程中,根据物质资料实体流动的规律,应用管理的基本原理和科学方法,对物流从起点到消费点之间的原材料、零部件、在制品和产成品等物品的获得、移动和存储等过程进行计划、组织、指挥、协调、监督和控制,以降低物流成本、提高物流效率和经济效益的过程。物流管理的目标是实现各项物流活动的最佳协调与配合,以提高组织对顾客物流需求的响应速度,降低或消除物流过程的交货延期、货物缺损和货物错运等误差,降低企业库存量,降低库存成本和其他运营成本,提高物品的质量和生命周期支持。正如第一章中所提到的,物流管理是一个横跨资源管理(如原材料管理、库存管理等)和业务管理(如采购管理、运输管理等)的一个综合性一体化的管理领域。

与物流管理相关的一个概念是供应链管理。供应链管理是 20 世纪 90 年代后期在物流管理的基础上发展起来的。可以说,物流管理是供应链管理的一个子系统。**供应链管理**(supply chain management,SCM)是把供应商、制造商、仓库、配送中心和渠道商等有效地组织在一起,进行产品的制造、转运、分销及销售,从而有效满足用户的需求,使整个供应链的效率和效益达到最优化，并实现供应链各个单元共赢的管理模式。由此定义可知，供应链管理已超出了单个组织管理的范畴，它着眼于整个业务链所涉及的各个组织，重视组织间的合作关系，以现代信息技术为手段整合供应链各单元的资源，追求供应链整体优化和各单元共赢。

二、物流过程与物流活动

1. 物流过程

从范围上看，物流可以分成供应链物流和企业物流两类，其中企业物流是基础，也是本节重点介绍的内容。企业物流又分为组织内部物流和组织外部物流，具体来说，由供应物流、组织内部物流、销售物流、回收物流 4 个环节组成(图 3-4)。供应物流是指原材料等从供应商流入企业；组织内部物流是指原料或在制品在企业的生产工序、车间、中间品仓库等之间进行流动和存放；销售物流是指成品从企业通过各级销售商和销售渠道流向客户；回收物流是指伴随整个物流过程的加工废料和产品使用废弃物等的回收与运输，又称为逆向物流。

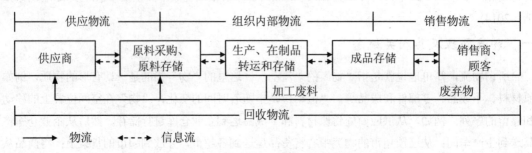

图 3-4　企业物流过程

作为物流过程的例子，图 3-5 描述了连锁超市物流配送的过程。配送是指由物流配送中心组织货源，并向各物流节点和最终用户进行货物运输的活动，它具有批量小、品种多的特点。从图 3-5 可以看出，连锁超市配送中心根据从总部计算机中心获取的各连锁分店的需货信息，从供应商处组织货源(箭头 A)，然后依次经过集货、储存、加工、整理、选拣、分拣、配货和送货等过程，到达相应的连锁分店，最后销售给顾客。箭头 B 表示对于销售量比较均衡、销售频率比较高的商品，由配送中心按照各连锁店的销售需求情况从供应商处整批组织货源，直接进行配货和送货。箭头 C 表示对一些本地生产的商品，配送中心可以要求供应商直接对各连锁分店提供物流服务。

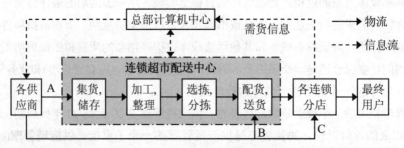

图 3-5　连锁超市的物流配送过程

2. 物流活动

物流过程中的各种活动可以分成基本活动和支援活动。物流基本活动包括装卸、包装、仓储和运输等活动，物流支援活动包括流通加工、客户服务和信息支持等活动，支援活动贯穿于基本活动的每个环节。物流流通加工(distribution processing)是指在物品从生产者向消费者流动的过程中，为了增加附加价值、满足客户需求、促进销售、维护商品质量和提高物流效率，对物品进行一定程度的加工，如分割、剪切、分类、组装、重新包装、计量、分拣、贴标签、刷标志、拴标签等简单的作业。物流客户服务是物流的拓展性活动，例如，专业物流企业代替物流消费组织的销售部门处理顾客的订单、根据订单直接安排配送、向物流消费组织反馈市场需求信息、提供配件服务和维修服务等。物流信息支持是指为支持各项物流活动而进行的有关物流信息的收集、储存、加工、传输和维护等活动。物流信息支持活动可以由物流企业负责，也可以由物流消费组织负责(如图 3-5 中连锁超市的总部计算机中心)，还可以各方协同承担。

三、物流管理职能

1. 供应物流管理

供应物流管理是从企业外部供应商采购或调拨原材料、零部件、燃料和辅助材料等物资，并及时运送至物资需求企业，以保证企业生产经营的连续性和稳定性的物流管理活动。其管理过程包括物资供应计划的制定，以及计划的落实和控制等一系列管理活动。这里的供应商不仅包括专门从事物资贸易的企业，也包括供应链上游的零部件和半成品协作制造企业；而这些上游制造企业，可能是其他公司或集团的企业，也可能是本公司或集团内的其他制造企业或工厂。例如，美国通用汽车公司的 30 余家装配工厂组装一辆汽车需要 13 000 多种零部件，分别由 20 000 多家外部供应产商和 100 多家通用公司制造分厂提供。

2. 组织内部物流管理

不同组织(如制造企业、贸易企业、零售企业等)的内部物流的特点是不同的，其中制造企业的内部物流最为复杂。对于一个制造企业而言，组织内部物流就是围绕生产过程的物流活动。而企业的生产过程，从某种意义上说，其实质就是一个物流过程，因为生产计划的实施必然伴随着物料数量、形态和存储位置的改变。因此，组织内部物流管理的一个显著特点是它和生产过程密切相连。于是，组织内部物流系统的设计应该与生产工艺流程要求相吻合，应与生产过程相协调，这样才能提高生产过程的运行效率。组织内部物流管理主要涉及的问题有：根据生产工艺和生产流程确定原材料、在制品和辅料等物品的存储位置，设计合理的运送线路和工具；仓库内存储空间的合理安排，货架的合理摆放；物料供应时间和供应量的计划和控制等。

3. 销售物流管理

销售物流是组织的输出物流，事实上这是最早引起企业家重视的物流领域。传统销售物流管理是与组织的分销渠道相对应的，由制造商、分销商、批发商和零售商等分别独立管理，每个环节都独立选择运输方式、仓储方式和仓储量等。这种传统管理方式环节多、时间长、库存分散、总库存量过大、成本较高，已经不能适应现代管理要求和市场需求的变化。当今销售物流管理的解决方案主要通过第三方物流或组织自建物流中心等方式，将原来分散在分销商或中小型物流中心的库存集中到大型物流中心，通过计算机网络和电子商务平台与顾客建立联系，实现销售物流的集约化管理，减少流转环节，并通过数字化和智能化备货等现代物流技术手段来提高销售物流管理的效率和效果。

4. 回收物流管理

组织的回收物流主要有两个方面：一方面是生产过程中的边角余料和废料的回收，另一方面是销售出去的产品在使用寿命结束后的回收。回收物流管理虽然是一个老问题，但是在自然环境不断恶化、自然资源逐步枯竭和消费者环保意识不断增强的今天，又重新引起了企业、消费者和全社会的普遍重视。许多学者在循环经济、逆向物流和绿色物流等方面的研究赋予了回收物流管理崭新的理论内涵和管理方法。一般来说，企业生产过程的废料回收由企业自行完成，而废弃产品的回收目前出现了多种管理模式，可以由生产企业、社会力量、专业回收公司等独立或协同承担。回收物流管理包括对废弃物的收集、分类、拆解、筛选、处理、包装和运送等过程的管理。此外，由于消费者偏好的变化和技术的迅速发展，使得产品生命周期不断缩短，很多创新型产品制造企业在产品开发设计的时候就已经开始考虑自己产品的回收价值和再开发价值，为后期回收和利用提供了便利。

四、第三方物流管理

1. 第三方物流管理的含义

第三方物流是 20 世纪 80 年代中期在欧美等发达国家首先出现的由物资供应方和需求方以外的专业物流经营企业提供物流服务的业务模式，是物流专业化的重要形式。**第三方物流**(third party logistics，3PLs)可以定义为：物流渠道中的专业化物流中间人(物流经营企业/组织，又称物流服务供应企业/组织，简称物流企业/组织)，以契约签订的方式为物流服务消费组织(又称物流服务需求组织，包含物资供应方和需求方)提供所有的或某些方面的物流专业服务。第三方物流企业不同于传统的运输和仓储等组织，而是部分或全部地取代了工商企业内物流部门的职能，因此第三方物流的实质是传统的组织内部物流职能的外部化(曹桂银，2013)。

第三方物流管理不仅是第三方物流经营企业内部的管理，而且还涉及物流消费组织(包括物资供应组织和物资需求组织)以及物流协作组织(如物流企业外部的运输和仓储企业)等相关组织的管理，以及这些组织之间的协作管理。对于物流消费组织来说，它们将原本由组织自己承担的物流工作及其管理职能通过合同形式委托给第三方物流企业来管理和执行，因而其新的物流管理职责主要体现在明确物流目标、选择专业物流企业、签订物流外包合同和进行物流过程的监管等方面。而对于第三方物流经营组织来说，其物流管理的职责主要是对物流服务过程的管理：在深入了解物流消费组织的经营特点，以及对物流的时间和数量等要求的基础上，进行物流服务的决策和计划，对运输、仓储和配送等物流活动进行管理，从备货保证、输送保证和品质保证三个方面为客户提供优良的物流服务。

2. 第三方物流管理的特征

(1) 关系契约化

第三方物流管理需要通过契约来规范物流经营企业与物流消费组织的责任、权利及其相互关系，使他们之间的关系超出一般意义上的买卖关系，甚至建立起一种长期和稳固的战略联盟关系。物流经营者根据契约为物流消费者提供多功能直至全方位的一体化物流服务。

(2) 服务专业化和个性化

第三方物流组织能够提供专业化的物流服务，从物流设计、物流操作过程、物流技术工具、物流设施到物流管理等各方面都要体现出专业化的业务水平。此外，不同的物流消费者具有不同的物流服务要求，第三方物流组织需要根据不同客户在组织形象、业务流程、产品特征、物流计划和竞争需要等方面的不同要求，提供有针对性的个性化服务。

(3) 信息共享化

信息技术是第三方物流发展的基础，也是第三方物流管理的技术支撑。网络化信息技术的发展实现了物流经营和消费组织的实时信息共享，促进了物流管理的科学化。第三方物流各相关方应该根据契约规定，促进信息资源在由供应商、制造商、零售商、第三方物流商和顾客组成的物流系统内实现网络化共享，从而实现第三方物流管理的一体化和最优化。

(4) 利益一体化

第三方物流发展的推动力就是为物流经营和消费双方创造利润，实现利益共赢。因此第三方物流企业必须以有吸引力的物流服务来满足客户的需要，使客户通过第三方物流降低物流成本、提高物流质量、实现组织利润，同时物流企业也能获得自己的收益。为此，第三方物流企业必须通过科学管理实现物流作业的高效化、物流管理的信息化、物流设施的现代化、物流运作的专业化、物流量的规模化来降低成本并创造利润。

3. 第三方物流管理的效果

(1) 降低成本与投资

由于第三方物流的规模化和专业化运作管理，使得物流消费组织所付出的物流费用要比自己承担物流业务至少降低 10%，再加上物流设施的投资和维护等，所节省的费用更加可观。这就使得许多企业选择内部物流外部化。特别是在欧洲，由于更多的税费、更高的劳动力成本和更多的规章及作业限制，其物流成本要比美国高出一倍，使得更多的欧洲公司选择物流服务外包。

(2) 致力于提升核心业务

现代竞争理论认为，企业要取得竞争优势，必须巩固和扩展自身的核心业务，这就要求企业致力于核心业务的发展。为此，越来越多的企业将物流等非核心业务外包给专业化的公司，这样不仅降低了物流成本、提高了物流质量，而且企业有更多的时间和精力聚焦于自己的核心业务，提升其核心竞争力。

(3) 重新整合供应链

当物流消费组织和有实力的第三方物流企业建立了战略合作伙伴关系后，就可以利用专业化物流企业强大的客户资源和管理能力，重新整合其上下游供应链结构，扩大供货来源的选择范围，提高供货质量，降低进货成本，扩大销售渠道，提高销售量，达到优化上下游供应链和提高效益的目的。同时，物流企业高水平和专业化的物流管理能力也有利于提高整个供应链上的物流质量，优化物流结构，提高物流效率。此外，在全球经济一体化的趋势下，不少缺乏国际营销渠道的公司希望进入国外市场，而国际第三方物流企业可以帮助这些公司实现拓展国际业务，将供应链延伸至国外。

第四节　人力资源管理

一、人力资源管理的概念与体系

1. 人力资源的概念与特征

人力资源(human resource，HR)是指可从事生产产品或提供服务、推动社会经济发展、具有智力劳动和体力劳动能力的人们的总和。人力资源同物力资源和财力资源一起是经济发展最重要的三种资源。由于现代组织之间竞争的背后实质上是人才的竞争，所以人力资源是各种资源中最宝贵的资源，是第一资源。人力资源既具有与其他资源类似的一般特征，又具有一些不同于其他资源的独有特征。

人力资源的一般特征主要体现在以下几个方面。①物质性：人力资源以一定的人口数量为基础；②增值性：人力资源的使用可以创造更大的价值，从而产生增值效果；③有限性：人力资源在质和量上都是很有限的，尤其是优秀人才，则更加匮乏。

人力资源不同于物力资源和财力资源的独有特征主要体现在以下几个方面。①生物性：人是富有智慧的高级动物，人力资源是一种存在于人体之中的"活"的资源；②时代性：人力资源的形成和发展受到时代条件的影响和制约；③能动性：人力资源具有自觉努力、积极活动、主动发挥潜能和高度自组织等特性；④两重性：人力资源既有生产性，又有消费性；⑤时效性：人力资源所拥有的知识和能力如果长期不更新和不使用，就会老化、荒废和退化；⑥可扩展性：人力资源可以通过不断培训和开发，不断增强其能力；⑦难以模仿性：一个组织很难复制或模仿其他组织人力资源的某种优秀品质；⑧再生性：一方面，人力资源在劳动力消耗后还可以恢复与再生；另一方面，人力资源作为人类群体能够不断繁衍后代，并形成新的人力资源来源。

综合以上特性还可以看出，人力资源具有重要和特殊的经济价值，因此它具有资本属性和资产属性。从人力资源自身价值的角度看，人力资源身上蕴含着人力资本。**人力资本**(human capital)是指人力资源通过受教育、培训、实践和保健等投资而获得的知识、技能、经验和体力等能够创造更大的经济价值的价值。从人力资源价值归属的角度看，如果具有经济价值的人力资源被一个组织所拥有，那么就成为了该组织的人力资产。**人力资产**(human asset)是指一个组织所拥有或控制的，通过在人员招聘、使用、培训和开发等方面投资而形成的，预期会给组织带来经济利益的，其成本和价值可以用货币计量的人力资源。

2. 人力资源管理的概念

人力资源管理(human resources management，HRM)是指组织为实现其发展目标，运用现代管理方法，对人力资源的获取(选人)、开发(育人)、使用(用人)和保持(留人)等方面所进行的计划、组织、领导和控制等一系列的管理活动。从前人们认为，组织和员工是单纯的雇佣和被雇佣的关系，并形成增加人员就是增加成本的观念。而现代人力资源管理理论认为，组织应当努力提高员工的生活和工作质量，因为人力资源是组织中最重要的资产和资本，它的运动能够为组织创造更大效益。日本松下电器公司创始人松下幸之助曾说过："松下最大的资产是人。"并提出，"松下不仅制造产品，更重要的是制造人，具有松下企业精神的人。"

在企业或其他组织中，一般由专门的职能机构来展开有关人力资源的管理工作，如人力资源部、人事处等，但是完整的人力资源管理工作是和其他职能部门共同完成的。譬如，人员招聘中的人才需求计划是由具体的用人部门提出的；在招聘过程中，特别是招聘中高层管理人员时，具体的用人部门是要参与的；后续的人员培训、使用、激励、考核以及发展等工作都是由用人部门完成或参与完成的。

3. 人力资源管理体系

人力资源管理的主要内容包括工作分析、人力资源计划、人员招聘、人员配置与调整、员工培训、激励与约束、绩效考评、薪酬管理、开发与发展等，这些管理活动都需要在人力资源规划的指导下和具体的人力资源管理制度的规定下完成(彭剑锋，2017)。这些管理内容进一步展开可以构成如图 3-6 所示的人力资源管理体系。

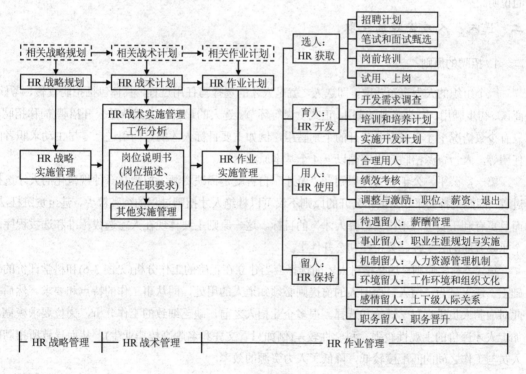

图 3-6　人力资源管理体系

总体上看，人力资源管理分为战略、战术和作业管理三个层次。人力资源战略规划要根据相关的战略规划(如市场营销战略、生产战略等)对人力资源的需求来制定，同时它是制定战术计划和作业计划的依据。同样，人力资源战术计划和作业计划一方面既要满足高层计划的要求，另一方面又要满足同层相关计划对人力资源的需求。以人力资源作业计划为例，相关管理者应根据人力资源战术计划、工作分析结果和相关作业计划的人力资源需求等，制定具体而详细的人力资源作业计划。该计划主要包括人员配备计划、解聘计划、补充计划、使用计划、晋升计划、轮换计划、培训开发计划、职业计划、绩效与薪酬福利计划、劳动关系计划和人力资源预算等内容。各作业计划之间互相联系、互相制约，形成一个有机的整体，以实现人力资源战略规划和战术计划为目的。

在人力资源计划的实施方面，包含了各层次的组织、领导和控制过程。其中，人力资源战术组织中的一项重要工作是人力资源管理部门需要协同各用人部门进行工作分析。工作分析的成果是岗位说明书(job description，或工作说明书，对于管理岗位也称为职位说明书)。岗位说明书包括岗位描述和岗位任职要求(又称岗位规范)两部分。岗位描述是对该岗位的工作内容、职责、条件和环境等关于工作自身的特性等进行书面描述；岗位任职要求说明了该岗位的工作对任职者的知识、能力、品格、教育背景和工作经历等方面的要求，即对完成工作所需要的任职资格进行说明。岗位说明书为战术层的人力资源领导和控制以及作业层的人力资源计划实施提供重要的依据。每个管理层次的人力资源计划的实施都包含选人(人力资源获取)、育人(人力资源开发)、用人(人力资源使用)和留人(人力资源保持)等过程的管理工作。其中，人力资源作业计划实施过程最为详细和具体，因此图 3-6 中仅对这一层次做了进一步的展开。下面对这些管理过程进行比较详细的说明。

二、选人：人力资源的获取

1. 招聘的原则

一个组织的人力资源获取，即选人，就是人才的选择与任用过程，具体包括招聘宣传、考核、商谈、初步聘用、岗前培训、试用、正式上岗等环节。选人的最常见方式就是公开招聘(简称招聘)，只有少数情况下才会采取非公开的个别聘用，例如重要目标人才的定向引进，零星主动求职者的任用等。人力资源招聘应当遵循以下 4 个基本原则。

第一，公平、公正和公开原则。"贤才"自古就是稀缺资源，招聘是一种规范化的人才选拔过程，因此秉持公平、公正和公开的原则不仅可以杜绝人才招聘过程的徇私舞弊，甚至贪赃枉法，而且更有利于实现"不拘一格降人才"的目标。这一原则主要体现在人才选拔标准和选拔程序两个重要方面的公平性、公正性和公开性上。

第二，科学原则。这是指对人才的选择应当建立在正确的工作分析(见图 3-6)和科学评价的基础上。选人是为了用人，而用人的前提则必须知道人的用处，即从事工作的特点和要求。然后据此对应聘人员进行科学评价和选择。很多企业招人之前，缺乏细致的工作分析，岗位要求模糊，加上人才评价的主观性较强、科学性较差(例如只看文凭和名牌高校毕业生)，从而导致所招聘的人员与工作之间的匹配度较低，降低了人力资源的效率。

第三，双向选择原则。招聘人才应当避免组织选人的单向思维，应注重个人与组织间的双向选择，注重换位思考、充分宣传与沟通。招聘从本质上说就是劳动力价值的交换过程，只有建立在双向选择的基础上，双方的价值交换才具有对等和自愿的特点，才能提高招聘的成功率，更重要的是才能够有利于未来的合作。否则，人员与组织之间目标错位，即使招聘进来也具有较大的不稳定性，员工离职的概率必然较高。

第四，经济性原则。任何资源的使用都是有成本的，人力资源也是如此。对人力资源的选择并非只考虑功能和效用最大化，而应当考虑效率最大化，即人力资源的能力与支付的成本之间应保持相对平衡。招聘的经济性原则主要体现在两个方面，一方面是人力资源招聘的成本，尽可能选择成本较低的招聘渠道和招聘方式；另一方面是人力资源的成本，在能够胜任岗位要求的前提下尽可能选择成本较低的人力资源，超过要求反而是一种浪费。例如，有些企业在人才招聘时，一味追求人才的高端化，明明本科生就可以胜任的岗位，非要招聘成本更高的博士生，甚至海归博士。

2. 招聘的流程

不同组织的人力资源招聘流程有所不同，而对某一个组织来说，一般都有各自规范的流程和相应的制度作为依据。常见的人力资源获取的流程如下：①确定需求，根据人力资源作业计划，确定组织的人力资源的需求；②编制计划，根据人力资源需求的数量、素质和时间等要求，编制招聘计划；③编制文档，根据招聘计划编制招聘简章、招聘宣传资料、面试和笔试考题等；④确定考官，选择考评人员，并进行适当培训；⑤信息汇总，汇总求职登记表和相关资料，将求职信息录入人力资源管理信息系统；⑥初选，根据求职信息，对求职人员进行初步筛选；⑦笔试，对初选合格者实施笔试，选择入围人员；⑧面试，对入围人员进行面试，选择拟录用人员；⑨签订试用合同，组织与被录用的人员签订试用合同；⑩岗前培训，被录用人员在上岗试用前，进行相关培训；⑪试用并考核，通过上岗试用，对录用人员进行考核，决定是否正式聘用；⑫签订正式合同，试用期考核通过者签订正式员工的劳动合同；⑬上岗工作，最终录用的人员正式上岗工作，进入人力资源管理的后续程序。

3. 招聘的渠道

人力资源招聘渠道主要有内部招聘和外部招聘两种。内部招聘主要从组织内部选拔人才或从其他岗位进行人员的调配；外部招聘主要通过组织外部的人才市场、劳务部门、职业中介机构、猎头公司、教育机构、培训机构以及自行应聘等途径获得所需人才。表 3-2 对两种招聘渠道的优缺点进行了比较，前四项是内部招聘的优点和外部招聘的缺点，后三项是内部招聘的缺点和外部招聘的优点。可见两种招聘渠道各有利弊，组织应根据招聘岗位的具体情况选择合适的渠道或渠道组合。

表 3-2 内部和外部招聘渠道的优缺点比较

比较项	内部招聘渠道	外部招聘渠道
聘用风险	【优点】组织对应聘人员的情况比较了解，聘用风险较小	【缺点】组织对外部人员的背景和能力等缺乏足够了解，聘用风险较大
工作适应性	【优点】内部人员比较了解组织运作情况，已经融入组织文化，能迅速适应新的工作岗位	【缺点】外部人员对组织运作情况和组织文化不太了解，融入新组织和适应新工作的过程较长
员工积极性	【优点】有利于对现有人力资源进行有效配置和优化，有利于鼓舞士气，调动员工积极性	【缺点】中高层岗位的外部招聘对内部员工有一定打击，不利于调动原有人员的积极性
招聘成本	【优点】招聘动作小，成本低，节省时间	【缺点】招聘费用较高，所花时间较长
组织开放性	【缺点】选择范围较窄，容易出现论资排辈现象	【优点】人才来源广泛，选择余地大，有利于扩大组织影响力和知名度
组织创新性	【缺点】易导致"近亲繁殖"和墨守成规，不利于吸收组织外部先进经验，不利于组织创新	【优点】能为组织输入新鲜"血液"，带来新的工作思路和先进经验，有助于组织创新
人际关系	【缺点】易受原先错综复杂的人际关系的影响，并沿袭和扩大过去的矛盾	【优点】无历史包袱，有利于缓和组织内部的固有矛盾和应聘者之间的紧张关系

4. 人才招聘案例——丰田公司的全面招聘体系

日本丰田公司的"看板生产系统"和"全面质量管理"等管理体系名扬天下，但是其行之有效的"全面招聘体系"鲜为人知。正如许多日本企业一样，丰田公司花费大量的人力、物力和财力寻求组织需要的人才，并进行精挑细选。丰田公司全面招聘体系的目的就是招聘最优秀的、有责任感的员工，为公司发展提供良好的人力资源保障。丰田公司全面招聘体系可以分成以下 6 个阶段，其中前五个阶段的招聘工作大约要持续 5～6 天。

第一阶段，丰田公司委托专业的职业招聘机构，进行人员的初步甄选。让应聘人员观看丰田公司的工作环境和工作内容的录像资料，同时了解丰田公司的全面招聘体系，随后填写工作申请表。1 小时的录像可以使应聘人员对丰田公司的具体工作情况有一个概括性的了解，初步感受工作岗位的要求。同时，这也是应聘人员自我评估和选择的过程，许多应聘人员在这一阶段后便知难而退。然后，专业招聘机构会根据应聘人员在工作申请表中体现出的具体能力和经验做出初步筛选。

第二阶段，评估应聘者的技术知识和工作潜能。应聘人员参加基本能力和职业态度的心理测试，以评估他们解决问题的能力、学习能力、潜在能力以及职业兴趣爱好等。如果是应聘技术岗位工作，应聘者还需要进行 6 个小时的机器和工具的现场实际操作测试。通过第一和第二阶段的应聘者的资料才能转入丰田公司。

第三阶段，丰田公司评价应聘者的人际关系能力和决策能力。应聘人员在公司的评估中心参加一个 4 小时的小组讨论，丰田公司的招聘专家对讨论的过程进行实时观察评估。例如，应聘人员组成一个小组，讨论未来几年汽车的主要特征是什么。通过对实际问题的讨论，可以考察应聘者的洞察力、灵活性、创造力和人际协作能力。同样在第三阶段，应聘者需要参加 5 个小时的实际汽车生产线的模拟操作。在模拟过程中，应聘人员需要组成项目小组，担负起计划制定等管理职责。譬如，就如何生产一种零配件的任务，应聘人员需要解决人员分工、材料采购、资金运用、计划制定和生产过程管理等一系列问题。

第四阶段，丰田公司考察应聘者的职业特长。应聘人员需要参加一个 1 小时的集体面试，分别向丰田的招聘专家介绍自己取得过的成就。这样可以使丰田的招聘专家更加全面地了解应聘人员的兴趣、爱好和特长，例如他们以什么为荣，什么样的事业才能使应聘者兴奋等，以便更好地做出工作岗位安排和职业生涯计划。

第五阶段，身体检查。公司对应聘人员进行一个 25 小时的全面身体检查，了解应聘者的身体健康状况和一些特殊情况，如酒精和药物过敏等。

第六阶段，拟聘用新员工的能力评估。拟聘用的新员工需要接受 6 个月的工作表现和发展潜能评估。在这一阶段，新员工将接受监控、观察和督导等方面的密切关注和培训。通过以上 6 个阶段的招聘过程，新员工就可以正式被聘用了。

三、育人：人力资源的开发

前面说过，相比于其他类型的资源，人力资源具有可扩展性。通过适当的培训和开发，能够使人力资源的能力不断提升。现在越来越多的组织已经意识到，构建学习型组织的重要性，通过多种类型的培训，优化人力资源的能力结构是组织可持续发展的重要手段。一般来说，无论是从内部还是从外部新招聘的人才，在人力资源获取阶段就要经过岗前培训方能从事相关工作。而正式上岗以后，组织还要对员工进行更加专业化的定期和不定期的培训，从而对人力资源的素质和能力进行进一步的开发和提升。人力资源开发的一般过程主要是：首先向用人部门和员工本人调查人力资源开发的需求；然后针对不同人员的不同需求，制定培训和培养计划；再按计划有步骤地开展人力资源开发活动。

育人工作是多方面的，其中常规的形式就是人力资源培训。培训工作一般由组织的人力资源管理部门负责，但有时各职能部门也会开展一些针对性较强的专业培训，譬如销售部门对销售人员的营销技巧进行培训等。人力资源培训的内容主要有专业知识和操作技能两方面，有时也会包括工作中涉及的管理(针对非管理人员)、环保、政策、法律、人文和历史等其他知识的培训，以及员工综合素质、团队精神与合作意识等方面的训练，甚至有的企业还会组织军训，以提高员工的纪律性和"战斗力"。

人力资源培训的方式主要分成脱岗培训(又称脱产培训)和在岗培训(又称在职培训)两大类。脱岗培训(off-the-job training)通常采用集中培训的方式，以专业知识培训为主，有时也进行操作技能训练；既可以是组织内部举办的专业课程学习、专题研究、专家讲座和技能传授等方式，也可以是组织外部的培训班、研讨会或专业会议等。在岗培训(on-the-job training)，顾名思义就是"边干边学"，通常不是以知识培训为主，而是以工作技能培训为主。在岗培训的常见方式包括岗位实习、专项指导、技能观摩、操作示范，以及师傅带徒弟式的"传帮带"等。有时，除了在本岗位进行在岗培训外，有些组织还会安排岗位轮换、去外部门甚至外单位挂职锻炼、兼任更具挑战性的工作等方式培养员工，为更高层次的管理或技术岗位储备人才。

通过对人员的培训和培养，可以将组织长期凝练成的工作态度和价值观等组织文化在员工的思想中实现"内化"，从而提高组织的凝聚力和工作效率，并提高其工作能力，使其更加胜任工作。总之，一名称职的员工或优秀的管理人才的成长是与组织的不断培养分不开的。

四、用人：人力资源的使用

1. 合理用人

合理用人的关键在于人与岗的匹配。因而首先必须明确每个岗位对员工能力和素质的要求，不同的岗位对专业技能、身体素质、人格特质、职业素养等有不同的要求。其次，要考察员工的优点与缺点，看其能否满足岗位对人的要求。每个人都有自己的长处和弱点，合理用人要学会用人所长，知人善用，使得每个人都能够发挥出自己的特长和潜能。相反，如果人与岗的匹配度不高，不仅无法完成该岗位的任务，更重要的是可能打断组织内部的工作链，影响相关环节的工作，甚至形成内耗，增大组织内部的协调成本，这些都是难以直接估量的隐性损失。

2. 绩效考核

绩效考核是对员工或部门的工作业绩的评估，也是对人力资源与岗位匹配程度的判断。绩效考核是员工(包含部门管理者)的选用、晋升、计酬、奖励、惩罚等人力资源管理的重要依据，将对员工的行为产生重要的引导作用。绩效考核必须遵循以下 5 个原则。①客观、公正与公开的原则，在考核标准、考核方法和考核结果几个方面都要做到客观、公正与公开。②指标的可观测与可描述原则，考核指标不一定都要求可量化，但一定要能够被观测且清晰地描述，否则考核的可操作性就不强。③反馈性原则，考核结果必须尽快反馈给被考核对象，在管理者的帮助下，使员工认识到差距并及时做出调整。④差别性原则，不同的工作岗位和组织发展的不同阶段，应当制定不同的考核标准。⑤多角度原则，一方面是考核标准的多角度，如考核工作态度和能力、工作效果和效率、制度执行情况等，另一方面则是考核主体的多角度，如上级考核下级、下级对管理者的评价、平级之间的考核、相关部门之间的考核等，以减少考核偏差(付亚和，2014)。

根据以上原则，员工的绩效考评过程一般可以分成以下几步：建立绩效考核标准或指标体系；确定考核方法；实施绩效考核；确定考核等级和评语；考核结果的反馈，制定改进措施。目前普遍采用的绩效考核方式有关键绩效指标考核法(key performance indicator, KPI)和目标考核法。关键绩效指标考核法基于80/20原则(又称为帕累托法则)，选择20%的关键指标进行考核，从而能够抓住重点，避免关键指标弱化。目标考核法主要是针对非标准化程度较高和量化难度较大的岗位的考核方法，如行政管理、技术、财务、文秘等岗位，以关键目标的达成作为考核指标。

3. 调整与激励

人力资源的调整和激励是在绩效考核的基础上，对员工的岗位、薪资、退休与解聘等进行调整，是一种重要的人力资源激励的手段。岗位调整包括职位晋升、提拔任用、平级调动、降级使用、职务罢免等几种方式。薪资调整包括提高工资级别、增加奖金和福利、扣发奖金和工资等方式。此外，还有员工离职等方面的人力资源调整工作，如退休、解聘和调离等。这些调整过程也是人力资源的激励过程，包括物质和非物质的奖励和惩罚，对员工的各种需要予以不同程度的满足或限制，以激发员工向着组织所期望的目标去努力。关于激励理论，本书第七章将做详细的介绍。

五、留人：人力资源的保持

留人，当然是指留住优秀人才，而对于劣质人员应建立退出机制(即上述人力资源使用中的解聘等措施)，进而形成"优胜劣汰"的良性机制。而对于人力资源管理水平较差的组织，则有可能出现"优汰劣胜"的逆淘汰现象，优秀人才留不住或被排挤，而劣质人员走不掉或很自在。经过组织的长期培养成长起来的人才流失对组织的打击是很大的，特别是关键岗位上的人才流失会给组织带来巨大的损失。例如，春兰集团曾经是一个很不错的企业，"春兰"更是一度在中国市场乃至国际市场上名噪一时的知名品牌，然而自从发生了以副总为首的一大批骨干人才的集体"跳槽"事件后，"春兰"空调在市场上几乎销声匿迹。有关调查发现，75%以上的从业人员存在"跳槽"的念头，只是程度不同而已。而且"跳槽"的动因绝非只是为了高工资，这一原因只占很小一部分比例，更主要的原因有：家庭因素、职业倾向、压力过大、领导更换、怀才不遇、升职无望、向往挑战、谋求发展等。可见，人力资源的保持和留住优秀人才并不是一件容易的事情。

许多组织都十分重视人力资源保持的问题，提出了许多留住人才的思路，如待遇留人(加强薪酬管理等)、事业留人(进行职业生涯规划和实施等)、机制留人(建立公平、公正与合理的人力资源管理机制等)、环境留人(构建良好的工作环境和组织文化等)、感情留人(管理者与员工建立良好的人际关系等)和职务留人(发掘员工的才能,委任恰当的职务,以充分发挥其作用)等。可见,留人的问题涉及前面介绍的人力资源开发和使用的问题。也就是说,只有做好了"育人"和"用人"工作,才有可能"留人"。

以待遇留人为例,其主要手段是做好薪酬管理。薪酬作为对个人工作的回报是留住人才的基础,也是最容易控制的因素,因此薪酬管理是人力资源管理的重要内容。薪酬是指组织因使用员工的劳动而付给员工的现金或福利等酬劳,分为直接薪酬和间接薪酬。直接薪酬包括工资、奖金、津贴、补贴和股权等,间接薪酬包括实物福利、非实物福利和保险等。每一项薪酬都有各自不同的激励作用,分别体现基本的劳动成果(如工资)、超额绩效(如奖金)、工作特征(如津贴)、生活特征(如补贴)、长远利益(如股权)、归属感(如福利)、安全感(如保险)等。因此,合理的薪酬体系设计能够起到良好的留人的作用。

另外,事业留人需要做好员工的职业生涯规划,并帮助其实现规划。职业生涯规划(又叫职业生涯设计)是指个人与组织相结合,在对一个人职业生涯的主客观条件进行测定、分析和总结的基础上,对自己的兴趣、爱好、能力、特点和职业倾向进行综合分析与权衡,确定其最佳的职业奋斗目标,并为实现这一目标做出行之有效的安排。目前许多中国企业没有把职业生涯规划纳入人力资源管理工作中,这对于人力资源的保持是非常不利的。如果一个人觉得自己在组织中得不到发展,个人目标与组织目标不一致甚至相背离时,最直接的想法就是"跳槽",或者是"人在曹营心在汉"。据统计,3%的人会认真制定并写下自己的工作目标;10%的人会认真思考自己的目标;87%的人对自己的职业生涯规划是模糊的。也就是说,大部分人每天忙忙碌碌,对工作和生活的目标不明,"只知埋头拉车,不知抬头看路"。因此,职业生涯规划非常必要,这在日本企业中表现得尤其突出,他们认为,为员工着想就是为企业自己着想。

其实,在以上各种留人方式中,最重要、最根本和最有效的是机制留人,这是员工最看中的,也是许多组织最容易忽视的留人机制[1]。公平合理的人力资源管理机制实际上涵盖了选人、育人、用人和留人等多个方面,是一种制度的保障,避免了"人治"的不公平性。在良好的机制下,晋升或加薪与否,员工都会很满意,都会理解,都会知道未来的努力方向,都会愿意长期留在这样的组织中。

第五节　财务管理

一、财务活动与财务管理概述

1. 资金运动过程

企业组织的生产和再生产过程,从现象上看表现为形形色色的物资运动,其背后则是资金运动。资金运动的过程是组织获得增值的过程。财务管理的对象是资金及其运动过程中的财务活动。图 3-7 以制造企业为例描述了组织的资金运动过程,它包含了资金转化和资金运用两个维度。

---

1. 参见张智光所著《管理学智慧:为官的定理》(南京大学出版社,2015 年版)一书中的"233. 领域维:留人"。

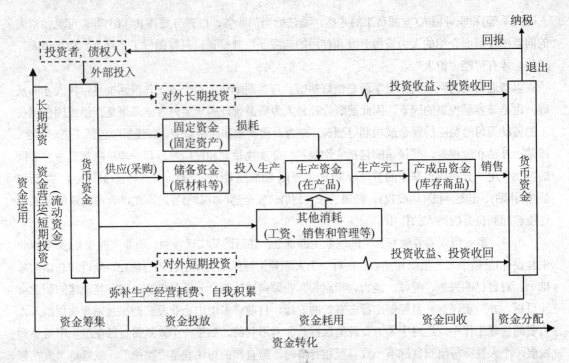

图 3-7　资金运动的二维结构

从资金转化维度看，资金运动包含资金筹集、资金投放、资金耗用、资金回收和资金分配等相互衔接的过程。在这一过程中，资金的形态从货币资金先后转化为固定资金、储备资金、生产资金、产成品资金等，最后回到货币资金，再反过来进入下一个资金运动周期，形成了资金循环和资金周转(张建华，2009)。在经营状况正常的情形下，每次循环都会实现资金的增值。

从资金运用维度(即投资期的长短)看，可以分为长期投资和短期投资(又称为资金营运)两个运用类别。前者包括对组织内部的固定资产的投资和对组织外部长期股权投资等资金运用类别，后者是关于流动资产投资的资金运用类别。**固定资金**是企业等组织用于机器、设备、仪器、厂房、道路等固定资产方面占用的资金，它周转一次所需的时间较长。随着固定资产的损耗(如磨损和老化)，固定资金逐步转移到产品中而成为生产资金的组成部分，而生产资金中固定资金所占的比重反映了企业技术装备水平的高低。固定资产的损耗以计提折旧的方式进行价值补偿，通过图 3-7 中的"弥补生产经营耗费"反馈进行折旧资金的逐步积累，以备将来重新购建固定资产，从而完成固定资金的一次周转。**流动资金**有广义和狭义之分：广义的流动资金指企业全部的流动资产，包括现金、存货(原材料、在制品、产成品等)、应收账款、有价证券、预付款等项目，俗称营业周转资金；狭义的流动资金等于流动资产减去流动负债，即所谓净流动资金。流动资金是组织的"血液"，它的运动反映在生产经营中的各个环节，其实物形态以货币、物品、货币的运动方式不断改变，其价值一次性地转入产品成本中，并经销售一次性得到补偿，周转周期较短。

总体上说，组织的资金运动就是在长期投资和资金营运的循环与周转中构成了一个动态的有机系统，财务管理就是要实现这一系统有序、有效和持续的运行。

2. 基于资金运动的财务活动

根据图 3-7 所示的资金运动过程，组织的财务活动从资金转化维度看包括资金筹集、资金投放、资金耗用、资金回收和资金分配等活动，从资金运用维度看包括长期投资和营运两类活动。将两个维度综合起来从财务管理理论的角度看，基本的财务活动包括资金筹集(筹资)、资金运用(长期投资与营运)和资金分配等主要内容 [1]。其中，筹资活动是资金运动的前提，投资活动是资金运动的关键，分配活动是对投资成果进行下一个循环周期的用途安排，从而实现了组织筹资与投资的目标。

(1) 资金筹集活动

资金是企业组织进行生产经营活动的前提条件，筹资活动是资金运动的起点。所谓**资金筹集**(简称筹资，又称融资)，是指组织为了满足生产经营投资和用资的需要，筹措所需资金的过程。它包括组织正常运作的资金补充，以及为建设新组织或新项目筹措资金。在筹资过程中，既要合理确定筹资总量和时间，选择好筹资渠道和方式，又要合理确定资金结构，降低资金成本，充分发挥财务杠杆的作用，降低财务风险。

(2) 资金运用活动

资金运用是把筹集到的资金合理地投放到生产经营的各项资产上，包括对各种资产的长期投资和营运过程。通常，按资金占用时间的长短将资金运用分为长期资金的运用和短期资金的运用。长期资金的运用包括固定资产、长期股权、无形资产和其他资产项目的资金投放、耗用和回收过程，称为**长期投资活动**(不仅仅是资金投放)。短期资金的运用包括原材料、零部件等的采购活动，短期对外部的投资活动，以及生产过程的资金耗用和通过销售实现资金回收等活动，总体上都是在组织日常经营活动中发生的一系列流动资金的收付行为，称为**资金营运活动**(即短期投资活动)。投资是筹资的目的和归宿，也是实现筹资的保证。在投资过程中，既要确定投资的规模，分析各种投资的经济效益，又要合理安排投资结构，以求降低投资风险。

(3) 资金分配活动

资金的分配就是组织对通过投资过程取得的收入(包括营业收入和投资收益等)进行分配的活动。这些收入主要用于弥补生产经营耗费、缴纳流转税(如增值税、消费税等)、支付债权人的利息、缴纳所得税、组织资金的自我积累、向投资者分配利润等。其中，最后两项属于税后净利润的分配，也是狭义的资金分配。在这里，要处理好资金积累和利润分配的关系，需要管理者做出科学的利润分配决策，其本质就是组织长期发展后劲和近期利益之间的权衡。

(4) 其他财务活动

从资金转化的维度看，不管是长期投资活动还是资金营运活动，都有包含了资金的筹集、投放、耗用、回收和分配各环节。其中，资金筹集和分配上面已经介绍过了，这里仅介绍剩下的其他几个活动。**资金投放**是指组织将筹集到的资金以各种方式投入各种用途上或各种资产上，以获取更高的收益。资金投放的一个主要用途是用于组织内部的生产经营。它包括投资购买设备、兴

---

1. 其实，资金运用中也存在筹资和分配问题，与资金筹集和资金分配有重叠，因为它们本来应该分属两个不同的维度(见图 3-8)。各种财务管理教材对重叠部分的处理方式有所不同。此外，资金投放、耗用和回收活动通常被纳入资金运用中去研究。

建厂房和建筑物等固定资产,形成固定资金;购买原材料、零部件和燃料等物资形成储备资金。另外,也可以对组织外部进行投资,例如投资于金融性资产上,如购买其他组织的股票、债券或基金等,其目的仍是获取经济利益。**资金耗用**是指组织在生产经营过程中对货币资金、固定资金和储备资金的耗用。一方面,资金通过原材料的耗用和固定资产的折旧等形式消耗到在产品上,转化为生产资金;另一方面,在生产经营的各个环节上还有各种需要运用货币资金支付的费用,如员工工资、财务费用、销售费用和管理费用等。完成了生产过程后,资金以库存商品的形式转化为产成品资金。**资金收回**是指通过营销活动,将产成品销售给顾客,同时获得销售收入,扣除成本和费用后,获得资本的增值。另外,组织的营业外收入和对外部投资的收益也属于资金收回的组成部分。

3. 财务管理的概念

由图 3-7 可见,组织的运行和发展离不开资金的支持和资金的运动,因此财务管理工作几乎贯穿组织的全部经营活动。财务管理和会计联系比较密切,但两者又不是一回事。**会计**(accounting, accountancy)是以货币为主要计量单位,借助专门的方法和程序,对各单位(会计主体)的经济活动进行全面、连续和系统的核算与监督,并向有关方面提供财务信息的一种管理活动。**财务管理**(financial management)是在组织的经营过程中对资金筹集、资金运用和资金分配等财务活动进行管理,以及处理这些财务活动中所发生的各种财务关系,以期达到组织财务目标乃至组织整体目标的管理活动(乔玉洋,2017)。财务管理活动需要通过会计来实现,要用到会计所提供的信息,因此会计是财务管理的基础。

组织中一般由专门的职能机构来展开财务管理工作,如财务部、财务处等。但是,财务管理工作也需要和其他职能部门合作,共同完成。譬如,物资采购中的价格谈判和支付,需要财务部门和采购部门协作;产品销售中的资金回收,需要财务部门和销售部门协作;人力资源管理中的工资计算与支付,需要财务部门和人力资源部门协作。

4. 财务管理的目标

任何管理都是有目的的行为,财务管理也不例外。财务管理的目标是一个组织的财务管理与财务活动,尤其是财务决策所依据的最高准则。财务管理是组织管理的一部分,因此财务管理的目标,取决于组织经营管理的总目标,并且遵循财务管理自身的特点。

不同组织或不同企业的经营目标不完全相同,因此不同组织的财务管理目标也是不同的,如利润最大化、资本利润率最大化、每股利润最大化、股东财富最大化、每股市价最大化和组织价值最大化等。利润最大化是要让组织尽可能地多盈利;资本利润率最大化就是组织净利润与股东投入资本比率的最大化,反映了组织所有者投入资本的获利能力,即投资回报能力;每股利润最大化和股东财富最大化是对股份制公司而言的,分别侧重于所投股份的盈利能力和股东拥有财富量的最大化;每股市价最大化是对股份制公司中的上市公司而言的,是指股东所持股票的市场价格最大化;组织价值最大化就是要让组织更有价值,其直接的表现就是使得组织在出售时价格更高。

一个组织可以只选择一个财务管理目标,也可以同时有多个财务管理目标。

二、资金筹集管理

资金筹集(筹资)管理是组织财务管理的首要环节，是组织投资活动的基础。事实上，在组织发展过程中，筹资及筹资管理是贯穿始终的。无论在组织创立之时，还是在组织成长过程中追求规模扩张，甚至日常经营周转过程中，都需要筹措资金。资金筹集(筹资)管理需要解决的主要问题有：筹资的总规模和时间要求，以保证投资所需要的资金；选择筹资方式，以降低筹资的代价和筹资风险；确定最佳的资本结构，即债务资金和权益资金的比例关系，这关乎组织未来的财务负担和盈利，是筹资管理的核心问题；根据资金用途，安排长期资金与短期资金的比例关系等。

筹资的方式按筹资渠道可以分为外部筹资、内部积累和寻求合资；按产权关系可以分为股东权益资金和债务资金；按资金使用期限可分为长期资金和短期资金(见图3-8)。一般来说，组织完全依靠内部积累方式筹资是不现实的，而完全通过股东权益资金筹资也是不明智的，不能得到负债经营的好处。但如果负债的比例过大则风险也随之增大，组织随时可能陷入财务危机。权益资金的筹集方式有：发行股票、留存收益、吸收直接投资等。债务资金的筹集方式有：通过银行等金融机构借款、商业信用、融资租赁、发行债券等。此外，长期资金和短期资金的筹资速度、成本、风险和借款限制等都有所不同，筹资决策时应权衡两者的比重。长期资金的筹集方式有：吸收直接投资、发行股票、发行长期债券、长期银行借款、融资租赁等。短期资金的筹集方式有：发行短期债券、短期银行借款、商业信用等。通常采取的筹资策略是，用长期资金来满足固定资产、无形资产和长期占用的流动资产的需要，而用短期资金满足临时的波动性的流动资金需要。

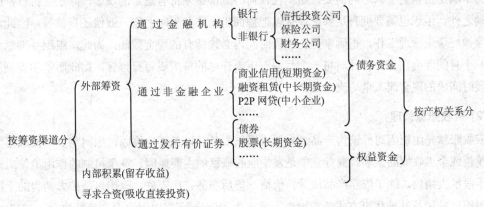

图 3-8　资金筹集的方式

三、资金运用管理

1. 长期投资管理

长期投资管理就是对组织的长期投资项目中的资金运动全过程进行决策、监督和控制等一系列管理活动，从而实现预期的投资收益目标，并尽可能降低投资的成本和风险。长期投资管理首先要做好投资决策，在此基础上对投资项目的整个建设和运行过程中的资金投放、耗用和回收等环节进行全过程监督和管理。对于组织内部的固定资产投资，当固定资产达到预定可使用状态时，还需要编制固定资产的折旧计划、计提折旧、固定资产更新改造等过程进行财务管理。

其中，长期投资决策尤为重要，是组织所有决策中最为关键、最为重要的决策。有人认为，长期投资决策失误是企业最大的失误，一个重大的投资决策失误往往会使一个组织陷入困境，甚至破产。因此，财务管理的一项极为重要的职能就是为组织当好参谋，把好投资决策关。在投资决策中，组织需要以提高投资效益和降低投资风险为决策目标和约束，确定投资方向、投资规模、投资方式和投资结构等问题。组织的长期投资方向一般有两个大的方面：一个方面是为了组织发展的需要而进行内部项目的投资，如新建厂房、购买设备和购买软件等；另一个方面是将资金投入组织以外，如购买股票、购买债券、直接投资其他组织等，并以此获得收益。

通常，投资决策需要考虑货币的时间价值、投资回报率、投资回收期和投资风险等变量。收益总是与风险为伴的，一般来说，收益越大的投资，风险也越大。或者反过来说，投资风险越大，投资者对投资报酬率的预期也就越高。因此在投资决策的制定和实施过程中，管理者要对风险进行评价、预防和控制。

2．营运资金管理

营运资金管理是对组织短期投资过程和日常经营活动中的一系列流动资金收付行为进行管理。组织在经营过程中需要进行短期筹资，需要支付采购款、工资和各种费用，需要回笼货款。此外，有时还会对外部进行一些短期的投资，这些过程中的资金管理都属于营运资金管理的范畴。这是一项十分繁琐和细致的财务管理工作，其管理内容涉及面很广，下面仅介绍其中的几个主要内容。

(1) 现金管理

为了满足日常资金营运的需要，组织在任何时刻都必须持有适量的现金，除了应付日常的业务活动之外，组织也需要拥有足够的现金以把握商机、防备不时之需，或偿还贷款等。因此，组织必须做好现金管理工作，正确掌握在一段时间内必须持有的现金数额。为此，组织要编制今后6～12个月的现金预算，再针对每一个月编制更为详尽的每周或每日预算，据此衡量和控制组织在这段时间内的现金流入量与流出量。

(2) 应收账款管理

应收账款是组织因对外销售产品、材料或提供服务，以及其他原因，应向购货单位或接受服务的单位或个人收取的款项。商业竞争是发生应收账款的主要原因。竞争机制的作用迫使组织以各种手段扩大销售，除了依靠产品质量、价格、售后服务、广告外，赊销也是扩大销售的手段之一。组织以赊销或其他优惠方式招揽顾客，就产生了应收账款(中国注册会计师协会，2017)。应收账款是一种商业信用，是组织为了扩大销售和盈利而进行的一项资金投放。但赊销也要付出一定的代价或承担一定的风险，例如客户拖欠货款，应收账款收回难度大，甚至收不回等。应收账款管理就是要制定科学合理的应收账款信用政策，需要在应收账款信用政策所增加的盈利和由此产生的成本之间作出权衡，只有当应收账款所增加的盈利超过所增加的成本时，才应当实施应收账款赊销。在进行应收账款管理时，一方面要通过这种信用政策努力促进销售、扩大销售收入，另一方面应尽量避免因此带来的资金周转困难、坏账损失等弊端。

(3) 存货资金管理

在资金营运活动中，资金周转越快，在一定时期相同数量的资金生产出的产品更多，取得的收入更大，资金增值就越多。组织在加强现金管理和应收账款管理的同时，还应加强存货等其他流动资金的管理。企业的存货资金主要存在于供应、生产和销售三个环节上，分别表现为原材料、燃料等储备资金、在产品的生产资金和库存商品的产成品资金三种形式。这些存货资金占企业流动资金的比重较大，一般占 40%～60%。因此存货资金管理水平的高低，对组织财务状况的影响很大。存货资金管理就是要管好和用活存货资金，加速存货资金的周转，控制存货资金的占用，从而提高存货资金的利用效果和效率。

四、资金分配管理

组织通过投资取得收入，获得资金增值，接下来就需要进行资金的分配。广义的资金分配是指对投资收入(如销售收入)和利润进行分割和分派的过程，而狭义的资金分配仅指对净利润的分配。广义的**资金分配管理**就是组织在一定的时期内，根据国家有关法规和组织经营战略的要求，对从各种收入(营业收入、投资收益和营业外收入等)中扣除各项成本和支出、缴纳税款、支付利息、分配利润等过程进行管理。

为规范组织的利润分配行为，国家制定和颁布了公司法等若干法律和法规，规定了组织利润分配的基本要求、一般程序和重大比例。根据有关规定，企业收入资金的分配顺序如下：①弥补生产经营消耗，包括各种成本和支出；②缴纳流转税(如增值税、消费税等)，形成组织的息税前利润；③支付债权人的利息；④弥补组织以前年度的亏损(未超过五年的可以在缴纳所得税前弥补)；⑤缴纳所得税，形成税后的净利润；⑥弥补组织以前年度的亏损(超过五年)；⑦按国家的统一规定，提取法定盈余公积金，可用于弥补亏损、扩大生产经营或转增资本；⑧根据公司章程及股东会的决议，提取任意盈余公积金，可用于弥补亏损、扩大生产经营、转增资本或派送新股等；⑨向股东支付股利，向投资者分配利润。

组织的利润分配必须依法进行，如果公司股东会或董事会违反利润分配顺序，在抵补亏损和提取法定公积金之前向投资者分配利润的，必须将违反规定发放的利润退还公司。此外，支付利息是组织的法定义务，不论组织是否有利润，都必须向债权人支付利息。而向投资人分配利润的多少主要取决于组织的盈利情况和资金的自我积累计划。

在相关法规的大框架下，组织在资金分配管理中还要解决在所得税缴纳后的净利润中，有多少分配给投资者，有多少留在组织作为再投资或供未来年度进行分配，起到以丰补歉、平抑利润分配数额波动、稳定投资报酬率的作用。利润分配就是要正确处理长期利益和近期利益的关系，坚持分配与积累并重。如果利润发放过多，会影响组织再投资能力，使未来收益减少，不利于组织长期发展；如果利润分配过少，可能引起投资者不满。

综上所述，在整个资金运动过程中，每个环节的管理水平都会影响到其他环节。有良好的筹资管理，就会有较多的投资机会和较低的投资成本，以及较多的收益以供分配；有良好的长期和短期投资管理，就会实现较多的利润，提供较多的资金；有良好的资金(利润)分配管理，就能调动投资各方的积极性，创造更多的筹资途径和投资机会，同时为组织积累较多的发展资金。所以，在进行财务管理时，必须要把这几项内容联系起来，统筹安排。

从上述基于资金运动过程的财务管理活动中，我们可以看到其中包含着管理过程维的各项管理职能，如财务预测、财务决策、财务计划、财务预算、财务考核、财务分析、财务控制等。限于篇幅，这些内容就不再展开了，感兴趣的读者可以参考财务管理的专业书籍。

第六节 领域维的集成管理

前面已经分别介绍了管理领域中的市场营销管理、生产管理、物流管理、人力资源管理和财务管理等内容，而这些管理领域不是孤立的，它们之间只有相互联系、相互作用，构成一个集成管理的整体系统，才能使整个组织各项工作协调一致地有序运行和发展。领域维的集成管理是多方面的，下面我们将分别从全面质量管理(TQM)、广义生产管理(GMP)和企业资源计划(ERP)三个由小至大的视域范围来说明管理领域维的相互关联和集成管理。在下一章中，我们还将从不同管理层次的视域进一步阐述管理领域的集成管理。

一、全面质量管理(TQM)视域

1. 全面质量管理的基本观点

质量是企业的生命线。自从人类从事生产活动以来，就一直对产品质量进行着不断的追求。20世纪60年代掀起了全面质量管理((total quality control，TQC；后演化成total quality management，TQM，见本章第二节)的热潮。人们开始认识到，质量管理并不只是质量部门的事情，需要整个组织各个管理领域的全面协调和整体配合，需要进行各领域的集成管理。

在本章第二节中我们已经介绍过，全面质量管理的基本观点(马林，2004)如下：①TQM是一个全员参与、全过程控制和全方位管理的集成化质量管理体系；②TQM中的质量包含产品质量和工作质量两个方面，后者是前者的前提条件；③以顾客为中心，强调为用户服务，用户不仅是指企业外部的，企业内部下道工序也是上道工序的用户；④TQM要用数据说话，通过计划(plan)、执行(do)、检查(check)、处理(action)4个阶段的循环运行，才能不断提升产品和服务的质量。

因此，要提高产品质量，就需要进行全组织，尤其是领域维的集成管理。具体来说，应当从市场研究、产品设计、技术与工艺研究、原材料采购、生产加工、质量检验、人员组织、成本控制、产品销售和售后服务等各个管理领域加强质量意识，提高工作质量。

2. 各管理领域综合集成的质量螺旋模型

根据上述全面质量管理的基本观点，全面质量管理涉及管理的各个领域，组织中所有部门都应当参与。美国质量管理大师约瑟夫·朱兰(Joseph M. Juran, 1904—2008)提出的著名的"质量螺旋模型"(图3-9)就很好地诠释了这一观点。由图3-9可见，产品的质量形成过程包括市场研究、产品开发、产品设计、制定产品标准、制定工艺、采购、仪器仪表及设备装置、生产过程、工序控制、产品检验、产品测试、产品销售及售后服务等多个环节。各个环节之间相互依存，相互联系，相互促进，这样才能使产品质量不断提升，以满足人们不断增长的需求。

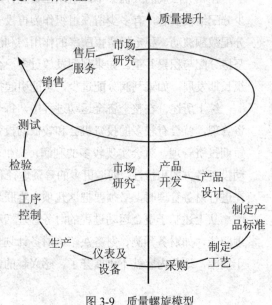

图3-9 质量螺旋模型

要完成产品质量形成和不断提升的过程，就必须将上述各个环节的品质管理活动落实到各个部门、各个管理领域以及有关的人员。图 3-9 的各个环节涉及企业的多个部门，如市场调研部门、战略规划部门、研发部门、技术部门、采购部门、物流部门、设备部门、生产管理部门、车间、质量检验部门、销售部门、客户服务部门、人力资源管理部门和财务会计部门等。只有这些部门及其相关人员协同运作，才能实现产品质量的全面管理。此外，从质量螺旋模型还可以看出，全面质量管理是一个开放的社会系统工程，不仅涉及组织内各部门及员工，还涉及组织外部的供应商、零售商、批发商以及用户等。因此，各部门不仅要做好组织内部的集成化质量管理，还要做好与外部相关组织与人员的协调工作。

3. 单项管理领域与质量管理的集成

图 3-9 表明，在 TQM 视域下，各管理领域形成了相互关联的集成化管理系统，才能实现产品质量的循环提升。下面我们进一步选择几个单项的管理领域，如营销管理、财务管理和人力资源管理，研究其与质量管理领域的集成化理念与方法，以加深对领域维集成管理的理解。

(1) 营销管理与质量管理的集成

在 TQM 观念下，把营销管理和质量管理看成一个集成化的整体，就可以从以下几个方面对产品质量有一个更加全面和深入的认识，从而更有利于提高企业的产品和服务质量。

① 从技术质量到综合质量，这是从以企业为中心向以顾客为中心的转变。顾客购买产品时，不仅关心产品出厂时是否满足产品的技术指标，更关心产品在以后的使用过程中的质量状况，包括产品的性能、可靠性、可维修性、安全性、适用性、经济性和环保性等综合质量指标和高品质的使用价值。

② 从小质量到大质量，这是从满足顾客的低层次需求到满足其高层次需求的转变，也就是从狭隘产品质量到整体产品质量的转变。随着市场竞争的不断激烈，产品质量不仅是核心产品的内在质量(产品的基本效用)，还包括有形产品的外在质量(产品的外观和形态)；不仅是核心与有形产品的"硬件"质量(产品本身的属性)，还包括附加产品的"软件"质量(产品所附带的相关服务)；不仅是产品及其服务的物质质量(事实上、非观念上的属性)，还包括心理产品的精神质量(产品的品牌和感知形象)。

③ 从最佳质量到适宜质量，这是从纯技术目标到技术经济目标的转变。产品质量水平并非愈高愈好，企业不必追求最佳质量，应当做到适宜的质量要求。不必要的冗余质量必然会影响生产进度，增加成本，进而增加顾客多余的支出。从顾客的技术和经济综合目标考虑，正确的质量概念应该是，在满足顾客的质量要求的前提下，兼顾顾客对产品的成本、价格和交货期等多方面的需求。

④ 从面向顾客的质量到面向社会的质量，这是从关注经济风险到关注社会风险的转变，也是从社会承担质量风险到企业承担社会风险的转变。产品质量不仅影响到产品的购买者、消费者和使用者，还会影响到全社会的利益相关者；不仅会产生经济风险，还会产生社会风险和环境风险。例如，产品中的有害或有毒物质、文化产品中的错误思想、产品加工中的安全事故、产品对环境的污染、产品的能耗过大等质量问题都会造成很严重的社会问题和环境问题。因此，提高产品质量还应考虑工作场所的安全、对人体健康的影响、环境保护、能源消耗等面向社会的质量问题。

(2) 成本管理与质量管理的集成

一般认为，质量和成本是两个相互矛盾的管理目标，提高产品质量将带来成本的增加，而低质量能够降低成本。但是质量管理专家却指出，低质量也会给组织带来高成本，因此提出了质量成本的概念。所谓**质量成本**，是指因质量而带来的成本，它包含了两个大的方面：为了确保达到满意的质量而导致的费用，以及没有获得满意的质量而导致的损失(张浩，2010)。有时候低质量所节省的费用，远远小于因质量问题而造成的损失。质量成本主要由以下几个方面构成：①预防成本，为预防质量缺陷而发生的费用；②检验成本，产品和零部件检验的费用；③内部缺陷成本，交货前因产品质量未能满足要求所造成的损失；④外部缺陷成本，交货后因产品质量未能满足要求所造成的损失，如造成人身伤害、售后维修、环境污染等。总之，质量成本是衡量和优化全面质量管理活动的一种手段，一个组织应当以质量成本的观念加强全面质量管理。

(3) 人力资源管理与质量管理的集成

影响产品质量的因素可以划分为两大类：一类是技术的因素，如机器、材料和工艺等；另一类是人的因素，包括操作者、班组长、技术人员、各级相关领域的管理者和整个组织的其他相关人员的工作质量。在这两类因素中，人的因素更加重要，这就是为什么要让全员参与 TQM 的原因。为此，全面质量管理需要运用人力资源管理的方法做到以下几点：调动组织全体人员的积极性，使他们共同参与到整个质量管理工作中来；要提高员工的质量意识，规范员工的行为，提高各相关领域和部门的工作质量；为有关人员和部门提供产品的质量信息、沟通渠道和质量管理手段；建立全员的质量考核机制和激励机制；改变质量问题仅仅是操作者责任的传统观念，要明确技术人员、管理者和其他相关人员的质量管理责任。

4. 过程维和层次维管理与质量管理的集成

除了上述领域维集成管理对 TQM 具有重要的作用外，过程维和层次维的集成管理对质量管理也是十分重要的。在管理过程方面，美国质量管理专家戴明(William Edwards Deming, 1900—1993)提出了著名的 PDCA 循环(戴明环)，将质量管理过程分为计划(plan)、执行(do)、检查(check)和处理(action)4 个不断循环的阶段。即首先制定工作计划，然后实施并进行检查，对检查出的质量问题提出改进措施。这 4 个阶段每执行一次为一个循环，每个循环都会解决一些新的问题，质量都得到一定的提高并上一个新的台阶。这就是计划、组织、领导和控制过程职能在 TQM 中的应用。在管理层次方面，全面质量管理理论认为，总经理应当成为组织质量管理工作的"总设计师"和总负责人，他和组织其他主要职能部门应当努力促进各管理层次质量管理工作的协调运行。

二、广义生产管理(GPM)视域

将全面质量管理视域放大，下面我们从广义生产管理(generalized production management，GPM)的视域在更大的范围内审视管理领域维集成管理的机理。

图 3-10 描述了制造企业多层次的生产管理职能所包含的不同范围。狭义的生产管理范围是制造部分，即从事生产的日程安排和在制品的管理等活动。但是，在产品正式投产之前一系列的生产技术准备工作是必不可少的，主要包括产品设计准备、工艺准备、产品试制准备和投产准备等过程。其中，产品设计准备包含制定技术任务书、进行产品试验研究、产品技术设计、产品工作

图设计和整套设计文件的编制等内容；工艺准备包含产品设计的工艺性审查和分析、拟定工艺方案、编制工艺文件、工艺装备设计和制造等内容；产品试制准备包含小批产品的试制、鉴定和定型等内容；投产准备包含新老产品交替准备、设备调整和检修、专用设备的设计和制造、原材料和元器件准备、劳动力组织、技术培训等内容。加上对这些生产技术准备过程进行管理，就构成了一个相对完整的生产管理的核心范围。

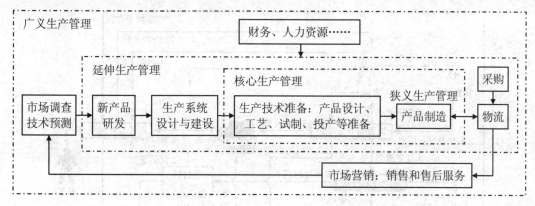

图 3-10   GPM 视域下领域维集成管理的层次结构

进一步地，核心生产管理的前端是对新产品研发和与之相适应的生产系统的设计与建设。为应对市场需求的变化和激烈的市场竞争，组织在对现有产品的生产进行管理的同时，必须投入力量进行新产品的研究和开发，然后相应地还必须进行生产系统的规划、选址、设计、优化、改造和建设。为此，生产管理的范围从生产系统的内部运行管理延伸至产品的研发和生产系统建设的领域。再考虑采购和物流管理，就构成了延伸的生产管理范围。再将视野扩大，在新产品研发的前端是市场需求调查和技术发展趋势的预测，而市场营销的销售和售后服务等过程又为市场调查提供信息。加上考虑财务和人力资源等方面的支撑，这就构成了广义生产管理的范围。

本章第二节的图 3-3 仅在生产系统范围内审视生产管理的层次结构，而本节图 3-10 则打破了领域限制，在完整的产品生产及其相关流程中看生产管理的拓展层次结构。由此可见，生产过程管理、研发管理、技术管理、基本建设管理、供应管理、物流管理、市场营销管理、财务管理和人力资源管理等，在广义生产管理的框架下构成了一个有机联系的领域维的集成管理系统。

三、企业资源计划(ERP)视域

再将广义生产管理(GPM)的视域进一步扩大，我们可以从企业资源计划(enterprise resource planning，ERP)的视域下，考察更加完整的领域维集成管理系统。企业资源计划是由美国著名管理咨询公司 Gartner Group Inc.于 1990 年提出来的，最初被定义为应用软件，但迅速为全世界商业企业所接受，现已经发展成为现代企业管理理论和集成管理的信息化手段之一。**企业资源计划**是以信息技术为基础，把组织内部的各类资源和各管理领域(如营销、生产、物流、人力、财务等)联系成一个有机的系统，并且与组织外部的客户、供应商和销售商等资源联系起来，从而形成企业整体供应链的管理信息系统。目前，ERP 软件已成为企业界最常见的管理信息系统，被应用于企业的资源、业务和流程管理，并具有辅助决策的功能。

图 3-11 给出了 ERP 系统功能结构的示意图，由此可以清楚地看出一个组织中各管理领域之

间的相互关系和集成管理原理。该系统包含销售与分发模块、生产计划模块、人事管理模块、工厂维护模块、质量管理模块、原材料采购模块、原料库存管理模块、产品库存管理模块和财务会计模块等几个部分。这些管理功能模块之间相互关联，并与组织内部的销售部门、运输部门和员工等实体，以及组织外部的客户和供应商等实体建立联系。由于 ERP 系统是一种管理信息系统，所以图 3-11 只反映了 ERP 系统运行过程中的主要信息流和资金流，略去了企业的物流关系。

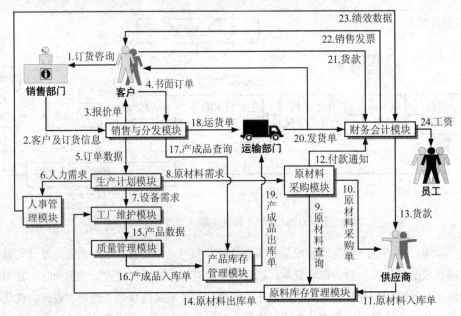

图 3-11　ERP 系统功能结构示意图

由图 3-11 可以看出在 ERP 系统下的领域维集成管理的工作流程：①客户通过某种通信渠道或电子商务平台向企业的销售部门进行订货咨询；②企业销售部门将客户信息与订货信息录入销售与分发模块的客户主记录(可通过扫二维码的方式录入，或者通过电子商务平台自动生成相关信息)；③销售与分发模块根据客户及订货信息向客户提供报价单；④客户根据报价决定购买(可能需要经过多次沟通循环)，填写正式的书面订单，并被录入销售与分发模块；⑤销售与分发模块对订单进行编号，并将订单数据输入生产计划模块；⑥生产计划模块向人事管理模块提人力需求信息，以便进行人力资源的组织；⑦生产计划模块向工厂维护模块提供设备需求信息，以便进行设备准备；⑧生产计划模块向原材料采购模块提供原材料需求信息，以便进行原材料准备；⑨原材料采购模块向原料库存管理模块查询原材料库存信息；⑩原材料采购模块根据原材料需求和库存等信息，制定采购计划，向供应商发出原材料采购单；⑪供应商供货，并将原材料入库单输入原料库存管理模块；⑫查询到原材料入库信息后，原材料采购模块向财务会计模块提交付款通知；⑬财务会计模块向供应商付款；⑭原材料到货后，原料库存管理模块向工厂维护模块发出原材料出库单；⑮工厂维护模块将产品生产数据传入质量管理模块；⑯质量管理模块向产品库存管理模块提交合格产成品入库单；⑰销售与分发模块从产品库存管理模块查询到产成品数据；⑱销售与分发模块根据产成品数据向运输部门提交运货单；⑲产品库存管理模块同时向运输部门提交产成品出库单；⑳运输部门运货，并向财务会计模块和客户提交发货单；㉑收到产品后，客户向财务会计模块付款；㉒财务会计模块向客户开出发票；㉓人事管理模块向财务会计模块提交员工工资绩效数据；㉔财务会计模块向员工发工资。

由以上流程可见，组织的各管理领域需要紧密联系、相互协调，才能很好地完成整个组织的生产和经营活动，为组织创造更多的经济利益。

习　题

一、单项选择题(每题只有一个正确答案，将其前面的字母填入相应的空格中)

1. 在以下营销观念中，_____易出现"营销近视症"。
   A. 生产与产品观念　　　B. 推销观念　　　　C. 市场营销观念　　　D. 社会营销观念
2. 绩效考核与人力资源管理的_____环节关系最大。
   A. 选人　　　　　　　　B. 育人　　　　　　C. 用人　　　　　　　D. 留人
3. 4P营销组合包含产品、价格、_____(product，price，place，promotion)四个方面。
   A. 地点和促进　　　　　B. 渠道和促销　　　C. 地位和提升　　　　D. 地区和推销
4. 以下生产管理方式中，_____不属于现代生产管理方式。
   A. 准时制　　　　　　　B. 精益生产　　　　C. 定额生产　　　　　D. 敏捷制造
5. 在以下活动中，_____不属于物流活动。
   A. 运输　　　　　　　　B. 仓储　　　　　　C. 包装　　　　　　　D. 生产加工
6. 企业资金运动的起点是_____。
   A. 投资活动　　　　　　B. 筹资活动　　　　C. 营运活动　　　　　D. 分配活动

二、是非判断题(判断下列句子的正确性，用T表示正确，F表示错误，填写在括号里)

1. 人力资源管理不仅是人力资源部或人事处的事情，而是应当和其他职能部门共同完成。
   （　　）
2. 物流管理的实质是传统的组织内部物流职能的外部化。　　　　　　　　（　　）
3. 财务管理的主要任务是做好会计工作。　　　　　　　　　　　　　　　（　　）
4. STP营销战略理论包括市场细分、目标市场选择和渠道构建三个方面。　（　　）

三、概念解释题

1. 什么是市场营销？
2. 如何理解生产管理？
3. 物流管理的目标是什么？

四、理论辨析题

1. 请用"质量螺旋模型"分析在全面质量管理过程中各管理领域应实行集成化管理。
2. 请分析第三方物流管理的特征。

五、案例分析题

背景材料

Y牌汽车是我国一家中外合资企业的中型客车知名品牌，该企业由原国有企业改制而成。随着汽车市场竞争的日益激烈，总裁吴先生希望通过提高内部管理效率应对激烈的市场，尤其是应对擅长打"价格战"的中国同行们。为此，必须在保证质量的情况下，把成本做到足够低。但最近中层管理会议上，各部门经理大发牢骚，令他感到十分困惑。

生产经理说："现在零件的采购价格这么高，采购难度大，经常中断生产，形成不了规模效应，而且交货期也被延迟了，导致销售部门总是埋怨我。还有，我们Y牌系列的汽车种类较多，订单还经常变，每种型号的汽车零部件通用性不强，每次换型生产时都要花费很多时间。"

采购经理说："现在原材料、人工费都在涨价，想把价格压下来很难呀！再说，这与物流也有关系，你们搞什么准时制生产，真的落实到采购上，人家供应商可不干，不可能一次只送半车货。现实中的零库存搞成什么样了：货来了，我们收下了，但库房不肯入账。为了不延误生产，我们加强对采购员的考核。但这样问题又来了，采购员就只关心零件不能少到和迟到，结果出现了零件早到和多到的问题，这与ERP系统的节拍和零库存的要求又不符，给库房管理带来混乱，并增加了库存量和库存成本。"

设计部门的经理说："前年我们送到德国精心培养的技术人员小赵，被人家挖走了，自己走了不算，还带走几个技术骨干。去年我们又引进了一个博士，眼高手低，整天发牢骚，我们还不敢得罪，结果去年还是跳槽了。我早就说过，技术部门是靠智商吃饭的，待遇和别的部门不能一样，可人事部门就是不听。还有，销售部门提供的市场预测根本就不准，说是某种车型的需求大，真的设计和生产出来了，又卖不出去，也难怪财务部门给我们的设计费用越来越低。另外，整车出售后的使用情况和维修情况，我们根本得不到反馈信息，如何改进设计？"

人力资源部经理马上回应："你们设计部门那么多人，个个都是精英吗？给谁加薪呢？你所说的技术骨干如何界定？对他们的设计效果和业绩如何考核？"

销售部门经理也说："如今的市场瞬息万变，预测哪有这么准的？再说我们的信息主要来自销售员，每个地区的情况不同，每个人对问题的看法、理解和表达都不一样，我们缺少一套科学的预测方法和信息系统。还有，我们想对维修站进行信息化管理，而目前的ERP系统根本就不支持，第一手信息根本就没有办法实时获取。"

讨论中每个部门经理都是一脸的无奈，满腹意见，但自己都没有责任。吴总真想直接质问，你们个个都没有问题，那么问题在哪里呢？但话到嘴边，吴总还是忍住了，自己要先想好了才能采取行动，不战则已，战则必胜。

问 题

1. 请运用本章所介绍的管理领域方面的知识，分析该企业在管理中所出现的混乱现象的核心问题和根源是什么？

2. 为解决这些问题，应采取哪些管理措施？

第四章 管理层次

第一节 战略管理

一、战略和战略管理的概念

1. 战略及其相关概念

"战略"一词源于希腊语 strategos，原意为"将军"，也指为取得军事行动的胜利，制定军事计划和指挥军队的艺术和谋略。在汉语里，"战略"一词原指作战的谋略，后指指导战争(或其他工作)全局的方略，与"战术"相对应(罗锐韧，1997)。在现代管理科学中，**战略**(strategy)的定义是：一个组织在充满各种挑战和机遇的不断变化的竞争环境中，为寻求其长期生存和发展，实现组织的使命和目标，而制定的具有长远性和全局性的关于组织的发展方向、前进道路和行动方案的谋划。

与战略相关的概念还有战略方案和战略规划，它们的含义基本相同，只有一些细微的差别。**战略规划**(strategic planning)通常更强调以书面的形式，较准确、较规范和较详细地表述战略的内容。**战略方案**是战略的核心内容，是指制定战略决策时的一个或多个方案。具体来说，它有两种含义：①在制定战略决策的过程中，通过系统的分析和综合所提出来的以供选择的若干个方案，即**战略备选方案**(strategic alternatives)；②从若干个备选方案中筛选出来的最终确定的一个**战略决策方案**(strategic decision)。一般来说，战略决策方案经进一步细化和规范化后就形成了战略规划。而战略则是一个含义比较广泛的概念。

另外，组织的**战略目标**(strategic objectives)是指在确定战略之前，根据组织的使命而制定的组织未来发展的长远目标，它是制定战略的依据。

例如，一家服装公司的战略目标是在 5 年之内将目前的利润额提高 20%。为此，公司拟定了三个战略备选方案：①走低成本路线，通过降低服装制作成本来降低产品价格，以吸引更多的工薪阶层顾客；②走高端路线，聘用国际知名服装设计师，生产高品质服装，不断提升品牌的知名度，通过高品质和高价位来吸引高端顾客，以提高利润空间；③在高端和低端两条路线上同时作战。最后经过公司高层决策者的研究，决定采用第二个备选方案作为最终的战略决策方案。然后，经过细化和具体化后形成书面的公司战略规划。

2. 战略管理的概念与意义

战略管理(strategic management)是指一个组织在制定和实施关于其未来发展方向、目标和行动方案的战略规划的过程中，所进行的决策、计划、组织、领导和控制等一系列的活动，以及从事这些活动的艺术和科学。

中国古代哲学家孔子说过，"人无远虑，必有近忧"。对于一个组织来说也是这样，如果一个组织对未来的发展没有一个长远的谋划，那么它的一切活动都将是漫无目标的和毫无章法的。结果，组织的事业不但不可能取得有效的进展，而且各种问题将接踵而来。例如，一个企业必须经常考虑诸如此类的战略性问题：企业将进入何种新产业或放弃何种现有产业？如何进行产品结构的调整？如何合理配置战略性资源？是否和如何扩大经营规模？是否和如何进行多元经营？是否和如何进入国际市场？是否和如何进行合并或资产重组？如果不进行这种战略性的思考，企业将迷失前进的方向。另一方面，一个组织制定了合适的战略后，如果不通过科学的管理方法去实现这一目标，那么这一战略必将成为空谈。因此，战略管理对于组织发展是十分重要的。随着经济全球化趋势和市场竞争的日益激烈，战略管理在现代管理理论和实践中必将占有越来越重要的地位。

二、战略管理的特点

1. 全局性

从范围特性来看，战略是关于一个组织总体发展的谋划，它具有**全局性**。因此，位于组织最高层的战略管理者应当具有**全局意识**，必须站在全局的高度，考虑战略对组织整体的影响，以整体最优化作为管理目标进行战略决策的制定和实施。在战略管理活动中，组织的高层战略管理者要与中层管理者充分协调和沟通，搞清楚局部和全局之间相互作用和相互影响的关系，很好地兼顾和协调局部利益和整体利益，把全局利益作为战略管理的出发点和归宿点。当局部利益与全局利益相互冲突时，即如果维护了局部利益就会损害全局利益时，就必须果断地牺牲局部利益，以换取全局的利益。反过来，当局部利益与全局利益紧密地联系在一起时，即局部利益的损害将造成全局利益的重大损失时，就必须全力维护这一局部利益。

例如，为实现我国环境与经济协调发展的大局，政府部门多次下令关闭了一些污染严重、产品质量低劣、经济效益低下的小企业。这种做法尽管牺牲了一些局部利益，但却极大地改善了我国的生态和环境状况，优化了产业结构，增强了环境和经济可持续发展的后劲。再如，在2008年美国金融危机中，美国政府宣布接管美国最大的两家非银行住房抵押贷款融资机构——房利美和房地美公司(简称"二房")。这就是美国政府为了全局利益而采取的保护局部利益的例子，因为若"二房"破产，将对美国和世界金融体系造成难以估量的破坏。

2. 长远性

从时间特性来看，战略是一个组织对未来较长时期(如5年以上)的生存和发展道路所进行的筹划。战略不仅影响规划期内组织的发展，而且对规划期之后仍有久远的影响，它具有**长远性**。因此，组织高层管理者应当具有**长远意识**，必须在较大的时间跨度上将组织的过去、现在和未来联系起来看待问题，考虑战略对组织未来的久远影响。战略家不能被眼前的利益或虚华遮住了视线，也不能被近期的困难或阻力所吓倒，必须兼顾和协调眼前利益和长远利益的关系，做到立足眼前，展望未来，从而做出审时度势和富有远见的决策。当眼前利益与长远利益发生冲突时，宁可牺牲眼前利益，以换取组织长远的生存与发展。

当然，实际情况往往比理论上的道理复杂得多。有时候，眼前的困难是一道难以逾越的鸿沟，甚至是致命的困境，牺牲了眼前利益就等于断送了组织的生命，当然也就谈不上长远利益了。这是考验管理者智慧的关键时刻，平庸的管理者只能在"为真理而英勇就义"和"因屈服而缓期灭亡"之间做出选择，而战略家就能够找到绝处逢生的道路，尽管很艰难，但最终将迎来柳暗花明的美好未来。

例如，有一家效益较差的机械制造企业，因生产了一大批不合格产品让总经理十分头痛。质量管理部门坚持这批产品不能出厂，而车间方面为推卸责任，认为这批产品的质量问题并不影响用户使用，可以出厂。于是，高层管理者面临着一个眼前利益与长远利益相冲突的两难抉择：如果将这批产品作报废处理，那么下个月的员工工资就发不出来了；如果让不合格产品出厂，企业的形象将受到严重损害，对企业的长远利益将造成不可估量的损害。令人遗憾的是，企业管理者最后还是同意将这批产品流入市场。这一事件一方面极大地打击了企业质量管理人员的积极性，另一方面又大大助长了生产车间粗制滥造的不良风气，更糟糕的是失去了消费者的信任。结果，这家缺乏长远战略眼光的企业，5年后只能以破产而告终。

3. 系统性

从整体特性来看，战略的各个组成部分相互关联、相互作用，构成了一个有机联系和协同运行的整体，也就是说它具有**系统性**。因此，组织的战略管理者应当具有**系统意识**，必须全面审视组织内各个部分之间的联系、部分和整体之间的联系，以及整体和环境之间的联系，通过整体运筹和合理调配各种资源，实现组织的总体战略目标。在战略管理中，不能孤立地看待组织的各个组成部分，也不能把整个组织看成一个笼统"黑箱"；既不能"只见树木，不见森林"，也不能"只见森林，不见树木"。管理者要搞清楚各个部分之间的关联结构，以及这种结构形成整体功能的基本原理，这样才能在战略规划、战略组织、战略领导和战略控制过程中，做到有的放矢，游刃有余。此外，战略管理不仅要考虑组织内部的系统性，而且要把该组织看作是一个更大的系统中的子系统。也就是说，要从一个更大的系统来看问题，要考虑该组织与所处环境之间的相互作用、相互关联和相互影响以及组织的环境适应性，使该组织在同其他组织的竞争中求得更好的生存和发展。

例如，有些企业十分重视营销战略，但忽视生产战略，殊不知生产战略对实现营销战略起到了重要的支撑作用。如果产品的质量、功能、价格等方面没有优势，任何营销手段都是徒劳的。反过来，在考虑生产战略时往往又会与营销战略相脱节，脱离市场和消费者的需求闭门造车，最终必将影响产品的销售。因此，我们必须站在战略的高度，把组织看作是一个由一些具有有机联系的要素组成的开放系统，让各个部分协同运行，以适应环境的变化，这样才能有效地实现组织的战略目标。

4. 稳定性

从易变特性来看，战略通常具有相对的**稳定性**，一旦确立了组织的发展战略就不宜轻易或频繁变更。否则，如果一遇到一点点困难就随意变更战略方向或降低战略要求，就失去了战略的长远指导作用。一个不断变更或左右摇摆的战略，其实无异于没有战略，组织就无法沿着一个正确的方向不断前进和持续发展。因此，作为一个战略管理者，为了让战略具有相对的稳定性，应当具有**超前意识**，要充分预测环境的未来发展和变化，所采取的战略方案在理念上和措施上都要具有前瞻性和先进性。这样，才能使得战略能够适应未来的环境变化，不至于在战略实施不久就发现它已经不适合新的情况，或者已经过时了。

5. 适应性

从应变特性来看，战略应当与组织的内部和外部环境相匹配，具有环境**适应性**，不仅要与环境的现状相适应，还要与环境的未来变化相适应，否则这种战略将难以获得成功。因此，战略管理者应当具有**权变意识**，要根据环境的特点来选择战略，或进行战略创新。战略管理是一种极其复杂的管理问题，无论是书本知识还是专家建议，无论是别人的经验还是自己的经历，都只能用来启发思维或作为决策时的参考，而不能机械地照搬和照套。因为任何理论或成功的经验，都是在特定的时期、条件和环境下取得的，战略管理者必须根据本组织的具体情况、组织文化、目前的条件和未来的环境新变化等做出权变的决策。举例来说，曾经有过 16 个人创下 16 亿元辉煌业绩的中国实达电脑集团股份有限公司，1999 年斥资 300 万元聘请国际著名的管理咨询公司——美国麦肯锡公司，制定了具有国际先进水平的从战略到战术的一整套管理方案。但由于没有很好地考虑中国的国情和实达的企业文化等因素，照搬国外洋方案，结果出现了"洋管理水土不服"的现象。仅仅在两年的时间里，这套先进的管理方案就以失败而告终。这一案例说明了权变意识在战略管理中的重要性。

此外，战略一方面具有稳定性的特点，但另一方面在现实的管理中，战略也不是一成不变的，在必要的时候也得根据情况做出及时的调整和修正。尽管在战略的制定过程中，要求对组织的内部和外部环境进行深入的调查研究和科学的预测，使组织的战略方案能够适应未来环境的各种变化，但是未来情况的不确定性很大，不可能事先预料所有的变化。例如，一种相关新技术的诞生，竞争对手采用了新的竞争策略，有关部门出台了最新的管理条例和政策，一项成功实施的新战术对战略的影响，顾客消费倾向的新变化等都是很难预测的。这些将使我们不得不适当改变原定的战略方案，以适应新的环境变化。因此，有学者认为，实际的战略应当由原先规划的"预先性战略"和针对环境变化而做出变更的"适应性战略"两部分组成。

6. 竞争性

从反映"战略"一词原始含义的竞争特性来看，战略体现了在复杂外部环境的各种压力下，一个组织与其对手之间激烈较量的特性，即**竞争性**。因此，组织的战略管理者应当具有**博弈意识**，他们不仅要从组织自身的角度关注如何改进组织内部的管理水平，并提高组织的效益和效率，而且要关注组织外部的环境变化；不仅要关注组织外部环境中非竞争主体(如客户、上下游合作伙伴、政府部门等)的变化态势，而且还要关注竞争主体的各种动态。这些竞争主体包括现有的行业竞争对手、潜在的行业竞争者和替代品制造商等。

例如，某信息传播公司的战略管理者不仅要知道本公司能够做什么，还要知道市场需要什么；不仅要知道本公司的信息产品和信息服务的"市场蛋糕"有多大，还要知道有多少竞争对手正在瓜分这块"蛋糕"；不仅要知道现在已有多少竞争对手、这些对手的实力及其未来发展态势，还要知道信息传播行业的进入门槛有多高，以及还有多少潜在的对手将要加入到这一竞争行列中来；不仅要知道自己应当采取怎样的竞争战略和策略，还要估计到对手将会采取怎样的应对措施……

总之，战略管理者要密切注视竞争对手的发展状况和战略动机，并结合本组织的情况进行动态的博弈分析，做到知己知彼，以便在激烈的竞争中能够扬长避短，不断增强并保持自己的优势，使之在竞争中立于不败之地。

7. 风险性

从风险特性来看，由于战略涉及面广泛，影响时期长远，受竞争主体和非竞争主体环境的影响很大，战略实施过程中变数很多，因而它具有较大的**风险性**。一个战略性的决策失误要比战术性的失误所造成的损失大得多，后果要严重得多。

除了决策失误所造成的损失外，有些战略决策由于信息获取困难、不确定因素较多等问题的制约，在当时的条件下不失为一种正确的抉择，但是由于某些不可控环境因素的变化，或者由于竞争对手采取了新的应对策略，也会导致战略的失败。

可见，战略管理者应当具有高度的**风险意识**。为降低战略风险，在战略制定的过程中，就必须深入调查研究，充分预料可能发生的情况和竞争对手的动向，认真分析各种有利的和不利的后果，做出能够同时兼顾利益最大化和风险最小化的战略方案。此外，在战略实施的过程中，要做好应对出现最坏情况的各种预案和准备工作，做好战略执行过程中的信息反馈和控制，以便及时采取必要的应变行动或补救措施。

8. 纲领性

从指导特性来看，一个组织的战略无论在时间上还是在空间上都具有统领全局的作用，从组织总体的长远目标、发展方向、前进道路，到具体的行动方案、关键措施和工作步骤等都具有**纲领性**的指导意义。因此，组织的战略管理者不能把自己作为一个事务性的管理人员，应当具有强烈的**统领意识**，要站在率领组织整体事业的高度，认真做好战略的制定和实施工作，并指导战术管理者和作业管理者，通过对战略进行展开、分解、细化和具体化等过程，形成战术管理和作业管理的行动方案，从而逐步完成战略规划的要求。反过来，战术和作业管理者在管理过程中也要自觉地服从战略规划的指导，并为实现战略目标而努力。

三、战略管理的过程

1. 战略管理的过程模型

关于战略管理过程的阶段划分，各种文献有不同的分法，有的将它分为战略制定、战略实施和战略评价三个阶段；有的则分为战略调研、战略规划和战略实施三个阶段；还有的将其分为战略规划、战略实施和战略控制阶段(Thompson，2003；David，2012)。实际上，战略调研是战略规划的前期工作，战略评价是为了进行战略控制，而战略控制又是为了保证组织能够按照战略规划的要求进行战略实施。因此，本书将战略管理简单地分为两个阶段——战略规划阶段和战略实施阶段的管理(见图 4-1)。图 4-1 中的"下层执行"并不是指最终的执行层，而是泛指执行或实施战略规划的战术管理、作业管理和最终执行层。

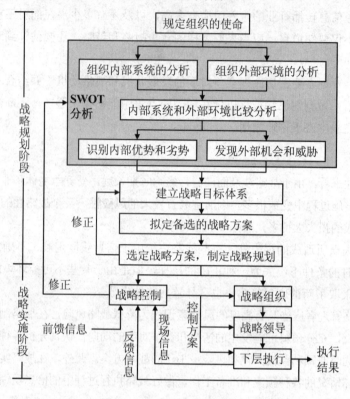

图 4-1　战略管理的过程模型

　　战略规划阶段是制定战略决策方案的过程，它分为规定组织的使命、SWOT 分析、建立组织的战略目标体系、拟定若干备选的战略方案、选择和确定战略方案和制定战略规划等步骤。其中，SWOT 分析又包含了组织内部系统和外部环境的独立分析和相互比较分析，组织内部的优势(strength)和劣势(weakness)的确定，以及组织外部的机会(opportunities)和威胁(threats)的确定等内容。此外，战略实施阶段的管理是对战略行动的管理过程，是一个将战略思想转变为战略成果的过程。再好的战略，如果不能很好地去付诸实施，都是没有意义的。战略实施阶段的管理包含以下过程：通过战略组织结构的构建，责、权、利的分配，人员和任务的部署，财力和物力等资源的配置等战略组织过程，为战略实施提供组织保障；通过激励、指导和协调等战略领导过程，将战略实施任务分解和落实到战术和作业管理层去具体执行；通过输出结果检测和反馈、内外部环境变化的前馈、战术管理现场检测、信息分析、制定控制方案、偏差预防和修正等战略控制过程，使战略执行结果与战略规划要求保持一致。

　　战略管理的这些步骤一般都不是一次性完成的，而是要通过多次反复、修正和不断控制，才可能达到满意的结果。图 4-1 中仅画出了其中几条主要的回路，包括战略规划阶段的内部修正回路与战略实施阶段的反馈和控制回路，以及从战略实施阶段的管理到战略规划阶段的返回和修正回路。一般来说，进入战略实施以后，为了保证战略规划的相对稳定性及其指导作用，不宜轻易地或大幅度地修改战略规划方案。但是，在战略执行过程中，若发现战略规划确实存在严重的不合理，甚至不可行，或与新的情况不相适应，这时就不得不回过头去修正、完善，甚至终止战略规划，以免造成更大的损失。

表 4-1 给出了战略规划和战略实施的主要区别。由表 4-1 可见，战略规划阶段的责任较大，预测和决策的难度也较大；而战略实施阶段的执行难度、工作量和时间跨度都要大得多。同样，后面将要介绍的战术管理和作业管理过程中的计划阶段和实施阶段的管理也有类似的关系。

表 4-1　战略规划和战略实施阶段的管理特点比较

比较项目	战略规划阶段	战略实施阶段
工作阶段	行动(执行)之前运筹帷幄，部署任务	行动之中组织、运用和协调力量
工作目标	注重效能	注重效率
工作性质	管理中的思维过程	行动过程及对行动的管理过程
工作技能	直觉和分析技能	组织、激励、领导和监控技能
工作重心	强调预见性和对未来的指导作用	逐步完成大量和艰巨的执行工作
工作时间	比较短暂	比较漫长
工作范围	少数人员之间的协调	对众多人员进行协调

下面对战略管理过程的主要内容进行简要阐述。

2. 规定组织的使命

一个组织的**使命**包含了组织哲学(对企业来说，又称作经营思想)和组织宗旨，它是确定组织的目标和战略的依据，是组织不断发展的行动指南。

组织哲学包括组织的价值观、信念和行为准则等内容，它是组织文化的核心部分(关于组织文化，参见本书第五章第二节)。一个能够不断发展和长盛不衰的组织，必定有一套正确的组织哲学，作为所有成员坚持遵守的信念和行动的准则。尽管一个组织面对不断变化的世界，必须在许多方面都需要进行变革，以适应新的环境，求得新的发展，但组织的价值观、信念和行为准则一般是不会经常变更的。例如，美国 IBM 公司的经营思想可简述为：①尊重个人；②给予顾客最好的服务；③所有的工作都以卓越的方式去完成。在几十年的发展过程中，IBM 公司的生产工艺、组织机构、经营方式和制造技术发生过多次变更，但公司的经营思想却依然如故，它始终是公司事业顺利发展的指路明灯。又如，我国某大学的经济管理学院的组织哲学表述为：①以人为本，充分调动每一位教师的积极性、创造性和事业心；②相互沟通，相互理解，团结一心，共同奋进；③比勤奋，比创新，求实效，求发展。这是指导该学院长足发展的思想基础和行为准则。

组织使命的另一项内容是**组织宗旨**，它是在组织哲学的指导下，对组织的发展方向和目的，以及组织的性质、类型和业务范围等的基本要求和规定，是进一步制定组织目标和战略的前提和依据。对于一个工商企业来说，彼得·德鲁克(Peter F. Drucker，现代管理学之父，1909—2005)

认为，企业宗旨的唯一定义是"创造顾客"。因此，在确定某一企业的宗旨时，首先要确定它现有顾客的组成、分布、特点、要求和价值观等；其次要根据市场结构的变化和顾客购买习惯的变化来确定企业的潜在顾客；再次应确定符合该企业与顾客市场关系的正确的经营业务。例如，艾维斯汽车租赁公司(Avis Rent-A-Car)的宗旨被表述为："我们希望成为汽车租赁业中发展最快、利润最多的公司。"这一宗旨明确表达了该公司的业务范围、企业类型、发展方向和目的。

有些企业并不将组织哲学和组织宗旨分开表述，而是综合起来描述为组织使命。下面就是一些组织使命的例子。

① 英特尔公司(Intel Corporation)的使命：为计算机行业提供芯片、主板、系统和软件；英特尔的产品一向被看做是"建筑街区"，被用来为个人电脑用户建立高级的计算机系统。英特尔的业务使命就是要成为全球计算机行业最重要的供应商。

② 美国红十字会(American Red Cross)的使命：改善人们的生活质量；提高自力更生的能力和对别人关心的程度；帮助人们避免意外事故，为意外事件做好充分的准备，处理好意外事故。

③ 丽思卡尔顿酒店(the Ritz-Carlton hotel)的使命：为我们的客人提供真正的照料和舒适是我们最高的使命；我们承诺为我们的客人提供最精致优雅的服务和设施，在这里，我们的客人将拥有一个温暖、轻松且高雅的环境；下榻丽思卡尔顿的经历将给客人带来复苏和幸福的感觉，我们将满足客人哪怕是没有表达的愿望和需要。

④ 百时美施贵宝公司(Bristol-Myers Squibb)的使命：提供高质量的卫生和个人保健产品，延长人们的寿命，提高生命的质量；我们要成为超群的全球多元化的卫生和个人保健品公司。

⑤ 奥的斯电梯公司(Otis Elevator)的使命：以比世界上任何一家同类公司都要高的可信度，为任何一家客户提供一种将人和物上下左右做短程移动的搬运工具。

3. SWOT 分析

(1) 内部系统分析

在第一章中，我们把组织内部环境和管理客体合称为内部系统。对于一个企业来说，内部系统分析主要包含以下几方面：组织结构和各职能部门之间的关系、企业文化及其作用和影响、管理能力和水平、竞争与适应能力、上期战略的执行情况、人财物和技术等资源、市场营销、原材料采购、财务与会计、生产运作、研究与开发、管理信息系统、自然条件等。

内部系统分析的信息来源主要是组织内部，但也有一些来自于消费者、政府部门、行业协会、新闻媒体和公众等外部环境，如企业的知名度、美誉度、广告效果、产品质量等信息就可能来自组织外部。管理者可以通过查阅组织的各种报表、文件、台账、计划、总结等获得必要的信息；也可以通过填写调查表、召开座谈会、现场调查、互联网检索等方式收集资料；如果该组织已建立了完备的管理信息系统，还可以通过其中的数据库系统快速、方便地获得有关信息。然后，通过适当的定性和定量分析方法，对这些数据资料进行处理，得出制定战略规划所需要的有价值的信息和结论。

(2) 外部环境分析

任何组织都是一个开放系统，它和外部环境之间存在着千丝万缕的联系。对于一个企业来说，外部环境将会影响它的产品和服务类型、市场细分和定位、销售渠道、企业的收购或合并等方面的战略决策。外部环境的变化将影响组织未来的生存和发展，因此在制定组织的战略目标和战略规划时，必须首先认真调查和分析其外部环境，并预测它的未来变化趋势。

在第一章中我们已经介绍过，一个组织的外部环境可分为外部一般环境和外部特定环境两大类。进行外部环境分析时，首先要通过各种渠道搜集相关的信息。通常可以运用实地调查和实验等方法收集第一手资料(一次信息)；也可以通过期刊、报纸、年鉴、报告、档案、电视和会议等途径收集二手资料(二次信息)；还可以采用现代网络技术，利用在线数据库(online database)，又称为网上数据库等快速地搜索有关信息。然后再利用各种定量和定性分析技术和预测技术，对这些数据资料进行处理，从而认清外部环境的状况，并预料未来的变化趋势。

关于组织内部系统和外部环境分析的具体内容将在本书第五章中作进一步的介绍。

(3) 优势、劣势、机会和威胁分析

组织的内部系统和外部环境分析是一个知己知彼的过程，是我们制定战略目标和战略规划的重要基础。许多企业管理者认为，作为一个开放型的、外向型的、处于激烈市场竞争之中的组织，外部环境分析要比内部环境分析重要得多。但有些专家，例如罗伯特·格兰特(Robert Grant)，通过外部分析和内部分析的对比研究，却指出内部分析在战略管理中具有更加重要的作用。因为外部环境是变化无常的，受大量不确定随机因素的影响，例如用户消费心理、消费偏好和宏观经济走势的变化等，所以以外部因素为中心难以为制定长期稳定的战略规划奠定牢固的基础。当外部环境处于多变的情况下，组织内部的资源和能力就会成为确定战略特征的主要和稳定的依据。因此他们认为，用有能力做什么来定义组织的战略，要比根据"满足什么需要"来定义组织，可为战略的制定提供更为稳固的基础。

这两种观点都有一定的道理，实际上它们是针对不同的情况得出的结论。但笔者认为，在有能力充分分析信息的条件下，内部分析和外部分析是同样重要的，在战略管理中都是必不可少的重要内容。我们经常可以看到，有些企业在对自身的能力、问题、弱点和优势缺乏准确了解的情况下，果断地"抓住机遇"，大胆地对外出击，盲目地向外扩张，结果造成了战略性的失误。而另一些企业却闭门造车，不是在市场竞争中碰壁，就是坐失良机。

然而，仅仅进行内部系统和外部环境分析是不够的，我们还应当将内部和外部分析的结果进行比较分析，这样才能识别出组织自身的优势和劣势，发现组织外部的机会和威胁。这里需要说明的是，一些文献简单地将内部系统分析与优势和劣势分析等同起来，并将外部环境分析与机会和威胁分析等同起来，这种 SWOT 分析的程序是欠妥的。一方面，仅仅依靠内部系统分析是难以识别组织的优势和劣势的。因为自己认为的优势，一旦和外部组织相比也许正好是劣势；反过来，自认为的劣势，也许并不比别人差。例如，1894 年中日甲午战争爆发之前，清政府自以为我国海军还是具有优势的，但通过甲午海战才发现这支当时号称亚洲第一的庞大海军根本不堪一击，结果以北洋水师全军覆没而告终。再如，在许多国家都十分崇仰西方社会制度的潮流下，中国则对本国经过理论优化和实践考验的社会制度充满信心，坚定地走中国特色的改革开放之路，2010 年以来已跃居成为世界第二大经济体，并在许多方面都显示出突出的优越性。可见，妄自尊大或妄自菲薄都是十分有害的。另一方面，仅仅依靠外部环境分析也难以发

现组织的机会和威胁。因为对于同样一个外部事件，对有的企业来说也许是机会，但对另一些企业并无机会可言，甚至还可能成为威胁。例如，2003 年我国非典型性肺炎疫情暴发期间，旅游、餐饮、酒店、交通和零售业等行业和企业遭遇了巨大的威胁，因此蒙受了严重的经济损失。但一些消毒、卫生用品生产商和电子商务运营商等企业却抓住了机会，既获得了良好的经济效益，又为全社会抗击"非典"做出了贡献。

根据以上分析，图 4-2 给出了优势、劣势、机会和威胁分析的原理示意图。由图可知，对某一个组织而言，在外部环境诸多的机会中，只有一部分是该组织能力范围内可能利用的机会；同样，在外部环境的威胁中，也只有一部分相关的因素对该组织构成威胁。此外，组织的自身优势只有和外部竞争主体的劣势相吻合时，才是组织真正的优势；同样，组织的劣势与外部竞争主体优势的交集才是组织真正的劣势。

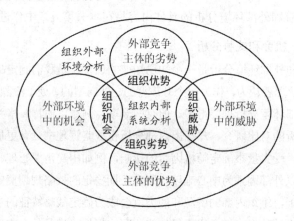

图 4-2　SWOT 分析的原理示意

SWOT 分析可以让我们透彻地了解和掌握组织的现状和问题、优势和劣势、发展的潜力和机会、面临的威胁和约束等重要信息。由此，可以明确本组织应当如何改进内部条件和管理水平；如何避免潜在的风险和危机，应对外部的冲击和挑战；如何利用组织的资源和特长，抢抓机遇，乘势而上，谋求发展；如何以自己的优势来克服劣势，将劣势转变成优势，再将优势变成为竞争者难以超越或效仿的核心竞争力……这样才可能通过制定科学、合理的发展战略，使组织在竞争中立于不败之地，即所谓"知己知彼，方能百战不殆"。就像一条在大海中航行的船只，一个组织必须善于识别风浪、暗礁或冰山，运用自身的能力，及时抓住机遇，避开风险，这样才能顺利地驶向成功的彼岸。反之，就会像古罗马小赛列克所说的，"对于一艘盲目航行的船来说，任何方向的风都是逆风"。

4. 建立战略目标体系

组织的战略目标是在对组织的内部系统和外部环境进行充分调查研究和 SWOT 分析的基础上建立起来的。一个组织的战略目标规定了该组织为完成其使命，在一个比较长远的期限内(例如 5 年)所应当达到的预期成果，它是衡量不同战略方案优劣的重要依据和标准，是制定战略决策的出发点和战略实施的归宿点。在战略实施过程中，战略目标又是跟踪、衡量和评价组织业绩和战略进程的标尺。很显然，战略目标和战略的时间跨度应当是一致的。

通过以上叙述我们可以看出，组织的使命通常表述得比较笼统和抽象，而战略目标则是组织使命的具体化。因此，战略目标不能含糊不清，它应当给出相对具体的、特定的和可以衡量的(最好是可以量化的)要求，以便逐步将组织的使命落到实处。进一步地，我们也可以说，战略目标是较为笼统的组织使命和更加具体化的组织战略之间的一种过渡或一个桥梁。

因此，战略目标应当具有可量化、易度量、具有现实意义、好理解、有挑战性、分层次、可接受和能实现等基本特征。其中，分层次的特征说明战略目标不是某一项或某一类指标所能概括的，它应当是一个递阶结构的多目标体系。该体系的建立可以采取逐层展开的方式。其最高层就是组织使命，通过层层展开和逐步具体化，就可以得到最底层的比较具体和尽可能量化的战略目标集。不同类型的组织因各自的使命不同，其战略目标的差异较大。如果以工业企业为例，图 4-3 就是一个较为典型的企业战略目标体系框架的例子。图中每一个底层目标都可以给出一个或若干个期望达到的目标值。例如，5 年内某组织应实现以下目标：盈利方面，利润增加到 2 000 万元；产品结构方面，A 产品的产量增长 20%，B 产品的产量降低 10%，C 产品的产量增加 15%，D 产品逐步停止生产；市场占有率方面，X 类产品的市场占有率增加到 25%；服务质量方面，在 2 小时内我们的售后服务人员就能上门为顾客提供最优质的服务；如此等等。

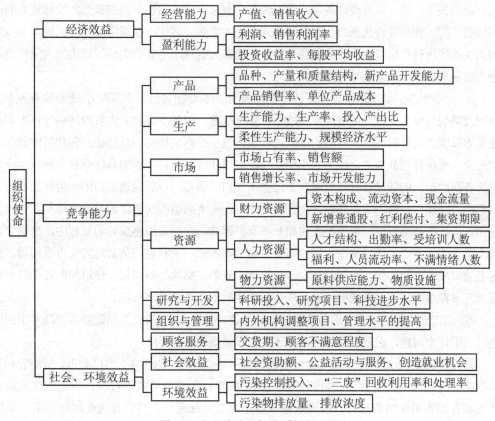

图4-3 企业战略目标体系框架示例

5. 确定组织的战略

组织战略的确定包括拟定备选的战略方案、方案的选定，以及制定战略规划几个方面。这个过程实际上是一个决策的过程，其具体步骤是：根据战略目标体系，设计出尽可能多的备选方案；将这些方案中不可行的和明显劣质的方案筛除；以目标体系为依据，对余下的方案进行深入的分析和评价，确定一个最佳的战略方案；将这一最佳方案细化和规范化，形成战略规划。在这个过程中，应当注意以下几个问题。

① 尽可能把各种较好的方案都纳入备选方案集之中，这样才可能选出优秀的战略。否则如果较好的方案都不在备选方案中，后面复杂而烦琐的筛选工作就毫无意义了。在实际战略管理的过程中，我们常常会发现更加糟糕的情形，有些组织只设计了唯一的"备选方案"，那么不管该方案好坏，最终的组织战略自然就是它了。实际上，这时已不存在方案筛选和最优决策的问题了。这样的长远战略是十分令人担心的。

② 备选方案至少要进行两道筛选"工序"。第一次筛选是根据各类约束条件，删除不可行的方案，获得可行的备选方案集；第二次是根据目标最优化和风险最小化标准，在可行方案中优选出最佳的方案。在现实的战略管理中，往往会忽视对方案的可行性分析。有的方案仅仅从决策目标来看是非常好的，但由于资金、法律、政策或技术等方面的约束和限制，导致它并不可行。这样的战略方案实施以后会导致失败，将给组织带来严重的损失。

③ 除了"决策的科学化"外，战略决策还要注重"决策的民主化"。首先，在设计备选方案时，应当集思广益，充分调动各层次管理人员和有关专家参与决策的积极性，发挥他们的创造性和聪明才智，使得各种优秀的方案能够进入备选方案集。其次，在确定最佳方案时，要按照一定的民主程序进行严格审定，切实发挥董事会、股东大会或职工代表大会等机构的决策作用，避免个人拍脑袋决策所带来的种种危害。

④ 一个组织的战略不仅规划了该组织发展的总体战略(经营方向战略)，还需要有各个管理领域的战略规划作为支撑，如市场营销战略、生产战略、财务战略和人力资源战略等，否则总体战略是难以实现的。因此，在战略的制定过程中，组织的高层管理人员需要和各相关职能部门的中层管理人员进行充分沟通，让大家积极参与，提出建议，使得组织的战略规划更加科学合理。但是，各职能部门的领导者有时更倾向于维护本部门的利益，片面强调部门的权力和影响力，建立自己的"王国"，而不去和其他部门密切合作，不去考虑组织的整体利益。这样从各职能部门角度出发提出的战略方案，很容易发生相互冲突。因此，在制定战略规划的过程中，高层管理人员作为最终的决策者，应当站在全局的高度，协调好各部门的利益，从长远的观点看问题，充分考虑各领域战略之间的相互关联，建立一个协调一致的完整的战略规划，使组织的各个管理领域的发展方案在战略层次上衔接得天衣无缝，最终达到 1+1>2 的整体效应。

⑤ 制定战略规划还要考虑与战术层次的协调。也就是说，战略的制定要考虑战术上的可实现性。关于这个问题，在下面的第四节中还要作详细阐述。

⑥ 战略的确定过程是一个多次反复和不断演进的过程。由图 4-1 可以看出，战略管理过程至少存在 3 个回路，其中有 2 个回路涉及战略的制定：①在战略规划阶段，当无法选定满意的战略方案并制定相应的规划时，需要返回去修正战略目标或重新拟定备选的战略方案；②如果检测、评价后发现了严重的问题，仅在战略实施阶段进行调整不能解决问题时，就需要返回到战略规划阶段重新进行 SWOT 分析，并修正战略规划。其中第 2 个回路的周期比较长，因为它是经过战略实施、战术实施，甚至作业实施后才进行返回。在制定战略时人们很难预料未来很长的一段时期内组织内部和外部环境究竟会发生怎样的变化，因此，尽管我们希望战略规划能够

比较稳定和长久地指导今后的各项活动，但实际上战略规划总是需要随着情况的变化不断地进行修正的。

6. 战略组织

进入战略实施阶段后，首先要完成战略组织工作，即对战略的实施进行组织落实，包括组织结构的体制、机制和资源保障。具体来说，在战略层面进行组织机构的设置，各机构间相互协作的体制设计，责权利分配、运行流程和规章制度设计，战略任务落实，战略资源的合理配置等。

组织结构是决定组织功能的重要因素，因此战略组织工作的核心内容是战略组织结构的建立。旧的组织机构往往不能适应新的组织环境和战略要求，难以很好地完成战略实施的任务。因此，当新的战略规划确定之后，就应当在战略层次上建立与之相适应的、合理的组织结构。一个新的良好的组织结构能够大大提高组织的绩效，优化资源配置，促进战略规划目标的顺利实现；而一个不良的组织结构将会出现诸如管理层次过多、控制范围过广、部门间分工不明确、部门间冲突较多、工作效率低下等问题，这些将会极大地阻碍战略规划的有效实施。关于组织结构设计的具体内容将在第六章中详细介绍。

每一个管理层次都有该层次的组织问题，其中战略层的组织工作最为关键。而中层管理的战术组织和基层管理的作业组织必须在战略组织的构架及其要求下，在较低的管理层次上对组织结构和资源配置进行进一步的细化和落实。

7. 战略领导

战略组织完成后，就进入了实质性的战略执行过程。在这个长期、艰巨的执行过程中，自始至终需要进行战略领导和战略控制，而且战略控制的方案也需要通过战略领导(有时包括战略组织)过程来实现。战略领导就是根据战略规划和战略控制方案的要求，进行一系列的激励、指导和协调等活动。这些活动包括在战略执行前，对战略目标和战略规划进行解释和说明，明确任务和分工，进行战前动员，鼓舞士气；在战略执行中，充分调动员工的积极性，激励下属的斗志，遇到困难或混乱时进行指导、帮助和教育，遇到矛盾和利益冲突时进行沟通和协调；在战略执行后，对战略实施结果进行全面评价，总结经验，吸取教训，表彰先进，惩罚失误，提高能力，以便今后更好地完成战略任务。

战略实施的长期性决定了它将遇到各种环境变化和问题，对整个组织来说是一个严峻的挑战，需要组织内所有员工和管理人员同心协力、不畏艰苦、尽职敬业地去完成预定的战略目标。而且战略的实施还会影响某些部门和个人的局部和眼前的利益，会遇到各种阻力、困难和利益冲突。因此，在这个过程中领导工作尤为重要。战略管理者必须具有良好的全局协调能力、沟通能力、领导艺术和人格魅力，尽力做好鼓舞、带动、感染、激励、服务和指导等工作，激励起各层次管理者和员工的自豪感和工作积极性，使之着眼未来、服从大局、努力奋斗。

除了战略实施的领导过程外，在战术和作业计划的实施过程中也存在着类似的领导问题。所不同的是，战略领导是站在战略管理的层面上进行总体和宏观的激励、指导和协调；而战术和作业领导则在较低的层面上，处理比较具体和微观的计划实施中的管理问题。

8. 战略控制

由于组织环境的不断变化，尽管经过了计划、组织和领导各管理过程，但还是很难保证战略实施的最终结果能够满足战略目标和战略规划的要求。因此，我们必须在战略实施的整个过程中不断地检测战略的执行情况和环境的变化动态，及时采取措施保证战略目标的最终实现。具体地说，战略控制包括4项基本内容：①对战略实施过程和组织内外部环境进行实时检测，收集实施进展、实施效果和环境变化的有关信息；②对战略实施情况进行评价，将实施状况与战略规划的要求进行比较和分析，找出存在的问题和差距；③对环境变化进行分析和预测，估计未来可能发生的问题或隐患；④将上述信息实时传递给战略管理机构，及时采取相应的纠偏或预防措施，直接作用于或通过战略组织和领导过程作用于下层管理和执行过程，以保证战略实施结果和战略规划的要求相一致。这一控制过程不是一次性完成的，而是要在整个战略实施的过程中不断地进行检测、分析、预测、比较、判断、修正、再检测……如此往复进行，直至战略实施过程圆满结束为止。关于管理控制的原理以及战略控制与战术控制和作业控制的集成管理，我们将在第八章进行详细阐述。

尽管战略控制对战略的实现是十分重要的，但由于其控制难度较大，国内外企业在战略控制上失败的例子有很多。2002年1月，有105年历史的美国零售业巨头之一的凯玛特(Kmart)公司宣布申请破产保护，这一轰动国际社会的事件就和战略控制的失误密切相关。首先，凯玛特公司在经营理念和经营战略上存在着严重的问题，因而导致了它在经营战术上一味地采用以低价销售、倾销、折扣和让利等手法来吸引顾客，结果使得经营绩效每况愈下。其次，更为糟糕的是公司没能建立一个完善的和实时处理的战略控制系统，没有及时地发现问题的严重性，并尽早采取纠正措施，最终导致了该公司在与世界第一零售商沃尔玛公司的竞争中败走麦城，不仅失去了顾客的信任，而且欠下了103亿美元的高额债务。凯玛特公司申请破产保护后，将对其所有连锁店的销售业绩和公司的经营情况进行全面检查，并根据检查的反馈信息，确定公司结构重组和战略调整的方案，以期望凯玛特公司能在美国破产法的保护下东山再起。这就是一个典型的开环控制的案例，开环控制往往是在造成了巨大的损失后才开始采取控制措施，这就等于没有控制，而在这种情况下要使公司恢复"元气"的难度是相当大的。科学的战略控制过程应当注重信息的实时检测和反馈，提前预测和前馈，并及时纠偏和预防。

四、战略管理和战略类型的体系

1. 战略管理的体系

战略管理是关于组织发展战略的制定和实施的管理，因此战略管理体系的主体就是战略的构成体系，即组织的战略规划应当由哪几个部分组成，也就是战略管理应该包含的内容。不同组织的战略管理体系的构成不尽相同，图4-4以典型的工业企业为例，比较系统地描绘了企业战略管理体系的完整构成。图中的"××战略"均指某项战略规划及其相关的战略管理活动的总称。由图4-4可以看出，企业战略管理体系一般包含经营方向战略和管理领域战略两大管理部分。**经营方向战略**(overall strategy)，又称为总体战略，或主战略，是指为实现企业总体战略目标，对企业及其事业单元(business units)经营活动的方向、范围和道路做出长期性和总体性筹划的战略，它是各项管理领域战略的全局性的指导纲领。对于具有多事业单元的公司，经营方向战略又分为公司层战略(corporate strategy)和事业层战略(business strategy)；对于单事业单元的公司，经营方向战略只包含公司层战略。此外，**管理领域战略**(functional strategy)，又称为职能层战略，或分战略，是指企业及其事业单元中的各职能部门制定的指导各管理领域活动的战略，是经营方向战略的具体化，是实现经营方向战略的必不可少的支撑体系。管理领域战略分为资源战略(resources strategy)和业务战略(resources utilization strategy)两类(参见第一章图 1-4)。资源战略是关于企业人、财、物和信息等资源的战略，包括人力资源战略、财务战略、供应与物流战略和信息系统战略等；业务战略是关于企业运用以上资源所进行的业务活动的战略，包括市场营销战略、生产战略、研发战略等。根据第三章中的相关理论，市场营销战略包含市场战略和产品战略等；生产战略包括产品生产战略、生产组织战略、生产能力战略和生产基建战略等；人力资源战略包括人力资源开发战略、人才结构优化战略和人力资源使用战略等；财务战略包括投资战略、融资战略和利润分配战略等。限于篇幅，关于战略管理体系的具体内容本书就不再作进一步的阐述，有兴趣的读者可参阅有关的著作[1]。

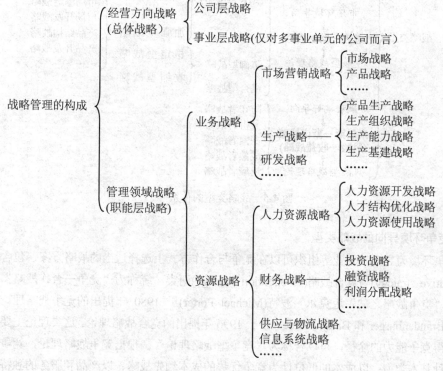

图 4-4 战略管理的体系

2. 战略类型的体系

战略类型体系是指战略备选方案有哪几种类型，以便组织管理者在进行战略决策时从中选择合适的战略方案类型，体现出该组织的战略有别于其他组织的特征。在制定图 4-4 的经营方向战略时，不同类型的组织由于其业务性质和组织宗旨等方面的差异，所采取的战略是不同的；即使

---

1. 这部分内容可参见张智光所著《管理金字塔——成功企业三维集成管理体系研究》(科学出版社，2009 年版)一书的第三章"领域维管理体系及其集成管理"。

是同一类型的组织(如机械制造企业)，由于各自的规模、实力、竞争能力和区域环境等诸多方面的差异，也将采取不同的发展战略；甚至同一个企业，其不同的事业单元或者在其不同的发展阶段所采取的战略也是不同的。尽管如此，经过对各种组织的种种战略方案进行总结和分析，并提升到一定的理论层面，便可以从中抽象和归纳出一些基本的战略类型，如图 4-5 所示(张智光，2017b)。反过来，这些基本类型又可以具体指导某一组织进行战略选择和战略创新。由图 4-5 可以看到，关于企业战略的类型，从不同的导向和不同的战略理论，有不同的分类方法，下面分别加以阐述。

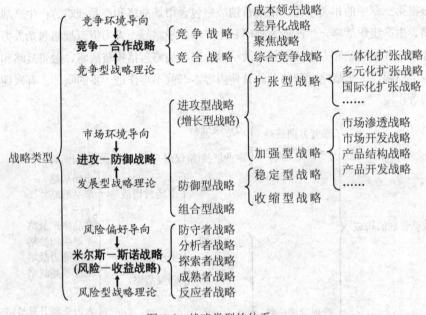

图 4-5　战略类型的体系

(1) 竞争环境导向的战略类型

以竞争环境为导向，企业等组织可以在竞争与合作方式上选择适当的战略方案，包含竞争战略(competitive strategy)与竞合战略(co-opetition strategy)两类，统称为"竞争—合作战略"。其理论依据是"竞争战略之父"迈克尔·波特(Michael Porter)于 1980 年提出的竞争战略理论，以及 Adam M. Brandenburger 和 Barry J. Nalebuff 于 1996 年提出的竞合战略理论。这类理论主要研究一个组织赢得竞争能力的途径，可以合称为"竞争型战略理论"。根据竞争战略理论，竞争战略手段包含三种基本类型：以成本的低位性为竞争优势的成本领先战略、以产品和服务的独特性为竞争优势的差异化战略、以特定市场或顾客的专注性为竞争优势的聚焦战略。这三种战略两两结合又可以派生出一些新的综合竞争战略，如基于成本领先的聚焦战略、基于差异化的聚焦战略等(张智光，2009)。而竞合战略理论克服了传统竞争战略过分强调竞争的弊端，是一种通过与其他组织合作来获得和巩固双方竞争优势的新型战略思想(Bigliardi，2011)。竞合战略并不回避竞争，而是提倡在竞争中求合作，在合作中赢得竞争力。该理论认为，与其在恶性竞争中两败俱伤，不如在相互合作中实现共赢；与其处心积虑削弱对手蛋糕，不如谋求协作做大行业蛋糕[1]。

---

1. 参见张智光所著《管理学智慧：为官的定理》(南京大学出版社，2015 年版)一书中的"78. 竞合战略"。

(2) 市场环境导向的战略类型

以市场环境为导向，根据组织系统的客观条件和市场机会与威胁，企业等组织可以采取进攻型、防御型和组合型战略，统称为"进攻－防御战略"。其理论依据是综合战略理论和战略组合理论，主要研究组织的发展模式和发展态势，可以合称为"发展型战略理论"。其中，综合战略理论包含了许多战略管理专家的研究成果，因而没有明确的创立者和创建时间。在这一战略理论的指导下，目前已形成了一个庞大而严谨的进攻－防御战略体系。其中进攻型战略(attack strategy，又称为增长型战略，growth strategy)又可以分为扩张型战略和加强型战略，前者的进攻态势较后者更为强劲。扩张型战略又可分为一体化扩张战略、多元化扩张战略和国际化扩张战略等类型，加强型战略包括市场渗透战略、市场开发战略、产品结构战略和产品开发战略等类型。防御型战略(defense strategy)分为稳定型战略和收缩型战略两类，前者呈现"零增长"或小幅波动的态势，而后者则呈现"负增长"趋势。此外，战略组合理论主要研究一个组织如何在综合战略理论体系中选择多种战略进行最优组合，构成组合型战略(combination strategy)。

(3) 风险偏好导向的战略类型

以风险偏好为导向，在后果不确定的情况下，组织管理者根据其风险和进取意识，以及组织文化和能力，可采取与自身特性相适应的战略：谨慎稳妥的防守者战略、积极进取的探索者战略、将防守与探索折中的分析者战略、持重与胆识兼具的成熟者战略，以及随波逐流的反应者战略。这种战略类型最初由米尔斯(Miles)和斯诺(Snow)提出，故统称为"米尔斯－斯诺(Miles-Snow)战略"，也被称为"风险－收益战略"(张智光，2017b)。张智光教授将风险型战略理论(包括风险偏好理论和效用函数理论等)运用于米尔斯－斯诺战略的研究，建立、拓展并完善了这一战略的理论－手段体系及其耦合关系(张智光，2006a，2017b)。其中，防守者战略(defender strategy)适合以风险最小化为决策原则，逐利欲望较弱的组织，其战略行为表现为坚守现有地盘，防止对手进入自己的领地；探索者战略(prospector strategy)适合以利益最大化为决策原则，不畏风险的组织，其战略行为表现为寻求前瞻性的机会，积极开拓新的市场；分析者战略(analyzer strategy)适合以逐利与避险均衡化为决策原则的中庸型组织，其战略行为表现为跟随探索者的步伐，寻求已被证实可行的新市场；成熟型战略(maturer strategy)是一种比较成熟的战略，采取这种战略的组织通常以利益适度化为决策原则，淡泊利益，规避而不畏风险，其战略行为表现为攻守适度，稳中求胜；反应者战略(reactor strategy)是一种最糟糕的战略，采取这种战略的组织通常以逐利与避险极端化为决策原则，表现出渴求利益但又恐惧风险的不成熟心理，其战略行为是一种盲目而冲动的投机行为，缺乏战略眼光和稳定的经营方向。

限于篇幅，关于图 4-5 中各种战略类型的具体内容本书就不再作进一步阐述，有兴趣的读者可参阅有关的著作(张智光，2009)和论文(张智光，2017b)。下面仅对制定企业组合型战略的一种方法——波士顿矩阵法作一些介绍。

五、组合型战略的分析工具——波士顿矩阵

制定企业的组合型战略最流行的方法之一是波士顿矩阵(BCG matrix)，该方法是由波士顿咨询集团(Boston Consulting Group，BCG)于 20 世纪 70 年代初期开发的，又称为 BCG 矩阵、公司业务组合矩阵、市场增长率—市场份额矩阵、四象限分析法等。这种战略分析方法将企业的每一

个战略事业单元(strategic business unit，SBU)标在一个二维矩阵上，以显示出哪个 SBU 提供高额的潜在收益，哪个 SBU 是组织资源的漏斗。波士顿矩阵如图 4-6 所示，其中横轴表示现在的市场份额(market share)，纵轴表示预计的市场增长率(market growth)，即未来的增长潜力。波士顿矩阵可将战略事业单元分成 4 种类型：问题事业、明星事业、金牛事业和瘦狗事业。下面分别进行论述。

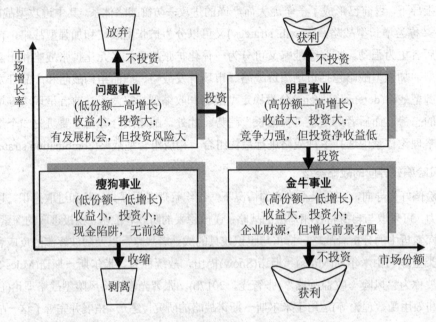

图 4-6 波士顿矩阵的分析原理

1. 问题事业："低份额—高增长"组合

问题事业(question marks)又称为问号、幼童、问题儿童(problem child)事业，这类事业目前的市场份额较低，但市场增长率较高；有发展的机会，但眼前回报低；如若发展需要投入大量资金，因此市场风险较大。问题事业往往是公司的投机性新业务，是否要继续投资和发展该事业，是一个难以决策的问题。对于那些符合企业发展长远目标、企业具有资源优势、能够增强企业核心竞争力的事业，可以考虑采用扩张型或加强型战略，使其向明星事业转变；而对于不值得进行投资的问题事业，则采用收缩型战略，缩小经营规模，甚至完全退出市场。

2. 明星事业："高份额—高增长"组合

明星事业(stars，又称为吉星事业)的当前市场份额较高，而且市场增长前景也较好。这类事业处于快速增长的市场中，并且其市场份额已占有支配地位，具有较强的市场竞争力，有可能转变为公司未来的金牛事业，给企业带来大量的现金流。但由于目前市场正在高速成长，企业必须对这类事业继续投资，以保持与市场同步增长，并击退竞争对手，而这种投入正好抵消了目前的收益。因此，是否应当对某项明星事业进行投资，还要看该事业究竟是行星或流星，还是恒星。企业的战略决策者必须有准确而富有远见的判断能力。如果认为某明星事业是恒星，就采用扩张型或加强型战略；若是行星或流星，就采用稳定型战略，尽可能多地获取现实的收益。

3. 金牛事业："高份额—低增长"组合

金牛事业(cash cows，又称为现金牛事业)的当前市场份额高，但市场增长的前景有限。这类事业是成熟市场中的领导者，能够为企业带来较高的现金收益。由于市场已经成熟，增长前景不大，竞争已趋于稳定，所以企业不必大量投资来扩展该事业的市场规模。同时作为市场中的领导者，该事业享有规模经济和高边际利润的优势，因而给企业带来大量现金流，成为企业的主要财源和资金基础。企业往往用金牛事业来支付各类账款并支持其他三种事业，培育明天的明星事业和金牛事业。对于金牛事业，适合采用稳定型战略，目的是尽可能长久地保持其较高的市场份额，尽可能多地从金牛身上挤出"奶"来。

4. 瘦狗事业："低份额—低增长"组合

瘦狗事业(dogs，又称陷阱事业)的当前市场份额低，且市场增长前景也低；既不能产生大量的现金，也不需要投入大量现金；通常是微利甚至是亏损的，没有希望改进其绩效，没有发展前途。瘦狗事业存在的原因更多的是由于感情上的因素，虽然一直微利经营，但像人养了多年的狗一样恋恋不舍而不忍放弃。其实，瘦狗事业通常要占用很多资源，如资金、原料、能源、劳动力、管理时间等方面的消耗，多数时候得不偿失，甚至是"现金陷阱"。瘦狗事业适合采用收缩型战略，通过出售或剥离该事业单元，把资源转移到更有利的业务中。

第二节　战术管理

一、战术和战术管理的概念

1. 战术和战术计划的概念

"战术"一词的原意是指作战中为实现战略目标所使用的具体军事部署、计谋和兵术。可见，战略解决的是大的军事谋略，而战术则是具体的用兵之术。例如，公元 207 年，诸葛亮提出的占据荆益、西和诸戎、南抚夷越、外联孙权、内修政理、伺机伐曹、统一天下的著名的"隆中对"，就是战略性决策。而在公元 208 年的赤壁之战中，诸葛亮的草船借箭、火烧战船等计策就属于战术性决策。在现代管理学中，**战术**(tactics)的定义是：为了实现组织的战略决策和规划，针对特定的职能活动、业务流程、业务领域或部门而做出的较具体、较短期的一系列决策及其计划。可见，战术是为战略服务的，是实现相关战略的具体手段、环节和行动方案。

就像战术和战略是对应的概念一样，战术计划和战略规划也是相对应的。在英文中"计划"和"规划"是不分的，都叫作 plan，而在中文里一般将"规划"看作是"较长远的发展计划"。**战术计划**(tactical planning)是用比较规范的文字和图表等形式描述战术内容，包括战术的目标要求、任务分解、行动方案、时间进度、责任者和执行者等。例如，企业中层管理人员所做出的年度营销计划、科研与产品开发计划、人才引进和培训计划、财务计划等都属于战术计划。

2. 战术管理的概念

所谓**战术管理**(tactical management)是一个组织的中层管理人员在其所负责的管理职责范围

内，根据有关的高层战略的要求，运用科学决策的方法制定出实现这些战略规划的较为具体的短期方案以及相应的计划，并通过组织、领导和控制等一系列活动实施这些计划的过程。

战术是战略的具体化，同时又是作业管理的依据。因此，战术管理是联系战略管理和作业管理的纽带，是沟通组织长远谋划和具体作业安排的桥梁，它必须考虑与上、下管理层之间的纵向联系，起到承上启下的作用。同时，制定各管理领域的战术还要考虑这些战术之间横向的关联和协调，以便描绘出该组织中层管理的整体蓝图。也就是说，应当通过一系列的战术将组织的人力、物力和财力资源，组织的各项业务职能活动，组织的各级机构，以及整个组织的一系列管理目标和措施在纵向和横向两方面相互协调，形成一个统一的有机整体，使组织的各项业务活动能够按照一定的标准和程序为实现战略规划而协同工作。

二、战术管理的特点

1. 局部性

一个战略需要通过一系列下级战术去实现。因此，一个战术要比其上级战略所涉及的范围更窄、更微观、更具体、更具有局部性；而战略则更宽泛、更宏观、更笼统、更具有全局性。这样，战术可以为相关战略提供更加具体的细节，为某一具体的职能部门、某一业务流程或关键活动提出可操作的行动方案或运作策略。例如，企业的生产战略在战术层次上就可分解或细化成生产计划、产能与设备计划和技术组织措施计划等战术，这些战术计划所涉及的具体职能部门分别是企业的基建部、生产部、设备部和技术部等。这一点也说明了图 1-10 所示的三维管理体系为什么是金字塔型的。

2. 关联性

战术管理属于中层管理，尽管它不像战略管理那样需要从组织整体管理的高度考察战略的全局性和系统性，但是也要从某项战术管理的视角，去审视整个组织的协调性，即考虑该战术管理在纵向和横向上与组织的其他部分的关联性，这样才能将战略的全局性和系统性要求落实到各个具体问题上去。从纵向上看，战术管理既要与相应的战略管理相协调，保证战略目标的实现；又要与下属的作业管理相协调，考虑战术的可实现性。从横向来看，某一领域的战术管理还要和其他领域的相关战术相协调，保证组织整体业务流程的"无缝连接"。例如，一个制造企业在制定生产计划时，既要满足生产战略的总体要求，又要考虑作业管理层的生产能力等约束因素；同时，还要与横向的销售管理、物资供应管理等中层管理相互配合。

3. 灵活性

战略具有相对的稳定性，战略一旦制定下来，除非有重大问题，一般不宜轻易作重大改变，否则战略将起不到长期指导的作用。但是在战略的执行过程中，必定会出现各种各样的预先难以料想的问题，这时就必须通过及时地调整战术，采取灵活多变的战术性策略来克服困难，以确保原定的战略目标得以实现。不然的话，一个组织一旦遇到挫折，就不断地去改变战略，那样就会迷失前进的方向，结果必定无法取得事业的成功。因此，战术管理必须根据情况的变化，灵活机动地去克服各种困难，以保证战略的稳定和最终实现。

4. 随动性

战略管理是从环境的长远和宏观的变化趋势上去适应环境，这就是战略管理的稳定性的基础；而战术管理则应当随着环境的短期和微观变化而及时地进行调整，即具有应对环境变化的"随动性"，这就是战术管理的灵活性的原因。战术管理的随动性不是随波逐流，不能也不应当偏离战略的大方向；恰恰相反，这种随动性是维持战略方向稳定性的重要保障。战术有可能暂时或局部地偏离战略，但是一旦克服了眼前的困难，战术将随即回到战略的轨道上来。

5. 服从性和指导性

作为中层管理的战术管理，在组织管理中扮演着指导和被指导的双重角色，它起到了衔接战略管理和作业管理的桥梁和纽带的作用。因此，一方面，战术必须服从上层战略的安排，设法完成战略规划所提出的长远任务；另一方面，它又是下层作业管理的依据，指导作业计划的制定。因此，制定战术时必须注意与高层管理和基层管理的关联，使之在组织管理中起到承上启下的作用。例如，企业的中层科研与产品开发计划是在高层的市场营销战略、生产战略和研发战略的框架下制定的，它需要服从于这些相关战略规划的要求；同时，科研与产品开发计划又是作业管理层中的科研管理、技术开发管理和项目管理等基层管理的指导性计划。

6. 独创性

战略管理的创新是宏观的和长远的创新，它要考虑到未来较长时期的可实现性和各种变化因素，因此这种创新不可能也不必要追求奇特和独特。而实际上，战略很可能是平淡无奇的。但是战术管理就不同了，它的决策是近期即将实施的策划。尤其在竞争性组织中，战术管理更是直接的竞争手段，企业必须拿出富有创意的独特招数，其战术必须技高一筹才能战胜对手。例如，在20世纪50年代，正当通用汽车公司等企业一味地追求宽敞但笨重的大型轿车时，大众汽车公司却避其锋芒，独树一帜，大力宣传公司首家推出的轻巧型小型轿车，并取名为"甲虫"。这一与众不同的独特的营销战术极具竞争力，很快"甲虫"就受到了用户的青睐，使大众汽车公司的销售额不断上升。另外，因战术使用不当而导致失败的例子也很多。我国许多城市都曾发生过的商业"价格战"，就是一个很典型的例子。由于缺乏战术的独创性，各家商店均使出了毫无创意和十分雷同的竞争战术：降价、打折、买一赠一、发优惠券、清仓大甩卖等诸如此类的活动，而且都竞相打出了"悲壮"和"血腥"的标语：跳楼价、放血价、挥泪价、自杀价……结果造成了两败俱伤和多败俱伤难以收拾的局面，在有些地方甚至导致了整个城市商业衰落的结局。

三、战术管理的过程

战术管理的过程如图4-7所示。由图可以看到，战术管理的过程与战略管理有许多相似之处，不同的是它所涉及的管理范围比较窄，时间跨度也比较短。战术管理总体上也分为两个阶段：战术计划阶段和战术实施阶段的管理。战术计划阶段的主要任务是根据战略规划的要求、部门的使命、部门内部与外部的分析、部门的现状和问题，制定战术管理的目标体系，并据此做出战术性决策，最终制定战术实施计划。在战术实施阶段，管理者将根据战术计划，确定完成计划的组织结构，领导战术的执行活动，并实时地监控和预防执行过程中的偏差，以保证战术计划的顺利完成。图 4-7 中的"下层执行"并不是指最终的执行层，而是泛指执行或实施战术计划的作业管理和最终执行层。下面就针对这两个阶段中的一些主要问题加以简要说明，而对于和战略管理类似的内容就不再赘述。

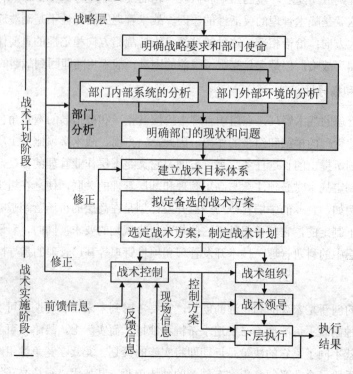

图 4-7　战术管理的过程模型

1. 战术计划阶段

　　战术是为实现战略服务的，因此战术计划阶段的第一步，就是要研究与本战术相关的战略的总体要求，以及对本战术在现阶段和今后的要求，由此确定相关中层职能部门的使命，以此作为建立战术目标的出发点。第二步，根据该战术所涉及部门的内部和外部信息以及由作业管理层反馈上来的信息，对其内部系统状态，包括有关战略和战术的执行情况，以及外部环境的变化等，进行系统分析，由此明确该部门的现状和问题。第三步，根据以上分析结果，建立战术目标体系，作为下面制定战术和分析战术执行状况的依据。第四步，拟定为实现战术目标所要采取的战术的多种备选方案。这一步是整个战术计划阶段中最为关键的一步，也是最具有创造性的一步。如果一些富有创意的优秀方案不在备选方案中，那么后续的工作就没有什么意义，最后只能得出一个平庸的战术。第五步，根据科学决策的方法，在备选方案中筛选出一个可行的且能够满足战术目标要求的比较满意的战术方案，并制定出具体的战术计划。如果这一步无法得出一个满意的决策，要么是因为战术目标定得太高，以至于战术上无法实现；要么是因为备选方案中没能把比较优秀的方案吸纳进来。这时就需要返回去重新修正战术目标或设计出新的更好的备选方案(见图 4-7)。

2. 战术实施阶段

战术实施阶段管理的第一步，是在战略层所建立的组织结构的大框架下，根据战术计划的要求，进一步确定战术层的具体组织机构及其结构，进行人员配备，明确战术任务以及责、权、利关系。这一层次组织结构的设置要充分考虑不同管理领域战术之间的关联，要有利于各类战术间的相互协调，有利于战术体系的整体实现。第二步，激励和指导相关人员从事战术的执行活动，协调各方面的关联，解决战术执行过程中的各种矛盾和问题，包括根据下面第三步提出的控制方案采取纠正偏差的行动。第三步，实时检测战术执行的情况，分析和预测外部和内部环境的变化，并根据战术目标对执行情况进行综合分析，如果发现已经发生或将要发生的偏差，提出纠正或预防偏差的控制方案，对执行过程(有时需要通过战术组织和战术领导)实行纠偏行动，以确保战术计划的最终实现。对于较小的问题在战术实施阶段进行调节即可，而对于较大的问题则要返回到战术计划阶段去修正战术计划，如果发生更大的问题甚至要返回到战略层才能得到解决(见图 4-7)。

战术实施的周期比战略实施要短得多，见效也快得多。因此，要求其反馈控制的反应速度也要提高。对战术实施的过程要进行实时监控和预警，迅速地进行调整，否则将无法及时挽回所造成的损失，最终影响战略规划的实现。

四、战术管理的体系

企业战术管理体系的内容非常丰富，而且不同组织的管理体系有较大的差别。这里根据我国企业的具体情况，延续上述制造企业战略体系的例子，概括出具有一定普遍意义的战术管理体系组成结构(见图 4-8)。图 4-8 中的各类"计划"均泛指战术性中期计划及其实施管理的总和，并且为表述简便起见，将中期计划或战术计划的"中期"或"战术"二字略去。图 4-8 将企业战术管理分成业务战术管理和资源战术管理两大类。业务战术管理主要包括市场营销、生产、技术与工程等业务活动的计划及其实施过程的管理，它们主要受市场营销战略、生产战略和研发战略等业务战略的指导。资源战术管理主要包括人力、财力、物力和信息等资源的供应和支撑计划及其实施过程的管理，它们主要受人力资源战略、财务战略、供应与物流战略和信息系统战略等资源战略的指导。

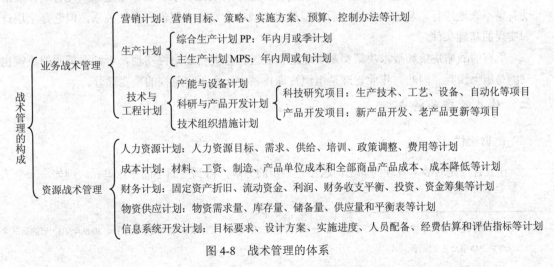

图 4-8　战术管理的体系

限于篇幅，关于战术管理体系的具体内容本书就不再做进一步的阐述，有兴趣的读者可参阅有关的著作[1]。

第三节　作业管理

一、作业和作业管理的概念

1. 作业的概念

作业(operation)就是操作、运行、行动的意思，它和战略、战术的概念不同，已不属于管理层范畴，而属于管理的对象层，即执行层(操作层)。例如，企业运行过程中的具体的销售活动、生产活动、采购活动、运输活动、库存活动、设备维修活动、财务和会计活动、质量检验活动、产品设计和研制活动、技术改造活动、人才招聘和培训活动、基本建设活动等都属于作业的范畴。所谓作业管理，就是对这些作业活动进行管理，它是管理层次中最末端的一层，也就是说，它直接对执行层进行管理。

2. 作业管理的概念

作业管理(operations management)又叫作操作管理、运作管理、运营管理、运行管理或业务管理等。在军事上的原意就是"作战管理"，它和战略管理、战术管理的原始含义一脉相承。狭义的作业管理是指生产、制造或服务的作业管理，本书将作业管理拓展到管理对象层的所有领域，包括营销、研发、人力资源、财务等，即广义的作业管理。因此，**作业管理**的定义是：为了实现组织相关的战术计划，针对某项管理领域所涉及的一些范围较窄的一线或基层组织单元(如企业的生产班组、销售网店、仓库、质检组、采购组等)，以及一些时间较短的日常的单项作业活动(如企业的原材料采购、仓储、设备维修、产品装运、广告运作等)的管理问题，进行一系列的作业计划、作业组织、作业领导和作业控制等详细的和基础性的管理活动。

作业管理有两个作用：①支持相关战术的实现，将战术计划进行细化和具体化，进行具体落实和有效执行，并及时处理组织各项作业活动中出现的非正常和偶发事件，从而保证战术方案的最终实现；②做好基础管理工作，规定各种工作的规范要求和工作量定额，使各项作业活动有条不紊地进行。从表面上看，后者跟战术和战略方案的实现没有直接关系，但它是上层计划实现的基础条件。

所有的战略决策和战术决策都是要通过作业过程才能得以最终实现，否则再英明的决策也只能是纸上谈兵。因此，作业管理是组织管理体系中一个不容忽视的重要部分。

二、作业管理的特点

1. 微观性

作业管理是对战术管理的局部问题做进一步的分解，得到更细小的作业单元。例如，一个工

---

1. 这部分内容可参见张智光所著《管理金字塔——成功企业三维集成管理体系研究》(科学出版社，2009年版)一书的第三章"领域维管理体系及其集成管理"。

厂对大型企业来说就是一个中层部门，若将这一部门作为最终的管理对象就显得太大了。因此在作业管理层还要将工厂进一步分解成若干个车间，车间再分解成若干个工段和班组，直到便于进行基层管理的基本作业单元。而基本作业单元下面就是员工个人了。可见，工厂作业管理是从车间作业单元一直管理到不可再分的基本作业单元——作业班组，并通过班组直接对操作工个人进行管理。与战略管理的全局性和战术管理的局部性相对应，我们把作业管理的这种特性叫作微观性。

2. 专一性

作业管理是对中层管理的进一步分解，因此，一般来说某一项作业管理所包含的功能就比较单一，不具有综合性。我们把作业管理的这一特性称作专一性。由于专一性，使得某项作业管理者主要关注于比较狭小的专门知识和技术领域，而对外的关联主要局限于相关战术管理的单一的纵向关联，以及与该领域关联度较大的比较专一的横向关联。例如，某一道加工工序在纵向关联上主要与中层生产管理相关，在作业管理层面的横向关联主要局限于上下道工序、仓库、检验员、统计员和车间技术人员等方面，而与营销、财务、研发等领域的关联比较弱。

3. 频繁性

由于作业管理的周期较短，而且直接面向实际的执行活动，因此具体操作中经常会遇到的各种问题和困难首先反映到作业管理层；另外，由于战术的灵活性，作为战术实现途径的作业管理必然要随之而动。因此，作业管理的方案、计划和措施需要经常频繁地变动和调整，以适应来自执行层和战术层的变化。例如，机器发生故障、原材料供应不上、突然停电、员工因病休假、大批产品报废、员工闹情绪、上级下达了新指令等，都需要基层管理者及时应对。当然，这种应对也需要依照一定的管理规范，而且在应付这些变化中，事务性的工作成分通常要多于开创性的劳动。

4. 规范性

一般来说，越是高层管理越需要用创造性思维应对外部环境的变化，因而管理的方式也越不固定。而作为基础性管理的作业管理，通常需要比较规范的管理方法和较严格的管理程序。例如，在产品质量管理的过程中，就必须在生产工序中的各质量控制点上，按照规定的样本采集方法，对被抽取的零部件、半成品和产成品的样本，根据产品质量的技术标准和产品检验的技术规范进行严格检验，然后对检验数据进行汇总和统计分析，以作为质量控制的依据。当然，我们也需要不断地对作业管理的规范和程序进行创新和改进，但这些创新的目的是为了进一步完善原先的规范。而且这些创新必须经过严格论证，并形成新的规范后才能正式使用，否则就会造成基础管理的混乱，影响组织各项活动的质量和效果。

5. 终端性

尽管作业管理处于管理金字塔的最底层，不如战略管理那样激动人心、气势宏伟，也不如战术管理那样机动灵活、富有创意，但它是整个管理系统中最基础和最贴近实际的部分。所有高层和中层管理方案最终都要通过作业管理来实现，因此它具有基础性和终端实现性。如果没有一个优良的和富有成效的作业管理系统，组织的战术管理的策略将无法最终实现，宏伟的战略规划也只能变成美丽而虚幻的海市蜃楼。

我们经常可以看到，有些企业管理者仅仅热衷于战略层和战术层大手笔的或极富创意的举措，而忽视比较繁琐的、工作量巨大的作业管理层的基础管理工作，以及战略和战术实施过程中的具体管理和控制措施。他们不惜投入重金聘请知名的企业管理顾问，或者借助国内甚至国外著名的企业管理咨询或策划公司，为企业制定发展战略，或进行营销策划。但我们经常能够看到这种战略、战术实施后失败的例子。然后就引发出一系列究竟是专家的方案有误，还是企业运作不力的争论。不管其原因究竟怎样，但有一条基本原理必须记住：再好的"金点子"如果没有良好的作业管理为基础，如果不去好好地执行，也是无法达到预期效果的。于是，由此又引出了作业管理的另一个特性——细节性。

6. 细节性

有人说，"细节决定成败"。当然，这不是说宏观决策就不重要，这句话的意思是，在战略和战术决策正确的前提下，作业管理的细节决定了这些中高层决策的成功与否。尽管战略管理和战术管理中也有一些细节的问题，但是作业管理直接面对执行层，因而管理的计划和措施往往比较详细和具体，细节性也就更强。譬如，在生产作业管理中，就要将战术层的生产计划在组织上具体分配到各车间、工段、班组，直至每一个工人；在时间上具体分解到月、旬、周、日，甚至小时。此外，还要保证设备和工具完好、原材料及时供应、人员配置合理、生产过程安全等。有些精密产品的生产还要满足温度和湿度适宜、灰尘不能超标等条件。任何宏大计划的实现都是由无数细节组成的，有些关键性的细节失误，就有可能酿成大错，正所谓"千里之堤，溃于蚁穴"。例如，要实现企业产品的品牌战略，从原材料采购到成品生产、从产品销售到售后服务的整个过程中每一个细小环节都必须把好质量关，任何一个微小的失误都可能影响产品和服务的质量，进而影响产品的品牌形象。因此，从这种意义上说，提高作业管理水平要比制定一个好战略困难得多。

7. 结构化

作业管理所处理的事情多数是经常发生的常规事务，一般已形成了现成的处理程序、方法或规则，管理者完全知道如何去解决。这种问题就是结构化(或称为程序化)的管理问题，例如制定生产作业计划、根据顾客信誉等级确定折扣率、出现废品时采取纠正措施、机器故障时报修、库存不足时及时订货、按章处理顾客退货、遇到重要订单时安排临时性加班等。而中高层管理者经常会遇到从来没有处理过的新问题，管理者没有现成的方法或经验可循。这样的问题就是非结构化(或称为非程序化)管理问题，例如企业是否要实行多元化战略，如何应对世界金融危机，是否要开发某种新产品等。需要说明的是，作业管理所面对的结构化问题并不都是容易解决的问题，有时候结构化问题处理起来可能比某些非结构化问题还要繁琐和复杂，所不同的只是管理者知道如何去处理，知道用什么方法和程序去处理。例如，基层财会人员处理的各类账目就很复杂、很繁琐，但他们完全懂得如何去处理。

结构化管理的成本较低，效率较高。一个企业的作业管理中结构化问题的比重越高，说明作业管理的水平越高。反之，如果一个企业对于原本应该是结构化的日常基层管理问题也没有形成成熟的处理规程，管理者每一次都需要经过反复研究和请示上级领导才能勉强解决，其管理水平就可想而知了。

8. 定量化

相对来说，结构化作业管理问题比较容易运用定量化方法或数学方法加以解决。研究作业管理的数学方法之一是作业研究(operational research，OR)，中文译作"运筹学"，其中包括数学规划方法、排队论、存储论、网络计划技术等。除此之外，统计学、概率论、决策学、预测学等方法也常用于作业管理(见第二章第二节)。由于作业管理问题的结构化特性较好，因此比战略和战术管理更容易进行量化处理。例如，生产作业计划的制定、运输计划的安排、库存与运输管理、作业进度的控制等方面都可以使用运筹学等数学模型和方法，以及管理信息系统进行作业管理决策。

应当指出，现在运筹学等数学方法也大量用于战术管理问题，例如全公司中期生产计划的制定、销售预测、中期产品结构优化等。但是由于战术管理问题的结构化特性较差，不确定因素较多，所以运用数学方法的难度较大。而定量化方法用于战略管理的难度就更大了，通常只为战略决策提供辅助性的信息支持。

9. 信源性

作业管理需要大量的来自组织内部的内源信息，而这种内源信息大部分是通过作业管理层从执行层收集上来的，例如，企业的产量信息、销量信息、质量信息、设备信息和会计信息等都是从一线管理人员那里获得的。此外，组织的许多外源信息也是从作业管理层收集上去的，例如，企业的客户信息、市场需求信息和原材料供应信息等也可以通过基层管理者获得。因此，作业管理具有组织信息来源的特性，即信源性。作业管理层获得的信息经过汇总、统计和分析后，被上传到战术管理层，然后经过进一步"浓缩"后，再送到战略管理层。

我们在第一章谈到，一个组织的管理体系呈金字塔状，越是基层管理，其信息量和信息处理量越大，涉及的人员和机构就越多，各类事务就越庞杂和繁琐，工作量也就越大。此外，基层信息的产生、处理和使用的频率也比中、高层管理高得多。

10. 实时性

除了信息量和信息处理量较大外，作业管理对信息加工、传递和问题处理的及时性也有很高的要求，通常需要进行实时处理。例如，车间管理人员每天都要处理原材料消耗量、日产量和产品合格率等数据，并及时解决所发生的各种问题；工厂管理者只要按旬或按月处理生产数据就行了，从中观层面考察生产系统的运行状态；而对于总公司管理者，在正常情况下没有必要关注下属的每个工厂、每个车间、每条生产线的每日产量，他们更关注企业的季度和年度的产量、销量和销售额等数据的变化动态。

三、作业管理的过程

作业管理的过程与战术管理和战略管理的过程很相似，也分为作业计划(作业计划的制定)和作业实施(作业计划的实施)两个管理阶段(见图 4-9)。所不同的是，各项作业管理的管理对象组织是一些比较小的基层单元，如企业的生产线、生产班组、仓库、采购组、销售组、会计科、人事科、研究所和广告组等；管理的目标更加具体，计划期更短(比如一个月)；管理的对象直接是具体的操作过程，即最终的作业执行过程。

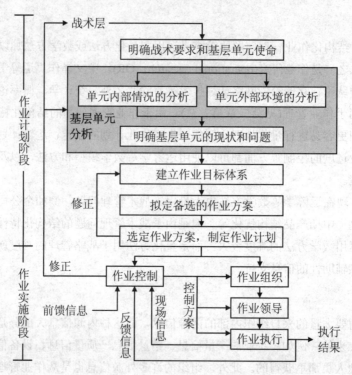

图 4-9　作业管理的过程模型

由于作业管理的目的是实现战术的目标，所以在作业计划的制定阶段：第一，要明确相关战术计划的要求，以及本基层单元的使命；第二，对该单元的内部情况、执行相关战术和作业计划的进展情况，以及单元外部环境进行系统分析，由此明确该单元的现状和存在的问题；第三，针对以上现状和问题，确定该作业单元在计划期内的目标体系；第四，为实现作业目标拟定若干备选的作业方案；第五，在备选方案中筛选出最佳方案，并对此方案编制具体的实施计划。由于作业管理的结构化比较好，所以在筛选方案时，尽可能运用比较科学的定量分析方法。若备选方案均不满意，则需返回以上步骤修正目标体系，或提出新的备选方案，直至得出满意的作业方案。

在作业计划的实施阶段，根据作业计划的要求，建立或调整作业组织结构，部署作业实施力量，进行资源的合理配置。然后，在作业执行过程中，通过各种激励方法，调动基层员工的工作积极性；通过现场指导和帮助，使作业活动有条不紊地进行；通过沟通和协调过程，解决矛盾、克服困难，不断推进作业任务的完成。此外，在这些过程中还需要不断检测和分析作业计划的执行情况，并分析和预测环境的变化。如果发现已经或将要产生的执行偏差，就要采取适当的管理步骤进行修正，或采取必要的预防措施避免偏差的发生；如果出现了在作业管理层无法解决的战术和战略层管理的问题，则需要返回到更高的层次去采取修正措施。这些管理控制过程是确保作业计划得以最终实现的重要保障，因为再周密的作业计划也会遇到各种来自内部和外部的干扰，不进行全过程的监控是无法达到预期目标的。

四、作业管理的体系

不同组织或不同企业的作业管理体系的结构和内容差别较大，图 4-10 仍以制造企业为例，延续上述企业战略和战术管理体系的例子，给出了典型制造企业的作业管理体系的具体内容。图 4-10 中各类管理或计划均指作业管理或作业计划，但为了表述简便起见，在不易引起误解之处略去了"作业"二字。由图 4-10 可以看出，企业作业管理体系与战略和战术管理体系类似，也分为业务作业管理和资源作业管理两个方面。

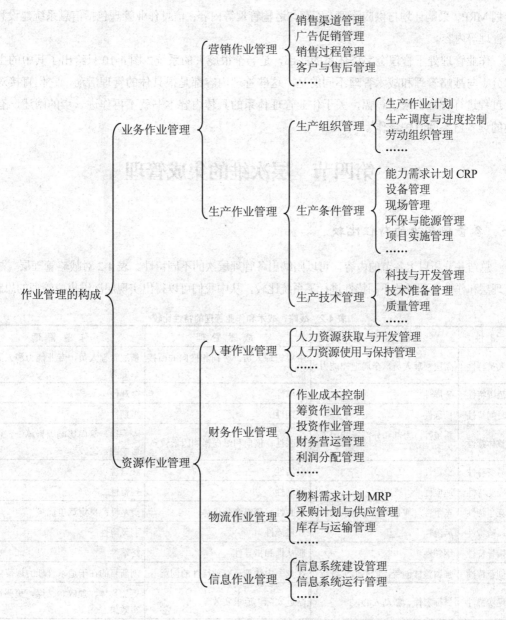

图 4-10　作业管理的体系

业务作业管理主要包括营销作业管理和生产作业管理等方面。营销作业管理包括销售渠道管理、广告促销管理、销售过程管理和客户与售后管理等内容。生产作业管理包含生产组织管理、生产条件管理和生产技术管理等方面。其中，生产组织管理包含生产作业计划、生产调度与进度控制和劳动组织管理等内容；生产条件管理包含能力需求计划 CRP、设备管理、现场管理、环保与能源管理和项目实施管理等内容；生产技术管理包含研发作业管理、技术准备管理、质量管理等内容。

资源作业管理包含人、财、物和信息等资源的作业管理。人事作业管理包括人力资源的获取、开发、使用和保持等方面的日常管理工作；财务作业管理包括作业成本控制、筹资作业管理、投资作业管理、财务营运管理和利润分配的实施管理等具体的管理内容；物流作业管理包括物料需求计划 MRP、采购计划与供应管理、库存与运输管理等内容；信息作业管理包括信息系统建设和运行管理等内容。

作业管理处于管理金字塔体系的底部，是一个很庞大的系统，图 4-10 只给出了其中的主要部分。与战略管理和战术管理不同的是，这些管理内容都是很具体的管理活动，它们直接对作业过程进行管理。限于篇幅，关于作业管理体系的具体内容本书就不再作进一步的阐述，有兴趣的读者可参阅有关著作[1]。

第四节　层次维的集成管理

一、各管理层次的特性比较

总结并分析以上各节的内容，可以归纳出各管理层次的不同特性。表 4-2 对战略管理层、战术管理层和作业管理层的不同特性进行了系统比较，从中我们可以得出实现层次维集成管理的思路。

表 4-2　战略、战术和作业管理的特性比较

特　性	战　略　管　理	战　术　管　理	作　业　管　理
人员特性	高层管理人员，全局把控能力	中层管理人员，纵向和横向的衔接能力	基层管理人员，专业能力和人际关系能力
范围特性	全局性	局部性	微观性
时间特性	长远性	中期性	短期性
整体特性	系统性，内部和外部影响因素众多	关联性，横向和纵向影响因素较多	专一性，纵向影响因素单一，横向影响因素比较专一
易变特性	稳定性	灵活性	频繁性
应变特性	适应性	随动性	规范性
竞争特性	竞争性：增强和保持竞争优势	制胜性：赢得竞争优势	奠基性：奠定竞争优势
风险特性	风险性	亚风险性	弱风险性
指导特性	纲领性	服从性和指导性	终端性
创新特性	强调整体创新，但不追求奇特	在竞争中注重具有独特性的创意	创新目的在于追求管理的规范化
现实特性	目标宏伟、激动人心	贴近实际、追求实效	更加具体、琐碎、枯燥，更强调现实效果
细节特性	综合性	粗中有细	细节性
结构化特性	非结构化	半结构化	结构化
方法特性	定性分析为主，理论和经验结合	灵活运用各定性和定量分析方法	常规、固定和定量化管理方法

---

1. 这部分内容可参见张智光所著《管理金字塔——成功企业三维集成管理体系研究》(科学出版社，2009 年版)一书的第三章"领域维管理体系及其集成管理"。

（续表）

特 性	战 略 管 理	战 术 管 理	作 业 管 理
信息特性	对外源信息需求大，信息的使用寿命长，保密性高，精度和使用频率低，浓度高，信息流量小	对外源信息有一定需求，信息的使用寿命、保密性、精度、使用频率和信息流量中等	对内源信息需求大，也是内部和部分外部信息的信源，信息的使用寿命短，保密性较低，精度和使用频率高，信息流量大
处理特性	批处理方式，处理量小，处理难度大	批处理和实时处理结合，处理量中等，处理程序和方法较灵活	实时处理方式，处理量大，过程繁琐，处理程序和方法较固定

从人员特性上看，战略管理的管理者是组织的高层管理人员，例如企业的董事长、总经理、总裁、首席执行官(CEO)等。战术管理的管理者是组织的中层管理人员，例如企业的部门经理、地区经理、项目经理、产品经理、首席人力资源官(CHO)、首席财务官(CFO)、首席信息官(CIO)等。作业管理的管理者为组织的基层管理人员，例如企业某部门的作业单元主管、基层业务主管、科长、工段长和班组长等。组织对不同层次管理者能力要求的侧重点是有差异的，高层管理者要有突出的把控全局的能力，中层管理者要有纵向和横向的衔接能力，基层管理者要有相关的专业能力和人际关系能力。

从范围特性上看，战略管理需要站在整个组织全局的高度来看待问题，需要考虑组织的内部整体和外部环境，以及过去、现在和未来的各类影响因素。战术管理主要面对部门的管理问题，考虑与局部管理有关的各种因素。而作业管理的涉及范围就更窄了，主要考虑单项工作所涉及的比较微观的因素，虽然这些因素从数量上说并不少，但种类和范围比较狭窄。当然，低层管理虽然立足于一个比较狭小的范围，但必须服从组织的全局利益，并为实现组织的整体目标而做出贡献。

从时间特性上看，战略管理无论是规划制定期和规划实施期，还是规划实施后的影响期都比较长。而在这样一个较长的时期内各方面的变数都难以预料，而且一旦决策失误就会造成长远的不利影响。因此战略管理者在制定重要的决策时必须十分慎重，需要充分预料未来较长时期各种因素的变化趋势，从而做出科学的战略决策。而战术管理和作业管理所考虑的时间跨度逐级递减，因此对管理措施所受到的干扰因素能够比较准确地判断和估计，同时决策偏差所造成的不良影响相对来说也会小一些。

从整体特性上看，战略管理站在整体的高度去看待组织的管理问题，对内更强调组织各个部门之间相互协调及其系统性，发挥好系统的整体效应，对外要考虑系统与外部环境之间的关系。因此，战略管理将受到组织内部和外部众多因素的影响。战术管理则从某一个部门的视角去审视组织的整体性，因此更注重本部门与组织其他部门之间的横向和纵向的关联性，所以其影响因素主要来自部门内部和组织的其他相关部门。而作业管理具有管理的专一性特点，从一个更加狭窄的范围内去考虑与组织其他部分的联系。因此其整体特性更弱，而且其纵向影响因素主要来自相关的战术管理，而横向影响主要来自与某专一领域相关的部门。

从易变特性上看，由于战略规划对组织的发展具有长远的指导作用，因此不宜频繁变化或左右摇摆，具有相对稳定性。同时，为了使战略管理比较稳定，当遇到环境变化和各种困难时就需要通过较短期的战术管理进行调整。因此，战术管理需要具有一定的灵活性，以便应对环境的变化，从而使组织的战略目标得以最终实现。由于战术管理的灵活性，加上作业管理直接面对具体繁杂的操作过程，所以短期作业管理需要经常根据情况频繁地进行调整，以适应来自执行层和战术层的各种变化。

从应变特性上看，由于战略管理是站在组织整体系统的角度考虑问题，并面对复杂多变的各类外部环境，因此战略管理更加关注所制定的战略方案能够适应组织的内部特性以及未来的环境变化，这也是保证战略稳定性的基础。而战术管理则随着环境的短期和微观变化而及时做出调整，具有应对环境变化的"随动性"，这正是保证战略稳定性的一种途径。至于作业管理，它主要面对组织内部的基层管理问题，而对于外部的变化则主要以规范化的管理方式加以应对。

从竞争特性上看，作业管理主要做基础性的管理工作，它为获得和提高组织的竞争优势奠定基础。在此基础上，战术管理通过取得一场场"战斗"的胜利来赢得组织的竞争优势。而战略管理则为保持和增强组织的竞争优势进行长远的谋划，并指导和监督战术管理和作业管理一步步地去实现这种竞争性的谋划。

从风险特性上看，战略影响面广泛，战略实施期和影响期长远，对未来预测的准确性不太高，竞争和非竞争环境中的多种不确定因素对战略成败的影响很大，因此极具风险性。与此相对应，战术管理与作业管理的作用时间和影响时间都较短，变数较少，因而对未来的预计也比较准确，加上其影响范围较窄，故管理风险相对较小。

从指导特性上看，战略管理是具有纲领性的，对组织各个层次和各个领域都有较强的、较长远的指导意义。战术管理具有双重性，即同时具有服从性和指导性，一方面要服从于战略管理，另一方面又要指导作业管理，起到了承上启下的作用。而作业管理是底层管理，直接面对执行层，具有终端实现性，所有的战略和战术最终都需要通过作业管理层对执行层的具体管理才能得以最终实现。因此，作业管理必须服从相关战略和战术的指导，并传达给执行层去完成其目标。

从创新特性上看，由于战略管理具有长远性、稳定性和风险性等特点，所以更强调比较稳妥的整体创新，并不追求创新的奇特性。战术管理(尤其对于竞争性战术)则强调局部和短期创新的新颖性和独特性。有时候只有与众不同的"奇招"甚至"怪招"，才是"克敌制胜"的有力武器。而作业管理的创新往往比较细腻，其主要目的在于追求管理的严谨性和规范化。

从现实特性上看，战略一般都要高于现实，战略管理者往往要向员工描绘出宏伟的和激动人心的远景蓝图。战术管理则比较实际，考虑如何一步一步地去实现战略目标，追求战术的实际效果。而作业管理则更加具体和琐碎，甚至令人感到枯燥和繁琐，它强调的是管理方案实施的现实效果。

从细节特性上看，战略管理强调宏观层面上的综合性，通过汇总后的数据资料来分析组织内部和外部的总体发展趋势。战术和作业管理则是将战略管理的要求逐步细化的过程。尤其是作业管理，对于每一个关键性的细节都做到十分完善，甚至要求万无一失。因为所有战略和战术的实现都是由无数基层的细节构成的，细节上马马虎虎，必然导致总体战略的失败。因此，人们常说"细节决定成败"。当然，战略管理和战术管理中也存在一些细节问题，例如，对市场数据处理过程的某些细节会影响到市场需求预测的结果，因而会左右组织营销战略方案的抉择，但是作业管理的细节更多、更复杂。

从结构化特性上看，基层管理所涉及的问题多属于结构化问题，即解决问题的方法比较固定，有现成的处理程序可循。而战略管理通常遇到的是未曾出现或很少出现的新问题，没有现成的解决方法可依，属于非结构化问题。战术管理介于两者之间，对于所遇到的管理问题，管理者部分地知道如何处理，但又没有十分明确的方法和程序，属于半结构化问题。

从方法特性上看，由于各层次管理的结构化等特性不同，战略管理通常以定性分析为主，强调管理理论和管理经验的结合，需要决策者有较强的战略眼光、战略洞察力和主观判断能力。而作业管理则较多地使用比较固定的、常规的和定量的管理方法，运用数学模型或统计分析等方法进行结构化管理。战术管理介于两者之间，需要灵活运用各定性和定量的分析方法进行管理。

从信息特性上看，战略管理对组织以外的信息(外源信息)需求较大，信息的使用寿命较长，保密性要求很高，而对信息的精度要求较低(但准确度要求不低)，信息的使用频率也较低，通常需要汇总后的信息，因此信息浓度较高而信息流量较小。作业管理对组织内部的信息(内源信息)需求较大，并且是组织内部信息和部分外部信息(如客户信息)的来源(信源)，信息的使用寿命短，保密性较低，精度和使用频率高，信息流量大。而战术管理的信息特点介于以上两者之间。

从处理特性上看，高层管理通常采用批处理方式，处理周期较长，虽然处理量较小，但由于问题的结构性较差，因此处理难度比较大。而作业管理通常需要对信息进行实时处理，信息处理量很大，处理过程繁琐，但处理程序和方法比较固定。战术管理的信息处理方式是批处理和实时处理相结合，处理量中等，处理程序和方法较灵活。

二、各管理层次的难处与重要性比较

通过以上对各管理层次的特性进行比较，可以总结出各管理层次的难处和重要性[1]，从而为层次维的集成管理奠定基础。

高层管理的难处在于决策的制定及其实施的责任重大、可控性差。越是位居高层，管理者获取基层信息的难度越大、决策的结构化程度越低、信息处理的难度越高；决策实施的控制层级越多、可观性和可控性越差、把控的难度就越大；决策实施结果的影响时间越长、影响面越广、后果的风险越大。如果高层管理的决策失误率较高、控制力丧失，组织将成为无舵之舟。可见，高层管理在组织这艘航船前进和发展过程中起到了"掌舵"的重要作用。

中层管理的难处在于纵向和横向的关联性强、协调难度大。从纵向关联看，战术既是战略的具体化，同时又是作业管理的依据，因此中层管理承担着衔接高层与基层管理的使命。从横向关联看，中层各部门的工作有着千丝万缕的联系，相互关联错综复杂，因此中层管理承担着与相关部门衔接与协调的职责。如果中层管理的关联性断裂，组织将成为一盘散沙。可见，中层管理在组织的集成管理中起到了"纽带"的重要作用。

基层管理的难处在于对高层战略和中层战术进行终端实现，权力不大，但任务繁重、琐细、无退路。中高层管理都可以在不同程度上"纸上谈兵"，都有缓冲的余地，唯独基层管理必须无缓冲地直接指挥最终干活的人硬碰硬地去"冲锋陷阵"。如果基层管理的执行力丧失，组织将成为无本之木。可见基层管理在组织生存和发展中起到了"根基"的重要作用。

综上所述，各层次的管理工作都有各自独特的困难之处和重要之处，谁也离不开谁，应当相互理解、相互体谅、相互尊重，不可相互埋怨、相互对抗、相互轻视。只有各层管理互为依

---

1. 参见张智光所著《管理学智慧：为官的定理》(南京大学出版社，2015年版)一书中的"228. 层次维：各有难处、相互依存"。

存、协同一致、集成运行，才能有效完成组织的各项工作，实现组织的整体目标。

三、层次维集成管理的原理

在一个组织的管理体系中必须协调好各管理层次之间的关系，使它们相互配合、协调一致，形成一个有机的整体，构成一个有效的多层次集成管理系统，方能实现组织目标。反之，如果高层管理和低层管理相互脱节，则该组织将无法按照既定的方向、目标和计划前进。这就好比，如果一部车的方向盘、控制装置、动力装置、传动装置和车轮等相互不协调或相互脱节，它就无法正常行驶。现在，人们普遍都认识到战略管理的重要性，许多组织都制定了令人鼓舞的甚至是宏伟的长远发展战略规划，但是真正能够做到基本实现战略规划的组织却为数不多。究其原因，除了外部环境变化等客观因素外，很多情况下是因为战略规划脱离了战术管理和作业管理的可实现性，或者是因为低层管理没能够有效地去支持战略目标的实现，最终导致战略规划落空。因此，我们必须正确认识和处理高层管理和低层管理之间的关系，这样才能使正确的战略方案通过战术管理和作业管理的层层落实，得以最终实现(张智光，2006b)。下面主要以战略管理和战术管理的关系为例具体说明高层管理和低层管理的集成化原理 [1]。

1. 指南与道路的匹配性

战略是指南，它给出了组织前进的方向，而要到达战略目标，还需要有通向该目标的战术道路或途径。因此，指南与道路是一个不可分割的整体，需要相互匹配，才能取得战略的成功。

(1) 战略是前进的指南，战术管理应服从战略的导向

战略是一个组织前进的指南。对于一个缺乏长远战略规划的组织，任何战术的运用对它来说都犹如无的之矢、无舵之舟，都将无法取得事业的成功。然而更常见的情形是，有些组织尽管制定了长远的战略规划，但却将它束之高阁，或仅仅用来应付上级的检查，或制成沙盘向来宾展示，而在选择和实施战术时就把战略抛到九霄云外去了，无视战略的存在。这种战略形同虚设，其结果无异于没有战略。

另外，战术不能只在进展顺利时服从战略。无论多么优秀的战略在其实施过程中都必定会遇到各种各样的战术上的困难，战术管理层应当竭尽全力去克服这些困难，制定并实施独具创意、"克敌制胜"的战术，以支持战略规划的最终实现，否则战略将成为一纸空文 [2]。

总之，只有在战略的指导下运用合适的战术，才能一步步地引导组织沿着正确的航向实现其预定的长远目标。

(2) 战术是前进的道路，战略实施需通过战术的途径

战略的实施是一个长期的过程，要通过一系列较短期的战术和作业管理过程来实现，战术和作业计划的制定和实施其实都是通向战略目标的道路。也就是说，组织的发展仅仅有战略指南是不够的，还需要战术和作业管理层在战略的指引下找到符合战略要求的低层管理方案。组织活动的成功或失败最终是在战术和作业管理层，而不是在战略层上反映出来的(尽管有时战略是导致失败的根本原因)。低层管理作为实现高层管理的途径，是一个组织事业成败与否更为直

---

1. 参见张智光所著《管理学智慧：为官的定理》(南京大学出版社，2015 年版)一书中的"244. 层次维集成化：原理"等。
2. 参见张智光所著《管理学智慧：为官的定理》(南京大学出版社，2015 年版)一书中的"248. 层次维集成化：战术的服从"。

接的重要因素。无论多么优秀的战略在其实施过程中都必定会遇到各种各样的战术和作业管理上的困难，因而战略的可行与不可行除了战略本身的问题外，还和低层管理者的努力程度密切相关。所以，当战略确定之后，低层管理者应当竭尽全力去克服一切困难，制定出具有独到之处和富有创意的战术和详尽的作业管理方案，并且及时、快速地将它贯彻执行，以支持战略规划的最终实现，否则战略将成为一纸空文。

总之，作业管理保证了战术计划的实施，而战术管理又保证了战略规划的实现。战略的实施需要组织各层次人员长期坚持不懈的努力，需要把战略实施和战术管理、作业管理看作是一个有机的整体，很好地进行协调和控制，避免战略、战术和作业管理之间的脱节，这样才能取得最终的成功。

2. 可行与可靠的稳健性

战略的稳健性取决于战术的可行性和可靠性。战术的可行性是取得战略胜利的基本条件，然而仅仅保证战术的可行还是远远不够的，还要保证其有足够的"可行域"(可行空间)。否则，如果唯有十分完美的战术行动才能实现战略目标，那么这种战略的可靠性是极低的。

(1) 战略必须根植于战术的土壤，应考虑战术的可行性

从逻辑上讲，一个组织首先要制定出战略方案，然后在战略的指导下进行战术和作业管理。但实际上，一个好的战略在其制定过程中首先应考虑战术上的可实现性。否则，如果没有一套切实可行的战术去实现战略上的设想，无论多么伟大的战略规划也只能是纸上谈兵。就像一个将军，如果不了解战场上发生的一切，就无法制定出克敌制胜的战略方案。毛泽东之所以能成为伟大的军事战略家，并不是因为他"自幼熟读兵书"，也不是因为深谙军事战略理论，而是基于他对中国社会、政治和历史的深刻认识，基于他从战争中学会的并且运用娴熟的机动灵活的军事战术。也就是说，毛泽东领导的军队之所以具有"在战略上藐视敌人"的伟大气魄，是因为他们具有"在战术上重视敌人"的牢固基础。

企业的战略管理也是这样，战术和作业管理上的成功才是公司战略规划唯一的最终目的。但是，有些企业的高层决策者习惯于传统的自上而下的思维方式，不喜欢把注意力放在令其感到索然无味的战术和作业管理的细节上。他们喜欢高高在上，泛泛而谈，坐在金字塔的顶端，随心所欲地描绘公司长远发展的战略蓝图。我们经常可以看到这样的情形：公司高层管理人员和管理专家们关在会议室内，或者为避开干扰，躲到气候宜人的海岛上，采用所谓的"封闭智囊团法"或"头脑风暴法"，讨论公司未来的长远发展规划。这种战略规划一旦落实到战术上，往往犹如空中楼阁，根本无法实现，甚至会导致经营上的重大失误。例如，有些企业家由于盲目地放大并沉醉于过去成功的体验，采取无节制的扩张、兼并战略，或者脱离自身能力去追求时髦的多元化经营战略，结果导致公司的衰败甚至破产。这样的案例在国内外都是数不胜数的。而精明的经营战略家不会因为一时的头脑发热或情感冲动而影响判断能力，进而采取战术所不能达到的战略规划；也不会因为战术上的某些困难而妨碍战略的思维，进而采取故步自封的战略。他们会很好地将战略上的大胆创新和不断进取的精神同战术和作业管理上的脚踏实地、步步为营的作风有机地结合起来。

总结许多组织的成功经验和失败教训，现代战略管理理论认为，战略的制定不是"自上而下"，

而是"自下而上"的。战略不是产生于封闭的象牙塔中，而是根植于战术、作业管理和实践的土壤之中。应当先研究战术再制定战略，然后再指导战术和作业管理。战略、战术和作业计划的确定过程是一个反复交互的过程。

(2) 战略不能依赖于战术的完美，需考虑战术的可靠性

上面说的是战略应当以战术为基础，要考虑战术上的可行性。一个优秀的高层管理方案除了考虑低层管理的可实现性，还要考虑其实现的难度。一个良好的战略的精髓在于它不依赖完美的战术也能取得成功，它甚至能够容忍平庸的战术。换句话说，高层管理应当具有一定的"可行域"(而不只是一个"可行点")，应当存在多种可以实现它的低层管理方案，而且应当允许低层执行过程发生一定的偏差。这就好比一个良好的产品设计方案不仅要考虑到工艺上的可实现性，而且还要尽量降低工艺的难度。因此，高层管理要留给低层管理一定的"摄动空间"，留有成功的"余量"，要能经得住低层管理的"灵敏度分析"的检验。如此，战略才能具有较好的"鲁棒性"(robustness)[1]。

也许在某种特定的环境下，某种绝妙的战术策划能够暂时挽救不良战略的失败命运，使之出现某种转机。譬如，有些公司过分依赖广告的作用，不惜投入巨资，绞尽脑汁，甚至使出绝招，把赌注下在宏大的广告计划上，也许某些优秀的广告策划一时间可以显现出使不良的产品战略起死回生的效力，但是用不了多久，公司就会抱怨这种战术武器的失灵。因此从长远来看，如果不及时调整战略，任何完美的战术最终将无法挽救错误的战略。也就是说，试图依靠完美的低层管理取胜的高层方案是不可靠的，而一个良好的高层方案用一般的低层策略也是可以取胜的。一些企业失败的原因正是过于依赖完美的战术去实现不可靠的战略。IBM 公司的产品战略不需要依赖卓越的广告战术也能取得微型计算机市场竞争的胜利。这种建立在对低层管理充分理解和"宽容"基础上的良好战略，保证了公司战术的顺利实施。

3. 整体与局部的平衡性

"整体利益高于局部利益"是有限度的，在两者之间存在一个平衡点。过分强调整体利益而过分忽视局部利益，或者过分强调局部利益而忽视整体利益，都会打破这一平衡，将使组织遭受严重损失甚至失败。

(1) 战术应服从战略要求，必要的局部牺牲可换来整体的胜利

由于战略考虑长远和整体的利益，而战术则考虑短期和局部的利益，因此，战略和战术不总是一致的，有时候会出现偏差甚至相互矛盾的情况。从时间上看，长期的战略目标有时和短期的战术目标相冲突，这时我们往往要牺牲一部分短期利益来确保战略目标的最终实现。例如，某种新产品短期内不盈利，甚至有可能亏本，而长远来看则具有良好的市场前景。为提前抢占市场，并尽早取得生产技术上和产品质量上的竞争优势，制造商便会做出战术上的牺牲，投入大量财力去研制和生产这种新产品，以谋取战略上的长远利益。另一方面，从空间上看，局部的战术利益有时会和整体战略相冲突，这时局部利益应当让位于总体利益。我们知道，一个过度集权的组织是有问题的，但是过度的分权也是相当有害的。在采取分权式管理模式的组织中，各利益实体可能单纯地从自身的局部利益出发进行决策，而忽视整体的战略要求。虽然这种做法会使局部的战术利益得到满足，但有可能导致整个组织总体利益的损害。因此在考虑局部利益的同时，还必须

---

1. 参见张智光所著《管理学智慧：为官的定理》(南京大学出版社，2015 年版)一书中的"247. 层次维集成化：战略的宽容"。

服从战略的总体指导和调控，协调好两者之间的利益关系，以保证整体战略目标的最终实现。

(2) 战略需兼顾战术利益，过多的局部损失将导致整体的落空

从另一个角度看，为实现战略目标，战略管理层也应当兼顾战术层的利益。在空间上，过多的局部牺牲将削弱组织的整体力量；在时间上，致命的近期失败有可能断送组织的前程。这些战术的挫败对战略的实现都是十分有害的。但在现实的管理中，不少高层管理者高高在上，并不理解下属的艰难，一味地强调局部利益服从整体利益，导致战略性"高调"严重脱离实际。而明智的战略管理者则懂得战术的牺牲是一种不得已而为之的权宜之计，过分的"丢卒"行为不仅难以"保车"，而且很可能造成"满盘皆输"的局面。因此，他们会充分理解下层管理的难处，会利用战略层的权力和资源尽力帮助战术层解决问题，避免重大的战术损失和失败，并支持其战胜困难，取得胜利。

4. 提升与降格的转换性

高层和低层管理方案并不是固定不变的，有时可以相互转换。成功的战术可以提升为组织未来的发展战略，而落伍或失败的战略也可以降格为昨日的战术，不应当也不能够继续指导组织的前进方向。

(1) 成功的战术，可提升为未来的战略

一个成功的战术有时可以提高到战略的高度，可以改变原来的战略格局，使组织获得更大的利益。这是一种更为积极的"自下而上"的制定战略的思路。如果对这种成功的战术熟视无睹，不去主动将其提升为新的战略，就有可能错过一些具有战略性潜力的成功机会。例如，维克斯医药公司的研究人员曾经发明了一种感冒新药，遗憾的是，这种新药服用后会使人昏昏欲睡，使患者在白天无法开车或工作。但他们并没有轻易放弃这一新产品，而是想出了一个绝妙的战术策略，把它作为一种夜间服用的感冒药品推向市场，打出了"夜间使用的感冒药"的广告词，结果获得了很大的成功。于是公司将这一战术提升为一种新的战略，开发了一种名叫"奈奎尔"的治疗感冒的新药品。正如他们预料的那样，"奈奎尔"成为维克斯公司有史以来最成功的新产品，现在"奈奎尔"在感冒药中销量位居第一。在营销学中，这种将成功的战术上升为战略的思想就是所谓的"逆向营销"理论。

(2) 落伍的战略，应降格为昨日的战术

反过来，一个落伍的或被实践证明是错误的战略，就不能继续执行下去了，只能将其作为过去某一特定历史时期的一种临时性的措施，也就是说，需要及时地将该战略降格为昨日的战术。例如，有一个公司实行了重金引进高层次人才的人力资源战略，以提高公司人力资源的总体素质。但后来发现，重金聘用外来人员的做法极大地打击了公司原班人马的积极性，致使引进的人才难以与公司原有的人力资源环境相融合，新老人员矛盾很大，甚至导致一批对公司发展做出过重大贡献的"老臣"纷纷提出调离请求。于是公司高层不得不宣布，重金引进高层次人才只是解决公司人才紧缺的一项临时性战术举措，现在已取得了预期的效果，这一政策到此为止。今后公司将实行内部培养为主、外部引进为辅的人才战略。果然，这种将战略降格为临时性战术的做法不仅稳定了原有人员的人心，而且还使得外来人员有了一个宽松的发展环境，并很快融入了公司的人力资源队伍。

此外，关于多层次集成管理的进一步研究，如多层次管理过程的一体化、多层次管理体系的纵向一体化、各层次管理体系的横向一体化，以及多层次管理体系的纵向和横向综合一体化等内容，本书就不再介绍了。感兴趣的读者可参阅有关著作[1]。

习　　题

一、单项选择题（每题只有一个正确答案，将其前面的字母填入相应的空格中）

1. 基层管理者所使用的管理信息的特点是_____。

   A. 外源信息需求大　　　　　　　B. 保密性要求较高

   C. 内源信息需求大　　　　　　　D. 信息浓度高

2. 高层管理者所面临的决策问题的特点是_____。

   A. 结构化程度较高　　　　　　　B. 结构化程度较低

   C. 便于利用计算机进行决策　　　D. 易使用数学模型

3. 波士顿矩阵是制定企业组合型战略最流行的方法之一，其中明星事业是指_____组合。

   A. 低份额、低增长　　　　　　　B. 高份额、高增长

   C. 低份额、高增长　　　　　　　D. 高份额、低增长

4. _____包括组织的价值观、信念和行为准则等内容，它是组织文化的核心部分。

   A. 组织哲学　　　　　　B. 企业文化　　　　C. 组织使命　　　　D. 组织宗旨

5. 在米尔斯—斯诺战略分类中，可以将战略分为防守者战略、分析者战略、探索者战略、成熟者战略和_____战略5种类型。

   A. 进攻型　　　　　　B. 稳定型　　　　C. 拾遗补缺　　　　D. 反应者

6. 在战略实施过程中不断地检测战略的执行情况和环境的变化动态，及时采取措施保证战略目标的最终实现，这一管理过程称作_____。

   A. 战略管理　　　　　　B. 战略反馈　　　　C. 战略控制　　　　D. 战略实施

二、是非判断题（判断下列句子的正确性，用 T 表示正确，F 表示错误，填写在括号里）

1. 作业属于管理对象层，不属于管理的范畴。　　　　　　　　　　　　　　（　　）

2. 战术管理必须根据情况的变化，灵活机动地去克服各种困难，以保证战略的实现。（　　）

3. 组织宗旨是制定组织哲学的依据，组织哲学是制定组织目标的依据，组织目标是制定组织战略的依据。　　　　　　　　　　　　　　　　　　　　　　　　　　（　　）

4. "战略必须根植于战术的土壤"这句话的意思是，战略管理者应考虑战术层的执行难度。

   　　　　　　　　　　　　　　　　　　　　　　　　　　　　　　　　（　　）

三、概念解释题

1. 战略方案有哪两种含义？

---

1. 这部分内容可参见张智光所著《管理金字塔——成功企业三维集成管理体系研究》(科学出版社，2015 年版)一书。其中，多层次管理过程的一体化见第六章"层次-过程维集成管理"，其他内容见第五章"层次-领域维集成管理"。

2. 什么是战术管理?

3. 作业管理有什么作用?

四、理论辨析题

1. 在运用 SWOT 分析方法时,有人认为通过组织内部系统分析就可以确定组织的优势和劣势,而通过外部环境分析就可以确定组织的机会和威胁。你认为用这种方法进行 SWOT 分析是否正确,请举例说明。

2. 如何理解战略和战术可以相互转化?请举例说明。

五、案例分析题

背景材料

坐落在某城市市中心的两家零售业巨头 A 商场和 B 商场,都确立了成为该市零售业"领头羊"的长远目标,因此两商场竞争十分激烈。在春节来临之际,A 商场营销部根据公司的总体目标,确立了新年促销的目标和方案,提出了从视觉到听觉的"全感觉出击"计划。为此,各相关作业部门分头行动,采取了一系列相应的行动实现新年促销目标。首先,在商场大楼正门的上方安置了超大屏幕高清晰度显示屏,从早上 8 点到晚上 9 点连续播放动感十足的促销广告,并配以高音质、大音量的音响设备,营造节日促销气氛。其次,一线营业厅里配备了外形美、气质佳、素质高的年轻营业员。虽然时值隆冬,商场内暖气开得很足,营业员身着靓丽的初夏制服,十分吸引眼球。再次,商场内部也到处都设置了音响设备和广告屏幕,不间断地播放商品广告和动感音乐,配合促销。而 B 商场的营销部管理人员反其道而行之,采取了"以静制动"的对策。

结果顾客进入 A 商场后燥热难当,脱了外衣也无济于事,又不便当众脱去毛衣和毛裤,加上刺耳的劲爆音乐和狂躁的广告词,令人心烦意乱,"无心恋战",只想尽快走出商场。尽管营业员各个穿着凉爽可人,但顾客也无心欣赏。有些顾客刚想走进 A 商场,一见到商场外面的高音广告屏就觉得闹心。于是,他们选择了 B 商场。B 商场外面是一幅集现代潮流与中国元素为一体的巨幅平面广告,独到的设计风格,静静地散发着诱人的艺术魅力。商场内部环境优雅,舒缓的音乐低声缭绕,在任何角落都能听得清清楚楚。室内外温差恰到好处,顾客进入商场后略感暖意,十分舒适。商场内到处都有供休憩的座椅和茶桌,逛累了小憩一会儿,喝上一杯平价的饮料,使人体验到购物的情趣。

最后,一场竞争战役下来,B 商场大获全胜,而 A 商场损失巨大。

问题

1. 请用战略、战术和作业管理相互作用和相互协调的原理,分析以上案例中 A 商场失败和 B 商场成功的主要原因。

2. 这一案例对企业管理有什么启示?

第三篇　管理过程

　　尽管不同组织的不同管理领域和层次的具体管理活动千差万别，但对其步骤进行分解和归纳后，可以提炼出共通的管理过程——计划、组织、领导和控制，即决策的制定与实施管理。

第五章　计划过程：决策的制定

决策是现代管理的核心，无论是个人、集团还是社会、国家，无论是解决宏观的还是微观的社会经济问题都离不开决策。实际上，管理是一个不断做出决策并对其实施进行管理的过程，没有决策，就没有管理。正如第一章我们在决策理论学派创始人赫伯特·西蒙的名言"管理就是制定决策"的基础上提出的"管理就是决策，包括决策的制定和实施管理"。随着经济、社会和科技的发展，现代管理者所面临的决策问题越来越复杂，新的决策问题不断涌现，决策的难度不断加大。在这种情况下，单凭经验进行决策，很难保证决策的正确性。一些重大决策的失误可能导致人力、物力和财力的巨大浪费和损失，甚至导致组织事业的失败。所以，为了更好地制定正确的决策方案，掌握决策的科学步骤和方法是非常重要的。

第一节　计划过程概述

一、计划与决策的概念

1. 计划的概念

计划是管理的一项基本过程职能，它是组织、领导和控制等一系列管理过程的基础。正如哈罗德·孔茨所说："计划工作是一座桥梁，它把我们所处的此岸和我们要去的彼岸连接起来，以克服这一天堑。"(Koontz，1993)

在第一章中，我们给计划下了这样的定义：**计划**(planning)是指管理者通过内部和外部环境分析，确定管理目标，设计并选定实现目标的决策方案，编制实施方案的具体安排的管理过程。可见，计划过程主要做两件事：一件是确定决策方案；另一件是编制决策实施计划(plan)——合起来就是决策的制定。因此，本章的标题是"计划过程：决策的制定"。

决策方案和决策实施计划的区别在于，前者从原理上给出了解决管理问题或实现管理目标的方法，后者则在前者的基础上进一步确定了可操作的和细化的行动安排。打个比方，如果说决策方案是一座大楼的设计图，那么实施计划就是这幢大楼的施工图 [1]。具体来说，决策实施计划是以规范化的书面形式描述组织以及组织内各部门和各成员为实现决策方案，在未来一定时期内关

---

1. 参见张智光所著《管理学智慧：为官的定理》(南京大学出版社，2015 年版)一书中的"66. 设计图与施工图"。

于行动方向、内容、时间、地点、人员和方式等方面的具体安排，也称为计划书(见第一章)。我们将在本章第七节中详细介绍决策实施计划的编制工作。

2. 决策的概念

决策(指决策的制定，decision making)是一个组织的管理者(要素 1：决策者)为实现一定的管理目标(要素 2：决策目标)，在一定的约束条件(要素 3：决策约束)下，一方面针对各不可控环境因素(要素 4：自然状态变量)预测未来可能发生的状态概率，另一方面针对各可控因素(要素 5：决策变量)制定多种可能采取的备选方案，然后根据各方案在各状态下的后果的效用大小(要素 6：效用函数)，按照某种规则(要素 7：决策规则)选择一个最佳或满意方案(称为决策方案，a decision)，并做出该方案的实施安排的过程[1]。该定义给出了狭义决策(决策的制定)的概念，而**广义决策**是一个包含决策制定和决策实施(decision executing)管理的完整过程(张智光，2006a)。在上下文中没有特别指明的情况下，"决策"通常是指决策的制定。

由以上定义可见，决策是一个"过程"。其中，"决策实施管理是一个过程"比较好理解，但人们往往会把决策的制定理解为决定采用哪一个方案的一瞬间的行为。而根据以上定义，决策的制定是一个涉及识别问题、环境分析、目标分析、设计备选方案、选定决策方案和编制实施计划等一系列活动的过程。

由以上定义可见，制定决策的过程包含了 7 个要素：决策者、决策目标、决策约束、自然状态变量、决策变量、效用函数、决策规则。下面分别加以说明。

3. 决策的要素

决策的 7 个要素是确保决策正确性的 7 个关键因素，也反映了决策制定的原理和过程。在实际的决策过程中，这些要素常常没有引起决策者和决策分析者的足够重视，经常会出现疏漏或错误，从而导致决策的失误[2]。

(1) 决策者

决策者(decision maker)又称为决策主体(decision body)或决策中心(decision center)，是指代表组织做出某项决策并对该决策的实施承担责任的个人或群体(张智光，2016a)。似乎这是再明了不过的事情了，但是在现实管理中还是会发生与"决策者"有关的错误。例如，决策者错位，决策人不对决策的实施负责，负责决策实施的人又无权做出决策(如上级代替下级做决策)，这就造成了决策的制定与实施的脱节；决策者的缺位，存在一些管理"死角"，没有一个决策者对此事负责，不知"谁说了算"；多头"并行"决策，有些事情多个决策者都可以做出决策，"谁说了都算数"，造成管理混乱；多头"串行"决策，有些事情多个决策者或部门共同决策，"谁说了都不算数"，必须大家都同意才算数，造成效率低下；责权利脱节，导致决策者无法有效地解决问题(张智光，2016a)。

(2) 决策目标

决策目标(decision objective)是决策过程的出发点和终结点，它一方面规定了决策方案将要达

---

1. 参见张智光所著《管理学智慧：为官的定理》(南京大学出版社，2015 年版)一书中的"87. 决策——计划的第一步"。

2. 参见张智光所著《管理学智慧：为官的定理》(南京大学出版社，2015 年版)一书中的"92. 决策要素的常见错误"。

到的预期效果，另一方面也是衡量或评价决策方案及其实施效果的重要标准之一。绝大多数管理决策问题的目标不止一个，通常需要同时考虑多个目标，这样才能更加全面地作出满足多方面要求的决策，这叫作多目标决策。例如，在制定产品开发方案时，需要同时考虑产品的成本、质量、功能、市场前景、技术先进性、工艺难度、加工时间、环境效益和社会效益等多个目标。有时候，决策失误正是因为所设定决策目标存在问题。例如，决策目标的缺失，可能会导致盲目跟风；错误的目标，会得出错误的决策方案，将组织引入歧途；目标单一，会使决策者做出片面的决策；目标过多或者过高，又会使决策者无从决策，甚至造成决策方案无解。

(3) 决策约束

在制定决策方案时，除了要考虑如何实现决策目标外，还要考虑该方案是否可行。任何方案都会受到人财物等资源、法律法规、行业规范、政策制度、科技水平、市场需求等多方面的限制，这些限制条件就是**决策约束**(decision constraint)，只有满足了决策约束条件的方案才是可行方案。例如，企业在决定产品的生产品种和产量时，就会受到劳动力、加工能力、资金、原料供应、客户订单、污染排放等方面的约束。如果在决策时受到的约束太多，或条条框框太多，就会束缚住决策者的手脚和思路，难以做出有效的创新决策；如果约束缺失，就会导致决策者不择手段地去实现目标；如果约束太严，就会使人无计可施，找不到可行的方案；如果约束太松，就会使决策者抱着侥幸心理冒险去尝试不可行或者是违规的方案。也就是说，约束条件的数量和严格程度的设置并不完全是客观的，主观的努力有时也可以破解或放宽某些约束。例如，通过贷款、寻求合作等方式可以解决资金的约束，同时也会带来一定的资金风险。

(4) 自然状态变量

由于受到外部环境的影响，决策的后果不完全由可控的决策方案决定，还受到外部不可控因素的干扰，因此往往具有不确定性。这种来自外部环境的影响因素称为**自然状态变量**(state variables of nature)。自然状态变量的某一种取值，如市场需求量的具体数值，称为一种自然状态(state of nature，简称状态)。通常，一个决策问题可能有多个自然状态变量。例如，在企业经营管理决策问题中，市场需求量、原材料价格、宏观经济状况、相关企业的竞争行为、有关的政策和法规等就可能是影响决策后果的自然状态变量。在实际的决策过程中，一些决策者往往不重视或者忽视自然状态变量的存在及其影响。例如，忽视自然状态变量的客观存在，无视其对决策后果的影响，认为决策后果可以完全由自己决定，因而导致主观蛮干；没有收集到足够的环境信息，导致决策的不确定性增大，进而使得决策的风险增大；仅看到有利环境下的良好后果，没有考虑到不良后果，从而导致盲目乐观；对不利的后果缺乏应急预案，使得在发生不利情况时没有有效的应对方法，从而造成巨大的损失。

(5) 决策变量

为了解决管理问题，实现决策的目标，就需要采取相应的措施或行动方案。为此，首先要确定实现目标有哪几种途径或手段，即**决策变量**(decision variables)。假如在研究某种原材料的采购和库存问题时，决策者考虑两个决策目标：①库存量最少；②不能因缺货而影响生产。于是解决该问题的途径有两个：①通过确定合理的采购量来降低库存量；②通过确定最低库存量来保证不影响生产的连续性。可见，该原材料每次采购的数量和"触发"采购行为的最低库存量就是该决策问题的两个决策变量。然后考虑在每一种途径中有哪些可以采用的方案，即该决策变量有哪几种取值(或取值的范围)。各决策变量的某种取值的组合称为决策问题的一个备选方案(an alternative，简称方案)。每一个备选方案和每一种自然状态的组合对应着决策的一个后果(a consequence，又称为结果)。接下来，需要在备选方案集中选择一个其后果能够很好实现决策目标的最佳或满意的方案，即得到了上述决策定义中的决策方案(a decision)。

关于决策变量的常见错误有：只有一个备选方案，致使决策变得"别无选择"，其实这已经不成为决策问题了；虽然有多个备选方案，但是缺少优秀的备选方案，使得决策过程只能变成"矮子里面拔将军"；决策变量单一，导致决策手段贫乏，不能很好地实现决策目标；决策变量过多，抓不住重点，导致难以抉择。因此，在实际的决策过程中，决策者应当根据具体情况从多种途径中创造性地设计出尽可能多的备选方案，并保证其中包含了比较优秀的方案，这样才可能从中筛选出满意的决策方案。

(6) 效用函数

对于风险型决策，由于自然状态变量的影响，仅仅依靠目标函数值的大小是难以判断方案的优劣的，因为每一种方案都有可能导致几种不同的后果。也就是说，选择每一种方案都是有风险的，这时就需要考虑决策者对风险的态度，看他是属于保守型的还是冒险型的。由于同一种后果对不同的决策者来说，其效用是不同的，因此需要引入效用函数来取代目标函数作为选择方案的依据。**效用函数**(utility function)是指决策者根据客观的目标函数，对决策后果的一种主观评价。效用函数值的大小与目标函数值的大小以及决策者对风险的态度等因素有关。也就是说，效用函数是根据决策者的风险偏好，对目标函数进行非线性变换而得到的，进而反映出决策者对收益和损失的敏感性。如果低估了决策者对收益的敏感性，就会得出过于保守的决策方案；如果高估了收益敏感性，就会得出过于冒险的决策方案；如果低估了决策者对损失的敏感性，就会使决策存在较大的风险隐患；如果高估了损失的敏感性，就会过度地夸大风险。

(7) 决策规则

当以上个要素都确定了之后，就需要用某种科学的方法和民主的程序，定量处理这些变量、因素和数据，或定性地分析相关的决策信息，从而筛选出最优或满意的决策方案，这种决策的方法和程序就叫作**决策规则**(decision rules)。根据决策规则筛选出最优或满意的决策方案，有两道基本的"工序"：首先，在备选方案集中筛选出可行方案；其次，在可行方案集中根据决策目标和后果的效用选出最优或满意的决策方案。

由于实际的决策过程非常复杂，因此并不存在标准的决策规则，而决策规则的不同将影响到决策的质量和正确性。如果缺乏科学的决策规则，将会做出错误的决策；如果缺乏民主的决策规则，将会导致决策者的独断专行；如果机械地套用某种决策模型，有可能做出脱离实际的决策；如果机械地采用少数服从多数的票决方式，有可能得出平庸的决策，而埋没优秀的方案。因此，决策既是科学也是艺术(张智光，2006c)。

4. 决策与计划的关系

决策与计划的关系是怎样的呢？谁的内涵更为广泛呢？管理学理论关于这个问题有着不同的认识。一种观点认为，计划是管理的四大职能之一，是包括环境分析、目标确定、方案选择和实施计划制定等内容的过程，决策活动是其中的一个工作阶段。而以西蒙为代表的决策理论学派则认为"管理就是制定决策"，决策是管理活动的核心，贯穿于整个管理过程。实际上，这两种观点都有道理，决策与计划的关系并不是简单的谁包含谁的问题。图 5-1 清晰地描述了决策与计划等管理过程的关系。

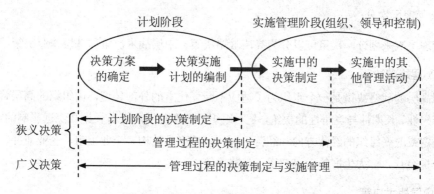

图 5-1　决策与计划等管理过程的关系

从总体上看，管理过程包括计划(决策方案的确定与实施计划的制定)和计划实施的管理(含组织、领导和控制)两个阶段。从计划阶段来看，计划过程包含确定决策方案和编制决策实施计划两个步骤，其中决策方案的确定是关键性的步骤，而决策实施计划的编制是决策方案的细化和具体化的过程。从实施管理阶段来看，为了实现计划过程所得出的决策方案，在组织、领导和控制过程中也需要制定一些较小的决策，而更多的是开展其他的非决策制定的管理活动。可见，决策的制定几乎贯穿于整个管理过程。其中，计划阶段的决策制定更为重要，是较大的决策；而实施管理过程的决策制定则是一些为实现上述大决策服务的较小的组织决策、领导决策和控制决策。可见决策的制定和计划过程的关联度，要比其他管理过程更大，所以本书将决策的制定放在计划过程中，并作为本章的重点内容进行介绍。另外，广义的决策包含了计划过程的决策制定和实施过程的管理等全部的管理过程。

二、决策的类型

管理决策有多种类型，在组织中处于不同位置、执行不同管理任务的管理者所面对的决策类型有很大的区别。例如，人力资源部经理确定一项例行的招聘方案，和公司高层管理者试图实施一项艰难的大范围裁员相比，所面临的决策问题是迥然不同的。不同决策类型的特点不同，需要的信息不同，采用的方法也不同，因此了解决策的各种分类是很有必要的。

图 5-2 从多种角度把决策分为不同的类型(张智光，2006a)。下面分别加以说明。

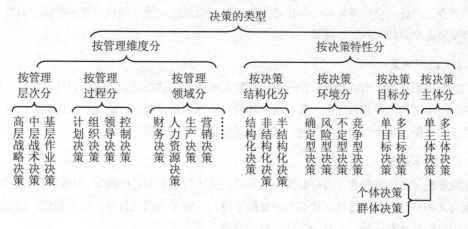

图 5-2　决策的类型

1. 按管理层次分

按管理层次来划分，决策可以分为高层战略决策、中层战术决策和基层作业决策等类型。

(1) 高层战略决策

组织高层的战略决策是一个组织为了适应不断变化着的外部环境，由组织的高层管理者做出的具有全局性、长期性与竞争性的决策，是对组织的生存与发展有着长期和深远影响的重大决定。譬如，确定或改变组织的经营方向和经营目标、调整产品结构、企业上市、企业兼并、开拓海外市场、合资经营、扩大生产能力等都属于战略决策。

(2) 中层战术决策

中层战术决策是在战略决策的框架下，组织的中层管理者就一个部门的局部和中期的人力、资金和物资等资源进行合理配置等问题做出的决策。譬如，部门机构的重组、人力资源配置、制定销售和生产计划、资金筹措与使用等方面的决策问题都属于战术决策。战术决策的制定必须符合战略决策的要求，为组织实现战略目标服务。

(3) 基层作业决策

基层作业决策是在战术决策的指导下，由基层管理者做出的处理日常业务的决策，具有细节性、短期性与常规性等特点。例如，企业的生产作业安排、具体某一次的广告策划、某一次培训计划的制定等都属于作业决策。作业决策虽然只是处理一些细节问题，但却是实现组织的战略决策和战术决策重要保证。细节做得好坏，反映了一个组织的管理基础的好坏，关系到整个组织的战略目标能否最终实现。如果许多作业决策都考虑欠周，处理不当，很难想象组织的战略决策能够顺利执行。总之，高层、中层和基层决策必须相互协调，才能使组织有效运行和不断发展。

2. 按管理过程分

按照管理的过程来分，决策可以分为计划决策、组织决策、领导决策和控制决策。

(1) 计划决策

计划决策是指管理者在履行管理的计划职能时所需制定的决策，如战略计划决策、销售计划决策、生产计划决策、采购计划决策、财务计划决策、人力资源计划决策、投资计划决策等。上面已经说过，计划决策通常是一些比较大的决策，而组织决策、领导决策和控制决策是为了实现计划决策而制定的一些"小决策"。

(2) 组织决策

组织决策是指管理者在履行管理的组织职能时所制定的决策，如岗位设计、职务设计、部门划分、组织结构的调整和优化、管理层次和管理幅度的最优匹配、纵向和横向的权力分配、授权和集权的平衡、各类管理者的任免、组织力量的整合等方面的决策。

(3) 领导决策

领导决策是指管理者在履行管理的领导职能的过程中所制定的决策，如确定合适的领导方式、沟通方式和协调方式，选择正确有效的激励手段，设定工作绩效目标，建立和谐、愉悦、公平和公正的组织环境和机制，平息冲突和化解矛盾等。

(4) 控制决策

控制决策是指管理者在履行管理的控制职能的过程中所制定的决策,如选择合适的控制方式,针对存在的问题选择反馈控制的措施和手段,根据环境预测信息制定预防措施和方案,根据工作现场发现的问题决定处理方法,以及控制系统的构建等。

3. 按管理领域分

按照管理的领域来分,决策可以分为财务决策、人力资源决策、生产决策、营销决策、研发决策、物流决策和基本建设决策等。例如,财务决策包括资金筹措决策、资金投放决策、资金使用决策、资本结构优化、利润和股利分配决策、财务计划的制定、成本控制决策等；人事决策包括人力资源规划或计划的制定,人员招聘、挑选和录用决策,员工培训和人才培养决策,绩效评估指标体系和考评制度的建立,薪酬结构优化和制度设计,职务和职称晋升决策等；生产决策包括生产设施的选址和布局、生产流程和环境设计、生产系统的布局、生产计划的制定、劳动力的配置、生产能力的规划、生产标准和劳动定额决策、质量标准的制定、质量控制决策、生产成本控制决策、生产调度决策、交货期控制决策等；营销决策包括市场营销计划的制定、市场机会的确定、目标市场的选择、市场定位、产品结构的调整和优化、产品差异化决策、产品更新换代决策、产品定价决策、品牌决策、服务决策、分销渠道的选择、分销渠道的流程和结构优化、广告决策、促销方式和手段决策等。

4. 按决策结构化分

(1) 结构化决策

决策者所面对的许多决策问题在其复杂程度、处理的难易程度、可定量程度、处理程序的灵活程度等方面都是不同的。有些重复发生的、常规的或例行的决策问题,其处理程序非常清晰明了,决策者对它的处理方法非常熟悉,与问题相关的信息容易获得,也比较完整,这类决策被称为**结构化决策**(structured decision making), 也称作结构良好的决策(well-structured decision making)或程序化决策(programmed decision making)。例如,零售店处理顾客退货,大学处理考试作弊的学生,企业解决供应商延迟交货事件,根据生产计划和库存数据制定采购计划,处理生产中的质量问题等都是有章可依、有规定程序和方法的结构化决策。

(2) 非结构化决策

与结构化决策相对应的是非结构化决策。**非结构化决策**(non-structured decision making)是一些新出现的、不同寻常的、相关信息比较少或比较含糊的决策问题,决策者不清楚应当用什么程序和方法进行决策的问题,也称作非程序化决策(non-programmed decision making)。例如,一个企业决定是否投资生产一种新型的、尚未产业化的高科技产品,是否采取某一种新的营销战略,是否兼并某家公司,是否要进行跨国经营,是否关闭一个亏损的分厂等都属于这类决策问题。由于非结构化决策是未曾或极少发生的,没有现成的解决方法可循,决策的难度较大,因此这些决策问题的解决方法和处理程序灵活多变,需要决策者具有相关的知识、经验和创造性的思维能力。例如,20 世纪 80 年代初,随着个人计算机(personal computer,PC)技术的发展和计算机成本的大大降低,IBM 公司开始制定个人计算机的营销战略,这与公司以往所做的任何营销决策都有所不同。

一方面，IBM要面对苹果公司、惠普公司及数据设备公司等强有力的竞争对手；另一方面，计算机消费者的需要不同于那些购买价值数百万美元的大型计算机系统的买主。因此，IBM公司为个人计算机所制定的一系列营销战略决策是前所未有的，属于非结构化决策。

(3) 半结构化决策

在现实问题中，极少数管理决策是完全结构化的或完全非结构化的，大多数决策介于两者之间，只是有些决策结构化的成分多一些，有些则非结构化的成分多一些。我们把这类决策称为半结构化决策。**半结构化决策**(semi-structured decision making)是一些曾经出现过若干次类似情况的决策问题，决策者掌握了部分有关信息，有一些决策经验，但决策程序和方法还是太明了的问题，也称作半程序化决策(semi-programmed decision making)。半结构化决策可以部分地借鉴以往的决策方法、模式和程序，部分地采用灵活和创新的决策方式，既属于科学又包含了艺术。例如，关于一种新产品的促销方式的决策，决策者已有一定的经验，决策时也可以借鉴以往其他产品的促销方式和相关信息，但是他们对新产品的特性和消费者的需求等还没有完全掌握，需要采取一些新的策略，这就属于半结构化决策。

为区别于结构良好的决策，通常把非结构化和半结构化决策统称为不良结构决策(ill-structured decision making)。

(4) 决策的结构化与管理特性的关系

首先，决策的结构化程度与管理的层次有关。低层管理者主要依靠规范化的程序去处理那些比较熟悉的和重复发生的日常管理决策问题，而高层管理者更多地要处理那些无前例可循的或比较困难的不良结构决策问题。高层管理者可以将例行性决策授予下级，以便使自己有更多的时间去处理更重大的棘手的决策问题。

其次，决策的结构化程度与管理的效率有关。同样的决策问题在不同的组织里，其结构化程度是不同的。一般来说，同类决策的结构化程度越高，或者说在各类决策中结构化决策所占的比例越高，说明该组织的管理秩序越好，管理水平和管理效率越高。当一个组织把所遇到的任何简单的决策问题都变得非常复杂，都需要管理人员用高超的管理艺术去处理的时候，这个组织的管理基础一定非常糟糕，很难想象它将如何制定和实施那些真正复杂的重大的决策问题。而一个管理水平较高的组织，会把发生过多次、取得了一定经验和掌握了其决策方法的非结构化问题，迅速转化成结构化决策问题，制定出这类决策的程序化的决策规则或制度，以提高管理效率。

再次，决策的结构化程度与管理的成本有关。采用结构化决策有利于降低组织的管理成本，因此只要可能，就应当把管理决策问题转化成为结构化决策。结构化决策可以大大降低人力资源成本，缩短决策时间，提高决策效果，节约相关资源。为此，组织管理者需要制定指导下属进行结构化决策的标准程序、规则和政策，以便具有一般决策能力的管理者也能做出较高水平的决策，从而降低了管理成本。

为了说明结构化决策对提高组织效率和降低成本的作用，我们举一个例子。美国有一家销售额达几十亿美元的公司，在遍布美国的40多家工厂中都设有一个总会计师，每位总会计师有3~6个监督员向他汇报，并管理25~50个职员。由于对这些财会人员的要求较高，公司的人力成本应该是很高的。但由于公司已成功地把总会计师的决策工作几乎全部高度结构化了，因此大多数总会计师的年薪从 65 000 美元以上降为 38 000 美元。这些总会计师大多数仅受过高中教育，并非聪明过人，但他们能遵从指导。公司制定了一份 4 000 页的会计手册，并且不断更新。它告诉每一位总会计师在遇到绝大多数决策问题时应如何处理。如果决策问题和处理程序在手册里找不到的话，总会计师就向总部请示，总部就会指导他该怎么做。然后总部在一个月内，增补原有手册，以指导其他可能会遇到同样问题的总会计师。在这家公司中，只需要聘请少数高代价的人才为总部制定所有的非结构化会计问题的决策程序。这样，该公司在无须雇用取得过大学文凭、硕士文凭或有注册会计师执业资格的高级财务人员的情况下，就能够获得一致的、合理的决策。

5. 按决策环境分

(1) 确定型决策

确定型决策是指，决策问题所处的环境是确定的，即各自然状态变量的未来取值能够完全确定，每一个方案只会发生一种后果，决策者只需根据后果的优劣从备选方案中选择最佳方案，而无须考虑决策的风险问题。但是严格意义下的确定型决策是很少见的，大多数决策则是非确定性的。一般来说，如果某一时间段内的决策环境是相对稳定的，或者环境的变化是可以准确预估的，我们就可以近似地把这类决策看做是确定型决策。例如，在产品需求订单确定的情况下，如果后期的额外需求很小，那么按订单的要求制定产品的生产决策，就可以看做是确定型决策。一般来说，对环境变动信息掌握得越充分，对未来的预估越准确，就越逼近于确定型决策，决策的风险就越小，可靠性就越强。

(2) 风险型决策

一种更贴近实际的决策问题是风险型决策。**风险型决策**，又称为随机型决策，是指这样一类决策问题：其环境影响因素即自然状态变量是随机变量，未来可能发生的状态(自然状态变量的取值)不确定，而概率可估计，因此每一种将要采取的方案都可能会出现多种不同的后果，选择每种方案都是有风险的。通常可以依靠专家的经验和对有关资料的分析，对自然状态变量未来发生各种状态的概率进行估计，以此作为决策的依据之一。显然，这类决策的正确性受到了概率估计值的准确性的限制，因而方案的选择既有一定的依据，又有一定的风险。而预估得越准确，风险就越小。

风险型决策是管理活动中最常见的一类决策。例如，在市场销售前景不明确的情况下，开发一种新产品的决策就是风险型决策。企业管理者可以通过市场调查及专家咨询等方法预测该产品未来的各种市场销售状态的概率。如果产品畅销的概率很大，而且产品利润较高，研发方案可行，就可以考虑开发这种新产品；如果产品滞销的概率较大，组织就可能放弃这种新产品。当然，由于预测误差，或者由于未来其他不可知因素的发生，组织选择任何方案都没有绝对的把握。因此，管理者必须具有风险防范和风险承担的意识(张智光，2008)。

(3) 不定型决策

在环境影响不确定，同时又无法估计未来发生各自然状态或后果的概率的情况下，决策者如果必须做出决策，那就是**不定型决策**。由于概率信息的缺乏，不定型决策的科学性大大下降，这时的选择将在很大程度上受决策者心理倾向和对风险的态度等因素的影响。当然，严格意义上的不定型决策是很少的，通常把环境信息比较匮乏的决策近似地看作不定型决策。例如，一个组织如果要和一个刚刚成立的公司进行一笔交易，由于没有任何关于这家公司的信誉记录，而且出于商业竞争等原因，做出决策的时间很有限，因此几乎无法估计未来发生各种后果的概率，这种决策就属于不定型决策。

不定型决策和风险型决策统称为非确定型决策。就决策的准确性和风险性而言，确定型决策最为准确、风险最小，风险型决策次之，不定型决策准确性最差、风险最大。因此，管理者尽量不要在环境状态信息缺乏的情况下做出决策，尤其是重要的决策。

(4) 竞争型决策

以上决策所面对的环境变量都是自然状态变量，属于非竞争主体环境。当决策者所面对的环境是其他决策者或竞争对手时，即竞争主体环境时，对于组织决策者可能采取的各种决策方案，其竞争对手都会采取相应的策略进行应对，这类决策问题叫作**竞争型决策**，又称为博弈型决策或博弈决策。例如，某公司希望通过降价方式扩大产品销量，但同时又担心其他公司也采取类似的手段促销，结果导致"价格战"，造成两败俱伤，或多败俱伤。又如，城市管理部门欲制定政策取缔违章"占道经营"，这时管理者须要研究经营者针对新的规定将会采取什么对策，避免出现"上有政策，下有对策"的局面。这种决策需要运用博弈论(对策论)加以分析，做出科学的决策。

6. 按决策目标分

组织的各类管理决策都是为了实现某种或某些管理目标。如果某项决策是为了达到一个目标而在多种备选方案中选定一个最优方案，这类决策问题叫作**单目标决策**。例如，某组织的营销决策只考虑"利润"一个目标，能使利润达到最大值的方案就是最佳方案，这种决策就属于单目标决策。然而在现实的管理中，单目标决策比较少，绝大多数管理决策都要考虑多个目标。例如，在制定营销决策时，不仅要考虑利润目标，还要考虑产品及服务的社会效益，考虑营销手段的合法与是否遵从行业规范等其他目标，这类决策称为**多目标决策**。在多目标决策中，多个目标之间往往是相互矛盾的，如经济效益与环境效益、产品质量与成本、公司利益与员工利益等都有一定的矛盾性。多目标决策就是要在这些相互矛盾的目标之间进行调和与折中，寻求一种能实现各目标之间平衡的决策方案。

7. 按决策主体分

按照决策主体的多寡，决策可划分为单主体决策和多主体决策。

(1) 单主体决策

单主体决策只有一个决策主体，可以是单个人，也可以是一个群体，因此又可分为个体决策与群体决策。**个体决策**是指只有一个决策者个体，如总经理等；**群体决策**则指由多个利益或目标基本一致的决策者所组成的决策集体，例如某公司的经理层，或某单位的领导班子等。

个体决策与群体决策各有利弊，它们的特点比较如表 5-1 所示。前 4 项比较内容是个体决策的缺点和群体决策的优点，而后 4 项内容是个体决策的优点和群体决策的缺点。一般来说，在组织的各类决策中，应当尽量避免纯粹的个体决策，尽可能推行决策的民主化，采取群体决策方式。但同时，管理者应当努力提高决策水平和决策艺术，克服群体决策的各种弊端。具体来说，既要明确决策的个人责任，又要发扬民主；既要提高决策效率，又要保证决策质量；既要发挥个人的决策能力，又要发扬群体成员相互启发的优势；既要冷静和客观地把握住自己的观点，又要善于接受他人的有益建议。在进行群体决策时，不能简单或机械地采取少数服从多数的方式，因为真理往往掌握在少数人手里。因此，在决策群体中充分的交流、沟通与商议是十分必要的，要把各方案的优劣性议深、议透、议完全，不能在稀里糊涂的情况下急于进行票决[1]。

表 5-1 个体决策与群体决策的特点比较

比 较 内 容	个 体 决 策	群 体 决 策
决策的准确性	容易造成决策失误	能够克服个人的判断错误
决策的创造性	决策思路比较狭窄	便于相互启发，易于产生多种创新方案
决策的合法性与认可度	决策过程的合法性和决策方案的认可度较差，执行难度较大	有利于提高决策过程的合法性和决策方案的认可度，使决策易于被接受，并有利于执行
决策信息	信息来源窄，难以获得更多的决策信息	信息来源广泛，易于获得完整的信息和知识
决策责任	责任明确	责任不清
决策效率	决策时间短、效率高	决策时间长、效率低
群体思维倾向	便于充分发挥个人能力，提出独到见解，独立做出冷静的判断	从众压力大，个别不同意见得不到重视，导致群体决策质量下降
群体转移倾向	能够冷静和客观地分析自己的原始观点	在讨论中，成员倾向于夸大自己的观点，保守变得更保守，冒险变得更冒险

(2) 多主体决策

多主体决策的决策主体是利益倾向或决策目标各不相同的几个人或几个群体，例如某组织中由各部门代表组成的委员会，或由不同党派构成的议会等。上述单主体决策有可能是多个决策者进行决策，但他们的决策目标基本上是一致的；而多主体决策的每个决策主体都有自己不同的决策目标。多主体决策的过程实际上是利益平衡或解决冲突的过程，最终的决策方案往往是各个利益群体都能够接受的折中方案。

三、决策的步骤

决策是一个过程，而不是一瞬间简单的选择行为，应遵循一定的决策步骤(decision process)。虽然管理者面临的众多的决策问题不尽相同，但这些决策都有相同的内在规律性，科学的决策步骤都是相同的。为了提高决策水平，减少决策失误，管理者都需要遵循正确的决策步骤。图 5-3 给出了决策步骤的流程图，它包括决策的制定和实施的管理两大阶段，前者又包含了决策方案的确定和实施计划的编制两个阶段。前面我们已经说过，狭义的决策是指决策的制定过程，而广义

---

1. 参见张智光所著《管理学智慧：为官的定理》(南京大学出版社，2015 年版)一书中的"112. 决策的禁忌""113. 多数人赞成的未必是好方案""114. 一次性表决未必公正""115. 票决"。

的决策包含了决策制定和决策实施全过程的管理。图 5-3 中还描述了决策的 7 个要素与决策制定的主要步骤之间的关系，也是对这些步骤的依据和原理的进一步展开。

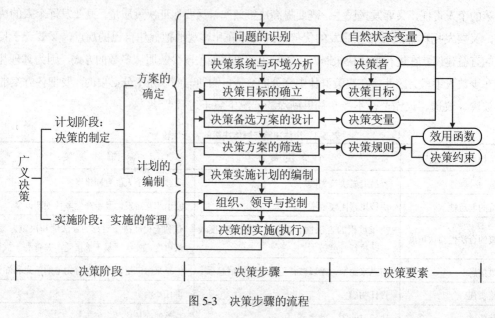

图 5-3　决策步骤的流程

由图 5-3 可见，决策的步骤并不是一个一次性的简单递进的过程，其中包含了多次返回和循环。例如，在进行决策方案的筛选时，如果从现有的备选方案中无法选出满意的决策方案，就需要返回到上面的步骤去设计更多和更好的备选方案。此外，在决策实施的过程中，需要不断监测实施情况，并将其返回到适当步骤进行调控，以保证最终实现决策目标。当发现新的决策问题时，还要返回到识别问题的阶段，进行新一轮的决策。下面对各个决策步骤进行简要说明。

1. 问题的识别

当管理者注意到组织运行过程中存在比较重要的问题并具备解决问题的条件或时机时，制定决策的过程就开始了。也就是说，决策制定过程一般始于一个或一系列现存的或潜在的问题，更明确地说，始于现在或未来的实际状况与期望状态之间的差异。但是，问题的识别并不是一件简单和容易的事情。有些问题比较明显，而那些隐藏的问题——成绩后面的问题，根本性的问题——问题后面的根本原因，以及潜在的问题——未来将发生的问题等，都需要我们去认真研究。决策者面对纷繁复杂的问题，要经过一系列的调查研究和理性思维，对问题进行归纳、筛选、提炼和分析，抓住有价值的问题，把握其中的关键和实质。如果问题真正的本质没有抓住，或者抓得不准，决策就做不到关键点上，就起不了作用。

有些问题比较明显。例如，某公司的员工向他们的主管反映公司现在所用的电脑运行速度太慢，硬盘容量太小，无法保存所有的客户资料，而仅仅增加容量不经济，这时主管就面临着要购买新电脑的问题。在管理实践中还有许多问题往往难以识别。例如，某公司的销售额下降了5%，这个问题就不那么简单了，它可能只是另一个问题的征兆。可能是因为公司产品过时或广告投入不够，也可能是产品质量下降或其他公司采取了更为有效的促销举措等，这就需要认真分析，否则无法决策。另外，对于同样一个现象，在一个经理看来是"问题"，而另一个经理可能认为是"满意的状态"。可见，虽然问题是客观的，但问题的识别又具有一定的主观性。

为抓住识别问题的本质，应从以下几个方面入手：①厘清问题的性质，搞清楚问题是全局性的还是局部性的，战略性的还是战术性的，长远性的还是暂时性的，已经显现的还是潜在的，能够解决的还是暂时无条件解决的等；②认识问题的特点，包括其严重性、影响面，以及历史、现状和发展的趋势等；③分析产生问题的原因，分析问题的主观原因和客观原因、主要原因和次要原因、直接原因和间接原因等；④分析问题及其原因之间的相互关系，包括纵向的层次性和横向的关联性等。

2. 决策系统与环境分析

弄清楚决策的问题后，接下来就应当研究该决策问题所涉及的内部系统和外部环境。在第一章我们已经介绍过，内部系统包括组织的管理客体、内部环境和管理主体等部分。内部环境和管理客体的划分并不是一成不变的，因决策问题的不同而不同。对某一项决策来说，内部环境通常是组织内部系统中的不可控部分，而管理客体往往是该决策的可控部分。

在进行决策系统与环境分析时，一方面要了解系统的组成结构、各部分的相互关联、系统的运动机制、系统的资源和状态，以及组织内部的物质环境、精神环境和文化环境，并评价组织的能力水平等；另一方面要研究系统外部环境的变化规律和特点，分析环境对系统的作用和约束，以及系统对外部环境的影响，并且预测外部环境的未来发展趋势。例如，某企业面临的决策是如何提高市场份额的问题，这时应当根据问题识别的结果，进一步深入分析企业中的相关状况，如产品及其生产状况、销售状况、经营成本状况等。然后研究组织的外部环境，如市场的需求情况、消费者对本企业产品及其服务的看法和意见、消费群体的特征、消费倾向、竞争对手的情况等，并预测外部环境今后的发展趋势。这一步骤的工作量很大，而且很重要，它将为下面各步骤提供必要的决策基础信息。

3. 决策目标的确立

在决策系统和环境分析的基础上，管理者需要考虑决策过程所希望达到的效果，或者明确组织应当朝着什么目标前进，以便为后续的决策步骤指明方向。前面在介绍决策要素时，我们已经说过，决策目标的确立是一项十分重要的工作，错误的目标将导致错误的决策，过高的决策目标将导致决策实施的失败，单一的决策目标将导致偏激或幼稚的管理行为。例如，有些广告设计者一味追求广告的视觉效果，以吸引受众的眼球为目标，却忽略了广告决策的真正目标是提高产品的销售量。于是，我们经常会看到一些广告虽然非常具有视觉冲击力，但受众却不知道它究竟是什么产品的广告，结果对提高产品销量毫无帮助。对于复杂的决策问题，其目标往往不只有一个，而是要同时考虑多个决策目标，即上面提到的多目标决策。而且这些目标之间是有矛盾的，需要对它们的重要性进行合理的排序，并设定不同的权重系数。

4. 决策备选方案的设计

为了实现决策目标，下一个步骤就是要设计备选方案。这是决策的关键步骤，也是难度最大的、最具创新性的工作。如果想不出方案，或只有一个方案，就没有比较和选择的余地，也就不存在决策的问题。如果备选方案太少，好方案可能不在备选方案集之中，那么下面的方案筛选工作也就没有什么意义了。因此，这一步骤要求决策者尽可能多地列出能够实现决策目标的各种可能的行动方案。在实际管理中，许多决策问题让管理者束手无策，这并不意味着这些问题无法解决，而是因为我们还没有找到解决问题的方案。对于比较复杂的决策问题，设计备选方案需要从多种途径(即多个决策变量)入手，并设计每一种途径下的具体方案(即各决策变量的取值)，然后可以组合成多种备选方案，以供下一步进行方案的筛选。

5. 决策方案的筛选

设计了备选方案后，决策者要对这些方案进行分析和评价，并从中选出最佳的方案，即决策方案。方案的筛选主要考虑三个方面的因素：第一是方案的可行性，即备选方案能否满足各种决策约束条件，例如人力、物力和财力等资源的限制条件；第二是方案的可意性，即备选方案实现各项决策目标(对于风险型决策，则用考虑了决策者偏好的效用函数来衡量)的程度；第三是方案的可靠性，即备选方案在自然状态变量的影响下可能出现的风险，包括风险的概率和风险的大小。然后根据以上标准，通过某种决策规则对备选方案进行筛选(见图5-3)。

6. 决策实施计划的编制

选定了备选方案之后，下一个重要的工作是方案的实施。如果不能很好地实施方案，再好的决策都是毫无意义的。在决策实施之前，应当编制一个周密细致的实施计划，这个计划是对备选方案的进一步细化，以便于有条不紊地进行实施工作。在编制实施计划时，需要对决策任务进行分解，得到一些比较明确、独立和可操作的任务单元，明确各任务单元的完成时间、地点和质量要求，确定总体方案和各任务单元的负责部门和责任人，说明各任务单元的执行方式和方法，以及各任务单元之间的协调与配合关系等。

7. 决策实施的管理

对决策的实施或执行阶段的管理，就是通过组织、领导和控制过程，保证全面、均衡地完成决策实施计划所规定的各项任务。下面从决策实施的前期、中期和后期管理三个方面介绍实施管理的具体内容。

(1) 决策实施的前期管理

决策实施的前期管理主要是实施计划的组织落实、资源配置和宣传动员等工作。首先，根据决策实施计划的要求，建立或调整实施决策的组织机构，进行人员配备，把计划指标层层分解和落实，明确各部门和各人的责任与权力。这样就可以使每个部门和每个员工明确在实现决策目标的过程中，自己应尽的责任和努力的方向，从而有利于计划的实施，为实现决策提供组织保证。其次，组织中各部门、各层次为完成计划指标，必须从事一定的活动，活动中要消耗一定的资源，为了保证他们有条件开展工作，必须获得必要的资源和条件，并具有调动和利用资源的权力。再次，对于重大决策的实施，还需要进行动员和宣传活动，使大家能够充分了解和理解决策实施的重要性、必要性、任务目标和实施方法等内容，明确各自的任务和目标，从而解除员工心中的疑虑，调动员工的积极性，使得决策能够顺利实施。

(2) 决策实施的中期管理

我们知道，即使是最优的备选方案，在执行过程中，由于主客观情况的变化，也将发生这样或那样的问题，使得实施的阶段性结果与目标要求发生偏离。在决策实施过程中发生偏差的原因大致可归纳为三种情况：第一是执行人员没有按规定完成任务；第二是执行中发生了事先没有预料到的变化，使得执行过程遇到困难；第三是备选方案及其计划本身不合理，导致决策无法按要求完成。因此，在决策实施过程中必须做好追踪检查、干扰预报、信息反馈和前馈工作。也就是说，要及时、准确地检查方案实施过程中的执行情况，发现已经出现或将要出现的问题，并把这些信息传递到决策机构，以便尽快采取相应的控制措施以及相应的领导和组织措施纠正或预防偏差。这样才能保证每一阶段、每一环节任务的完成，才能保证最终实现整体的决策目标。

(3) 决策实施的后期管理

决策执行过程完成后，还要进行完成效果的评价，看它是否已解决了问题，是否已达到了预期的目标，并据此总结经验和教训，实行必要的奖励与惩罚，以便改进今后的工作。如果评价结果表明决策已经解决了原来的问题，达到了目标要求，那么整个决策过程圆满结束。如果在评价结果中发现目标没有实现，或多或少依然存在一定的问题，或者原问题转变成了另一种新的问题，那么管理者需要仔细分析在什么地方出现了错误或疏漏。必要时还要返回到决策问题的识别阶段，重新开始新一轮的决策过程。

以上决策步骤只反映了某一个管理层次的计划过程，而该计划过程还应当与其他管理层次相关联，并构成多层次集成计划网络模型[1]，从而保证战略规范的层层落实和最终实现。

第二节 决策内部系统分析

一、内部系统分析的意义与内容

1. 内部系统分析的意义

俗话说，知己知彼，方能百战不殆。在明确了决策问题后，接下来就应当研究该问题所涉及的内部系统和外部环境。内部系统包括管理客体、内部环境和管理主体等。管理客体对于组织管理者而言是近期可控的，而内部环境是近期不可控的，需要经过长期努力才能改变。对内部系统进行分析可以使决策者了解组织的决策环境、可能采取的决策手段、决策实施的能力，知道组织能干什么、不能干什么，以及长项是什么、短板是什么等。如果是制定战略决策，还要将内部系统分析与外部环境分析的结果进行比较，以便进行 SWOT 分析，了解组织的优势、劣势、机会和威胁(见第四章)。内部系统分析和下面将要阐述的外部环境分析相结合，就可以确定决策的目标和设计决策的备选方案，也能为决策方案的选择提供参考。

在进行组织内部管理决策时，根据权变管理理论，没有一种管理模式是万能的，必须根据组织自身的特点来选择合适的管理决策方案，或者创造新的管理方案。在进行组织的对外竞争决策时，也要根据组织自身的特点和能力选择竞争方案，不可人云亦云，跟风决策，一窝蜂上项目，更不可用自己的短板与别人的长项进行竞争。企业要努力打造自己的特色，要实行差异化战略，

---

1. 这部分内容可参见张智光所著《管理金字塔——成功企业三维集成管理体系研究》(科学出版社，2009 年版)一书的第六章"层次-过程维集成管理"。

发挥自己的长项，这样的决策才是优质和有效的决策。可见，组织内部系统分析，不论是在组织内部的管理决策还是对外竞争的决策中，都是十分重要的决策环节。

2. 内部环境分析的内容

在第一章对管理客体与管理环境进行阐述的基础上，经过进一步细化和完善，我们可以绘制出如图 5-4 所示的决策内部系统分析的主要内容结构图。由图 5-4 可见，内部系统分析总体上由管理客体分析、内部环境分析和管理主体能力评价三部分构成。其中，管理客体分析包括对资源与业务的分析(参见第一章图 1-4)；内部环境分析包括内部物质环境(工作环境)、精神环境(心理环境)和文化环境(组织文化)等内容的分析(参见图 1-3)；管理主体能力评价包括对领域维、层次维和过程维的管理能力，以及对各维度集成化管理能力的综合评价。下面就其中一些主要的内容做进一步的阐释。

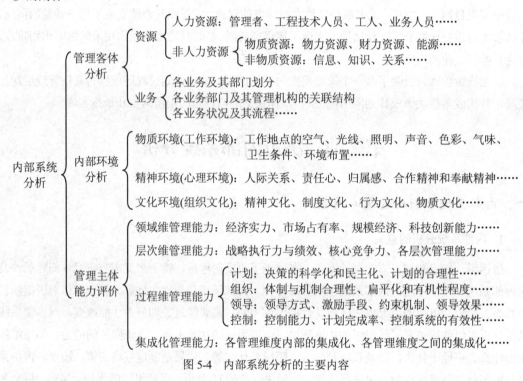

图 5-4　内部系统分析的主要内容

二、管理客体分析：资源与业务

在特定时期内，组织能够拥有和利用的资源是有限的。为了有效利用资源，就需要研究组织的资源拥有及其利用情况。现代管理中的资源概念已拓展到人力资源、财力资源、能源、信息资源、知识资源和关系资源等诸多方面。因此在审视组织的资源环境时，不仅要注重看得见、摸得着的物质的"硬资源"(物质资源)，还要深入研究用来获得、操纵、管理、运作和改善这些硬资源的"软资源"(人力资源和非物质资源)；不仅要注重那些无生命的资源，更要研究富有生命力和创造力的人力资源。下面对其中几类重要资源的分析内容和要求进行简要说明。

1. 人力资源分析

人力资源是第一资源，人力资源状况是决定组织竞争力强弱的重要因素。组织在引进人才、培养人才、考核员工、激励和约束员工、调动员工的积极性等方面需要做出一系列的重要决策，因此组织人力资源状况的分析就显得十分重要。

不同组织的人力资源的分类是不同的，同一个组织按不同的标准也有不同的分类方法。以企业为例，按从事工作的性质，可以将人力资源分为管理人员、工程技术人员、工人、业务人员和其他人员。其中，工人包括基本生产工人、辅助工人(如仓库工人、锅炉工、电工、机修工、水工、装卸工和运输工等)和学徒工；业务人员指各业务科室的基层工作人员(如会计、采购员、销售员、检验员、程序员、统计员和文秘人员等)；其他还包括医务人员、炊事员、司机、门卫和保安等。人力资源分析的内容主要有：了解和研究各类人员的数量是否合适，比例是否恰当，岗位设置是否合理，同类人员的结构是否存在问题(包括年龄结构、学历结构、专业结构、职称结构和性别结构等)；哪些部门人浮于事，哪些部门人才紧缺；员工的工作态度、工作能力、技术水平、工作业绩、工作积极性和创造性如何；员工有哪些情绪、牢骚、需求、困难、意见和建议等；员工的职位、职称和工资的晋升情况如何，员工受到表彰、奖励和处罚的情况如何等。

2. 物力资源分析

对于企业组织来说，物力资源环境的分析主要包括：组织的设备、仪器、工具、厂房、仓库、场地和原材料供应等方面的基本条件；这些物力资源的利用和管理情况；这种现状与企业的生产和技术水平的发展是否相适应；企业更新改造计划实施的情况如何；目前存在的问题是什么等。物力资源的投入通常比较大，因此为了不使这些投资决策发生失误，必须认真细致地进行物力资源分析工作，以便为决策者提供可靠的信息。以物资供应为例，资源的短缺不仅影响企业的生产和销售等活动，而且有些战略性资源的短缺将对组织的生存和发展构成威胁。因此管理者需要对物力资源短缺的原因进行分析，这里有可能是因为采购和物流等问题导致供应不足，也有可能是由于某类物资属于紧缺资源或被限量使用。

3. 财力资源分析

财力资源是获取和改善其他资源的重要基础，是组织一切工作的中心，也是反映组织各项工作成效的综合因素。财力资源与其他资源的不同之处在于，财力资源的流动性和隐蔽性很强，从直观上很难看出组织财力资源的状况，需要通过财务信息报告及其分析结果才能看出来。而财务信息的准确性和真实性又是一个值得研究的问题。因此，有些组织财务状况已经很糟糕了，或者资金流动情况已经很不正常了，而高层管理者却浑然不知。可见，财力资源分析是组织内部系统分析中一项十分重要的工作，关系到组织的生存、发展和风险防控。财力资源分析的内容主要有：组织的资金拥有和构成情况、资金的筹措渠道、资金的利用情况、盈利能力、偿债能力、财务结构、资金流动状况，组织有没有足够的财力或能否筹措足够的资金来拓展新的业务，有没有财力去改造现有的经营条件，财务管理方面存在哪些问题和隐患等。

4. 信息资源分析

所谓管理，从信息论的角度来看，就是通过信息流来控制物流、资金流和人的活动。因此，科学决策的依据就是准确、真实、可靠和及时的信息。实际上，以上对各项资源的分析所获得的也就是进行有关决策所需要的信息。因此，信息资源的完整性、先天性、准确性、有效性和及时性等从较大程度上反映了一个组织的管理水平和决策水平。信息资源分析的内容有：了解各部门的管理和运行所需要的信息是否完备，信息能否及时地提供给有关使用者，信息的准确性、一致性和真实性如何，信息能否得到及时的更新、补充和修正，信息处理的效率和效能如何，信息能否正常、迅速地流通和传递，需要保密的信息有没有泄露，现代化信息系统的开发、应用及其效果如何等。

5. 业务分析

管理客体除了上述各项资源外，另一大类就是组织的各项业务，即运用各项资源实现组织目标的活动。不同组织的业务活动是不同的，对于制造类企业而言，其业务有采购、生产、物流、销售、研发等。由于业务活动的涉及领域比较广泛，在进行内部系统分析时应抓住重点，不宜面面俱到，重点分析与决策问题相关的业务部门、活动、流程和环节等。业务分析的具体内容有：组织的各项业务划分以及相关部门的划分；各业务部门之间以及与管理机构之间的关联结构，并由此绘制组织结构图；业务流程结构、信息流结构、物流结构、资金流结构；各项业务活动是否有序，能否实现各项业务管理计划的目标和任务，投入产出的效率和效能如何；业务流程的标准化与合理性如何，各项业务之间的能否相互协调；业务活动的主要问题在哪里，有没有提升的可能性等。

三、内部环境分析：组织文化

组织内部环境分析主要包含三个方面的内容：物质环境，即工作环境，如工作地点的空气、光线、照明、声音、色彩、气味、卫生条件、环境布置等情况；精神环境，即心理环境，如组织中的人际关系，员工的责任心、归属感、合作精神和奉献精神如何等；文化环境，即组织文化，包含组织的精神文化、制度文化、行为文化、物质文化等。由于前两项内容的含义比较清晰和明了，下面只介绍组织文化的含义、分析内容及其对决策的影响。

1. 组织文化的含义和作用

组织文化(organizational culture)是组织在长期生存和发展过程中所形成的，为组织所特有的，且为组织多数成员所共同遵循的价值观、信念、行为准则和道德规范等群体意识的总和及其外显的表现形式。

组织文化是 20 世纪 80 年代初美国管理学者在总结和比较日本与美国企业管理经验的基础上提出来的一种新的管理理论。组织文化是决定一个组织成功与否的最关键的因素之一。组织自身强有力的优质文化一旦形成，就会发挥出难以估量的功能和作用。例如，资源匮乏的日本，在经历了第二次世界大战的惨重失败后，仅用 20 多年时间便迅速跃居世界经济强国之林。究其原因，正是被日本人称之为"社风"的组织文化充分调动了日本企业员工的积极性和创造性，激发了组织的活力，从而大大提高了组织的竞争能力，促进了日本经济的迅速发展。韩国和新加坡等国家利用孔子的思想来加强企业管理，取得了世人有目共睹的成绩。这正如美国企业文化专家劳伦斯·米勒(Lawrence M. Miller)在其《美国企业精神》第一章开头所强调的那样，"每一家公司现在都必须分析其文化，这不仅是为了加强本身的竞争地位，虽然这已经是充分的理由，而且还因为我们国家未来的财富要由公司的文化来决定"(Miller，1985)。

2. 组织文化的形成与变化

组织文化是在组织建立和发展的长期过程中逐步形成的，它一方面受到外部社会文化环境的影响，另一方面还受到组织的缔造者以及随后的历届领导者的价值观念、个人素质和领导风格等因素的影响。例如，在西方社会文化背景下，许多组织形成了鼓励个人奋斗、办事严谨规范和人际关系简单化等文化特点。而在几千年中国传统文化的熏陶下，我国许多组织形成了强调群体的相互协作、同甘共苦、人情味较浓、办事灵活多变的文化氛围。在同一社会文化环境下的不同组织，由于其发展历程不同，组织管理者的领导风格不同等原因，也会造成差异性较大的组织文化。例如，通过个人艰苦创业而发展起来的家族式民营企业和由大中型国营企业改制后形成的上市公司的组织文化就存在着很大的区别。

组织文化不是一成不变的，它是随着组织的发展和内外部变化而变化的。我们分析组织文化，一方面是为了使我们的决策更加符合组织的具体情况，容易被组织成员所接受，并能够很好地得到贯彻和实施；另一方面是为了发现组织文化中的缺陷，以便采取必要的措施逐步克服这些弊端，营造一个更有利于组织发展的健康向上的组织文化。

3. 组织文化的构成与分析内容

组织文化主要包括 4 个层次：核心层、规范层、活动层和表象层。其中，第一个层次为隐性组织文化，后三个层次为显性组织文化。图 5-5 给出了组织文化比较完整的层次结构及其主要内容。这也是组织文化分析的内容体系，下面分别加以阐述。

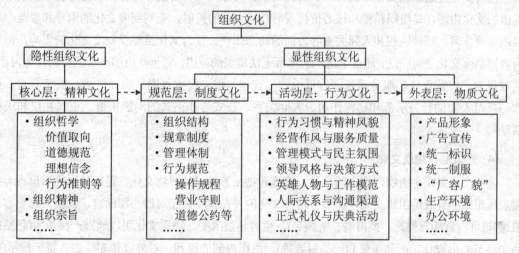

图 5-5 组织文化的层次结构

(1) 核心层：精神文化

精神文化是积淀于组织和成员内心并共同信守的组织哲学、组织精神、经营宗旨和经营理念等意识形态的总和。它是组织文化的核心和灵魂，属于隐性组织文化，是组织传统的结晶，是维系组织生存发展的精神支柱。组织哲学是一个组织的理论化和系统化的世界观和方法论，是指导组织经营管理的最高层次的思维模式，它包括组织的价值取向、道德规范、理想信念和行为准则等内容。组织哲学是组织精神和组织宗旨的思想基础，并由此还派生出组织的学习观、创新观、竞争观、人才观和服务观等思想观念。

组织精神是建立在组织哲学基础上的员工努力工作的精神动力和工作中表现出来的始终如一的思想及行为状态，它是组织长期生存和发展过程中逐步形成的积极的主导意识，例如组织的创新精神、学习精神、拼搏精神、勤奋精神、服务精神和追求精神等。任何一个持续发展的组织都有自己独特的积极向上的组织精神，如企业精神(包括企业家精神和员工精神等)、大学精神、城市精神和国家精神等。

关于组织宗旨，我们在第四章已经介绍过了。组织宗旨在组织哲学的指导下，规定了组织的发展方向和目的，以及组织的性质、类型和业务范围等基本要求，是进一步制定组织目标和组织战略的前提和依据。

(2) 规范层：制度文化

制度文化是指对组织和每个成员的行为产生规范性、约束性和激励性影响的组织文化，是具有组织特色的组织结构、规章制度(如"厂纪厂规"、经济责任制、考核制度和奖惩制度等)、管理体制和行为规范(如操作规程、营业守则和道德公约等)等相关组织规范和制度在文化层面的凝结。它是组织精神文化向行为文化和物质文化过渡的中介体，既是体现精神文化的主要机制和载体，又为行为文化和物质文化提供制度规范。

(3) 活动层：行为文化

行为文化是组织成员在经营管理、公共关系、人际关系、文娱、体育和学习等各项活动中体现出的文化内涵，是组织精神和核心价值观等精神文化的折射，受到制度文化的引导和规范，是组织经营作风、精神风貌和人际关系等方面的动态体现。行为文化虽然受制度文化的影响，但其内容比制度文化更为广泛，涵盖了组织制度所无法覆盖的范围，它包括组织及其成员的行为习惯、精神风貌、经营作风、服务质量、管理模式与管理习惯、民主氛围、领导风格、决策方式、英雄与模范人物的行为示范和榜样作用、人际关系、正式与非正式的沟通渠道、正式礼仪和庆典活动等。

(4) 外表层：物质文化

物质文化是指由组织创造出的产品、设施和物品等构成的器物文化，是一种以物质形态为主要表现形式的外表层组织文化，即核心精神文化的外在体现。相对核心层而言，物质文化更容易被感知(可以直接看得见、摸得着、听得见)，也容易被改变。物质文化可以通过产品形象(包括产品功能与外形设计、产品质量和产品包装等)、组织内部的报刊、对外宣传和广告、统一标示(如公司的商标、徽标、旗帜和歌曲等)、统一制服、组织的建筑物、"厂容厂貌"、生产环境和办公环境(如开放式或封闭式的，冷色调或暖色调的，有没有茶水间和休息室等)、生活环境和文化设施等物质现象来体现组织的精神文化。

4. 组织文化分析案例

(1) 星巴克的组织文化

许多优秀的企业都有着良好的企业文化，全球著名的咖啡连锁企业星巴克也不例外。星巴克拥有美人鱼的双尾海神形象的绿色徽标，连锁店统一的内部装饰，在努力营造的除了家庭和办公室以外的"第三滞留空间"里摆放的流行时尚报纸杂志，以及悦耳的经典欧美音乐伴随着煮咖啡的嘶嘶声响等，构成了星巴克外在的物质文化。董事局主席兼 CEO 霍华德·舒尔茨(Howard Schultz)的"不会遗弃任何人"的平民主义管理风格，星巴克品牌形象推广中的文化赞助活动，以及公司内部流传的传奇和动人的故事等，构成了星巴克的行为文化。星巴克公司的全员股票期权结构，以及对新员工进行的星巴克"学习旅程"培训等，构成了公司的制度文化。星巴克始终坚持"尊重员工，从顾客出发，与员工及客户多赢"的经营理念，提倡"星巴克出售的不仅是优质的咖啡和完美的服务，更重要的是人们对咖啡的体验"的价值主张，追求"让我们的顾客在店内品味咖啡的浪漫"，使星巴克这一品牌成为一种时尚和富有情调的生活方式的代表，这些构成了星巴克深层的精神文化。

(2) 宜家公司的组织文化

1943 年，17 岁的英格瓦·坎普拉德(Ingvar Kamprad)在瑞典创办了一家从事文具邮购业务的公司——IKEA(宜家家居)。在 2017 年 BrandZ 最具价值全球品牌 100 强排行榜中，宜家公司位列第 53 位，品牌价值达到 189.44 亿美元。宜家公司的成功在很大程度上得益于其独特与优秀的组织文化。尽管许多家居企业试图复制宜家的经营模式、门店布置方式和员工服饰等，但鲜有成功者。因为表层的物质文化可以复制，但作为公司生存壮大之根基的组织文化——"宜家精神"是难以复制和模仿的。

以"为大众创造更美好的日常生活"作为目标和理想的宜家公司，一直秉承"提供种类繁多、美观实用、老百姓买得起的家居用品"的经营理念，而坎普拉德本人谦逊的本质、节俭的精神、崇尚创新、承担责任的勇气、对待员工如同"我的家人"等，构成了宜家生动的组织文化的精神基础。坎普拉德对宜家精神文化的表述是：真正的宜家精神，是由我们的热忱、持之以恒的创新精神、成本意识、承担责任和乐于助人的愿望、敬业精神，以及追求简洁行为的作风所构成的。

5. 组织文化对决策的影响

(1) 组织文化对决策制定的影响

第一，组织文化影响决策者的思想和行为。组织文化整合了组织成员风格各异的个性化的价值取向，形成了趋于一致的组织理念，是决策者经营理念的集中体现。在一定的组织文化环境中，决策者行为往往以某种形式受到规范、约束和影响，使之纳入组织文化既定的轨道和程序。管理者在决策时往往以组织文化为指导，以此来确定决策目标、决策约束和决策方案等。当决策目标和方案与组织文化一致时，组织文化强化决策者的行为；当决策目标和方案与组织文化产生冲突时，会阻碍和约束决策者的选择行为。

第二，组织文化影响决策的创新性和风险偏好。在决策过程中，任何新方案的选择都意味着组织某种程度的变化，以及对过去经验的某种程度的否定。在规避风险型组织文化下，组织决策往往倾向于保守、怀旧和维持现状，带有新思想和新方法的决策很难受到普遍的欢迎。因为人们总是根据过去的标准判断现在的决策，担心自己的利益受到影响，担心决策带来的风险，因而产生怀疑和抵触的心理和行为。在具有开拓创新精神的组织文化中，人们总是以发展的眼光来分析决策的合理性，总是希望在可能的变化中带来预期的好处，因此渴望变化，欢迎创新，大胆采纳能够带来成功的冒险型决策。这并不是说决策需要去迎合组织文化，而是因为与组织文化相吻合的决策比较容易被选中和通过，实施后的成功率也比较高。也就是说，保守型组织去实施冒险的决策和冒险型组织去实施保守的决策，都是难以胜任的。

第三，组织文化影响决策的民主化和科学化。在良好的组织文化氛围中，首先管理者比较善于和乐于听取多方面的意见，集中团体的智慧，采取参与式决策方式，积极扩大方案的来源，采取科学的决策方法和程序，切实提高决策的质量。其次，组织成员也会以组织最高利益和共同的价值观为导向，以高度的责任感和事业心积极踊跃地参与决策，充分发挥自己的创造力和智慧潜力，为组织出谋划策。再次，高层管理者善于分权和授权，让最熟悉情况并对决策实施结果负责的人去作决策，以提高决策的科学性。而在管理者独断专制的文化氛围下，管理者倾向于集权和个人独立决断，什么权力都不愿意下放，并且用拍脑袋方式取代科学的决策方法，从而将不可避免地导致决策失误概率的增加。

(2) 组织文化对决策实施的影响

第一，组织文化影响组织成员对决策的理解。组织文化中包含着诸如多数人共有的思考方式、解决问题的规范、对决策者角色和行为的期望等认知。因此，当决策方案与组织多数人所共有的认识相一致时，组织文化将有助于成员对决策的理解，并有助于决策的实施；如果决策方案与共有认识相违背时，组织文化将阻碍成员对决策的理解，并增加实施的难度和阻力。

第二，组织文化影响决策的执行力。首先，优秀的组织文化能够融合人们的理想、信念、作风和情操，培养和激发人们的群体意识，使员工产生对本组织的认同感和归属感，从而形成一种巨大的组织凝聚力。其次，优秀的组织文化能够保证组织的高度组织性和纪律性，有利于激发组织成员的高度责任感和创造精神，不仅能使组织成员忠实地执行决策，而且还能依据情况变化，创造性地实施决策。再次，优秀的组织文化能够激发组织成员以积极的态度对待决策执行过程中出现的问题、缺点、错误甚至重大失误，能主动地反馈给决策者，并竭尽全力地想办法调整和修改决策，直至实现决策目标。

四、管理主体能力评价：领域、层次与过程维

分析了管理客体和内部环境的状况后，接下来就要从管理主体的角度对组织的管理能力进行综合评价。根据第一章介绍的三维管理金字塔体系，管理能力的评价体系包含领域维、层次维和过程维的管理能力，以及组织的集成化管理能力。通过长期跟踪评价和分析，管理者不仅可以看出组织能力纵向的发展和变化趋势，而且同下面的外部环境分析结合起来，还可以看出本组织与其他同类组织的横向对比差距。此外，通过对各单项评价指标的分析，可以进一步厘清组织管理能力的问题和差距背后的原因。

领域维管理能力分析的内容因组织类型的不同和决策问题的不同而有所区别。对企业组织来说，通常包括财务管理能力、市场营销管理能力、生产管理能力、研发管理能力等方面。例如，具体的评价指标可以包括：组织的资产规模、销售收入、资金利税率、利润增长率、市场占有率、规模经济、产品质量、研发经费比重、研发人员比例和素质、高新产品比重、科研成果转化能力等方面。

在层次维管理能力方面，主要评价战略管理能力，以及战术管理和作业管理在执行战略目标时的能力和绩效。具体的评价内容有：战略执行力，战略管理的绩效；组织是否具有核心竞争力，

是否掌握核心技术，是否拥有自主知识产权，是否具有某种难以模仿的能力；组织的品牌价值，产品差异化程度，组织的知名度和美誉度等；各管理层次能否胜任各自的管理任务和目标等。

在过程维管理能力方面，主要从计划、组织、领导和控制几个方面进行评价。具体需要评价以下内容：决策的科学化和民主化程度，各项计划的合理性等；组织结构的体制与机制的合理性，相关规章制度，组织结构的扁平化和有机性等；领导的方式和风格，激励的手段和途径，约束机制，领导的效果，员工对领导过程的满意度等；组织的控制能力，各项计划、目标和任务的完成情况，控制系统是否健全和有效等。

此外，还要评价各管理维度的集成化程度，主要包括各管理维度内部的集成化和各维度之间的集成化等方面。例如，销售和售后服务的信息能否及时传递给市场营销部门，研发活动与营销需求是否一致，生产和销售能否很好地衔接，采购与库存能否适应生产的需求等；各管理层次能否很好地衔接和配合，各层次计划的一致性，能否通过战术控制和作业控制实现战略控制等；组织、领导和控制过程能够相互配合，以实现计划的目标；领域维、层次维和过程维的管理能否相互关联，形成一个有机的整体等。

第三节　决策外部环境分析

一、外部环境分析的意义与内容

1. 外部环境分析的意义

任何组织都是一个开放系统，都处于一定的环境之中，组织和外部环境之间有着相互作用的关系。一方面，一个组织需要从外部环境中吸收各种资源，并受到外部多种因素的影响，而且还要和其他组织进行竞争；另一方面，一个组织(如企业)通过它的产品、服务、广告、污染物排放、社会公益活动、创造就业机会和产生失业人员等方式也对外部环境产生影响。

外部环境对组织的影响是多种多样的，可以概括为以下三个主要的方面。首先，外部环境为组织的活动提供了条件。环境是组织生存的土壤，组织所需的各种资源必须到外部环境中去获取。离开了环境，组织就会成为无源之水、无本之木。同时，组织通过转换各种资源，生产出来的产品或提供的劳务也要在外部市场环境中实现其价值。其次，外部环境的变化为组织的发展提供了机遇，同时也带来了挑战。例如，新能源的开发和新技术的应用可以促进企业的技术改造和产品创新；技术条件或消费者偏好的变化也可能使企业产品提前被市场淘汰，从而促使组织及早做出研发新产品的决策。可见，在组织发展过程中，只有及时、有效地把握住外部环境提供的有利机会，努力避开环境变化所带来的威胁，才能保证决策的科学性，使组织不断发展。再者，外部环境对组织活动也有一些制约作用。例如，企业的生产经营活动必然要受到外部环境所提供资源的有限性、消费者的需求状况和环境保护的政策等诸多方面的约束。因此，通过环境分析，决策者可以了解哪些备选方案是可行的，哪些是不可行的。

可见，环境的特点及其变化必然影响组织对其活动方向和内容的选择，外部环境的构成因素越多、变化越大，环境就越不稳定，环境对组织决策的影响就越大。因此在进行决策时，需要研究系外部环境的变化规律和特点，分析环境对系统的作用和约束，以及系统对外部环境的影响，并且预测环境的未来发展趋势。

2. 外部环境分析的内容

外部环境分析是指对来自组织外部的包括物质、经济、信息和人际等相关因素进行信息收集与分析。其主要内容如图 5-6 所示，它包括外部一般环境和外部特定环境两方面的分析。**外部一般环境**(general environment)又称为总体环境或大环境，它是各类不同的组织都会面对的普遍的外部宏观环境，它对组织的影响是长期和间接的，而对组织日常经营活动的影响则较小。例如，地缘政治动荡，国际金融危机爆发，石油等大宗商品价格的大幅波动，以及可再生能源、移动互联网、3D 打印、智能制造等新兴技术的加速发展，都会对各国经济体系中的各类组织产生不同程度的影响。一个组织的外部一般环境很庞杂，归纳起来大致可以分为政治法律环境、宏观经济环境、社会文化环境、科学技术环境、广域生态环境等。**外部特定环境**(specific environment)又称为行业环境或小环境，它是对某一类或某一个特定的组织直接产生具体影响的外部环境。以企业组织为例，其外部特定环境分为纵向环境和横向环境两个方面，包括组织的纵向的输入环境(如资源市场、上游合作伙伴等)和输出环境(如输出市场、下游合作伙伴和污染对象等)，以及横向的影响环境(如中观经济环境、外部管理环境和地理环境等)和竞争环境(如行业竞争者和替代品制造商等)。

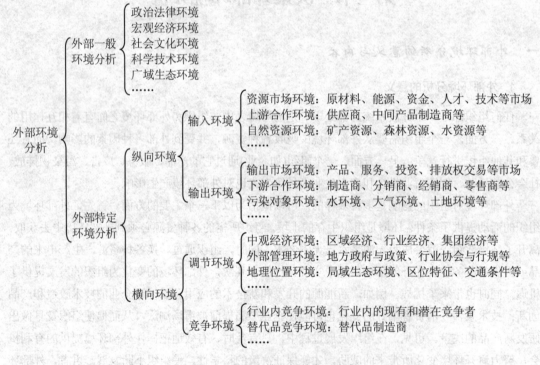

图 5-6 外部环境分析的主要内容

环境分析的各项内容及其与组织内部系统之间的关系如图 5-7 所示。其中，外部特定环境中的横向环境是指那些除纵向输入/输出环境之外的环境影响因素，它们和组织内部系统之间的关系不是上下游关系或输入/输出关系，而是对组织的输入和输出转换过程产生作用的影响因素。具体包含单向的调节环境和双向的竞争环境两类。此外，管理主体虽然位于组织内部系统之中，但是却要站在系统之外去审视和分析各层次环境，并与之进行交流，以便采取适应或应对环境变化的管理举措，有时也可以对环境产生一定的影响。

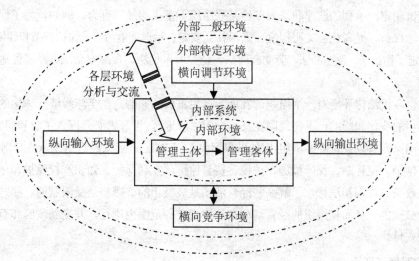

图 5-7　环境分析各项内容之间的关系

二、外部一般环境分析

针对外部一般环境的一种常用分析框架是 PEST 分析模型，即对政治(politics)、经济(economy)、社会(society)和技术(technology)4 类环境因素进行分析。当然这 4 类因素无法囊括所有的外部一般环境，因此，以后学者们又扩充了文化(culture)、法律(legal)、环境(environment)、教育(education)和人口统计特征(demographics)等多种因素。在全球气候变暖和生态环境问题日益严峻的今天，生态环境因素对企业等组织的经营管理产生了重要的影响，成为现代组织必须要面对的课题和承担的责任。因此，本书以 PEST 框架为基础，增加了法律、文化、科学和生态等环境因素，并归并为 5 类环境因素：政治法律、宏观经济、社会文化、科学技术和广域生态等。其中，为区别于外部特定环境分析中的微观经济、中观经济和局域生态环境，特将经济环境和生态环境分别称作宏观经济环境和广域生态环境。

1. 政治法律环境

政治法律环境包括政治环境和法律环境两个方面。政治环境包括本国和对外贸易国的国家制度、执政党的性质和执政纲领、政局的稳定性、政府的大政方针、中央政府的制度和政策等。其中，国家的政策包括外交、国际贸易、投资、产业发展、环境保护等方面的政策。另外，法律环境包括国家的法律体系和有关国际法律体系的建立、健全和执行情况等，如各类经济法、环境保护法、知识产权法、劳动保护和社会保障法等。

政治法律环境对组织的影响主要来自政府制定的各项政策和国家颁布的各种法律和法规。一方面，政府可以通过税收优惠、调整税率和银行利息、制定改革政策等各种宏观调控措施来保证和促进经济系统的正常运行，促进各类组织的发展。例如，自 2008 年下半年开始，为应对由美国次贷危机而引发的国际金融危机对我国的不利影响，中国政府先后出台了诸如出口退税率上调、降低存贷款基准利率、减税千亿方案，以及安排 4 万亿资金扩大内需等一系列"宽财政"的政策举措。这些积极的财政政策和适度宽松的货币政策，对我国克服金融危机的影响、增强组织发展信心、保持经济平稳较快发展方面发挥了一定的作用。另一方面，政府在促进组织发展的同时，还需要通过制定一系列的法律和法规制约某些组织不正当的经营行为。例如，为了保护消费者和职工的合法权益、提高社会文明程度、确保社会安定、治理环境污染、保护资源和环境等，中国政府先后制定了物权法、反垄断法、劳动合同法、企业所得税法、食品安全法、经济促进法等一系列法律法规。

可见，政治法律环境对一个组织的发展会产生重要的影响。在全球经济一体化的背景下，政治法律环境的变化和影响已不再局限在某一个国家或地区。管理者必须深入了解和研究本国政府、其他相关国家政府以及世界经济组织(如世界贸易组织 WTO，亚太经合组织 APEC 等)，在税收、外贸、反倾销、反补贴、保障措施、关税、贸易保护、专利保护、知识产权保护和环境保护等方面的有关政策、规则和法律，了解哪些经营活动是被禁止的、哪些是受限制的、哪些是允许的、哪些是受鼓励的，从而使组织的经营活动在法律规定的范围内进行，并受到政府和有关经济组织的保护和支持。

2. 宏观经济环境

宏观经济是指总量经济活动，即国民经济的总体活动和运行状态。宏观经济环境分析是在国家和世界范围内研究经济环境的总体状况。宏观经济状况可以通过一些定量和定性的经济变量、指标及其变化趋势加以描述，例如经济周期、国家和世界经济形势、市场机制完善程度、国内生产总值(gross domestic products，GDP)及其增长率、固定资产投资总额及其增长率、社会消费品零售额及其增长率、通货膨胀率、财政收入、税收收入、货币发行的总规模与增长速度、市场利率水平、国际汇率变化、外汇储备、金融形势、进出口总额及其变化、居民收入水平、储蓄存款总额及其变化、购买力水平、消费者信心、物价指数、就业水平与失业率等。

企业组织是整个经济系统的基本单元，宏观经济环境的变化将为组织带来更多的发展机会或挑战。例如，2015 年 3 月颁布的中国"一带一路"倡议将给中国企业以及沿线国家企业带来巨大的发展机遇。"一带一路"是"丝绸之路经济带"和"21 世纪海上丝绸之路"的简称。"一带"是指"丝绸之路经济带"，是在陆地上的贸易经济带，从中国出发，包括三个走向：中亚、俄罗斯、欧洲；中亚、西亚、波斯湾、地中海；东南亚、南亚、印度洋。"一路"是指"21 世纪海上丝绸之路"，从中国沿海港口出发，重点方向是两条：过南海到印度洋，延伸至欧洲；过南海到南太平洋。可见，"一带一路"贯穿欧亚大陆，一头是活跃的东亚经济圈，一头是发达的欧洲经济圈，中间则是经济发展潜力巨大的中亚、西亚、南亚和东南亚国家。这一经济带涵盖约 44 亿人口，经济规模达 21 万亿美元，涉及 60 多个国家、70 多个经贸合作区，不仅对于中国企业的国际化发展意义重大，对于全球经济的一体化发展都有着不可估量的作用。

3. 社会文化环境

社会文化环境是指生活在一定社会群体(如一个国家或地区)中的人们通过长期生活沉淀所形成的生活方式、人口数量、受教育程度、文化水平、价值取向、种族类别、宗教信仰、风俗习惯、城乡关系、审美观点和伦理道德等因素的总体倾向和结构特征的总和。

社会文化环境对一个组织的各种活动有着很大的影响。具体来看，生活方式和人口结构的变化影响着未来劳动力的供给和消费者的构成。其中，人口数量和年龄结构将直接影响产品和服务的需求，例如中国人口老龄化倾向使得健康保健、医药产品和服务的需求呈现增长趋势。居民的受教育程度和文化水平等将影响他们的需求层次。价值取向、宗教信仰、风俗习惯和审美观点等会影响人们的需求类型和内容。进一步地说，价值取向和伦理道德等因素会影响人们对组织目标、组织形象、组织活动，甚至组织存在价值的认可程度；宗教信仰和风俗习惯等因素会使得人们去抵制某些违背这种信仰和习俗的组织活动和行为；审美观点等因素会影响人们对企业组织的产品、广告宣传方式和效果、组织活动形式和成果等所持的态度。例如，改革开放之后，工作节奏的加快催生了快餐业的快速扩张，环保意识的提高对清洁生产提出了更高的要求；回归自然的观念促进了生态旅游市场的发展等。因此，一个组织必须适应社会文化环境，按照这个环境中特有的准则和需求变化来制定决策。

例如，在 1987 年肯德基公司进入中国市场之前，公司对中国的社会文化环境进行了深入全面的了解和分析。除了了解中国的饮食文化、社会需求、人口结构、风俗习惯和价值取向等因素外，肯德基还了解到中国独特的独生子女社会现象——两代成人、六个大人对一个孩子的高度重视和宠爱，这对肯德基来说是一个可以大做文章的环境机遇。因此，公司把肯德基未来忠实客户群体的战略性定位首先对准了这些新生代人群。于是，肯德基针对中国儿童制定了一系列的营销决策，例如推出儿童套餐，组织儿童生日聚会，赠送儿童小礼物，开辟儿童游戏区等。结果肯德基大受中国儿童的欢迎，而且许多大人也被他们的儿孙带进了肯德基店。随后，肯德基还针对中国成人的口味，增加和改进了一些快餐产品，使其更容易被中国人接受，从而成功地实现了"小顾客带动大顾客"的营销战略决策。截止到 2016 年，肯德基在中国开设的连锁餐饮店已超过 5000 家。

4. 科学技术环境

21 世纪是以科技创新为先导的时代，以信息技术和生物技术等为代表的高科技正在飞速发展，已渗透到人类社会的各个领域，新科技革命正在深刻影响着人们的生产方式和生活方式，推动着经济结构、生产组织和管理模式的变革，使得生产力的发展出现了质的飞跃。新兴的高科技产业正在改造或取代传统产业成为新的经济增长点，带动着世界范围内经济结构，特别是产业结构的重大调整和优化升级。科技创新日益成为经济增长和社会进步的决定性因素，科技实力和创新能力逐渐成为决定各国在全球政治和经济舞台中地位的重要因素。

企业等组织要想在竞争中立于不败之地，需要研究、预测、瞄准和顺应科学技术发展的趋势，努力占领科技制高点。因此，在一个地区或一个国家的创新体系中，企业往往是科技创新的主体。"竞争战略之父"迈克尔·波特(Michael Porter)认为，国家竞争优势建立在成功进行技术创新的企业基础之上(Potter，1990)。对于竞争力较强的企业来说，他们善于跟踪科技发展的趋势，敢于进行科技创新，积极投资科技研发，及时淘汰落后的产品和生产技术，不断将新产品投放市场，从而赢得竞争优势。所以许多组织，特别是一些大公司，越来越重视对科技环境及其发展趋势的分析，在此基础上制定营销战略、研发战略、产品和生产战略，进而带动整个组织各个管理领域的提升。例如，2016 年中国移动公司建立了 5G(5th Generation，第五代移动通信技术)联合创新中心，在"一带一路"沿线推进更广泛的合作，通过基础通信能力、云计算、物联网、车联网、工业互联网等重点领域的业务创新合作，在技术、标准和应用等方面与沿线国家共同推进 5G 技术的发展。这些举措就是基于对科学技术环境的研究与跟踪，使公司始终处于科技发展的前端。

5. 广域生态环境

广域生态环境是指一个或相邻国家、一个洲域乃至全世界的自然系统中的资源、环境和生态状况。在企业等组织的经营管理方面，生态环境的变化将促进组织的绿色营销、绿色制造、绿色产品等方面的战略进程，增强组织的环境保护意识和责任，从经济效益单目标决策方式逐步向环境和经济并重的多目标决策方向转变。同时，在全球气候变暖和生态环境恶化的大背景下，上述各类外部一般环境都会受到广域生态环境的影响。在政治法律环境方面，生态环境的变化导致了国家和国际社会的政治和法律环境的变革：中国的生态文明建设战略的实施，绿色政绩观的建立，可再生能源法、节能法和循环经济促进法等一系列法律的颁布；《联合国气候变化框架公约》《京都议定书》和《巴黎协定》等温室气体排放国际公约的生效等。在宏观经济环境方面，生态环境的变化将引起经济结构和产业结构的转型升级，能源结构的优化，绿色产业的崛起，绿色能源的开发，循环经济和低碳经济模式的发展，排碳权和排污权交易市场的兴起，经济发展衡量标准的变化等一系列重大的改变。在社会文化环境方面，生态环境的变化极大地提高了全社会的环境保护意识和生态文明意识，改变人们的生活习惯和消费观念，促进生态文化的逐步形成，引起人们对环境友好产品的偏爱，激发媒体和公众关心、监督环境污染等事件的热情等。在科学技术环境方面，生态环境的变化将促进绿色科技的研发，例如低碳技术、资源循环利用技术、清洁生产技术、污染处理技术、清洁能源技术等。

总之，广域生态环境直接和间接地影响着组织的发展理念、管理决策和经营行为。因此，现代企业等组织在进行外部一般环境分析时，还需要对广域的自然系统状态进行分析，认清环境保护的趋势和压力，超前采取战略措施，既承担起企业应尽的环境保护责任，又赢得组织的绿色竞争力和可持续发展潜力。

三、外部特定环境分析

1. 输入环境

一个组织的输入环境是指拥有该组织需要的并可以流入该组织的物质、能源、信息、资金和人才等资源的外部环境。这些外部环境包括资源市场环境、上游合作环境、自然资源环境等。

(1) 资源市场环境

每个组织的运行都需要原材料、能源、资金、人才和技术等各种相关的资源。这些资源的可获得性和获取成本是约束组织发展的重要因素。一个组织如果和它的竞争者相比，能够以较低的价格拥有更多的优质资源，并能够按照计划及时地、保质保量地获得必要的生产要素，那么在竞争中就会占据更有利的地位。这些资源大部分来自于资源市场(又称为输入市场)，包括原材料市场、能源市场、金融市场、人才市场和技术市场等。资源市场环境分析的主要内容有：各类资源的市场供给量和需求量、市场价格及其变化趋势、各类交易市场状况、市场供应渠道、各类市场的相关组织的情况(如原材料生产者、能源供应者、银行、高校和研究机构等)。

(2) 上游合作环境

一般来说，在纯粹的市场交易中交易成本比较高，如果交易组织之间能够建立相互信任的和相对稳定的合作伙伴关系，就可以按照一次性约定的价格和方式进行重复交易，从而降低交易成本，减小交易风险。这是一种比市场交易更加有效的另一种资源输入方式，但管理和控制的难度较大。因此，在分析了资源市场环境后，还需要着重分析上游合作环境中的各类合作伙伴的情况。

上游合作伙伴包括供应商和中间产品制造商等外部组织。供应商和制造商是组织正常生产运营所需各种资源和零部件的提供者和加工者。这些合作伙伴对组织的重要性不仅在于他们为组织提供所需要的资源和中间产品(包括零件、配件、部件等)，还在于他们在提供资源和产品时的议价能力将影响组织的生产成本和利润水平，最终将影响组织的竞争能力。因此，上游合作伙伴分析是组织输入环境分析中的一个重要内容。在调查研究的基础上，组织管理者需要对供应商的供货能力，制造商的生产能力、讨价还价能力、供货质量水平和准时性、信誉，其他的供货渠道和加工渠道，所需资源的稀缺性，相关行业的集中程度，寻找替代品的可能性等进行综合分析。

这些分析将对组织的合作伙伴选择、渠道选择、物流和供应链管理、采购管理、纵向一体化战略制定等决策起到重要的信息支持作用。如果供应商提供的资源对于组织至关重要，而可供选择的供应商较少、行业集中度较高，采购企业数量众多且力量分散时，该行业供应商的议价能力就会提高。这时，组织可以考虑委托专业采购服务机构进行联合采购，或者寻找替代品。同时，在供货渠道的选择上，应避免长期仅从单一渠道进货，通过与几家供应商建立长期合作关系，可以在一定程度上遏制供应商的价格谈判能力。如果原材料资源有限，或者供应商控制了供货渠道，替代品又不存在，而组织对这类资源的需求量又很大，则应考虑实行后向一体化战略，即自己生产和加工原材料。

(3) 自然资源环境

企业等组织所需要的自然资源包括矿产资源、森林资源(如木材)、水资源、风能资源、光能资源等。不同组织对自然资源的依赖程度是不同的，例如，矿产、石油、水源和森林等对冶金、化工、采掘、造纸、纺织和木材加工等行业的企业都是十分重要的自然资源。虽然这些资源可以通过资源市场和上游合作伙伴获得，但是当地自然资源的丰富度、质量和变化情况决定了市场供应和渠道供应的价格、数量、质量和稳定性等重要指标。因此，组织管理者除了对上述两方面的输入环境进行分析外，还需要对相关的自然资源环境进行调查、研究和预测，从而为组织的供应战略制定、加工厂选址、供应渠道选择、资源供应风险预警和防范等管理决策提供有效和超前的信息支持。

2. 输出环境

一个组织的输出环境是指该组织的产品、服务、对外投资、广告、宣传和其他经营活动，以及排放物和噪音等所要流入或作用的外部环境。这些外部环境包括输出市场环境、下游合作环境和污染对象环境等几个方面。

(1) 输出市场环境

在市场经济条件下，研究输出市场环境对组织的生存与发展具有重要的意义。输出市场是指组织对外输出各种物质(如产品、污染物)、能量(如电力)、资金(如对外投资)、活动(如服务)和信息(如广告)时所涉及的交易市场，如产品市场、服务市场、投资市场、污染排放权交易市场、碳排放权交易市场等。市场环境及其变化趋势直接影响到组织的销售水平、盈利水平、经营方向、经营方式、生产规模、绿色发展战略等许多方面。对输出市场环境的深入了解和科学预测，可以提高组织决策的可靠性，降低经营风险。市场环境分析的内容比较丰富，主要有：市场需求种类和数量，市场需求变化趋势，顾客的类型(如企业、机关、团体、家庭或个人等)，顾客结构(如年龄结构、文化程度结构、性别结构、职业结构和地域分布等)，顾客特征(如收入水平、储蓄程度、购买力水平、影响购买力的因素、消费偏好和价格谈判能力等)，投资领域的类型、效益和风险，污染排放权、碳排放权等交易市场情况。

市场环境分析的一个重要内容是市场预测，准确的预测是科学决策的保障，正所谓"凡事预则立，不预则废"。市场预测的方法可分为定性预测、定量预测以及定性与定量相结合预测等几种类型，而每一种类型又包含了许多具体的方法。本书不予详细介绍，读者可参阅其他相关著作(张智光，2003)。

(2) 下游合作环境

组织的产品等输出有时并不直接面对市场，而是通过下游合作伙伴面向市场，因此分析下游合作环境是输出环境分析的另一项重要内容。组织的下游合作伙伴包括下游制造商和中间销售商(如分销商、经销商和零售商等)。同上游合作伙伴的关系一样，一个组织为了降低交易成本，减小交易风险，希望与一些信誉良好的下游制造商和中间销售商建立相对稳定的合作伙伴关系。

下游制造商将组织的产品作为原材料或零部件进一步加工，形成最终产品。和一些大规模的制造商建立稳定的合作关系，可以使组织的产品有一个稳定的销售渠道。在循环经济模式下，组织的某些废弃物有时可以作为下游制造商的原材料，实现资源的充分和循环利用，并降低对环境的污染。例如，家具制造企业的木材边角料，可以作为纤维板制造企业或制浆造纸企业的原料。制造商分析的主要内容包括制造商的经济实力、生产加工能力、技术水平、产品需求状况、销售能力、销售渠道、原料结构和信誉状况等。

中间销售商是组织产品或服务的销售者，包括批发商、经销商、分销商、代理商、直销办事处和零售商等，在他们的帮助下组织将其产品和服务销售给最终消费者。中间销售商对组织的重要性在于他们控制着组织的产品和服务的分销渠道，而中间销售商和分销渠道的变化可能给组织带来机会或威胁。如果中间销售商能够控制消费者获得组织产品和服务的渠道，就有能力要求组织降低产品价格；反之，如果组织有多个销售渠道可供选择，中间销售商的议价能力就会被削弱。另外，如果中间销售商掌握了有关市场需求、价格和企业制造成本等详细信息，也会增强其议价能力。中间销售商分析的主要内容包括：销售商的经济实力、销售能力、销售方式、销售渠道、销售对象、信誉状况和销售成本等。

(3) 污染对象环境

企业的水污染、大气污染、固体废物污染、温室气体排放、噪音污染和光污染等是对环境的负面输出。尊重自然环境和自然规律，保护人类共同的家园，在保护的前提下开展人类的生产经营活动，是任何组织对自然环境应有的基本态度和责任。因此，组织的环境分析还需要对污染对象环境进行分析，从而为组织的投资、选址、产品开发、生产规模、生产工艺和污染控制等决策提供依据。污染对象环境分析的主要内容有：当地水环境、大气环境、声环境、土地环境等各类环境的环境容量和承载能力，各类环境的功能区划和质量控制标准(如水环境的功能被划分为饮用、养鱼或游憩等)，生态环境的恢复能力(如水环境的自净能力、土地环境的降解能力等)，组织的经营活动对当地动植物的影响等。

3. 调节环境

(1) 中观经济环境

中观经济介于宏观经济和微观经济之间，如区域经济(地区经济、城市经济)、行业经济(部门经济、产业经济)和集团经济等，属于国民经济的某一子系统的经济活动。宏观经济环境分析属于上面的外部一般环境分析，微观经济环境分析包含在前面外部特定环境分析的纵向输入和输出环境分析之中，而在横向调节环境中我们需要研究中观经济环境对组织经营活动的作用。中观经济环境分析的对象主要有三个方面：区域经济、行业经济和集团经济。区域经济环境分析主要研究某区域经济的优势和特色，与其他区域的相互联系和相互制约关系，区域经济的空间结构和生产力布局等。行业经济环境分析主要研究某行业、产业或部门经济的产品群、生产特点或经济活动的性质和职能，行业经济的结构和发展状况，与其他相关行业的相互联系和相互制约关系，以及在国民经济中的地位和作用等。集团经济是指由多个经济组织所构成的联合体经济，如企业集团、供应链组织、生态产业园、循环经济体等。集团经济可以是跨区域、跨行业、跨国度的经济联合体。集团经济环境分析需要研究集团经济的组织形式、多层级网络结构、运作方式、产权控制模式、经济实力和规模、产品结构、整体竞争力、抗击风险能力等。

(2) 外部管理环境

组织的外部管理环境包括地方政府及其相关部门、地方政策与法规、行业协会、行业规则等方面。外部管理环境作为外部特定环境中的调节环境对于一个组织的发展是十分重要的。地方政府的产业导向、重点支持领域、扶持和优惠政策，以及有效的行政措施等，对组织的发展能起到强有力的推动作用。同时，政府的一些限制政策和监控措施，如对于污染行业的限制、对企业排污量的监管、对自然保护区的管理、对产品质量的监督、对市场秩序的维护等，将对组织的某些行为或活动起到制约作用。因此，组织需要对地方政府及其相关部门(如发展和改革、工商、城管、食药监督、公安、消防、环保、税务、质监、物价、规划、安监、人力资源和社会保障、卫生和计划生育等管理部门)的管理规定、政策和法规等进行深入分析，力图为组织的发展赢得外部管理环境的支持。

此外，作为行业自我管理的中介组织和政府管理的补充，行业协会也是外部管理环境分析的内容之一。行业协会是市场经济体制中一个不可或缺的重要环节，其作用和地位是市场和政府均不可取代的。其行业自律功能既能在一定程度上矫正市场失灵现象，又能成为政府市场监管和社会管理的助手和补充。行业协会可作为政府与企业、企业与企业、企业与市场沟通的纽带，收集传播市场信息，举办各类产品交易活动，参与技术引进的分析论证和考察，研究制定本行业产品的统一规格和技术标准等作用。因此，组织在进行外部环境分析时，一方面要对行业协会拥有的行业自律职能、制定的各种行业规则、举办的各种行业活动进行分析，另一方面要通过行业协会获取相关的行业信息。

(3) 地理位置环境

地理位置环境包括组织及其机构所在地的地理位置、自然生态环境、气候条件、区位优势和交通条件等因素，它为组织的生存和发展提供了基本的物质空间。地理位置环境对一个组织的发展具有重要的作用。例如，位处交通便利的沿海和沿江地区、经济发达地区、经济开发区、政府给予优惠政策的地区等都将对组织的发展提供有利的环境；气候条件对服装、家电、旅游、种植和养殖等行业和企业有着重要的影响；动植物习性、自然保护区的划分，以及自然与人类的关系等因素也是组织决策时需要考虑的问题。

地理位置环境的分析一方面对组织的选址和迁址等决策具有重要意义，另一方面对于已确定地理位置的组织及其机构如何更好地利用所处的自然环境和自然条件，如何使人类的经济活动与自然环境很好地协调，也是十分重要的。

4. 竞争环境

竞争是市场经济的基本特征和基本的运行机制。组织要想在竞争中立于不败之地，必须对竞争对手有一个比较透彻的了解。迈克尔·波特(Michael Porter)在 1979 提出了"五力竞争模型"，他认为一个组织的竞争环境包括 5 种基本的竞争力量：现有竞争者的威胁、潜在进入者的威胁、替代品制造商的威胁、供应商的议价能力、购买者的议价能力。但严格来说，供应商和购买者并不是组织的竞争对手，前者是合作伙伴，后者是服务对象，也可以说是企业的"上帝"。议价属于交易过程的必要环节，并不是竞争的过程。其实，具有议价能力的不仅仅只有供应商和购买者，还包括上游的中间产品制造商，下游的制造商、分销商、经销商、零售商等，对外投资的目标企业或其他经济实体，污染排放权交易者，组织内部员工(具有争取加薪的能力)，组织从外部引进的人才(具有争取优厚待遇的能力)等。因此，本书的竞争环境只包括波特"五力竞争模型"中的前三种竞争力，而其他具有议价能力的经济实体或个人都已经归入了上述输入和输出环境之中。

(1) 行业内竞争环境

行业内竞争环境包括组织所在行业的现有竞争者和潜在竞争者两类。在行业比较景气时，潜在竞争者有可能成为现有竞争者；当行业不景气时，现有竞争者也有可能离开这一行业。因此，行业内竞争环境是一个动态的环境。

对现有竞争者进行分析，主要从以下几个方面展开。首先，对现有竞争者的基本情况进行分析，包括竞争者的数量、地区分布、活动范围、竞争实力、规模、资金、技术力量，以及对本组织的威胁程度等。其次，通过一些定量指标进一步衡量竞争者的竞争实力。例如，从竞争者的销售额及其增长率，可以看出其竞争能力的发展趋势；通过市场占有率的横向比较，可以看出竞争对手的产品在价格、性能、质量和售后服务等方面的综合竞争力；销售利润率反映了竞争者的经营成本、盈利能力及其持续发展能力。再次，根据以上分析，从这些现有的竞争者中找出主要的竞争者。最后，了解和分析主要竞争者在产品和市场等方面的发展动向，分析其优势和劣势所在，预测其将会采取的竞争战略，以便于组织制定相应的竞争对策，提高自身的核心竞争能力。

研究了现有竞争者的情况后，并不是说明组织已经掌握了市场竞争的态势。一个产业或产品的运作成功会引起许多其他行业和新创组织跃跃欲试，试图进入这一行业，成为新的竞争者。新进入的组织在可能给行业注入活力的同时，也会给现有组织的市场地位造成威胁。因此，要动态地了解市场竞争情况，还必须分析和预测潜在竞争者的动向。当然，潜在竞争者不一定都能够成为真正的竞争者，因为一个组织进入另一个新的领域发展并不是一件容易的事情，存在着不同程度的进入壁垒。一方面，不同行业有其自身的特点，新手不容易很快熟悉它；另一方面，原有组织也会做出反击，以抵制其他组织的"入侵"。行业的进入壁垒越高，新进入者的进入代价就越大。进入壁垒的高低主要由该行业的经济规模、投资额、产品差异性和原有组织的在位优势等因素决定。因此，我们除了分析存在哪些潜在的竞争者以及它们的实力外，还要分析该行业的进入壁垒有多高，新进入者成功进入该行业的概率有多大等因素。

(2) 替代品竞争环境

其他行业的有些产品虽然在外观或材料上与本行业的产品不同，但在功能上却相同或相似，因而有可能替代原有产品，将和原产品瓜分市场，对现有组织造成新的威胁。例如，塑钢窗可作为木质窗的替代品，中密度纤维板可替代实木材料制作家具，铁路动车客运会对长途汽车客运和航空客运市场产生较大冲击，网络、移动通信、电脑和手机的发展对电视机和有线电视系统构成了较大的威胁，如此等等。因此，在进行竞争环境分析时有必要研究替代品制造商的情况。替代品竞争环境分析的主要内容有：分析哪些现有的或潜在的产品有可能替代本组织的产品；通过分析功能/价格比等指标，判断哪些替代品有可能对本组织产品构成较大的威胁；分析有威胁的替代品制造商的经营状况和发展动向等。随着新技术、新材料和新工艺的不断涌现，市场上的替代品将会不断增多。现有组织需要根据替代品竞争环境的分析，通过改进产品性能、更新技术、提高服务质量、采取更为积极的营销策略等手段应对替代品制造商的竞争。

第四节　决策目标的确立

一、确立决策目标的原则

目标是组织在一定时期内所要达到的预期成果，它是设计决策备选方案的指南，也是评价和筛选方案的主要依据。如果没有目标，或者所设定的决策目标不清晰、不正确，组织决策就失去了方向，管理者就不可能制定出满意的决策方案。因此，目标是决策的起点和归宿，目标错了一切皆错[1]。决策目标的设定应遵循兼顾性、正确性、适度性、明确性、时间协调性、空间协调性等原则。

1. 目标的兼顾性原则

大多数决策问题都需要兼顾多种目标，以避免做出片面的决策，尤其不能忽略一些关键的决策目标。例如，企业在决定生产计划方案时，需要同时考虑组织的利润、满足重点客户的需求、优化组织的产品结构、维持某些生产线的最低生产量等多个目标。一些比较复杂的决策问题，其多个决策目标通常构成一个多层次递阶结构的目标体系。它是一个由总目标、子目标、二级子目标等构成的，从笼统到具体、从总体到细分的有层次的目标结构，最下层就是该项决策所需要满足的多个具体的目标函数。对于多目标决策，各个目标之间存在一定的矛盾，如成本与质量、经济效益与环境效益、工程进度与工程质量等。因此，决策者还应当明确各个目标的相对重要性的

---

1. 参见张智光所著《管理学智慧：为官的定理》(南京大学出版社，2015年版)一书中的"106. 决策目标的设定原则"。

排序，以便在决策时对各目标进行有侧重的统筹兼顾。

2. 目标的正确性原则

决策目标应与组织宗旨和先进的管理理念保持一致，即目标应具有正确性。实际上，目标的正确与否并不是或不仅是一个方法问题，而是一个思想观念和管理理念的问题。在很多情况下，决策者不能仅考虑单一的目标，而应当同时考虑多个目标，而且对这些目标的重要性要有一个正确的排序。随着时代的变迁和社会的进步，企业等组织除了追求利润最大化目标以外，还应当承担一定的社会责任，例如恪守信用、对消费者负责、保护生态环境、资助慈善事业和增进社会福利等。组织不仅有义务承担起必要的社会责任，而且一些实证研究还表明，组织的社会责任与经营业绩之间存在着正相关关系。原因在于广泛参与社会活动的那些组织会在公众心目中留下良好的形象，从而提高了组织的美誉度，有利于获得社会各界尤其是广大消费者的认同，其直接和间接收益远高于参与社会活动所花费的成本。反之，只追求组织利润而忽略社会责任的组织最终往往会受到社会的唾弃和惩罚。

2008年中国最大的食品安全案件——三鹿奶粉三聚氰胺污染事件就是一个典型的例子。年销售额过百亿的三鹿集团技术研发大楼右侧的屏风上写着"追求利润不是我们的根本，为社会提供优质的服务和产品才是生存的根本"这一企业座右铭，但三鹿集团的实际作为却与这一组织理念截然相反。早在2007年12月就收到消费者关于产品质量投诉的三鹿集团，直到2008年9月12日因奶粉含三聚氰胺被曝光才对企业进行停产整顿。三鹿集团董事长田文华后来承认，"没有停产整顿，是因为当时企业压力大，为了追求利润，企业没有停产"。然而在这10个月的时间里，中国有数十万婴幼儿喝下了含有三聚氰胺的三鹿奶粉，许多儿童出现泌尿系统异常的情况，并有数名儿童死亡。三鹿集团决策者把追求利润看作是组织唯一目标而无视广大消费者特别是婴幼儿身体健康和生命安全的恶劣行径，致使三鹿品牌及整个中国乳制品业信誉扫地、销售重挫，三鹿集团最终破产，董事长田文华被判无期徒刑。

3. 目标的适度性原则

在设定目标时，目标不宜太低，但也不宜过高。理想既高于现实，又不能脱离现实，决策目标的设定应遵循适度性原则。一方面，管理者不能仅凭主观意愿将目标定得过高，以至于组织成员怎样努力都无法实现。如果目标不可能实现，那么组织成员也不会努力去实现目标，因为他们知道这种努力是没有意义的。另一方面，管理者也不能将目标定得过低，以至于组织成员无须努力就能实现，从而失去激励作用，并影响组织的发展。

4. 目标的明确性原则

建立目标体系时，最下层的目标应当十分明确，杜绝含糊不清的口号式目标，尽可能地给出可量化的目标函数，应提出期望达到的具体明确、可计量和可衡量的成果，以及完成目标的时间等要求。例如，企业明年的销售额增长8.5%，利润达到200万元等。当然，不是所有的目标都是可以量化的，有些目标只能是定性的，例如，树立组织的良好形象、提高职工的积极性、增强凝聚力等。但即使是定性的决策目标，也应当提出明确的要求。

例如，一位销售经理对下属提出这样的决策目标："我们在去年的努力全白费了！到现在已经落后竞争对手一大段距离了。今后的目标是，你们应努力多拿订单，否则企业肯定会出现亏损！"

这样的目标很难让该销售团队做出解决问题的决策，因为目标太含糊了。销售经理心里希望销售人员一定要做得更好，但是应该好多少呢？有没有时间要求呢？是年底还是更早？销售经理应当提出更加明确的决策目标，并研究出具体的方案："我们的市场份额在上一营业年度已经下降了10%，因此我们要努力在明年 3 月底前恢复到原来的水平。那么，现在我们来讨论一下实现这一目标的途径……"这样的决策目标就比较明确了，这就有助于销售团队找到成功解决问题的方案。

5. 目标的时间协调性原则

目标的时间协调性是指短期目标应当与长期目标相协调。在长期的战略性决策目标以及相应的决策方案确定后，从理论上说，短期决策的目标及其决策的制定应当以长期目标为依据。但是，在实际管理决策中，在确定短期决策目标时管理者往往需要考虑组织或部门的短期业绩和眼前困难，有时不得不暂时放弃对长期目标的追求。反过来，短期目标如果和长期目标(如增加市场份额和提高投资回报率)保持一致，其决策方案及其营销和投资行为往往会削弱短期的业绩表现(如短期利润等)，或者使得组织难以渡过眼前的难关。因此，决策者需要在长期目标与短期目标之间寻求一个平衡点。过分重视长期目标，会丧失目前的利润，或者难以解决眼前的难题，从而增加了组织经营的风险；而过分重视组织的短期目标，又会导致组织迷失前进的方向，丧失发展后劲，难以实现长远的战略目标。

为了保证长期目标与短期目标相互协调，一方面在制定长期决策目标时，应当充分考虑到短期目标的可实现性；另一方面在长期决策目标确定后，短期目标的制定要以长期目标为依据，努力克服眼前的困难，甚至放弃部分短期利益，使得短期决策有助于逐步实现组织的长期目标。例如，某公司的管理者为一批外观不合格但不影响正常使用的产品能否出厂的问题犯愁：从短期目标考虑，觉得可以让这批产品进入市场；但从长期目标看则不应该这么做，否则后患无穷。这时正确的选择是，宁可牺牲短期利益，也要维护公司的长远形象。

6. 目标的空间协调性原则

目标的空间协调性是指局部目标与整体目标、部门目标与部门目标、高层目标与低层目标相协调。如果一个组织的各个部门各自为政，分别强调局部利益，组织将成为一盘散沙，组织的总体目标将无法实现。而反过来说，部门的局部利益也不能不考虑，各个部门发展不起来，整个组织也难以发展。

因此，一方面，在制定组织的总体目标时，组织的高层管理者应当充分考虑各部门的局部利益，分析各部门实现该总体目标的可能性；另一方面，总体目标及其决策制定后，各部门管理者在确定局部目标时，应当以组织的总体目标为依据，充分考虑本部门在整个组织中的作用和地位，以及本部门与组织其他部门之间的衔接关系，在保证本部门基本利益的同时，努力克服部门的困难，使得部门目标及其决策有助于逐步实现组织的总体目标；第三方面，在实施组织的总体目标及其决策时，组织高层管理者在要求部门管理者顾全大局，为实现组织总体目标不惜牺牲局部利益的同时，也要充分体谅部门管理者的困难，合理调动资源为他们解决一些实际问题，这样才可能实现局部利益和整体利益的双赢。

二、多层次决策的目标体系

1. 多层次决策目标体系的作用

(1) 为各层次管理决策提供依据

上面已经说到，组织的目标体系具有一定的层次性。在组织的目标层次中，最高层的目标是组织战略目标，组织战略目标是组织使命(包括组织哲学和组织宗旨，见第四章)的具体化。组织的战略目标除了规定组织的总体发展方向外，还包含了一些分战略的目标，如组织的营销战略目标、人力资源战略目标、生产战略目标、财务战略目标等。然后，将这些分战略目标分解为中层的部门目标，如总公司各部门、分公司和子公司的目标。这些目标再具体化就成了基层作业单元的决策目标。最终，这些目标被分解成组织每个成员的目标。这样就形成了一个目标层次体系。下层目标实际上是实现上层目标的分解，只有下层目标完成了才有可能实现上层目标，进而实现组织的总体战略目标。

(2) 为目标管理提供依据

决策实施管理过程的一个重要方法是目标管理，而目标管理的依据就是多层次决策目标体系。目标管理方法的创立者彼得·德鲁克(Peter Drucker)认为，并不是有了工作才有目标，而是相反，有了目标才能确定每个人的工作。所以，组织的使命和任务必须转化为目标，如果一个领域没有目标，这个领域的工作必然被忽视。因此，管理者应该通过目标对下级进行管理。当组织最高层管理者确定了组织目标后，必须对其进行有效分解，转变成各个部门以及各个人的分目标。管理者根据下级的分目标，对其工作进行定期检查，交流信息，发现偏差后进行协调，要求下级尽快解决问题，以实现预定的分目标。达到目标期限后，管理者根据分目标的完成情况对下级进行考核、评价和奖惩。然后总结经验教训，讨论下一阶段的目标，开始新的循环。

2. 建立多层次目标体系的方法

组织目标分解或目标层次体系的建立，可以有三种方式：自上而下的方法、自下而上的方法，以及上下结合的方法。

(1) 自上而下的方法

先由组织高层管理者根据组织的使命确定组织总体目标，然后根据总体目标为各个中层管理部门确定分目标。每一级管理者在得到自己的目标后，再为其下级确定具体的分解目标，来保证自己这一层级目标的实现。这样逐层分解就构成了组织的目标层次体系。这种方法的优点是目标体系的起点较高，能够做好顶层设计，确保组织总体目标逐层实现。但其缺点是容易脱离实际，可能会提出下层管理和执行部门无法实现的目标。

(2) 自下而上的方法

先由每个组织成员根据组织的使命确定自己的目标，上报给自己的直接上级。上级归纳起来形成本层次或本部门的目标，再上报更高一级。这样层层上报，层层归纳，最后形成组织的总体目标。这种方法的优点是所制定的目标体系比较切合实际。但是，每一个成员或部门在上报目标时往往会有所保留，使得总体目标过低。此外，各个部门由于本位主义或受到眼光的局限，很难从整体把握组织的发展方向，导致汇总而成的组织目标体系缺乏整体性和系统性。

(3) 上下结合的方法

为克服以上方法的缺陷，并保留其优点，可以将这两种方法结合起来。先自下而上地汇总各层次的初步目标，以此为基础并考虑组织全局的和长远的利益，制定组织的总体目标。然后，再自上而下地层层分解目标，根据上一层目标的要求制定出各层次的决策目标。这样制定出的目标体系既考虑了下层的可实现性，又考虑了组织总体发展的要求，因而更为科学。此外，这种让员工参与制定目标的方法更有利于调动员工的积极性，有利于目标的实现。

三、多目标决策的目标体系

对于某一个管理层次或某一个部门的管理者来说，在制定某一个具体的多目标决策时，也需要构建其决策的目标体系。这是某个多目标决策问题的目标体系，而不是上述整个组织多层次决策的目标体系。

构建多目标决策的目标体系，可以通过建立目标树的方法系统地梳理各个目标之间的关联性和层次性。图 5-8 针对某项新产品开发的多目标决策问题，给出了通过目标树方法来构建目标体系的例子。在这个例子中，新产品开发决策的最高层目标是"新产品的综合效益"，该目标表述得比较笼统和抽象。第二层目标将其具体化，指出综合效益包括经济效益和社会效益。第三层目标进一步具体化，经济效益从市场销售、附加值和成本三个方面来体现；社会效益目标分解为有益性、危害性和废弃产品处理三个方面。然后，第四层和第五层目标又进行了更加具体的细化，使得决策者在进行新产品开发方案设计和选择时，能够有比较完整、明确和清晰的方向。

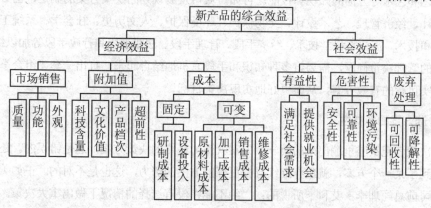

图 5-8 新产品开发决策的目标树示例

在图 5-8 中的目标中，有些目标要追求最大化，如市场销售量、附加值、有益性等；有些要求实现最小化，如成本、危害性等；有些要求做到便利性或可能性，不存在数量的大小问题，如废弃产品的处理目标。

第五节 决策备选方案的设计

设计备选方案就是寻找实现决策目标的具体途径，这是一个非常具有创造性的过程。能不能做出最优的或满意的决策，关键就在于优秀的方案在不在备选方案集中。有人说，方案总比困难多，但是，找到好方案本身就是一个很大的困难。很多问题通常都有多种解决途径、解决方式和方法，这要求决策者能够集思广益、开拓思路、大胆创新，尽可能多地发掘出高质量的方案，这样才能有更大的选择余地，做出高质量的决策。

决策问题千差万别，备选方案的设计是一种非结构化的创新过程，不存在结构化的方法或技术。所以在本节中，主要介绍决策备选方案设计的一些基本原理。

一、设计备选方案的原则

1. 多目标的综合

设计备选方案必须紧紧围绕决策目标，以最大限度地实现决策目标为出发点和归宿点。对于比较复杂的实际决策问题，其决策目标往往有多个，在备选方案设计时，应当兼顾到各个目标，以实现综合目标的最优化。

2. 多学科的综合

制定决策目标可能不需要很多的知识和技术，但是要研究如何实现目标，就会涉及多种具体的方法和途径，就要运用多方面的科学知识和技术。例如，要制定新产品的营销方案，就需要多方面的专家，需要进行新产品的市场定位、技术设计、工艺设计、包装设计、广告策划、销售渠道设计、定价、促销方式设计、资金筹措和使用等方面的工作，需要用到工程技术、经济、营销、财务、工艺和艺术等方面的知识和技能。再如，城市发展规划的决策方案的制定，也必须综合运用规划设计、经济管理、艺术设计、文物保护、环境保护、人文历史、社会学、系统工程等多方面的知识和技术，需要将科学技术、经济手段、管理手段、法律手段和行政手段等加以综合应用。对于复杂的管理决策问题，需要将多种知识和手段有机地结合起来，打出一套"组合拳"，才能设计出切实可行的有效方案，从而更好地实现决策目标。

3. 备选方案的多样性

有些决策者把头脑里蹦出来的第一个方案就作为最终的决策方案，这是错误的。还有的决策者一旦找到了某一个方案，就放弃继续寻找更好的方案的努力，这也是不对的。正如美国克莱斯勒汽车公司前总经理李·艾科卡所说的："绝不能在没有选择的情况下做出重大决策。"事实也的确如此，在选择余地不大的情况下，我们很难做出最佳的选择。因此，在人力、物力、财力和时间允许的情况下，决策者或决策分析者的思路应当开阔一些，设计出尽可能多的备选方案，以便从中选出更好的决策方案。否则，如果备选方案较少，真正优秀的方案可能并不在备选方案之列，后面无论你用多么先进的决策分析方法，也只能是"矮子里面拔将军"，不可能获得优秀的决策方案。

4. 备选方案的完备性

所谓备选方案的完备性，是指在备选方案集中我们已经考虑了各种可能采取的手段或途径的所有组合。这样，备选方案集中的任何两个方案都应该是"互斥的"，即每一个备选方案都是完备的和独立的，不存在新的方案组合了。举一个简单的例子，若某决策问题共有两个决策变量，一个是经济手段的决策变量，另一个是行政手段的决策变量。假设从经济手段上解决问题只有一个 A 方案，而使用行政手段只有一个 B 方案，这里 A、B 两个方案就不是互斥的，因此也是不完备的。因为我们还可以同时采用经济手段和行政手段来解决问题，也就是把 A、B 两个方案结合起来，这就得到了 C 方案。这样，A、B、C 三个方案才是互斥的。

5. 最优方案的相对性

最优方案是相对而言的，因此在设计方案时也不要企图穷尽所有可能的备选方案。也就是说，在遵循备选方案多样性原则时，也不可以走极端。备选方案也不是越多越好，科学决策不赞成盲目追求绝对的最优。当方案数量太大时，方案设计所需的研究费用和研究时间也将大大增加。如果费用过大，时间过长，也是不现实的。这就是西蒙提出用"满意"原则代替"最优"原则的理由之一。总之，决策者应当根据决策问题的重要性以及时间和经费等限制，在理想和现实之间进行折中，寻求一个合适的"度"。

二、产生备选方案的途径

1. 经验

经验是产生备选方案的一种比较直接的途径。根据决策者或决策群体自己的经验，或者借鉴其他管理者或群体曾经的做法，可以比较容易地提出一些备选方案。尽管过去面临的环境与目前的状况可能有很大的差别，别人的经验和自己的问题也有不同之处，但这些成功的做法毕竟可以作为备选方案的一个重要来源，或者提供一些有益的启示。而且来自经验的备选方案是已经经过实践检验的，因此它的优点是比较稳妥，风险相对较小。但是来自经验的备选方案也有明显的缺陷。由于过去的老经验往往不能完全适合现在的新问题，因此尽管这些做法比较稳妥，但是往往不会使得问题有实质性的改观。所以，对老经验最好要根据新情况加以适当修改，以便能够更好地解决新问题。实际上，这种方案已经蕴涵了一定创新的成分了。

2. 创新

在变化多端和激烈竞争的外部环境中，决策者应该具有随机应变的创造力。组织的发展需要新颖的、独创的方案。它不是过去的再现，也不是别人的翻版，而是独到的、适应当前新问题和新环境的新做法。只有这样才能走在别人的前面，确立自己的竞争优势。正如德鲁克在《管理、任务、责任和实践》一书中所说的那样："如果管理人员只限于做已经做过的事情，那么，即使外部环境和条件资源都得到充分利用，他的组织充其量不过是一个墨守成规的组织。这样下去，很有可能会造成衰退，而不仅仅是停滞不前的问题，尤其是在竞争的情况下。"当然，来自创新的备选方案也有一定的缺点。由于它们以前没有实践过，因此往往不够成熟，不够稳妥，风险可能较大。但创新方案的优点则更加突出，它们往往能够解决老经验无法解决或不能很好解决的新问题。故而在设计和选择创新方案时，一定要慎重，要多征求意见，尽量考虑周到一些，经过不断的改进和优化，设计出高质量的备选方案，从而降低决策风险。

三、设计备选方案的方法

从以上分析可知，不管是通过经验还是创新的途径产生备选方案，都需要对方案进行创新设计，只不过创新途径的创新力度更大。由于决策问题千差万别，创新思路多种多样，因此没有结构化的方法可循。尽管如此，人们还是总结出了一些通用的规律和技巧，也就是一些非结构化的方案设计方法，以及如何组织专家产生备选方案的方法。下面介绍几种常用的方案设计方法。

1. 重要目标导向法

当决策问题有多个目标时，一下子设计出实现所有分目标的方案是很困难的。这时应把各分目标按其重要性进行排序，然后抓住其中的一些主要目标，寻求与之对应的方案，或为方案的形成提供基本设想。而其他分目标则在产生方案设想的基础上逐步考虑进去，对方案进行修正和完善。这样，复杂的方案设计问题就会变得比较简单。

2. 原型方案修正法

有时，在既定的决策目标的框架下，很难发现合适的方案。这时可以先撇开决策目标，草拟一个"原型方案"，然后再用决策目标去修改原型方案，使之逐步接近决策目标。如果无论如何修改方案也不能满足目标的要求，则需要考虑运用下面的"决策目标修正法"，去修正决策目标。

3. 决策目标修正法

在确立目标阶段，决策者定下的决策目标受到当时所掌握情况的局限，可能并不十分合适。而这些目标会影响到寻求方案的范围和思路。为了排除这种障碍，可以先撇开决策目标，把注意力引向解决问题的新途径和手段，设计出符合现实情况的方案。如果这些方案能够获得新的成功，就可以考虑根据这一"现实方案"所能取得的"现实目标"，去修改原定的决策目标。

4. 目标—手段链法

对于给定的决策目标，直接提出具体的解决方案往往是很难的，而提出实现该目标的手段相对容易一些。当然，手段通常是比较笼统的，我们可以把这些手段作为新的目标，再提出实现这些新目标的具体一点的手段，如此反复，手段就会越来越具体。这就构成了一组目标—手段链。最后，决策者可以根据最底层的手段，设计出决策的备选方案。这就是设计备选方案的目标—手段链法。

图 5-9 给出了目标—手段链的一个示例。图中最高层是一家公司的决策目标——公司利润最大化，实现这一目标的手段有两个，扩大销售和降低成本。如果把扩大销售作为目标，可以通过一些促销活动和开发新市场等手段来实现。再把促销活动作为目标，可以通过人员推销和广告宣传等手段来实现。而开发新市场目标的实现途径有两个：开发西部市场和农村市场。另外，实现降低成本目标的手段是零部件国产化和采用价格较低的新材料。当然，图 5-9 还可以继续往下展开，直到决策者认为已经有助于设计出备选方案为止。然后，将各链条所得到的最底层方案进行组合，就可以得到多个互斥的备选方案。

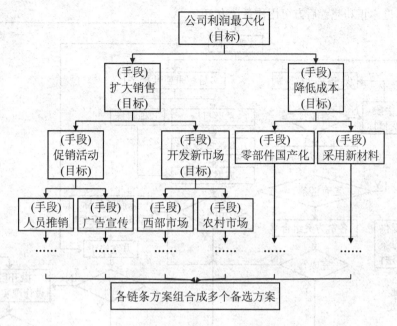

图 5-9 目标—手段链示例

5. 头脑风暴法

头脑风暴法(brainstorming)是一种组织专家进行研讨，通过发挥团队创造力产生备选方案的有效方法，由美国创造学家亚历克斯·奥斯本(Alex F. Osborn)于 1939 年首先提出。运用头脑风暴法产生备选方案，首先要组成一个小组，小组的成员可以由来自不同部门的成员和不同领域的专家组成。然后组织者召集小组会议，鼓励小组成员自由畅想、相互启发、产生连锁反应、不断产生创新的设想，从而在有限的时间内尽可能多地找到解决问题的各种方案。头脑风暴会议能否"刮起"思想的风暴，如何避免因冷场或相互冲突等原因而导致失败，关键要看组织者如何主持会议，看他能否调动起大家的积极性。为此，组织者应遵循以下原则：①会议的目的是产生尽可能多的备选方案，而不是做出选择；②所有的观点都应当受到尊重，并被记录下来；③一方面，要鼓励与会者考虑其他人的观点；另一方面，不管是与会者还是主持人都不允许对别人的观点下判断(包括赞扬或点评)，更不能提出批评。

6. 综合方法

对以上设计备选方案的各种方法进行仔细研究和比较可以看出，它们并不是孤立存在的，而是具有一定的内在联系。如果根据这些相互关联，把它们综合成一个有机整体就可以得到方案设计方法的选择与运用的完整流程(见图 5-10)。由图 5-10 可见，目标—手段链法和重要目标导向法都是从决策目标出发设计备选方案的。前者以相对简单的手段设计为突破口，取代比较复杂的方案设计；后者以少数重要目标为突破口，克服同时考虑诸多目标的困难。当从目标出发无法寻求备选方案时，可以用原型方案修正法先撇开目标，草拟原型方案，再根据决策目标去修正方案。当以上方案均不奏效时，说明决策目标脱离现实。这时可以考虑用决策目标修正法，撇开目标设计出比较现实的方案，再去修改目标。此外，头脑风暴法得出的方案比较庞杂，也不太完善，一般不能直接用作备选方案，需要进行分析和分类，作为其他方法的初步方案或参考方案(见图 5-10

中的*号)，通过修正和完善后方可用作备选方案。

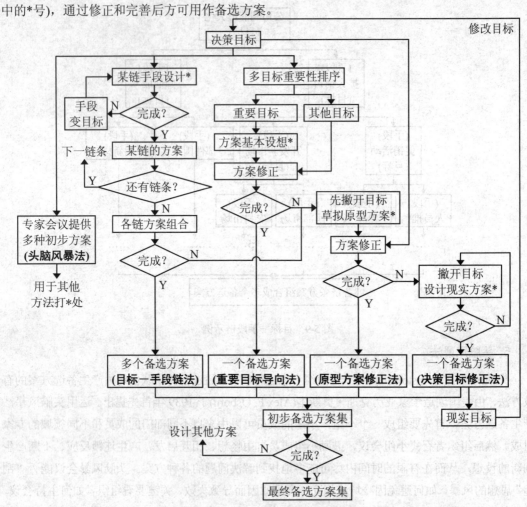

图 5-10　各方案设计方法的关系与流程

第六节　决策方案的筛选

一、方案筛选的标准

决策备选方案产生以后，决策者就要在这些备选方案中，筛选出一个最优方案或满意方案作为决策方案。筛选方案时要考虑的评价指标很多，例如投资费用，投资收益率，投资回收期，劳动生产率，实施时间、技术的先进性、可靠性，环保要求、质量改善等。当然，对于不同的决策问题所考虑的指标是不同的，需要根据问题的特点有所侧重，选择一些主要的、最能反映方案优劣的指标。方案筛选的评价指标虽然很多，但归纳起来主要有三类：方案的可行性、可意性和可靠性。表 5-2 给出了每类筛选标准的筛选准则、内涵解析、相关函数及其影响因素(自变量)和所对应的决策指标 [1]。从表 5-2 可见，三类标准最后分别归结为约束满足性、目标最优化和风险最小化，

---

1. 参见张智光所著《管理学智慧：为官的定理》(南京大学出版社，2015 年版)一书中的"98. 决策之难：规则是'软的'"。

而效用最大化同时兼顾了目标最优化和风险最小化两项标准(参见本章第一节关于效用函数的知识)。由于根据决策者的风险偏好构建效用函数的难度较大(张智光，2006a)，因此在多数情况下，我们仍然是将目标最优化和风险最小化两项标准分开考虑的。下面从方案的可行性、可意性和可靠性三个方面对决策方案的筛选过程进行具体阐释。

表5-2　方案筛选的标准

筛选准则	内涵解析	相关函数	影响因素	决策指标	
可行性	门槛 vs.能力—— 门槛有多高？有能力越过门槛吗？	约束函数	决策变量和 自然状态变量	约束满足性 (约束函数与界限构成约束条件)	
可意性	回报 vs.心愿—— 回报有多大？回报能满足心愿吗？	目标函数	决策变量和 自然状态变量	目标最优化	效用最大化 (效用函数：在目标函数基础上考虑决策者风险偏好)
可靠性	胜算 vs.胆略—— 胜算有多大？有胆略承担风险吗？	状态概率 分布函数	自然状态变量	风险最小化	

1. 方案的可行性

所有方案都需要有不同程度的资源投入，都会遇到不同程度的实施困难，都会对环境造成不同程度的影响，总之，都有一定的"门槛"和约束条件。如果某个方案所需要的资源投入超过了组织能够获得的资源的上限，实施的困难超过了组织的管理水平，对环境的影响超过的外部组织的限制，那么这个方案就无法满足决策约束条件，就是不可行的。方案的可行性主要考虑两大类约束：其一，人力、物力、资金、技术和时间等资源的约束；其二，组织管理水平、组织文化、政府的政策、法律和法规、行业规范等管理的约束。下面针对这两方面做进一步的说明。

(1) 资源约束的可行性

在人力资源方面，需要考察方案对劳动力、专业技术人员和专门管理人才等资源的需求，以及组织所拥有和能够获得的人力资源，由此确定该方案在人力资源上的可行性。在物力资源方面，需要研究方案对组织的原材料、设备(含加工能力)、工具、场地、仓库和运输能力等方面的需求的可行性。在财力资源方面，需要分析组织能否在每一个规定的时间段内筹措到方案所需的足够资金。对于许多重大决策而言，资金的约束是最重要的可行性问题，它不仅要考虑一次性付出的投资，而且要考虑整个复杂和动态的资金运动过程的可行性。因此，许多重要决策，尤其是战略决策，需要检查每个备选方案对整个组织现金需求和运用上的影响。在这类决策中，经常需要模拟组织在各段时期内的现金流量，计算在各期间发生的总的现金流入，并从中减去这一期间发生的总的现金流出，从而求得方案对各个时间段的净现金需求，由此来考察方案的资金需求的可行性。在技术资源方面，许多管理方案都要求组织具备一定的技术和技能才能成功实施，不仅需要工程技术，还需要管理技术。例如，一个传统机械制造企业所选择的产品方案需要高科技智能制造技术，那么就需要认真考虑一下该方案在技术上的可行性问题了。在时间资源方面，需要考虑实施方案所需的时间能否满足组织管理上的需要，获得上述各类资源在时间上的要求，以及资金周转的时间要求等。

(2) 管理约束的可行性

管理的可行性需要考虑组织内部和组织外部两方面的各种管理约束。在组织内部，需要考察方案的实施难度与组织管理水平是否匹配，以及与组织文化是否协调和冲突。同样的决策方案，在管理水平较高和组织文化比较先进的组织中能够实施成功，但是在管理水平和组织文化比较落后的组织就可能会惨遭失败。而组织管理水平和组织文化的改善需要长期的努力和积累，短期内是难以改变的。因此，组织内部管理能力和环境的可行性是一个明智的管理者不得不考虑的约束条件。另外，在组织外部，需要考虑备选方案是否符合政府的政策、法律和法规，以及是否符合行业规范等外部管理的约束。例如，有一家造纸企业在搬迁选址时，选择了位于自然保护区缓冲区内的一家旧企业作为新地址。虽然原企业的厂房、道路、供电和供水等设施可以利用，将为企业节约一笔可观的资金，但是这一方案却违反了国家关于自然保护区管理的有关规定。结果该造纸企业刚刚投产，就被勒令迁移，给组织造成了极大的浪费和损失。因此，外部管理环境也是制约方案可行性的十分重要的因素。

2. 方案的可意性

方案的可意性(即满意性)是指方案执行后的结果对决策目标的贡献情况，即方案的回报达到决策者心目中的预期目标的程度，或者达到最优目标的程度。方案的可意性指标主要与特定决策目标有关，通常需要考虑经济收益和运营状况两个方面的指标。经济收益的指标通常有：成本、销售收入、利润、资金的时间价值(净现值)、内部收益率和投资回收期等。运营状况的指标通常有：技术先进性、性能与功能、实用性、质量、反应速度、灵活性、用户满意度、资源与设备的利用率等。

3. 方案的可靠性

对于风险型决策问题，仅仅满足方案的可行性和可意性是不够的，因为这两方面是指在方案实施成功的情况下得出的判断，但方案的实施有可能受到种种因素的影响而导致失败。因此还需要研究方案的可靠性，即成功或失败的概率。方案的可靠性分析就是对方案在实施过程中和实施以后可能出现的风险，失效或失败的概率和损失，有没有相应的补救措施，决策者有没有胆略承担这种风险，决策方案与决策者的风险偏好是否吻合等进行研究。引起决策风险的因素主要有以下几个方面：方案在组织内部造成了一定的负面影响，导致方案实施和运行受到阻碍；决策实施之后，组织内部和外部环境发生了变化；环境中其他主体对该决策做出了应对反应等。

可靠性分析可以采用灵敏度分析和可靠性分析等理论和方法(张智光，2006a)。其中，灵敏度分析方法就是改变影响各备选方案实施结果的某些关键变量(如自然状态的概率值、效用值和约束条件的界限值等)的取值，考察这些变动对方案执行结果的影响情况，以判断方案的可靠性。

二、方案筛选的方法

根据以上方案筛选标准，在多个备选方案中筛选出最佳的或满意的方案，需要借助相关的决策分析方法。现代决策技术提供了大量的决策分析方法，例如，数学规划法、量本利分析法、决策树法、贝叶斯法、乐观系数法、ε-约束法、加权法、层次分析法、模糊决策法、序贯消元法、博弈论法、仿真法等。不同的方法针对不同的决策问题。下面仅选择三种常用方法进行简要的介绍，至于其他方法读者可阅读这方面专门的著作(张智光，2006a)。

1. 量本利分析法

量本利分析法，也叫保本点法或盈亏平衡分析法，是一种针对确定型决策问题(或经过数学期望处理的风险型决策问题)进行方案筛选的方法。它是通过分析业务量(销售量或产量)、成本和利润这三者之间的关系，掌握盈亏变化的规律，指导组织在投资决策、生产规模决策和成本决策中进行方案的筛选，以实现组织利润最大化的决策分析方法。

业务量一般以销售量来衡量，即组织从事生产经营活动中的产品销售量。某种产品的销售量与销售单价的乘积就是产品销售收入。为了便于组织的生产决策，通常假定生产量与销售量相等。成本是指一定时期内组织生产经营的总成本，包括固定成本和变动成本。所谓固定成本，是指在一定时期、一定范围内不随产量变化而变化的成本，如企业固定资产折旧费、行政办公费、管理人员工资、广告费用和财产税等；变动成本是指随着产量的增加或减少而提高或降低的成本，如材料费、加工费、燃料动力费、运输费和计件工资等。利润是指销售收入减去总成本的差额。组织为了自身的生存与发展，必须在生产经营过程中获取利润。决策者为了获取利润，所关心的问题是如何扩大销售收入和降低成本。

销售收入、总成本和销售量三者之间的关系可以用图 5-11 来表示。图中销售收入曲线 S 与总成本曲线 C 的交点 $E(Q_0, S_0)$ 为盈亏平衡点，也叫作保本点。在这一点上，组织的销售收入等于总成本，组织的经营结果是不亏不赚，利润为零。与 E 点对应的销售量 Q_0 称为保本点销售量，而与 E 对应的销售收入 S_0 称为保本点销售收入。当销售量大于 Q_0 时，销售收入 S 大于总成本 C，组织有所盈利；当销售量小于 Q_0 时，销售收入 S 小于总成本 C，组织出现亏损。

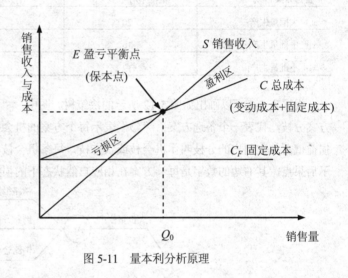

图 5-11　量本利分析原理

由图 5-11 可知，盈亏平衡点的变量关系为：$C = S = S_0$。

由于 $C = C_V + C_F = C_V^0 \times Q_0 + C_F$，$S_0 = P \times Q_0$，所以，

$$Q_0 = \frac{C_F}{P - C_V^0} \qquad S_0 = \frac{C_F}{1 - C_V^0 / P} \tag{5-1}$$

式(5-1)中，C_F 为固定成本；C_V 为变动成本；C_V^0 为单位变动成本；P 为产品的销售单价。

公式(5-1)是保本点销售量 Q_0 和保本点销售收入 S_0 的计算公式。由这两个公式可以看出，当产品单价 P 不变时，固定成本 C_F 和单位变动成本 C_V^0 越低，盈亏平衡点就越低。这时，方案获利的可能性就越大。当盈亏平衡点固定时，若某方案的销售量低于保本点销售量 Q_0，则该方案就出现了亏损；若方案的销售量等于 Q_0，则该方案不亏不盈；若方案的销售量高于 Q_0，则该方案就会盈利，高得越多，盈利越大，经营风险就越小。由此，决策者根据各备选方案的量、本、利和盈亏平衡点的关系，就可以对各备选方案进行筛选。

2. 决策树法

决策树法是一种针对风险型决策的方案筛选方法，实际上是期望值法的树型图表达形式，具

有比较直观的优点(张智光，2006a)。

我们举一个简单的例子来说明决策树法。某企业要确定下一计划期内的生产批量，决策目标为计划期内企业获得的利润 f(又称作损益值，"损"指利润为负值，"益"指利润为正值)；可行的备选方案有三个——大批量生产 x_1、中批量生产 x_2 和小批量生产 x_3；自然状态变量是市场销售情况，分为三种状态——销路很好 θ_1、销路一般 θ_2 和销路较差 θ_3。根据以往的经验，并通过市场调查及预测，可以估计出 θ_1、θ_2 和 θ_3 的主观概率分别为 0.3、0.5 和 0.2。每个方案在不同自然状态下的损益值 $f(x, \theta)$ 如表 5-3 所示。

表 5-3　损益矩阵表

状态及概率 备选方案	θ_1: 销路很好 $p(\theta_1)=0.3$	θ_2: 销路一般 $p(\theta_2)=0.5$	θ_3: 销路较差 $p(\theta_3)=0.2$
x_1: 大批量生产	20	12	8
x_2: 中批量生产	16	16	10
x_3: 小批量生产	12	12	12

根据表 5-3 可以画出如图 5-12 所示的决策树。图中，"□"表示决策点，从它引出的分枝叫方案分枝，代表一个备选方案；"○"表示每个方案的机会点，其上方的数字表示该方案的期望损益值，从它引出的分枝叫作机会枝或状态枝，每条机会枝上标明自然状态及其概率；"△"表示后果点，其右边的数字是每一方案在相应自然状态下的损益值。

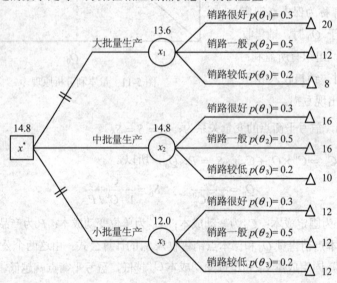

图 5-12　生产批量决策问题的决策树

其中，备选方案 x_i 的期望损益值 $f(x_i)$ 的计算公式如下：

$$f(x_i) = \sum_{j=1}^{q} p(\theta_i) f(x_i, \theta_j) \tag{5-2}$$

本例中，i=1, 2, 3；q=3。由式(5-2)可以计算出三个备选方案的期望损益值分别为：$f(x_1)$=13.6 万元；$f(x_2)$=14.8 万元；$f(x_3)$=12.0 万元。经比较可知，方案 x_2(中批量生产)的期望损益值最大，于是将该方案的期望损益值 14.8 填在决策点上方，而在方案 x_1 和方案 x_3 的分枝上画上 " $/\!/$ " 符号，表示剪去这两个方案分枝。最终，我们选择最优方案 $x^* = x_2$。

3. 仿真法

(1) 实验仿真法

对某些比较复杂、影响较大的决策问题，方案的选择需要更加慎重。针对这类方案，可以借鉴某些自然科学研究的实验方法，在实际系统中进行局部的实验仿真，根据仿真结果来确定是否选择这一方案。例如，决定新产品的销售方案，可以在小范围内、在不同地区、用不同方案进行试销，根据试销的结果，来决定选择哪一个方案。又如，为制定某项改革方案，可以选择几个试点地区，分别采用不同的改革方案，从而选出较好的改革方案，然后进行推广。另外，通过实验仿真法可以取得一些经验和教训，以便对比较好的方案进行进一步的改进，从而使该方案能够顺利完成推广实施和后期运行等过程的工作。当然，这种方法也是有局限性的。譬如，实验所投入的人力、物力和财力往往很大，需要付出昂贵的代价；并非所有的方案都能实验，有些实验失败后所造成的损失很大，甚至难以承受；许多决策常常需要及时确定，没有时间进行实验；从实验得出的方案未必能够适应于未来的环境或新的应用对象。

(2) 计算机仿真法

对于一些难以直接进行仿真实验的决策问题，也可以借助系统科学和计算机技术等手段，进行计算机仿真，以克服在实际系统中仿真的各种困难。运用计算机仿真方法，需要对决策系统进行分析，设定相关变量，建立仿真数学模型，然后通过在计算机上进行实验，来研究各种备选方案的优点和缺陷，从而选择出最佳的方案。计算机仿真法可以根据上述确定型决策问题和风险型决策问题的具体情况，分别选择相应的确定型和随机型仿真模型与方法。计算机仿真法的优点是仿真的费用、时间等都大大下降，而且不会对实际系统造成损害。但缺陷是，仿真模型的建立、数据的收集和处理，以及计算机仿真运行等工作的技术难度较大，一般的决策者难以掌握。

(3) 研讨仿真法

为克服以上仿真方法的缺陷，可以采用研讨仿真法。这种方法运用计算机仿真的原理，组织相关专家和有关人员对各种方案实施后的效果进行研讨，分析各方案的优点、缺点，哪些人群会获利、哪些人群会受损，存在哪些风险和隐患，各类利益相关者的反应和应对行为等。这种方法特别适合政策仿真等社会科学问题。具体的做法可以通过会议，也可以通过访谈和问卷调查等多种方式。也就是说，这种方法是将"电脑仿真"变为"人脑仿真"，不需要建立复杂的数学模型，运用人类的智慧和经验预估方案实施的效果，从而选出较好的决策方案，避免"上有政策，下有对策"的尴尬。

第七节 决策实施计划的编制

一、计划书的基本内容

在实际管理中，不同类型组织的决策实施计划书的内容差别很大，即使是同一个组织不同方面的计划书，其内容也有很大的区别，例如企业的生产计划和战略规划的内容构架就有很大的差异。尽管如此，就像不同类型的决策具有类似的步骤和方法一样，不同的计划书也有共性的基本内容和基本要求。第一章中已经介绍过，决策实施计划书是对决策方案的细化和规范化的书面描述，其主要内容包括 Why，What，When，Where，Who 和 How 6 个方面。其中部分内容在决策制定时已经分析和确定过了，在计划书中需要进一步细化、补充、完善和整理，从而为计划的执行提供完整的指导信息。下面对这 6 个方面的内容做进一步展开和说明。

1. 问题与目标(Why——为什么做)

(1) 上一期计划执行情况的总结与问题分析

为确定新一期计划的目标，首先要总结一下上一期计划执行的情况，总结其成功的经验和失误的教训，分析目前的问题和今后可能出现的困难。通过分析，厘清问题的性质、严重性、影响面，以及历史、现状和发展的趋势等，分析产生问题的原因等。例如，企业要编制明年的生产计划，需要先分析今年生产计划的执行情况。如果今年难以按期完成生产任务，要分析哪些产品的生产进度滞后了，偏差有多大，原因是什么，是设备问题还是原材料供应问题。如果今年有望顺利或提前完成预定任务，需要总结一下经验，以便指导下一期计划的编制和执行。

(2) 内部系统与外部环境分析

组织的内部系统与外部环境总是处于不断的变化之中，在进行新一期计划的编制时，需要对这些新变化进行分析和预测。对于战略决策，还需要在此基础上分析组织的优势、劣势、机会和威胁(SWOT 分析)，并针对上面所分析的问题和原因进一步找出更深层次的内部系统和环境因素。例如，企业在编制营销计划时，需要对企业内部生产和销售系统的发展情况，以及企业外部的市场需求、消费者的意见、消费倾向的变化、竞争对手的动态等进行分析和预测。

(3) 决策目标

根据以上分析的结果，就可以用比较准确的语言和具体数据阐述决策的目标(也就是计划的目标)。这是编制计划书的依据，是决策及其计划实施的出发点和归宿点。目标要尽可能具体和准确，最好要能够定量考核，尤其要避免提出空洞、抽象和含糊不清的目标。对于多目标决策问题，需要分析各目标之间的关系，给出目标重要性的排序和说明，以及在目标发生冲突时的处理方法等。对于一些比较重要的决策问题(如战略决策)，通常还需要提出制定和实施该决策方案及其计划的意义和作用、指导思想或理论依据、基本原则和战略定位等内容，作为提出决策目标之前的铺垫。

2. 方案与任务(What——做什么)

(1) 总体方案

对实现决策目标的总体决策方案进行阐述，包括总体方案的内容、要求和总体时间安排。以战略规划为例，要说明组织将采取成本领先战略还是差异化战略，是进攻型战略还是防御型战略，或其他战略类型。如果采用成本领先战略，还要进一步说明是选择哪一类成本领先战略，如简化产品型战略、改进设计型战略、材料节约型战略、人工费用降低型战略、生产创新及自动化型战略等，或者将几种成本领先战略综合使用。此外，还要阐述与成本领先战略相配套的其他领域职能的战略，如生产战略、财务战略、研发战略等方面的相应措施。

(2) 任务分解

对于较大的决策问题，仅仅提供总体方案是难以实施的。为增强方案的可操作性和实施的有效性，需要将比较复杂的方案进行分解，分解成一些便于操作和相对独立的具体任务或工序。然后还要指出各项任务的目标和考核指标等要求，以及哪些任务是重点任务或重点工序。对于较大的战略规划，在各分项任务中提出几项重点任务或重点工程是非常必要和重要的，这样可以避免战略空洞化，使战略实施具有重要的"抓手"和标志性的成果。

3. 进度安排(When——何时做)

根据总体方案的时间要求，需要对于分解后的各项任务进行时间进度安排，指出各项任务实施的起止时间，以及有相互关联的各项任务之间的时间衔接。如果这些任务之间的相互衔接关系比较复杂，难以用文字的方式表达清楚，则可以借助计划表、流程图、甘特图或网络技术等形式以及相应的方法，用更加科学化和工程化的工具进行进度的编排和明确表达。后面我们将要介绍这些计划编制的方法。

4. 地点选择(Where——何地做)

有些计划的执行地点是比较明确的，譬如常规的生产计划等。但是对于那些空间结构比较复杂的计划，还需要对分解后的各项任务的执行地点以及各地点之间的相互联系进行安排。就拿生产计划来说，对于社会化敏捷制造(见第三章)、跨地区和国际化供应链合作等制造体系的生产计划，就需要确定各个部件以及整机安装的地点，以及各地点之间的网络结构。再如，企业的工厂选址、营销网络的布局优化、跨地区和跨国家的营销策划、大型物流公司的仓库选址和运输决策等计划，都需要科学地选择和安排空间位置以及各地点之间的连接线路等。对于比较复杂的静态和动态地点结构，还需要借助网络技术等方法进行空间计划的编制。

5. 工作分工(Who——谁去做)

"工作落实到人头"是计划执行成败的一个关键因素。因此，在计划中需要对总体方案和各项任务进行分工，包括整体计划的执行部门和负责人，以及各项任务的执行部门或执行者及其责任人。这种分工是十分重要的，只有将工作任务明确到部门和人员，才能做到职责分明，才能激励组织的相关员工和管理者为实现该计划而各司其职、努力完成任务，同时也便于对计划实施情况进行检查、督促和考核。

6. 方法与保障(How——怎么做)

对于执行难度比较大的任务，还需要说明实施的方法，例如执行任务的技术路线或流程、需要使用的仪器设备、市场调研或收集数据的方法、产品试验的程序、信息处理的方式、工作的方式和方法等。此外，对于比较重大的决策问题，还需要提出完成计划的保障措施和经费预算等。这些保障措施包括人力资源保障、资金保障、物资保障、组织保障、制度保障、管理保障和科技保障等。

二、编制计划的基本原理

编制计划是一项科学性、预见性、系统性、创新性和艺术性很强的复杂工作，应遵循以下基本原理。需要说明的是，这些原理的通行名称并不太确切，我们在下面各标题的括号中给出了与该原理的内容比较吻合的名称，以便于读者理解。

1. 限定因素原理(木桶原理)

所谓限定因素，是指妨碍决策目标实现的因素。但是，这里的限定因素并不是指所有影响决策实施的因素，而是指关键的限定因素或瓶颈问题。限定因素原理是指在编制计划时，应当把克服关键的限定因素作为计划任务(What)或作为实施决策的方法(How)编制到计划中去，以增强组织实现决策目标的能力。这样，即使其他限定因素不改善，也可以使决策实施结果得到显著提高。可见，限定因素原理的更为明确的含义是"克服瓶颈原理"，也可以形象地称为"木桶原理"(cannikin law)，或"补齐短板原理"。我们知道，一个由多块木板构成的木桶所盛的水量，取决于木桶壁上最短的那块木板(即关键限定因素)。只要把这块木板换成较长的木板，在不改变其他条件的情况下，就可以使该木桶盛有更多的水。根据这一原理，管理者在编制决策实施计划时，应深入了解那些对决策目标实现起到关键阻碍作用的瓶颈因素。然后针对这些因素制定工作重点，设置重点任务、重点目标和重点考核指标，提出解决方法，并配备主力人员来解决这些问题，这样才能为实现整个决策目标扫清障碍。需要注意的是，一个组织有许多"木桶"，没必要也不可能补齐所有木桶的短板，能够补齐那些与决策目标相关木桶的关键短板就已经很了不起了，要将"补齐短板"与"扬长避短"相结合[1]。

2. 许诺原理(适度原理)

一个计划所规定的某期限内需要完成的目标，既是对计划执行者的要求，也可以看作是该计划所做出的一种"许诺"。许诺能不能兑现，就要看目标的高低，包括任务的繁重程度和完成任务的期限长短。在一定的期限内，许诺的任务越多，则兑现的可能性就越小；对于一定的任务，许诺的期限越长，不可控因素就会越多，实现的可能性就越小。因此，许诺原理实际上就是计划的"适度原理"。也就是说，计划的许诺既要有一定的分量，目标不能太低，但是也不能过于"夸海口"，许诺的任务太多、时间太紧。许诺原理不仅针对整体计划，而且也包括分项任务的安排。对于整体计划，期限往往是固定的，这时任务不能太重，否则计划将无法实现。对于分项任务，往往任务是固定的，这时应留有足够的完成任务的时间。一个组织如果老是完不成计划，就会形成一种不良的习惯，做什么事情都拖拖拉拉，老是加班加点，或者计划总是"流产"。因此，宁可把计划定得宽松一点，也要养成按时完成任务的良好的组织文化[2]。

3. 灵活性原理(弹性原理)

灵活性原理并不是指在实施计划时可以不按照计划的要求去完成任务，可以随意地灵活执行任务；而是指在编制实施计划时目标要有一定的弹性，在执行时可以在弹性范围内灵活处理，但是不可以越出这一范围。尽管根据上述许诺原理，计划的要求已被适当降低了一些，不出意外的话，该计划应该是可以按期完成的；但是，在计划实施过程中组织将面临内部和外部环境的各种不确定因素的影响，管理者很难事先预料到将会发生的各种意外的变故，结果有可能还是无法按期完成预定的计划目标。为了不让计划落空，也为了不再降低正常情况

---

1. 参见张智光所著《管理学智慧：为官的定理》(南京大学出版社，2015 年版)一书中的"222. '罗盘'的应用：木桶原理的新诠释"。
2. 参见张智光所著《管理学智慧：为官的定理》(南京大学出版社，2015 年版)一书中的"212. 进度控制：消除加班"。

下的目标，有些计划的编制要有一定的弹性，目标不能太死或过于刚性。即在正常情况和意外情况下分别设置两套不同的目标，包括目标规定的任务和时间等要求。由于"灵活性"一词的含义太"灵活"，许诺原理和改变航道原理也体现了灵活性，因此灵活性原理的确切含义应该是"弹性原理"。

在计划的实际编制过程中，管理者必须把握好弹性的尺度。弹性太小，当环境发生较大变化时就可能导致计划的失效；弹性太大，则计划实施中将付出低效率和低目标的代价；而有些计划是不能有弹性的，否则会造成很大的损失。为此，应尽量在分项任务中设置弹性要求，而不降低总体计划的要求。例如，可以利用下面将要介绍的关键路径法，在非关键路径和非关键任务中设置弹性要求，而不改变总体要求。另外，即便设置了包含高标准和低标准的灵活性要求，管理者也要努力去控制计划的执行过程，设法克服各种困难，尽量去实现高标准的要求和目标。尤其在工作进展顺利时不能松懈，更应该实现高标准的目标，或者把前期因弹性而降低的要求追回来，或者把弹性的机会留给后面可能出现的困难，这样才能最终按期完成决策的目标。

4. 改变航道原理(可修订原理)

由于在计划实施过程中情况在不断地变化，而计划不可能未卜先知，因此就需要我们实时检查计划的执行情况，对发生的偏差进行及时纠正。当通过各种纠偏措施还是无法完成计划时，就需要根据实际情况对计划进行调整或修订，而不能被计划束缚住。但是这种修订最好不要改变计划的总体目标，只是调整实现目标的方法或路线，即"航道"。这就如同舵手在航行时必须经常核对和修正航线，一旦遇到情况就应绕道而行，但最终还得到达预定的目的地。

从改变航道原理的命名和作用看，它似乎并不是计划编制的原理，而是计划实施中的控制原理：当常规控制不起作用时，就需要去改变计划本身。其实不然，这一原理告诉管理者，在编制计划书中"How"的时候，要使得实施方法或"航道"具有可修改性，甚至要事先设计好备用的"航道"，以便于在实施过程中遇到突发事件时，管理者有可能从容地修订计划，不至于手忙脚乱，无从应对。如果事先没有编制出具有可修改性的计划，那么到时候很难做到既改变航道，又不影响计划总体目标的实现，而且临时匆忙改变计划还有可能导致整个计划的失败。可见，改变航道原理的确应该是编制计划的一种原理，为避免误解，更加合理的名称应该是"可修订原理"。下面所要介绍的情景计划法其实就是改变航道原理在计划编制中的一种应用。

5. 各原理的比较

关于以上 4 个编制计划的基本原理的相互关系和差异，我们可以打一个简单而形象的比方加以说明。如果说限定因素原理(木桶原理)关注于"木桶"容量——补齐木桶的短板，增强组织的能力，以便能够完成盛水的任务；那么许诺原理(适度原理)则关注于"水位"目标——在木桶壁最高盛水位的下方，适当放宽一定的距离，刻上一条适度的盛水量标记线，表示不要把目标订得太高，适当放宽松一点；灵活性原理(弹性原理)还是关注于"水位"目标——要求刻上两条盛水量标记线，盛水量可以根据情况处于这两条线之间，具有一定的弹性；而改变航道原理(可修订原理)关注于"供水"渠道——要求提供多条水源渠道(实现计划目标的方法或路线)，当一条渠道供水不足时，可以改用另一条供水渠道。

三、编制计划的常用方法

对于不同组织和不同决策问题的实施计划的内容和形式是各不相同的。有以文字表述为主的计划，也有以表格、图示或图表合一(如甘特图)为主要表现形式的计划，以及图、表、文并茂的计划；有单文本计划，也有多文本计划(如情景计划)；有静态计划，也有动态计划(如滚动计划)等。而计划书中的每一种表现形式都对应着一些可供选择的编制方法，如计划表法、甘特图法、关键路径法、情景计划法和滚动计划法等。下面分别予以介绍。

1. 计划表法

当某一方案比较庞大，分解出的任务比较繁杂的时候，仅仅用文字表述的方式就很难表达清楚。而且长篇大论的计划，会让人看得稀里糊涂，理不清思路，也不便于检查执行工作的进展情况，执行效果必然受到影响。这种情况下，应采用计划表法来编制计划。一张简明扼要的计划表，再配合一些简要的文字描述，就能把计划的内容表达得清清楚楚。

举一个例子来说明计划表法的运用方法。某大学的一个学院将承办一届全国性的学术会议，需要制定一个办会工作计划。由于这项工作包含了许多繁杂的细节工作，例如会议征文、会议代表和嘉宾接待、住宿和餐饮、会务安排、论文集编辑和印刷、后勤工作、优秀论文评选、参观考察等，因此这个计划采用计划表的形式就会比较明了和清晰，便于管理人员和工作人员顺利完成办会的任务。表 5-4 给出了承办学术会议的计划表的示例。

由表 5-4 可见，该工作计划分别由联络组、会议组、材料组、宣传组、报到组、后勤组和财务组等工作组具体执行，每个工作组又可分解出若干具体的任务，各项任务的内容都比较繁杂，各任务之间还有密切的关联性。每个细节都要考虑周全，并执行到位，否则就会造成会议的混乱。因此，一个详细周密的决策实施计划是十分重要和非常必要的。

表 5-4 中分别给出了该计划的 What(任务分解和任务内容)，When(时间要求)，Where(地点)，Who(负责人)和 How(在任务内容和要求中体现了部分操作方法)等内容。此外，该计划表的前面还要配上学院决定承办这次学术会议的意义和作用等说明，例如对提高学院的学术氛围、展示学院的学术水平和地位、扩大学院的影响、进一步调动教师从事科学研究的积极性等方面的价值，这就是"Why"的内容。最后，还可以进一步说明计划表中难以表达清楚的一些注意事项和具体操作方法等，即进一步说明"How"的问题。

表 5-4　举办全国性学术会议的工作计划表

工作组及 其负责人	任务分解及 其负责人	任务内容、要求与地点	时间要求
联络组 (张弛)	计划与布置(谢晖)	制定和调整计划；成立工作团队，设立工作组；召开工作团队会议，布置任务，进行动员(逸夫楼四楼会议室)	8 月 2 日—8 月 6 日
	起草文件(谢晖)	起草征文通知、会议通知、会议指南、会议日程和会议证明等	8 月 15 日前完成
	通知与联系(谢晖、岳惠)	用邮寄和 E-mail 两种方式发送通知，并辅以电话联系	8 月 20 日前完成
	人数统计(谢晖、岳惠)	通过收集和整理回执，以及电话确认，估计人数，以便安排食宿	9 月 30 日前完成
会议组 (张弛)	会议册印制(谢晖)	会议指南、会议日程、会议证明印制	9 月 28 日前完成
	会场布置(王露)	各会场横幅、席卡、矿泉水、茶水、果盘、主席台席位安排等(校宾馆报告厅和 1～4 会议室，下同)	10 月 11 日—10 月 14 日

(续表)

工作组及 其负责人	任务分解及 其负责人	任务内容、要求与地点	时间要求
会议组 (张弛)	设备准备(顾强)	多媒体设备配置、调试、维护，备用设备的准备等	10月12日-10月14日
	会议安排(谢晖)	联系大会和分组报告人，确定报告题目；议程更新；分组论文清单确定与更新；理事会议的通知与安排	9月24日-10月14日
	会议服务(刘远)	引导参会者进入会场，各会场的联络与服务(参会者途经各路口)	10月11日-10月14日
材料组 (张弛)	论文集(蔡敏、杨杰)	论文来稿的审查，论文集的排版和印刷	9月26日-9月28日
	光盘(杨杰)	论文、学校和学院宣传册等刻录成光盘	10月10日前完成
	胸牌(陈萍)	会议代表证和工作人员胸牌双面印制	9月30日前完成
	物品购置(储欣)	纪念品、优秀论文证书、资料袋、笔记本、笔、代表证、工作人员证等购置	9月30日前完成
	资料装袋(储欣)	论文集、光盘、宣传册、赠书、会议指南、会议日程、会议证明、笔记本、笔	10月11日前完成
	证书(杨杰)	打印、填写优秀论文证书，盖章	10月13日晚完成
	通讯录、照片(陈萍)	通讯录整理与核对，通讯录与合影照片发放	10月13日-10月14日
宣传组 (孙茂)	学院宣传册(王露)	学院宣传册更新并制作	9月30日前完成
	横幅、指引牌等(王露)	校门口、校宾馆门口、逸夫楼等处横幅、彩旗、指引告示牌等	10月11日
	照片与音像(马健)	合影留念，座位安排(校宾馆大门前)；照片交陈萍	10月13日
	照片与音像(马健)	会议摄影、摄像和录音(校宾馆报告厅和会议室等)，留作资料	10月12日-10月14日
	宣传报道(王露)	撰写宣传稿，在报刊和网页上进行报道	10月13日-10月25日
报到组 (沈嘉)	报到现场准备(储欣)	报到的流程安排、现场布置，准备电脑和打印设备等(校宾馆一楼大厅，下同)	10月11日
	签到(陈萍)	现场签到，通讯录输入，在胸牌上打印代表信息	10月12日全天
	考察登记(储欣)	会议考察登记，收费、开票	10月12日全天
	收取会务费(储欣)	收取会务费、开票，需要校财务处参与	10月12日
	资料发放(杨杰)	为已签到代表和嘉宾发放资料和纪念品	10月12日
	订票(刘翼鹏)	报到现场的返程订票，送票等	10月12日-10月15日
	会务值班(杨华)	会务值班安排，其他时间参会者的报到工作(校宾馆会务组房间)	10月12日-10月14日
后勤组 (沈嘉)	食宿安排(杨华)	提前预订房间，用餐及宴请安排；叫醒服务，会务通知等(校宾馆)	10月12日-10月15日
	接站、送站(刘远)	谢晖、刘翼鹏提供到站与返程信息，火车站、机场接送	10月12日-10月15日
	嘉宾接送(杨华)	派年轻教师一对一接待特邀嘉宾和领导，发放资料和纪念品等	10月13日-10月14日
	招待会(杨华)	通知校、院有关领导参加，安排席位与领导致辞(校宾馆招待厅)	10月13日晚
	校内参观(周琪、杨华)	与会代表参观学校陈列室、学院实验室和资料室等	10月14日上午
	会议考察(杨华)	安排参观考察线路和内容，做好组织管理工作(本市)	9月25日-10月15日
财务组 (张弛)	费用管理(储欣、杨华)	项目申报、收费、开票和报账等	9月25日-10月20日

2. 甘特图法

计划表能够在一定的版面中提供较大的计划信息，但是它对各项任务之间的时间关联性表达得不太明了，而且也不便于对计划实施过程进行控制。而甘特图能够较好地克服计划表的这些缺陷。甘特图(Gantt chart)，也称为条状图(bar chart)，是在 1910 年由亨利·劳伦斯·甘特(Henry Laurence Gantt, 1861—1919)开发的，一直沿用至今(见第二章)。甘特图是一种将图形和表格结合起来进行计划编制和计划实施控制的有效工具和计划表达形式。甘特图一般以二维表或二维坐标图的形式出现，用横轴表示时间，纵轴表示任务或工序，用线条表示各项任务的计划时间和实际进展情况。

图 5-13 是一张某企业新车间建设计划的甘特图。企业计划用 7 个月的时间完成从新车间选址到开工的各项任务。图中的宽线条为计划时间，涂黑部分表示已经完成，空白处尚未完成。如果现在是第 5 个月的月底，则由图 5-13 可见，除了厂房建设任务落后了 10 天左右外，其他任务进展顺利。据此，管理人员可以进行进度控制(张智光，2009)。

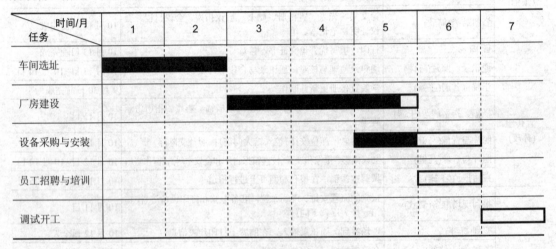

图 5-13　新车间建设计划甘特图

3. 关键路径法

甘特图具有简单、醒目、便于编制，以及能够反映各任务之间的时间顺序等优点，但是甘特图难以表达各项任务之间复杂的网络结构。虽然也有文献介绍用甘特图表达任务之间网络关系的方法，但是只能表达任务数较少的简单计划，而且看起来比较混乱。当计划中的任务或工序个数很多，而且各任务之间存在着密切的时间序列关系时，以关键路径法等技术为基础的网络结构图，能够较好地解决这一问题。

关键路径法(critical path method, CPM)是网络技术中的一种方法(见第二章的表 2-1)，由雷明顿-兰德公司(Remington-Rand)和杜邦公司(Dupont)在 1957 年提出的。关键路径法的步骤如下：①对决策方案进行任务分解，确定决策方案所要完成的所有任务(或工序)；②确定这些任务的先后顺序以及各自耗费的时间；③按照任务的先后顺序从开始到结束，绘制网络图(称为 CPM 网络图)；④在网络图的基础上，找出图中的关键路径。

下面以一个建筑工程的施工计划为例，说明上述关键路径法的步骤和原理。表 5-5 为一建筑施工任务的工序分解表。该工程的任务共分为 10 项工序 A～J，表 5-5 给出了这些工序的内容、时间，以及各工序之间的相互衔接关系。

表 5-5　建筑施工任务的工序结构

工 序 编 号	工 序 内 容	计划时间/周	前 一 工 序
A	审查设计和批准动工	10	/
B	打地基	6	A
C	立屋架和砌墙	14	B
D	浇筑楼板	6	C
E	安装窗户	3	C
F	搭建屋顶	2	C
G	室内布线	5	D、E、F
H	铺地板和嵌墙板	4	D
I	安装门和内部装饰	8	G、H
J	验收和交接	1	I

根据表 5-5 给出的信息可以绘制出该计划的 CPM 网络图(见图 5-14)。在 CPM 网络图中，箭头代表各个任务；箭头上方标明了任务的序号，下方标出的数字为该项任务的计划时间；圆圈表示任务的起止节点，圈内数字是节点编号。所谓**路径**(path)是指从网络图的始点出发，顺箭头方向到达终点的一条通道。而**关键路径**(critical path)是指在 CPM 网络图的各条路径中，完成本路径上的各项任务所需要的时间最长的那条路径。

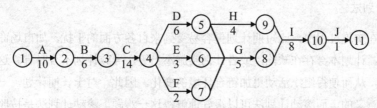

图 5-14　建筑施工计划的 CPM 网络图

在图 5-14 中，比较各条路径的长度，可以找出关键路径是 A-B-C-D-G-I-J(或以节点表示为：1-2-3-4-5-8-10-11)。该路径所需的时间是 CPM 网络图的各路径中最长的：

$$10+6+14+6+5+8+1=50(周)$$

关键路径上没有松弛时间，其中任何一个任务(工序)的延迟都将导致整个方案完成时间的延迟。而其他路径上的任务，则允许有一定的延迟或弹性，却不影响整个工作的完成时间。所以，关键路径上的任务被称为**关键任务**(或**关键工序**)。标示出 CPM 网络图的关键路径的最大好处就在于明确了计划实施中的关键任务，便于优化对各项任务的资源分配，也便于对计划的实施过程进行控制。管理者可以通过适当调动非关键路径上的资源去支持关键路径上的任务，从而保证整体工作的按期或提前完成。

4. 情景计划法

如果组织面临的是具有高度不确定性和较强风险性的环境，那么选择一种唯一的决策方案，并编制唯一的实施计划，其风险是很大的。为此，管理者需要对未来可能出现的各种自然状况进行分析，从中选出一种或几种危害性较大的意外状态或情景。一方面，根据正常情况下的决策方案编制实施计划；另一方面，针对这些意外情景，制定出应对风险的决策及其备用计划(即预案)，这种计划称作**情景计划**(scenario planing)，又称为权变计划(contingency planning)。当这种意外事件发生时，管理者就可以立即启用情景计划，从容应对突变和危机。

我们从一个实例来看情景计划法的运用。1984 年，国际石油的价格为每桶 30 美元，包括荷兰皇家壳牌公司(Royal Dutch Shell)的管理者在内的大多数分析家都认为，到 1990 年石油价格将上涨到每桶 50 美元。尽管业界普遍存在这样的乐观预测，但壳牌公司还是研究了有关的情景计划。公司要求管理者对石油市场未来可能出现的状况进行分析，并制定出各种针对性的决策方案和情景计划。管理者们设定的情景之一是石油价格如果下降到每桶 15 美元，公司将采取何种对策。在这一情景假设下，公司管理者形成了一项由一系列决策方案组成的情景计划，包括通过投资自主开发或者从外引进新技术来削减石油开采成本，增加对成本效益高的炼油设备的投资，以及撤销不盈利的加油站等。凑巧的是，20 世纪 80 年代中期石油价格真的下跌到了每桶 15 美元。相比竞争对手，由于壳牌公司迅速启动了情景计划，采取了针对性的措施，使得公司在国际石油市场价格低迷的时候仍然获得了相当大的利润。到 1990 年，壳牌公司的盈利水平达到了其主要竞争对手的两倍。而且，针对"糟糕情景"所提的情景计划，对石油价格上涨也是有益的。因此，当 2000 年石油价格再次回升到每桶 30 美元以上的时候，壳牌公司顺理成章地获得了有史以来最丰厚的利润。

5. 滚动计划法

长期计划在实施过程中，比短期计划更容易受到来自各方面的干扰，如市场商品供求情况发生了新的变化，计划本身存在缺陷，或者计划实施不当等，导致计划不合时宜。这时，需要对原计划进行调整，从而使得组织活动更加符合环境的变化。因此，对于长期计划，一次性编制得过于详细是没有意义的，而滚动计划法可以很好地解决这一难题。滚动计划法是按照"近细远粗"原则编制一定时期内的计划，然后定期按照计划的执行情况和环境变化，调整、修订和细化未来的计划，并逐期向后移动。这种把近期详细计划、中期较详细计划和远期粗略计划结合起来的动态计划叫作**滚动计划**。

滚动计划法有两种滚动方式，一种是计划期跨度固定(例如每年都编制 5 年的滚动计划，逐年后移)，另一种是计划期末端固定(例如，第一年编制 N_1 年～N_5 年的 5 年计划，第二年编制 N_2 年～N_5 年的 4 年计划……)。图 5-15 给出了计划期跨度固定的滚动计划法示例。由图 5-15 可以看出，近期的详细计划实施完毕后，根据执行情况和内外部因素的变动情况对原计划进行修正和细化，此后根据同样的原则逐期滚动，每次修正都向前滚动一个年份。对于计划期末端固定的滚动计划，图 5-15 中的第 2 年只编制 N_2 年～N_5 年的 4 年计划，而不编制 N_6 年的计划，如此向前滚动，直到第 5 年只编制 N_5 年 1 年的详细计划。

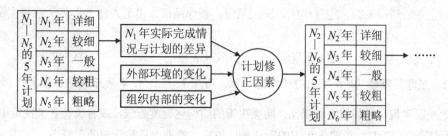

图 5-15　滚动计划法示例

滚动计划法的优点在于：①缩短了详细计划的期限，不仅减少了"无用功"，而且增加了计划的准确性，提高了计划工作的质量和效率，使计划更加切合实际；②远期、中期和近期计划能够相互衔接，既保证了计划的长期指导作用，使得各期计划能够基本保持一致，协同运行，又保证了计划的灵活性，特别是在环境变化较大的情况下，有助于提高组织的应变能力。

习　　题

一、单项选择题 (每题只有一个正确答案，将其前面的字母填入相应的空格中)

1. 在实施计划的过程中，由于环境的变化，有时还需要对计划的进程或路线进行修订。为此，在编制计划时应注意计划进程的可修改性，这就是编制计划的_____原理。

    A. 限定因素　　　　B. 许诺　　　　　　C. 灵活性　　　　　　D. 改变航道

2. 对于一个房地产企业而言，国际金融危机对其产生的影响属于该组织决策环境中的___环境。

    A. 外部一般　　　B. 外部特定　　　　C. 外部竞争　　　　　D. 内部资源

3. 关键路径法是一种有效的计划编制方法，所谓关键路径是指在 CPM 网络图的各条路径中，完成本路径上的各项任务所需要的时间_____的那条路径。

    A. 最短　　　　　B. 最长　　　　　　C. 波动性最大　　　　D. 最稳定

4. 某企业打算新上一条生产线，其设计生产能力为 100 台/年。按照年产量 100 台计算，年总成本为 96 万元，其中固定成本 16 万元。根据市场行情，该产品每台售价为 1.2 万元，生产能力范围内所生产的产品能够全部销售，那么该产品的盈亏平衡产量为_____台。

    A. 14　　　　　　B. 30　　　　　　　C. 80　　　　　　　　D. 40

5. 对于同一种产品，现有两个可供选择的投资方案，根据以下损益表，_____。

状态 方案	销路好 (概率 0.6)	销路差 (概率 0.3)
方案一	20 万元	-10 万元
方案二	16 万元	-5 万元

    A. 方案一的期望损益值较大，所以方案一较好

    B. 方案二的期望损益值较大，所以方案二较好

    C. 方案一10万元的亏损太大，所以方案二较好

    D. 方案一盈利时可得20万元，所以方案一较好

6. 企业的精神风貌、经营作风、民主氛围、领导风格、模范人物、人际关系和礼仪庆典等，属于_____的组织文化。

    A. 核心层   B. 规范层   C. 表象层   D. 活动层

二、是非判断题 (判断下列句子的正确性，用 T 表示正确，F 表示错误，填写在括号里)

1. 一般来说，和其他组织相比，同类决策的结构化程度越低，或者说在各类决策中非结构化决策所占的比例越高，说明该组织的管理秩序越好，管理水平和管理效率越高。   (   )

2. 运用滚动计划法编制计划时，越是近期的计划越详细，而越是远期的计划越粗略。(   )

3. 针对外部一般环境的一种常用分析框架是 SWOT 模型，即对政治、经济、社会和技术四类环境因素进行分析。   (   )

4. 对于比较复杂的实际决策问题，其决策目标往往有多个，在备选方案设计时，应当兼顾到各个目标，以实现综合目标的最优化。   (   )

三、概念解释题

1. 什么是广义决策？
2. 方案筛选的评价指标归纳起来主要有哪几类？并解释其主要含义。
3. 什么是风险型决策？

四、理论辨析题

1. 如何理解决策的结构化程度与管理层次之间的关系？
2. 试分析决策与计划的关系。

五、案例分析题

背景材料

王大维是一家民营企业的总经理，他在一次管理培训中学习到目标管理的理论和方法，感到组织目标的设定可以有效提升组织的绩效。于是，回到公司后，他开始自上而下地为公司设置目标层次体系。他先为整个公司确定了明年富有挑战性的总体盈利目标，并逐层、逐部门地分解目标。然后，王总经理在公司中层经理会议上将目标下达给各个部门，并要求各部门负责人继续将目标向下分解，直至每个员工。他要求各部门一定要如期完成，并口头承诺在计划完成后要按照目标的完成情况进行考核和奖惩。

不过，让王总经理没有想到的是，几天后各部门中层经理就集体上书表示这些目标严重脱离企业实际，根本无法完成。结果，目标管理方案的实施受到了很大的阻力。王总为此感到十分困惑。

问 题

1. 根据确立决策目标的原则和建立多层次目标体系的方法等知识，分析王总经理的做法存在哪些问题？

2. 根据以上问题分析和本章的相关理论，王总经理应当采取哪些改进措施？

第六章　组织过程

第一节　组织过程与组织行为学概述

一、组织的概念

在第一章我们介绍过，在管理学中，"组织"有两种含义，第一种"组织"(organization)是指经过系统化构建的，能够协调和规范个体行为，以实现某种特定使命或目标的集体，又称为组织系统；第二种"组织"(organizing)就是本章将要介绍的一种管理过程，即组织过程(职能)。

关于组织过程的概念，第一章已经给出了定义：**组织**(organizing)是指管理者为实现管理目标和计划，分析、设计、构建或优化组织结构，对组织结构中的各部门进行人员配备、任务分配和其他资源配置的管理过程。其中，组织结构设计主要包括以下内容：①组织要素设计，包括工作设计(作业和管理岗位设计)、部门设计等；②组织结构体制设计，即各部门之间的关联架构设计；③组织运行机制设计，包括组织的责权利配置、运行流程设计和规章制度制定等。

根据这一定义，可以绘制出组织过程的各类工作内容及其相互关系(见图 6-1)。在本章的第四至七节，将分别介绍组织结构分析、组织要素设计、结构体制设计和运行机制设计等具体内容。

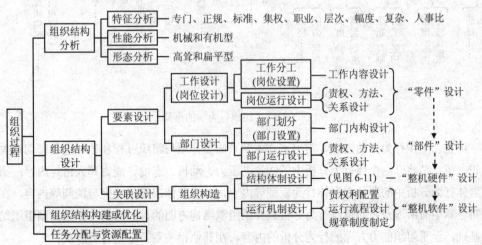

图 6-1　组织过程的内涵

管理学原理：领域、层次与过程（第三版）

二、组织行为学简介

组织行为学(organizational behavior，OB)是一门研究组织系统中的个人、群体和组织的心理规律，以及这些心理因素对其行为的影响规律的科学，它是行为科学的一个分支(Robbins，2016)。组织行为学对一个组织的管理具有重要作用，它有助于管理者进行组织结构的分析和设计；能够帮助管理者掌握员工的心理和行为变化的规律，提高对员工心理和行为的预测、引导与控制能力，以便及时协调个人、群体和组织之间的相互关系，以及他们与外部环境的关系；有利于充分调动和发挥员工的积极性和创造性，以便提高工作绩效，实现组织目标。因此，组织行为学是研究管理学中组织过程和领导过程的理论基础。

组织行为学研究的内容框架如图 6-2 所示。总体上看，组织行为学在三个层面分析组织中人的行为：个体行为分析、群体行为分析和组织行为分析。个体行为分析主要研究影响个体行为的心理过程、个性心理与行为两方面的有关因素。心理过程包含认识过程、情绪与情感过程、意志过程；个性心理与行为分为个性倾向和个性特征两个方面。群体行为分析主要研究群体的行为及其影响因素，包含群体演进、群体类型、群体行为模型等。其中群体行为模型主要研究群体外部环境、群体成员结构、群体行为能力、群体任务、群体效应和群体绩效等因素及其相互作用。组织行为分析主要研究组织结构和组织能力两方面的组织行为，其中组织结构的行为分析的内容有组织结构的特征、性能和形态等方面的组织行为；组织能力的行为分析的内容有组织文化、组织变革、组织发展和组织学习等方面的组织行为。

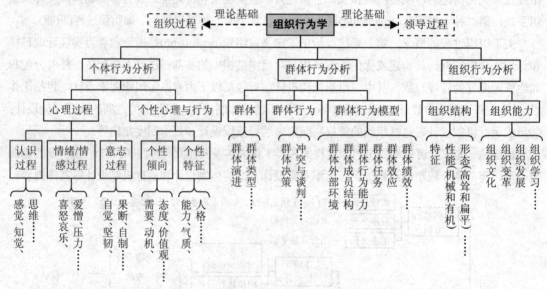

图 6-2　组织行为学的框架

可见，组织行为学的内容非常丰富，本章只简要介绍与组织过程和领导过程密切相关的部分知识。第二节将介绍个体行为分析中的知觉、压力、动机、态度、能力和人格等内容；第三节介绍群体行为分析中的群体和群体行为模型等内容，至于群体决策、冲突与谈判等内容，在第五章和第一章中有所涉及；而组织行为分析只介绍组织结构方面的行为分析，作为后面组织结构设计的基础，至于组织能力方面的行为分析的内容，在其他相关章节中会有所涉及。

第二节　个体行为分析

个体(individual)在组织行为学中就是指单个的人，是构成群体或组织的最小单元，也称为个人，或群体成员、组织成员。影响个体行为的因素有很多，主要分为心理过程、个性心理与行为两大类，后者又分为个性倾向和个性特征两个方面。本节将针对管理问题，介绍其中的知觉、压力、动机、态度、能力、人格 6 个因素，以及它们对个体行为和工作绩效的影响。有些因素将在其他章节中介绍，如"需要"将在第七章第二节中详细阐释。

一、心理过程：知觉与压力

1. 知觉

感觉和知觉是人们认识事物的开端。**知觉**(perception)是个体解释感觉印象的心理过程。不同的人感觉到相同的事物时，可能产生不同的知觉。例如图 6-3 所示的图像，有人会看到一只花瓶，有人则看出是两个面对面的头像。

图 6-3　知觉差异的例子

(1) 影响知觉的因素

有许多因素会影响知觉的形成，甚至会歪曲知觉，产生错觉。这些因素可以归纳为：知觉者因素、知觉对象因素和知觉情境因素等几个方面。

① 知觉者因素。知觉受到知觉者个人的特点，如态度、兴趣、动机、情绪、经验和期望等因素的影响。如有些学生觉得上数学课很有趣，而有些人却觉得很枯燥，这就是由于个体对数学课的态度和兴趣的不同所引起的。同样，未满足的需要或动机刺激了个体，并能对他的知觉产生强烈的影响。让一个十分饥饿的人看一幅模糊的图像，他把图像知觉为食物的概率就很高。上司同样一句批评的话，当员工情绪比较好的时候很容易理解，而在情绪很糟糕的时候也许就会误解成其他意思。过去的经验也同样影响个体的注意力，在很多情况下，一个人过去的经验会削弱他对知觉对象的兴趣。此外，期望也能使知觉失真。如果人们对一部影片期望值太高了，观看后就会很失望，也许这是一部不错的电影。

② 知觉对象因素。知觉对象的特点，如新奇、运动、声音、尺度、背景、临近等，也能影响到知觉的内容和效果。知觉对象是新奇的还是司空见惯的，是运动的还是静止的，其声音是悦耳的还是刺耳的，其尺度是巨大的还是渺小的，其背景是和谐的、杂乱的还是反差很大的，其距离是临近的还是遥远的……这些对知觉过程都会产生显著的影响。例如，欣赏古典音乐就不能把音量开得太大；像鉴别古董一样去近距离观赏一幅油画，也无法看出它的美妙之处；外观淡雅的产品，其广告的背景如果是深色的，更容易吸引消费者的目光，进而促使他们去知觉到广告的内容。

③ 知觉情境因素。在不同情境里，如工作环境、社会环境和时间等，同样的知觉者和知觉对象，所形成的知觉是不一样的。如果一个大公司的经理穿着休闲装上班，则公司的办公环境和他的工作性质不协调，就会给人留下工作态度不严谨的印象；同样的知觉对象，如果是在下班的时间，在郊外的环境里，同事们就会觉得他很潇洒。

(2) 知觉分析在管理中的运用

知觉分析在管理中具有多种作用，如招聘面试、提拔晋升、绩效期望的确定、自我实现的预言、绩效评估、测试员工的努力程度和忠诚度、广告设计和产品设计等活动都和知觉有关。因此需要分析知觉过程中的各种影响因素，应尽可能减少不利的因素，多利用有利的因素，使知觉更加客观、科学，或者更好地体现管理者所希望的结果。例如，在招聘面试时，资深的人力资源经理应当尽量避免由于年龄差异而对年轻人新潮的装扮、发型和流行语言等产生偏见，减少知觉的偏差；而应聘者也应当注意，不要用奇异的装束和言行干扰面试考官对自己的知觉。再如，管理者对员工需要、能力、工作态度等方面的知觉，以及员工对领导意图、工作绩效期望、工作困难等方面的知觉，都会影响到管理方式、行为表现和工作绩效。

2. 压力

(1) 压力的概念与来源

压力(stress)是个体对某一没有足够能力应对的重要情境的心理反应，以及由此引起的生理反应。压力有许多典型的心理和生理症状，如神经紧张、慢性忧虑、情绪不稳定和消化不良等。在现代社会中，工作压力已经成为全球性的问题。有关资料显示，50%～70%的心理和身体疾病都与压力有关。但压力并不总是坏事，如果不存在压力，个体和组织就会陷入毫无生气和停滞不前的状态。适度的压力可以给组织带来激励和活力。当压力过大时，就应设法缓解压力。根据压力的定义，一种方法是提高抗压性，减轻心理和生理反应(如磨炼自己、调整心情等)；另一种是减压，提高应对能力(如提高自己、寻求帮助等)和降低情境重要性(如降低目标、做最坏的打算等) [1]。

现代社会人们的压力主要来自生活和工作两个方面。来自生活的压力主要包括：个人经济状况困难，生活环境不良，生活习惯对环境不适应，个人生活发生重大的变故(如结婚、生子或离婚等)，家庭成员患病或死亡，身体疾病的困扰，关乎生计的工作变化(失业、就业、调动、提拔、降职或退休等)，发生司法纠纷或违法行为等。来自工作的压力主要包括：工作负担过重，或因无所事事而困惑；工作要求过高，无法胜任或无法实现目标；工作条件恶劣，或工作环境的改变；不同人对某角色有不同期望，导致员工发生角色冲突，产生挫折感；由于员工不清楚自己的职权而产生不安或困惑；与同事、上司或下属不良的关系导致组织成员不能适应团队工作；当组织发生兼并、重组或裁员等变革时，组织成员被迫重新学习新技能、变换角色或重新适应新的工作环境；在工作场所受到攻击；工作与家庭产生矛盾；员工与组织的价值观不同导致心理冲突等。

(2) 压力与个体特征的关系

不同类型的个体对压力的表现是不同的，有些人比较耐压，有些人一压就垮；有些人能够自我化解压力，有些人则会夸大压力；有些人积极应对压力，有些人消极避让压力；有些人自寻压力，自找烦恼，有些人则自降压力，自我满足。表 6-1 从几个角度给出了不同个体类型的个性特征，以及他们对待压力的不同态度和做法。

---

1. 参见张智光所著《管理学智慧：为人的定理》(南京大学出版社，2015 年版)一书中的"95. 压力"。

表 6-1　不同个体类型对压力的表现

分类角度	个体类型	个 体 特 征	对压力的表现
按个体的 心理强弱分	刚强人士	重承诺、富有挑战性、对生活的把握能力强	抗拒压力的能力强，千方百计战胜困难
	脆弱人士	不愿承担重任、惧怕困难、对生活把握能力弱	抗拒压力的能力弱，容易被困难压垮
按气质 血型说分[1]	A 型人士	上进心和责任心强、性格内向、情绪稳定、忍耐力强、固执	承受压力的能力强，通过艰苦的努力渡过难关
	B 型人士	兴趣广泛多变、性格外向、感情易冲动、不习惯束缚、缺乏细心和毅力	承受压力的能力弱，遇到困难易选择退让
按个体的 乐观性分	乐观主义者	对生活充满希望，总是看到事物积极的一面	化解压力的能力强，用乐观积极的态度削弱压力
	悲观主义者	对生活充满悲观，总是看到事物消极的一面	化解压力的能力弱，用悲观消极的态度夸大压力
按个体的 自我要求分	完美主义者	对自己要求极高，追求完美，觉得自己应该取得更高绩效，应该做得更好	自我否定，自寻压力，挫折感强
	实用主义者	对自己的要求比较实际，差不多就行，觉得自己已经做得不错了	自我肯定，自降压力，成功感强

(3) 压力分析在管理中的运用

适当的压力可以提高工作绩效，过低和过高的压力都会降低工作绩效。没有压力或压力太低，员工就不会努力工作；压力过大，超出了员工的承受范围，就会造成心理和生理上的不良反应，结果适得其反。因此，管理者应当通过设置目标等方式，给予员工适当的压力，通过心理压力过程，增强其工作动力，达到提高工作绩效的目的。而根据表 6-1 可知，不同的员工承受压力的范围和最佳的压力点是不同的。因此，管理者一方面应当针对岗位的性质和要求设置合适的压力，另一方面要根据员工的特点和能力，将他们安排在合适的岗位上。此外，对同一岗位上的不同员工，在相关制度的框架下，也可以因人而异地给予不同的压力，并在压力过程中进行有效的调节。

二、个性倾向：动机与态度

1. 动机

动机(motivation)是推动、引导、维持个体行为的内部生理和心理因素的总和。引起动机的因素主要有两个方面，一方面是内部因素，即内部需求，如个体的需要、兴趣、信念和世界观等；另一方面是外部因素，即外部诱因，如工作目标、压力、报酬、责任和义务等。

员工的工作动机和能力共同决定工作绩效。在短期内，一个人的能力难以有较大幅度的提升，因此提高其工作动机就显得十分重要。尽管与外部的诱因有关，但动机终究是个体的内部心理倾向。当一个人缺乏内在的动机，仅仅依靠外部的压力、责任和目标等因素被动地从事某项工作时，是很难真正发挥出自己的能力、做出积极的贡献和提高工作绩效的。尤其是从事创造性的劳动时，动机的作用尤为重要。因此，管理者应当根据员工的内部需要，设计合理的管理制度，通过工作目标、奖惩制度、工作条件、人文关怀等多种方式激发员工的内在动机，从而提高其工作绩效。

---

1. 1927 年日本心理学家古川竹二将 4 种血型和 4 种气质类型联系在一起，创立了"气质血型说"，根据血型把人的气质划分为 A 型、B 型、O 型和 AB 型 4 种。但许多学者认为，这种理论缺少科学根据。本书只是借用气质血型说的分类方法，而这里的个体特征与血型有多大关联并不重要。

2. 态度

(1) 态度的概念与构成

态度(attitudes)是个体在一定环境中经过经验积累而形成的，对某一对象所持有的相对稳定的积极或消极的主观评价、心理倾向和行为倾向。例如，如果某人说"我讨厌我的工作"，那就表明了说话者对工作厌恶和消极的态度。态度的对象是多方面的，其中有客观事物，如人、事件、团体和制度等，也有代表具体事物的观念或思想等。从态度的定义中，我们可以看出态度中包含有三种构成成分或维度：认知成分、情感成分和行为成分。

态度的认知成分(cognitive component)是指个体对某一对象所持有的信念、观点、知识或信息。例如，有一位女员工不喜欢他的男上司，这是她对他的态度。她为什么会有这种态度呢？因为这个男上司对女员工有偏见。根据她的认知，她认为"男女在工作能力上是没有差别的，对女性有偏见是错误的"。这就是她对男上司持有这种态度的认知成分。

态度的情感成分(affective component)是态度中所含有的情绪或感受的部分。延续上面的例子，这位女员工有一回和一位男同事合作出色地完成了一项重要工作，其中她是主要贡献者。但是这位上司着重表扬了她的男同事，而且他的月末奖金也比自己多了很多。这件事情让她感到很不公平，并且非常气愤。这种情绪和感受自然也融入了她对上司的态度中，这种成分就是情感成分。

态度的行为成分(behavioral component)是指个体以某种行为方式对某人或某事做出反应的意向。继续上面的例子，由于上述认知和情感，致使该女员工很不情愿为她的上司卖力，打算消极应付上司布置的任务，甚至想调离这个部门。这就是她的态度在行为意向上的反应，即行为成分。需要注意的是，态度的行为成分只是一种行为意向，通过语言、表情或举止可以表现出这种态度，但态度不包括行为本身。态度会影响或导致行为，但行为已经超出了态度的范畴。

(2) 工作态度

个体态度的对象有成千上万种，但管理者最感兴趣的是员工对工作的态度。衡量员工工作态度的常见指标有三个：①工作满意度(job satisfaction)，是指员工对其工作本身及其有关方面(如工作环境、工作状态、工作方式、工作压力、挑战性和工作中的人际关系等)的总体态度和看法；②工作投入意向(job involvement) [1]，是指员工对工作的认同度和投入的积极性，以及关于工作绩效对个人价值重要性的看法；③对组织的承诺(organizational commitment)[2]，是指员工在心理上对组织的忠诚度、认同感、归属感和参与组织的意愿强度。在这三种工作态度指标中，工作满意度是管理者最为关注的核心指标，它将影响到其他两项指标，进而影响员工的工作绩效。

(3) 态度(工作满意度)和绩效的相互作用

态度会影响绩效，反过来绩效也会影响态度。因此，态度，尤其是工作满意度，与绩效之间的关系并不是简单的单向作用关系，而是比较复杂的相互作用关系。对工作满意的员工是否比不满意的员工工作绩效更高？而工作绩效高的员工是否工作满意度也比较高呢？这是一个令不同时

---

1. 多数教科书将 job involvement 直译为"工作投入"，这是有问题的，因为"工作投入"已经超出了态度的范畴，属于行为。

2. 多数教科书将 organizational commitment 翻译为"组织承诺"，这是不对的。organizational commitment 的英文原意是"关于组织的承诺"，即员工对组织的承诺，而不是组织给出的承诺(organization commitment)。为避免误解，也有文献将其译为"组织归属感"或"组织忠诚度"。

期的管理者和管理学家都很感兴趣的话题。

首先，工作绩效的提高会使员工的工作满意度提高吗？这要看工作绩效提高后，组织管理者有没有给予员工相应的激励。如果组织重视工作绩效，并给予工作绩效高的员工相应的回报时，那么当员工提高其工作绩效，必然导致他人的赞誉、工资水平的提高和职位晋升机会的增加等。这些回报将增加该员工的工作满意度。反之，如果员工工作绩效的提高并没有得到组织的肯定，并不增加相应的回报，那么员工的工作满意度则不会因此而提高。

其次，员工工作满意度的提高会使得工作绩效提高吗？如果工作满意度的提高是源自上述工作绩效提高后的激励，则工作绩效会进一步得到提高。这样工作满意度和工作绩效之间就形成了良性循环。如果工作满意度的提高与工作绩效的高低无关，则两者之间没有明显的相关关系。但是，如果工作满意度太低，则必定会降低工作绩效。此外，如果工作绩效低的员工反而得到了较高的回报，从而提高了工作满意度，则该员工和其他员工的工作绩效都会因此而降低。

通过以上分析可知，一般来说较高的工作满意度有利于提高工作绩效，但是组织管理者应当将提高工作满意度与员工的工作绩效挂钩。应当通过各种激励措施，努力提高那些工作绩效高的员工的满意度，使其进一步地去提高工作绩效，而不是让工作绩效低下的员工感到更加满意。

(4) 提高工作满意度的途径

如何提高员工的工作满意度？为此需要研究工作满意度的影响因素，从这些因素入手才能提高员工的工作满意度。通过上面对工作满意度与工作绩效的关系分析以及其他的相关研究可以发现，对于工作满意度有益的影响因素，也就是提高工作满意度的途径，主要包括以下几个方面。

① 具有挑战性的工作内容。通常太容易的工作或简单的重复劳动容易令人生厌，太难的工作又会使人产生挫折感和失败感。而具有中等挑战性的工作，会令员工有机会展示自己的技术和能力。这类工作任务明确、一定的难度、富有变化、不重复、有一定的自由度，并能得到工作效果的反馈信息，这样的工作通常是令人满意的。这一原理将在本章的工作设计和第七章的工作特征模型等处得到应用。

② 公平的回报。员工总是希望组织的薪酬计算方法和职位提升机会等工作回报能够公正、公开、透明，并符合他们的期望。当员工觉得组织的报酬制度和晋升制度等方面公平时，也就是上面所说的报酬和职务的提高与工作绩效有关时，就可能产生一种满意感，进而进一步提高工作绩效。

③ 良好的工作条件。理想的工作环境应该是安全、舒适、卫生，且不易让人分散注意力。良好的工作环境和条件一方面可以使员工感到很舒适，另一方面有助于他们做好工作。

④ 配合默契的同事关系。工作不仅仅是赚钱和成就的来源，它同时也是为了满足员工社会交往的需要。因而友好、和谐的同事关系会增加员工的工作满意度。

三、个性特征：能力与人格

1. 能力

能力(ability)是个体在某一具体工作中完成各种任务的可能性。一个人的能力分成两类：心理能力和体质能力。心理能力即从事心理活动所需要的能力。个人的心理能力包括以下几方面：算术、言语理解、知觉速度、归纳推理、演绎推理、空间视觉能力和记忆力等。智商测验就是用于测定个人总体的心理能力。体质能力是指从事某项工作所需具备的身体方面的能力。体质能力包括以下几方面：动态力量、身体力量、静态力量、爆发力、灵活性、协调能力、平衡能力和耐力等。

不同的工作所需要的能力是有差异的。在要求信息加工的复杂工作中，心理能力起着极为重要的作用；而对于那些技能要求较少而规范化程度较高的工作而言，体质能力对于工作的成功是十分重要的。组织在员工选拔与安排工作前，可以采用问卷法、观察法、访谈法和员工记录法等方法测试员工的工作能力与工作性质的匹配性，做到人尽其才、用其所长。而且能力是可以培养的，对于员工无法适应的工作，应进行职业培训，以提高其相关能力。

2. 人格

"人格"在中文里有两种基本含义：①个人显著的性格、特征、态度或习惯的有机结合，对应英文 character 或 personality；②人的道德品质，对应英文 human dignity。在管理心理学中，**人格**(personality)是指一个人在社会化过程中逐步形成的独特而稳定的思维方式和行为风格。

(1) 人格特质及其类型

人格特质(personality trait)是一组构成人格的基本因素或变量，是影响或支配人格(个体行为)的特有素质，是一个人在变化的环境中会做出一致反应的内在原因，因而也是测评人格的基本指标。可见，人格特质不是一个变量，而是构成或刻画人格的一组变量(又称为人格特质因素或维度)。其中每一个变量都有若干种取值，即人格特质类型。不同的人格特质理论给出了不同的人格特质变量和类型，其数量和种类繁多。在此，我们仅关心与组织行为有关的 6 个代表性的人格特质因素：控制点、马基雅维利主义、自尊心、自我监控、冒险性和职业性。表 6-2 归纳了各人格特质变量下的典型人格特质类型，以及它们所对应的人格特点。其实，在各变量的典型人格特质类型之间和之外，还可以细分或综合出多种特质类型。例如，控制点变量下，可以有多种类型：极端内控性、强内控性、内控性、弱内控性、中等控制性、弱外控性、外控性、强外控性、极端外控性等。又如，职业性变量下的几种典型人格特质类型还可以进行不同的组合，构成更多的类型。

表 6-2 已经比较清晰地给出了各人格特质变量的含义、典型人格特质类型及其相应的人格特点，我们就不再一一阐述了。下面仅对控制点和马基雅维利主义两个特质变量做一些解释，关于职业性特质变量后面将专门介绍。

控制点是指一个人掌控自己命运的控制源是在个体的内部还是外部，该特质变量可分为内控性和外控性等特质类型，与这些特质相应的个人称为内控者和外控者。内控者相信多数事情的结果取决于自己的努力程度，对自己的能力和作用充满自信；工作满意度和投入程度比较高；面对可能的失败也相信未来会有所改善；面对困难的情境，能付出更大努力，加大工作投入。外控者看不到个人努力与行为结果的积极关系，认为多数事情的结果是个人不能控制的外力造成的；他们相信命运和机遇等因素决定了自己的状况，认为个人的努力无济于事；工作满意度和投入程度比较低；面对失败与困难，往往推卸责任于外部原因，不愿努力寻找解决问题的办法，而是企图寻求救援或碰运气。

表 6-2　人格特质类型

人格特质变量 (因素或维度)	变量含义	人格特质类型 (变量的取值)	特　点
控制点	一个人掌握自己命运的能力	内控性	工作满意度和投入程度高，面对困境能付出更大努力
		外控性	工作满意度和投入程度低，面对困境不愿努力，依赖外界帮助
马基雅维利主义	为达目的不择手段，能够获得权力并善于玩弄权术	高马基雅维利主义	重视实效，能使用各种方式实现目标，善于运用政治手段和权力说服及操纵他人，但却难以被人说服，为人灵活，所获利益较多
		低马基雅维利主义	重视道德准则，其管理措施受到许多制约，谨慎使用权力，能够听取他人意见，为人坦诚，所获利益较少
自尊心	一个人喜爱自己、尊重自己，不向别人屈求的特性	自尊心强	喜欢挑战性工作，相信自己拥有取得成功的能力，难以听取批评意见
		自尊心弱	对外界敏感，需要从外界得到积极的评估，遵从自己尊敬的人的信念，并依此行事
自我监控	个体根据外部情境调整自己的态度和行为的能力	高自我监控	能根据外部的情境调整自己的态度和行为，使公开的角色与私人的自我之间存在或不存在差异
		低自我监控	在各种情境下都表现出自己真实的态度和行为，公开的角色与私人的自我之间高度一致
冒险性	接受或回避风险的倾向	高冒险性	为实现高利益的目标，敢于做出大胆的决策，并具有承担风险的心理素质
		低冒险性	以风险最小化为决策准则，常常做出保守的决策，不具备承担风险的心理素质
职业性	工作喜好和胜任倾向	现实型、研究型、艺术型、社会型、企业型和传统型	(详见表 6-3)

马基雅维利主义(Machiavellianism)源自文艺复兴时期的意大利政治思想家和哲学家尼可罗·马基雅维利(Niccolo Machiavelli，1469—1527)。其主要思想是：政治的目的在于增加权力；为了达到政治的目的，可以不择手段；主张政治无道德原则。许多世纪以来，人们把那些为达到自己的目的，不关心常规道德，不惜在人际关系中使用欺诈和机会主义手段，操纵和摆布别人的人称为马基雅维利主义者。这里我们称马基雅维利主义者的特质为高马基雅维利主义，与之相反的特质是低马基雅维利主义。

(2) 职业性人格特质类型

关于职业性人格特质类型，有多种不同的分类方法，这里我们介绍美国著名心理学家、著名的职业指导专家约翰·霍兰德(John Holland，1929—2015)的分类。霍兰德认为，关于职业性人格特质，可分为现实型(realistic)、研究型(investigative)、艺术型(artistic)、社会型(social)、企业型(enterprise)和传统型(conventional)6 种类型。不同人格特质类型的个体在从事同一工作时，其工作绩效是不同的。因此，工作绩效不仅与个体的职业性人格特质类型有关，还与工作或职业本身的性质有关，每种类型都存在与之相匹配的工作或职业(见表 6-3)。

表 6-3　职业性人格特质类型及其工作匹配

人格特质类型	特　　点	与之匹配的典型职业或工作
现实型(R)	• 喜欢技能性和操作性工作，动手能力强 • 不善言辞，做事保守，为人谦虚 • 缺乏社交能力，喜欢独立从事具体工作	计算机硬件人员、制图员、机械工、电工、修理工、木匠、厨师、农民等
研究型(I)	• 思想家而非实干家，肯动脑，不愿动手 • 喜欢理性、抽象和逻辑思维，知识渊博 • 喜欢独立和创造性工作，不善于领导他人	科研人员、教授、工程师、电脑编程人员、医生、系统分析员
艺术型(A)	• 有创造力和艺术才能，渴望表现自己的个性 • 做事理想化，追求浪漫，不重实际 • 善于想象和表达，感情丰富，怀旧	演员、导演、艺术设计师、雕刻家、建筑师、摄影家、广告制作人、歌唱家、作曲家、乐队指挥、小说家、诗人、剧作家等
社会型(S)	• 喜欢社会交往，善言谈，愿意教导别人 • 关心社会问题，渴望发挥自己的社会作用 • 比较看重社会义务和社会道德	教师、行政人员、咨询人员、公关人员、护士、保育员、服务人员、福利人员、服务型管理者等
企业型(E)	• 具有表达、说服、支配和领导才能 • 喜欢竞争和冒险，有野心，有抱负 • 务实，目的性强，追求权力和物质财富	经理、销售人员、营销管理人员、经纪人、政府官员、企业领导、法官、律师
传统型(C)	• 尊重权威和制度，习惯被领导，不愿做领导 • 按计划办事，细心，有条理，关注实际 • 谨慎，保守，缺乏创造，富有牺牲精神	秘书、办公室人员、会计、行政助理、图书管理员、档案管理员、出纳员、打字员、投资分析员

一般来说，人们通常倾向于选择与自我人格特质类型匹配的职业或工作，这样可以最好地发挥个人的能力和特长。但是在现实的职业选择中，由于种种原因，个体并不一定能够或并非一定要选择与自己人格特质类型完全对应的职业类型。一方面，因为个体本身通常是多种人格特质类型的综合体，只具有单一人格类型特点的人很少；第二方面，因为影响职业选择的因素很多，如社会职业需求以及获得职业的现实可能性等；第三方面，人们对自己的潜能未很清楚，一定的职业差异性也许能够发掘个体另一方面的潜能。为此，需要对以上 6 类职业性人格特质类型之间的相近关系进行研究。图 6-4 反映了 6 种类型之间的关联程度。例如，具有现实型人格特质的人，做现实型工作是最合适的；当然，他也可以做研究型或传统型工作，因为它们与现实型人格特质是相近关系；如果做艺术型或企业型工作就比较勉强了，因为它们和现实型是相隔关系；如果做社会型工作就不合适了，因为它与现实型是相对关系。在职业选择时，人们常常不得不进行妥协，寻求相邻，甚至相隔的职业类型。但如果个体寻找相对的职业类型，就意味着要进入与自我人格特质类型完全不同的职业类型，那样工作起来就可能难以适应，或者会感到很痛苦。

(3) 人格分析在管理中的运用

根据表 6-2 所示的人格特质类型及其特点，我们可以事先对员工的行为有所预估，从而针对不同人格特质的员工采取不同的管理措施或安排不同的工作，发挥其特长，避免其缺陷。例如，对于内控

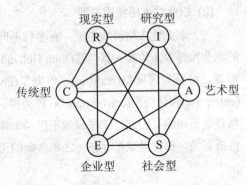

图 6-4　职业性人格特质类型的相互关系

性员工，管理者不需要过多地督促其完成任务，只要提供必要的工作条件就可以了；而对于外控性员工，则需要给予较多的监督、催促和帮助，利用外力使其完成工作任务。又如，表 6-3 所示的职业性人格特质类型与工作的匹配关系告诉我们，正确地认识员工的职业性人格特质类型有利于工作安排和人力资源管理，以便做到知人善任。也就是说，应当根据员工的人格特质类型将其安排在合适的岗位上，这样可以使员工发挥出更好的作用，产生更大的绩效。另外，人格不仅可以测量，而且可以培养和提高。管理者可以通过培训、教育和给予锻炼机会等方式，不断完善员工的人格，提高员工的成熟度，使其向着有利于提高工作绩效的方向发展。

四、压力、动机和能力对绩效的影响

以上各种个体因素都会对员工的工作行为与绩效产生影响，前面已经分别进行了介绍。这里将讨论压力、动机和能力三个因素对绩效的综合影响。总体上看，压力影响动机，动机与能力共同影响绩效。下面分别加以分析。

1. 压力与动机的关系

前面已经说过，引起动机的因素包括个体的内部因素和外部因素，其中，外部因素中的一个重要因素是压力，而压力有可能来自于内部的需要和外部的工作目标等因素。因此，研究压力与动机的关系，在管理上是很有意义的。研究表明，工作压力与工作动机之间的关系如图 6-5 所示，呈现倒 U 型曲线关系。由图 6-5 可见，一个人的工作压力太小了，工作的动机就会不足；但是如果压力太大了，使得人看不到成功的希望，那么工作动机也会下降；而在适当的压力下，工作动机较大。在图 6-5中，压力为 A 点时，工作动机最大，能达到 R 点。

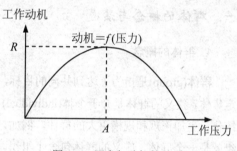

图 6-5　压力与动机的关系

2. 动机、能力与绩效的关系

能力和动机是提高员工绩效的众多因素中两个关键的因素，三者之间的关系可以用下面的公式表达：

$$工作绩效 = 工作能力 \times 工作动机 \tag{6-1}$$

式(6-1)中，能力和动机是乘积的关系，而不是相加的关系。也就是说，一个员工有能力但没有动机，其工作绩效就几乎为零；反之，有动机但没有能力，也产生不了任何绩效。因此，要提高工作绩效，一方面要提高员工的工作能力，另一方面要提高员工的工作动机，两者缺一不可。

3. 压力与绩效的关系

由于压力与动机的关系如图 6-5 所示，根据公式(6-1)，当工作能力不变时，通过动机的传递，工作压力与绩效的关系也呈现倒 U 型曲线关系(见图 6-6)。从图 6-6 可见，当工作压力太低时，工作的绩效很低，这时随着压力的加大，工作绩效会随之提高。在某一个适当的压力下(图 6-6 中的B 点)，工作绩效达到最高点(图 6-6 中的 Q 点)。但是在 B 点之后，如果再加大压力，这时工作绩

效非但不能提高，反而开始下降。这是因为，压力太大了，导致员工过分紧张或者看不到成功的希望，因而使得工作绩效下降。当然，对于不同特征的个体，具有不同的压力和绩效曲线。有些员工的 B 点较高，有些则较低。因此，管理者应当对不同类型的员工施加适当的压力，这样才能使他们发挥出最佳的工作绩效。

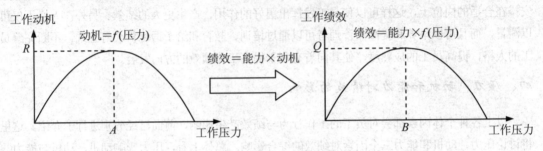

图 6-6　压力与绩效的关系

第三节　群体行为分析

一、群体的概念与演进

1. 群体的概念

群体(group)是指为了达到共同的目标，由两个以上的个体所组成的相互依赖、相互作用的稳定集体。狭义的群体是介于个体(individual)和组织(organization)之间的集体。而组织是一种更加系统化、更加正规和规模更大的群体。例如，一个企业就是一个组织，而企业中的某一个部门或班组就是一个群体。广义的群体包含了组织，或者说，组织也是一种群体。因此，本节所介绍的许多内容和规律也同样适合于组织。

2. 加入群体的动机

人们为什么要加入群体呢？因为群体能够为其成员提供某些利益，能满足个人的某些需要。大多数人会同时属于多个群体，而不同的群体为其成员提供不同的利益和满足其不同的需要。虽然个人加入群体的动机各不相同，但归纳起来主要有以下几种。

① 安全需要。加入一个群体能减少个体独处时的不安全感，个体会变得更有力量、更坚强，会产生一种归属感和安全感。

② 地位需要。一个被公认为很重要的群体在社会上是具有一定地位的，加入这样的群体能够获得被人认可的满足感；另外，一个人在群体中也会取得一定的地位。这两方面都会提高个人的社会地位。

③ 自尊需要。加入一个群体，参加群体的一些有意义的活动，为社会做出一些有益的贡献，会使人觉得活得很有价值。

④ 情感需要。群体可以满足其成员的社交需要，人们在和群体成员的相互交往、相互协作和相互帮助中，会得到情感上的满足。

⑤ 权力需要。单个人是无法行使权力的，只有在群体活动中获得、掌握并运用权力，才能满

足个人对权力的需要，获得使用权力的满足感。

⑥　实现目标的需要。大多数目标仅仅依靠个人是无法实现的，需要依靠群体的智慧、力量和共同努力才能实现。为此，个人需要加入一个与个人目标一致的群体，并通过自己和群体的共同努力实现其目标。

3. 群体的发展

一个群体的发展通常要经历 5 个阶段：形成阶段、震荡阶段、规范阶段、执行阶段和终止阶段(见图 6-7)。在形成阶段，群体的目的、结构和领导都不确定，群体成员各自摸索群体可以接受的行为规范。在震荡阶段，成员认可群体的存在，但抵制群体加给他们的约束，对由谁来控制群体存在争执，或犹豫不决。在规范阶段，群体成员之间开始形成亲密关系，群体表现出一定的凝聚力，成员产生强烈的群体身份感。在执行阶段，群体结构充分发挥作用，群体规则被成员完全接受，成员之间相互协作，共同完成任务。在终止阶段，群体被解散或自动消失。有的成员比较乐观，沉浸于群体成就中；有的比较悲观，惋惜建立起的友谊不能继续。

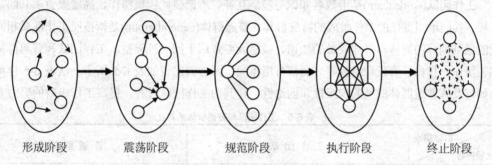

形成阶段　　　　震荡阶段　　　　规范阶段　　　　执行阶段　　　　终止阶段

图 6-7　群体发展的 5 个阶段

二、群体的类型

1. 正式群体与非正式群体

正式群体是由组织设立的，旨在指导成员努力实现组织目标的群体。正式群体有两种类型：命令型群体和任务型群体。**命令型群体**(command group)是由组织的某主管人员及其直接下属组成的群体。例如，企业的质量管理部、生产班组或营销网点等就属于命令型群体。**任务型群体**(task group)是由为完成组织的某项工作任务而共同工作的人员组成的群体，其群体负责人和成员之间并非仅仅局限于直接的上下级关系，还可能包含横向和纵向跨越直接隶属关系的其他关系。例如，企业为完成一项技术攻关任务而成立的由技术部工程师、车间技术工人和外聘专家等组成的攻关小组，就是任务型群体。

非正式群体是组织中的部分成员为了满足某些心理需求，通过某种纽带自发形成的群体(见第二章)。这种纽带包括相同或相近的利益、目标、社会背景、兴趣爱好、思想观念等，以及友谊和情感等。因此，非正式群体可分为利益型群体、身份型群体、兴趣型群体和友谊型群体等类型。表 6-4 对正式群体与非正式群体的主要差别进行了比较。在任何正式组织和正式群体中都会存在非正式群体，有时非正式群体是跨越正式群体而存在的。非正式群体对正式群体的行为可能有积极的作用，也可能有消极的作用。管理者应善于利用和正确引导，使其尽可能对正式群体起到积极的和拾遗补缺的作用。

表6-4　正式群体与非正式群体的差异

比较的内容	正式群体	非正式群体
官方性	正式的、官方的群体	自发形成的、非官方的群体
权责	权威与责任的概念贯穿群体	权力与政治的概念贯穿群体
利益	群体成员更加关注在群体中的职位	群体成员关注个人的利益或兴趣
权力来源	领导的权力来源于管理代表的身份	领导的权力是群体成员赋予的
行动指南	以正式制定的群体准则作为行为指南	以共同认可的规范作为行为指南
控制手段	报酬与惩罚是群体控制的有效手段	嘲笑和讽刺等压力是群体控制的手段

2. 工作团队与普通群体

工作团队(work team)是由数名知识与技能互补、承诺彼此积极协作、高度致力于共同宗旨和目标、共同承担责任的个体组成的特殊群体。**普通群体**(general group)是指按照工作性质相同或相近的原则划分的群体，群体成员的知识、技能或专业属于同一种类型。工作团队和普通群体在技能、协作、目标、责任和绩效等方面都有所不同，两者的比较如表6-5所示。从表6-5也可以看出如何发挥普通群体成员的积极性和创造性，使其向工作团队看齐，提高工作成效的努力方向。

表6-5　工作团队与普通群体的对比

群体类别　比较内容	工作团队	普通群体
组成	由同部门或跨部门成员构成	不含其他部门的成员
时间	一段时间内专门从事某项工作，任务完成后即解散；定期或不定期地聚集在一起从事团队工作，其他时间从事普通群体工作	长期从事群体工作
目标	具有很强的核心价值观和共同的目标，并把目标转换成可测量的绩效指标	群体和个体目标的综合
技能	成员具有多种互补技能	成员具有类似的技能或专业
协作	积极合作，信息等资源共享	一般性合作，信息等资源有限共享
责任	共同承担责任	更关注个体的责任
创造力	具有创新精神和很强的创造力	创新精神和创造力欠缺
绩效	协同效应明显，团队绩效远大于个体绩效之和	协同效应不明显，群体绩效约为个体绩效之和

3. 永久群体与临时群体

永久群体(permanent group)是指成立后长期存在的群体，如组织中的某个部门或机构。**临时群体**(temporary group)是指为了解决某一问题、执行某一任务而组建的群体，当问题解决或任务完成后，该群体便被解散。当然，从哲学上讲，任何事物都是会消亡的，群体也不例外。这里所谓的永久群体，是指成立的时候就打算永久存在下去的群体；而临时群体则在成立的时候就已经打算好完成任务后将要解散。有时候，永久群体的寿命也许比临时群体还要短。

4. 成员群体与参照群体

成员群体(membership group)是指个体是该群体正式成员的群体，即个体已经加入的那个群体。**参照群体**(reference group)，也叫标准群体，是指个体希望加入的或向往的那个群体，该群体的目标、标准和规范已成为该个体的行动的指南和效仿的样板。参照群体对于向往者而言，具有激励和榜样的作用。若个体把某一群体视为自己的参照群体，则该群体的目标、标准和规范就会对其行动产生引导或约束作用，个体会自觉或不自觉地以参照群体的规范对照自己的行为并修正自己的行为。例如，某人希望成为董事会成员，那么董事会就是他的参照群体。

5. 同质群体与异质群体

从群体的构成看，可以分为同质群体与异质群体。**同质群体**(homogeneous group)是指群体成员在各个方面都比较类似，群体构成单一化。**异质群体**(heterogeneous group)是指群体成员在某个或多个方面具有较大的差异性，群体构成多元化。同质群体成员之间的相容性比较好，但如果缺乏完成任务所需要的各方面的技能与经验，群体绩效可能并不高。相反，异质群体成员之间的相容性不太好，需要一段时间的磨合与相互适应，但却具有完成任务所需要的多方面的能力或素质，通常会有较高的潜在绩效。

三、群体行为模型(GBM)

美国管理学家斯蒂芬·罗宾斯说过，关于工作群体，很明显的一点是，它们可以使"2+2=5"；当然，它们也可能使"2+2=3"。我们研究群体行为的目的就是为了提高群体的绩效，包括群体的工作绩效和群体成员的满意度。哪些因素影响群体绩效呢？为此，管理学家构建了群体绩效与其影响因素关系的群体行为模型(group behavior model，GBM)。许多教科书中认为，影响群体绩效的因素包括群体的外部环境、群体成员资源、群体结构、群体任务和群体互动过程(又称为群体运行过程，或群体效应)几个方面。其中，群体成员资源主要指群体成员的素质，而群体结构包含的内容很多：群体规模、同质性、角色、地位、正式领导、权力、政治和群体规范等(Robbins，2015)。其实，群体成员资源属于群体结构中的构成要素，而正式领导、权力、政治和群体规范等并不属于群体结构的范畴，它们属于与群体结构相对应的群体功能——群体行为能力。另外，在传统的 GBM 中，群体任务作用于群体互动过程指向群体绩效的箭头上(Robbins，2015)，相当于群体互动过程导致群体绩效的调节变量，这是不合理的。实际上它通过影响群体互动过程，进而影响绩效，因为群体互动过程需要根据群体任务的特点而采取不同的互动方式。

为克服这些缺陷，本书将群体行为模型 GBM 改进为图 6-8 所示的形式。其中，群体成员结构和群体行为能力是群体特征的两个方面，它们受到群体外部环境的影响，然后又作用于群体互动过程。群体互动过程在群体特征和群体任务的共同作用下产生群体绩效，包括群体的工作绩效和成员满意度。下面对各影响因素分别加以说明。

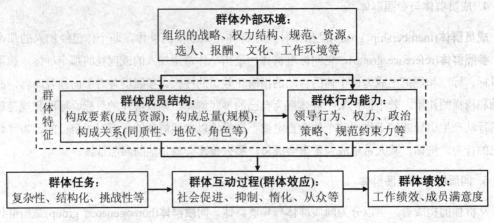

图 6-8　群体行为模型 GBM

1. 群体的外部环境

群体的外部环境，通常是指群体所在的组织系统。它主要包括 8 类影响因素：①组织战略，通过规定组织的目标以及组织实现这些目标的决策方案，影响群体的目标与行动方案；②组织的权力结构，决定群体在组织权力体系中的位置，决定群体的正式领导和群体的正式关系；③组织的正式规范，影响群体的行为规范，进而影响群体成员行为的一致性；④组织资源，决定群体能够获得的资源，因而影响群体的工作范围和能力；⑤组织的人员甄选过程，决定群体成员的类型和结构；⑥组织的绩效评估和奖酬体系，影响群体成员的工作积极性、主动性和流动性；⑦组织文化，影响群体成员的价值观；⑧组织提供的群体工作环境，为群体成员的交往与合作提供条件或成为群体互动的障碍。

2. 群体特征

群体特征包括群体的结构与功能两个方面，前者包含群体的构成要素、总量和构成关系几个方面，后者即为群体行为能力。群体结构的构成要素就是群体的成员资源，总量就是群体规模。如果群体成员的素质比较高，那么成员资源的质量就比较好，有利于完成群体任务和取得良好的绩效。但是仅仅每个成员个体资源素质好是不够的，这些个体的构成关系不合理，也会影响或阻碍群体的互动过程。群体的构成关系包括群体的同质性结构、角色结构和地位结构等。另外，群体行为能力包括群体的领导行为、权力、政治策略和规范约束力等。群体成员结构是群体的静态特征，而群体行为能力则是其动态特征。

3. 群体任务

群体任务的复杂性、结构化、工作量和挑战性等特征对群体成员的互动过程有不同的要求，由此对群体绩效产生影响。复杂和困难的任务，尤其是结构化较差的非常规任务，通常对成员之间相互合作的要求较高。而常规的简单任务，结构化比较好，对成员之间相互依赖的要求通常比较低。一般来说，任务越复杂，群体的绩效会越低。但与个体相比，群体解决复杂问题的能力相对较强。因此，对于复杂任务，群体成员应该相互依赖和相互配合，努力提高群体的凝聚力和互动能力，以便提高群体的绩效。为此，管理者应根据任务的性质和特点，配备合适的力量，并协调好群体成员之间的关系，使其协同一致地工作。

4. 群体互动过程

群体互动过程是指群体内部成员相互依赖、相互作用、相互促进或相互制约、群体协作或群体冲突、信息沟通、群体决策等过程。群体互动过程将产生群体效应，包括社会促进、社会抑制、社会惰化、从众等。可见，群体互动的效果不都是正面的和积极的，也有负面的和消极的方面。群体效应可以使一个工作群体产生 1+1>2 的工作绩效，也可以使之产生 1+1<2 的工作效果。管理者应设法激发群体互动的正面效应，并抑制其负面效应，使群体发挥出 1+1>2 的效应。

5. 群体绩效

群体的互动过程，也就是群体的行为产生了群体绩效。群体绩效主要体现在两个方面：群体的工作绩效和群体成员的满意度。如上所述，群体互动过程对群体绩效有正、负两方面的影响，因此实际的群体绩效可以由下式表示：

$$群体绩效 = 个体绩效之和 + 互动过程增量 - 互动过程减量 \tag{6-2}$$

由式(6-2)可知，管理者应当根据群体互动过程的各种影响因素的特性和规律，设法增强互动过程增量，而尽可能降低互动过程减量，以提高群体绩效。互动过程增量包括社会促进和积极的从众效应等，互动过程减量包括社会抑制、社会惰化和消极的从众效应等，在后面"六、GBM 中的群体互动过程：群体效应"中将详细阐述。

下面分别对上述 GBM 中的 3 个核心模块——群体成员结构、群体行为能力和群体互动过程作进一步的阐释。

四、GBM 中的群体成员结构

1. 构成要素——群体成员资源

群体成员资源是群体结构的构成要素，其主要属性是群体成员所具备的完成群体任务的基本素质和特征。反映成员资源的具体属性有很多，如前面介绍的知觉、压力、动机、态度、能力和人格等。由式(6-1)可知，影响群体绩效的主要因素是能力和动机。而能力和动机的背后又受到知觉、压力、态度和人格等因素的影响。因此，管理者需要在群体成员的甄选、培训、教育和激励等管理活动中，努力将这些影响因素调整到最佳的状态，以便提高群体的工作绩效与满意度。

2. 构成总量——群体规模

构成一个群体的成员数量就是群体规模，它是群体结构的总量特征，规模的大小能够影响群体的整体行为和绩效。当群体成员的人数太多时，成员的参与机会便大大减少，而且群体内部容易形成亚群体(subgroup)或非正式群体，从而导致群体绩效的下降；而当群体成员太少时，则发挥不了群体的优势。什么样的规模才是恰当的群体规模呢？这要看群体的性质和任务的复杂性等因素而定，并没有统一的标准。另外，群体成员数一般为奇数比较好，这样在需要投票表决的时候，发生僵局的概率就会降低。

3. 同质性结构

具有解决问题的综合能力是群体成功的关键因素之一，而这种综合能力与群体的同质性(或异质性)结构有关。上面我们已经介绍过，群体构成可分为同质群体和异质群体两类。在同质群体中，成员在各个方面都比较类似，虽然彼此相容，但是在解决复杂问题时，由于缺乏完成任务所需要的多种技能与经验，群体的工作绩效并不高。相反，在异质群体中，成员在年龄、性别、人格、能力、经验和所受教育等方面各不相同，群体构成比较丰富与合理，虽然需要一段时间进行相互适应，但是却具有完成复杂任务的综合能力，潜在的工作绩效往往比较高。

4. 地位结构

地位(status)是指个体在群体中的所处的位置或等级。由于人们总是追求较高的地位，因此在群体中地位是个体行为的重要激励因素。地位较高的个体通常在群体中拥有更大的权力和影响力，也能获得更多的特权，参与更多的群体活动，有更多的机会在群体中担任重要角色。相反，地位较低的成员常常会感到被忽视或被遗忘。

个人在群体中地位的高低由多种因素决定，不同的影响因素将地位分为不同的类型，如正式地位和非正式地位(也可从另一角度分为政治地位、经济地位、学术地位等)。由个体在群体中的职务及其职权所决定的地位称为正式地位(formal status)，如科长、处长、厅长等行政职务，班组长、部门经理、总经理等企业管理职务，助理工程师、工程师、高级工程师等技术职务。由个体威望决定的地位称为非正式地位(informal status)，如年龄、资历、受教育程度、工作技能、工作绩效、工作类型、工资水平及其支付方式、荣誉称号等。正式地位和非正式地位共同决定个体在群体中的地位。

不管是由职务还是由威望奠定的地位，都可以从表示地位的一些"符号"加以区分和判断。这些符号主要有：①头衔与权力，如部门经理、CEO、总裁等职务，是不是董事会成员，有多大的财务自主权，有没有重要事项的决策权等；②工作条件，如办公桌是红木老板桌还是胶合板三抽桌，办公室的装饰有没有地毯和精美艺术品，工作地点是否宽敞、明亮，有没有配置先进的办公设备和通信设备，是否使用新的仪器、设备和工具等；③工作服装，如是西装革履还是"蓝领"工作服等；④席位排序，如正式会议的席位是否在前排，是否在主席台上，是否位于中间位置等；⑤特权和待遇，如是否享有专车接送，是否有私人秘书或助手，是否有专人打扫办公室并递送咖啡等。地位符号可时刻提醒群体成员目前所处的位置，从而增强其责任感和使命感；能够激励地位较低的成员努力奋斗；也能够展示群体的对外形象。当然，对那些长期不拥有或拥有较低层符号的成员来说，地位符号也可能使其产生挫折感，尤其当晋升政策不公平时。

总之，群体中地位结构和地位变动的合理性，将影响群体的工作分工、管理分工、成员积极性的调动，也会影响下面将要介绍的角色分工，进而影响群体任务的完成。

5. 角色结构

在第一章中，我们介绍过管理主体的角色及其角色分类。管理主体是群体或组织中的一类成员，现在我们以更广泛的视角来研究群体中各类成员的角色。对于一个群体而言，**角色**(role)是指群体中与某一个体所处地位和身份相对应的责任、权利、义务和行为等方面的规范或模式。在一个群体中不同成员扮演着不同的角色，这些角色特点、作用和结构对群体的互动过程将产生显著的影响。因此，群体角色结构也是管理者需要分析和调节的重要方面。

(1) 角色的类型

表 6-6 给出了群体角色的分类。对于个体而言，按照角色规范的实现性和明确性可以对个体角色的层次和构成进行分类。在个体角色的层次上，从个体应该扮演的角色、自己理解的角色和实际表现出的角色三个层次可以分为期望角色、领悟角色和实践角色。在个体角色的构成上，从有无明确的规定可以将一个角色分为规定角色和开放角色两个构成部分。对于群体而言，按照角色的支配关系可以将群体所有成员的角色分为支配角色和受支配角色两组。

表 6-6 群体中角色的分类

分 类 视 角	角 色 类 别	内　　涵
个体角色层次 (按规范的实现性分)	期望角色	群体对某一特定的角色所设定的理想的行为规范或公认的行为模式，也就是说是一种"应该如何"的社会观点
	领悟角色	个体对其所扮演的角色的群体期望行为规范的理解
	实践角色	个体根据自己对角色行为规范的理解，在履行该角色行为的过程中所表现出来的实际行为
个体角色构成 (按规范的明确性分)	规定角色	明确规定了行为规范的角色，如规定了角色的责任、权利和义务，以及处理各种关系的方式等行为规范
	开放角色	没有明确规定行为规范的角色，个人可以根据自己对其地位和对群体期望的理解，而较自由地履行角色行为
群体角色分组 (按支配关系分)	支配角色	在群体中拥有支配权
	受支配角色	在群体中受他人支配

(2) 群体中的角色分工

群体成员在群体中的角色是有分工的，这种分工并不是人为安排的，而是由群体成员的特质、群体活动的需要、管理者的引导和外部环境的影响等多种因素综合作用的结果。如果一个群体中的成员都承担着同一种角色，即使这种角色对群体行为是有积极作用的，那么这个群体也很难成为一个配合默契、协同工作的有效群体。实际上，一个群体中的成员往往承担着不同的角色分工，有的善于鼓舞大家，有的点子特别多，有的爱提意见，有的擅长营造轻松愉快的气氛，有的消息特别灵通，有的热衷于指挥别人，有的善于调解矛盾，当然还有的与群体的目标格格不入。

表 6-7 把群体角色的分工分为任务导向型、关系导向型和自我导向型三种，每种类型下都列举了一些主要的角色分工，并对各种角色分工的作用进行了简要说明。群体中的一个成员通常会擅长其中的某一种角色，也有可能同时兼顾多种角色。一个优秀的群体需要有一个合理的角色结构，发挥出各角色对群体的正面作用，并尽量克服某些角色(如阻碍者等角色)的负面作用，形成一种优势互补、相互协调的和谐力量。

表 6-7　群体成员的角色分工

角色分工的类型	角色分工	角色分工的作用
任务导向型	贡献者	在群体遇到难题时，积极设法解决
	探讯者	收集并提供群体所需要的信息
	建议者	提出自己的意见和建议，与他人分享
	鼓劲者	当群体的工作兴趣和热情下降时，鼓励群体继续努力
关系导向型	调和者	调解群体的矛盾
	折中者	为保持群体的一致性，改变自己的意见，并提出折中方案
	赞赏者	赞美和鼓励他人
	加速者	提出使群体更加有效地协同工作的方法
自我导向型	阻碍者	抵制群体，和群体对着干
	炫示者	促使别人注意自己的成就
	统治者	操纵群体听命于自己
	回避者	和群体其他成员保持距离

五、GBM 中的群体行为能力

1. 领导行为

一个正式群体，一般都有一个或几个正式领导者。其领导行为能否有效发挥应有的作用，将影响群体的绩效。**领导行为**(leadership behavior)是指群体的正式领导者根据群体内部和外部情况采取相关措施和方式，充分调动群体成员的积极性，引导和指导他们高效率地完成群体任务的管理活动。群体领导行为的有效性不仅与领导者的素质和能力有关，还与群体成员的素质、能力和规模等因素有关。其中，群体规模的大小对群体正式领导行为就有显著的影响。

表 6-8 列出了群体规模的大小对正式领导及其行为的影响。由表 6-8 可知，作为群体的领导者或管理者，要根据群体的规模采取适合的领导方式和领导行为。例如，对于规模只有 4～5 人的小群体，领导者就不能过多地进行指导和指挥、频繁开会、做正式的报告、长时间决策、迫切推行管理规则等。相反，领导者应当放下架子，把自己当作群体的普通一员，和群体成员打成一片，共同工作，并通过频繁的沟通、协商和良好的人际关系来带动群体工作的开展。而对于十几或几十个人的大规模群体的领导，就需要进行较多的指导，通过正规会议等形式动员、教育和鼓舞群体成员，积极推动群体行为规范的形成，并通过正式的、民主化决策方式和程序进行决策，以避免众多成员的强有力的抵制行为。

表 6-8　群体规模对领导行为的影响

规　模 ＼ 影响内容	对正式领导的需求	领导者的指导	对领导行为的容忍度	对领导行为的抵制力	领导者的决策时间	领导者推行规则的形成速度
小	低	少	低	低	短	慢
大	高	多	高	高	长	快

2. 权力

群体管理者能否有效地行使权力，将影响群体的活动和绩效。**权力**(power)是为了维护和获取某种利益，特定的主体(个体或集体)将其意志强加于其他个体或群体，影响他们的态度和行为，使之服从的能力。权力具有以下几个特性：①强制性，运用权力可以影响他人的行为，迫使其他个体或群体做或不做某事；②非对等性，权力行使者和权力服从者之间关系是不对等的；③利益性，权力的行使是为了获取或维护某种利益；④社会性，权力存在于人与人之间的相互关系中，单独的个体无所谓权力；⑤潜在性，权力只有在使用时，才会发挥并显示出作用；⑥相对性，只有当其他个体或群体依赖于权力行使者所掌握的某种资源时，权力才会生效；⑦动态性，权力的大小并不是固定的，它随时间的变化而变化。

一个人如何才能拥有权力呢？或者说权力的来源是什么呢？约翰·弗伦奇(John French)和伯特伦·雷文(Bertram Ravan)等学者认为，权力主要来源于两个方面：职位权力(职权)和个人权力。

职位权力是由一个人的职位所带来的，是组织所赋予的，与个人的特征无关。当某人离开原有职位后，他就不再享有该职位的任何职权，而这些职权仍然保留在该职位中，并将赋予继任者。职位权力包含以下三个方面：①法定权，某职位所固有的合法的、由制度正式规定的权力，其他个体有义务服从这种权力；②奖赏权，奖励下属或员工的权力，人们为了获得奖赏或希望得到正面和有利的结果而服从；③惩罚权(强制权)，惩罚下属或员工的权力，人们因惧怕可能遭到的惩罚或可能导致的负面结果而服从。

个人权力是由管理者的个人特征所决定的权力。它包括以下三个方面：①模范权(表率权)，由于拥有吸引别人的个性特点(如个体的成就、经历、学识、能力、人品和气度等个人魅力)而带来的权力，人们因为信任、敬重或愿意效仿而服从；②专家权(专长权)，由于拥有某种高于他人的专长、技能或专业知识而带来的权力，人们因为信服，或通过向他学习可能有所获益而服从；③信息权，由于掌握某种重要的信息来源而带来的权力，人们为了从这些信息中获益而服从。个人权力对于管理者是十分重要的，对职位权力的运用将起到不可或缺的辅助作用，缺少个人权力将对管理者行使职位权力造成很大的障碍和阻力。

3. 政治策略

通常所说的政治是指政府或政党治理政事(执政事务)的理论、思想、原则、制度、措施和活动等。其科学的或本质的表述是：政治是指特定的利益集团或个人为了集团或个人的利益，围绕着执政权力(包括获得和使用权力，或对权力的使用施加影响等)而开展的活动(张智光，2006a)。在管理学和组织行为学中，我们把政治的概念泛化到广义的群体之中(包括组织、组织中的群体、国家和政党等)。虽然治理的尺度和对象更加广泛和多样化，但政治的本质是一致的。群体中的政治定义是：**政治**(politics)是指个体或群体为了个人或群体的利益，在选择不确定或不一致的情况下，通过获得、开发和使用权力及其他资源，获得自己偏爱的结果的活动。

在政治活动中，管理者或政治家需要运用多种方式、方法和计谋等手段来达到自己或群体的目的，这些手段就叫作政治策略。群体中经常使用的政治策略主要有以下几种。①增加合法性，个体可以强调自己的方案符合群体利益或有利于实现群体目标，并尽力掩饰个人的利益。②显示专家权，个体要体现出在所要解决的问题上拥有专业知识和特长，是这一领域的专家。③获得他人支持，通过建立内部和外部联盟，以及争取职位高、权力大的人物的支持等方法，获得更多的支持。④控制信息流向，通过去掉不利的信息、有选择地暴露信息、隔离知道信息的人等方法，可提高个体意见的影响力。⑤塑造良好形象，良好的形象有助于在群体中得到他人的支持。⑥确定决策标准，在决策过程中，要努力说服别人认同对你的决策方案有利的决策标准，而不要急于拿出方案。⑦聘请外部专家，外部专家因具备专业特长和知名度，通常比内部专家更有影响力。⑧控制日程，利用制定日程的权力把自己偏爱的方案安排在比较有利的时机进行介绍，这样有助于方案的入选。⑨使用委员会，操纵委员会使其有助于个体偏爱的目标的实现。⑩玩弄政治游戏，包括职权游戏(员工有可能抵制职权，管理者应努力消除这种抵制，加强职权)、权力基础游戏(拥戴上司、同级结盟和笼络下属，以增加权力基础)、对手游戏(削弱对方的权力)和变革游戏(向上级举报，或试图罢免现行领导者)。

从以上介绍可见，有些政治策略本身并不显得十分"光明磊落"，用在正义事业上就是"管理艺术"，用在阴暗的目的上就是"政治伎俩"，因此政治是一把双刃剑。在群体中，个体的政治行为，可能是为了群体的利益，也可能是为了个人自身的利益。如果一个群体或组织的管理者，总是运用政治手段为个人谋利益，那么当他的个人目标与群体或组织目标背道而驰时，其政治手段越高明，对群体或组织的危害就越大。所以一个优秀的管理者，不仅要有高超的政治能力和政治水平，更重要的是要有良好的政治觉悟和政治道德。我们学习政治策略，一方面要将其用在正义的目的上，另一方面也有利于识破那些动机不良的政客的政治伎俩，让正义战胜丑陋。

4. 规范约束力

所谓**规范**(norms)，就是群体成员共同接受的一些行为标准和准则。群体或组织的规范大多是不成文的或约定俗成的非正式的行为准则。群体规范的种类多种多样，归纳起来主要有以下几种类型。①与群体绩效有关的规范，例如成员应如何完成自己的工作任务，应付出多大的努力，应达到什么样的产出等。②与群体成员的形象有关的规范，例如成员如何着装，在何时该忙碌，何时可以聊天等。③与人际交往有关的规范，例如成员应该与谁交往，交往到什么程度，不能和谁在一起等。④与资源分配有关的规范，例如成员的报酬，困难任务的分配，新工具和新设备的分发等。

群体规范对成员具有较强的约束力，能调节成员的行为。一般来说，群体规范对成员的有效约束力越强，群体凝聚力越强，合力越强；反之，群体规范对成员的约束力越弱或缺乏规范，群体凝聚力越弱，合力越弱。因此，管理者应注重群体良好规范的形成和优化。群体规范的形成方式或缘由主要有以下几种：①群体成员(通常是群体的主管或有影响力的人)所做的明确指导，例如领导强调在上班时不得闲聊，休息不得超过 10 分钟等。②群体历史上的关键事件，例如由于某员工跳槽带走了研究小组的核心技术，使企业蒙受重大的经济损失，以后研究小组限制技术人员掌握完整的核心技术，多数人只能掌握其中的部分技术。③群体内部第一次的行为模式往往成为以后的行为标准，例如群体成员习惯于坐在他在第一次会议时所坐的位置。④过去经历中的保留行为，例如新成员带来了原来群体的行为规范，而老成员保留了过去的习惯或习俗。

六、GBM 中的群体互动过程：群体效应

群体效应是指在群体互动过程中，由于个体之间、个体和群体之间的相互作用，导致群体对个体在心理上产生某种制约、引导和影响，进而使个体在群体中表现出与其作为独立个体时有所不同行为的现象。下面介绍几种常见的群体效应现象。

1. 社会促进和抑制效应

社会促进效应(effect of social facilitation)，又称为社会助长效应，是指群体互动过程对成员行为有促进和提高绩效的积极作用和效果。在群体活动中，成员的行为是在一定的群体氛围中进行的，个体一旦意识到这种行为涉及群体的评价、监督和鼓励等因素，在竞争意识和成就需要的激发下，会调动自身的热情度、积极性和聪明才智，尽力完成任务，希望得到群体的肯定、赞扬和尊重。但是，并不是所有的情况下个体行为都能产生社会促进效应。当个体在完成简单、常规性或自己熟练的任务时，有别人在场，他会感到兴奋，想表现出自己的优势和特长，绩效因此而提高；当个体在完成复杂、不熟悉、需要高度注意力的工作时，在别人面前，他会感到很紧张，反而会因此发挥失常，导致社会抑制效应。

社会抑制效应(effect of social inhibition)，又称为社会致弱效应，是指群体互动过程对成员行为有抑制和降低绩效的消极作用和效果。当个体在完成复杂、不熟悉、需要高度注意力的工作时，在别人面前，他会因受到群体压力而感到很紧张，生怕出丑，而且别人的出现也分散了他的注意力，因此妨碍了自身能力的发挥，绩效反而降低。

可见，群体对成员的行为可能产生社会促进效应，也可能产生社会抑制效应。这主要受到个体的心理特征和个体对活动的熟练程度的影响。对于自信、开朗、外向、心理成熟的个体，在从事简单、熟练的活动时，容易产生社会促进效应；而对于自卑、孤僻、内向、心理不成熟的个体，在从事复杂、不熟悉的活动时，容易产生社会抑制效应。

在管理实践中，管理者需要学会利用社会促进效应，同时避免出现社会抑制效应。当员工能够比较熟练地进行某项活动时，就可以让他在别人面前工作，以便帮助员工进一步提高工作绩效和水平，同时培养员工的信心。对于员工不熟练的工作，就暂时不要让他"献丑"，经过培训和苦练后，再让他展示其优势。当然，有些工作不得不当众展示，这时要进行教育和心理疏导，让员工抱着向别人学习和向他人请教的态度，努力平静自己的紧张心情，集中精力提高技能，尽量发挥出自己最好的水平。

2. 社会惰化效应

社会惰化效应(effect of social loafing)是指个人在与群体其他成员一起工作时，个人所付出的努力往往随着群体人数的增加而减少的现象。

社会惰化现象在现实的社会和组织活动中很普遍。俗话说"一个和尚挑水吃，两个和尚抬水吃，三个和尚没水吃"，就是这种社会心理现象形象的描述。法国学者马克斯·瑞格曼(Max Ringelman)在1913年做过一个拔河比赛的实验，他要求被测试者分别在单独与群体合作的情境下拔河，同时用仪器来测量他们的拉力。结果发现，随着合作人数的增加，每个被测试者平均使出的力有所下降。一个人拉时，平均出力63千克；3个人的群体一起拉时，平均出力是53.5千克；8个人时，则降为31千克。根据有关研究和统计，在苏联，私有土地占总农用地的1%，但产量却是农业总产量的27%；在匈牙利，农民曾在13%的自有耕地上生产出了全国三分之一的农产品；在中国，自1978年实行土地承包责任制后，农作物总产量每年递增8%，这一速度是过去26年里平均增幅的两倍半。

为什么会出现社会惰化现象呢？主要有以下几个原因。①在群体人数较多时，个体对群体的贡献难以分清，个体对完成群体任务的责任感就减小了。②由于其他群体成员同时也在努力，个体会感到自己的贡献可有可无，可大可小，因此个体所付出的努力也就降低了。③在群体合作中，个体有可能认为其他成员没有公平付出，自己在辛苦地工作，别人却在偷懒，因此他也会通过减少努力程度来重建公平感。

要消除或降低社会惰化现象，主要的管理途径有以下几种：①通过绩效评估等方法，分清每个人的贡献；②同时根据群体绩效和个体对群体绩效的贡献提供报酬，使个体既能努力提高个人的贡献，又能积极与其他成员合作，以提高群体的整体绩效；③增加任务的重要性和趣味性；④对偷懒者进行惩罚。

3. 从众效应

从众效应(conformity effect)，也称为乐队花车效应(bandwagon effect)、趋同效应(convergence effect)、羊群效应(herd effect)，是指个体在群体规范或多数人的压力下，怀疑并改变自己的观点、判断和行为，以便与群体其他成员缩小差距或保持一致的现象。

产生从众效应的原因主要有以下几个方面。①个体的依赖性比较强，独立性比较弱，容易依附于其他人的观点。②个体缺乏自信，在与众人的观点不同时，容易怀疑自己的观点和判断，盲目跟从。③当所面临的问题难度过高，自己把握不大时，或者当问题比较简单或不太重要时，个体容易放弃独立思考，倾向于听从他人的意见。④个体尽管相信自己的判断是正确的，但迫于群体压力，怕受到排斥而随大流。⑤个体缺乏责任感，或者觉得顺从群体对达到私人目的更加有利，故而放弃原则，见风使舵。⑥在比较专制的群体环境中，容易产生从众效应。⑦个体受到良好的群体氛围的感染或压力，因而改变自己的错误观点和行为。

可见，在不同的情况下，从众效应对组织管理既可能产生积极的作用，也可能产生消极的作用。一方面，管理者可以通过营造一个高凝聚力的健康的群体氛围，利用从众效应来改变员工错误的观点和行为。例如，在一家纪律严明、向心力强的企业，原来纪律性较差的毕业生进入这样的企业后，由于从众原因，会受到群体的感染而变得遵守纪律和积极工作。另一方面，管理者也要设法避免从众效应所造成的负面作用。例如，由于从众心理，群体成员不愿意讲真话，不愿意为实现群体目标而出谋划策，为维护众人的私利而共同降低工作效率等。

第四节　组织行为分析

由图 6-2 可见，组织行为分析的内容比较丰富，但本节仅分析组织结构的特征、性能和形态等方面的组织行为，并在此基础上提出组织结构设计的原则。分析是设计的前置步骤，组织结构分析将为后面几节的组织结构设计打下基础并提供依据。**组织结构**(organizational structure)是指为实现组织的计划和目标，组织成员在工作任务、职责和职权等方面进行分工、分组和协作的体系。组织结构方面的行为分析的内容主要包含组织结构的特征(专门化、正规化、标准化、职业化、集权化、组织层次、管理幅度、复杂性和人事比例)、性能(机械型和有机型)、形态(高耸型和扁平型)等几个方面的组织行为。组织结构的合理性对组织行为与绩效具有重要的影响。

一、组织结构的特征及其组织行为

分析组织结构的基本特征及其组织行为是为了全面、深入地了解组织行为表现背后的组织结构方面的基本根源和影响因素，并为后面的组织结构性能和形态方面的组织行为分析奠定基础。组织结构的基本特征及其相应的组织行为，归纳起来主要有以下 9 个方面。

① 专门化。根据组织的工作分工和机构划分，各部门、各岗位的工作聚焦程度叫作组织结构的专门化特征。若每一部门和每位员工只承担比较聚焦的单一工作，则该组织结构的专门化程度比较高；反之，若多数部门和员工都承担着关联度较小的数种工作，则专门化程度比较低。组织结构的专门化与综合化和机构精简化是有矛盾的。过于强调专门化，就会降低部门解决复杂问题的综合能力，也可能降低部门和人员的工作量，导致部门和员工数量增加；反之，过于强调综合化和机构精简化，就会使某些部门和人员的工作内容杂乱，工作量过大，不利于提高工作效率。

② 正规化。根据组织的规章制度，依靠规则和程序引导员工行为的程度叫作组织结构的正规化特征。有些组织制定的规则、制度和办事程序较少，其正规化程度就比较低；而另一些组织，具有各种规定、准则、制度和程序等，明确规定员工可以做什么、不可做什么和怎样做事等，这些组织的正规化程度就较高。适度的正规化可以提高办事的效率和质量，但过于繁琐的规章制度和条条框框有时反而会降低工作效率和灵活性。

③ 标准化。根据组织的工作标准，用同一方式完成相似工作的程度叫作组织结构的标准化特征。在一个标准化水平较高的组织中，工作内容与方法规定详尽，无论什么人、在什么地方，只要是同类工作，都必须用相同的方式来完成，以确保工作的质量。正规化与标准化有一定的关联，区别在于：前者是全局性的规范，而后者只是针对局部的相似工作的规范。从规范的程度上，标准化强于正规化；从规范的范围看，正规化涉及的范围更广。

④ 职业化。组织结构中各岗位的员工接受正规职业教育和专业培训的要求和水平叫作组织结构的职业化特征。一个组织对各岗位都提出了比较严格的职业培训和职业技能的要求，这就是职业化的组织结构。

⑤ 集权化。权力在组织结构的上层集中的程度叫作组织结构的集权化特征。在一些组织中，权力主要集中在高层管理者手中，下级只负责执行上级的指令，完成上级布置的任务，但缺乏完成任务所需要的权力，这就是集权化组织结构。而另外一些组织，权力在各级管理者手中合理分布，权力重心适度下移，这就是分权化组织结构。

⑥ 组织层次。组织结构中的管理层次加上执行层的层级总数叫作组织结构的组织层次特征。其中，管理层次是指从最高层管理者到最低层管理者之间的层级数。这些层次的划分规定了一条权力路线，明确了指挥和被指挥的等级关系。如果组织层次过多，则组织的信息传递效率和运行效率就比较低。如果组织层次较少，则该组织就具有扁平化的组织结构。

⑦ 管理幅度。组织结构中各管理者直接指挥的下属(下级管理者或执行者)人数的平均值就是组织结构的管理幅度特征。管理幅度与组织层次之间成反比例关系。管理幅度较窄，单个管理者比较轻松，管理质量也会提高，但是组织层次就会增加，整体运行效率可能会降低；如果管理幅度较宽，管理者工作量较大，一定程度上会影响管理质量，但是组织层次就会减小，整体运行效率可能会提高。

⑧ 复杂性。组织结构在要素方面的分化程度，以及在关联方面的协调难度叫作组织结构的复杂性特征。如果一个组织的劳动分工非常详细，部门设置繁多，纵向等级链很长，流程繁琐，横向地理分布很广，规章制度非常繁杂，则管理人员的管理活动就会非常困难，其复杂性程度就

很高。

⑨ 人事比例。组织结构中各类人员占组织总人数的比例叫作组织结构的人事比例特征，包括管理人员比例、专业技术人员比例和操作工人比例等。根据组织的性质和业务特点，各类人员的占比应维持在一个合理的范围内。例如，管理人员占比太低，就会降低组织的管理水平，导致其他资源的作用难以很好发挥，组织绩效就会降低。反之，管理人员占比太大，就会出现管理工作人浮于事、相互扯皮或过度管理等问题。

二、组织结构的性能及其组织行为：机械型和有机型

1. 组织结构的性能

将以上组织结构的 9 个基本特征综合起来分析，可以把组织结构分为两种性能：机械型和有机型。具有这两种性能的组织分别称为机械型组织和有机型组织。**机械型组织**(mechanistic organization)是一种结构化和标准化程度很高的官僚组织，具有稳定的和僵硬的结构形式，它追求的主要目标是稳定运行中的效率。**有机型组织**(organic organization)是一种结构化和标准化程度较低的松散型组织，具有灵活多变和适应性较强的结构形式，它追求的主要目标是在多变的环境中快速反应，赢得效益。

表 6-9 从组织结构的 9 个基本特征上对机械型和有机型组织结构性能进行了全面的比较。这两类组织结构的性能是比较典型的，或者说是比较极端的，而大多数组织的组织结构性能介于二者之间。

表6-9　机械型与有机型性能的组织行为比较

组织结构的基本特征	机 械 型	有 机 型
专门化	详细分工，专门化程度高	多功能、多专业的团队
正规化	僵化的部门制度，高度正规化，刚性结构	跨等级和跨部门的团队，低度正规化，柔性结构
标准化	以标准化来实现稳定性和可预见性，个性差异被减少到最低限度	不具有标准化的规则和条例，鼓励个性化
职业化	严格按岗位的职业化要求筛选和培训员工	按成员的职业化能力分派合适的任务
集权化	集权化	分权化
组织层次	明确的组织层次，层次较多，信息流通慢	层次界限模糊，扁平结构，信息畅通
管理幅度	较窄的管理幅度	较宽的管理幅度
复杂性	高复杂性，规章制度多	低复杂性，规章制度少
人事比例	同等规模下管理人员和文秘人员比例较高	人员结构因组织功能而异，且界限模糊

2. 组织结构性能的影响因素

不同类型和不同特点的组织，有不同的组织结构性能；同一个组织，在不同时期和不同环境下，也有不同的组织结构性能；同一个组织，在相同时期和相同环境下，对于不同的战略目标和方案，也应当选择和设计与之相适应的组织结构性能。如果一个组织的组织结构不能适应环境，不利于组织目标的实现，那么将阻碍组织的发展。为了选择和设计恰当的组织结构，我们需要搞

清楚组织结构性能受到哪些因素的影响，以及在这些影响因素的具体状态下，与之相适应的组织结构应当具有怎样的性能。

组织结构的性能受到很多因素的影响，其中最主要的有：组织的战略、规模、制造技术、外部环境和发展阶段等。表 6-10 给出了在这些影响因素的不同状态下，与之相适应的组织结构的主要性能。由表 6-10 可见，各种影响因素下的组织结构性能除了机械型和有机型外，还有许多中间型和综合型的组织结构性能。表 6-10 中的性能和影响因素关系将成为后面组织结构设计的重要依据。

表 6-10　不同影响因素下的组织结构性能

影 响 因 素	影响因素的状态		组织结构性能
组织战略	防御型战略 (追求稳定和效益)		严谨型结构，专门化程度高，规范化程度高，规章制度多，集权程度高——机械型
	进攻型战略 (追求快速和灵活)		松散型结构，专门化程度低，规范化程度低，规章制度少，分权程度高——有机型
	组合型战略 (稳定和灵活相结合)		适度集权，局部分权并采用灵活方式——机械型与有机型相结合
组织规模	大型组织		专门化、部门化和正规化程度高，组织层次多，分权化，高层管理人员比例低，专业与文秘人员比例高
	小型组织		专门化、部门化和正规化程度低，扁平化结构，集权化，高层管理人员比例高，专业与文秘人员比例低
组织的制造技术	传统制造技术(单品种、大批量、专用设备、工艺稳定、规模化高效率)		管理幅度窄，组织层次多，专门化程度高，工作任务固定，集权化
	现代柔性制造技术(多品种、小批量、快速反应、自动化与柔性化高效率)		管理幅度宽，组织层次少，专门化程度低，工作任务多变，分权化
组织的外部环境	复杂性	简单环境	部门少，专门化程度高，单一型角色多
		复杂环境	部门多，专门化程度低，复合型角色多
	变动性	稳定环境	机械型组织结构，少量模仿，计划比较固定、工作量小
		多变环境	有机型组织结构，大量和快速模仿，计划多变、工作量大
组织的发展阶段	创业阶段		组织结构简单，专门化和正规化程度低，部门少，个人集权
	集合阶段		职能型组织结构，专门化和正规化程度较低，部门较少，高层集权
	正规化阶段		事业部型组织结构，专门化和正规化程度较高，部门较多，分权较多
	精细阶段		矩阵型组织结构，专门化和正规化程度高，部门多，分权化

三、组织结构的形态及其组织行为：高耸型和扁平型

1. 组织结构形态

在组织结构的特征分析中，组织层次和管理幅度两个特征决定了组织结构的形态。两者之间成反比例关系：

$$组织层次 = \alpha \cdot \frac{组织规模}{管理幅度} \tag{6-3}$$

式(6-3)中,α为常系数。当组织规模一定时,管理幅度越宽,组织层次越少;反之,管理幅度越窄,组织层次就越多。组织层次和管理幅度的这种关系形成了两种不同的组织结构形态:高耸型组织结构(又称为锥型组织结构)与扁平型组织结构。图6-9(a)和(b)分别给出了高耸型组织结构与扁平型组织结构的示意图,图中的两个三角形表示上层的管理者人数较少,而下层较多。其中图6-9(a)所示的高耸型组织结构的管理幅度较窄,而组织层次较多;图6-9(b)所示的扁平型组织结构的管理幅度较宽,而组织层次较少。粗略地说,对于同样规模的组织,假定组织的管理和执行工作量基本相同,图6-9(a)和(b)中的两个三角形的面积基本是相同的。

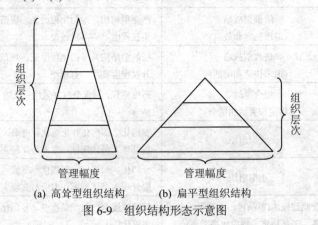

(a) 高耸型组织结构　　　　(b) 扁平型组织结构

图6-9　组织结构形态示意图

高耸型与扁平型组织结构的组织行为表现是不同的,表6-11给出了高耸型与扁平型组织结构优点与缺点的对比。由表6-11可见,在条件许可的情况下,采用扁平型组织形态更为有利。因此,在组织结构设计和构建时,应当尽可能做到组织结构的扁平化。

表6-11　高耸型与扁平型形态的组织行为比较

比 较 内 容	高 耸 型	扁 平 型
纵向沟通	纵向信息交流不畅且易失真,管理工作的效率较低,计划和控制难度较大	纵向沟通渠道短,信息畅通且失真小,高层管理者容易了解基层情况,计划和控制难度较小
横向沟通	同级管理者人数少,横向沟通方便;但是各管理者掌握情况较少,沟通和协调的效果差	同级管理者人数多,横向沟通不方便;但管理者掌握情况较多,沟通和协调的效果好
对下属的控制	上下级之间等级森严,纪律严明,领导的权威性强,便于对下属控制,组织稳定性高	管理者对下属控制较松,下属需要自律,否则容易失控;但高层管理者对下级更接近,更有亲和力
工作负荷	组织成员职责分明,分管工作面狭窄,工作负荷轻,工作质量高	工作负荷重,精力分散,对管理人员素质要求高
管理费用	管理人员数量较多,管理费用升高	管理人员数量较少,管理费用降低
决策民主化	组织决策的民主化程度不高	有利于提高组织决策的民主化程度
管理人才培养	下级管理人员锻炼机会少	有利于促进下级管理人员的成长

2. 组织结构形态的影响因素

组织结构形态的影响因素也就是影响管理幅度的因素,因为由式(6-3)可知,在组织规模一定的情况下，管理幅度的宽窄决定了组织层次的多少，也就决定了组织结构形态是属于高耸型还是扁平型的。表 6-12 给出了影响某一管理层次的管理幅度的主要因素。从表 6-12 中的影响因素还可以看出一个组织如何实现组织结构扁平化的途径。例如，提高各级管理者能力，提高管理的结构化程度，完善计划管理，提高组织的管理效率，设立专职主管，适当配备助手，提高信息化管理水平，加强沟通，明确授权，改进考核方法等。其中，提高信息化管理水平是组织结构形态优化的一个尤为重要的手段。

表 6-12　管理幅度的影响因素

因 素 类 型	窄幅度(高耸型)的影响因素	宽幅度(扁平型)的影响因素
能力	主管或下属的能力较弱	主管和下属的能力较强
管理层次	管理层次较高，决策量较大	管理层次较低，决策量较小
工作性质	主管工作复杂，下属工作性质差别较大；或者主管和下属工作的结构化程度低	主管工作简单，下属工作性质相似；或者主管和下属工作的结构化程度高
计划	计划不完善	计划较完善
组织管理效率	组织总体管理混乱，"文山会海"泛滥，无实效和错误的指令多，无意义的活动多	组织总体管理有序，讲求实效，杂事较少
非管理事务	主管的非管理事务较多，如既承担管理工作又承担具体专业工作的"双肩挑"主管	专职管理主管
助手	主管助手少	主管助手多
手段	信息化程度低	信息化程度高，使得主管的工作效率和下属的工作质量提高
交流	工作地点分散，或沟通困难	工作地点近，或沟通容易
环境	内外部环境不稳定，新问题多，决策量大，下属请示多，指导时间少	内外部环境稳定，新问题少，决策量小，下属请示少，指导时间多
授权	授权不明确或不适当，下属不愿意承担责任	授权合理、明确，下属愿意承担责任
考核	目标无法考核	目标可以考核

四、基于组织行为分析的组织结构设计：原则和步骤

1. 组织结构设计的原则

关于组织结构设计的原则许多学者都提出过自己的观点。例如，英国管理学家林德尔·厄威克(Lyndall F. Urwick)比较系统地归纳了古典管理学派的代表人物泰勒、法约尔、韦伯等人的观点，提出了 8 条指导原则：目标原则、相符原则、职责原则、组织阶层原则、管理幅度原则、专业化原则、协调原则和明确性原则；美国管理学家孔茨等人在继承古典管理学派的基础上，提出了健全组织工作的 15 基本原则：目标一致原则、效率原则、管理幅度原则、分级原则、授权原则、职责的绝对性原则、职权和职责对等原则、统一指挥原则、职权等级原则、分工原则、职能明确性原则、检查职务与业务部门分设原则、平衡原则、灵活性原则和便于领导原则。下面我们有选择地介绍组织结构设计的一些主要原则。

(1) 目标原则

组织结构设计的根本目的是为实现组织的计划和目标，尤其是为战略规划和战略目标服务。

这是一条最基本的原则。组织目标与组织结构之间是目的与手段的关系，衡量组织结构设计的优劣，要以是否有利于实现组织目标为根本标准。

(2) 责权利对等原则

责权利对等原则，又称为责权利一致原则，是指在一个组织中的管理者所承担的职责、拥有的职权和获得的利益三者应当相对应、相均等。也就是说，责权利对等原则包含"对"和"等"两层含义："对"是指责权利相对应，即责权利一体化；"等"是指责权利相均等，即责权利等量化。其中，责权利相对应的含义是：一方面，管理者不能只有职责，没有职权，这样他就不具备履行职责的基本手段，也就无法完成任务；另一方面，管理者不能只拥有职权和利益，而不要求其履行职责，或只承担很少的职责，这样就会造成管理者不负责任地滥用职权；再者，管理者不能只拥有职责和履行职责的职权，而不给予与其贡献对等的利益，这样难以调动其积极性，也容易导致以权谋利的不良后果。另外，责权利相均等是指职责、职权和利益三者的大小应当相互匹配，这是在责权利相对应的基础上的进一步要求。

(3) 统一管理原则

在第二章中，法约而提出了统一指挥和统一领导原则，这两个原则合起来就是组织结构设计的统一管理原则。因此，统一管理原则包含两个方面：①某岗位上的员工(含管理者和执行者，下同)只能有一个直接分管该岗位的上级领导者(称为岗位上级，俗称顶头上司)，这叫统一领导者原则，简称统一领导原则；②执行某项任务的员工只能接受一个来自直接分管该任务的上级领导者(称为任务上级)的命令源，这叫作统一指挥原则[1]。

岗位上级和任务上级可能是同一个人，但也可能不是同一个人。例如，一个公司的办公室主任的岗位上级是分管办公室工作的副总经理，关于办公室的管理事务应接受该岗位上级的指令。但同时，办公室主任还要接受总经理和其他副总经理等上级领导者布置的任务。这时，对某项任务而言，是哪个领导者分管并布置的，他只能向该任务上级汇报，只能接受唯一的命令源，不能向其他领导汇报，不能接受其他人的命令。

如果违反了统一领导原则，就会出现"多头领导"的问题；如果违反了统一指挥原则，将会造成"多命令源"的混乱。"多头领导"必然会导致"多命令源"，因此统一领导原则是统一管理的基础。而在统一领导的情况下，还要注意避免"多命令源"的问题。总之，统一管理原则是组织结构设计中的重要原则，它是有效发挥组织权力，有序完成组织任务，维护组织纪律、秩序和稳定的保障。

(4) 精简与高效原则

组织结构设计应以精简和高效为原则，在能够高效地完成组织任务和目标的前提下，机构设置越精简越好。设置了一个新机构就需要配备管理者和员工，就要增加费用。有些部门没有什么实质性的工作任务，就会出现人浮于事的现象。而且，该部门的管理者就会没事找事，让下级部门或相关部门忙于无关紧要的琐事。因此，机构设置得太多太杂，反而会降低组织的运行效率。

---

1. 参见张智光所著《管理学智慧：为官的定理》(南京大学出版社，2015年版)一书中的"132. 统一管理的难题"。

(5) 因事设职与因人设职相结合原则

一般情况下，在进行岗位设计时，应遵循因事设职原则，尽量避免因人设职。做到"事事有人做"，而不是"人人有事做"。但是，在某些特殊情况下，也需要结合因人设职原则，做到"因材器使"，为特殊和关键人才提供发展空间或平台。因人设职的优点在于可以发挥一些特殊人才的作用，降低关键人才流失率，还可以为组织开辟一些新的业务领域，分散经营风险。特殊人才一旦条件成熟，能够发挥出巨大的作用，给组织带来不可限量的贡献。但是，滥用因人设职原则很可能会造成机构庞杂、人员冗余、人浮于事、假公济私和效率低下等弊病。因此，运用因人设职原则时一定要十分慎重。

(6) 分工与协作相结合原则

组织中的管理和作业工作量是很大的，而且涉及多种不同的专业，因此一个组织需要将复杂而庞大的工作分解成一些简单和较小的工作单元或岗位。这种分工有利于提高管理和作业工作的质量与效率。但是，在合理分工的基础上，各专业岗位还需要加强协作与配合，才能保证各项专业活动的顺利开展，实现组织的整体目标。这就是分工与协作相结合的原则。为贯彻这一原则，在组织结构设计中要将关联度较大的岗位组合成小部门，并将关联度较大的小部门组合成大部门，以加强各部门内部各工作单元之间的协调。然后，还要设计各部门之间的协调关系，以提高组织的整体运行效果。

(7) 层次与幅度兼顾原则

由于组织层次与管理幅度成呈反比关系，因此在进行组织结构设计时，应当兼顾层次与幅度的关系，构建一个最佳的组织结构形态。一方面，管理幅度应控制在一定的水平上，以保证管理工作的有效性。宽幅度有利于实现组织结构的扁平化，但由于受个人精力、知识、经验，以及下属能力和工作条件等因素的限制，一名管理者能够有效管理的直属下级人数是有一定限度的。另一方面，在确定组织层次时，既要限制层次的数量，以便实现扁平化管理，又要考虑有效管理幅度的制约。此外，为了实现组织结构的扁平化，需要对表 6-12 中的影响扁平化的因素进行优化。

(8) 集权与分权适度原则

在组织结构设计时，既要考虑适度集权，又兼顾适度分权。集权有利于强化组织高层管理者的指挥权和控制力，有利于组织的人力、物力和财力等资源的统一分配和使用，有利于集中力量办大事。而分权则有利于调动下级的积极性和主动性，有利于决策的科学化和民主化，有利于下级管理者根据实际情况做出快速反应，也有利于使高层管理者摆脱日常事务，集中精力从事更加重要的工作。因此，在进行集权和分权权衡时，应当把握好一个适当的"度"。由表 6-10 可知，集权与分权的适度权衡与组织的战略、规模、制造技术、外部环境、发展阶段等因素有关。因此，在组织结构设计时，需要综合考虑这些因素，对组织的权力分布和权力结构进行适度化设计。

2. 组织结构设计的步骤

在组织结构分析的基础上，根据以上组织结构设计的原则，接下来就要进行组织结构的设计。组织结构设计的总体步骤如下。

(1) 工作分解成岗位

将复杂而庞大的作业和管理工作分解成若干较小的工作单元，即岗位，这一过程称作工作分工(岗位设置)；然后，对各岗位进行运行设计。

(2) 岗位组合成部门

将关联较大的几个岗位组合成一个个部门，这一过程称作部门划分(部门设置)；然后，对各部门进行运行设计。

(3) 部门联结成组织

设计部门之间的联结关系，这一过程称作组织结构体制设计；然后，针对该组织结构体制进行运行机制设计。

其中，前两个步骤为组织的要素设计，包含工作(岗位)设计和部门设计，分别相当于"零件"和"部件"的设计；第三个步骤为组织要素的关联设计，相当于"整机"设计，包含整机的"硬件"和"软件"设计(见图6-1)。在下面几节中，我们将依次介绍组织结构的设计的各项具体内容：组织要素设计、结构体制设计和运行机制设计。

第五节 组织要素设计

组织结构的要素包括作业岗位、管理岗位、部门或机构等。这里，岗位是一个比较广泛的概念，包括作业工作和管理工作的岗位，而职位通常只表示管理岗位。组织结构的要素设计不是简单地把一个整体组织分解成几个部分，而是要根据实现组织计划和目标的要求，设计与之相对应的组织要素。组织要素设计的内容包括工作设计(岗位设计)和部门设计两个部分。其中，工作设计包含工作分工(又称岗位设置，即岗位的工作内容设计)和岗位运行设计(含岗位责权、工作方法、工作关系设计等)。工作岗位的一定组合就形成了组织的部门，接下来就需要对部门进行划分，并对部门的运行规则进行设计。

一、工作设计(岗位设计)

工作设计(job design)，又称为岗位设计，是根据组织目标和工作任务，对复杂的作业活动和管理活动进行分解和分工，形成一些相对简单和专门化的工作岗位，并明确各岗位的基本职责和职权、工作方法和相互关系的过程。

因此，工作设计主要包含两大内容：工作分工(岗位设置)，即对各岗位的工作内容进行设计；岗位运行设计，包含岗位的责权设计、工作方法设计和工作关系设计(含工作沟通、协作和监督关系设计)等。其中，各岗位的工作内容设计是基础。工作责权和工作关系等设计只是初步的设计，是为后续的部门和组织运行机制设计打下基础，后面还将根据部门和组织整体运行原理和效果，对工作责权和工作关系进行进一步的修正、调整和优化。此外，工作设计也为人力资源管理中的工作分析奠定基础和提供依据(见第三章)。

1. 工作分工(岗位设置)：工作内容设计

工作分工，又称为岗位设置，是将一个复杂的整体工作(作业工作或管理工作)分解成一系列相对简单和专门化的工作单元(即岗位)的过程,实际上就是对这些岗位进行工作内容设计的过程。工作分工越细,工作内容就越单一;工作分工越粗,工作内容就越丰富。

早在科学管理的萌芽阶段,亚当·斯密就提出了劳动分工可以提高工人操作的熟练程度(见第二章)。但是,现代管理理论进一步认识到,过度的工作分工、过分的简单劳动,也会降低员工的积极性,导致工作效率和效果的降低。因此,进行工作分工时,应当在工作内容的单一性和激励作用两者之间进行权衡。在下面的第七章中,有多个激励理论都将指向工作内容设计,工作内容本身也是激励员工的一种重要的手段。例如,双因素激励理论就指出,工作的趣味性、挑战性、成就感、愉快性、责任性等是激励的内在因素,属于更高层次的激励。再如,综合型激励理论中的工作特征模型指出,良好的工作特征(如技能的多样性、任务的同一性、任务的重要性、决策的自主性和绩效的反馈性等)能够改变员工的心理状态,进而提高其工作绩效。由此可见,激励过程其实在组织过程中就应该开始了,如果工作分工和工作内容不合理,将给激励和领导过程带来"先天性"障碍。

根据劳动分工和激励的相关理论,在进行工作分工和工作内容设计时,应当综合考虑以下几个方面的要求:①工作的广泛性。一方面,一项工作不能涉及面太广,工作量不能太大,这样工作不可能做精做好;另一方面,工作也不能设计得过于单一和狭窄,这样员工容易感到枯燥、单调和厌烦。②工作的复杂性。过于复杂、难度太大的工作,员工难以胜任;而过于简单和容易的工作,又缺乏挑战性,难以激发员工的创造力。因此,工作的难易程度和复杂性应当根据员工的能力进行恰当设计。③工作的完整性。在工作的广泛性和复杂性比较恰当的前提下,所分解的工作不能支离破碎,应尽可能具有相对的完整性。即使是流水作业中的一段简单的程序,也要能体现局部的完整性。这样才能使员工感受到自己的工作意义和成就感。④工作的可测性。工作的成效应当具有可测量性,以便使员工本人以及同事和上下级能够了解其工作能力、态度、质量、数量、效率和效果等方面的信息,从而能正确引导和激励员工不断提高工作水平。

2. 岗位运行设计

(1) 工作责权设计

工作职责就是员工在岗位工作中应承担的责任、压力范围和工作负荷。在设计工作职责时,应当注意岗位的职责大小的适当性。如果工作责任太小、负荷过低,员工就没有压力,就会导致员工行为松散和效率低下;而工作责任太大、负荷过高,员工的压力就会过大,也会降低其工作绩效(见图6-6),同时还会影响员工的身心健康,导致员工的抱怨和抵触。此外,根据上述组织结构设计的责权利对等原则,职责还要和职权相匹配,这样才能很好地调动员工的积极性,有助于他们胜任工作职责,完成工作任务。因此,应当根据岗位的职责来设计与之相对等的职权。当然,这里的工作责权设计只是初步的,在组织结构的运行机制设计中,还要通盘考虑整个组织相关岗位和部门的责、权、利配置关系,对工作责权进行优化(见第七节)。

(2) 工作方法设计

工作方法设计应注意两个方面:一方面工作方法应具有良好的结构化,另一方面也应当具有一定的灵活性和多样性。如果工作方法的结构化比较好,那就便于员工高质量和高效率地完成工作,也便于工作检查、考核与控制。但是,不同性质的工作具有不同的工作特点,应采取不同的工作方法，不能千篇一律。操作工岗位的工作方法可以规定得比较具体，使其具有良好的结构化；而管理(尤其是中高层管理)、技术和营销等岗位的工作方法往往结构化比较差，应采取比较灵活多变的方法，不能规定得太死，要留有足够的创新空间。工作方法设计是一个不断完善的过程，在组织结构设计和构建的初期，工作方法设计往往是初步的或框架式的，需要在后期的运行过程中由该岗位的管理者和任职者逐步细化和改进。

(3) 工作关系设计

工作关系是指各岗位工作之间的联系与协作关系。工作关系设计包含以下 3 个方面：①沟通关系。任何岗位都需要和其他岗位进行信息沟通，它是整个工作流程顺利进行的基础。沟通关系的设计就是对岗位之间的垂直沟通、平行沟通和斜向沟通等形式提出具体的规定。②协作关系。整个组织是有机联系的整体，各个岗位和工作之间都存在不同程度的相互联系、相互协作和相互制约的关系。协作关系设计是与工作分工相对应的过程，它将把分解后的各项工作又联系成一个有机的整体。③监督关系。岗位之间的监督关系包括上级监督、下级监督、横向监督、前向监督、后向监督等多种形式。监督关系设计就是规定这些监督的方式、内容和要求等。

二、部门设计

对组织的各项工作或岗位进行分组，划分出一些部门，并明确其内部结构和运行规则的过程叫作**部门设计**。例如，企业的任务组、车间、处室、分厂、子公司和某些委员会等都是组织的部门。这些部门具有层次性，大部门由若干个小部门组成，如分厂由若干车间组成，车间又可分为若干班组等。部门设计的主要内容包含部门的划分(含内部结构设计)、部门功能设计(含职能与职权设计)、部门工作流程设计、部门与外部的关系设计等方面。部门设计将为后续组织结构体制设计和运行机制设计奠定基础，并在后续设计中根据组织系统的整体运行机理，对部门设计结果进行进一步的修正、调整和优化。

1. 部门划分(部门设置)

部门划分，又称为部门化(departmentalization)或部门设置，是指在工作设计的基础上，对一些性质相近和关联度较大的工作或岗位进行组合，划分成不同层次的若干部门，并设计部门内部结构的过程。所谓不同层次，是指对一些由基本岗位构成的小部门进一步组合，构成一些较大的部门；而这些较大的部门还可以进一步组合成更大的部门等。

为什么要将组织划分成不同层次的若干部门呢？主要有以下几个目的：①组织中的岗位和工作太多，关系比较复杂，整体管理的难度很大，需要设置一些相对专门化的部门，以降低管理难度并提高管理效果。②工作设计实现了组织中同类活动的专业化，而一些关联度较大的专业活动之间又需要保持高度的协调性和一致性，为此需要设置部门来加强其内部的沟通与交流，从而有效协调这些活动。③一些关联度较大的工作实际上是一个具有整体功能的子系统，设立部门后能够明确子系统的职责和职权，有利于不同部门根据各自的工作性质，采取不同的管理措施。

部门设置的主要方法有：管理领域部门化(职能部门化)、管理层次部门化、管理过程部门化、产品部门化、地域部门化、顾客部门化和流程部门化等。下面分别进行介绍。

(1) 管理领域部门化(职能部门化)

这是一种传统的部门划分方法。管理领域部门化,又称为职能部门化,是按照管理领域维,即工作的类同性或相似性进行部门的划分与归类。例如,企业里把相近的工作岗位及其人员进行归并,形成生产部门、销售部门、人力资源部门、财务部门、信息部门和物资部门等。在大型组织中,有些职能部门还可以含有若干个亚职能部门,有的还包含该职能管辖下的相关执行机构。因此在管理领域部门化的过程中,还需要对部门内部的各亚职能部门、各岗位和下属执行部门的结构进行设计。

(2) 管理层次部门化

在常见的组织部门设置中,有些部门的划分横跨若干个管理领域职能,它们具有较强的综合性和层次性。在组织的各管理层次中设置一些这样的综合部门,这就是管理层次部门化方法。例如,有些组织在高层管理中设有战略管理办公室、企业改革办公室、董事会和股东会等机构,负责组织高层的全局管理工作;有些在中层管理中设有总经理办公室、经营管理部或经理工作部等部门,负责对组织中层各部门进行监督、指导和服务,以及各部门之间的协调工作;有些在基层管理中设有综合管理处、机关事务中心和机动事务部等部门,负责对基层各部门进行监督、指导和服务,以及各基层单位相互关系的协调工作。

(3) 管理过程部门化

有些管理部门可以按照计划、组织、领导和控制等管理过程进行设置。例如,对于计划过程,有些组织设有综合计划部或发展计划处等部门;对于组织过程,有些组织设有机构改革办公室等部门;对于领导过程,有些组织设有综合协调办公室、信访办公室等部门;对于控制过程,有些组织设有风险控制中心等部门。

(4) 产品部门化

产品部门化是指根据产品或产品群组来进行部门的划分与归类,把同一产品或产品群组的生产和销售等工作集中在相同的部门进行管理。拥有不同产品系列的企业常常按产品进行部门的划分,而且在大型、复杂和多品种经营的公司里,按产品划分部门往往成为一种通常的准则。例如,有些大型企业的事业部就是按照产品进行划分的部门。

(5) 地域部门化

地域部门化又称地区部门化、区域部门化,这种部门化方法是根据地理因素来设立部门,并把管理职责划分给不同地区部门的经理。这种方法多用于一些地理位置比较分散的组织,特别适用于规模较大的公司,尤其是跨国公司。其特点是,把同一地区或区域内发生的各种业务活动划归同一部门,然后再按这一部门所管辖的范围进一步建立有关的职能部门。这样,一个地区或区域的业务活动便被集中起来,交给地区部门的管理者负责。其目的是充分利用本地的人力、物力和财力,以便获取更大的区域经营的效益。

(6) 顾客部门化

顾客部门化又称用户部门化,是按组织服务的对象类型来划分部门。例如,银行为了向不同的顾客提供服务,设立了商业信贷部、农业信贷部和普通消费者信贷部等;零售商店可按照顾客的类型或阶层设置相应的部门,如服装店的女装部、男装部和童装部等;零部件制造企业面向整机企业顾客设立制造企业销售部，同时面向零配件市场顾客设立配件市场销售部等。

(7) 流程部门化

流程部门化是按照组织的某类业务流程进行部门的划分，包括生产过程部门化、销售过程部门化和物流过程部门化等方式，它通常是对用职能部门化方式设立的较大的部门进行进一步的分解。例如，对于生产过程部门，可以按照按生产过程、工艺流程或设备来划分部门，如机械制造企业划分出铸工车间、锻工车间、机加工车间、装配车间和包装车间等部门。再如，通过物流过程部门化，可以分出采购部门、仓储部门、运输部门和物流计划部门等。

2. 部门运行设计

(1) 部门职责设计

对部门中各岗位的职责进行概括和归纳，并考虑该部门在整体组织中的作用和地位，就可以设计出一个部门的职责。根据上述组织结构设计的精简与高效原则，一个部门应当具有比较集中和有效的职责，既不能职责太杂、太大，也不能职责太弱、太轻，更不能职责多余。因此，部门职责设计是对以上部门设置工作的检验和完善，审核这些部门的必要性，尤其是对新增添的部门更要慎重考虑。如果发现有些部门的职责比较弱，或者职责多余，不利于组织的高效运行，就需要返回去修正原先的部门设置结果，删除或者合并一些部门。当然，如果发现有些部门职责过于庞杂，也需要返回去进行部门的进一步划分，分解出一些聚焦性比较强的部门。

(2) 部门职权设计

部门的职责确定后，根据职责的范围和大小，就可以设计出该部门履行职责所需要的职权。一个部门的职权可分为直线职权、职能职权和参谋职权三种类型。在进行这三类职权设计时，需要区分该部门的性质，属于中心业务部门还是参谋职能部门，以及它与职权所施加的对象部门属于上下级的直线关系，还是平级的参谋关系。

每一个组织都有各自的中心业务，例如，制造企业的中心业务就是产品的生产、销售和服务等，连锁超市的中心业务就是商品供应和销售等，大学的中心业务就是教学、科研和社会服务等，医院的中心业务就是治病救人等。直接从事中心业务的部门叫作**中心业务部门**[1]，如制造企业的分厂、车间和销售部门等。与中心业务间接相关的支撑、保障和辅助等部门称为**参谋职能部门**，简称职能部门或参谋部门，如企业的财务部、研发部和人力资源部等。中心业务部门之间的直接上下级关系，或参谋部门之间的直接上下级关系，或中心业务部门和参谋部门两者共同的直接上级与他们的关系，均称为**直线关系**。具有直线关系的上下级，分别称为直线上级(或直线主管)和直线下级。另外，参谋部门与中心业务部门的横向关系称为**参谋关系**(见图 6-10)。

---

1. 在许多相关著作中将中心业务部门称为直线部门，并与参谋(职能)部门相对应，这是不恰当的。因为参谋职能体系中的上下级部门也存在直线关系，也是直线部门。这样，直线部门的含义就变得模糊不清了。因此，本书用中心业务部门与参谋职能部门相对应。

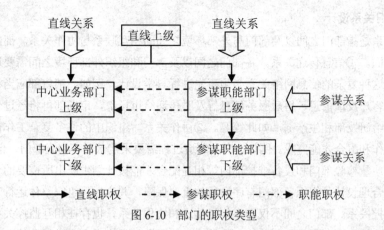

图 6-10 部门的职权类型

直线职权(line authority)是指一个管理部门或管理者所拥有的决策权，以及对直线关系的下级部门或下属的指挥权。需要注意的是，中心业务部门对其下级部门或下属行使直线职权，参谋职能部门对其下级部门或下属也行使直线职权(见图 6-10 中的实线箭头)。**参谋职权**(staff authority)是指一个参谋职能部门或该部门的管理者拥有在某一领域针对具有参谋关系的中心业务部门及人员的辅助性职权，包括建议权、指导权或审核权(见图 6-10 中的虚线箭头)。其目的是为了实现组织的目标，协助和支持中心业务部门及人员的工作，为他们提供信息和参考建议，使他们能够有效完成工作。参谋职能部门对中心业务部门只能行使参谋职权，而不是直线职权(如决策权和指挥权等)。

职能职权(functional authority)是指一个参谋职能部门或该部门的管理者拥有在某一领域针对具有参谋关系的中心业务部门及人员的部分指挥权(见图 6-10 中的点划线箭头)，该指挥权是由这两个部门共同的直线上级授予该参谋部门的。在纯粹的参谋职权制度下，职能部门仅仅拥有辅助性职权，并无指挥权。但是，随着管理活动的日益复杂，职能部门仅依靠参谋性的建议很难达到实质性的管理效果，他们必须通过更高层级的直线主管来下达相关指令。为了改善和提高管理效率，直线上级主管就可能将职权关系做某些变动，把一部分原属于自己的直线职权授予职能部门或职能人员，这便产生了职能职权。例如，一个公司的总经理为了用更多的时间来管理公司的全局性工作，就可能授权财务部门直接向生产经营部门负责人传达关于财务方面的指令。由此可见，职能职权是介于直线职权和参谋职权之间的一种特定的职权。

职能职权的使用需要受到限制，因为它容易导致多头领导，造成管理混乱，反而会降低组织效率。在部门及其职权设计时要限制职能职权的适用范围和使用级别，尽可能通过直线职权和参谋职权的合理配合来避免职能职权的产生。

(3) 部门工作方法设计

部门及其内部结构设计好了以后，就需要进行部门的工作方法设计，包括部门的工作规则和流程等，如车间生产作业流程、销售流程、采购流程、仓储流程、运输流程和会计工作流程等。部门工作方法设计需要依据部门中各岗位的工作方法和工作关系，并把它们联系成一个有机整体，然后根据部门的职责和职权，形成部门的工作规则和业务流程。在组织结构设计和构建阶段，部门工作方法的设计是比较初步的，在后续运行过程中部门管理者和员工还需要根据实际情况不断完善和改进。

(4) 部门关系设计

部门关系是指部门之间以及部门与外部环境之间的相互联系与协作关系。部门关系设计包含以下 3 个方面。①信息传递关系。各部门之间以及部门和组织外部环境之间需要进行相互沟通和信息传递，这种复杂的信息网络关系必须事先进行科学设计。例如，销售部应当将所获得的市场需求信息、客户反馈信息、售后服务信息等及时传递给市场部，市场部再将经过分析后的结果信息及时传递给研发部和生产部，如此等等。②协作关系。组织中的许多复杂工作需要多个部门进行良好的协作和配合才能完成。例如，产品制造过程需要采购部门、物流部门、仓库、各个车间、技术部门、质量检验部门和设备维护部门等相互配合才能按计划生产出所需要的合格产品。这些协作关系的合理设计是组织各部门有序运行的重要保障，并为后面组织整体运行流程的设计奠定基础。③监控关系。部门之间不仅存在信息传递和协作关系，也存在相互监控关系。例如，质量检验部门对产品生产质量进行监控，生产管理部门对车间的生产进度进行监控，人力资源部对各部门的人力资源培养和使用等情况进行监控，财务管理部门对各部门的成本和经费使用情况进行监控等。监控关系设计就是对这些监控的方向、方式、内容和要求等给出方案。

第六节　结构体制设计

一、结构体制分类

从系统学的观点看，组织系统结构包含系统要素和要素之间的关联两个方面。上一节完成了要素的设计，从本节开始我们将介绍关联的设计，进而完成从岗位组成部门，再从部门构成组织的完整设计过程。因此，关联设计也就是由部门构造组织的过程，包括组织结构的体制和机制设计两个方面。前者相当于组织结构的"硬件"设计，后者相当于"软件"设计。本节介绍结构体制设计，即各部门之间的关联架构设计。

结构体制是组织结构中各层次、各部门之间组织管理关系制度化的表现形式。组织结构体制经历了一个由简单到复杂、由传统到现代的历史发展和演变过程，产生了一系列典型的结构类型。图 6-11 针对企业组织给出了组织结构体制的分类体系，它们各有不同的特点，分别适合不同类型的企业。

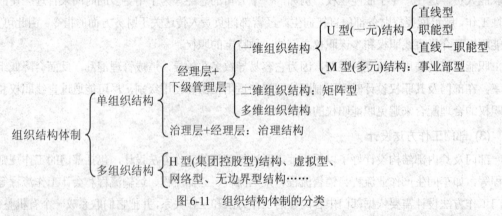

图 6-11　组织结构体制的分类

由图 6-11 可见，组织结构体制分为单组织结构、多组织结构两大类。其中，单组织结构是指单个具有独立法人资格的组织的内部结构类型，多组织结构是指由多个具有独立法人资格的组织所组成的一个更大的组织联合体的组织结构类型。单组织结构包含"经理层+各下级管理层"的组织结构和"治理层+经理层"的治理结构两个部分。前者包括一维组织结构、二维组织结构(矩阵型组织结构)和多维组织结构三类。一维组织结构又包括 U 型和 M 型组织结构。U 型组织结构(united/unitary/U-form organizational structure)是一种高度一体化的一元组织结构,包括直线型、职能型和直线—职能型 3 种具体结构。M 型组织结构(multi- divisional/M-form organizational structure)是一种多元组织结构,又称作事业部型组织结构。此外,多组织结构包括 H 型组织结构(holding company organizational structure,H-form organizational structure),又称作集团控股型组织结构、虚拟型组织结构、网络型组织结构和无边界型组织结构等类型。

二、单组织结构

1. 直线型组织结构

直线型组织结构(line organizational structure)是一种传统的组织结构。其突出特点是组织的工作任务分配和经营活动均由组织的各级直线主管直接进行指挥和管理,不设专门的职能机构或参谋机构(如财务、人事、技术和生产等管理机构),至多只配有几名工作助理。图 6-12 以制造企业为例,给出了直线型组织结构的示例。

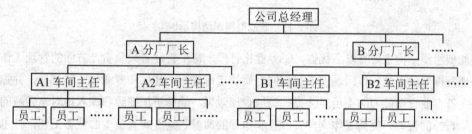

图 6-12 直线型组织结构示例

直线型组织结构主要有以下优点。①统一管理,指挥和命令关系清晰,责任明确,能够做到统一领导和统一指挥。②管理结构简单,管理人员少,管理成本低。③管理效率高,纪律和秩序的维护较为容易,决策迅速,反应灵活。

直线型组织结构主要有以下缺点。①缺乏专门化分工,要求直线管理者具有多种管理专业知识和生产技术知识,现实中难以做到。②管理效果差,管理工作量和难度大,管理者容易顾此失彼,导致管理工作比较简单和粗放。③横向联系少,管理者和员工更关注信息的纵向交流而忽略横向联系,导致成员之间和横向部门之间的联系较弱。④管理者更替困难,管理者身兼数职,人才难得且难以培养。如果某一管理者调换岗位或退休,由于其工作经验和能力无法立即传给继任者,将会影响组织的管理和作业工作的正常运行。

2. 职能型组织结构

为了克服直线型组织结构的缺陷,产生了职能型组织结构(functional organizational structure),它将管理工作和活动按技能相近的管理领域职能划分,组成财务、人力资源、生产、营销、研发等职能部、处或科室,并强化这些职能部门的管理作用,形成"直线指挥+职能指挥"的组织结构。图 6-13 以制造企业为例,给出了职能型组织结构的示例。由图 6-13 可见,各职能部门除了可以直接指挥本部门所属的直线人员外,还可以直接指挥与之平级的各个分厂的相关业务。例如,财务部经理除了直接指挥本部门的财会人员外，还可以直接指挥各分厂的财务工作。也就是说，各分厂除了接受总经理的直线领导外，还在各职能领域中接受相应职能部门的直接领导。同样，在各分厂里，为了加强职能管理，也设置了一些职能管理科，受分厂厂长的直线领导。这些职能科的科长除了领导本科的工作外，还可以在相关领域内直接指挥和他平级的车间主任。因此，车间主任也受到来自厂长和各职能科的多重领导。

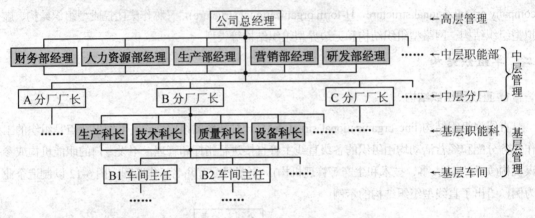

图 6-13　职能型组织结构示例

　　职能型组织结构主要有以下优点。①专业化管理，每个管理者只负责一方面的管理工作，能够更好地发挥专业人才的作用，便于对相同性质的工作进行一体化和专业化归口管理，并弥补直线上级主管专业管理能力的不足。②提高领域管理效果，能够更加细致和深入地对本领域的工作进行更加有效的管理，提高工作安排、监督和指导的质量。③专业人员专心业务工作，技术专家从事务性工作中脱身，专心从事本领域的业务工作，从而提高工作绩效。④同行相互促进，相同专业的人员在一起工作会因经历、背景和所受的训练的相似性而相互促进，有更多的机会接受专业化训练和深层技能开发，有利于提高和保持整体职业水准。⑤增进内部沟通，在管理和作业活动中，由于有相同的业务背景和共同的专业语言，职能部门内部在决策、合作和协调时容易相互理解，便于沟通。⑥有效跟踪领域环境的变化，每一个职能部门更容易在自己的领域内与环境保持密切联系，跟踪环境的变化，从而更容易适应环境。⑦提高设备管理水平，技术上的相似性便于在同一个职能部门内实现设备共享，避免重复购置相同的大型设备，提高设备利用率。对于需要量较大的小型设备，可以统一购买，享受大批量购买的优惠。

　　职能型组织结构主要有以下缺点。①多头领导，组织的中心业务部门将受到来自直线上级主管和同级相关职能部门的多头领导，这不符合上述组织结构设计的统一管理原则，容易造成管理混乱。②缺乏全局观念，职能部门内部人员更关心自己的领域职能，不太关心组织的整体利益，例如，不关心产品整体质量和顾客满意度等全局性问题。③部门间难以协调，各职能部门存在本位主义倾向，各部门之间难以沟通和协调，且有可能加剧摩擦，不利于实现组织的整体目标。④不利于培养高层管理者，职能人员拥有职能专业知识，却对其他领域缺乏了解。他们可能成为专家，却不是通才，不利于培养具有全局管理能力的高层次管理者。

　　在实际管理中，纯粹的职能型组织结构并没有得到广泛使用，而在许多组织中常见的职能型组织结构实际上是它的一种变形，即下面将要介绍的直线—职能型组织结构(张明玉，2005)。

3. 直线—职能型组织结构

直线—职能型组织结构(line-functional organizational structure)是将直线型和职能型组织结构进行综合而成的"直线指挥+职能参谋"的组织结构,以便克服两者的缺陷,而保留它们的优点。因此,直线—职能型组织结构是一种比较实用的组织结构,尽管不是最超前的,但在现代工业企业中却是一种最常见的组织结构,尤其在大中型企业中被普遍采用。

图 6-14 给出了直线—职能型组织结构示例。由图 6-14 可见,这种组织结构以直线型结构为基础,在各级直线主管之下设置相应的职能部门从事专业管理(如计划、营销、供应、财务、人力资源、生产和研发等管理部门),作为该职能部门同级的中心业务部门主管(如分厂厂长或车间主任)的参谋。这些职能部门对中心业务部门只有建议权(参谋职权),而没有直接的指挥权(直线职权);而中心业务部门既受上级直线主管的指挥(见图 6-14 中的实线),又受同级职能部门的业务指导、参谋和监督(见图 6-14 中的虚线)。总之,直线—职能型组织结构实行直线主管统一命令、指挥与职能部门参谋、指导相结合的管理模式。

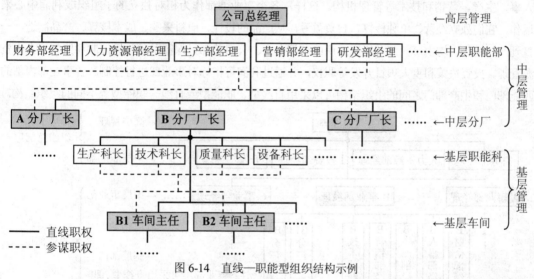

图 6-14 直线—职能型组织结构示例

直线—职能型组织结构主要有以下优点。①保留了直线型组织结构的统一管理的优点。②保留了职能型组织结构的专业化管理、提高领域管理效果、专业人员专心业务工作、同行相互促进、增进内部沟通、有效跟踪领域环境变化和提高设备管理水平等优点。

直线—职能型组织结构主要有以下缺点。①保留了职能型组织结构的缺乏全局观念、部门间难以协调和不利于培养高层管理者等缺点。②职权主要集中在高层,属于"集权式"结构,下级缺乏足够的自主权。③信息传递路线较长,各领域职能部门的指令不能直接发布,需要上报上级直线主管批准,再由上级直线主管下达,而中心业务部门的反馈信息也要通过上级直线主管传递给相应的职能部门。因此信息传递缓慢,难以适应环境的迅速变化。

为了克服这些缺点,可以采取以下两点措施:一方面,组织管理者应鼓励中心业务部门合理利用和采纳职能部门所提供的参谋服务和指导意见,加强各部门的横向沟通,提高全局意识;另一方面,中心业务部门和职能部门共同的直线上级可以将一部分必要的指挥权授予职能部门,使之除了拥有参谋职权外,还拥有一定的职能职权(见图 6-10 中的点划线箭头),从而简化指令链,提高管理效率。

4. 事业部型组织结构

随着组织的发展，各项业务呈现日益多样化的趋势，以上组织结构已不足以应付拥有多种多样的产品、顾客和业务地区的组织的管理需求。在这种情况下，事业部型组织结构应运而生。事业部型组织结构(multidivisional organizational structure)，又称为 M 型组织结构(M-form organizational structure)，它是一个组织将其中一些具有独立产品市场、顾客群体或地区市场，并拥有独立利益和责任的部门，设置为事业部，实行分权化管理的一种多元组织结构。事业部设置可以按照产品、顾客或地区等角度进行划分，其对应的组织结构分别称为产品事业部型组织结构、顾客事业部型组织结构和地区事业部型组织结构。有些组织可能同时拥有几种类型的事业部，形成混合式事业部型组织结构。

图 6-15 给出了事业部型组织结构的示例。图中的各个事业部可能是按照产品划分，也可能按照顾客或地区划分，或者兼而有之。图 6-15 可见，在事业部型组织结构中，组织将各种管理领域职能下放到各个事业部中去，即在每个事业部中重复设置所有的管理职能，建立事业部级的财会、人事、生产、营销和技术等管理机构。这样，各个事业部都作为相对独立的子组织或利润中心来运作，它们独立经营、单独核算、自负盈亏，从产品的设计、原料采购、成本核算、产品制造，一直到产品销售，均由事业部及所属工厂或车间负责。公司总部只保留财务预算控制和监督、人力资源管理、投资决策和重大项目开发等职权，并通过利润等指标对事业部进行控制。各事业部内部的职能部门和生产部门之间的组织结构可以采用直线型、职能型或直线—职能型等不同的组织结构。

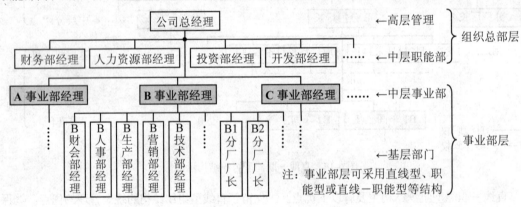

图 6-15　事业部型组织结构示例

事业部型组织结构主要有以下优点。①责、权、利关系明晰，组织能够把多种经营业务的专门化管理与组织总部的集中统一领导很好地结合起来，总部和事业部之间形成比较明确的责、权、利关系。②高层管理者能够集中精力抓大事，组织高层管理者(如总公司管理者)可以摆脱日常事务，集中精力考虑组织的全局发展问题。③充分调动事业部的积极性，各事业部实行独立核算，更能发挥其从事经营管理的积极性。④事业部内部实现一体化经营，事业部内部的供、产、销之间容易整合与协调，克服直线职能型组织需要高层管理部门过问的繁琐流程，更利于组织专业化生产和实现事业部内部的一体化经营。⑤各事业部经营管理水平得到提高，各事业部围绕某一类产品、顾客或地区进行管理，管理的聚焦度提高，信息需求面集中，决策速度和效果提高，管理更加集约化和精细化，容易提高产品质量和顾客忠诚度，因而更能够提高其经营管理的水平。⑥事业部之间引入竞争机制，各事业部之间有比较、有竞争，增强了组织的活力，有利于组织的整体发展。⑦有利于管理人才的培养，事业部相对独立，管理内容齐全，管理者需要从事业部整体来考虑问题，有利于培养和训练综合性管理人才。

虽然具有许多优点，但是事业部型组织结构也不是一剂万能药，它还存在以下几个主要的缺点。①管理和业务成本上升，组织与各事业部的职能机构和业务机构重叠设置，无法实现各种资源的共享，造成人员增加和资金浪费。②全局观念降低，各事业部实行独立核算，导致事业部只重视自身的利益，影响事业部之间的协作，一些正常的业务联系与沟通往往也被经济关系所替代，进而影响组织整体目标的实现。③内耗加大，各事业部之间将为争夺资源和市场产生内耗，组织的协调任务加重。④监控困难，组织对各事业部的分权管理，可能造成组织的整体监督和控制能力的削弱。⑤事业部力量分散，事业部离开"母体"的庇护后，力量被削弱，难以独立应对复杂的市场变化和竞争，同时组织也失去了集中力量"打大仗"的能力。

为克服以上缺点，组织在采用事业部型组织结构时需要慎重，不能简单地一分了之。其一，组织管理者要认真考察拟成立的事业部是否具有独立经营的能力和实力。其二，考察拟成立的各个事业部的业务、产品、顾客和市场等方面是否存在较大的交集，尽量要建立一些相互独立的事业部，避免组织内部的"自相残杀"。其三，成立了事业部后，组织管理者也不能完全放手不管，应强化对各事业部的监控、激励、协调、指导和辅助等管理工作。

5. 矩阵型组织结构

矩阵型组织结构(matrix organizational structure)是U型和M型组织结构相结合而形成的二维组织结构，以克服相关组织结构的弊端。其中一维是组织的部门(包括职能部门和中心业务部门)，另一维是组织所经营的各个项目(如产品等)。两个维度相互交叉，构成了矩阵结构(见图6-16)。矩阵的各个节点表示参加某行项目的工作，而隶属于某列部门的员工。例如，图6-16中的W就表示财务部的一个或几个员工，参加了B项目的工作。员工W在组织关系和财会业务上受财务部经理的领导，而在完成项目的任务中又受B项目负责人的指挥。列部门一般都是固定的组织机构，而行项目有可能是临时性机构，完成任务后有可能被解散，其成员各自回原部门工作。在项目运行过程中，根据项目进展阶段、员工情况以及其他项目对人员的需求等因素，部门管理者可以在项目之间灵活调换或调整成员。

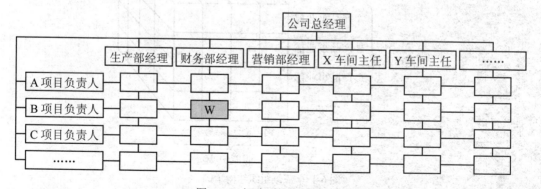

图6-16 矩阵型组织结构示例

矩阵型组织结构主要有以下优点。①加强部门间的横向联系，克服了直线－职能型组织结构的横向联系差的缺点，通过项目把各部门联系成一个有机整体，形成横跨部门的专门机构。②避免机构重复设置，克服了事业部型组织结构的机构重复设置的缺点，各项目从相关部门抽调人员组成工作团队，而不去单独重复设置这些部门，大大降低了成本，并实现了资源共享。③有效配置人才，矩阵型组织结构形式是固定的，人员却是变动的。各部门根据各项目对人员的需求，统筹安排力量，进行人力资源的合理配置。什么时候需要谁，就派谁去，任务完成后(可能项目还未完成)就可以离开，人才得到了充分和有效的利用。④有利于人才培养，各部门人员一方面有机会参加不同的项目，业务上得到锻炼；另一方面经常和其他部门的不同成员进行合作，有利于信息交流，增进互相学习；此外，具有双重的晋升路径和更多的职业选择。

矩阵型组织结构主要有以下缺点。①多头领导，分配到项目的员工有两个上司，违背了统一管理原则，容易产生管理的混乱，造成人际关系的复杂化。②引起权力争夺，分享共同下属的两个管理者容易产生权力争夺，导致内耗加大。③决策困难，项目管理者在做决策时，来自各部门的代表会将原部门的利益和部门领导者的意见带入决策过程，导致决策复杂化和行动迟缓。④项目成员产生临时观念，由于成员的工作位置不固定，容易产生临时观念，导致责任心不强。⑤项目负责人的管理难度大，因为参加项目的人员都来自不同部门，隶属关系仍在原部门，只是为了"会战"而来，所以项目负责人对他们的管理比较困难，也没有足够的管理职权。

6. 多维组织结构

多维组织结构(multidimensional organizational structure)是将矩阵型组织结构和事业部型组织结构结合起来，形成产品(或项目、服务)事业部维、职能维、地区维和顾客维等多维交叉的组织结构形态。这种类型的组织结构适用于跨国公司和规模较大的跨地区公司。

图 6-17 给出了三维组织结构的示例。该三维组织结构包括三个维度：由各职能部门构成的职能中心、由不同经营地区的管理部门构成的地区中心，以及由各产品事业部构成的产品中心。在这一组织结构下，围绕各产品的研发、生产和销售等重大问题，需要协调三方面的力量，加强相互之间的信息沟通和联系，从而形成合力，共同实现组织目标。

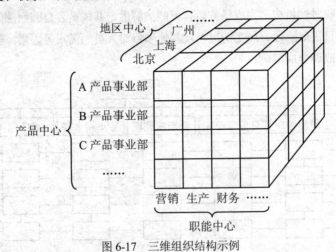

图 6-17　三维组织结构示例

多维组织结构的优点是：有利于整合与协调组织多方面的力量，实现信息共享和资源共享，促使每个部门从整个组织的全局来考虑问题，形成共同决策的协作关系，便于实现组织的整体目标。其缺点是：存在多重领导的缺陷，决策过程复杂，行动速度较缓慢，管理控制的难度很大。

7. 治理结构

以上组织结构是指一个组织的管理层结构。组织的管理层由高层管理者(对企业来说就是公司的经理层,含公司总经理和副总经理等)、中层管理者和基层管理者等构成,上层管理者监督下层管理者。那么谁来监督高层管理者(如公司经理层)呢?这就是治理层的职责,治理层主要包括股东大会、董事会和监事会等机构。

现代企业普遍采取股份制,企业所有者(股东)和经营者(经理层)以及相应的所有权与经营权相分离。在股份制企业中,所有者与经营者之间的委托—代理关系,以及处于控制地位的大股东与中小股东之间的代理关系,要比单人业主制企业或合伙制企业复杂得多。因此为了保证企业目标以及所有者(股东)价值的最大化目标,需要引入一系列的治理结构和治理机制,这就形成了公司治理理论(朱长春,2014)。

本节仅介绍公司治理结构(corporate governance structure),而公司治理机制(corporate governance mechanism)将在第七节"运行机制设计"中介绍。公司治理结构是指为了实现治理目标而在企业的边界之内组建的一系列机构(如股东大会、董事会、监事会和经理层等)以及这些机构之间的相互关系,有时也包括控股股东与中小股东之间的关系。而企业外部的监管机构则不属于企业治理层的范畴。公司治理的目标是协调所有者和经理层的利益关系,降低代理成本,使所有者不干预公司的日常经营,同时又保证经理层能以股东利益和公司利润最大化为目标。

图 6-18 给出了股份有限公司治理结构的一个示例。但不同国家和地区之间,由于法律结构、经济体制、社会文化等方面的差异,其公司治理结构也呈现出不同的模式和特点。即使在同一个国家和地区之内,由于企业的组织形式、规模和经济成分的不同,其治理结构也不尽相同。在图 6-18 中,股东大会(在有限责任公司中为股东会)既是一种定期或临时举行的由全体股东出席的会议,又是一种非常设的由全体股东所组成的企业最高权力机关,具有选举董事和监事,审批重大决策,以及审议批准公司财务预算、决算和利润分配方案等法定职责。董事会是负责执行股东大会决议的常设机构,其主要职责是制定战略、进行重大决策、聘任经理,并对经营管理活动进行监督和控制。董事会下设战略委员会、审计委员会、提名委员会、薪酬与考核委员会等机构,并对经理层进行分类指导。监事会的主要职责是对公司财务以及公司董事和经理的行为进行监督。股东大会、董事会和监事会属于公司的治理层。经理层的主要职责是负责公司的具体经营管理工作,制定管理决策方案,属于公司的高级管理层而非治理层。经理层(公司总经理等)与各下级管理层的具体组织结构在图 6-18 中被省略了,它可采取图 6-12~图 6-17 中的某种组织结构。

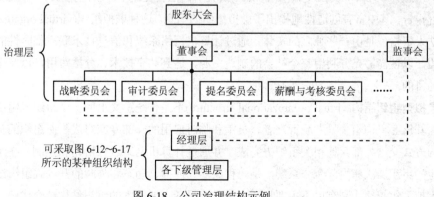

图 6-18　公司治理结构示例

三、多组织结构

1. H 型(集团控股型)组织结构

H 型组织结构(holding company organizational structure，H-form organizational structure)并不是单个组织的组织结构类型，而是通过多组织之间控股、参股等方式，形成由母公司和各分公司(包括子公司、关联公司和协作公司等)构成的组织集团，其中各分公司具有独立的法人资格，是相对独立的利润中心。这是一种高度分权的多组织结构，又称作集团控股型组织结构。在 H 型组织结构中，控股公司(母公司)为集团的核心组织，它超越组织内部边界的范围，在非相关领域开展多种经营，对各业务经营单位(分公司)不进行直接管理和控制，只在资本参与的基础上进行持股控制，从而构成具有产权管理关系的组织结构类型。母公司对集团内的某组织持股比例大于 50%时为绝对控股，持股比例不足 50%但对该组织经营决策发生实质性影响为相对控股；持股比例很低且对该组织的生产经营没有实质性影响为一般参股。

H 型组织结构通常是多层次的：被母公司绝对和相对控股的组织为集团的子公司，属于集团的紧密层；被母公司一般参股的组织为集团的关联公司，属于集团的半紧密层；通过长期契约和业务协作关系连接的组织为集团的协作公司，属于集团的松散层。在紧密层中，母公司凭借持股权向子公司派遣产权代表、董事和监事，通过在股东会、董事会和监事会中发挥积极作用来影响子公司经营决策。

H 型集团控股型组织结构的优点是：实行多元化分散经营，母公司对子公司具有有限责任，因此风险得到了有效控制；通过组织之间的联合，大大增强了集团的竞争实力；分权和分散管理的方式降低了管理庞大集团的难度。其缺点是：集团缺乏明确的发展和经营战略，集团和各分公司之间的战略协调比较困难；母公司对各分公司的控制和监督力度较弱，只能间接地进行管理；各分公司各自为政，难以相互协调，难以进行资源的优化配置。

2. 虚拟型组织结构

20 世纪 90 年代以来，消费市场对产品的品种、规格和花色式样等方面的需求越来越呈现多样化和个性化趋势，企业面对这种市场变化，为求得生存与发展，必须具有高度的柔性生产能力和快速反应能力。为此，现代企业不断追求组织结构的简单化和扁平化，以适应多变的市场需求，于是就产生了能将知识、技术、资金、原材料、市场和管理等资源迅速组合起来进行柔性化生产的虚拟组织。1991 年，美国艾科卡(Iacocca)研究所向国会提交了一份题为《21 世纪制造企业战略》的研究报告，其中富有创造性地提出了虚拟组织的构想。这种虚拟组织(virtual organization)通常不具有法人资格，是由一些独立的实体，通过计算机网络系统和信息技术联成临时性的、松散的动态联盟，以便能够充分利用整个社会的制造资源，达到共享技术、分摊费用，以及迅速满足市场需求的目的。

虚拟型组织结构(virtual organizational structure)不是传统意义上的一个组织或组织集团的构成形态，其核心机构由少量专职管理者、员工和临时雇用的外部专家组成，而组织的基本业务都通过契约方式交给外部其他相关组织去完成，并通过计算机网络进行协调和控制，在组织结构中没有固定的组织层次和内部命令系统，是一种灵活、便捷、动态和临时的开放式组织结构。

虚拟型组织结构具有以下主要特征。①具有灵活、低成本的组织结构整合优势，它可以在拥有充分信息的条件下，从众多的组织中通过竞争招标或自由选择等方式精选出合作伙伴，迅速形成各专业领域中的独特优势，实现对外部资源的有效整合利用，从而以强大的结构成本优势和机动性，完成单个组织难以承担的市场功能，如产品开发、生产和销售等。②结构简单而有效，虚拟型组织结构没有严格的结构体制和规章制度等规定，甚至没有正式的组织结构图，但却有较强的灵活性、便捷性和环境适应性。③成员组织能够共享该组织结构中其他成员的核心能力。④成员组织通过契约和相互信任的方式进行活动。

虚拟型组织结构的主要优势在于其灵活性，特别适合富有创意但又缺乏资金的组织。这种组织结构的主要不足是，组织管理者对组织的管理职能活动和中心业务活动缺乏强有力的控制力，也缺乏技术创新中的整体协作能力。

3. 网络型组织结构

网络型组织结构(network organizational structure)是由一个精干的中心组织与一些外部组织(如产品制造商、配件生产商、销售代理商、研发机构、广告代理商、物流公司、管理咨询公司等)，在现代计算机网络和信息技术的支持下，以契约为纽带，构成一个合作经营的松散的网络状关联的组织结构。具有这种组织结构的多组织联合体称为网络组织(network organization)。其中心组织的经营范围很小，但很关键，通常掌握着核心技术，拥有知名品牌，以及有效的营销战略与手段，而其他大量的制造、销售或其他业务活动则依靠外部组织完成。中心组织负责监督网络结构中每个组织的各项活动，并协调执行制造、分销和其他重要职能的各组织之间的关系。

与 H 型组织结构不同，被联结在这种网络型组织结构中的各经营单位之间并没有正式的资本所有关系和行政隶属关系，只是通过一种松散的契约关系联系起来，并依靠一种互惠互利、相互协作、相互信任和支持的运行机制进行密切而有效的合作。此外，与虚拟型组织结构不同，网络型组织结构中的中心组织是具有法人资格的，而虚拟组织的中心机构只是一个管理群体，并不是一个法人组织。例如，耐克是世界著名的运动装备公司，但它实际上是一家产品设计开发和营销公司，而运动装备的生产等方面的大量工作主要依靠与其他公司的合作。耐克与这些合作伙伴一起构成了一个庞大的网络组织(而不是虚拟组织)。

网络型组织结构的优点在于：①这种组织结构使组织具有更大的适应性、灵活性和应变能力，便于跟踪市场变化；②降低了资金的投入，简化了组织机构和管理层次，形成低成本竞争优势；③采用充分授权的管理方式，可以实现在全世界范围内进行供应链与销售环节的整合，迅速提高组织的规模和效益；④中心组织有更多的精力去做自己擅长的事情。其缺点是：①该组织结构受到技术条件的限制，缺乏技术力量的整合与整体创新能力；②只适合生产那些便于外包的产品，产品的科技含量较低；③组织对各合作伙伴的管理和控制难度较大。

4. 无边界型组织结构

无边界型组织结构(boundaryless organizational structure)是指组织内部和/或外部边界不由某种预先设定的结构所限定或定义的组织结构。具有这种组织结构的组织称为无边界组织(boundaryless organization)，包括组织内部无边界、外部无边界或内外部均无边界三种类型。无边界型组织结构的设计目的是为了保持组织在动态环境下的灵活性和非结构化。

在组织内部，无边界型组织结构力图取消严格的指令链，保持较宽的管理幅度，以授权的工作团队取代部门。一方面，通过跨职能的工作团队以及围绕工作流程(而不是职能部门)来组织相关的活动，以取消组织的横向边界；另一方面，通过跨层级的工作团队以及运用参与式决策等手段，以取消组织的纵向边界，使组织结构扁平化。

在组织外部，无边界型组织结构通过与供应商、销售商、个体劳动者甚至竞争对手，建立松散的战略联盟或契约合作关系，以及通过培养顾客忠诚度等方式，取消或淡化组织的外部边界。例如，农产品公司通过"公司+农户"等方式和农户签订协议，收购农户生产和加工的农副产品，使组织的外延延伸至广大的农民群体，形成一种边界模糊的组织结构。

但无边界型组织结构绝不是要完全否定组织必有的管理规范和控制手段，而是强调在保证组织稳定和秩序的前提下，突破组织要素之间的种种界限，以增强组织的灵活性和适应性，扩大组织的经营活动范围和市场范围。这些都是无边界型组织结构的优点。其缺点主要是，组织的管理规范化程度较低，导致管理控制的难度较大。

第七节　运行机制设计

当一个组织的组织结构体制(相当于组织的"硬件")建立起来后，就需要研究在这种组织结构下的组织系统如何运行的问题，即需要进行组织运行机制(相当于组织的"软件")的设计，主要包括责权利的配置、运行流程的设计和规章制度(含治理机制)的制定等几个方面。下面分别加以阐释。

一、责权利的配置

1. 责权利的对等配置

责权利的对等配置就是根据第四节中提出的责权利对等原则，对每一个部门、职位或管理者的职责、职权与利益关系进行合理配置和优化设计。职责、职权与利益三者是否对等是组织各个职位或部门能否有效运行，以及管理者能否有效完成组织任务的关键。职权是履行职责的必要条件，如果缺少必要的权力，管理者将无法完成任务，并会打击管理者的积极性；但反过来，如果职权过大，将会导致权力的滥用。职责是与职权相对应的工作内涵和要求，职责过大将难以完成，职责过小将会造成人浮于事的现象。利益是对管理者正确使用职权并有效履行职责的回报，没有与工作付出对等的利益也难以调动管理者的积极性。

责权利的对等配置包含三个步骤：责权利的一体化、明晰化和等量化。①责权利一体化，即职责、职权与利益必须统一于职责承担者一体，责任者既是职责的承担者，也是职权的拥有者和利益的享受者，应做到以责定权、以责定利、三者对应。不能出现有权的人不承担责任，承担责任的人无权作出决策，以及做出贡献的人没有获得应有的利益等情况。这一步骤只是理念上或原则上的责权利对等配置，还需要进一步进行明晰化和等量化。②责权利明晰化，即明确管理者具体的职责、职权和利益的大小，以便衡量三者是否"等量"。这是从责权利一体化到等量化的过渡步骤。③责权利等量化，即在责权利一体化和明晰化的基础上，进一步审核责、权、利大小的匹配程度，保证三者相互均等，避免出现责、权、利大小失衡或相互脱节的现象。当然，责、权、利是无法用同一个量纲进行定量化的，这里"等量"的界定通常只能通过组织的运行效果来定性地衡量责权利的均衡关系，例如所赋予的职权能否完成所承担的职责，还缺少什么权力，或是否存在多余的权力；所给予的利益是否能够调动其工作积极性，利益是否超出所承担的职责等。

2. 职权在组织中的合理配置——集权与分权

集权(centralization)是指职权在组织结构较高层次上的一定程度的集中，**分权**(decentralization)是指职权在组织结构较低层次上的一定程度的分散。一个组织应当实行分权管理还是集权管理，要视具体情形而定。在组织发展的初期，在发生动荡或危机的环境里，在组织或下属很不成熟等情况下，实行集权管理是十分必要的。但是，当一个组织比较成熟了，规模比较庞大了，业务量也增大了，如果还是集权管理的话，高层管理者将难以胜任日益庞杂的管理工作，而低层管理者的积极性也难以被调动起来，这时集权管理对组织的发展将是十分不利的。在这种情况下，组织为了发挥低层管理者的主动性和创造性，为了使高层管理者从日常琐碎的事务中解放出来，就需要把部分职权分配给下级管理者。

从理论上说，决策应该由那些承担相应职责并最了解情况的层级做出，因此相应的职权也应当赋予这些层级。在现实中，不少组织的高层管理者有集权的倾向，舍不得分权。过度集权有以下危害性：①不利于做出科学的决策；②不利于调动下属的积极性；③阻碍信息交流；④助长组织中的官僚主义；⑤使组织管理僵化，缺乏运行活力。相应地，分权则具有以下优点：①有利于组织决策的合理化；②有利于调动下级管理者的积极性；③有助于培养组织的管理专家；④有利于高层管理者将更多的时间和精力关注更加重要的组织全局和长远的重大决策问题。

当然，集权与分权是相对的，过度的分权和集权都是不利的。如果组织高层管理者将其所拥有的全部职权都委派给下属，那他作为管理者的身份就不复存在了。反过来，如果高层管理者把权力都集中在自己手里，这就意味着他没有下属，那么他也就不是真正意义上的管理者了。总之，要使得职权在组织中的配置比较合理，就需要根据组织内部和外部环境的情况，以及组织的管理目标，寻求组织权力体系的最佳分布。

3. 职权在上下级之间的合理调配——授权

上面所讲的集权与分权管理，是在组织整体权力结构上的一种相对固定的职权配置方式，而授权是分权管理的一种灵活性的补充措施。**授权**是指管理者为了将某项工作任务分派给下属，将组织配置给自己的职权的一部分，机动地调配给下属的过程。合理的授权能使管理者不必事必躬亲，摆脱事务缠身的窘境，以便把更多的时间和精力投入到更重要的事情上来，同时又可以很好地调动下属的积极性，并发挥下属的能力。在现实管理中，管理者往往不是授权太多，而是授权太少。如果一个管理者不授权或不会授权，那么他仅仅只是在刻板地做事，而不会管理，不懂得管理的艺术。

为了达到授权的目的，所授的权力必须恰到好处，并采取合理的方式，否则会造成一些后遗症，如授权后工作难以完成或完成质量差、主管权力丧失、权力难以收回等。为此，授权应遵循以下几项原则。①相近原则，只能对直接下属授权，不要越级授权，要把职权授予最了解情况和最接近实现目标的下属。②授需原则，下属应该拥有完成任务所必需的职权、时间和资源等，因此应当针对不同的环境、条件、时间和责任，授予下属完成任务所必需的权力。③留要原则，授权者的一些重要的职权必须掌握在自己手中，不宜授予下属，如人事权、财务权和关键决策权等。

④明责原则，授权要以责任为前提，使下属明确自己所接受的职责要求和权限范围。⑤监控原则，授权后，管理者并不是可以完全不闻不问了，而是要经常听取汇报和检查任务的进展情况，督促下属努力完成任务，必要时给予指导或协助。⑥动态原则，授权是一种临时性的权力配置，管理者在下属完成任务后应当能够收回权力。具体可采取以下三种动态授权的方式：其一，单项授权，只授予决策或处理某一问题的权力，问题解决后，权力即行收回；其二，条件授权，只在某一特定环境条件下，授予下属某种权力，环境条件改变了，授权应随之结束；定时授权，授予下属的某种权力有一定的时间期限，到期权力应该收回权力。

根据以上原则，合理的授权方式应包括以下几项程序。①分派任务，管理者在与下属充分沟通和讨论的基础上，向下属交代工作任务。②委任权力，授予下属相应的权力，使之有权处置原本无权处理的工作。③明确责任，就所委任的权力与工作任务，明确下属的职责和要求，不仅包括按要求完成指派的任务，也包括向授权者汇报任务的执行情况和成果。④过程监控，下属在完成任务的过程中，应定期汇报进展情况，授权者也要经常检查。若遇无法解决的问题和困难时，下属应及时向授权者汇报，并请求指导或协助。⑤成果验收，任务结束后，授权者对工作成果进行验收，必要时可实行奖励或惩罚。⑥权力收回，授权结束后，管理者收回所授的权力。

二、运行流程的设计

1. 业务流程设计

业务流程设计(business process design)是指在组织结构的基本框架下，根据外部环境的变化和组织目标的要求，将各部门运行设计中确定的部门工作规则和流程(见第五节)联系成一个整体，分析、设计和优化跨部门的组织业务流程，例如，横跨原料采购、零部件仓储、运送、粗加工、精加工、总装、包装等过程的产品生产业务流程等。业务流程分析和设计要解决的主要问题是：某一项业务包含了哪些具体的工作，这些具体工作由何人与何部门完成，这些工作以何种顺序完成，分别需要何种服务支持，以及在流程中采用何种软件系统进行管理等问题。在分析阶段，我们需要掌握目前的业务流程所存在的缺陷，明确潜在的改进领域等。设计阶段的目的是根据分析结果并结合组织目标制定新的更加合理的流程，并运用信息系统实现这一流程的管理，以便为组织创造更大的价值。

组织采用系统化和一体化的业务流程设计方案一方面出于组织自身发展的考虑，另一方面也是迫于日益严峻的外部压力。从组织内部看，组织现行的业务流程往往是在长期发展中逐步形成的，根据不断出现的问题进行局部"修补"，并没有经过一个系统化分析和整体设计的过程，因此现行的业务流程常常比较混乱，许多环节相互矛盾，并存在流程瓶颈等问题。从外部环境看，竞争环境、客户行为和新技术等方面的不断变化，要求组织不断评估、调整和优化组织的业务流程，以提高组织的环境适应性与核心竞争力。为了更好地提高运行效率和经济效益，许多组织必须正确面对现有业务流程的不足，建立一个更加有序、合理、高效和能够适应环境变化的业务流程，这样才能提高其满足内部和外部需求的能力。当一个组织的大部分业务流程十分混乱或落后时，通过对现有流程进行改造和优化，往往难以根本性地解决问题，这就需要启动业务流程再造。

2. 业务流程再造

业务流程再造是 1993 年开始在美国出现的关于组织经营管理方式变革的一种理论和方法(陈传明，2012)。所谓**业务流程再造**(business process reengineering，BPR)，简单地说就是以业务流程为中心，重新设计组织的经营、管理及运作方式(即组织再造工程)。业务流程再造是组织再造工程(reengineering)的核心内容。按照该理论的创始人原美国麻省理工学院教授迈克·哈默与詹姆斯·钱皮的定义，业务流程再造是指"为了飞越性地改善成本、质量、服务和速度等重大的现代企业的运行基准，对业务流程进行根本性重新思考并彻底改革"。上述业务流程设计主要是对新建组织的业务流程进行系统设计，或者是对现有组织的业务流程进行比较系统的调整和优化，而业务流程再造则是彻底推翻或废除原有的业务流程，进行全新的设计，甚至需要改变现有的组织结构体制。为了能够适应新的世界竞争环境，一些老组织必须摒弃已成惯例的陈旧的运行模式和工作方法和业务流程，重新设计更加科学与先进的组织结构、经营管理业务流程及其运行方式。

许多企业在实施业务流程再造后，组织运行效果得到了极大的改善，绩效得到了明显的提高。以海尔集团为例，海尔 1999 年在全集团范围内对原来的业务流程实行了再造工程，并以市场链为纽带对再造后的各项业务流程进行整合。将原来各事业部的财务、采购、销售业务分离出来，实行全集团统一采购、营销和结算。将集团原来的职能管理部门整合为 3 个"订单支持流程"(3R流程)：R&D 研发流程、HR 人力资源开发流程和 CR 客户管理流程。构建了保证订单实施完成的"基础支持流程"(3T 流程)：TCM 全面预算流程、TPM 全面设备管理流程和 TQM 全面质量管理流程。同时，推动整体业务流程运转的主动力不再是过去的行政指令，而是把市场经济中的利益调节机制引入企业内部，将业务关系转变为平等的买卖关系、服务关系和契约关系，将外部市场订单转变为一系列的内部市场订单。实施流程再造后，海尔集团的交货时间降低了 32%，到货及时率从 95%提高到 98%，出口创汇增长 103%，利税增长 25.9%，应付账款周转天数降低 54.79%，直接效益为 3.45 亿元。

三、规章制度的制定

1. 管理制度

一个组织的**规章制度**是组织管理中的各种条例、章程、规程、规范、制度、标准、办法和守则等的总称。它是用文字形式规定的组织活动的内容、程序和方法，是组织成员的行为规范和准则。规章制度具有规范性、强制性、科学性、相对稳定性和简明易懂性等特点。其实，在各管理过程中都需要制定相关的规章制度，但是关于组织总体运行规则的重大规章制度是在组织过程中制定的，这就像各管理过程都需要制定决策，但大的决策在计划过程中制定一样。下面所谈到的规章制度都是指关于组织总体运行规则的规章制度，不涉及决策和计划制度、领导制度和控制制度，以及其他管理维度的规章制度。如果其他具体的规章制度与组织过程的规章制度有关联，则需要在相关的组织大制度的框架下制定，应保持整个制度体系的一致性，不能相互冲突。

一般来说，制定规章制度应遵循以下程序。①组织高层管理者根据组织内外环境的变化、发展规划的需要、组织结构和业务流程的特点，提出建立某项规章制度的目标和要求。②由综合管理部门组织有关职能部门收集资料，调查研究，起草规章制度的初步方案。③由分管该领域的高层管理者召集组织内外的专家或智囊团讨论和审核，决定最后的方案。④通过一定的决策程序批准，然后颁发执行。

规章制度需要相对稳定，但又不是一成不变的。随着组织的发展、技术的更新、管理水平的提高、人们认识的深化，规章制度也需要修改和完善。规章制度的修改，要注意处理好"稳定与变化""破旧与立新"的关系。规章制度要有一个相对稳定的时间，不能朝令夕改。因此，要坚持先立后破、平稳衔接的原则。只有制定出新的合理的规章制度，让人们逐步熟悉和习惯之后，才能废除旧有的规章制度，实现新旧制度的平稳过渡。此外，组织改革要和规章制度的修订相结合。凡是进行组织经营战略的转变、组织机构的改组、各项业务流程的改革等变革时，都应当相应地修改有关的规章制度。

许多企业通过规章制度的优化，取得了良好的效果。仍以海尔集团为例，20世纪末，为了调动科技人员的积极性，海尔集团进行了"负债工作法"的制度创新。所谓"负债工作法"，就是从研究所所长开始，对科技人员全部实行项目承包制，取消月薪，开发人员的收入只与产品的销售挂钩，平时仅提前支取一定的生活费。企业只给项目组一定的资源，项目组要按时开发出产品，开发出的产品还要有质量保证和销售额的保证，产品所创造的价值扣除负债后才是开发人员的收入。这样，产品开发人员就被完全推上了市场，他们的收入只能由市场说了算。所以他们在开发产品时一定要想着市场的需要，时刻关心着市场的销售，市场上反馈了什么技术问题，马上要去帮助处理，而不像原来只是坐在办公室里写写画画。这一制度施行后效果很好，自从开发人员"负上债"后，新产品开发速度大大加快，开发周期平均比以前缩短了30天左右，而且新产品上市一个成功一个。1998年，海尔的"负氧离子健康空调"先于日本企业一年面市，直接带动了整个空调市场向绿色环保产品转型。这一结果，正是企业优化管理制度所带来的良好局面。

2. 治理机制

第六节介绍了公司治理结构(见图6-18)，与之相对应的是公司的治理机制，这里将阐述治理结构下的治理机制。公司治理机制是现代企业在公司治理结构的框架下，协调股东和利益相关者(如管理者、员工、客户、供货商、所在社区等)之间关系，以及公司治理层对经理层进行激励与约束的一种机制和制度。这种机制包括股东、董事会、监事会、经理层和其他利益相关者的责任和权利分布，以及公司重要事务的决策规则和程序。

不同组织的治理结构及其治理机制是不同的，下面根据股份有限公司通常的做法，对治理机制进行一般性的说明。经理层的职责是对公司的各管理层和作业层进行全面管理，以实现股东利益和公司利润最大化等组织目标，同时定期编制并向治理层提交财务报告。治理层的职责是对经理层进行任命、激励和约束，并监督公司财务运行情况和经理层的经营管理行为。在治理层中，股东大会是公司的最高权力机关，拥有重大决策的审批权，以及选举董事与监事的权力；董事会具有重大事项的决策权，以及对经理的聘任权和监督权；监事会拥有对公司财务以及董事和经理行为的监督权。在经营决策权分配上，经理层对一般性管理活动具有决策权，对于战略决策和其他重大决策，经理层负责提供决策方案，向董事会提出建议，董事会做出决策，并最终由股东大会审批通过后方可执行。治理层的一项重要职责是对财务报告过程进行监督，具体的职责如下：审核或监督企业的重大会计政策，审核或监督企业财务报告和披露程序，审核或监督与财务报告相关的企业内部控制，组织和领导企业内部审计，审核和批准企业的财务报告和相关信息披露，聘任和解聘负责企业外部审计的注册会计师并与其进行沟通等。

在实践中，治理层成员与经理层成员往往存在交叉的现象。例如，董事长兼任总经理，董事兼任总经理或其他高级管理职务等。在某些企业中，还可能存在治理层全部参与管理的情形，即董事会的所有成员可能也是高级管理人员。在这种情况下，应当合理区分他们所同时扮演的不同角色，在不同的机构中应承担相应的职责，并行使相应的权力。

习 题

一、单项选择题(每题只有一个正确答案，将其前面的字母填入相应的空格中)

1. 在下列有关知觉的表述中，"_____"的说法是错误的。
   A. 不同个体对相同事物可能产生不同的知觉
   B. 影响知觉的因素包含知觉者、知觉对象和知觉情境几个方面
   C. 知觉是个体解释感觉印象的过程
   D. 错觉不属于知觉

2. 职能型组织结构的优点是实现了_____。
   A. 管理现代化　　　B. 管理专业化　　　C. 统一指挥　　　　　D. 统一领导

3. 权力有多种不同的来源，但_____不属于权力的来源。
   A. 法定权　　　　　B. 政治权　　　　　C. 模范权　　　　　　D. 专长权

4. 直线职权是指一个管理部门或管理者所拥有的决策权，以及对直线关系的下级部门或下属的_____。
   A. 指挥权　　　　　B. 参谋权　　　　　C. 建议权　　　　　　D. 指导权

5. _____组织结构的纵向沟通渠道短，信息畅通且失真小，高层管理者容易了解基层情况，计划和控制难度较小。
   A. 高耸型　　　　　B. 锥型　　　　　　C. 团队型　　　　　　D. 扁平型

6. 在组织规模一定的前提下，组织层次与管理幅度成_____关系。
   A. 正比例　　　　　B. 相关　　　　　　C. 反比例　　　　　　D. 不确定

二、是非判断题(判断下列句子的正确性，用 T 表示正确，F 表示错误，填写在括号里)

1. 集权与授权相对应，授权是指职权在组织结构较低层次上的一定程度的分散。　　　　（　　　）
2. 机械型组织在稳定的环境中运行比较有效，有机型组织则与多变的环境比较匹配。　（　　　）
3. 矩阵型组织结构克服了多头领导的弊端。　　　　　　　　　　　　　　　　　　　（　　　）
4. 直线—职能型组织结构是将直线型和职能型组织结构进行综合而形成的组织结构。　（　　　）

三、概念解释题

1. 什么是网络型组织结构？它与虚拟型组织结构有什么不同？
2. 什么是群体的社会促进效应？个体在什么情况下会产生这种反应，为什么？
3. 什么是群体的社会抑制效应？个体在什么情况下会产生这种反应，为什么？

四、理论辨析题

1. 试分析直线—职能型组织结构的优点和缺点。

2. 个体加入群体的主要动机有哪些？

五、案例分析题

背景材料

张晓明是某名牌大学的 MBA 毕业生，在人才交流会上，凭借他满腹经纶和出众的口才力挫群芳，荣幸地成为某上市公司的中层管理人员。由于其卓越的管理才华，一年后，他又被公司委以重任，出任该公司下属的一家陷入经营困境企业的总经理。总公司的总经理及董事会希望张晓明能够彻底整顿该企业，使其扭亏为盈，为此赋予张晓明完成这项任务所需的权力。考虑到张晓明年轻，且肩负重任，公司为他配备了一名高级顾问——李高工(该企业原主管生产的副总经理)，为其出谋划策。

然而，在担任企业总经理半年后，张晓明感到十分沮丧，甚至开始怀疑自己能否控制住日益下滑的局面。到任初期，他曾雄心勃勃，在确立了企业的发展战略后，开始实行企业组织结构的改革方案，要求各部门制定明确的工作职责、目标和工作程序。而李高工却认为，组织内部管理固然重要，但眼下第一位的还是抓生产和销售。更糟糕的是，李高工原来手下的多个部门主管也持有类似的想法，并接受李高工的指令，结果这些经集体讨论的管理措施执行受阻。张晓明感到企业发布的一些命令，就像石头扔进了水里，只看见了波纹，过不了多久所有的事情又回到了之前的状态，什么都没改变。倒是那些生产方面的工作还能继续向前推进，但是产品销售却一直没有起色。由于组织结构的体制和机制问题没有得到根本的改变，结果企业的市场不断萎缩，生产也出现了混乱。

问 题

1. 根据组织过程的作用和原理，你认为张晓明总经理和李高工谁的观点更加有道理？为什么？

2. 根据权力的来源，试分析为什么张晓明总经理指挥不动下属，而李高工虽然只是一名顾问，一些部门主管却听命于他。

3. 根据直线职权和参谋职权的权限范围，试分析张晓明总经理和李高工双重指挥的问题出在哪里？

4. 张晓明总经理应该怎么做，才能改变这种局面？请给出你的建议。

第七章　领导过程

第一节　领导过程概述

一、领导的概念与理论体系

1. 领导的概念

有了组织保障后，计划就能顺利实施了吗？人是完成计划的主体，人具有欲望、需要、动机、能力、意志、人格和感情等一系列复杂的心理特征，因此，如何提高员工的工作积极性，激发他们的潜能，是一项十分困难但又对提高组织效率与效果具有重要作用的管理过程。这就是领导过程，有效的领导是一个群体或一个组织成功的关键。

在第一章中，我们给领导下了这样的定义：**领导**(leading) 是指管理者运用权力、权威和人格魅力等影响力，通过非强制性手段，对组织成员进行引导和施加影响，鼓舞、感染、塑造和推动他们，使其自觉自愿地和管理者一道为实现组织目标而努力工作的过程。

由此定义可知，领导的概念有以下 3 个要点：①领导指的是一种行为过程，而不是某一个体(即领导者，leader)。②领导的本质是通过描绘愿景、指明目标、实施激励，提升自我形象、树立榜样、营造良好环境，指导、教育，沟通、协调、服务和关心等非强制性的人际影响来改变其他成员的态度或行为，使其自觉自愿地努力工作。③领导的最终目的和其他管理过程一样，都是为了实现组织的目标，但其手段有所不同，属于非强制性的。

2. 领导理论体系

在实际管理中，人们习惯于把一个组织运行得好坏归结为组织领导者及其领导过程是否有效。例如，1978 年 54 岁的李·艾柯卡(Lee Iacocca)出任濒临破产的克莱斯勒汽车公司总经理，在他的领导下，5 年后克莱斯勒公司还清了所有的债务，当年公司获得了历史上最大的 9.25 亿美元年利润(Iacocca，2007)。于是，李·艾柯卡成了传奇式的优秀领导者。理论和实践都表明，管理者的领导才能对于组织的发展是至关重要的。因此长期以来，领导者及其领导行为、方式和过程等成为管理学家研究的重要课题。

图 7-1 给出了本章将要介绍的众多领导理论的体系结构。总体上看，领导理论包括三方面的内容：领导的激励理论、狭义的领导理论和领导的沟通理论。第一方面是面向领导客体(即领导的对象)的领导理论；第二方面是面向领导主体(即领导者)的领导理论，通常狭义上所说的领导理论就是指这方面的理论；第三方面是面向领导主体和客体相互关系的领导理论，其中的客体包括组织内部和外部的沟通对象。

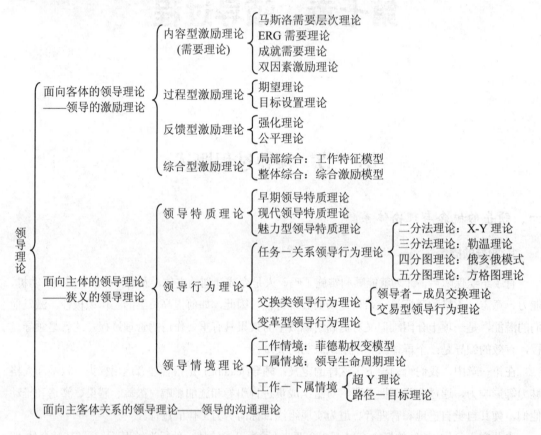

图 7-1　领导理论的体系结构

二、领导的激励理论概述

在实际管理中我们可以发现，不同类型的组织(如国有企业、民营企业、合资企业、政府机关等)，或同一类型的不同组织，其员工的工作热情、创造性和积极性差别很大；同一个组织内部的不同员工也有很大的差异，有些人工作很努力，绩效显著，而另一些人则做一天和尚撞一天钟，工作平庸，绩效很差；即使是同一个员工，在不同的时期或不同的岗位上，有时也判若两人。而且，一个很有才干的员工的表现和绩效，可能还不如一些才能平平的员工。这是为什么呢？激励理论可以对这些现象做出解释。

1. 激励的定义

关于激励的定义，不同的学者有不同的观点。斯蒂芬·罗宾斯认为，激励是使个体为实现某一目标而付出努力的强度、方向和持续性的过程(Robbins, 2015)。詹妮弗·乔治把激励定义为是决定个人在组织中的行为方向、努力强度和持久程度的心理驱动力，并提出行为方向、努力强度和持久程度是激励的 3 个要素(George，2006)。这两个定义都侧重于个体的心理过程，而从管理的角度看，导致这种心理变化的根源正是管理者所采取的称之为激励的管理活动。因此，本书给激励下的定义是：**激励**(motivation)是针对个人的各种需要，利用外部诱因引发人的内在动机或动力，激发、引导、加强和维持个人努力工作的积极性和创造性，使之有效实现组织目标的领导活动。

从激励的定义可以看出，衡量员工受到激励的程度，要看以下三个关键要素，或者说是激励程度的三个层次。

① 个体的行为方向。个体在一个组织中有许多可以选择的行为方向，有些有利于组织目标的实现，有些则会对实现组织目标产生阻碍。衡量激励程度的第一个层次就是要看员工的行为方向是否朝着有利于实现组织目标的方向发展。

② 行为的努力强度。确立了正确的行为方向后，还要看员工的努力强度。例如，一个餐厅服务生可以根据不同类型的顾客，尽力提供周到和热情的服务，如帮助客人存包、照顾孩子、推荐适合的菜肴等；也可能仅仅提供最少的服务，如只是把顾客点的菜记下来。前者的努力强度就比后者高。因此，仅仅看员工的行为方向是否与组织目标保持一致是不够的，衡量激励程度的第二个层次还要看他是否提高了努力强度，以获得更加令人满意的绩效。

③ 努力的持久程度。在正确的行为方向上，以较高的强度努力工作后，还要看员工能够持续多长时间。尤其是在面对困难和障碍时，员工是选择坚持还是放弃原有的行为方向，或者是保持还是降低原有的努力强度。因此，只看到员工具有正确的行动方向和高水平的努力强度是不够的，衡量员工激励程度的第三个层次还要看这种状态能保持多长的时间。

2. 激励的原理

从原理上说，激励是一个不断刺激个体内心需要，并使他看到满足需要的希望，从而激起他为组织努力工作的动机，然后通过他的努力满足其需要的过程。这一过程可以用图 7-2 来表示。由于外界的刺激，个体产生了希望满足的需要。从心理学角度看，需要是个体在生理上或者心理上的缺失。一种未满足但有可能满足的需要会给人带来紧张情绪，进而使人产生希望实现的目标和内在的驱动力或动机。这种内在的驱动力又决定了个体的行为方向、行为的努力强度和努力的持久程度，即激励程度。进一步地，个体将激励付诸相应的行动，投入自己的时间、精力、活动、知识、经验和技能等。通过这些努力，个体取得了工作绩效，绩效达到工作目标的程度(达标度)反馈回去进一步产生驱动力。同时，由于工作绩效，使个体获得了阶段性结果(如报酬等)，该结果实现个体阶段性需要目标的程度(满意度)又会反馈回去进一步产生驱动力。最后，如果累积的结果使个体的总体需要得到满足，则紧张程度降低，在新的外界刺激下，又会产生新的需要；如果总体需要未能得到满足，则在外界的持续刺激下，个体仍然保持紧张的心理状态……激励过程如此持续下去，通过个体目标的实现，组织目标将逐步实现。

在图 7-2 的模型中，包含着 3 个循环回路：总体需要回路、需要目标回路和工作目标回路。其中分别含有 3 个反馈：需要未满足反馈、结果满意度反馈和工作达标度反馈。通过这 3 个回路的不断循环，不断激励着员工的工作积极性，驱动着他们的工作行为。一轮激励完成后，再进入下一轮新的激励循环。因此，管理者要充分识别员工的需要、目标和驱动力，并通过一定的激励手段使得个人目标与组织目标保持一致，最终通过实现员工个人目标来实现组织的目标，获得员工和组织双赢的结果。此外，对于无法满足的需要，不会产生足够的紧张和动机，也就不会产生激励的效果。因此，管理者一定要让员工明确地看到通过为组织努力工作而能够满足个人需要的希望，也就是要搭建起连接这两者的桥梁和回路。

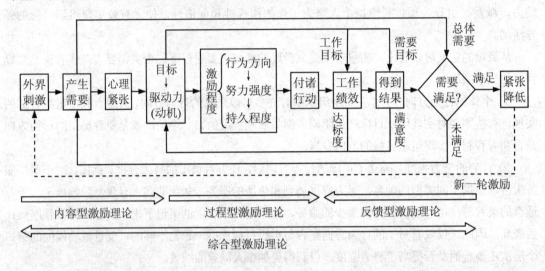

图 7-2　激励原理模型

3. 激励理论的分类

激励理论是面向领导客体的领导理论，而领导客体包括组织的一般员工和管理者，甚至包括外部合作组织等。对各国学者提出的众多激励理论进行梳理，可以将其划分为 4 类：内容型、过程型、反馈型和综合型激励理论(见图 7-1 和图 7-2)。

内容型激励理论试图解释哪些因素可以激发员工的行为动机，也就是人们的需要是什么，以及这些需要因素对激励过程的不同作用。因此这种理论又称为需要理论，具体包括马斯洛需要层次理论、ERG 需要理论、成就需要理论和双因素激励理论等。

过程型激励理论着重研究人从动机的产生到采取行动的心理过程。其主要任务是找出对行为起决定作用的某些关键变量，弄清它们之间的相互关系，以便预测和控制人的行为。这类理论表明，要使员工出现组织期望的有利行为，必须在员工的动机与行动之间建立起必要的联系。过程型激励理论主要有期望理论和目标设置理论等。

反馈型激励理论着重研究人的行为结果对其行为动机的反作用。这类激励理论主要包括强化理论和公平理论。强化理论主要研究一种行为所产生的肯定或否定的后果(如报酬或惩罚等)对这种行为今后是否会重复发生的影响，由此通过控制这些影响因素来控制人们的行为。公平理论主要揭示人们对结果的公平感，以及对未来行动动机的反作用关系。此外，工作绩效达到目标的程度，也会起到反馈激励的作用。这一反馈过程在综合激励理论的工作特征模型中得到了体现。

综合型激励理论对以上激励理论进行概括与综合，试图全面揭示个体在激励过程中的心理和行为过程。上述 3 类理论都是从某个方面论述了激励的原理和方法，而综合型激励理论全面地考察影响激励的各种变量，将这些理论进行综合，提出比较完整的激励模型，如工作特征模型和综合激励模型等。

三、狭义的领导理论概述

人们习惯上把面向领导主体的领导理论称作领导理论。实际上，从完整的领导过程看，面向领导客体的激励理论以及面向主客体关系的沟通理论也都是领导理论的重要组成部分。为了避免混淆，本书把面向领导主体的领导理论称作狭义的领导理论(见图 7-1)。激励理论搞清了领导对象从需要到行动的被激励过程的原理，那么狭义的领导理论需要在此基础上搞清楚面对领导对象和其他环境，领导者自己应当怎么做。

人们首先在 20 世纪初认识到成功的领导者应该具备他人所不具有的独特素质，并逐步形成了领导特质理论。在不同的时代，领导特质理论有不同的内涵，它包含早期领导特质理论、现代领导特质理论和魅力型领导特质理论等几个发展阶段。

在领导特质理论逐步完善的同时，从 20 世纪 30 年代开始，人们认识到仅仅具备了领导特质还是不够的，领导者还需要通过培训、实践和发展，使其具备有效领导的行为能力，因此领导行为理论开始盛行。领导行为理论也经历了一个长期的发展过程，主要理论有任务－关系领导行为理论(含领导行为 X-Y 理论、三分法理论、四分图理论和方格图理论等)、交换类领导行为理论(含领导者－成员交换理论、交易型领导行为理论等)和变革型领导行为理论等。

20 世纪 60 年代，通过进一步研究人们又发现，不同的领导者及其领导行为必须和管理的情境相适应，才会产生良好的领导效果。因此，领导的情境理论(又称为领导权变理论)开始兴起。领导情境理论认为，领导者及其领导行为的有效性受到管理情境的影响，领导者在管理过程中必须根据具体情境来选择或确定最好的领导行为，甚至要根据情境来培养自身相应的领导特质。领导情境理论包括菲德勒权变模型、领导生命周期理论、超 Y 理论和路径－目标理论等典型的理论。

四、领导的沟通理论概述

1. 沟通的概念

从一般意义上说，沟通就是人与人之间进行信息的传递与理解的过程。因此，沟通过程的涉及面很广，沟通无处不在。即使在组织的管理沟通中，沟通也包含许多方面，例如组织内部管理沟通、组织外部管理沟通，组织不同管理层次之间的沟通，组织不同管理领域或部门之间的沟通，组织计划、组织、领导和控制过程中的沟通等。在这些管理沟通中，最重要的也是本章将要重点介绍的——组织内部领导过程中的沟通。因此，本章中**沟通**(communication)的定义是：在领导过程中，为了达到管理目标，在领导主体和客体之间把思想、观点、知识、事实和情感等信息相互传递并理解的过程。

对沟通的概念作进一步剖析，我们可以看到沟通具有以下几个特点。①沟通必须在信息的发送者和接收者双方之间进行，两者缺一不可。②沟通各方可能只有一个人，也可能有多个人，甚至是一个群体、部门或组织。③沟通应当是双向的，因此沟通的发送者和接收者并不是一成不变的，一次信息传递的沟通过程的发送者和接收者，在反向信息传递时将互换角色。④一次成功的沟通应具备三个条件：第一，发送者的思想以某种方式被正确地表达成信息；第二，信息没有失真地被送达接收者；第三，信息被接收者正确地理解。三个条件缺少任何一个，都会降低沟通的效果。

2. 沟通在领导过程中的作用

据统计，管理者将近 85%的时间都是花费在各种形式的沟通上。而对于领导过程，沟通的作用就更加重要了，主要体现在以下几个方面。

① 了解员工需要。管理者通过沟通可以了解员工的价值观、个人目标和各种需要，以便采取适当的激励方法，使得组织目标与个人目标尽可能保持一致。

② 影响员工行为。管理者在对员工进行指导和教育的过程中，需要运用沟通技巧来影响员工的知觉、思维和态度，进而改变他们的行为，激发员工的工作热情和积极性。

③ 改善员工心情。思想和情感的相互沟通是人们的一种重要的心理需要。沟通可以解除人们内心的紧张和怨恨，使人心情舒畅，有利于积极工作。反之，如果一个组织的沟通渠道堵塞，员工之间以及员工和管理者之间的意见难以交流，将导致员工产生精神压抑和情绪低落等心理问题。

④ 解决下属困难。经常沟通可以使管理者避免高高在上、脱离群众和脱离实际的官僚作风，能够及时了解下属和员工的实际困难，以便尽快解决问题，做好服务工作，这样才能够很好地调动下属的积极性。

⑤ 传递组织意图。管理者需要通过沟通过程，向员工传递组织的意图，描绘愿景，指明方向，使员工加深对组织文化和组织战略目标的理解，从而提高员工的信心和士气，增强组织的凝聚力，使大家齐心协力地为实现组织目标而奋斗。

⑥ 改善人际关系。沟通是组织的黏合剂，它可以使组织成员增进彼此了解，改善相互关系，消除误会，减少矛盾，化解纠纷，建立起和谐的人际关系。

⑦ 协调部门关系。组织部门和部门之间也要加强沟通，这样可以促进组织各部门之间的相互了解，便于协调工作。

⑧ 消除消极影响。对于组织发展中遇到的困难和不利因素，管理者更需要与员工进行充分沟通，说明事实真相，避免谣言传播，消除消极影响，赢得大家的理解和支持，并号召全体员工同舟共济，共渡难关。

沟通理论的内容比较丰富，本章将介绍其中的几个重要部分：沟通过程模型、沟通媒介、沟通渠道、沟通障碍等。

第二节　内容型激励理论

内容型激励理论(需要理论)的萌芽可以追溯到 20 世纪初，"科学管理理论之父"泰勒及其追随者制定了计件工资制等管理方法，利用薪酬对工人进行激励，当时金钱是工人努力工作的唯一诱因。随后的人际关系理论指出，工作环境和人际关系等也是重要的激励因素。在此基础上，马斯洛的需要层次理论、奥尔德弗的 ERG 理论、麦克利兰的成就需要理论和赫兹伯格的双因素激励理论等，进一步探讨了人们不同类型的需要及其所产生的激励动力。

一、马斯洛需要层次理论

1. 马斯洛需要层次理论的要点

马斯洛需要层次理论(Maslow's hierarchy of needs theory)是激励理论中最著名和最基础的理论之一。亚伯拉罕·哈罗德·马斯洛 (Abraham Harold Maslow，1908—1970)于 1943 年提出了需要层次理论，他把人类纷繁复杂的需要分为生理需要、安全需要、社会需要、尊重需要和自我实现需要 5 个层次。该理论认为这 5 个需要层次具有渐进的顺序关系，只有当低层的需要得到满足之后，人们才会产生更高层次的需要。

马斯洛理论的各需要层次的顺序结构及其基本含义如图 7-3 所示。在图 7-3 中，最低层的需要是生理需要，包括对食物、衣物、住所和性等方面的需要。当这一需要满足后，人们就会产生安全需要，即免受生理和心理的伤害，如工作、医疗和安全保障等。此后，人们就会有社会需要，即爱与被爱、友谊、被接纳、归属感等方面的需要。然后，在社会生活中又会产生更高的尊重需要，包括外部尊重和内部尊重两个层面的需要，前者如地位、被认可、受关注等，后者如自尊、自重、成就感等。一般来说，内部尊重是比外部尊重更高的需要。最后，人们还会追求自我实现需要，即成长、发挥潜能、实现人生价值等最高层次的需要。

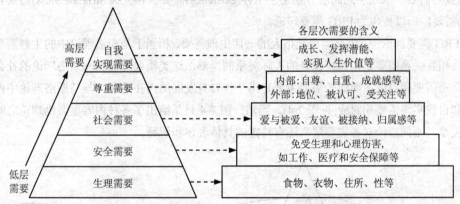

图 7-3　马斯洛的需要层次理论及其含义

2. 马斯洛需要层次理论在管理中的作用与局限性

根据马斯洛需要层次理论，一旦员工的某种需要得到实质性满足后，这种需要就不再具有激励作用。因此，一个组织在激励员工时，必须了解和分析组织中各类成员分别处于哪个需要层次，他们各自希望满足哪些需要，他们的需要有哪些变化。只有通过这样的分析，才能有的放矢地设计出正确的激励手段和方法，从而产生良好的激励效果。有资料表明，在一个实际组织中，员工低层次的需要(如生理需要和安全需要等)一般都能得到满足，但是高层次需要得到满足的比率很低，例如自我实现需要，仅有 10%能得到满足。因此，现代管理者更应该关注员工未被满足的高层次需要。需要说明的是，高层次需要并不是高层次人员才具有的和可能得到满足的需要，任何一个普通员工也有高层次的需要，而且也可能和应该得到满足。例如，一个操作工人在自己的岗位上刻苦钻研业务和操作技能，不断进行技术革新，完全能够成为技术高手、革新能手或劳动模范等，为公司和社会做出重要贡献，从而实现自己人生的价值。正所谓"三百六十行，行行出状元"。因此，管理者应当关注每一个员工的各类需要，尤其是较高层次的需要。

马斯洛需要层次理论尽管没有得到足够的实证资料的验证，但却得到了广泛的认可，并被普遍应用。但是，这一理论也有一定的局限性。需要层次的递进关系也许具有某种统计规律，但是在现实社会中，不同的案例随处可见：没有满足生理需要的人却去追求自我实现的需要，满足了高层次需要的人又反过来去追求较低层次的需要，有的人同时在追求几个层次的需要等。例如，革命先烈在生活极其困难的时候，去追求人类最崇高的理想；曹雪芹在物质生活极度窘迫的情况下，仍坚持写作，并撰写出了不朽的文学名著《红楼梦》；贫困大学生一边打工，一边努力完成学业等。为此，许多学者对需要理论进行了进一步的研究，ERG 需要理论就是其中一种改进的理论。

二、ERG 需要理论

1. ERG 需要理论的要点

1969 年，美国耶鲁大学的行为学家克雷顿·奥尔德弗(Clayton Alderfer)在马斯洛需要层次理论的基础上建立了 ERG 需要理论(ERG theory)。该理论把马斯洛需要层次理论中的 5 种需要概括为 3 种核心需要，从低层到高层分别是：生存(existence)需要、相互关系(relatedness)需要和成长(growth)需要，所以被称为 ERG 需要理论。

在 ERG 需要理论中，生存需要是指人的一切生理需要，相当于马斯洛理论中的生理需要和安全需要；相互关系需要是指保持良好的人际关系的需要，这类需要可以和马斯洛理论的社会需要和外部尊重需要相对应；而成长需要主要是指个体自身发展的内在需要，与马斯洛理论中内部尊重需要和自我实现需要相对应(见图 7-4)。当然，图 7-4 只是给出了各种内容型激励理论之间大致的对应关系，不同理论对各需要层次还有特定的具体表述和解释。

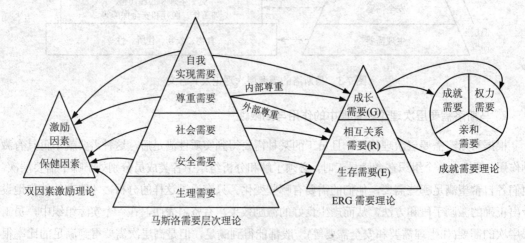

图 7-4　各种内容型激励理论的对应关系

把马斯洛需要层次理论的 5 层结构转换为 3 层结构并不是 ERG 理论的实质性贡献，ERG 理论的真正贡献在于它并不强调需要层次的递进顺序，也就是说，并不认为一个人只有在低层次的需要得到满足之后，才能产生高层次的需要。ERG 理论认为，在一个人的需要变化过程中以下几种顺序都有可能发生：①一般向上顺序，在低层次需要满足后，人们有可能去追求更高层次的需要；②超越向上顺序，在低层次需要未满足的情况下，人们也可能去追求高层次需要；③倒退向下顺序("挫折—倒退"顺序)，高层次需要受挫时，可能倒退去强化低层次需要；④滞留强化顺序，某层次的需要基本满足后，其强度不一定减弱，还可能进一步增强；⑤并行需要顺序，无论哪一层次，其需要满足得越少，则越希望被满足，因此多种需要可能在一个人身上同时存在。

2. ERG 需要理论在管理中的作用与局限性

ERG 需要理论完善了马斯洛需要层次理论，对管理过程具有更好的实际指导意义。例如，如果由于某种原因，员工在职位或个人事业上没有足够的发展机会，即他的成长需要受到了挫折，那么根据滞留强化和"挫折—倒退"顺序等原理，该员工有可能停留在原需要层次或向下追求。这时，管理者就应该更多地为这类员工提供满足其生存和相互关系需要的机会，以激发其工作积极性。

ERG 理论简化并重新整理了需要层次，既给出了需要层次的新解析，同时也导致了该理论的局限性。ERG 理论掩盖了三个需要层次的更加细致的内涵，把人的复杂需要简单化了。这样也不利于管理者全面和深入理解员工多种多样的需要类型。

三、成就需要理论

1. 成就需要理论的要点

马斯洛需要层次理论和 ERG 需要理论研究了一般个体的各个需要层次，而美国哈佛大学社会心理学教授戴维·麦克利兰(David C. McClelland, 1917—1998)着重研究了具有较高层次需要的人群，于 1966 年在《促使取得成就的事物》一书中提出了成就需要理论(achievement motivation theory)，又称为三种需要理论。

麦克利兰把人的较高层次的需要归纳为三种需要：①成就(achievement)需要，即为实现目标，追求卓越，争取成功的需要；②权力(power)需要，即影响或控制他人且不受他人控制的需要；③亲和(affiliation)需要，即建立友好和亲密的人际关系的需要。这三种需要分类和马斯洛理论及 ERG 理论的需要划分的大致对照关系如图 7-4 所示。尽管这一理论并没有明确表示其激励对象是管理者(作为管理客体)，他们可以是希望取得成就的营销人员、工程技术人员甚至普通工人等，但是其中的"权力需要"表明，这一理论的研究对象其实是不同领域、不同层次或不同程度上的管理者，尽管也许他们同时还是一名销售员、工程师或技师等。

一个人可以同时具有上述三种需要，但不同的人对这三种需要的侧重各有不同。因此，可以按此把被激励对象分为高成就需要者、高权力需要者、高亲和需要者、均衡需要者等不同类型。麦克利兰通过大量的研究发现了高成就需要者、高权力需要者、高亲和需要者的需要特征及其在工作上的优缺点(见表 7-1)。

2. 成就需要理论在管理中的作用与局限性

麦克利兰的成就需要理论在现实的管理中具有良好的实用性。首先，可以利用心理测验方法测量和评价一个人的需要和动机特征，这对于选拔管理者、分派工作和安排职位有重要的参考价值。其次，对于不同需要的人员，采用不同的激励方式，有利于建立合理激励机制。再次，麦克利兰认为需要和动机是可以训练和改变的，因此可以训练和激发个体的成就需要和动机，并使其具有合理的需要结构，以提高组织绩效。

表 7-1 不同需要类型人员的特征比较

需要类型	需要特征		工作特征
高成就 需要者	• 具有获得成功的强烈动机，总想把事情做得更完美 • 喜欢从自身的奋斗中体验成功的喜悦与满足，并不看重成功后的报酬 • 对高报酬的需要只是为了体现自己的贡献和价值 • 喜欢有成功可能的最具挑战性的目标，不喜欢成功无望或无挑战的目标	优点	• 喜欢独立负责，愿意承担责任 • 喜欢得到工作绩效的反馈信息，从而确保自己不断接近成功 • 在富有挑战性的活动中更容易获得成功
		缺点	• 关注自己如何做好，而不是如何影响其他人做好，因此在大型组织中不一定是优秀的管理者 • 喜欢自己选择的目标，不喜欢别人指定的目标，不喜欢寻求别人的帮助或忠告
高权力 需要者	• 喜欢竞争性环境和能体现较高地位的场合 • 追求绩效的动机是为了获得或巩固自己的地位和权力，提高威望和影响力 • 渴望寻求更高职位和更多权力，喜欢影响和控制他人，不喜欢受他人控制 • 喜欢争辩和教训别人，乐于演讲	优点	• 权力需要是有效管理的基本要素之一，优秀的管理者往往是高权力需要和低亲和需要的人 • 倾向于说服和影响他人，有利于提高士气和组织绩效 • 重视职位权力的管理者，能够自觉接受组织约束 • 重视个人权力的管理者，能够自觉树立良好形象
		缺点	• 过于重视支配他人，而忽视绩效与成功 • 缺乏民主意识，容易造成独断专行 • 过于重视职位权力的管理者，不重视个人形象和亲和力 • 过于重视个人权力的管理者，不愿接受组织约束
高亲和 需要者	• 对人际关系敏感，渴望被他人喜欢和接纳 • 倾向于和他人交往，为他人着想 • 喜欢沟通、理解、友爱、亲和与合作，而非竞争性环境	优点	• 亲和需要是保持组织交往和人际关系和谐的重要条件 • 有利于调动员工的积极性
		缺点	• 容易因讲交情而违背或忽视管理原则 • 有时恐惧失去和睦关系，选择回避人际冲突，放弃某些组织目标，或减弱实现组织目标的努力程度

但是，成就需要理论也有一定的局限性，它聚焦于高层次需要人员(如管理者)，但却忽视了他们较低层次的需要，如生理需要、安全需要等生存需要。其实，很难把人员分成高层次需要者和低层次需要者等类别。有的管理者职位很高，但需要层次却很低；有的人职位很低甚至没有职位，但需要层次却很高；而许多人同时具有高层次和低层次的需要。因此，即使是激励管理者，也不可忽视其低层次的需要，否则将难以达到预期的激励效果 [1]。

四、双因素激励理论

1. 双因素激励理论的要点

美国学者弗雷德里克·赫茨伯格(Frederick Irving Herzberg，1923—2000)，在 20 世纪 50 年代末期，对美国宾夕法尼亚州匹兹堡的一个工厂中的 200 名会计师和工程师进行了一项关于工作动机的研究。这些被调查者主要回答两个问题：在工作中，什么事项让他们感到满意？什么事项让他们感到不满意？通过对调查结果的分析表明，那些使员工感到满意的因素主要是与工作的内容相联系的需要，而那些使员工感到不满意的因素主要是与工作的环境或报酬等相联系的需要。赫兹伯格把这些导致满意的因素称为激励因素，而那些与不满意相关联的因素称为保健因素，并于

---

1. 参见张智光所著《管理学智慧：为官的定理》(南京大学出版社，2015 年版)一书中的"173. 高贵与卑微"。

1959 年提出了激励与保健因素理论(motivator-hygiene theory)，又称双因素激励理论(two-factor theory)。

所谓**保健因素**(hygiene factors)，是指那些与工作的外在环境或工作行为所带来的外在结果相关的需要因素，也称为外在因素，如工作条件、管理环境、报酬、奖励或避免惩罚等。这些因素与马斯洛理论中的生理、安全和社会需要有大致的对应关系。所谓**激励因素**(motivator)，是指那些与工作本身相关的需要因素，也称为内在因素，如工作的趣味性、挑战性、成就感、愉快与否、责任大小、晋升机会和发展前途等。它们与马斯洛理论中的尊重和自我实现需要相关联(见图 7-4)。

赫茨伯格认为，保健因素和激励因素的激励作用是不同的。保健因素就像使人不生病的因素，其作用比较消极，只能维持正常的工作状态。但不生病并不等于健康。而激励因素就像促进身体健康的因素，具有提高和发展工作绩效的积极作用。因此，管理者既要改善保健因素，更要提高激励因素。外在的保健因素是基础，而内在的激励因素则是更高层次的激励。

进一步研究还发现，人们对激励因素产生的激励效果的两个对立的评语是"满意"(satisfaction)和"没有满意"(no satisfaction)，而不是通常认为的"满意"和"不满意"；另一方面，对保健因素产生的激励效果的两个对立的评语是"不满意"(dissatisfaction)和"没有不满意"(no dissatisfaction)。可见，前者侧重"满意"与否，而后者侧重"不满意"与否(见表 7-2)。在两种因素同样做得比较好的情况下，激励因素对满意程度的影响要更好一些；而在两种因素同样做得比较差的情况下，保健因素的影响要更坏一些。根据这些分析，为便于直观理解，图 7-5 给出了保健因素和激励因素的好坏对满足程度影响的示意图。

表 7-2　双因素的比较

比较内容 ＼ 需要因素	保 健 因 素	激 励 因 素
需要因素的含义	外在因素：与工作环境和报酬等有关	内在因素：与工作愉快、成就感和事业发展等有关
激励作用	"使不生病"，维持和消极作用	"促进健康"，发展和积极作用
激励效果(满足程度) 做得好	没有不满意	满意
激励效果(满足程度) 做得不好	不满意	没有满意

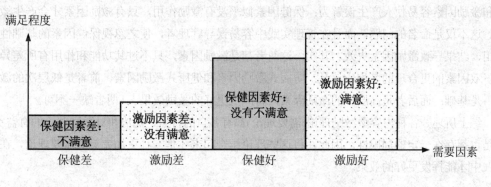

图 7-5　不同保健和激励因素下的满足程度

2. 双因素激励理论在管理中的作用与局限性

根据双因素激励理论，诸如工资刺激、人际关系的改善、提供良好的工作条件等保健因素能够消除员工的不满意，防止产生工作障碍。但这些传统的激励方法即使达到最佳程度，也不会产生积极的激励，不会使员工感到满意。即使感到某种程度的满意，其持续的时间也比较短暂。管理者应该认识到保健因素是必需的，不过它一旦使不满意消除后，就不会产生更积极的效果。只有激励因素才能使人们有更好的内在工作积极性。因此，要使员工感到满意，管理者必须进一步调整激励因素，并使满意持续的时间更长。类似地，如果保健因素很糟糕，即使激励因素做得再好，也不会使员工消除不满意感。可见，员工的总体满足程度是保健因素和激励因素的叠加(见图7-6)。

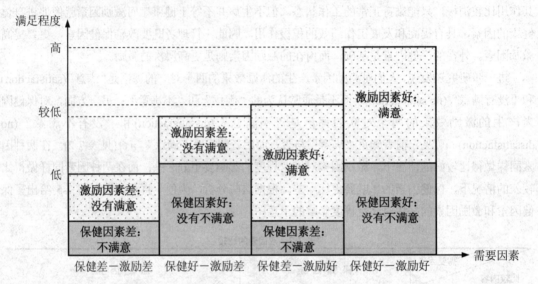

图 7-6　保健因素和激励因素叠加的综合满足程度

赫兹伯格的双因素激励理论从两个方面加深了人们对激励的理解，并对管理实践产生更有效的指导作用：①双因素激励理论把研究者和管理者对需要因素的研究进一步引向了对激励效果的不同作用上，即内在激励因素和外在激励因素对员工满足程度的不同影响上；②该理论促使人们开始研究如何对工作进行设计，使其具有内在的激励性。

但是双因素激励理论也存在一定的局限性。该理论将外在和内在激励因素分别命名为保健因素和激励因素容易使人产生误解为：保健因素似乎没有激励作用，只有激励因素才会产生激励效果。这不仅是命名的问题，而且在管理实践中容易误导管理者，使之忽视保健因素的基础性激励作用，结果导致激励因素失效。其实，这两者都是激励因素，只不过其功能和作用有所差异。因此，双因素的更合理的名称应该是：防病式激励因素和健康式激励因素。前者是低层次的激励因素，是基础；而后者是高层次的激励因素，将产生更好的激励效果[1]。两者缺一不可。

综上所述，各种内容型激励理论(需要理论)都有各自的特点、优势和对激励理论的有益贡献，但是也都存在一定的局限性。因此，将这些理论结合起来才是一种更加完美的需要理论，在管理实践中才能挥发更好的效果。

---

1. 参见张智光所著《管理学智慧：为官的定理》(南京大学出版社，2015年版)一书中的"167. 内容型激励：层次的效果"。

第三节 过程型激励理论

一、期望理论

1. 期望理论的基本原理

期望理论(expectancy theory)，又称作效价－手段－期望理论，是美国著名心理学家和行为科学家维克托·弗鲁姆(Victor H. Vroom)于1964年在《工作与激励》一书中提出来的激励理论。期望理论认为，如果员工某种预计的行为或努力能够产生预计的绩效，该绩效能够给他带来某种预计的结果，该结果对员工的效价能够满足其目标，当预计达成的目标与努力相比比较合适时，他就倾向于采取这种行为或做出这种努力。如果预计的努力太大，而预计达成的目标太小时，员工就不会做出努力。这一过程的原理可以由图7-7来表示。这一理论告诉管理者，如果要提高激励的程度，就要在员工行为过程的各个环节设法提高工作绩效、奖励手段和效价，从而满足其个人的目标或需要，因此该理论属于过程型激励理论。

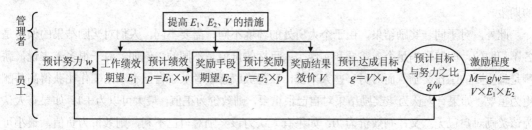

图7-7 期望理论原理示意图

由图7-7可见，期望理论包含了3种基本关系。①预计努力与预计绩效的关系：一份努力所能产生的工作绩效是一个随机变量，其数学期望(各种可能的绩效值乘以相应的主观概率的总和)称为工作绩效期望E_1，也就是员工估计自己的单位努力(例如以某种强度工作1天)所能产生的绩效的均值。②预计绩效与预计奖励的关系：一份绩效所能获得的奖励(包括物质和精神等奖励)也是一个随机变量，其数学期望(各种可能的奖励值乘以相应的主观概率的总和)称为奖励手段期望E_2，也就是员工估计自己的单位绩效(例如加工1个零件或销售1个产品)所能获得的奖励或报酬的均值。③预计奖励与预计达成目标的关系：一份奖励对于不同的人来说，其达成目标或满足需要的程度是不同的，单位奖励额(例如1元人民币)所对应的达成目标的程度称为奖励结果的效价V，效价的取值范围一般在－1～+1。

根据以上分析和图7-7中的公式，员工预计的达成目标g、奖励r、绩效p和努力w之间的关系如下：

$$g = V \times r = V \times E_2 \times p = V \times E_2 \times E_1 \times w \tag{7-1}$$

于是，激励程度M为：

$$M = g/w = V \times E_1 \times E_2 = V \times E \tag{7-2}$$

由式(7-2)可见，激励程度等于奖励结果效价V与相关随机变量的数学期望E的乘积。而期望

E 包含两个部分,一个是工作绩效期望 E_1,另一个是奖励手段期望 E_2。

2. 提升激励程度的措施

由(7-2)式可知,高水平的激励来自于高工作绩效期望 E_1、高奖励手段期望 E_2 和正的高奖励结果效价 V。因此在进行激励时,要同时处理好以上 3 个方面的关系,这些也是调动员工积极性的 3 个基本条件。如果 3 个条件中任何一个比较低,那么激励效果也较低。如果结果效价 V 为负值,那么所有的激励措施都适得其反。因此,提升激励程度应当从这 3 个方面入手。

为了提高员工的工作绩效期望 E_1,首先,管理者可以向下属表达自己对下属的能力充满信心,使他们相信,只要实实在在地努力了,就一定能够获得成功;其次,可以通过提供必要的培训,使员工获得实现高绩效所需要的所有专业技能;再次,通过为下属提供技术指导、创造良好的工作条件等方式,帮助其提高绩效。

为了提高员工对组织奖励手段的期望 E_2,首先,管理者必须根据员工的绩效设定比较理想的奖励力度;然后明确地把预计绩效和预计奖励联系起来,并且使下属清楚地明白这种联系;最后,必须根据员工的绩效公平合理地兑现奖励结果,这样才能进一步提高或巩固员工对未来奖励手段的期望。

此外,对于同一奖励结果,由于个人所处的环境不同、需要不同,人们对奖励结果的偏好是各不相同的,即奖励满足个人需要和实现个人目标的价值是不同的。例如,对于很多人来说,薪酬是最重要的工作奖励,而对另一些人来说,获得成就感或者从事自己喜欢的工作比获得高薪酬更为重要。如果有人认为该奖励结果对自己很重要,则效价为正值,最大可以为 +1;如果有人认为该奖励对自己无意义,则效价为 0;如果有人认为该奖励对自己不利,则效价为负值,最小可以为 −1。为了提高奖励结果的效价,管理者必须确定对于某一类人员,怎样的奖励结果最具有吸引力,或者是他们最希望得到的。对于普遍性奖励,管理者应当采用多数组织成员认为效价最大的奖励手段;而对于分类性奖励,管理者应当根据不同对象的偏好,采取有针对性的不同奖励手段。

二、目标设置理论

1. 目标设置理论的基本原理

美国马里兰大学的心理学和管理学教授爱德温·洛克(Edwin A. Locke)于 1968 年提出了目标设置理论(goal setting theory)。该理论认为,指向一个目标的工作意向是工作激励的一个主要源泉。目标分为需要目标和工作目标,前者是通过后者来实现的。目标设置理论中的目标是指工作目标。外来的刺激所产生的需要,都是通过目标来影响动机的,即目标能把人的需要转变为动机。然后再由动机引导活动指向与工作目标有关的行为,使人们根据难度的大小来调整努力的程度,并影响行为的持久性,进而实现工作目标。这种使需要转化为动机,再由动机支配行动以达成目标的过程就是目标激励。可见,目标设置理论也是一种过程型激励理论(见图 7-2)。

工作目标可以告诉员工需要做什么,需要付出多大的努力,以及最终达到什么样的结果。一旦员工接受了具有挑战性的可实现性目标,会比接受容易的目标带来更高的绩效。通用电气公司的 CEO 杰克·韦尔奇就非常注重为下属设置具有挑战性的目标。他曾经对部门经理说,"你们要制定一些目标和计划，并为员工注入信心，让他们不断地为一些具有挑战性的目标而努力工作，这样才能有效地实现数一数二的战略"。当下属向他汇报下一年度工作指标时，他经常会告诉对方，"把你的目标乘以 2，然后去做吧"。

2. 增强自我效能感的目标设置原则

在目标设置中起激励作用的一个主要因素是员工的自我效能感(self-efficacy)。自我效能感是指一个人对自己完成一项任务的内在信心。如果员工的自我效能感高，他们对自己在一项任务中获得成功的能力就有信心，就会努力克服困难，战胜挑战。而自我效能感低的人，在困难的情况下更易降低努力或干脆放弃。在进行目标设置时，就需要将增强自我效能感的因素设计到工作目标中去，例如目标的明确性、挑战性、适宜性、参与性和反馈性等都是增强自我效能感的因素。因此，为了增强员工的自我效能感，管理者在设置工作目标时应遵循以下几项原则。

① 目标的明确性。一般来说，明确、具体和可衡量的目标，其成功的可能性较大；反过来，如果管理者只是提出"努力提高工作业绩"这样含糊和笼统的目标，那么员工就很难出色地完成工作。

② 目标的挑战性。多数员工在接受具有一定难度的工作后，由目标所带来的挑战能激发员工的成就动机，因而他们会更加努力地工作。反之，如果目标缺乏挑战性，则很难激发其工作热情。

③ 目标的适宜性。目标的难度要适当，既要有利于激发员工的进取心，又不能太高、太难，应使得员工经过努力能够实现。目标过高了员工力所不及，过低了不需要努力，都不能收到良好的激励效果。

④ 目标的参与性。在目标设置中，还需要员工的共同参与。通过上下级共同讨论的方式制定的目标，可以增进员工对目标的理解，进而增强他们实现目标的主动性、积极性、决心和信心。

⑤ 目标的反馈性。反馈是检验目标的实施情况、改进实施方案或修正目标的必要手段，目标的设置要有利于及时反馈完成目标的有关信息，例如管理者可以选择能够获得反馈信息的变量作为目标。缺少了反馈，员工就会失去方向，及时和准确的反馈有利于取得较高的绩效。需要说明的是，目标的反馈性并不等同于下面的反馈性激励理论中的反馈，它只要求在设置目标阶段时要注意目标实施结果的可反馈性，以便为实施某些反馈型激励和综合型激励方法打下基础。

第四节　反馈型激励理论

一、强化理论

1. 强化的基本过程

美国心理学家和行为科学家伯尔赫斯·弗雷德里克·斯金纳(Burrhus Frederic Skinner, 1904—1990)于1956年在《科学与人类行为》一书中提出了强化理论(reinforcement theory)。所谓**强化**(reinforcement)，是指利用对一种行为给予肯定或否定后果并进行反馈，来影响这种行为在今后是否重复发生的过程。这种后果称为**强化物**，包括**肯定强化物**(如奖励)和**否定强化物**(如惩罚)。因此，强化理论属于反馈型激励理论。

强化过程主要由前因、行为、后果和反馈 4 个部分组成，它们的相互关系和流程如图 7-8 所示(张智光，2013)。前因是管理者根据员工过去和现在的行为确定一个具有刺激作用的管理目标及其管理措施，并指明哪些行为将得到何种强化，如企业事先公布超产或未完成定额的奖惩规定，然后员工为达到目标采取某种行为。当该行为达到了目标要求时，就会得到管理者给予的肯定强化物；当行为未达到目标要求时，就不给予肯定，甚至给予否定强化物。当某种行为能够为员工带来他们想要的结果及其反馈，他们就会受到激励，就会重复这种行为；反之，当某种行为可能或已经为员工带来他们不想要的结果及其反馈，他们就会终止原行为，并采取新的矫正行为。因此，管理者可以把他们期望出现的对实现组织目标有利的行为(称作有利行为)与员工想要的结果挂钩，同时把不希望出现的对组织不利的行为(称作不利行为)与员工不想要的结果挂钩，并形成反馈机制，以此来激励组织成员采取有利行为，并终止不利行为。这一过程就是强化过程。通常，要巩固或改变员工的某种行为，并不是一次强化或反馈过程能够解决的，往往需要进行多次反复强化和反馈。

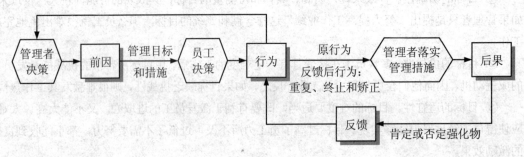

图 7-8　强化过程

2. 强化的类型

按强化目的划分，强化可以分为有利行为的重复性强化和不利行为的终止性强化(又称为弱化)。按强化途径划分，强化可分为积极强化和消极强化。从目的和途径两个维度来划分，强化可以分为 4 种类型：正强化、负强化、惩罚和自然消退(见表 7-3)。由表 7-3 可见，这 4 类强化方式还有另一个分类的维度，即按强化物划分：调节肯定强化物(正强化和自然消退)、调节否定强化物(惩罚和负强化)。这样，表 7-3 的二维组合还可存在另外两种组合方式，有兴趣的读者可参见相关文献(张智光，2013)。

正强化(positive reinforcement)是一种积极鼓励的过程。组织针对有利行为事先制定鼓励措施，员工为了得到鼓励，表现出有利行为，于是组织给予鼓励(肯定强化物)，这一后果反馈后促使员工继续重复这种有利行为。这种令员工满意的肯定强化物包括提高工资、发放奖金、表扬、晋升、信任、学习或休假机会等。通过把肯定强化物与员工行为相联系，管理者能够激励人们持续地做出组织所期望的有利行为。

负强化(negative reinforcement)是一种消极鼓励的过程。组织针对不希望出现的不利行为事先制定惩罚措施，并威胁要实行惩罚(包括通过惩罚其他人进行威胁)，员工为了避免惩罚，未出现不利行为，因此员工未受到惩罚，这一后果反馈后促使员工重复不出现不利行为。例如，如果企业管理者以解雇来威胁销售人员不能低于规定的销售额，结果使多数销售人员完成了定额，这种激励员工的方法就是负强化。

表 7-3　强化的四种类型

强化途径　　强化目的	积极作用(给予强化物)	消极作用(不予强化物)
重复性强化	**正强化**——积极鼓励(给予肯定强化物) • 前因：制定并公布鼓励措施 • 原行为：为得到鼓励，出现有利行为 • 后果：受到鼓励 • 反馈后行为：重复有利行为	**负强化**——消极鼓励(不予否定强化物) • 前因：制定并公布惩罚措施 • 原行为：为避免惩罚，未出现不利行为 • 后果：未受到惩罚 • 反馈后行为：重复不出现不利行为
终止性强化 (又称弱化)	**惩罚**——积极惩罚(给予否定强化物) • 前因：制定并公布惩罚措施 • 原行为：出现不利行为 • 后果：受到惩罚 • 反馈后行为：终止不利行为	**自然消退**——消极惩罚(不予肯定强化物) • 前因：找出并停止鼓励不利行为的肯定强化物 • 原行为：出现不利行为 • 后果：未受到鼓励 • 反馈后行为：终止不利行为

　　惩罚(punishment)是一种积极惩罚的过程。组织针对不希望出现的不利行为事先制定惩罚措施，当员工出现不利行为时，组织给予惩罚(否定强化物)，这一后果反馈后促使员工终止这种不利行为。在管理中，惩罚被认为是维持组织秩序和促进管理有效性的不可缺少的手段。当员工做出不利行为时，就要通过惩罚予以否定，让他们承担他们不想要的负面结果。组织使用的惩罚方式有很多，按照严厉程度由轻到重依次包括：口头批评、降低薪资、停职反省、降级和解雇等。

　　惩罚和负强化的区别在于：对于前者，员工出现了不利行为，并受到了惩罚；而对于后者，由于员工没有出现不利行为，因而没有真的受到惩罚。但是，从管理者的激励方法角度看，惩罚和负强化并没有实质性的区别，通常是一个完整的激励方法的两种不同的执行后果。惩罚和负强化都会产生一些负面影响，容易造成令人不愉快的工作环境，甚至会形成一种消极的组织文化，而惩罚的负面影响更大，如引起憎恨、丧失自尊、产生报复念头等。因此，除非十分必要，管理者应当尽可能使用正强化来激励员工，不要轻易采用负强化和惩罚手段。

　　自然消退(omission of reinforcement，extinction)是一种消极惩罚的过程。管理者针对某种经常出现的不利行为，找到鼓励这种行为的肯定强化物，并将其停止；当员工的这种不利行为再次发生时，便得不到正强化鼓励，这一后果反馈后促使员工终止这种不利行为。可见，自然消退对某种不利行为不采取任何措施，既不鼓励也不惩罚，让它自然地消除。例如，某企业曾对员工加班给予奖励，结果导致许多人上班时间故意磨洋工，下班后再加班完成定额。为终止这一不良行为，企业管理者决定按完成工作量情况发奖金，而不按加班时间发奖金。由于停止了肯定强化物，此后加班的员工逐渐减少，而上班时间的工作效率得到了很大的提高，企业也减少了开支。可见，自然消退是一种比较富有智慧和巧妙的终止不利行为的强化方式，往往比惩罚更加有效。但是，自然消退的难度在于有时很难发现并停止鼓励不利行为的肯定强化物。

　　3. 强化理论的发展——情境强化理论

　　进一步分析不难发现，斯金纳提出的 4 种强化类型分别对应于 3 种管理情境：出现不利行为、未出现不利行为、出现有利行为，而且一种强化类型只适合于一种情境。这不仅限制了强化理论的灵活应用，而且面对复杂多变的实际情境，传统强化理论所推荐的强化方式有时并不是最佳的管理措施。这种强化理论的另一个"硬伤"是，这三种管理情境并不完备，缺少了"未出现有利行为"这一情境，而这一情境是管理者比较难以处理的一种情况。为克服这些缺陷，张智光教授将情境领导理论的思想引入斯金纳强化理论，提出并构建了一种新的强化理论——情境强化理论

(张智光，2013)。

根据情境强化理论，对于某一种情境，管理者将有多种强化方式可供选择。除了强化理论的常规应用外，还可以进行变换应用。根据实际情境的具体特点，有时某一种强化方式最为适合，有时将多种强化方式进行组合则更加有效。更重要的是，通过情境强化理论的有效应用，可以使一个组织的管理情境逐步由劣转优，从出现不利行为转到未出现不利行为，再从未出现有利行为转到出现有利行为，进而使组织绩效逐步提升。限于篇幅，这里不对情境强化理论做详细介绍，有兴趣的读者可参阅相关文献(张智光，2013)。

二、公平理论

1. 公平理论的基本原理

公平理论(equity theory)最初由美国社会心理学家约翰·斯塔希·亚当斯(John Stacey Adams)于 1965 年提出。公平理论认为，人们不仅关心自己经过努力所获得的报酬的绝对数量，也关心自己报酬的相对数，而且还将自己的报酬或产出(如薪酬、福利、被认可、满意度、安全感、工作分配和惩罚等)与投入(如努力程度、时间消耗、才能、绩效、额外的投入和良好的品格等)的比率和参照对象(referents)的报酬与投入的比率进行比较。比较的结果反馈之后，员工会产生公平或不公平的感觉，而这种主观感觉将影响员工的激励程度。因此，公平理论属于反馈型激励理论。

员工公平感的反馈激励过程如表 7-4 所示。在表 7-4 中，I_P 和 O_P 分别表示某员工 P 的投入与报酬，I_R 和 O_R 分别表示某参照对象 R 的投入与报酬。如果员工自己的报酬投入比 O_P/I_P 与其参照对象的报酬投入比 O_R/I_R 相等时，他就会感到公平，积极性就会提高；反之，他就会感到不公平，这种不公平感将在其内心产生压力和紧张情绪，促使他去努力恢复公平，结果导致积极性下降。不公平有两种情况，一种是由于 O_P/I_P 较低而产生的不公平；另一种是由于 O_P/I_P 较高而产生的不公平。第一种情况比较容易理解，它直接导致员工积极性的下降。第二种情况对员工心理的影响比较复杂，又分为感悟型和糊涂型两种情况 [1]。感悟型的心理过程是：员工发现自己的报酬投入比 O_P/I_P 较高，起初感到窃喜，但随即就感到担心或愧疚，然后员工感悟到报酬其实与投入和绩效的大小无关，觉得今后应当在工作以外的事情上多下一些功夫(如巴结上司等)，于是工作积极性下降。糊涂型的心理过程是：起初员工以为报酬是公平的，是因为自己工作表现好，于是积极性提高；但后来发现报酬并未因此而提高，于是感到不公平，最终还是导致积极性下降。总之，不公平都会导致员工的积极性下降。

表 7-4　公平感的反馈激励过程

报酬与投入比率的比较	公平感		反馈后的激励效果
$O_P/I_P < O_R/I_R$	不公平		积极性下降
$O_P/I_P = O_R/I_R$	公平		积极性提高
$O_P/I_P > O_R/I_R$	不公平	感悟型	发现报酬较高→窃喜→担心→感悟(原来与投入无关)→积极性下降
		糊涂型	以为公平→积极性提高→报酬并未提高→感到不公平→积极性下降

---

1. 参见张智光所著《管理学智慧：为官的定理》(南京大学出版社，2015 年版)一书中的"174. 不公平——吃力不讨好的管理"。

2. 参照对象及其中介变量

通常，员工可能选择的参照对象可分为以下几种情况：①自我－内部，即员工在当前组织中不同职位上或不同时期的经历。②自我－外部，即员工在当前组织以外的其他组织中的经历。③别人－内部，即员工所在组织中的其他个人或群体的当前或过去的经历。④别人－外部，即员工所在组织之外的其他个人或群体的当前或过去的经历。

员工在选择参照对象以及进行比较时，经常关注参照对象的某些中介变量，例如，性别、任职期、在组织中的地位、受教育或职业化程度等。人们倾向于和性别、任职期、地位、受教育程度等中介变量相同或相近的参照对象进行比较，因为他们具有可比性。当无法选择相同或相近的参照对象时，人们需要对比较结果进行一定的修正。一般认为，女性、任职期短、职位低或受教育程度低的比较方，要比男性、任职期高、职位高或受教育程度高的比较方的报酬期望值低一些。当然，对于不同的组织或不同的工作，这种修正方式也不尽相同。例如，在男女平等的组织中，或对于没有性别区分的工作来说，员工会进行跨性别的比较。

3. 员工恢复公平的行为

公平理论认为，当员工感到不公平时，如果组织不及时采取措施恢复公平的环境，员工将会自己采取某些行为来恢复公平，这些行为通常会降低员工的工作积极性，进而导致组织绩效的下降。一般来说，员工可能采取的恢复公平的行为有以下几种。①改变自己的投入，例如工作不再那么努力了，上班迟到早退，把工作的产出或质量降低一些等。②要求提高报酬，例如直接向老板提出要求增加工资或奖金等。③改变对自我或他人的认知，例如对于感到报酬较低的员工来说，他可能认为"也许张三真的有过人之处，也许我真的不如他"；而对于那些由于报酬较高感到不公平的员工来说，他可能认为"现在我才意识到自己比其他任何人都更努力"。④选择另一个参照对象，例如员工觉得之前选择的参照对象不太合适，从而认为"我可能不如我内弟挣得钱多，但比我爸爸在我这个年龄做得好多了"。⑤选择离开工作场所，例如调动工作、辞职或跳槽等。⑥采用其他方式，例如发泄怨气、制造矛盾、暂时忍耐或逃避等。

4. 公平理论对管理的启示

以上恢复公平的行为有的是消极怠工，有的是积极抗争，有的是自我安慰，有的是寻求心理平衡，有的是"阿Q精神"，有的是"用脚投票"等。但不管用什么方式，对激励员工和提高员工积极性都是不利和有害的。员工感到不公平的时间长了，也会对一桩小事引起强烈的反应。感到不公平的人数多了，组织绩效将大幅度降低。更重要的是，公平是激励的基石，公平一旦丧失或者被践踏，各种激励手段都将归零，甚至效果为负——践踏公平的激励比没有激励更糟[1]。

因此，管理者应当着力建立公平的机制，并且对于员工的不公平感要及时加以消除，尽快从管理上恢复公平性，而不是让员工自己去恢复。组织中认为自己受到了公平对待的人越多，组织成员受到的激励强度就越高。贡献多和绩效高的员工因为得到了自己理应得到的报酬，他们会受到激励，并继续贡献高水平的投入。而贡献不多、绩效不高的平庸员工则会认识到，要想提高自己的报酬水平，必须提高自己的投入水平。

---

1. 参见张智光所著《管理学智慧：为官的定理》(南京大学出版社，2015年版)一书中的"170. 公平的奠立"。

当然，在一个组织中，绝对的公平是不存在的。而且个人感觉公平的主观性很强，有些人总是倾向于夸大自己的投入和别人的报酬。公平与否的判定受个人的知识、修养、世界观、价值观和外界氛围等多种因素的影响。因此，管理者也需要认识到这一点，努力做到相对的公平。如何实现相对公平？首先，在客观上应尽可能构建公平合理的激励机制，并在履行规则的过程中力求做到公平、公正和公开。这样，员工即使对激励结果感到不满意，也可能以积极的态度看待上司和组织。其次，在主观上尽可能构建正确认知公平的心理评估机制，从而建立合理的公平感。具体地说，一方面要引导员工树立正确的公平观，实事求是地认识自己的不足和他人的优势，认识到绝对的公平是不存在的，不要盲目攀比，用积极和健康的心态投入工作。另一方面要尽量营造公平合理的氛围，避免夸大员工所获激励的差异性，从而使他们用积极和健康的心态认知公平的相对性[1]。

第五节　综合型激励理论

一、局部综合：工作特征模型

工作特征模型(job characteristic model，JCM)，也称作五因子工作特征理论、工作设计模型，是哈佛大学教授理查德·海克曼(J. Richard Hackman)和伊利诺伊大学教授格雷格·奥德海姆(Greg Oldham)于1976年提出的。该理论将内容型、过程型和反馈型激励理论中的某些原理进行综合，认为良好的工作特征本身包含了比外在保健因素更高层次的内在激励因素(见双因素激励理论)，可以改善员工的心理状态，进而带来高激励、高绩效、高满意度、低旷工和低流动率的结果(见图7-9)。

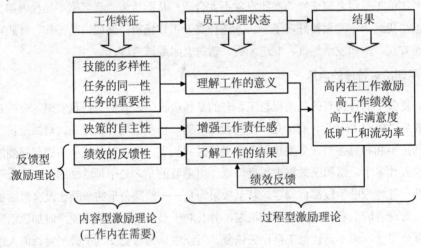

图 7-9　工作特征模型

根据工作特征模型，具有良好激励作用的工作设计应包含以下5种特征。①技能的多样性(skill variety)，是指一项工作需要若干种不同类型的技能方能完成，而不是只需一种技能的单调工作。

---

②任务的同一性(task identity)，也称为任务的完整性，是指一个人所从事的多项工作活动具有较好的一致性，可以明确看出是一个完整任务的有机组成部分，而不是支离破碎的，使员工无从了解任务的全貌。③任务的重要性(task significance)，是指一项工作对组织内或组织外的其他人的工作或生活具有比较重要的影响，而不是影响甚微的次要工作。④决策的自主性(autonomy)，是指一项工作为承担者在安排工作内容、确定工作程序和方法等方面提供了比较宽松的自由度和较多的独立自主的决策权，而不是什么事情都得听从他人的安排和指令。⑤绩效的反馈性(feedback)，是指员工在完成任务的过程中，可以直接而明确地获得有关自己工作绩效的信息，而不是稀里糊涂地干活，感觉不到自己的成就和不足。

以上5种工作特征可以让员工产生和改善以下3种心理状态：①一项工作如果具备前3种特征，可以让员工理解和感受到自己所承担工作的意义、价值和重要性；②如果工作具有决策的自主性，可以让员工增强工作的责任感；③如果工作具有绩效的反馈性，可以让员工及时了解自己工作的效果，一方面可以增强工作的成就感，另一方面可以及时发现问题，调整自己的行为，更好地完成任务。然后，从这3种心理状态，又可以影响员工的工作积极性和工作效果，即提高员工的内在工作激励、工作绩效和工作满意度，降低员工的旷工率和流动率。

由图7-9可见，工作特征模型是内容型、过程型和反馈型激励理论的有机结合。首先，工作特征模型中的5项工作特征是内容型激励理论的体现。从马斯洛需要层次理论中的高层次需要、ERG需要理论中的成长需要、成就需要理论中的成就需要、双因素激励理论中的激励因素等都可以看到，具有较强的自身成长需要的员工，会有较强的工作内容需要，而且会因为良好工作的特征而导致更强的心理状态，并在工作绩效方面表现得更佳。其次，工作特征对员工心理的影响，以及心理状态对工作结果的影响，体现了过程型激励理论的思想，例如良好的工作特征将会导致期望理论中工作绩效期望的提高，以及目标设置理论中的员工自我效能感的提高等。再次，工作特征模型中关于绩效的反馈性特征，以及通过绩效反馈使员工了解工作的结果等内容，体现了反馈型激励理论的基本原理。

最后需要说明的是，工作特征模型的激励作用虽然反映在管理的领导过程中，但它的设计过程在组织过程中就已经开始了。在第六章中，我们就提到工作特征模型是工作设计的科学依据之一。这就是工作特征模型又称为工作设计模型的原因。

二、整体综合：综合激励模型

工作特征模型只将部分激励理论或思想在工作特征方面进行了局部性综合，而综合激励模型将对以上各类激励理论进行整体性综合，描绘这些理论相互作用和协同运行的更加有效的完整激励过程。综合激励模型最初是由美国心理学家莱曼·波特(Lyman Porter)和行为科学家爱德华·劳勒(Edward E. Lawler)于1968年在《管理态度和成绩》一书中提出的一种激励理论。该理论综合了各类激励理论，并试图将这些理论纳入一个统一的系统之中。之后，有些学者对综合激励模型进行了一些改进。本书作者在这些相关文献的基础上，改进了波特和劳勒的模型，构建了如图7-10所示的综合激励模型。图中的虚线箭头表示员工对某变量的主观估计值，如期望和效价(见期望理论)，而非实际值。同时，这些变量值也表示管理者运用过程型激励理论在员工行为过程各环节所采取的管理措施的效果(为了不至于使模型图过于复杂，关于管理措施的箭头线在此省略)。

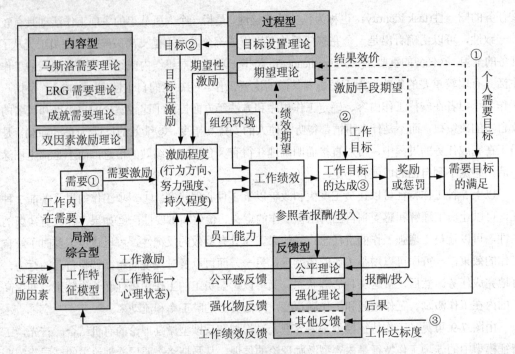

图 7-10　综合激励模型

图 7-10 以需要、努力、工作绩效、工作目标的达成、奖励与惩罚、需要目标的满足几个变量为主线，将以上介绍的 9 个激励理论全部联系起来，构成了完整的综合激励系统。第一，员工的激励程度同时受到需要、目标、期望、工作、公平、强化等因素的影响，而这些影响因素分别以内容型激励理论、过程型激励理论、反馈型激励理论、工作特征模型为依据。第二，员工激励程度、组织环境、员工能力等变量影响员工的工作绩效和工作目标的达成。第三，组织管理者根据员工的达成工作目标的情况给予奖励或惩罚。其中，奖励包括两类：一类是满足员工外在需要的奖励，包括薪资、奖励和待遇等；另一类是指满足员工内在需要的奖励，包括工作的趣味性、挑战性、成就感和发展前途等。第四，奖励与惩罚等结果与个人需要目标比较就决定了员工需要目标的满足程度。第五，根据公平理论、强化理论等反馈型激励理论，员工的公平感、受到的强化物和工作绩效等反馈会影响员工的心理状态和激励程度。此外，在上述过程中，关于期望理论，工作绩效、奖惩、需要目标满足程度分别导致员工对绩效期望、激励手段期望和结果效价的估计，进而产生期望性激励。关于工作特征模型，员工心理状态受到工作特征模型中的工作特征的影响，而工作特征的设计又以内容型激励理论中的工作内在需要、过程型激励理论中的过程激励因素、反馈型激励理论中的工作绩效反馈等为依据。关于公平理论，公平感是员工通过自己和参照者的报酬与投入比的比较而产生的。

由图 7-10 所示的综合激励模型可见，以上介绍的各种激励理论并不是孤立的理论，它们之间存在着有机的联系。它们从不同的侧面描述了激励过程某一方面的运行原理。而综合激励模型把它们组装成一个完整的系统，让我们能够清楚地看到激励过程的全貌和整体运行机理，为我们综合运用各种激励理论来解决实际管理中的复杂激励问题提供了更加有效的指导。

第六节　领导特质理论

一、早期领导特质理论

　　领导特质理论(trait theories of leadership)的基本假定是，领导者拥有特殊的个人特质(性格、素质、品质和能力等方面的特征)，使得他们区别于非领导者，并且能够成为成功的领导者。早期的领导特质理论认为领导者的特质来源于生理遗传，是先天俱有的，且领导者只有具备这些特质才能成为有效的领导者。早期领导特质理论源远流长，古希腊哲学家亚里士多德(Aristotle，公元前384—前322)就认为："有些人生来就注定应该服从，另有些人生来就注定要统治。"

　　到20世纪初，许多学者开始对领导特质进行系统的研究，得出了许多不同的结论。1920年，贝尔德列举出20份不同的领导特质表，认为是成功领导者必须具备的个人特质。1929年，特质理论的创始人奥尔波特 (Gordon Willard Allport，1897—1967)在第九届国际心理学大会上发表了题为《什么是个性特质》的论文，提出将特质作为个性的基本单位。这一时期的研究者所关注的领导特质主要有体型、外貌、社会阶层、情绪稳定性、语言能力和社交能力等。

　　20世纪40年代之后，领导特质的研究越来越多，据有关统计，自1940年至1947年就有相关研究124项。1949年亨利(W. Henry)在调查研究的基础上指出，成功的领导者应具备12种特质：①成就需要强烈；②工作积极努力；③尊重上级；④组织能力和预测能力强；⑤决断力强；⑥自信心强；⑦思维敏捷；⑧富于进取精神；⑨讲求实际，不空谈未来；⑩忠于职守，尽心尽力；⑪独立性强，不过分依赖别人或家人；⑫同上级较为亲近，而同下级保持一定的距离。1954年吉伯(C. A. Gibb)指出，天才的领导者具有7项特质：①智力过人；②英俊潇洒；③能言善辩；④心理健康；⑤外向而敏感；⑥具有自信心；⑦有支配他人的倾向。

　　早期领导特质理论与后面的现代领导特质理论，在领导特质的种类方面并没有显著的区别。而它们的本质差异在于，早期领导特质理论认为凡领导者都是天生的人才，甚至是伟人，他所具备的领导特质都是与生俱来的。显然，这是缺乏科学依据的，现代领导特质理论纠正了这一观念。

二、现代领导特质理论

1. 研究进展

　　20世纪70年代之后，领导特质理论的研究开始走向正轨，更加侧重于在后天实践中形成的必要的领导特质。这时人们认识到，领导者的特质并非全是与生俱来的，可以在领导实践中形成，也可以通过训练和培养的方式造就出来。同时，采取了一些比较科学的研究和训练的方法。例如，采用心理测量法对领导者的气质、性格和行为习惯等进行测验，并通过心理咨询给予矫正或治疗；根据现代组织的要求提出评价领导者特质的标准，并通过专门的方法训练和培养有关特质。我们把这一阶段的领导特质理论称为现代领导特质理论。

　　关于领导特质的种类，现代特质理论呈现出更加多样化的研究成果。1971年美国心理学家吉色利(E. E. Chiselli)在《管理才能探索》一书中提出有效领导者应具有8种特质：①才智；②创新精神；③管理能力；④自信心；⑤合作能力；⑥决断能力；⑦兼备男性与女性优势；⑧高度成熟。1974年，美国俄亥俄州立大学工商研究所教授斯托格蒂尔(R. M. Stogdill)认为领导特质应包括16

个方面：①有良心；②可靠；③责任心强；④勇敢；⑤有胆略；⑥力求革新；⑦直率；⑧自律；⑨有理想；⑩善处人际关系；⑪风度优雅；⑫乐观；⑬身体健壮；⑭智力过人；⑮有组织能力；⑯有判断力。

20世纪70年代，日本企业界认为，有效的领导者应具备10项品德和10项才能。这10项品德是：①使命感；②责任感；③合作精神；④积极性；⑤进取心；⑥公平；⑦热情；⑧勇气；⑨忠诚老实；⑩忍耐性。10项才能是：①判断能力；②创造能力；③思维能力；④规划能力；⑤洞察能力；⑥劝说能力；⑦对人理解能力；⑧解决问题能力；⑨培养下级能力；⑩调动积极性能力。同时，美国管理协会对在事业上取得成功的1800名管理人员进行了调查，发现成功的管理人员一般具有下列20种特质：①工作效率高；②有主动进取精神；③善于分析问题；④有概括能力；⑤有很强的判断能力；⑥有自信心；⑦能帮助别人提高工作的能力；⑧能以自己的行为影响别人；⑨善于用权；⑩善于调动他人的积极性；⑪善于利用谈心做工作；⑫热情关心别人；⑬能使别人积极而乐观地工作；⑭能实行集体领导；⑮能自我克制；⑯能自主做出决策；⑰能客观地听取各方面的意见；⑱对自己有正确估价，能以他人之长补自己之短；⑲勤俭；⑳具有管理领域的专业技能和管理知识。

2. 领导者的基本特质

从以上介绍可以看到，关于领导者应当具备哪些特质众说纷纭。下面我们从领导过程职能的角度选择6项基本的或主要的领导特质加以说明。

(1) 进取心

进取心是指能够反映高水平努力程度的一系列个性特点。进取心包括对成功的强烈欲望、不断地努力和提高、有抱负、有精力、有毅力、积极主动等特征。一些研究表明，高层管理者成功的欲望与组织的增长率呈现出高度的相关性。但是，领导者过于强烈的成功欲望，有可能导致其过于专注个人成就、不充分授权、不关心员工等问题，这时成功欲望反而有可能成为组织正常发展的一个障碍。一般来说，比较强烈的进取心和成功欲望对于创业型组织的发展更为有效。

(2) 领导动机

领导动机是指领导者具有强烈的权力欲望，喜欢领导别人，而不想被人领导。强烈的权力欲望促使人们试图去影响别人，并在领导过程中获得满足和利益。当权力需要是符合道德的，而不损害别人时，领导者将获得更多的信任和尊重，员工对愿景的认同程度也会提高。

(3) 正直

正直主要指公正不阿、不图私利、言行一致、诚实可信。当然，正直也是一般个人的优良品质，但对于领导者来说正直则更为重要，因为它能够使领导者做出正确的决策，赢得更多的信任。

(4) 自信

自信是指领导者在面对任务、挑战和困难时，表现出对自己和组织能力充分的信心。领导者角色具有很强的挑战性，难免要遭遇挫折，自信特质能让领导者克服各种困难，在不确定的情况下敢于做出决策。而且领导者的自信也能够逐渐传递给其他人，以鼓舞员工的士气。但是，领导者过度的自信有时反而会导致盲目乐观、轻视困难和忽视风险，从而降低成功的概率。

(5) 业务和管理知识及技能

有效的领导要求具有本行业、本组织的技术和管理等方面的知识和技能，以免外行领导内行。当然，作为领导者(技术领域的领导者除外)，更重要的是深入掌握本行业的管理知识和技能；而对于技术方面的了解，主要侧重宏观层面的原理性的掌握，例如对技术发展的前瞻性的准确预测等。高层领导者应当是通才，综合性的广博知识比一个狭小领域的专门知识更为重要，宏观把控能力比具体技术技能更重要。

(6) 善于从事人际工作

领导过程是一个与个人和群体打交道的过程，因此一个不善于与人交往的人就不具备领导特质。所谓善于做人的工作包括善解人意、能感知别人的需要和目标、善于与人沟通、善于说服和鼓动别人、关心下属、以自己的行为影响他人、能够调动员工的积极性、心胸开阔、能够听取他人的意见和建议、具有合作精神、能够根据不同的下属调整领导方式等。

三、魅力型领导特质理论

20 世纪 70—80 年代，研究者们试图走出繁杂的领导特质迷宫，以一种更加简洁的综合特质来反映现实管理对领导者的要求。其主要的代表性理论是魅力型领导特质理论。随后，这一理论又与领导行为理论相结合，产生了变革型领导行为理论(见本章第七节)。

魅力型领导特质理论(charismatic leadership theory)是研究魅力型与非魅力型领导者之间的特质差异及其对下属影响的差异，以及领导魅力特质的培养等问题的领导特质理论。该理论产生于20 世纪 70 年代后期，80 年代后日益受到重视。随着经济全球化的发展，市场竞争日趋激烈，各类组织，尤其是企业组织迫切需要魅力型领导者的改革和创新精神，以应对外部环境的挑战。魅力型领导者是指能对下属产生不同寻常影响的领导者，其人格魅力与下属的高绩效和高满意度之间有着显著的相关性。为魅力型领导者工作的员工将受到更大的激励，因而在工作中将付出更多的努力。而且，由于他们喜爱自己的领导，因此也表现出更高的满意度。另外，根据第六章介绍的关于权力来源的论述，魅力型领导者以及后面将要介绍的变革型领导者，具有高超的个人权力，并和职位权力相得益彰，因而更加有助于其行使领导职能。

什么是魅力？魅力型领导者应具有哪些特质？德国社会学大师、官僚组织理论创始人马克斯·韦伯(Max Weber，1864—1920)曾经给魅力下了这样的定义："魅力(charisma)是存在于个体身上的一种品质，它超出了普通人的品质标准，因而会被认为是超自然所赐，具有超凡的力量，或者至少是一种与众不同的力量与品质。"魅力型领导者通常具有以下一些领导特质和影响能力。①能够清晰地描述宏伟前景，并将组织的现状与美好的未来联系在一起，使下属明确组织的发展道路，并树立坚定的信念。②善于调动下属的潜能，向下属传达高绩效的期望，并对下属达到这些期望表现出充分的信心，以便提高下属的自尊和自信水平，调动下属的情绪，并开发出他们的潜能。③能够树立起新的价值观体系，使之更加有利于组织的发展，能够通过言语和活动传达这种价值观，并以自己的行为为下属树立效仿的榜样。④勇于采取非常规的行为，不循规蹈矩，具有远见卓识，自信，敢于做出自我牺牲和反传统的行为，以表明自己的勇气和对未来前景的坚定信念。⑤具有非凡的感染力，总是保持乐观的态度，无畏风险，善于用激情作为催化剂激发他人的热情，运用整个身体而不仅仅是言语进行沟通，具有化繁为简的高超表达能力。例如，马丁·路德金的"我有一个梦想"，邓小平的"发展是硬道理"等精彩表达就蕴含了无穷的深刻道理。

但是，也有一些学者指出，魅力型领导者也可能有消极的一面。如果魅力型领导者过分强调自己个人的意志，要求下级绝对服从，或利用其高超的说服能力误导或操纵下级，则可能产生不良的结果。因此，魅力型领导者也需要在正确的组织制度和民主化的决策规则下发挥作用。

第七节　领导行为理论

领导特质理论研究了"成功的领导者应该是什么样的人"。一个领导者具备了某些领导特质能够提高其成功的可能性，但是这些领导特质并不是成功的保证，还要看他们是否具有恰当的领导行为，以及在不同的情境下采取与之相适应的领导行为的能力。因此，研究者们又开始把目光转向"成功的领导者应该怎么做"的问题，于是产生了领导行为理论(behavioral theories of leadership)和领导情境理论(contingency theories of leadership)。本节先介绍领导行为理论，具体包括任务－关系领导行为理论、交换类领导行为理论和变革型领导行为理论等。

一、任务－关系领导行为理论

1. 领导行为的变量体系

任务－关系领导行为理论包含领导行为二分法理论(X-Y 理论)、三分法理论(勒温理论)、四分图理论(俄亥俄模式)、五分图理论(方格图理论)等。这些领导行为理论以及后面的领导情境理论中，关于领导行为风格或方式的分类和表述方式种类繁多，既类似又有差异。但经过梳理我们发现，这些领导行为共有 5 种风格类型，每一种类型都可以从任务关注度、权力集中度和干预强度三个角度进行描述，其本质都是相同的。这三个角度分别对应三个领导行为变量：领导任务行为、领导权力行为和领导干预行为。这 5 种领导行为风格类型在不同行为变量下的不同表述如表 7-5 所示，每种领导行为类型的三种变量表述的内涵其实都是一致的，只是不同的领导理论所采用的表述方式和侧重点有所不同，而且从中所选取的领导行为风格的个数也不同。表 7-5 中的类型 I 到类型 V 是按照各变量值从大到小的顺序排列的，即从最关注任务到最不关注任务、权力最集中到权力最分散、干预最强到干预最弱。

表 7-5　领导行为变量体系

行为变量　　　行为风格	领导任务行为 (二分法理论、四分图理论、菲德勒权变模型、超 Y 理论)	领导权力行为 (三分法理论、五分图理论)	领导干预行为 (领导生命周期理论、路径－目标理论)	
类型 I	任务导向型(X 理论)[①] (高任务－低关系)	专制型(集权型)	命令式(指导型)	
类型 II	双高导向型[②] (高任务－高关系)	民主型(团队型、理想型)	说服式(成就型)	
类型III	适度导向型[③] (中任务－中关系)	中庸型	折中式[③]	
类型 IV	关系导向型(Y 理论) (低任务－高关系)	俱乐部型	参与式	(支持型)
				(参与型)
类型 V	双低导向型 (低任务－低关系)	放任型(贫乏型)	授权式	

注：① 领导者－成员交换理论中的圈外交换行为和交易型领导行为属于任务导向型领导风格，是其中的两种具体类型。
　　② 领导者－成员交换理论中的圈内交换行为和变革型领导行为属于双高导向型领导风格，是其中的两种具体类型。
　　③ 相关理论中缺少这种类型，表中的领导行为是本书补充的风格。

领导任务行为是该变量体系的基础，它又包含了两个变量或维度：关心工作任务和关心人际关系。前者表示领导者直接关注工作任务和工作绩效，后者表示领导者通过关心员工、和员工搞好关系等方式调动员工的积极性，间接地达到完成工作任务和提高绩效的目的。这两个变量分别可以取高值、中值或低值。这样，关心工作任务和关心人际关系两个变量维度的各种取值至少可以组合成5种领导风格类型：任务导向型(高任务－低关系)、双高导向型(高任务－高关系)、适度导向型(中任务－中关系)、关系导向型(低任务－高关系)、双低导向型(低任务－低关系)。它们分别反映了领导者在任务关注度方面的不同行为风格。

领导权力行为变量包含以下5种行为风格类型：专制型(又称集权型)、民主型(又称为团队型、理想型)、中庸型、俱乐部型、放任型(又称贫乏型)。它们分别反映了领导者在权力集中度方面的不同行为风格。专制型风格的集权程度最高，然后逐步放权，在放任型风格下，领导者将权力完全下放。

此外，领导干预行为变量包含以下5种行为风格类型：命令式(指导型)、说服式(成就型)、折中式、参与式(又分为支持型和参与型)和授权式。它们分别反映了领导者在干预强度方面的不同行为风格。其中，命令式风格是指各种决策都由领导者做出，下属完全按领导者的指令和指导行事；说服式风格是指领导者通过说服、提高目标、成就导向和关心下属等方式促进其工作水平和绩效的提高；折中式风格是指领导者在各方面都以中等力度进行管理；参与式风格是指领导者关心和支持下属，让下属或员工参与决策过程，并共同做出决策；授权式风格是指领导者不进行任何干预，完全授权下属自行工作。

需要说明的是，类型Ⅰ中的领导行为可以是强制性的，也可以不是强制性的。前者严格来说已不属于领导过程，但后者仍然属于领导过程。其实，任务导向型的行为也可以用非强制性手段让员工自觉自愿地完成任务；专制型的行为只是权力不下放，并不等同于用强制性手段；命令式的行为也可以让员工甘愿服从命令，听从指导。

以上各领导行为变量及其风格类型的具体含义将在下面具体的领导行为理论和领导情境理论中进行详细介绍。

2. 领导行为二分法理论：X-Y 理论

美国心理学家、麻省理工学院教授道格拉斯·麦格雷戈(Douglas M. McGregor，1906—1964) 1957年在史隆管理学院大会的演讲中首次提出了X理论和Y理论。1960年在其所著的《企业的人性面》一书中系统阐述了这一关于员工工作源动力的X-Y理论。该理论基于两种不同的人性假设将领导行为分为两种风格类型，因此我们称之为领导行为的二分法理论。

麦格雷戈将传统的认为人的工作动机是获得经济报酬的"实利人"的人性假设理论称为X理论。X理论的人性假设是：人的天性是好逸恶劳，以自我为中心，对企业的目标漠不关心；他们胸无大志，不喜欢承担责任，缺乏进取心和创造力；需要层次比较低，主要有生理和安全的需要。因此，领导者应当采取任务导向型的领导行为风格：着重关注生产任务，用强有力的手段使员工努力工作；以外控为主，进行严格监控和指导员工；激励手段以惩罚为主，并加大惩罚强度；同时为满足员工的生理及安全需要，用经济报酬来刺激生产。

实践证明，X理论的领导行为在多数情况下效果不佳，会造成员工创造性和奉献精神下降。因此麦格雷戈相对于X理论提出了一个新的Y理论(见表7-6)。Y理论的人性假设是：人的本性并非天生厌恶工作，如果给予适当的机会，人们会喜欢工作，且愿意为实现组织目标而承担责任；人具有进取心，渴望发挥才能和创造力；人既有低层次需要，也有更高层次的追求。因此，领导者应当采取关系导向型的领导行为风格：要关心员工，调动其内在积极性和创造性；以员工自身内控为主，发挥员工自我控制和自我指导能力；激励手段以奖励为主，应使工作具有意义和挑战性，使个人目标和组织目标保持统一；努力满足员工的自尊和自我实现等高层次的需要。麦格雷戈对 X 理论持批评的态度，认为 Y 理论更可取。

表 7-6　X-Y 理论的领导行为类型比较

比较项	X 理论	Y 理论
人性假设	【本性】天生好逸恶劳，以自我为中心 【进取】缺乏进取心和创造力 【需要】生理和安全层次需要	【本性】并非天生厌恶工作，若给予机会愿承担责任 【进取】愿意发挥才能和创造力 【需要】各层次需要
行为类型	任务导向型	关系导向型
行为特点	【关注点】关注生产，用强硬手段使人努力工作 【控制方式】外控为主，严格监控和指导 【激励手段】惩罚为主，加大惩罚强度 【激励层次】用报酬满足低层次需要	【关注点】关心员工，调动其内在积极性和创造性 【控制方式】内控为主，员工自我控制和自主工作 【激励手段】奖励为主，工作有挑战，个人和组织目标统一 【激励层次】满足自尊和自我实现的需要
评价	创造性和奉献下降	更为可取

3. 领导行为三分法理论：勒温理论

领导行为三分法理论是由美国依阿华大学著名心理学家库尔特·勒温(Kurt Lewin，1890—1947)、罗夫·怀特(Ralph K. Wbite)和罗纳德·李皮特(Ronald Lippett)等人于 1939 年提出的。因此，也称为勒温理论。勒温及其同事从 20 世纪 30 年代起对群体氛围和领导行为风格进行研究。他们发现，群体的任务领导通常使用不同的领导行为风格，这些不同的风格会产生不同的群体氛围和群体工作绩效。勒温等把这些领导行为风格分为三种类型：专制型(autocratic，又称集权型)、民主型(democratic)和放任型(laissez-faire，free-rein)。表 7-7 对这三种领导行为风格的内涵和特征从多方面进行了比较。

勒温等人对以上三种领导行为风格进行了大量的研究，得到以下一些结论。①放任型领导行为下的群体绩效一般要低于专制型和民主型领导行为。②专制型与民主型领导行为下的群体工作产出量大体相当。③民主型领导行为下的群体工作质量与工作满意度更高。④一般情况下民主型领导行为的效果更好，但在有些情况下(如群体素质较低等)，民主型比专制型领导行为风格所带来的工作绩效要低一些或者相差不大。这就进入了领导情境理论的研究领域。

4. 领导行为四分图理论：俄亥俄模式

(1) 四分图理论的二维体系

领导行为四分图理论又称为俄亥俄模式。美国俄亥俄州立大学(Ohio State University，OSU)的研究人员在 20 世纪 40 年代和 50 年代期间对领导行为进行了系统研究，从美国、德国和其他国家的很多领导者身上发现了他们用以影响下属的两种基本的行为变量(维度)：关怀和创制。所谓关怀(consideration)，就是表 7-5 中的关心人际关系变量；所谓创制(initiating structure)，又称为定规，是指领导者为实现工作目标而创建员工的工作规制，也就是表 7-5 中的关心工作任务变量。

表 7-7 三分法理论的领导行为类型比较

比较项	专 制 型	民 主 型	放 任 型
权力分配	权力集中于领导者个人手中	权力在群体之中	权力分散在每个成员手中,采取放任自流的方式
决策方式	领导者独断专行,所有决策都由自己做出,不重视下属意见	重视下属意见,群体成员参与决策,通过集体讨论做出决定,领导者只是指导者或主持人	群体成员具有完全的决策自主权,领导者几乎不参与
关注重心	只关注工作绩效,不关心员工	既关心工作绩效,又关心员工的需要	对工作绩效和员工的需要都不重视,无规章、无要求
管理下属的方式	领导者对工作步骤、方法、人员调配与分工等加以具体干预,不让下属知道工作的全过程和最终目标	成员有机会选择工作步骤、方法和共事者,并参与任务分工,下属了解工作全过程和目标,领导者给予鼓励、指导和协助	采取无政府主义方式,领导者只布置任务,提供必要的信息和物质条件,随便成员怎么做,被动地解答成员提出的问题
影响力	领导者以权力和地位等因素强制性地影响下属	领导者以自己的能力和人格魅力等影响成员,员工愿意听从他的指挥和领导	领导者缺乏影响力
与员工的关系	领导者与员工很少接触,社会心理距离和隔阂较大,员工对领导者存在戒心和敌意	营造一种民主与平等的氛围,领导者与员工的社会心理距离较近,成员的工作满意度较高	领导者游离于群体成员之外,双方关系生疏
员工的工作态度	员工被动、盲目和消极地遵守制度、执行指令,易产生挫折感和机械化行为倾向	群体成员工作主动性和责任心较强,工作积极性和效率高	非工作性质的活动很多,工作效率低
对员工评价及其反馈方式	根据领导者个人情感对员工进行工作评价,多采用批评方式反馈评价信息	根据客观事实对员工进行评价,并通过反馈评价信息的机会训练员工	不对员工的工作进行评价和反馈
群体成员之间的关系	群体成员之间缺乏合作与创新精神,而且易产生攻击性行为	领导者善于在成员之间进行调和,群体成员富有合作与创新精神	成员之间存在过多的与工作无关的争辩和讨论,人际关系淡薄,但很少发生冲突

在俄亥俄州立大学进行这项研究的同时,美国密歇根大学(University of Michigan)调查研究中心也进行着相似的研究。他们也将领导行为风格划分为两个类似的变量:员工导向和生产导向。员工导向(employee-oriented)的领导行为风格相当于关心人际关系变量;生产导向(production-oriented)的领导行为风格相当于关心工作任务变量。

可见,以上两类变量都属于领导任务行为变量,包括关心工作任务和关心人际关系两类变量(见表 7-5)。把这两所大学的研究成果进行综合,将这两类变量的高取值和低取值组合起来就形成了四种领导行为风格:任务导向型、关系导向型、双高导向型和双低导向型。在后面的领导生命周期理论中分别将这四种领导行为风格称为命令式、参与式、说服式和授权式。这样就构成了领导行为四分图理论的二维坐标体系(见图 7-11)。

(2) 四种领导行为风格的内涵

① 任务导向型(performance-oriented,高任务-低关系),又称命令式(telling)领导行为风格。这种风格的领导行为直接指向组织目标的实现,领导者注重工作任务的完成,而不关心人际关系。具体来说,领导者严格执行规章制度,努力建立良好的工作秩序和责任制;领导者经常给下属指示和命令,下属的权力和自主性很小;领导者不注意关心和爱护下属,不与下属交流信息,与下

属关系不融洽；对下属很严格，明确任务的期限，制定精确的计划，尽量让员工达到工作极限，杜绝员工不适当的工作方法；领导者的控制力很强，制定严格的检查制度，要求下属定期递交工作进程报告等。这是一种比较严厉的领导风格，它以 X 理论为依据，与三分法理论中的专制型领导风格相对应(见表 7-5)。

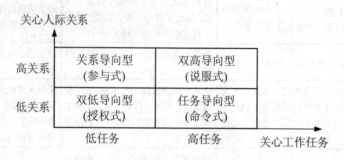

图 7-11　四分图理论的二维体系

② 关系导向型(relationship-oriented，低任务－高关系)，又称参与式(participating)领导行为风格。这种风格的领导行为注重人际关系、员工的情感和满意度，表面上不关心工作任务，但通过确保组织成员默契工作和群体的社会稳定性，能够间接地实现组织目标。具体来说，领导者很注意关心和爱护员工，关心员工的长期发展(提升、加薪等)，并关心员工的个人问题，领导者与下属感情融洽；经常与他们交换思想，交流信息，自由谈论工作，共同决策；信任员工，支持员工工作，处理问题时会征求员工意见；公正对待员工，对员工的出色工作给予认可等。这是一种比较温和与明智的领导风格，它以 Y 理论为依据。三分法理论中忽略了这种重要的领导风格。现代领导理论更提倡关系导向型或双高导向型领导行为。

③ 双高导向型(高任务－高关系)，又称说服式(selling)领导行为风格。这种领导风格将以上两种风格结合起来，既关心工作任务，严格执行规章制度，建立良好的工作秩序和责任制，同时又注意关心和爱护下属，经常与下属交流信息，沟通思想，想方设法调动组织成员的内在积极性，通过说服、指导和培养来促进工作质量和绩效的提高。领导者在下属心目中的形象既可敬又可亲。一般认为，双高导向型领导风格是比较理想的，这是一种高效成功领导者的领导风格，它与三分法理论中的民主型领导风格相对应(见表 7-5)。

④ 双低导向型(低任务－低关系)，又称授权式(delegating)领导行为风格。这种领导风格一方面不关心工作任务，不注重规章制度的执行，完全放权；另一方面也不关心人际关系，不关心和爱护下属，不与下属沟通，与下属关系不太融洽。一般情况下，这是一种不负责的领导风格和工作方式，将会导致工作的无序和效率低下。它与三分法理论中的放任型领导风格相对应(见表 7-5)。但是，在后面将要介绍的领导情境理论中我们会看到，对于某些特殊的情况(如下属特别成熟)，领导者也可以采用这种领导风格。

5. 领导行为五分图理论：方格图理论

领导行为方格图理论又称为管理方格理论(management grid theory)，是由美国得克萨斯大学的行为科学家罗伯特·布莱克(Robert R. Blake)和简·莫顿(Jane S. Mouton)在 1964 年出版的《管理方格》一书中提出的。方格图理论对四分图理论进行了扩展，在领导行为变量上仍然采用了与关心工作任务和关心人际关系类似的两个维度：关心生产和关心人。但它改变了以往理论中"非此即彼"式的绝对化观点(要么以工作任务为中心，要么以人际关系为中心)，指出在这两个维度上还有许多种中间状态。

为此，在领导行为风格的二维坐标图上，对每一个坐标都分出9个行为风格状态，全图由81个小方格组成，每一个格子代表一种领导行为风格(见图7-12)。当然，领导行为方格图中的81个格子只是象征性的，它们表示每个行为风格在最高状态和最低状态之间还包含了许多中间状态。在图7-12中，我们只关注其中最具代表性的5个方格。因此，与四分图理论相对应，该理论又可称为领导行为五分图理论。这5种领导风格分别命名为：团队型、专制型、俱乐部型、贫乏型和中庸型。虽然只比四分图理论多了一个方格，但它却标志着一种理论的改进。

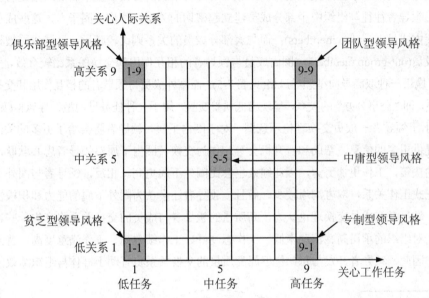

图7-12 方格图理论的二维坐标系

图7-12中5种领导风格的含义与四分图理论基本相同，但也有一定的新内涵。①团队型领导风格(9-9型)，又称为理想型领导风格，对应于四分图理论中的双高导向型、三分法理论中的民主型领导风格。具有这种行为风格的领导者对工作任务和对人际关系都很关心，在管理过程中把组织的目标同个人的需要紧密结合起来，使得员工积极奉献，富有团队精神，在共同利益关系下相互信任、相互依赖和相互合作，既能带来工作业绩的提高，又能使员工得到报酬上和事业上的满足与成就。②专制型领导风格(9-1型)，又称为集权型和任务型领导风格，对应于四分图理论中的任务导向型、三分法理论中的专制型领导风格。具有这种行为风格的领导者对工作任务非常关心，对人际关系很不关心，作风专制、集权，领导者眼中没有鲜活的个人，只有需要完成任务的员工。③俱乐部型领导风格(1-9型)，又称为乡村俱乐部型领导风格，对应于四分图理论中的关系导向型领导风格。具有这种行为风格的领导者对工作任务关心很少，对人际关系非常关心，尽力满足员工的需要，努力营造一种宽松、友好和快乐的俱乐部式的工作环境。④贫乏型领导风格(1-1型)，对应于四分图理论中的双低导向型、三分法理论中的放任型领导风格。具有这种行为风格的领导者对工作任务和对人际关系都漠不关心，对不得不做的事只付出最少努力，以维持组织成员的基

本关系。⑤中庸型领导风格(5-5型)，又称为适度导向型和折中式领导风格，属于中任务—中关系组合。具有这种行为风格的领导者既不偏重于关心工作任务，也不偏重于关心人际关系，设置适中的工作目标，在完成工作和保持士气之间寻求平衡，能够取得适当的业绩，但并不卓越。

二、交换类领导行为理论

1. 领导者－成员交换理论

乔治·格雷恩(George Graen)和弗雷德·丹塞罗(Fred Dansereau)等人从领导者与每位下属的人际关系出发研究领导行为，于1972年提出了领导者－成员交换(leader-member exchange，LMX)理论。该理论认为，由于人际关系的差异，领导者对待下属的方式以及下属的绩效是有差别的。研究表明，领导者往往与组织中少部分成员建立起密切的关系，称作"圈子"，这些成员被称为领导者的圈内成员(in-group members)；而与大部分成员的关系则比较疏远，这些成员被称为领导者的圈外成员(out-group members)。圈内成员与领导者的相互作用和交换关系比较有效，呈现出高质量交换，属于一种双高导向型领导风格(见表7-5)；而圈外成员与领导者的相互作用和交换关系属于正式关系，即"公事公办"的关系，呈现出低质量交换，属于一种任务导向型领导风格(见表7-5)。图7-13给出了领导者－成员交换理论示意图。对于圈内下属，领导者将会给予更多的关注、关心和信任，提供更多的信息、帮助和晋升机会等。作为交换，圈内下属对领导者忠心耿耿，极力支持领导者的决策，工作更加努力，因此绩效也会比圈外下属更高。相反，领导者与圈外下属的关系仅限于正式工作关系，双方沟通较少。而且，领导者还会认为圈外下属的能力和积极性都比圈内下属差。领导者－成员交换理论认为，高质量的领导者与成员的交换关系将产生一些良好的结果，如员工对组织的承诺高、流动率低、工作态度好、工作绩效高、工作满意度高、晋升和事业发展快等。因此，领导者开发与每一位下属高质量的交换关系将有助于群体与组织绩效的提高。

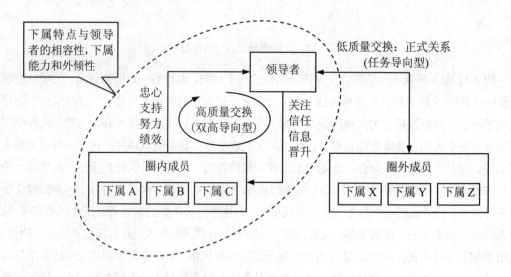

图 7-13　领导者－成员交换理论示意图

领导者与成员的高质量交换关系是怎样形成的？领导者－成员交换理论认为，当领导者与某一下属进行相互作用的初期，领导者倾向于将他划入圈内或圈外成员，在很大程度上取决于该下属的个人特点(如年龄、性别、经历、态度和社会背景等)与领导者的相容性、工作能力、外倾的个性特点，以及接触机会等因素。并且一旦这种关系确定后，具有相对的固定性。

领导者－成员交换理论对实际管理具有重要的指导意义。该理论对管理的启示是：领导者应当努力让所有下属都觉得自己是圈内成员。在现实中，领导者的圈内成员数量往往较少，这就不利于提高组织或群体的工作效率和效果。尤其需要强调的是，领导者－成员交换理论的"圈子"是指工作圈子，是"公圈"，而不是"私圈"，如小帮派、小团体、小组织等。在现实中，一些领导者并不是从组织利益出发，而是以个人动机为导向，喜欢笼络一小部分亲信作为"私圈"成员，甚至结党营私、拉帮结派，进行个人私利的交换。在"私圈"里，双方交换的是损害组织利益的言行、权力和利益等，圈内下属通常不会努力工作，相反却热衷于投机钻营、搬弄是非。结果不仅不能提高工作绩效，反而会破坏组织的正常运行，阻碍组织的发展。这正是领导者－成员交换理论需要予以纠正的错误行为。该理论要求领导者以组织利益为目标，尽量做大"公圈"，并消除"私圈"，尽可能地和每一个员工建立高质量的交换关系，公平地对待所有员工，让每一个人都感到自己是圈内成员，进而极大地调动员工的积极性，提高组织绩效[1]。

2. 交易型领导行为理论

(1) 基本思想

交易型领导行为理论(transactional leadership theory)有多种译法，如交换型、转换型、事务型或执行型领导行为理论等。1971 年爱德华·贺兰德(Edward Hollander)首先提出交易型领导行为的初步概念，并于 1974 年和 1978 年逐步形成交易型领导行为理论框架(Hollander，1978)。然后伯恩斯(J. M. Burbs)和巴斯(B. M. Bass)等人在研究变革型领导行为理论时进一步完善了交易型领导行为理论(Burbs，1978；Bass，1985，1990)。该理论的基本思路与领导者－成员交换理论类似，都是研究领导与成员之间的交换行为，但交易型领导行为理论研究的是基于正式关系的一般性交换，属于一种任务导向型领导风格(表 7-5)。交易型领导行为理论认为，领导行为是领导者和成员在特定情境之下为相互满足需要而进行的一种契约式的交换过程，可视为一种交易。领导者给下属提供报酬、实物奖励、晋升机会和荣誉等，以满足下属的需要；而下属则以服从领导者的命令和指挥，完成其所交给的任务作为回报。

在管理实践中，大多数管理者都会在不同程度上存在交易型领导行为，因为这样能够有效地提高工作绩效，但是这种领导行为也存在一些明显的弊端。交易型领导行为的特征及其优缺点具体描述如下。

(2) 适用条件与优点

① 对于可衡量的努力，有利于明确工作价值。交易型领导行为最基本的特征就是遵循努力与奖励相互交换的原则。领导的行为实际上是和员工达成一种交易："如果你做这份工作，我会付给你相应的报酬。"交易型领导者倚重"一物换一物"的简洁明了的领导方式。这种方式是对员工的工作价值给予一种明确的肯定，有利于激励员工努力工作。要实现这种交易，前提之一是员工的努力或工作量是可以衡量的。

② 对于可预见的结果，有利于实现组织目标。交易型领导行为的另一个突出特征在于它十分

---

1. 参见张智光所著《管理学智慧：为官的定理》(南京大学出版社，2015 年版)一书中的"182. 圈内人"。

强调工作结果的绩效。通过明确规定角色分工、任务分配、绩效评估、反馈控制、报酬交付等环节，交易型领导者可以带领、动员和激励员工实现既定的目标，获得事先约定的结果。要达到这种效果，一种重要的前提是工作结果具有可预见性，这样才便于设定目标，并使员工努力追求预期的结果。

③ 对于可规范的过程，有利于提高结果的可控性。交易型领导行为的第三个特征是它强调结果的可控性。对交易型领导者来说，他们希望任何工作过程都有时间、地点、流程、方法和操作标准等方面的规定。任何背离这些规定的行为都被视为问题，需要加以解决和清除，以防止出现任何不可控的意外。交易型领导者厌恶混乱的和不可控的环境，他们力图维系一个高度有序和规范的体制，并通过强有力的控制，按时获得比较一致的规定的结果。要做到这一点，其前提是工作过程规范，可以形成结构化的步骤和方法。

(3) 理论缺陷

① 适用条件的局限性。以上三个优点是有前提条件的，但这些条件经常不能被满足。首先，员工的努力或工作量不一定都是可以衡量的。在组织活动中，员工除了完成那些可衡量工作量的常规工作外，往往还需要付出许多随机的、零星的、临时性的、辅助性的、额外的、反复失败与纠错的各种努力，这些努力就很难进行交易。其次，不是所有的工作结果都是可预见的。对于那些创造性比较强的工作，如产品研发、科技创新、营销策划等，其结果具有很大的不确定性和不可预见性，因此工作目标的设定就具有较大的难度，交易领导行为就难以达到预期的效果。再次，有些工作过程的可规范性比较差。在实际工作中存在许多例外的情况，尤其是中高层管理和创造性劳动，其过程是没有先例的，需要探索，需要"摸着石头过河"，灵活性很大，因而其规范性就无法实现，导致其结果难以控制。因此，在这些情况下，交易型领导行为就不适用了，上述三个优点也就难以成立，甚至会变成缺点。

② 激励作用的外在性。交易型领导者使用奖赏权和法定权，通过满足员工外在需要的交换约定，来鼓励员工追求高绩效，而忽视了员工对工作本身的内在需要。这样就会造成员工"少做工作、多挣钱"的价值取向，也会导致员工高层次追求的低俗化。因此，交易型领导行为无法真正调动和激发员工的内在积极性和创造性。

③ 交易目标的错位性。对于领导者来说，绩效是交易型领导行为的目标，良好绩效是奖励的前提，通过奖励来承认员工的成就和工作价值。而对于员工来说，真正的目标是领导者许诺的薪金等奖励，完成任务只是达到这一目标的手段。因而领导者和员工的目标出现了错位：员工想用尽可能小的工作努力得到期望的报酬，而领导者要以给定的报酬换得尽可能高的工作绩效。很显然，这时员工不可能全身心地和创造性地投入工作。

④ 交易行为的短期性。交易型领导方式过度强调绩效指标，忽视为实现绩效而进行的长期艰苦努力的过程，因而会导致短期行为。员工会只顾追求交易期内的绩效，而忽视了组织和个人发展的长期目标。

⑤ 交易行为的投机性。如果交易型领导行为被作为组织领导过程的主要途径，那么在巨大的绩效考核压力下，组织内部环境中很容易滋生滥用政治手段、邀功争宠、排挤倾轧、投机钻营和弄虚作假等非理性甚至不道德的行为。

三、变革型领导行为理论

1. 基本思想

在市场竞争日趋激烈，经济全球化、社会信息化和管理目标多元化等新的趋势下，传统的交易型领导行为已经难以适应，新形势对领导者提出了更高的要求。为克服交易型领导行为理论的缺陷，变革型领导行为理论(transformational leadership theory)产生了(Popper，2000)。该理论是 1978 年由美国政治社会学家詹姆斯·麦格雷戈·伯恩斯(James MacGregor Burns，1918—2014)在他的经典著作《领袖论》中提出的(Burbs，1978)。然后，巴斯(B. M. Bass)等人对此也做出了重要的贡献(Bass，1985，1990)。

变革型领导行为理论认为，传统的交易型领导行为是以领导者的资源奖励(包括有形资源奖励和无形资源奖励)和员工的服从作为交换的"物品"，双方在一种"默契契约"的约束下各自获得满足的过程。交易型领导行为鼓励员工为获得个人的利益而顺从领导者的意志，并付出他们的工作努力，并没有在员工内心产生一股积极的热情，其工作的内在动力是很有限的。因此，交易型领导行为不能使组织获得更大程度上的进步。而变革型领导者具有非常强烈的内在价值感和观念体系，努力把"事情可能是什么样"变成"事情就是什么样"，把远景变成现实，使人们为了群体和组织而超越个人利益，从而建立起兴奋而富有活力的组织。变革型领导行为是通过让员工意识到自己所承担任务的重要意义，激发他们的高层次需要，建立相互信任的氛围，促使员工为了组织的利益而牺牲自我利益，并最终取得超乎预期的绩效。

2. 变革型领导行为方式

变革型领导者首先应当具有魅力型领导特质，成为魅力型领导者(charismatic leader)。此外，他还需要从传统交易型领导者向更高的领导水平转化。这种转化主要包括以下 4 个方面：鼓舞性激励——从个体利益激励转化为团队梦想激励；智力性激励——从常规智力运用转化为激发智力潜能；发展性关怀——从静态福利关怀转化为动态发展关怀；个性化关怀——从群体普遍关怀转化为个体定制关怀[1]。这些领导行为其实是对表 7-5 中的双高导向型领导风格的进一步具体化和优化，下面分别给予阐释。

(1) 成为魅力型领导者

根据前面第六节魅力型领导特质理论，魅力型领导者一般具有优良的道德品质、很强的个人魅力和超凡的影响力，深受下属的尊重、爱戴和信任，成为下属行为的典范，并使下属产生高绩效和高满意度。魅力型领导者通常对组织有一个美好的、超越现状的愿景，能够向下属清楚地描述这种愿景，能够为实施这一愿景指明道路，并把自己对实现这一愿景的热情和信心传递给下属，鼓舞他们发挥出积极性和创造性。大家会认同和支持他所倡导的愿景规划，并对追随他成就一番事业寄予厚望。

(2) 鼓舞性激励

变革型领导者的鼓舞性激励(inspirational motivation)行为是指从传统的个体利益激励转化为

---

1. 参见张智光所著《管理学智慧：为官的定理》(南京大学出版社，2015 年版)一书中的"11. 变革型领导者"。

团队梦想激励。领导者需要运用团队精神和情感诉求来凝聚下属，形成有效合作的工作团队。面对工作任务，领导者向下属表达对他们的高期望值，并激励团队成员从为个人利益转向为实现共同的梦想而努力奉献，从而使得其工作绩效远高于为自我利益奋斗时所产生的绩效。

(3) 智力性激励

变革型领导者的智力性激励(intellectual stimulation)行为是指从传统的常规智力运用转化为激发智力潜能。通过鼓励下属创新和挑战自我，向下属灌输新观念，启发下属发表新见解，鼓励下属用新手段、新方法解决工作中遇到的问题等手段，可以使下属在意识、信念以及价值观的形成上产生较大的进步，能够使下属从一个全新的、与领导者一致的角度来思考群体和组织面临的问题，并超越常规智力运用，发挥出更强的智力潜能，从而取得更好的创新性成果。

(4) 发展性关怀

变革型领导者的发展性关怀(developmental consideration)行为是指从传统的静态福利关怀转化为动态发展关怀。这种关怀不只是关心下属现阶段的外在福利，更重要的是为下属提供更多的发展机会，开拓更好的发展空间，在事业上支持与鼓励其不断发展，使他们能够提高自己的技术和能力，进而成为组织的优秀人才和社会栋梁，满足其动态成长的内在需要。

(5) 个性化关怀

变革型领导者的个性化关怀(individualized consideration)行为是指从传统的群体普遍关怀转化为个体定制关怀。领导者应关心每一个下属，重视他们的个人需要和愿望，耐心细致地倾听他们的意见，并根据每一个下属的不同情况、不同特长和不同需要，有区别地培养和指导每一个下属。这时，变革型领导者就像一个教练、导师或顾问，帮助员工在应对挑战的过程中走出一条个性化的成长道路。

当然，变革型领导行为并不是完全否定，也不能完全替代交易型领导行为。交易型领导行为在一般情况下还是有一定效果的，是基础性的领导行为，变革型领导行为是在更高层次上对它的提升、发展和完善。

第八节　领导情境理论

通过对上述领导行为理论的研究可以发现，领导行为理论并没有给出领导行为与领导有效性之间的必然关系。与领导特质理论一样，领导行为理论由于忽略了领导行为所处的情境因素，使得它无法解释如何能成为成功领导者、在什么情况下使用什么领导行为等问题。为了说明领导行为的有效性，应当把情境变量纳入研究范围之内，这就产生了领导情境理论，又称为领导权变理论。领导情境理论(contingency theories of leadership)主要研究与领导行为有关的情境因素(包括工作情境和下属情境等)对领导效力的潜在影响，属于权变管理学派的理论(见第二章)。该理论认为，在不同的情境中，不同的领导行为有不同的效果，因此领导者应当根据管理情境来选择领导行为的风格和方式。下面从工作情境、下属情境和工作－下属情境等方面介绍几种主要的领导情境理论。

一、工作情境：菲德勒权变模型

菲德勒权变模型(Fiedler's contingency model)是由美国著名心理学和管理专家弗雷德·菲德勒(Fred E. Fiedler，1922—)于 1962 年提出的。该模型把领导特质、行为与工作情境有机联系起来研究领导行为的效果。菲德勒通过 15 年的调查研究后提出：领导行为的有效性，取决于工作情境变量(领导者与被领导者的相互关系、任务结构和职位权力等)与领导行为的匹配程度。

1. 领导的工作情境变量

菲德勒权变模型中包含以下三个关于工作的领导情境变量。①领导者—成员关系(leader-member relations)变量，是指下属爱戴、信任并忠诚于他们的领导者的程度。当领导者—成员关系良好时，领导者就处在比较有利的情境之中。②任务结构(task structure)变量，是指将要完成的任务的明确程度和结构化程度。当任务结构程度较高时，任务比较清晰，员工知道自己需要完成什么工作以及如何完成它们，这种情境是比较有利的；当任务结构程度较低时，由于任务比较模糊，下属可能不知道自己应该做些什么、怎么做，从而影响领导的有效性。③职位权力(position power)变量，是指由领导者在组织中的职位而获得的法定权、奖赏权和惩罚权的强弱。职位权力越大，情境越有利；反之，职位权力越小，领导行为的效力越弱。

如果以上三个领导情境变量只取 2 个值，那么将领导者—成员关系好和差、任务结构高和低、职位权力强和弱进行组合后，就形成了 8 种领导情境。这 8 种领导情境的组合类型和评价等级如表 7-8 所示。其中，C_1 为最好的情境，C_8 为最差的情境。情境的三级评价为：$C_1 \sim C_3$ 为非常有利情境，$C_4 \sim C_6$ 为中等有利情境，$C_7 \sim C_8$ 为非常不利情境。

表 7-8　工作情境变量的组合与评价等级

工作情境变量	C_1	C_2	C_3	C_4	C_5	C_6	C_7	C_8
领导者—成员关系	好	好	好	好	差	差	差	差
任务结构	高	高	低	低	高	高	低	低
职位权力	强	弱	强	弱	强	弱	强	弱
情境的三级评价	非常有利			中等有利			非常不利	

2. 领导行为变量

菲德勒模型把领导行为风格分为两大类：关系导向型和任务导向型。为了测定某一领导者的行为风格，菲德勒开发了一种工具，叫做最难共事者问卷(least preferred coworker questionnaire)，简称 LPC 量表。该问卷包括 16 组形容词，如快乐与不快乐组、友善与不友善组、接纳与拒绝组等。每组形容词按积极性程度分 8 级进行打分，如最快乐为 8 分，最不快乐为 1 分。然后，被调查者(领导者)用这 16 组形容词对自己所确定的一位最难共事的同事进行评估，得出 LPC 分数。如果被调查者倾向于用比较积极的词汇等级来描述最难共事者，即 LPC 分值较高，则说明他是比较乐于与同事之间形成友好人际关系的。因为即使对最讨厌的人，被调查者也会用比较好的词汇来描述，说明他的领导风格属于关系导向型；反之，属于任务导向型。此外，菲德勒还认为，一个人的领导风格是固定不变的。也就是说，如果某人是关系导向型领导者，便不可能转变为任务导向型的领导者。

3. 领导行为与情境的匹配

菲德勒将两种领导风格和八种或三大类领导工作情境相匹配，研究了 1200 个工作群体，最后得出结论：任务导向型领导者在非常有利的情境下和非常不利的情境下绩效更好，关系导向型的领导者在中等有利的情境下干得更好(见图 7-14)。这是因为，在非常不利的情境下，领导情境十分糟糕，领导者再花多少时间去改善人际关系短期内也不可能有多大的收效，还不如高度关注工作，采用高压方式，这样方能完成任务；在非常有利的情境下，领导情境十分理想，管理者无需再花精力去关注人际关系了，这时可以把大部分精力集中在工作任务上，这样绩效会更好；只有在中等有利的情境下，人际关系才是提高工作绩效的重要因素，这时关注人际关系的领导者更为有效。实际上，处于非常有利和非常不利情境的组织或群体比较少，大多数组织和群体都处在中等有利的情境下，因此多数情况下关系导向型领导风格更加可取，更符合现代管理理念。此外，由于领导情境的改善总体上对提高工作绩效是有利的，因此图 7-14 中 3 条曲线的总体走向应当是随着情境的改善而提高的。当然，各曲线的具体形状并不是很严格，这只是一个示意图。

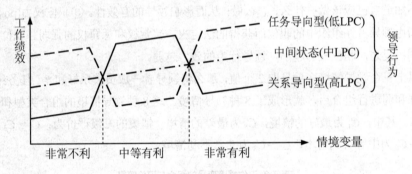

图 7-14　菲德勒权变模型示意图

由于菲德勒认为领导风格是固定不变的，因此提高领导行为有效性的途径只有两个：其一，替换领导者以适应情境；其二，改变情境以适应领导者，如调换或重组群体成员、调整任务结构、重新分配领导权力等。

菲德勒权变模型在实践中得到了较好的应用，但是该模型还存在一些不足需要修正。例如，LPC 量表的分数和情境变量的确定比较困难，领导风格并不是不可改变等。实际上，许多领导者往往同时具备多种领导行为风格，他们能够根据不同的情境改变自己的风格。即使是只会一种领导风格的领导者，一般情况下也能通过锻炼和培训，使其学会其他的领导风格。当然，极个别领导者如果实在无法改变自己的风格，而且如果情境也改变不了的话，那么也只能更换领导者了。

二、下属情境：领导生命周期理论

领导生命周期理论(life cycle theory of leadership)，又称为领导寿命循环理论、条件领导理论(situational leadership theory，SLT)，由美国学者科曼(A. K. Korman)于 1966 年首先提出。1969 年，保罗·赫塞(Paul Hersey)和肯尼斯·布兰查德(Kenneth Blanchard)在两人合著的《组织行为学》一书中，进一步发展了领导生命周期理论，提出了针对不同下属情境的领导行为。该理论主要研究下属的特点在领导效果方面的作用，其领导情境变量是由下属的意愿与能力组合而成的下属成熟度，领导行为变量与领导行为四分图理论类似，是由关心工作任务和关心人际关系组合而成的四种领导行为风格。菲德勒认为领导者的领导风格是固定不变的，而领导生命周期理论和下面将要介绍的其他领导情境理论却认为领导者的领导风格是可以随情境而改变的。

1. 领导的下属情境变量

领导生命周期理论的情境变量包含下属意愿与下属能力两个变量，经二维坐标图组合后，形成一维的下属成熟度变量(见图 7-15)。由图 7-15 可见，下属成熟度的由低至高可分为 4 个等级：低意愿－低能力的下属成熟度 R_1 最低，为低成熟；高意愿－低能力的下属成熟度 R_2 为次低成熟；低意愿－高能力的下属成熟度 R_3 为次高成熟；高意愿－高能力的下属成熟度 R_4 最高，为高成熟。

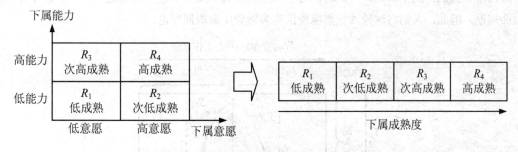

图 7-15　领导生命周期理论的情境变量

2. 领导行为变量

领导生命周期理论的领导行为变量与四分图理论类似，是由关心工作任务和关心人际关系两个变量构成的领导行为风格四分图，得出 4 种领导行为风格：命令式、说服式、参与式和授权式(见图 7-16)。这 4 种领导行为风格的含义在前面的领导行为四分图理论中已经详细介绍过，此处就不再重复了。

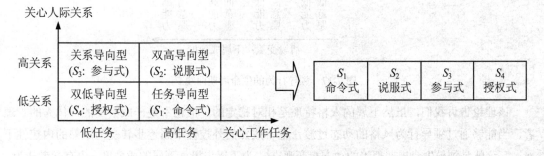

图 7-16　领导生命周期理论的行为变量

3. 领导行为与情境的匹配

领导生命周期理论认为，下属成熟度与领导行为风格之间正确的匹配关系应当是：当下属处于低意愿－低能力的低成熟状态 R_1 时，领导者应采用命令式领导方式 S_1，即给下属下达具体的行动指令，强制要求其做什么和怎么做；当下属处于高意愿－低能力的次低成熟状态 R_2 时，领导者应采用说服式领导方式 S_2，即对下属进行说服、指导和支持，促使其工作能力和水平提高；当下属处于低意愿－高能力的次高成熟状态 R_3 时，领导者应采用参与式领导方式 S_3，即和下属一起讨论问题，共同决策，既发挥其能力又能调动其积极性；当下属处于高意愿－高能力的高成熟状态 R_4 时，领导者可以采用授权式领导方式 S_4，即把决策权交给下属，充分发挥其工作能力和积极性。

领导生命周期理论不仅给出了下属成熟度与领导行为风格的匹配关系，而且还把这种匹配关系放回到四分图中去进一步考察下属成熟度与关心工作任务和关心人际关系两个行为变量之间的关系上(见图 7-17)。从关心工作任务变量来看，随着下属成熟度的提高，领导者应当由高任务行为风格向低任务风格转变。另一方面，从关心人际关系变量来看，随着下属成熟度的提高，领导者的行为风格经历一个从低关系到高关系，再从高关系回到低关系的"生命周期"过程。综合这两个方面，领导过程经历了一个命令式、说服式、参与式和授权式的过程，完成了一个把下属从不成熟培养到成熟的生命周期。然后，对于一些新来的不成熟下属，又将进入下一个领导行为的生命周期。因此，人们将这种领导情境理论称为领导生命周期理论。

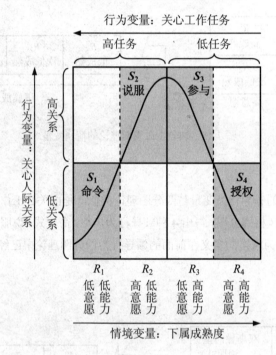

图 7-17　领导行为的生命周期曲线

该理论告诉我们，虽然下属的人格特质是相对稳定的，但也不是一成不变的，优秀的管理者应当能够通过领导行为风格的动态过渡，把不成熟的外控性下属逐步转变为成熟的内控性下属——这就是领导生命周期理论的动态权变观点[1]。为了逐步提高下属的成熟度，也有学者认为，有时候领导行为风格不一定要和下属成熟度或下属的发展阶段严格匹配，例如把领导行为风格提高一个级别，这样也许更有利于下属的成长。同时，还有许多研究者试图对该理论进行实证检验，但得到的结果却令人失望。其实，这并不能说明该理论有问题，而是说明了现实情况比理论假设要复杂得多，而且现实的管理水平也难以达到理论的要求。因此，管理者应当深入理解该理论的核心内涵，并根据实际情况灵活运用。

---

1. 参见张智光所著《管理学智慧：为官的定理》(南京大学出版社，2015 年版)一书中的"185. 领导行为因人而异：动态权变"。

三、工作－下属情境：超 Y 理论和路径－目标理论

1. 超 Y 理论

菲德勒权变模型和领导生命周期理论分别研究了工作情境和下属情境下的领导行为，而超 Y 理论研究的是工作和下属情境综合作用下的领导行为。在第七节介绍的 X-Y 理论中，麦格雷戈对 X 理论持否定态度，认为 Y 理论更为可取。但进一步研究表明，X 理论并非一无是处，在某些情境下 X 理论比 Y 理论更加有效。于是，1970 年美国管理学家约翰·莫尔斯(John J. Morse)和杰伊·洛尔施(Jay W. Lorsch)根据"复杂人"假设提出了超 Y 理论。

(1) 工作－下属情境与领导行为变量

莫尔斯和洛尔施通过实验的方式对 X 理论与 Y 理论两类假设进行了对比(Morse，1970)。为了说明不同的领导方式和情境因素的匹配，他们选择了两个工厂和两个研究所为实验对象，其中一个工厂和一个研究所按照 X 理论实施严格的管理监督和控制；而另一个工厂和另一个研究所按照 Y 理论实施参与式管理，以引导和鼓励为主。实验结果见表 7-9 所示。据此，莫尔斯和洛尔施认为，领导行为主要由工作性质和员工素质等情境因素来决定，由此提出了超 Y 理论(周三多，2008)。

表 7-9　超 Y 理论的实验结果

情境变量 领导行为变量	工作情境：结构化任务 下属情境：普通工人	工作情境：非结构化任务 下属情境：高素质研究人员
X 理论(任务导向型)	效率高(Akron 工厂)	效率低(Carmel 研究所)
Y 理论(关系导向型)	效率低(Hartford 工厂)	效率高(Stockton 研究所)

(2) 领导行为与情境的匹配

从工作情境看，两家工厂是任务高度结构化的流水线生产方式，要求员工遵守严格的操作规范和规章制度，工作绩效反馈比较及时，领导者关心生产比关心人际关系更加有利于任务的完成；而两家研究所从事任务不确定、低结构化的技术研发工作，研究周期一般要三到五年，要看最终是否实现研究的目的，因此工作绩效反馈不及时且不明确，领导者关心人比关心工作更加有效。

从下属情境看，不同的员工有不同的需要，应采取不同的领导行为风格或方式。有些人希望有正规化的组织规章制度来明确自己的工作，而不愿参与问题的决策并承担责任。对这类员工可以采用 X 理论下的任务导向型严格监控领导方式。有些人却需要有更多的自治责任和发挥个人创造性的机会，对这类员工可以采用 Y 理论下的关系导向型自我控制领导方式。由此得出"复杂人"假设：第一，人的需要是多种多样的，并且随着人的发展及生活条件的变化而变化；第二，人在同一时间内存在多种需要和动机，彼此之间会发生相互作用，并结合为统一的整体，形成错综复杂的动机模式；第三，人既不是生来就勤奋，也不是天生懒惰，人是否愿意为组织目标作出贡献取决于自身的需求状况和与组织之间的相互关系；第四，由于人的需要不同，能力各异，对同一种管理方式会有不同的反应。

综上所述，对于不同的工作性质，包括任务的结构化程度、绩效反馈周期、工作目标等方面的工作差异，需要采取不同的领导行为，才能取得较高的绩效；同时，超 Y 理论把人假设为"复

杂人"，不同的人、不同的阶段有不同的心理需求，根据员工的不同需求，领导行为方式要相应地发生变化。总之，要根据不同工作和下属情境，有选择地采用X理论、Y理论或其他相关理论。

2. 路径－目标理论

(1) 基本思想

路径－目标理论(path-goal theory)由多伦多大学的组织行为学教授罗伯特·豪斯(Robert J. House)于1971年在《行政科学季刊》(*Administrative Science Quarterly*)上发表的《有关领导效率的路径－目标理论》一文中首先提出。此后，他又和华盛顿大学的管理学教授特伦斯·米切尔(Terence R. Mitchell)合作，于1974年发表了《关于领导方式的路径－目标理论》一文。这两篇论文在管理学界产生了很大的影响。20世纪90年代中期，豪斯又对这一理论进行了进一步补充和完善。

路径－目标理论认为，有效的领导应当通过采取有效的行为帮助下属实现他们的目标，以确保个人目标与群体或组织目标相一致，最终达到高绩效和高满意度的结果。为此，领导者的具体任务包括以下几点：①对工作情境和下属情境进行组合，并识别两者的综合领导情境；②根据工作－下属情境，选择适当的领导行为；③根据所选择的领导方式，帮助下属设置恰当的个人目标；④建立报酬体系，使个人目标与组织的工作绩效目标挂钩；⑤通过教育、培训、指导、支持、员工参与、成就导向等方式，提高下属实现目标的能力和工作积极性；⑥帮助下属寻求和改善达成目标的路径；⑦帮助下属排除其前进路径上的障碍；⑧通过以上努力，增加下属实现目标的可能性，最终取得良好的绩效和个人满意度。这一过程如图7-18所示。

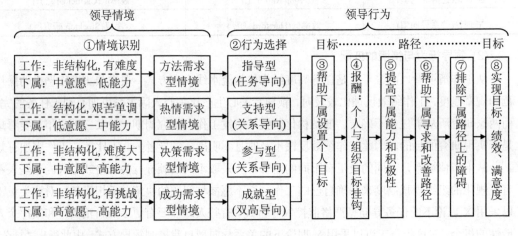

图7-18　路径－目标理论的基本思想

(2) 领导的工作－下属情境变量

路径－目标理论综合考虑了菲德勒权变模型和领导生命周期理论中的情境变量，设置了两类情境变量。一类是工作情境变量，包括任务结构的特点、正式职权系统的强弱、工作群体特征、工作压力和组织文化等；另一类是下属情境变量，包括下属的能力、人格特质、经验、动机和工作意愿等。但这只是理论上的变量内涵，两个情境变量所包含的子变量太多，经组合后可以形成数量庞大的情境状态，不利于该理论的实际运用。路径－目标理论对这些变量进行了简化，工作情境变量主要考虑工作任务的结构化和工作内容等因素，下属情境变量主要考虑下属的工作意愿和工作能力等因素。然后，从这些有限的组合中选出 4 种典型的情境状态，我们分别将它们称为方法需求型、热情需求型、决策需求型和成功需求型情境(见图 7-18)。

(3) 领导行为变量

路径－目标理论提出了 4 种可选的领导行为风格或方式。①指导型领导行为(directive leadership)：领导者向下属说明工作内容和要求，对工作方法、标准、步骤、进度和规章制度等给予详细讲解和具体指导。可见，指导型领导行为属于任务导向型领导行为的一种方式。②支持型领导行为(supportive leadership)：领导者对下属非常关心、理解和尊重，关注下属的福利和需要，友善和平等地对待下属，给予下属真诚的帮助和支持。可见，支持型领导行为属于关系导向型领导行为的一种方式。③参与型领导行为(participative leadership)：领导者让下属参与研究与讨论工作问题，并在决策时充分考虑和吸纳下属的建议。可见，参与型领导行为属于关系导向型领导行为的另一种方式。也就是说，路径－目标理论把表 7-5 中的关系导向型领导行为又细分成支持型和参与型两种更具体的类型。④成就型(又称成就导向型)领导行为(achievement-oriented leadership)：领导者设置富有挑战性的工作目标，一方面关注工作，另一方面又帮助下属实现个人的成就目标。可见，成就型领导行为属于双高导向型领导行为的一种方式。

(4) 领导行为与情境的匹配

在方法需求型情境下，工作任务复杂，具有非结构化特点，有较大的难度；下属缺少经验和能力，工作方法教条且比较服从指挥，工作意愿中等。这时可以通过指导型领导行为来减少工作的模糊性，给下属提供解决问题的具体方法。

在热情需求型情境下，工作的结构化程度较高，工作任务繁重或有危险，单调乏味，机械重复，没有挑战性；下属工作热情低下，工作能力中等。这时可以采取支持型领导行为使下属提高自信、降低焦虑、减少工作消极性，弥补工作内容的缺陷。

在决策需求型情境下，工作高度复杂，具有非结构化特点，工作难度大；下属具有很强的独立工作能力和控制欲，工作意愿中等。这时可以采用参与型领导行为，通过与下属商量，并听取他们有关任务的建议，可以增强下属完成任务的责任感和信心，调动其工作积极性。

在成功需求型情境下，工作具有非结构化特点，工作要求很高、挑战性很强；下属具有很高的工作意愿，对自己的能力有信心。这时可以采用成就型领导行为，通过设立较高的业绩标准，向下属传递对他们完成任务的高度信心，帮助他们感到自己的努力将会获得较高的成就，这样可以对这类下属产生良好的激励作用。

超 Y 理论的情境变量组合与领导行为风格都比较简单，只考虑了两种情境组合(结构化工作与下属不成熟，以及非结构化工作与下属成熟)及其相对应的两种行为风格(X 理论行为和 Y 理论行为)。路径－目标理论相对完整，考虑了 4 种情境组合及其相对应的 4 种行为风格，并将关系导向型行为进行了细分。而且该理论还研究了如何运用相关领导行为帮助下属实现目标的路径。

第九节　领导的沟通理论

管理学大师彼得·德鲁克(Peter F. Drucker，1909—2005)曾经说过，"沟通是管理的基础"。研究表明，在经营不善的企业中有75%以上的企业都疏于沟通。沟通贯穿于整个管理过程中，无论是想法的提出、计划的制定，还是任务的安排、激励下属、化解矛盾、协调关系、目标控制等，不经沟通都是无法完成的。在第一节中我们已经指出，在领导过程中沟通尤为重要，因此领导者必须掌握有效沟通的理论和技能。

一、沟通过程模型

根据第一节所介绍的沟通(communication)定义可知，沟通的核心是信息的传递与理解。如果细分下去，应包含从信息发送者的信息表达、传递，到信息接收者的信息获取、理解以及反馈等诸多环节。为了清楚地了解沟通过程的原理和实现成功沟通的各种要素，这里我们首先介绍沟通过程模型。

1. 沟通过程模型的结构分析

沟通的过程可以用图 7-19 所示的系统模型来表示。首先，信息的发送者将他的思想、观点、知识、情感或所了解的事实等沟通的意图，通过语义编码表达为文字、数字、图形、声音、手势和表情等形式的信息。如果是远程沟通，还需要借助通讯技术，通过某些设备对信息进行技术编码，使之转化为便于远程传输的信号。信号从发送地通过信号通道传输到接收地。在接收地，先通过技术设备进行技术解码，将信号还原成信息。然后接收者进行语义解码，即对信息进行理解，从而得到关于所传递思想、情感或事实的认知。接下来，进行反馈(逆向沟通)，使发送者了解接收者有没有收到并正确理解信息的含义，以便进行下一轮沟通。其中的每一个沟通环节都会受到来自背景噪声的干扰，造成沟通障碍，有可能导致沟通过程的信息含义偏差、失真和沟通失败等。下面我们对图 7-19 沟通过程模型中的基本要素和环节进行进一步说明。

2. 沟通过程模型的要素分析

(1) 信息发送地

信息发送者(sender)，即希望进行沟通的主动者，要把自己的某种想法或所掌握的事实等沟通意图，即**信源**(information source)，通过编码转化为便于传送的信号。**编码**(encoding)是将沟通意图符号化，包括两个阶段。第一个阶段，信息发送者作为"语义转换器"进行**语义编码**，将沟通意图表达成一定的文字、声音、图像等语言信息。例如，一个教师在讲课时可以把他的思想和知识用浅显易懂的语言清晰地表达出来；一个组织的管理者把改进组织绩效想法形成书面的方案，以便向员工传递⋯⋯这些都是语义编码。由于受到信息发送者的文化水平、表达能力、心理状态、社会影响等背景噪声干扰，语义编码过程很可能出现偏差，使得发送者不能准确地表达自己的意图，导致沟通过程一开始就出问题了。第二个阶段，通过"技术转换器"设备将语言信息再转换成电子信号的**技术编码**。例如，计算机把发送者经过语义编码的电子邮件(E-mail)文本进行再编码，形成便于传输的数字信号，这个过程就属于技术编码。在此过程中，也会因为外部信号干扰或技术故障等造成技术编码的混乱。

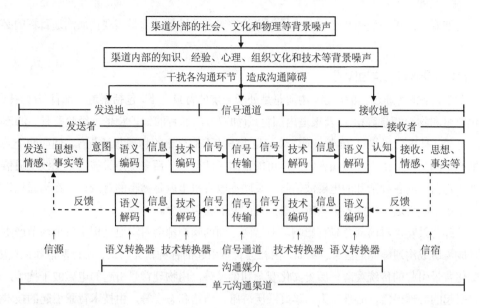

图 7-19　沟通过程模型

(2) 信息接收地

信号传送到接收地后，需要进行解码还原为信息并被接收者理解。**解码**(decoding)是编码的逆向过程，也包括两个阶段。第一个阶段，通过"技术转换器"设备进行**技术解码**，将信号还原为信息。例如，计算机把电子邮件信号还原成文字，并通过屏幕显示出来。这一过程有可能受到技术和物理干扰造成解码的误差或信息混乱。第二个阶段，信息接收者(receiver)作为"语义转换器"进行**语义解码**，对信息进行理解，得到相关的认知。例如信息接收者阅读电子邮件文本，理解发送者的意图。信息接收者的受教育程度、知识、经验、认识水平、当时的心理状态和社会影响等背景噪声干扰，均可能导致在语义解码过程中出现偏差或疏漏，使信息接收者产生误解，这时就需要通过反馈过程来纠正这种偏差。

(3) 沟通路径

沟通路径包含三个层次：信号通道、沟通媒介和沟通渠道。**信号通道**(signal channel，简称信道)是指发送地和接收地之间的信号传递路径。**沟通媒介**(communication media)是从信源到信宿之间的信息传递路径、载体、介质、设备和沟通的功能方式的总称。它不仅在沟通的串行结构上比信号通道增加了编码和解码环节(见图 7-19)，而且在沟通的并行结构上包含了载体媒介、介质媒介、设备媒介和沟通功能媒介等内涵。此外，从信源、语义编码转换器、技术编码转换器、信号通道，到技术解码转换器、语义解码转换器、信宿的直接沟通路径称为**单元沟通渠道**(a unit of communication channels)。而从某信源到某信宿之间的由若干个相连通的单元沟通渠道所构成的一条或多条信息通路称为**沟通渠道**(communication channels)。沟通渠道不仅在沟通的串行结构上比信号通道和沟通媒介更长，而且侧重点也不同，它更侧重于信息传递路径的构成、畅通程度、传输质量和沟通效果等。

可见，沟通路径的三个层次分别从多个方面支持和保证了信息传递和沟通的效果，同时各种内部和外部的背景噪声都会干扰沟通路径，造成沟通的障碍。因此，信号通道的畅通性和抗干扰性、沟通媒介的正确选择和运用、沟通渠道的完善和管控等，都是实现优质沟通目标的必不可少的因素。

(4) 背景噪声与沟通障碍

背景，是指沟通过程的环境。沟通总是处于一定的背景之下，包括渠道外部背景(如社会背景、文化背景和物理背景等)，以及渠道内部背景(如双方沟通者的知识背景、经验背景、心理背景，组织背景，技术背景等)。噪声一词，最初是指干扰人们交流的物理背景杂音，例如两个人在嘈杂的生产车间交谈，由于环境噪音太大，可能根本无法交流。后来噪声又被用于无线电通信，指干扰被传递信号的各种杂乱的电磁波信号，反映在收音机里就是嗡嗡的背景声。在沟通过程中的噪声，是指干扰沟通过程的各类影响因素，是广义的噪声概念。

外部背景噪声对内部背景有影响，而这两方面的噪声都会对沟通过程中每个环节产生干扰，使之成为造成沟通障碍的因素。例如，由社会背景引起的各种社会舆论、流言蜚语和挑拨离间等，由文化背景引起的传统观念、历史文化观念和偏见等，由物理背景引起的电磁波干扰等，由心理背景引起的心理恐慌、心理压力、喜好或厌恶感、情绪和态度等，由技术背景引起的技术故障和技术干扰等，都会对信息发送者、接收者和信息传递的各个环节造成影响，形成沟通障碍，需要我们通过各种技术和管理的手段加以克服。

(5) 反馈

反馈是检验信息沟通效果的重要环节，重视反馈在沟通过程中的作用是沟通成败的关键因素。单向沟通不要求接收者提供反馈，当接收者没有收到信息或对发送者原意发生曲解时，发送者也全然不知，容易导致沟通失效或失败。而双向沟通的反馈渠道，能够让发送者知道信息是否送达，并可以判断接收者是否正确理解了信息的含义。反馈过程是原信息传递的逆过程：从接收者开始，他决定要对原发送者传送什么样的反馈信息，然后进行信息编码、通过信道进行信号传递、解码，最后原发送者收到并理解反馈信息。在反馈过程中，也存在背景噪声干扰、信息失真和沟通障碍等问题。

下面，我们着重介绍沟通过程模型中的三个关键要素：沟通媒介、沟通渠道和沟通障碍。

二、沟通媒介及其选用

要进行有效的沟通，领导者和组织的其他成员需要为他们发出的信息选用恰当的沟通媒介，如果媒介选择不合适，就会影响沟通的效果。例如，车间主任要和有关人员讨论一下新产品的生产计划问题，是选择开会、电子邮件、短信、微信，还是打电话呢？采购部门要采购电脑，是通过传真或邮件提出订购要求，还是与供应商订立可靠的合同呢？很显然，这是在沟通之前应该认真考虑的问题。

1. 沟通媒介的分类

沟通媒介的种类很多，从不同的角度有不同的分类方法。图 7-20 从沟通媒介的串行结构、并行结构和功能方式三个角度进行了系统的分类。

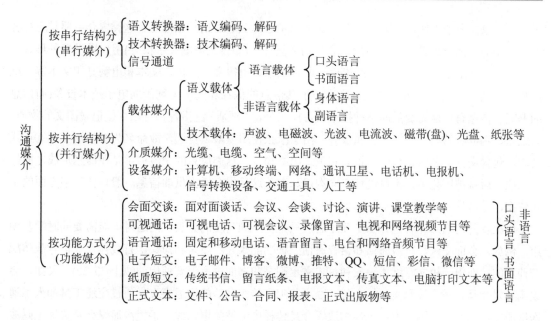

图 7-20 沟通媒介的分类

按沟通过程的串行结构分，沟通媒介可以根据图 7-19 分为几种串行媒介：语义转换器、技术转换器和信号通道。其中，语义转换器又分为语义编码和解码转换器，技术转换器又分为技术编码和解码转换器。它们的含义前面已经解释过了，不再赘述。

按沟通过程的并行结构分，沟通媒介可以从信息载体、传递中介物质(介质)和传递设备几个角度分为载体媒介、介质媒介和设备媒介三类，它们均贯穿于上述串行媒介的各个环节。在载体媒介方面，可分为语义载体和技术载体。语义载体又分为语言载体(含口头语言和书面语言等)和非语言载体(含身体语言和副语言等)；技术载体包括声波、电磁波、光波、电流波、磁带、磁盘、光盘、纸张等。在研究管理沟通时，我们更关注语义载体媒介，后面我们将对此进行进一步阐释。在介质媒介方面，包括光缆(传递光波，如网络信号)、电缆(传递电流波，如电话信号)、空气(传递声波、电磁波、光波)和其他空间(如人工传递磁盘和信件等，以及太空中的光波和电磁波传递等)。在设备媒介方面，包括计算机、移动终端(如手机)、网络、通信卫星、电话机、电报机、信号转换设备、交通工具和人工等。例如，在发送电子邮件时，信息的语义载体是书面语言(文字、符号等)，技术载体是调制了被发送信号的高频光波，介质媒介是光缆，设备媒介是计算机、网络和信号转换设备等。沟通媒介应根据信息发送者的需要进行合理选择。

按沟通的功能方式分，沟通媒介又可分为以下几种功能媒介。①会面交谈，包含面对面谈话、会议、会谈、讨论、演讲和课堂教学等。其中，演讲、做报告和课堂教学等媒介方式的双向交流性比较弱，但也可以有一定的互动，而且信息发送者可以通过接收者的现场反应获得一定的反馈信息。②可视通话，包含可视电话、可视会议、录像留言、电视和网络视频节目等。其中，录像留言、电视和网络视频节目等媒介方式以单向传播信息为主，录像留言也可以是相互的，而电视和网络视频节目的反馈信息主要通过收视率调查和其他的受众反馈渠道获得。③语音通话，包含固定电话(座机)通话、移动电话(手机)通话、语音留言(如微信的语音留言功能)、电台和网络音频节目等。其中，电台和网络音频节目的反馈性比较弱，可以通过其他渠道获取听众的反馈。④电子短文，包含电子邮件、博客、微博、推特、QQ、短信、彩信和微信等。这类媒介主要是通过各种层出不穷的网络通信工具，为固定和移动智能终端(如台式电脑和手机等)用户提供多种形式的交流平台。⑤纸质短文，包含传统书信、留言纸条、电报文本、传真文本和电脑打印文本等。纸质短文沟通媒介与电子短文的主要区别在于其信息的保存和阅读无须借助电子技术设备(而信息的书写和传递有可能需要借助某种技术设备)。另外，"纸质"泛指各种可以直接记载图文的物质，如纸张、木板、竹简、石板、金属板等。由于纸张使用得最为普遍，故命名为纸质短文。⑥正式文本，包含文件、公告、合同、报表和正式出版物等。这类信息的交流通常是在信息形成之前，一旦成文后就被固化了，不再进行双向沟通。因此这种媒介所提供的信息一般只作为某方面的正式依据，并对外发布或被查询。

以上各种沟通媒介有些并不是互斥的，只是从不同角度的分类，沟通时可能需要同时配套使用。例如，会面交谈、可视通话和语音通话三种功能媒介一般是和口头语言载体及非语言载体配套使用的；而电子短文、纸质短文和正式文本则是和书面语言配套使用的(见图 7-20)。又如，会议沟通媒介是传播声波和光波的空气、空间，邮寄传统书信的沟通媒介是通过交通工具和人工递送纸质文本的空间范围，固定电话沟通媒介是传播电流波的电话线，手机沟通媒介是传播电磁波的空气，有线电视沟通媒介是传播电流波电视信号的同轴电缆，互联网沟通媒介是传递光波和电磁波的光缆、卫星等。各种沟通媒介及其组合各有利弊，传递信息的效率和质量也不尽相同，因此领导者和其他成员需要正确选用合适的沟通媒介。下面从载体媒介和功能媒介两个方面进一步介绍不同沟通媒介的特点和选用方法。

2. 载体媒介的选用

载体媒介包含语义载体和技术载体两类，但对于管理沟通，我们更关心语义载体。由图 7-20 可见，语义载体又有一些具体的分类。对这些媒介的恰当选择、组合与运用，可以使沟通更加有效。为此下面分别介绍这几类语义载体媒介的特点和作用，以便沟通者综合选用。

(1) 口头语言载体

口头语言载体是一种以声音和含义相结合的方式承载并表达和传递信息的沟通媒介。在人们使用会面交谈(如面对面谈话、会议和演讲等)、可视通话(如可视电话和可视会议等)和语音通话(如固定电话和手机等)之类的功能媒介进行沟通时，都需要运用口头语言载体。以口头语言为载体媒介的沟通方式称为口头沟通。它既可以是面对面的谈话，也可以通过电话不见面沟通，还可以进行可视电话沟通；既可以是一对一的交谈，也可以是一对多的演讲，或者是群体的会议和讨论；既可以是正式的交流，也可以是非正式的闲聊。

口头沟通具有以下优点：能够进行双向交流；信息交换的充分性强；沟通速度快，信息可以快速传递，并得到及时反馈，信息接收者若有疑问可以立即向发送者提出；可以给人以亲切和受重视的感觉，还可以发挥身体语言和副语言的作用(尤其是会面交谈)。关于会面交谈，领导者与下属面对面的口头沟通，会使得他们感觉自己被尊重和重视。例如，"走动式管理(management by wandering around，MBWA)"提倡的面对面沟通方式，对组织各级领导者来说是十分有效的行为。领导者不是通过安排正式会议与下属沟通，或者坐在办公室里让下属来汇报工作，而是主动到工作区域走动，就领导者和下属共同关心的问题与下属进行非正式的谈话。这种非正式交流为领导者和下属提供了重要的信息来源，同时有利于培养领导者和下属之间良好的人际关系。关于语音通话，通过固定或移动电话进行口头沟通有利于沟通信息的快速传递，节省时间，提高效率，还可以发挥语调和语气的作用。关于可视通话，沟通双方无法还可以看到对方的肢体语言和面部表情，效率和效果都更好。

口头沟通也存在一些缺点：信息明晰性差，有时含义比较模糊，有可能被误解；信息可重复性较弱，不容易被确切地记住；容易受现场气氛影响，导致偏激或情绪失控；尽管沟通的速度和效率较高，但由于反复交流、重复表述或跑题等原因，有时消耗时间较长(尤其是会面交谈)。

(2) 书面语言载体

书面语言载体是一种以书面文字、图表、公式、数据和图片等方式承载并表达和传递信息的沟通媒介。人们在使用电子短文(如电子邮件、短信和微信等)、纸质短文(如传统书信和留言条等)和正式文本(如文件和公告等)等功能媒介进行沟通时，一般需要运用书面语言载体。运用书面语言作为载体媒介的沟通方式称为书面沟通。

书面沟通具有以下优点：沟通的内容比较正式，逻辑性强，条理清晰，信息明晰性强；信息表达的准备时间充分，准确性较高，不易出错；能够减少口头沟通时的情绪影响，不会受现场气氛和他人观点的影响；信息可以得到长时间保存，信息的可重复性强，事后可以再次查看；沟通内容便于大规模传播。对于一些比较重要或正式的沟通内容，书面表达出来的信息通常是经过反复思考、认真推敲的，因此比较明晰和准确，也有利于双方再次查看，消除沟通的误解。例如，企业的销售统计报表和每天的销售记录可以作为买卖双方发生异议时的查询依据。

书面沟通也存在一些缺点：对于表达同样的信息，由于书面沟通需要反复推敲，并形成书面文稿，因此比口头沟通消耗的时间长，沟通效率较低；不能及时得到沟通的反馈信息，不能及时知道对方是否收到信息并正确理解了；对于一些需要反复交流和讨论的复杂问题，书面沟通会显得十分困难，反复的次数更多，耗时更长，而且难以形成共识。

(3) 非语言载体

非语言载体是一种用口头和书面语言以外的通过人的身体和声音变化以及其他物体变化等方式承载并表达和传递信息的沟通媒介。例如，警笛，十字路口的红绿灯，人的姿态、手势、表情和声调等都不是通过语言载体传递信息的，都属于非语言载体。我们重点研究人体的非语言载体，主要包括身体和声音两个方面。尽管从狭义的语言概念(指口头和书面语言)来说，它们都属于非语言，但广义来说也可以看做是一些特殊的语言，因此我们仍然把身体和声音这两类非语言分别称为身体语言和副语言。

身体语言(body language，又叫做体态语言或肢体语言)是一种用手势、脸部表情和身体其他部分的动作、空间位置、服饰与仪态等方式承载并表达和传递信息的沟通媒介。例如，一个人点头传递着他表示同意的信息；一个人穿着正装来参加会议，说明他很重视这次会议；当两个人面对面交谈时，双方始终保持相当远的距离，说明沟通双方之间可能关系较疏远；领导者和员工促膝谈心，就会给人一种亲切的感觉；谈话者不停地看手表，说明他对谈话内容不感兴趣，或者可能有急事要出去办。另外，舞蹈就是一种用身体语言来表达情感、思想、故事情节等信息的文艺形式。

副语言(paralanguage)是一种用声音、语调、语气、音量和停顿等变化的方式承载并表达和传递信息的沟通媒介。例如，说话时的抑扬顿挫，对某些词汇或短语的强调、拖音或淡化，语气激昂或舒缓等都承载着说话者的某种情绪、情感等信息。心理学研究表明，一句话的含义往往不仅取决于其字面的意义，而且还取决于它的弦外之音。语调等变化可能使得同样一句话变得含义截然相反。例如，老师对学生说："你这是什么意思呢？"用平和的语调和尖厉的语调表达出来的意思可能完全不同。另外，激烈的副语言很容易使两个人陷入争吵，而缓慢而低声的语气有助于让情绪激动的对方冷静下来。

由以上分析可见，非语言载体也可以表达非常丰富的信息，或者传递难以用语言表达的意思。非语言载体所传递的信息通常是沟通主体内心情感的自觉流露，具有可控性较小、真实性较强等特点。非语言载体在沟通中具有重要的作用：它可以表示强调，或缓和谈话气氛；指出思维走向或事物发展途径，表示位置和方向；辅助描述事物形状和动态，用于模仿；可以使同样一句话变得含义截然不同，甚至相反；可以体现领导者的修养和风度，增加个人魅力等。

在沟通中，非语言载体可以单独使用，但更多的是和口头语言载体交织在一起，进行综合运用，共同发挥作用。口头语言部分的作用是传达信息的内容，而非语言部分则说明应如何解释语言部分。

3. 功能媒介的选用

(1) 功能媒介的特征指标

如何正确地选用沟通的功能媒介？一方面要根据某次沟通的"需求"特征，如沟通的内容、便利性要求、保密性要求、沟通双方的位置和环境、沟通的氛围和沟通成本等；另一方面要了解各种功能媒介的"供给"特征，如互动性、反馈能力、承载能力、复杂性能力、私密性、费用、信息可得性、时空限制性、正式程度、使用习惯等。沟通媒介的合理选用应当保证"需求"和"供给"的相互匹配。为此，我们首先介绍各种功能媒介的"供给"特征。上述特征指标比较多，不便于各功能媒介的比较，因此我们将它们归纳为三个主要指标：信息的充分性、信息的明晰性和信息的可重复性。

信息的充分性，是指一种沟通媒介所能承载的信息量，以及使发送者和接收者形成沟通共识的程度。信息充分性可以通过4个方面来衡量：信息传递的互动性(能否进行反馈，信息传递和反馈速度等)、信息传递的生动性(听觉的还是视觉的，静态的还是动态的等)、参与沟通的人数(两人之间的还是多人之间的)、信息载体的承载力(口头和书面、语言和非语言等)。例如，书信沟通的传递和反馈速度很慢、是静止的视觉信息、沟通人数少、采用书面文字，而视频会议的反馈速度快、包含视觉与听觉的动态画面、沟通人数多、包含口头语言和非语言等信息载体，因此视频会议要比书信往来沟通的信息充分性强。

信息的明晰性，是指某一沟通媒介所传递的信息的明确、清晰和准确程度。例如，领导者的脱稿演讲可能很生动、很丰富、很有感染力，但是所传递的信息的明晰性通常不是很强，随意性较强，语言和措辞不够精准和规范，有些地方模棱两可，可能还容易引起误解。而领导者的书面报告的明晰性就比较强，通常可以做到措辞严谨、语言规范、表述准确。

信息的可重复性，是指一种沟通媒介对于沟通中所传递的信息是否具有长期保留和事后再现的功能。有时候，我们希望沟通的信息能够形成书面文档，或以录音、录像等方式保留下来作为资料，以便以后查找或重复使用这些信息。例如，尽管手机短信比电话沟通媒介的信息充分性差，但是它的信息可重复性却优于电话沟通媒介。

(2) 功能媒介的特征比较与合理选用

根据上述沟通媒介的特征指标，可以对不同的沟通媒介进行比较，据此，领导者可以根据沟通的需要，选择恰当的沟通媒介。图 7-21 根据信息的充分性、明晰性和可重复性 3 个指标，将各种功能媒介进行比较，得出了两条特征曲线。一条代表信息的明晰性和可重复性，另一条代表信息的充分性。

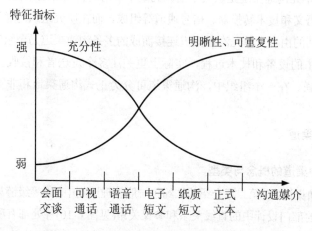

图 7-21　各种功能媒介的比较

从信息充分性的角度来看，会面交谈的信息充分性最强，信息传递的互动性、信息传递的生动性、参与沟通的人数、信息载体的承载力等各项指标都是最好的，可视通话次之，而正式文本媒介的信息充分性最低。所以有些需要反复磋商的复杂问题、需要做深入细致思想工作的谈话、需要体现领导重视的活动等沟通，应当选用会面交谈、可视通话和语音通话等媒介。

从信息明晰性和可重复性来看，会面交谈、可视和语音通话等媒介的缺点是给出的信息往往不够规范甚至模棱两可，信息明晰性和可重复性都比较弱，而电子和纸质短文、正式文本等媒介的信息明晰性和可重复性则比较强。所以有些需要深思熟虑、需要明确和严谨表达，或需要信息再现的沟通，则不宜采用会面交谈等媒介，用文字表达更好。例如，公司的绩效考核办法，如果完全用口头的方式在员工中间流传，没有书面的规定，这就会越传越乱。相反，绩效考核办法应当采用正式文件的媒介向整个组织发放，这样才能做到信息的明晰性和可重复性。再如，用电话通知下周的会议时间和地点，就不如用短信或"点对点"微信等方式更加有效，不仅明晰而且便于查看。如果用微信群等聊天平台发送会议通知就不太合适了，不仅不够正式，而且一周后该通知就会被大量的其他聊天记录所淹没。

在许多情况下，领导者或相关人员需要采取多种沟通媒介相结合的方式。例如，一个公司要出台关于消费者售后服务模式的重大改革方案时，领导者可以先采用面对面沟通方式向员工描述要采取变革的原因和具体的措施，然后再向员工下发有关实施细则的书面文件，这样的沟通方式会比单独采用某一种沟通媒介取得更好的效果。再如，如果要和某些关键人物商讨一个重要会议的时间和地点，就需要先用电话进行沟通，当确定了时间和地点后，还要用短信发送正式通知，并确保收到所有参会者的回复。对没有回复的人，还要再用电话进行确认。

除了以上三类指标外，在选用沟通的功能媒介时，有时还需要考虑其他的指标，如私密性、费用、时空限制性、使用习惯等。例如，许多人喜爱使用手机微信而不是通话或短信媒介进行沟通，除了微信具有比较丰富的沟通功能外，其费用更低也是一种重要的因素，尤其是在 WiFi(wireless fidelity，无线保真)局域网环境下。

三、沟通渠道及其改善

图 7-19 中的单元沟通渠道是从某个信源到某个信宿的直接沟通路径，由信源和信宿、信息发送者和接收者、语义和技术转换器、信号通道等组成。而在研究组织沟通渠道时，我们更关注多个信源和信宿之间的由多个单元沟通渠道连接而成的多条沟通渠道乃至组织的沟通渠道网络。而且并不关注渠道中的设备和技术过程，实际上更关注多个发送者和接收者之间及其和组织结构之间的关系和关联。在一个组织中，沟通渠道可分为正式沟通渠道和非正式沟通渠道两类，下面分别阐述。

1. 正式沟通渠道

(1) 正式沟通渠道的概念与类型

关于正式沟通渠道，在第二章介绍的法约尔一般管理原则中的"等级链与跳板原则"(见图 2-4)，以及第六章介绍的部门设计中的直线关系和参谋关系(见图 6-10)等处都有所涉及。结合这些原理，**正式沟通渠道**(formal communication channels)是指在组织结构中的直线关系、参谋关系和跳板关系中的部门或个人之间，所进行的关于组织工作活动的信息传递路径。可见，正式沟通渠道是建立在组织结构基础上的，是根据信息发送者与接收者所处的级别和部门的差异、管理幅度、权力体系、业务流程和信息流程等因素来确定的。正式沟通渠道中的沟通过程简称为正式沟通。正式沟通的内容与组织的工作相关，包括正式组织或部门发布的命令、指示、文件、法令、规章、简报、手册、通知和公告等信息的下达和传递，下级对上级的口头和书面汇报以及所提交的工作总结和计划等，组织召开的正式会议，组织内部各部门和同事之间的上下级、横向和斜向的工作接触和交流等。而与工作无关的沟通路径就是非正式沟通渠道。

归纳起来，沟通渠道的分类如图 7-22 所示。正式沟通渠道包括以下几种渠道类型。①纵向等级链渠道，又称为直线职权渠道，是在组织结构所规定的等级链直线关系中，运用直线职权时的沟通路径。它包括下行指令链渠道(上级对下级的指挥链沟通路径)和上行报告链渠道(下级对上级的报告链沟通路径)。②横向参谋渠道，是在组织结构所规定的横向参谋关系中，参谋职能部门和中心业务部门之间的横向沟通路径。根据参谋部门的职权类别，又分为参谋职权渠道和职能职权渠道两种类型，而每一种渠道都是双向的。一方面，参谋职能部门向中心业务部门传递指导性(行使参谋职权)和部分指令性(行使职能职权)沟通信息；另一方面，不管是参谋职权还是职能职权渠道，中心业务部门都会向参谋职能部门传递相关业务的咨询需求、反馈和建议等信息。③跳板渠道，是作为工作活动的一部分而进行非直线关系和非参谋关系的信息交流路径，以提高工作的效率。它包括纵向跳板渠道(包括下行和上行的越级沟通渠道)、横向跳板渠道(非横向参谋关系的沟通渠道)、斜向跳板渠道(包括下行和上行的斜向渠道)。

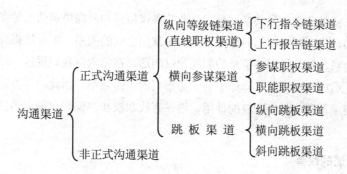

图 7-22 沟通渠道的类型

(2) 纵向等级链渠道的改善

在传统的管理中，下行指令链渠道一直是组织沟通的主渠道，如计划和任务的下达、对下级的激励和控制、向下属授权、动员和鼓舞员工等。下行指令链沟通虽然可以凭借职权将信息向较低层次传递，但在实际管理中，许多组织都存在下行沟通渠道不太畅通，或者渠道虽然是通畅的，但是沟通效果不佳等状况。美国管理协会曾做过一项统计研究，试图确定在下级的具体工作职责中，上下级认知的一致性程度。结果发现，上级所传达的关于下级的职责和工作要求等方面信息与下级所认为的及执行的并不一致，沟通效果不是很好。

反过来，上行报告链渠道在管理中也是十分必要和重要的。上行报告链沟通可以使领导者保持对下属工作的了解，从下属那里获取反馈信息，了解下行指令链沟通的效果，为员工提供参与管理的机会，减少员工因不能理解上级指令而造成的失误，缓解工作压力，营造民主式管理文化，提高组织创新能力等。例如，公司要求下级部门和个人向上级提交年终总结和下一年的工作计划，下级向上级汇报工作进展和提出合理化建议，进行员工态度和意见调查，召开下级座谈会等活动都是上行报告链沟通。美国管理协会的上述统计研究还表明，上级领导者往往不了解妨碍下级工作绩效的因素以及下级提出的工作改进意见等信息。其主要原因是上级领导者习惯于单方向的下行沟通，不重视上行沟通和信息反馈渠道。

下行指令链沟通和上行报告链沟通渠道构成了一个双向的纵向等级链信息系统，使得信息可以向下、向上顺利流动，有利于提高组织管理水平的提高。但是在实际管理中，组织的上行沟通与下行沟通渠道并不是对等的，上行沟通明显比下行沟通困难和阻塞。据调查，一般企业中多数员工是没有机会发出大量信息的，因为沟通的主动权和重心一般都在组织的较高层次上。为改变这一状况，组织的下行指令链和上行报告链沟通渠道应当同时开通，领导者只有重视和打通了上行渠道，才有可能保证下行渠道的畅通。这样上下级才能有比较一致的观点，纵向等级链沟通的效果才能改善。而有效的上行沟通，特别是从最低层次的上行沟通，需要领导者改变传统观念，使得上下级之间建立相互信任的良好关系，需要组织建立良好的组织文化、民主氛围和内部沟通机制。

(3) 横向参谋渠道的改善

横向参谋渠道的设立是为了避免所有的信息都通过纵向等级链进行繁琐的逐级传递，在组织结构的同一层次上，参谋职能部门和中心业务部门进行横向的沟通，以提高管理的效率。横向参谋渠道的沟通主要是关于业务共享信息、专业性参谋信息和横向协调信息等参谋职权的沟通，以便增加部门间的合作，减少部门的摩擦，协调各部门之间的关系，更好地提高组织的整体效益。但是，有时也会包含部分指令性信息的职能职权沟通。在第六章我们说过，职能职权的使用容易导致多头领导，造成管理混乱，降低中心业务部门的工作效率。因此，一方面要强化参谋职权渠道，另一方面要尽量限制职能职权的使用，通过直线职权和参谋职权渠道的良好配合来改善横向参谋渠道。

(4) 跳板渠道的改善

虽然跳板渠道也包含纵向和横向的沟通渠道(还包含斜向渠道)，但是它不传递直线关系的指令性和参谋关系的指导性信息，只是进行工作上的相互通气、资料传递、信息共享、协调关系、矛盾解决、协同行动、工作建议等沟通。而且，纵向沟通可以是越级沟通，横向沟通可以是中心业务部门之间的沟通，以及参谋职能部门之间的沟通，斜向沟通的形式更是多样化的。例如，财务部门的会计，就某顾客的应付账款问题直接与地区销售经理进行沟通，就是属于斜向沟通。这两个人既不在同一部门，也不属于组织的同一个层次。跳板渠道的沟通不掺杂任何直线指令及报告和参谋指导行为，它是纵向等级链渠道和横向参谋渠道的重要补充。良好的跳板渠道及其沟通过程可以使组织各部门之间形成相互配合、相互协作的有机整体，减少不必要的摩擦，从而提高组织的工作效率和效果。

但是跳板渠道的沟通也有弊病，它容易掺杂进某些直线关系和参谋关系的信息，容易造成纵向越级指挥和汇报、横向及斜向指挥和回报、非专业化和职能化指导等混乱，也容易导致直线主管对所管辖工作的失控等问题。在上述会计与销售经理沟通的例子中，如果会计人员就一些重要的问题直接与销售经理沟通并达成一致意见，而又没有及时向财务部门经理汇报，就可能给财务经理的工作造成困难，甚至出现重大问题。所以，跳板沟通不能传递任何正向的指令性和指导性信息，也不能有逆向的正式报告、汇报和反馈信息，更不能泄露部门的保密信息。如果必须涉及这方面的信息，就应当从上述纵向等级链渠道和横向参谋渠道进行沟通。

2. 非正式沟通渠道

(1) 非正式沟通渠道的特点

非正式沟通渠道(informal communication channels)是指不受组织结构、部门划分、权力体系和组织规程等限制的进行工作内容之外的信息传递的路径。非正式沟通渠道中的沟通过程简称为非正式沟通。例如，公司员工外出旅游过程中的沟通，具有共同兴趣的员工之间关于业余爱好的沟通，非正式组织内部的沟通以及小道消息的传播等都属于非正式渠道的沟通。

非正式沟通渠道具有以下特点。①渠道的复杂性，非正式沟通渠道的途径繁多，且不确定，多种渠道相互交织成"葡萄藤"状，组织中的每一个人都有可能成为非正式渠道中的成员。②沟通的不确定性，在非正式沟通中，无论是沟通对象、沟通时间还是沟通内容，都有较大的不确定性和偶然性。③传播的快速性，非正式沟通渠道中的信息传播速度很快，尤其是有了计算机网络和各种移动通信平台后，能够在极短的时间内进行大范围的信息传播和繁衍。④追踪的困难性，由于口头传播不留证据，电子传播也难以溯源，导致传播者往往不负责任。

(2) 非正式沟通渠道的消极和积极作用

由于以上特点，非正式沟通渠道具有明显的消极作用。由于非正式渠道中经常夹杂着落后的言论、道听途说的消息、不负责任的谣言、夸张和歪曲事实的流言蜚语等信息，而正式组织的领导者又难以控制和消除非正式渠道的小道消息，因此它们会对组织的正常管理造成干扰，引发各种矛盾和工作阻力，容易挫伤员工的工作积极性，给组织带来负面和消极的影响。

但从某种角度看，非正式沟通也不是一无是处，如果处理得好，也有一些积极作用。例如，非正式沟通能够缓解员工的焦虑情绪，转移工作压力；非正式渠道中也有许多信息是客观和积极的，能够弥补正式沟通渠道的信息刻板、缺失和滞后等不足；非正式渠道也可以看作是信息的过滤器和反馈器，能够传达员工潜在的愿望，便于领导者了解员工最感兴趣或最担心的问题，发现工作中的不足。

(3) 非正式沟通渠道的应对措施

有调查发现，75%的员工将非正式沟通渠道作为获得消息的首要途径。非正式沟通渠道之所以受到员工欢迎，和正式沟通渠道的不足以及领导过程的缺陷有关。当组织成员无法从正式渠道中获得他们渴望的信息时，或者对与自切身利益有关的组织重大事件(如人事调整、工资福利改变等)不知情时，就会求助于非正式沟通渠道。而且由于非正式沟通信息是在熟悉的人群之间传递的，所以当员工对领导者不信任时，就会很重视这类信息，认为这种信息是可信的。20 世纪 80 年代，美国一些咨询公司对 26 家美国和加拿大企业的研究表明，员工从非正式沟通渠道获得的小道消息所含的信息量仅次于自己的顶头上司从正式沟通渠道所掌握的信息。当正式沟通渠道不能完全满足员工的信息需求时，非正式沟通渠道的信息就会到处传播。

为了降低非正式沟通对组织的负面影响，并发挥其积极作用，领导者可以采取以下几种应对的措施。①领导者应当正确对待非正式沟通渠道的存在，不能一味采取压制和堵塞的方法，要正确疏导、引导和利用。②领导者应及时公布重大决策的时间安排，公开决策过程，对员工所关心和担心的问题实行信息透明化。③尤其要及时公开组织发展中出现的困难、问题和不利因素，改变总是事后辟谣的被动做法。这样才能从根本上杜绝谣言的传播，减少因猜测引起的焦虑，反而能够增强组织的凝聚力，从而带领大家同舟共济，共同克服困难，推动组织的发展。④领导者应树立良好的个人形象和领导群体形象，得到员工的信任和爱戴，使员工愿意相信正式渠道的信息。⑤领导者应当利用非正式沟通渠道的信息过滤器和反馈器的作用，借此过滤掉员工不感兴趣的信息，而保留下来员工认为重要的和担忧的问题，并借此了解员工的状况、情绪、意见和建议，采取积极措施解决问题，让员工满意。

四、沟通障碍及其克服

沟通障碍是指由于沟通渠道内部和外部的各种背景噪声对渠道中各个环节的干扰所造成的可能导致沟通困难、偏差、失真、失败或故障的各种影响因素。其中，内部干扰因素来自沟通渠道内的沟通者的知识背景、经验背景、心理背景、组织背景和技术背景等，它们会对信息发送者、接收者、设备、信号通道等沟通环节造成影响；外部阻碍因素的来源是沟通渠道外部的社会背景、文化背景和物理背景等，它们会对内部干扰背景以及沟通渠道中的各环节造成影响(见图 7-19)。无论是组织正式或非正式沟通，还是组织对内或对外沟通，要达到预期的沟通效果，就需要克服沟通的障碍。有研究表明，由于电子邮件方面的错误、低效和误解，一家拥有100名员工的公司每年可能会造成45万美元以上的损失。为此，我们首先要找到造成组织沟通障碍的因素。

1. 造成沟通障碍的因素

根据沟通过程模型(见图 7-19)，沟通渠道的外部背景噪声会影响渠道内部背景噪声，然后又干扰渠道中的各个环节，形成沟通障碍。下面我们仅从沟通渠道中的信息发送者、信息接收者、沟通媒介和沟通渠道等几个关键环节和要素来分析造成沟通障碍的主要因素。

(1) 信息发送者因素

来自信息发送者的沟通障碍因素主要有：信息发送者知识和经验等方面的欠缺、表达能力较弱、性格较内向、领导行为风格的限制、自我中心的性格、不恰当的信息过滤等。这些因素都会阻碍信息发送者进行语义编码，造成不恰当的语言表达。例如，如果信息发送者具有独断专行的领导行为风格，喜欢以高高在上的姿态训斥对方，这就难以达到沟通的目的。又如，如果信息发送者具有以自我为中心的性格，沟通时自己侃侃而谈说得很开心，也不顾别人爱不爱听，这也会影响沟通的效果。再如，有些领导者做报告时，或者有些下级向上级汇报工作时，喜欢过滤掉一些工作中的问题、失误或缺点等信息，报喜不报忧，结果会导致信息失真，造成不良的后果。当然，合理的信息过滤有时候也会在一定程度上有助于达到沟通的效果，例如在安慰一个遭遇不幸的人时，过滤掉一些不好的信息有利于降低对方的痛苦。

(2) 信息接收者因素

有研究表明，许多领导者都不是一个好的听众，倾听的效率只有25%。原因是多方面的，主要是缺乏诚意。由信息接受者造成的沟通障碍因素主要有：文化水平限制、理解能力弱、情绪影响、性格障碍、缺乏倾听的耐心、选择性知觉和个人修养问题等。这些因素都会影响信息接收者进行语义解码，导致难以理解或误解对方所表达的含义。例如，一个人在高兴或痛苦的情绪下，会对同一信息做出截然不同的解释；一个人在心情不好时，容易觉得别人话中有话，甚至对自己有恶意；有时极端的情绪可能使得沟通无法进行下去，或造成强烈的冲突。又如，有的人缺乏倾听的耐心，难以完整地听完并理解别人要表达的含义；或者个人修养不够，听不进不同的意见。此外，选择性知觉(selective perception)是指人们根据自己的需要、动机、兴趣、经验、背景和态度而有选择地吸纳和解释所获得的信息。在解码时，他们会根据自己的喜好，对有些信息非常敏感，而对另一些信息非常麻木；对有些信息作积极的解释，而对另一些信息做消极的解读。最终导致信息的失真。

(3) 信息发送者与接收者双方因素

信息发送者与接收者双方的沟通障碍因素是指不是由沟通的某一方的问题造成沟通的障碍，而是由双方的相互差异或相互关系的不协调造成的沟通障碍。也许单独来看各方并没有沟通上的问题，或者说，各方与差异性较小或关系比较协调的人沟通时并没有什么障碍，而双方之间进行沟通就有问题了。这方面的障碍因素主要有：年龄、职业、受教育程度、文化背景、专业背景、社会地位、沟通方式和语言习惯等方面的差异性，以及人际关系不合、信任危机、偏见等方面的关系不协调。沟通是双方的事情，沟通双方有没有诚意和共同语言，能不能相互理解和相互信任至关重要。例如，不同阶层的人差异太大、不同年龄的人有代沟、上下级相互猜疑、竞争对手互不信任等，都会产生沟通的抵触情绪，降低坦率交谈的诚意，继而难以进行有效的沟通。

(4) 沟通媒介因素

虽然上述信息发送者和接收者的因素会导致沟通媒介的选择与运用的不当，但这里我们不再讨论人的因素，而只讨论由媒介导致的沟通障碍问题。因沟通媒介的问题而造成沟通障碍的因素主要有：信号通道的干扰较大或信息超载、载体媒介选择不合适、介质媒介的空间环境较差、功能媒介选择失误等。

在信号通道方面，电子沟通中的线路故障、电磁干扰和网络速度过慢、信息超载等因素都会造成沟通障碍。尤其在信息爆炸的时代，大量传播电子信息的便利性一方面给正常的沟通带来了好处，但是也会导致信息泛滥成灾，甚至超过人们所能承受的范围，因而导致沟通障碍。例如，由于垃圾邮件的缘故，许多员工的电子邮箱中一天中居然出现了几百封信件，导致他们无法集中精力处理与工作有关的信息和事务。在载体媒介选择方面，例如有些领导者对于一些需要口头讨论或者需要进行深入细致的思想工作的事情，也用书面短信的方式进行简单化处理，结果造成沟通的失败。在介质媒介的空间环境方面，例如面对面沟通现场噪音太大，使得双方无法沟通，或者空间距离太远，造成沟通困难。在功能媒介选择方面，例如有些重要和复杂的工作项目布置，需要进行会议动员，当面解释清楚任务的意义和要求，并鼓舞士气，但如果仅仅采用文件通知的方式下达任务，其执行效果就会很差。

(5) 沟通渠道因素

正式沟通渠道的结构和畅通程度等也是造成沟通障碍的一类重要因素，而这些因素主要受到组织内部背景的影响，包括组织规模的大小、组织信息传递链的长短、工作空间和部门的制约、组织文化、组织的等级观念、沟通的反馈渠道等。例如，组织规模越大，沟通渠道结构和人际沟通关系就越复杂，沟通障碍因素就越多；员工工作地点距离越远，或者工作地点越不固定，沟通渠道就越长或越不稳定，因而沟通的障碍越大；在讲究等级观念、过于追求业绩和政绩、过于强化奖惩等组织文化背景下，沟通渠道中就会出现许多制度、环境和人为的沟通障碍因素，造成任务导向型领导风格、不重视人际关系、沟通意愿下降、沟通困难和信息失真等问题。又如，有些机械型组织各部门之间相互缺乏沟通，没有建立横向沟通渠道；组织纵向层次较多，沟通渠道的纵向路程较长，信息传递速度慢，而且信息损耗和失真大。一项研究表明，企业董事会的决策经过 5 个等级的传递后，平均信息损失约 80%。其中，副总裁一级的保真率为 63%，部门主管的保真率为 56%，工厂经理的保真率为 40%，一线工长的保真率为 30%，到员工处的保真率仅为 20%。此外，反馈渠道对于沟通的有效性有着极为重要的作用。有研究表明，无反馈渠道的单向沟通速度较快，但对发送者来说，不知道信息是否接收到，也不知道接收者是否理解；而有反馈渠道的双向沟通尽管比较耗费时间和精力，但沟通效果更好。组织沟通中的很多无效的沟通都是由于缺乏反馈渠道造成的。

2. 沟通障碍的克服

针对以上沟通障碍产生的因素，领导者可以采用积极的应对措施解决沟通中的各种问题，提高组织的沟通能力，从而实现有效的沟通。

(1) 提高信息发送者的表达能力

其一，信息发送者在进行比较重要的沟通之前应当做好充分的准备，补充相关的知识，对问题的背景资料、解决问题的方案及其依据、决策的理由以及员工的预期反应等要做到心中有数。其二，要克服领导者居高临下和独断专行的风格，避免以自我为中心的观念，要多关注信息接收者的需求和感受。其三，沟通内容要精心设计，一方面要避免不恰当的信息过滤，不能报喜不报忧，另一方面要言之有物，提高信息的针对性和目的性，切忌内容模糊不清。其四，要讲究沟通的语言技巧，语言风格要适合信息接收者的习惯，便于对方理解，注意选择合适的用词，语言要清晰、简明扼要、通俗易懂、逻辑性强，避免产生歧义。其五，对于性格内向的领导者，要努力克服心理障碍，要认识到沟通是领导者必备的能力，要多进行沟通实践，提高沟通的意愿，不断增强沟通的信心。

(2) 提高信息接收者的倾听能力

其一，领导者不管在与上级、同级还是下级沟通时，都要学会倾听，成为一个称职的信息接收者。尤其是在和下级沟通时，更要注意倾听他们的心声，避免习惯性的高谈阔论。沟通不需要雄辩，而需要倾听，倾听是一种优良和有效的领导行为[1]。其二，不仅要学会倾听，而且要积极倾听。积极倾听要求听者全神贯注，不带有任何主观的、不成熟的判断，这样才能避免听到的信息失真。积极倾听不同于被动听讲的行为，是对信息进行主动的搜寻。人们的正常语速是每分钟150个字，而倾听的接受能力高达每分钟1 000个字，巨大的差值使人的大脑有充足的时间进行积极的思考，这样有利于提高理解能力。其三，为了提高倾听和理解的效果，可采取换位思考的方法(empathy)，即让自己处于信息发送者的位置，设身处地从发送者的角度来思考。其四，领导者要提高个人的修养，要能听得进不同意见、不同声音，甚至是"难听话"，要避免感情用事、选择性知觉、情绪化倾听行为，从而避免信息理解的偏差。其五，良好的倾听者可能表现出的具体行为包括：多听少说、高度的注意力、赞许性的点头、恰当的面部表情、适当提问和复述、不时用笔记录信息要点等。

(3) 改善信息发送者和接收者的人际关系

其一，领导者平时应注意树立良好的个人形象，处理好人际关系。这样在沟通前就能够取得对方的信任，这是成功沟通的重要前提。其二，在沟通开始的时候，不要直接涉及敏感的问题，可以先从信息接收者感兴趣的话题开始。通过谈话，尽可能发掘双方的共同点，拉近双方的距离。其三，可以通过一些举动(例如，给对方泡上一杯清茶)和身体语言(例如，离开老板桌，和员工坐在一起)，营造宽松的沟通气氛，为沟通的成功奠定基础。其四，当沟通双方的年龄、文化背景、社会地位和语言习惯等方面差异较大时，尤其是领导者处于一个比较优越的地位时，应当放下架子，尽量用对方比较熟悉和能够接受的语言与之交谈，并且要克服偏见、换位思考、尊重对方，这样才能取得良好的沟通效果。

(4) 选择合适的沟通媒介

为克服信息传递障碍，领导者应当选择合适的沟通媒介，包括语言、方式、技术和环境等方面的媒介。美国一项调查的研究人员请一些经理们选择他们认为最好的沟通方式，55%的经理认

---

1. 参见张智光所著《管理学智慧：为官的定理》(南京大学出版社，2015年版)一书中的"15. 雄辩是沟通的大敌"。

为直接听口头汇报最好，37% 喜欢到下边检查，18% 喜欢定期会议，25% 喜欢下级工作书面汇报。另外一项调查的研究人员询问 51 个领导者传达政策时哪种沟通媒介最有效，其中选择召开会议作口头说明的有 44 人，亲自接见重要工作人员的有 27 人，在内部管理报告中宣布政策的有 16人，在内部备忘录上说明政策的有 14 人，通过电话联系说明政策的仅有 1 人。从这些调查结果可以看出，有经验的领导者对选择沟通媒介是很有讲究的。

在技术方面，我们要选择具有容量大、速度快、抗干扰能力强、使用便捷等特点的信号通道，同时要选用性能好、功能强、抗干扰、失误小的设备媒介，从而在硬件和软件上排除技术上的沟通障碍。在功能媒介方面，需要根据具体某一次沟通的目的和特点，选择合适的功能方式。在对沟通信息的充分性要求较高的情况下，我们提倡直接沟通、双向沟通和口头沟通，以提高信息交流的效果。而在对沟通信息的明晰性和可重复性有较高要求的情况下，则宜采用短信、文件等书面沟通方式。在介质媒介方面，我们希望沟通的空间环境比较安静、整洁，甚至比较雅致。在有些特殊情况下，如具有保密要求时，还需要有一个相对隐秘的沟通空间。

(5) 建立良好的沟通渠道

针对正式沟通渠道不通畅或渠道结构不合理，我们可以采取以下措施，对原有的沟通渠道进行改进和完善，从而建立和健全良好的沟通渠道。其一，要建立沟通的反馈渠道，不能总是领导者说、员工听，可以设计多种快捷而常规的反馈渠道。其二，建立横向沟通渠道，横向沟通对协调各部门之间的关系和提高组织效率具有重要作用。但是由于各种原因，许多组织部门间的沟通障碍很大。因此，领导者应设法加强部门之间的信息畅通，鼓励部门之间的横向沟通和交流。其三，要建立扁平化的组织结构，减少信息的纵向传递的层级，缩短上下级的沟通渠道，提高组织处理问题的反应速度。其四，要提倡领导者进行走动式管理，扩大沟通渠道和沟通范围，以便于及时掌握第一手信息。其五，要建立良好的组织文化，改变领导者的工作作风，改善人际关系，减小沟通渠道中的障碍，鼓励员工利用反馈渠道向领导者反映情况，提出意见和建议。

习　题

一、单项选择题 (每题只有一个正确答案，将其前面的字母填入相应的空格中)

1. 根据领导行为方格图理论，适度关心工作任务和人际关系的领导行为属于_____领导风格。

　　A. 俱乐部型　B. 中庸型　　　C. 贫乏型　　　　　D. 团队型

2. 麦克利兰的成就需要理论把人的需要归纳为 3 种需要，其中不包括_____需要。

　　A. 安全　　B. 亲和　　　C. 成就　　　　　D. 权力

3. 某人因为上班迟到被扣了当月的奖金，他的同事们为避免受到类似的惩罚，都更加注意做到上班不迟到、下班不早退。这些同事们的行为因此受到了_____。

　　A. 正强化　B. 负强化　　C. 惩罚　　　　　D. 自然消退

4. 根据公平理论，员工的不公平感是在自己的报酬与投入比率与参照对象的报酬与投入比率相比_____的情况下产生。

　　A. 较大　　　B. 较小　　　C. 较大或较小　　　D. 相等

5. 副语言是一种用_____等变化的方式承载并表达和传递信息的沟通媒介。

    A. 身体语言 B. 口头语言   C. 书面语言   D. 声音和语调

6. 根据工作特征模型，能够使员工更好地理解工作意义的三个工作特征是_____。

    A. 技能的多样性、任务的同一性、决策的自主性

    B. 任务的同一性、决策的自主性、绩效的反馈性

    C. 任务的重要性、决策的自主性、绩效的反馈性

    D. 技能的多样性、任务的同一性、任务的重要性

二、是非判断题 (判断下列句子的正确性，用 T 表示正确，F 表示错误，填写在括号里)

1. 根据马斯洛需要层次理论，一旦员工的某种需要得到实质性满足后，这种需要就不再具有激励作用。   (　　)

2. 最难共事者问卷是用来判断领导者的领导行为风格属于任务导向型还是关系导向型的一种量表。   (　　)

3. 在沟通过程模型中，语义解码过程是由相关设备来完成的。   (　　)

4. 根据目标设置理论，管理者提出"努力提高工作业绩"这样的总体目标，要比提出具体目标的激励效果更好。   (　　)

三、概念解释题

1. 什么是激励？衡量激励的程度有哪三个层次？

2. 请解释正强化的过程。

3. 举例说明双因素激励理论中的保健因素和激励因素概念。

四、理论辨析题

1. 领导者－成员交换理论对实际管理有什么启示？该理论中的"圈子"和搞小团体、小帮派有什么不同？

2. 试比较 ERG 需要理论与马斯洛需要层次理论所给出的需要层次有什么联系，ERG 需要理论的实质性贡献是什么？

五、案例分析题

背景材料

知名企业家马恩华是河北省保定棉纺公司总经理。他毕业于青岛纺织工学院，担任过技术人员和总工程师。在他担任总经理之初，由于企业经营困难，有 2000 多名员工要求调走，另谋出路，即使来上班的员工心也不在厂里。马恩华没有怨员工，他说："员工涣散，关键是领导没有把大家的心凝聚在一起。企业越是困难的时候，领导越要关心群众的疾苦，员工才能和企业共渡难关。"他任总经理的第二天，就到员工意见较大的食堂去，和食堂管理人员研究如何提高饭菜质量。同时，他让企业工会建立员工家庭经济、住房条件、健康状况等小档案。他定期调查这些情况，实实在在地为员工解决实际困难，进行个性化关怀，为他们排除后顾之忧。因此，马恩华赢得了员工们的信任，用自己非凡的行为鼓舞员工，充分调动了员工的工作积极性、主动性、创造性和潜

能。他不断采取各种改革措施，带领企业员工努力进取，经过 10 年的努力，不仅使一个濒临倒闭的企业恢复了勃勃生机，而且使企业进入全国同行业一流水平，实现利润居全国同行业之首，固定资产净值比 10 年前翻了 10 倍。

马恩华为企业、为社会创造了财富，但在担任总经理的十几年间，他始终在房子面前不伸手，票子面前不动心，生活待遇不特殊。他因此得到了社会的认可，先后获得了"全国劳动模范"等多项荣誉。

问　题

1. 根据现代领导特质理论，马恩华具备哪些领导特质？

2. 根据魅力型领导特质理论和变革型领导行为理论，解释马恩华为什么能够充分调动员工的工作积极性和主动性。并根据第六章关于权力来源的论述，说明魅力型领导在权力运用中的优势。

3. 根据四分图理论，分析马恩华的领导行为风格主要属于任务导向型还是关系导向型，这两种类型的领导行为主要区别是什么，现代领导理论更提倡哪一种领导行为？

第八章 控制过程

第一节 控制过程概述

一、控制的概念

"控制"(control)一词，最初来自于工程技术系统，称作工程控制(engineering control)。自从诺伯特·维纳(Norbert Wiener，1894—1964)的《控制论》问世以来，控制理论和方法得到了迅速发展，并广泛应用于工程技术系统、生命机体、人类社会、经济系统和管理系统等各类系统之中。一般而言，控制是指控制主体按照给定的条件和目标，对控制客体施加影响的过程和行为。本书所说的控制，在没有特别说明时，是指管理控制(management control)。关于管理控制过程的定义我们在第一章中已经介绍过了，为便于阅读，这里重述如下：**控制**(controlling)是指管理者根据计划所规定的管理目标(称为控制目标)，对计划的执行情况和组织的内外部环境变化进行实时监测，并分析和判断已经发生或将要发生的各种偏差或偏差的影响因素，然后及时对计划执行机构采取纠偏或预防措施(称为控制措施)，从而保证计划的最终执行结果与管理目标相一致的过程。

需要说明的是，管理者在控制过程中应尽可能保证既定的管理目标在计划期内的稳定性，并使之最终得以实现。但是，若各种控制措施都将无法实现既定的管理目标时，管理者将不得不修改或调整该计划的管理目标。这就是说，上述定义中的控制措施，在某种特定的情况下(如计划本身不可行或环境发生了重大变化等)，包括了修改计划及其管理目标。另外，定义中所说的"实时监测"对于不同的管理层次或不同的控制问题，其监测的频度或周期是有所区别的。例如，战略控制所指的"实时"周期就会比战术或作业控制要长一些，越是低层的控制，其实时监控的频度会越高。

在组织的实际运行中，不管计划多么周密、组织多么完善、领导多么得力，在计划的实际执行中还是难免会出现各种各样的问题、困难和差错。这些偏差可能来自组织内部的诸多波动和冲突，也可能来自外部环境的各种变化和干扰。即便计划是正确的，实施过程的各种偏差都会阻碍它的实现；即便计划当时是正确的，但在实施过程中也会受到来自外部和内部的双重干扰，如消费倾向的转移、竞争环境的变化、新产品的出现、技术的发展、管理者或员工的抵触等都会对原有计划的执行产生影响。因此，管理者还需要通过控制手段来处理随时可能发生的各种情况，包括调节组织结构和领导的方式，或对计划进行修改等。有效的管理离不开良好的控制系统，有效的控制系统是组织实现其管理目标的重要保障。

与计划、组织和领导相比，控制过程在管理中具有特殊的地位。控制既是管理的一项重要职能，又贯穿于管理的全过程，它将各管理过程职能串联起来构成一个有机联系的系统。控制过程与其他管理过程的联系主要体现在以下几方面：控制目标来自于计划，因此计划过程是控制的前提和依据；控制措施的实施，有时需要通过组织和领导过程才能得以实现；当各种控制措施无法实现控制目标时，需要返回修改计划及其目标。

二、实际管理中常见的控制问题

1. 重工程控制，轻管理控制 [1]

许多企业都采用了先进的工程控制技术对产品的生产过程实行自动控制，以提高产品质量和生产效率，降低成本和废品率。但是对管理控制的重视程度远远不及工程控制。究其原因，除了管理者对管理控制认识不足外，两者在控制原理上的差异也是重要的影响因素。

从控制要求的可调性看，管理控制的目标或要求并不是一成不变的，当控制措施无法纠正偏差或环境发生重大变化时，就需要重新决策、修正计划、调整控制要求；而工程控制的要求或标准比较明确和稳定，一般不需要调整。从干扰和偏差的来源看，管理控制的干扰和偏差来自内外部环境的波动和计划本身的不合理等因素，其中人的因素加剧了干扰源的复杂性；而工程控制的干扰源主要是来自物质因素，比人的干扰"单纯"了许多。从控制结果的确定性看，管理控制的内外部环境影响因素比较复杂，导致控制结果具有不确定性；而工程控制可以通过技术手段降低环境干扰，因而控制结果比较确定。从人工介入程度看，管理控制过程一般都不是自动完成的，需要人工介入；而工程控制过程一般都可以自动完成。从控制措施的严格性看，管理控制的对象是由人构成的自组织性较强的系统，控制措施不合理所造成的不良后果具有一定的滞后性；而工程控制的对象是自组织性较弱的物质系统，控制措施不合理将会立刻导致不良后果，因此其严格性更强。

综上所述，管理控制具有柔性较强、可控性较弱、控制效果不明确等特征，人们往往会误认为管理控制并不重要。其实，正是由于这些特征，管理控制的难度更大，而且管理控制，尤其是战略控制一旦失败，所造成的损失要比工程控制大得多。因此，管理控制更应当受到重视。

2. 重布置、总结，轻执行控制

在管理计划的执行过程中，有些组织和机构比较重视抓两头："战前布置和动员"与"事后总结经验和教训"，而恰恰忽视了最重要的中间环节。管理者将计划下达给相关执行部门后，也只是通过组织和领导过程进行管理，在执行过程中并不进行工作检查，因此无法发现已经发生或将要发生的偏差，所以也没有采取解决问题的任何措施，即不进行任何控制，结果导致计划的执行"虎头蛇尾"，计划目标无法按期和按质完成。例如，某些工作作风较差的管理部门常常脱离实际地发号施令，仅仅通过"红头文件"、会议传达或电子邮件通知等方式布置计划和下达指令，然后在实施过程中不闻不问，等到行动结束之后再来"秋后算账"，总结经验和教训，而对出现的问题只能通过下一个"红头文件"来亡羊补牢。这种官僚主义做法很容易造成"上有政策，下有对策"、执行偏离目标、任务一拖再拖、埋下事故隐患等后果。最后，等到出现重大事件或事故后，再采取可作为政绩工程的"集中整治"或"专项行动"。但是整治完以后又会出现更加强劲的

---

1. 参见张智光所著《管理学智慧：为官的定理》(南京大学出版社，2015 年版)一书中的"198. 控制的弱点：重工程轻管理控制"。

351

事后反弹,等到下一次出现更严重的问题时再采取新一轮行动。长此以往,遗留的问题越积越多,组织或社会的损失也就越来越大[1]。这些现象都是由于缺乏有效控制的结果。

打一个比方,组织就好比一艘行驶在大海上的远洋航船,正确的计划就像精心绘制的航海路线图,指明前进的方向、目标和途径;有力的组织就像为航船提供了结构合理和功能完善的硬件与软件系统,是完成航行任务的机制保障;卓越的领导就像船长激发起全体船员的士气,为克服航行中的困难提供内在动力;有效的控制就像舵手不断调整航向与航速,使航船能够战胜各种风浪和险阻,最终抵达成功的彼岸[2]。可见,控制是将管理过程联结成一个有机整体的重要管理职能,如果管理过程脱节,组织的计划目标将无法实现。

3. 重权力下移,轻权力控制

现代大型企业或集团公司管理层次较多,权力下移(包括固定化的分权和临时性的授权,见第六章)是一种十分重要的管理方式,不懂得分权和授权就不懂得管理,高度集权是行不通的。如今,越来越多的高层管理者认识到分权和授权的必要性。有些管理学家认为,除了组织结构设计时考虑适当分权外,组织内部三个层次的主管的授权范围应占各自工作的比重分别为:上层主管60%~85%,中层主管50%~75%,下层主管35%~55%。也就是说,主管的大部分工作事实上可通过授权交给他人完成。对于一个抱有雄心和有气魄的组织主管来说,分权和授权已经成为一项必备的管理艺术。

但是,权力下移与控制是一对让许多高层管理者十分头疼的矛盾。在分权和授权盛行的同时,主管们也常常抱怨:"把一项工作固定地或临时地交给下属后,我对他们的工作进度却一无所知,不知道他们做得是否恰当,能否按期完成。我总感到不踏实,很想把他们叫过来做详细的汇报,但又觉得不妥,因为这项工作已经交给他们了,不应该过多地干涉……"从更大的范围看,母公司失去对子公司的控制力,或者大型公司失去对事业部的控制力等是一种比较普遍的现象。因此,仅有分权和授权是不够的。要成功地实施权力下移,就必须对下属或下级部门实行有效的控制。分权和授权使组织变得具有活力和富有创造性,但是高层管理者很容易失去对下级管理层的控制力;反之,过于集权或者对下放权力控制过严,又会打击下层管理者的积极性(张智光,2010b)。因此,组织管理者既不能架空战略层对下层的控制力,也不能用强权和集权化的战略控制取代战术和作业管理。然而在现实管理中,许多管理者难以解决权力下移与管理控制之间的矛盾,不懂得如何实行适度和有效控制。正如哈佛商学院罗伯特·西蒙斯教授指出的,现代企业经理面对的一个主要问题是如何在一个要求灵活性和创新性的企业中施加足够的控制(Simons,1995)。

4. 重低层控制,轻高层控制

一谈到管理控制,许多人便认为这是战术管理和作业管理等低层管理的事情,与高层管理无关。例如,生产进度控制、产品质量控制、成本控制等都不属于战略管理的范畴。现实中,重视短期和小范围的战术及作业控制,而轻视长期和大范围的战略控制的现象是比较普遍的。然而一直以来,企业寿命短暂、难以持续发展,甚至猝然倒闭等问题都是困扰组织经营者和研究者的一个难题。一般认为,其原因与组织的战略管理水平有关。但进一步研究发现,这类组织的战略规划本身不一定有问题,战略执行力也未必不强,而真正的问题往往出在缺乏有效的战略控制力上。这种情况下,即使有再好的战略、再好的市场,组织也无法做大、做强、做持久。有专家指出,全

---

1. 参见张智光所著《管理学智慧:为官的定理》(南京大学出版社,2015年版)一书中的"199. 控制的弱点:重开环轻闭环控制"。

2. 参见张智光所著《管理学智慧:为官的定理》(南京大学出版社,2015年版)一书中的"241. 过程维:大海航行靠什么"。

球 90%以上的商业性及非商业性组织在战略的实施过程中都存在着各种问题，而最重要和最关键的问题就是未能成功实行战略控制。企业在成长过程中因失去控制力而导致面临困境甚至破产的例子非常多。据统计，50 年前的世界 100 强企业，如今在榜的只有 17 家，其余的有 33 家仍然存在但发展滞后、44 家被收购、6 家破产。20 世纪 90 年代初，我国第一批上市的十几家公司中，除少数几家外，绝大部分均已处于财务困境之中，还有不少已经退出股市。从企业的平均寿命来看，中国企业的平均寿命只有 6.5～7 年，其中集团公司为 7～8 年，中小企业为 3～4 年，民营企业只有 2.9 年。通过对各类企业发展过程的分析，我们一方面从泰科(Tyco)、环球电讯(Global Crossing)、世界通信(WorldCom)和安然(Enron)等公司的丑闻和覆灭中，看到了管理失控而导致的严重后果；另一方面也从艾默生电气(Emerson Electric)、戴尔计算机(Dell Computer)、沃尔玛百货(Wal-Mart Stores)、思科系统(Cisco Systems)等公司的成功与辉煌中，看到了它们不仅拥有正确的战略规划，而且拥有强劲的战略实施能力，更重要的是拥有完善的控制系统和控制程序(张智光，2010b)。

其实，战略管理层不仅需要进行控制，而且其重要性、控制难度和所花气力更大。只有将战术控制和作业控制纳入战略控制的体系之中，构建强有力的多层次战略控制系统，企业的长远战略规划才能最终得以实现，组织才能持续发展，才能从根本上解决企业寿命短暂等问题[1]。

5. 重事后控制，轻事前控制

目前，我国大多数企业的管理控制方式仍停留在传统的反馈控制阶段(张智光，2010b)。尽管这种反馈控制在一定范围内可以克服由环境变化引起的各种偏差，比没有控制要强得多，但它毕竟是以问题的发生为前提的，在采取控制措施时往往已经造成了一定的损失，所以又称为事后控制。而前馈控制是以对环境进行预测为前提的，在了解未来变化的情况下提前采取措施，以避免将会发生的损失，所以又称为事前控制。在管理控制中，许多组织只重视反馈控制，而忽视前馈控制的作用。

对于一些控制周期短、损失小的问题，反馈控制是比较有效的，如产品质量控制、生产进度控制、成本控制等。但是，对于控制周期长、损失大的问题，反馈控制所造成的后果有时就难以承受甚至无法挽回，在这种情况下就需要进行前馈控制。例如，因原材料供应波动，造成缺货，由此导致停工待料，这种损失有时候是巨大的。因此原材料供应的预测开环控制是十分必要的。又如，有些企业在发现因产品老化而导致市场销售出现危机时，才开始采取措施研发新产品，而新产品从研制、开发到打开市场局面需要相当长的时间，于是企业便陷入了难以逾越的困境之中，严重时还可能引发企业的倒闭。对于这种问题，一般不宜采用事后控制方式，需要通过事前控制进行市场预测，在产品的销售量开始滑坡之前就要提前开发新产品[2]。此外，对环境变化反应迟钝，不仅可能使得企业难以及时规避危机，同样也可能使企业坐失良机，错过难得的发展机遇。因此，企业不仅要学会事后纠偏，还要做到未雨绸缪。

6. 重现场控制，轻信息控制 [3]

俗话说："眼见为实，耳听为虚。"因为，"耳听"往往是被人加工过的信息。因此在实际

---

1. 参见张智光所著《管理学智慧：为官的定理》(南京大学出版社，2015 年版)一书中的"201. 控制的弱点：重战术轻战略控制"。

2. 参见张智光所著《管理学智慧：为官的定理》(南京大学出版社，2015 年版)一书中的"200. 控制的弱点：重反馈轻前馈控制"。

3. 参见张智光所著《管理学智慧：为官的定理》(南京大学出版社，2015 年版)一书中的"202. 控制的弱点：重现场轻信息控制"。

管理控制中，有些管理者只相信工作现场的"眼见"，所以仅采取现场调研和考察的控制方式。然而，大部分的管理控制问题都难以从现场见到，或虽然已经显现却难以识别，或虽然能够识别却为时已晚。例如，资金周转的困难、财务风险的加剧、产品质量统计分布的偏移、未来市场的变化、员工流动的失衡、激励公平性的下降等，都无法用肉眼直接观察和辨识。

现场控制的疏漏，必须由反馈控制和前馈控制等其他控制方式加以弥补，而这些控制方式主要是通过信息的收集、传输、储存、检索、挖掘、分析、加工和预警等方式敏锐地发现问题，从而及时地采取控制措施。因此，在管理控制中，不可只重视现场控制，而轻视信息控制；只重视人工识别，而轻视模型分析。不仅要做到"眼见为实"，而且还要更实、更快、更准确、更超前地捕获、分析和发现偏差信息。

7. 重单项控制，轻集成控制

在许多组织的管理控制实践中，普遍存在着重视单项孤立控制，而轻视全局集成控制的现象。一个组织的管理过程包含许多相互联系的各类控制项目，如果这些单项控制各自为政、孤立运行，固然简便易行，但对于组织的整体管理来说，其控制效果将大打折扣 [1]。

从管理领域看，有些组织的各领域控制只是某一个部门的事情，若相关部门不进行配合与协同控制，则各领域控制目标将无法实现。如果营销控制只是市场营销部门的事情，销售部门的信息就不会传递给市场营销部门，而市场营销部门的信息也不会反馈给产品研发部门，那么产品的更新换代将难以跟踪市场需求的变化。如果成本控制只是财务部门的事情，而其他各个环节都不进行相应的控制，那么总成本将难以控制下来。如果产品质量控制只是生产部门的事情，相关部门不采取与质量控制有关的措施，消费者反映的产品质量问题就会终止于客服部门，那么产品质量将无法满足消费者的要求……

从管理层次看，管理控制包含战略控制、战术控制和作业控制等几个层次。早期的管理控制多集中在较低的层次上，近年来企业经营者越来越意识到战略控制的重要性，但是战略控制与战术和作业控制相脱节的现象仍然很普遍。没有战术控制和作业控制的支撑，战略控制就是一个空壳，无法真正实现。一些学者指出，近几年发生的德隆崩盘、格林柯尔解体、三九集团"病变"、巴林银行倒闭、中航油巨额亏损等事件，就是因为这些集团的战略管理层对战术和作业管理失去了控制力，无法与战术控制和作业控制连成一个有机整体，使高层管理者保持对整个企业的有效控制，因而导致集团空心化、运作偏离战略、分权和授权失控、资金链断裂和风险丛生等问题(张智光，2010b)。如果战略控制、战术控制和作业控制分别各行其道，则各自的控制效果都将受到削弱。首先，战略控制措施将无法通过战术控制和作业控制得以最终实现，导致战略控制被架空；其次，作业控制的反馈信息无法传递给战术控制和战略控制，导致高层控制很盲目；再次，若作业控制解决不了战术和战略控制能够解决的问题，则将无法上传给高层管理者，导致低层控制很无助。因此，企业管理者不能空谈战略控制，既不能架空战略层对下层的控制力，也不能用强权和集权化的战略控制取代战术和作业控制。战略控制、战术控制和作业控制应当构成一个既有分工又有协作的集成化的管理控制系统。这种分工和协作要在机制上确保下层控制既能实现上层的管控要求，又能实时向上层反馈管理信息；而上层控制既能在宏观和关键点上监控和指导下层的

---

1. 参见张智光所著《管理学智慧：为官的定理》(南京大学出版社，2015年版)一书中的"203. 控制的弱点：重单项轻集成控制"。

管理和控制，又能为下层管理者提供一个宽松、灵活和独立的管理控制氛围。

总之，多领域、多层次的全组织集成控制应当受到各级和各部门管理者的高度重视。

本章所阐述的管理控制理论有助于解决以上实际管理中的各种控制问题。

三、控制的类型

1. 按过程分——控制方式

从管理过程看，控制是获取和分析计划与执行的偏差信息，并通过组织和领导过程预防偏差的发生或及时消除偏差过程，这一过程有多种实现途径和方式。其中，控制时间的先后、偏差信息的来源、控制环路的结构是三个关键的过程要素，在表 8-1 中我们从这三个视角对管理控制进行分类，得到 5 种控制方式。其中，每个视角分出的 5 种控制方式是相互对应的。也就是说，每种控制方式都有三个对等的名称，其内涵相同，只是视角不同，分别反映出该控制方式的三个方面的特点。

表 8-1　5 种控制方式的特点比较

分类与比较项		控制方式 Ⅰ	控制方式 Ⅱ	控制方式 Ⅲ	控制方式 Ⅳ	控制方式 Ⅴ
不同视角的分类与特点	控制时间	**一次性(事盲)控制** 计划执行之前，一次性确定控制方案，之后不管偏差事件是否发生都不控制	**事前控制** 偏差发生之前就采取纠偏行动，可避免造成后续偏差，且控制时间充裕	**事中控制** 能及时纠正执行中的偏差因素，避免结果偏差，控制时间不太充裕	**事后控制** 偏差发生后才控制，已造成损失，对控制期较长的问题，可能为时已晚	**事前—事后控制** 对不同的偏差事件分别采取事前、事中和事后控制，确保万无一失
	信息来源	**无馈控制** 无法获得任何偏差信息，对偏差的发生毫无办法	**前馈控制** 偏差信息来自对环境的预测，控制点靠前，超前性好，但可靠性不高	**现场(即馈)控制** 偏差信息来自执行现场，即馈即控，控制点居中，超前性和可靠性中等	**反馈控制** 偏差信息来自执行末端的输出变量，控制点靠后，可靠性高，但滞后性大	**前馈—反馈控制** 从环境、现场和末端多渠道获得偏差信息，控制的超前性和可靠性都较好
	控制环路	**简单开环控制** 直线开环控制，无任何偏差信息的支流或回路，像射出的箭一样，只能任其飞行	**预测开环控制** 含环境支流的开环，不断预测和避免偏差，但预测不准时对结果误差无能为力	**半开(闭)环控制** 有现场偏差因素检测和纠正的局部小闭环，但下游开环，仍会造成结果偏差	**闭环控制** 有末端偏差反馈回路，对阶段性结果偏差进行补救，以保证最终实现控制目标	**开环—闭环控制** 有多个控制路径和回路，相互配合，多管齐下，可堵住各种偏差漏洞
各视角的共性特点	控制依据	计划和当时环境	计划和未来环境变化	计划和执行	计划和结果	计划、环境、执行、结果
	偏差信息与判断	无偏差信息→无法判断	环境预测→预计偏差因素→预计偏差	执行现场检测→已发生的偏差行为	执行结果输出→已发生的阶段性偏差	环境、现场、结果信息→预计偏差、偏差行为、偏差
	控制点	无控制点	内外环境输入(第一道防线)	执行过程(第二道防线)	末端输出(第三道防线)	多点控制(三道防线)
	控制途径	根据计划和当时环境，一次性确定控制方案，执行中不控制，计划期后对最终偏差"秋后算账"	计划执行中持续对环境输入进行预测，获取前馈信息，根据计划识别和预计偏差，并给予提前纠正	计划执行中持续对执行现场进行监督，根据计划发现现场偏差行为，并在现场给予纠正	计划执行中持续对受控系统的末端输出的阶段性结果进行检测，根据计划发现并纠正偏差	执行中持续对各类已发生的和将发生的偏差进行事前、事中和事后的检测与纠正

　　第一个分类视角是按偏差事件或因素与控制措施的时间关系来分，可分为一次性控制(也可称为事盲控制)、事前控制、事中控制、事后控制、事前—事后控制。这里的"事"是指"偏差之事"。第二个分类视角是按偏差信息的来源分，可分为无馈控制、前馈控制、现场控制(也可称为即馈控制)、反馈控制、前馈—反馈控制。第三个分类视角是按控制系统的环路结构来分，可分为简单开环控制、预测开环控制、半开环控制(也可称为半闭环控制)、闭环控制、开环—闭环控制。另外，表 8-1 中的控制点是指控制时间和控制流程上的点，不能简单地理解成空间位置。

　　为了对这 5 种控制方式有一个概貌性的了解，我们先从各分类视角下的共性特点来界定它们的基本含义。①**一次性(无馈、简单开环)控制**，是指根据计划和当时内外部环境情况，一次性地确定控制方案，而在执行过程中不再进行任何控制，在计划期结束后，对最终的执行偏差进行"秋后算账"。这显然是一种不可取的控制方式，基本上等于不控制。只有当计划和控制方案比较合理，且环境没有变化的情况下，才会有比较好的结果，多数情况下执行偏差都会比较大。②**事前(前馈、预测开环)控制**，是指在计划执行过程中，持续地对受控系统的内部和外部环境输入变量进行观察和预测，获得前馈信息，然后根据计划识别和预计将会引起偏差的环境因素和可能的偏差，并在偏差出现之前采取预防措施，形成消除偏差的第一道防线。需要说明的是，虽然一次性控制也有可能根据当时的内外部环境，对未来的情况进行预测，但是这种预测是一次性的，若后面环境发生新的变化也无法更正预测结果并采取任何措施了。而事前控制是在计划执行期内，一直持续地对环境进行检测和预测，不断地预计将导致偏差的因素和可能的偏差，不断地进行前馈控制。③**事中(现场、半开环)控制**是指在计划执行过程中，持续地对计划执行的现场进行监督和检查，根据控制目标的要求，及时发现会引起偏差的执行行为或隐患(称为偏差行为)，并在执行现场及时加以纠正，形成消除偏差的第二道防线。④**事后(反馈、闭环)控制**是指在计划执行过程中，持续地对受控系统的末端输出变量的阶段性结果(或绩效)进行检测，根据计划第一时间发现刚发生的偏差，并及时加以纠正，避免造成更大的偏差和损失，以保证计划目标的最终实现，形成消除偏差的第三道防线。⑤**事前—事后(前馈—反馈、开环—闭环)控制**是指将以上第二至第四类控制方式结合起来，在计划执行过程中，持续地对各类偏差因素与偏差进行事前、事中和事后的检测、判断与纠正，形成具有三道防线的综合控制系统。打个比方，一次性控制相当于大炮打飞机，炮手可以瞄准，可以计算提前量，但是炮弹出膛后，炮手就对其无能为力了。而事前—事后控制相当于导弹打飞机，导弹在飞行中还在不断地调整自己的飞行方向和速度，不断地进行前馈、现场和反馈控制，最终击中飞机。

　　接下来，我们根据不同的分类视角，分别从控制时间、信息来源和控制环路三个方面进一步阐述这 5 种控制方式的详细特点。①从控制时间看，一次性控制是在计划执行之前，根据计划和当时的内外部环境情况，一次性地确定控制方案并加以实施，之后不管偏差事件是否发生都不再进行控制；事前控制是在偏差发生之前就采取预防偏差的措施，可以避免造成后续的偏差和损失，而且由于具有较大的提前量，因此控制的时间比较充裕；事中控制能够及时发现和纠正执行现场的偏差因素，避免造成结果偏差，但如果问题较大，其控制时间不太充裕；事后控制是在偏差发生后才进行控制，这时已经造成了一定的损失，对控制周期较长的大问题，可能为时已晚；事前—事后控制对不同的偏差事件分别采取事前、事中和事后控制，确保万无一失。②从信息来源看，无馈控制无法获得任何偏差信息，对偏差的发生毫无办法，因此这种控制方式通常是不可取的；

前馈控制的偏差信息来自对受控系统内部和外部环境的预测，控制点靠前，因此控制的超前性较好，但对之后的偏差无法控制，因此可靠性不高；现场控制的偏差信息来源于计划执行的现场，并就此对现场进行控制，也就是采取即馈、即控的方式，控制点居中，因此控制的超前性和可靠性中等；反馈控制的偏差信息来自于计划执行末端的输出变量(如质量控制中的零部件和产品的质量检验数据、成本控制中的成本统计数据等)，控制点靠后，各种偏差信息都会反映在末端输出变量中，因此可靠性较高，但滞后性较大；前馈—反馈控制可以从内外部环境、执行现场和执行末端多个渠道获得偏差信息，因此控制的超前性和可靠性都较好。③从控制环路看，简单开环控制的系统结构是一条直线的开环形式，没有任何偏差信息的支流或回路，计划的执行就像射出的箭一样，只能任其飞行，无法控制；预测开环控制的系统结构虽然也是开环的，但存在环境偏差信息的支流，能够预测环境变化造成的偏差因素并不断采取预防措施，不过当预测不准或无法预测时，对结果偏差则无能为力；半开环控制的系统结构是在执行现场设置了偏差因素检测和纠正的局部小闭环，但其下游还是开环的，由于许多问题在执行现场看不出来(如财务危机等)，仍会导致结果偏差；闭环控制的系统结构含有末端偏差检测和反馈，形成闭合回路，能够对阶段性结果的偏差进行补救，以保证最终实现控制目标；开环—闭环控制的系统结构包含环境预测、现场检测、末端反馈多种控制路径和回路，它们相互配合，多管齐下，可以有效堵住各种偏差漏洞。

2. 按领域分——控制内容

管理控制的控制对象可以是管理的各个业务领域。按照管理和控制的领域，可以将管理控制分为具有不同控制内容的类型：质量控制、财务控制、成本控制、库存控制、生产进度控制、人力资源控制等。对于这些控制内容，可以采用上述合适的控制方式。但由于各控制内容的专门化程度较高，因此具体的控制方法的差异也比较大。

3. 按层次分——控制尺度

管理控制的控制对象还可以是不同的管理层次。按照管理和控制的层次，可将管理控制分成具有不同控制尺度的类型：战略控制、战术控制和作业控制等。这里的控制尺度包括控制目标的时间跨度和控制对象的空间范围等。其中，战略控制是以高层战略规划的长远管理目标为控制目标，以组织的各个中层战术管理为直接控制对象，以整个组织为完整控制对象的管理控制活动。战术控制是以中层战术计划的中期管理目标为控制目标，以所管辖的各个基层作业管理为直接控制对象，以包括相关执行层在内的整个管辖范围为完整控制对象的管理控制活动。作业控制是以基层作业计划的短期管理目标为控制目标，以所管辖的执行层作业活动为控制对象的管理控制活动。三个层次的控制既有分工又有联系，较低层的控制是较高层控制的基础，并应服从于较高层的控制措施。

另外，从不同的管理领域和层次视角，还可以构成一些组合的控制类型，如营销战略控制、生产战术控制、库存作业控制等。

第二节　过程维视角的控制方式与原理

从管理的过程维看，控制过程可以把计划、组织和领导过程联系为一个有机系统，以保证计划目标的实现。这一过程包含 5 种控制方式，下面我们着重介绍各控制方式的系统结构和控制原理。

一、一次性(无馈、简单开环)控制

　　一次性(无馈、简单开环)控制系统结构如图 8-1 所示。其中的实线箭头表示控制过程信息流，虚线箭头表示非控制过程(如计划、组织和领导)信息流，点划线箭头表示计划执行之前的一次性控制过程信息流。前两种箭头线在下面各类控制系统结构图中仍继续沿用，后面将不再说明。另外，图 8-1 以及后面的其他控制系统中的执行器是指控制对象，即控制客体，一般是组织内部的计划执行部门和相关人员，但有时也包括组织外部的相关合作者。例如，在进行供应链控制时，有时也需要对供应链合作伙伴的行为或绩效等进行控制。

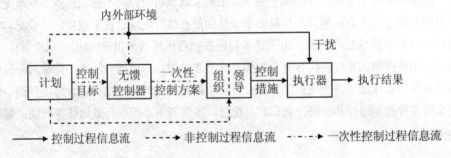

图 8-1　一次性(无馈、简单开环)控制系统结构

　　图 8-1 中，在制定计划时需要用到内部和外部环境信息，所制定的计划一方面作为控制目标，另一方面作为组织和领导过程的依据。在控制过程中，控制的核心环节是无馈控制器(控制器为组织的管理控制机构，即控制主体)，它在计划执行的整个过程中不接收任何偏差信息，只是在计划执行之前根据控制目标和当时的内外部环境信息制定一次性的控制方案，通过组织和领导过程下达给执行部门去实施。此后，控制器便与整个系统分离，并终止所有工作。执行器在组织和领导过程的作用下，实施既定的计划和控制措施。不管执行情况如何、环境如何变化，以及如何干扰执行器的工作，控制器都不再过问，完全依靠执行部门自身的能力去完成任务。直到执行行动结束之后，再来考察计划的最终成果，进行"秋后算账"，而最终的偏差或失误只能留给下一期计划去解决。

　　这种控制方式属于管理控制部门和管理者无作为的工作态度和行为，通常是不可取的。但是，正如第一节中所阐述的，在现实管理中经常会出现这种"重布置、总结，轻执行控制"的问题。理论和实践都表明，一次性控制的成功率很低，只有在管理者经验非常丰富、计划十分周密、环境极其稳定、执行者能力很强等苛刻的条件下才可能取得成功。由于执行阶段没有及时进行控制，通常会产生较大的偏差，甚至造成严重的损失或事故。因此，管理者应尽可能避免使用一次性控制的方式。

二、事前(前馈、预测开环)控制

　　前面已经谈到，反馈控制在一定范围内可以克服由环境变化引起的各种偏差，比无馈控制优越。但是，它毕竟要等到偏差发生后才可能发现问题，才可能采取控制措施，因此是一种事后控制方式。有时候，这种偏差给组织带来的损失也是不可小觑的，尤其是对于控制措施的实施周期比较长的问题。如果等发现偏差后才开始采取相应的纠偏措施，往往为时已晚。实际上，许多偏差的影响因素是可预见的，而超前的偏差估计足以让组织有充分的时间从容地应对将要发生的问题。一般来说，除了计划本身和执行过程的问题外，引起偏差的因素主要来自环境，包括组织或部门的内部环境和外部环境，也包括国内和国际的外部环境。从引起环境变化的诱发因素的出现，到环境的逐渐变化，再到引起组织运行状态的偏差，其时间的滞后往往是很长的。如果在环境发生变化之初或之前，组织就能够发现相关的预兆，预测到将会引起偏差的因素，则能够赢得采取行动的足够的提前量，避免偏差和危机的发生，或者尽早发现新的发展机会，这就是事前(前馈、预测开环)控制。

图 8-2 给出了事前(前馈、预测开环)控制系统的结构图。组织作为一个开放系统将受到各种外部和内部环境的影响或干扰，使得管理决策和计划难以顺利执行。影响组织运行的外部和内部环境因素是多方面的。例如，外部因素有国家有关政策的变化、原材料供应的短缺、消费者偏好或购买力的改变、行业平均成本和平均收益的变动、替代品的威胁、市场供求的波动、竞争对手的新举措、新技术的出现等；内部因素有组织扩张带来的资金紧缺、组织机构调整引起的效率波动、组织兼并产生的组织文化冲突、内部资源配置造成的矛盾、激励政策引发的观念变化等。

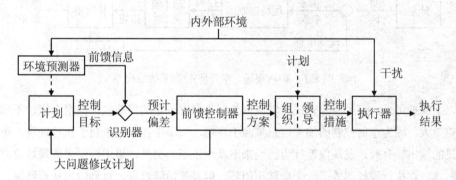

图 8-2 事前(前馈、预测开环)控制系统结构

面对环境的变化，图 8-2 所示的事前(前馈、预测开环)控制系统的工作原理如下。①环境预测器对组织的外部和内部环境进行实时监测、分析和预测，发现环境新的变化动向，产生前馈信息。企业中的市场调查和预测机构、商业情报机构、财务分析机构、管理预警系统等都起到了环境预测器的作用。②识别器依据控制目标和前馈信息，识别将会引起偏差的环境因素，并估计可能的偏差。事前控制中的偏差因素是广义的，包括计划执行的阻碍因素和可能的机遇因素等，它们对实现控制目标具有负向或正向的影响。③前馈控制器根据偏差因素和预计偏差，确定前馈控制方案。识别器和前馈控制器是指组织中的相关管理控制部门的前馈信息分析人员和前馈控制的决策者。④对于简单的控制问题，控制方案直接作用于执行器。有些比较复杂的控制方案需要通过组织和领导等管理过程方能实施，组织和领导过程根据计划和前馈控制方案，采取具体的控制措施，作用于执行器。执行器是指组织中计划的执行部门，如企业的生产车间、产品销售部门、采购部门等。⑤执行器按照控制措施在偏差发生之前提前采取行动，使得执行结果达到管理目标的要求。⑥如果遇到比较重大的偏差，仅仅靠前馈控制方案无法解决问题时，就需要对计划进行修改和完

善，必要时甚至要推翻原计划，重新制定新的计划。

三、事中(现场、半开环)控制

事中(现场、半开环)控制是在计划执行过程中的各种偏差行为出现之后和相应的阶段性结果偏差发生之前采取控制措施，以便消除或尽可能减小阶段性结果偏差。例如，管理者在工作现场发现操作工人的操作方法不正确，不符合控制目标的要求，认为这是导致产品质量偏差的执行行为。于是，管理者立即对工人进行辅导和纠正，因而避免了产品质量受到影响。事中(现场、半开环)控制系统结构如图 8-3 所示。其控制过程如下。①现场检测器(组织的现场管理机构)对执行器的执行现场进行检查，获取现场信息。②识别器根据控制目标的要求和现场信息，识别执行现场的偏差行为。③通过现场控制器确定纠正偏差行为的控制方案。④对于简单的问题控制方案直接作用于执行器，对于复杂问题有时需要通过组织和领导过程采取相应的控制措施，纠正执行器的偏差行为，从而在输出端消除或减少结果偏差。⑤对于现场控制器无法解决的较大的问题，有时还需要修改计划。

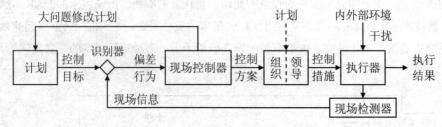

图 8-3　事中(现场、半开环)控制系统结构

由以上原理可见，事中控制方式在发现偏差行为时有一定的提前量，但很有限，不如事前控制的提前量大。因为事前控制的偏差信息来源于环境，而事中控制则来自于执行现场，更接近于执行结果的输出。有时，发现偏差行为已经来不及纠正了。另外，事中控制采取现场检测和现场控制的方式，在执行现场形成了一个局部小闭环，但是其后续过程，直到输出执行结果，则是开环的。因此，对于在现场难以发现或来不及纠正的偏差行为，事中控制则无能为力，仍会导致结果偏差。我们称这种控制方式为半开环(或半闭环)的控制。

四、事后(反馈、闭环)控制

对于事前和事中控制两道防线无法解决或遗漏的问题，都会在执行器的阶段性输出结果中反映出来，这时就需要依靠事后(反馈、闭环)控制方式来守住最后一道防线。虽然事后控制是在阶段性结果偏差出现之后才开始采取控制措施，已经造成了一定的损失，但是由于检测和纠偏的实时性，通常可以在问题发生和发展的初期就能及时发现并进行调整，因此可以避免计划执行的最终偏差，且尽可能降低损失。图 8-4 给出了事后(反馈、闭环)控制系统的结构图。与事前和事中控制系统不同，结果检测器所获得的反馈信息是执行器的阶段性输出变量，即各执行阶段的绩效值，与控制目标所给出的相应阶段的目标值是具有相同量纲的可比较量；而前馈信息或现场信息与控制目标是无法直接比较的，需要通过识别器来判断是否会引起预计偏差或存在偏差行为等。因此在图 8-4 中，反馈信息和控制目标经过比较器后可得到结果偏差。反馈信息箭头上所标的"－"号，表示控制目标与反馈信息相减，以确定是否存在偏差。在控制理论中，这种反馈称为负反馈。

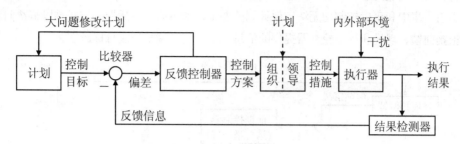

图 8-4　事后(反馈、闭环)控制系统结构

事后(反馈、闭环)控制是管理控制的主要方式，其控制过程和原理如下。①结果检测器(如企业质量检验部门和统计部门等机构)对执行器的阶段性结果输出进行实时检测，衡量实际运行的绩效，提供反馈信息。②比较器(组织的管理控制信息的分析机构)根据反馈信息对组织运行状况进行分析和评估，并与控制目标比较，诊断并评价组织的运行是否发生了偏差，以及偏差的大小和性质。③反馈控制器根据偏差情况制定纠正偏差的控制方案，并将控制方案的实施措施作用于执行器。④有些比较复杂的控制方案需要通过组织和领导等管理过程方能实施，组织和领导过程根据计划和控制方案，采取相应的控制措施。⑤执行器按照控制措施的要求调整原执行行为或采取新的行动，以保证执行结果达到控制目标的要求。⑥对于反馈控制器无法解决的大问题，有时需要返回修改或调整计划。

五、事前—事后(前馈—反馈、开环—闭环)控制

从以上分析可以看到，事前、事中和事后 3 种控制方式各有利弊(见表 8-1)。在消除偏差的超前性、控制时间的充裕性等方面，事前控制具有优势，事后控制具有劣势。但在消除偏差的可靠性、控制系统的闭环性等方面，事后控制优点突出，事前控制具有劣势。而事中控制的优劣势介于这两者之间。因此，如果将事前控制、事中控制和事后控制结合成一个有机系统，则可以形成一个优势互补的新型管理控制系统。

事前—事后(前馈—反馈、开环—闭环)控制方式就是将上述三种控制方式构成一个有机整体，形成确保最终实现控制目标的三道防线。第一道防线：在各类偏差行为和偏差发生之前，事前控制根据环境预测，提前采取控制措施消除由环境变化可能引起的各类偏差；第二道防线：若环境分析和预测不准确，事中控制将在执行过程中对已经产生的偏差行为进行纠正，以避免阶段性结果偏差的发生；第三道防线：若事前和事中控制没有抑制住环境和现场的问题，产生了阶段性结果偏差，那么在事后控制中，可以通过检测并纠正阶段性结果的偏差，消除或降低最终结果偏差，从而确保最终能够实现管理计划的目标。事前—事后(前馈—反馈、开环—闭环)控制系统结构如图 8-5 所示。

图 8-5 中包含了三个控制器：前馈控制器、现场控制器和反馈控制器，分别起到前馈事前、事中和事后控制的作用。事前控制部分将根据组织内部和外部环境的变化和预计偏差，针对控制时间较长、偏差后果较严重的问题提出事前控制方案，通过组织、领导过程和执行器，提前采取行动，避免问题发生。当预测不准，或无法预测，或其他控制问题发生时，事中控制和事后控制

部分将会及时发现问题，采取补救措施，避免损失进一步扩大，并确保最终实现计划目标。此外，如果事前、事中和事后控制均无法实现计划的要求，即事前—事后控制方式难以解决问题时，就需要根据前馈、现场和反馈控制器提供的信息修正计划，调整控制目标。

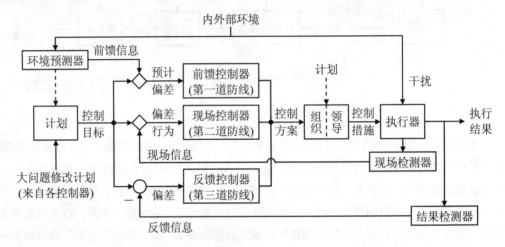

图 8-5　事前—事后(前馈—反馈、开环—闭环)控制系统结构

可见，在事前—事后控制系统中，三种控制方式相互配合，形成了"三保险"的控制机制，极大地提高了管理和执行过程的有效性，是一种比较完善的复合控制系统。

第三节　领域维视角的控制内容与方法

根据三维管理金字塔体系(见第一章)，每一个管理领域都存在管理控制的问题，也都需要进行管理控制，而每一个管理领域还包含许多细分的具体领域。对各领域的控制具有控制对象和控制内容的差异大、控制方法的专门性强等特点。因此，关于领域维控制我们着重介绍各领域的控制内容及其特定的方法。由于管理领域涉及内容广泛，在生产管理、人力资源管理、市场营销管理、财务管理、物流管理等管理领域所有的管理计划和目标都需要进行控制。而不同的控制对象都有特定的控制内容和方法等需要分别进行研究。但限于篇幅，本节仅以产品质量控制和物流控制两个领域为例进行介绍，至于其他管理领域的控制，读者可参阅相关著作[1]。

一、产品质量控制

1. 产品质量控制的概念

产品质量是指产品适应社会生产和生活消费的需要而具备的特性，它是产品使用价值的具体体现。产品质量包括产品的内在质量和外观质量两个方面。产品内在质量包括产品的性能、寿命、可靠性、安全性、经济性、使用便利性和舒适度、易维修性和环保性等，产品外观质量包括产品的造型、色彩、光洁度和包装等。产品质量的形成主要经过产品的设计、原材料采购、制造(含加

---

1. 这部分内容可参见《管理金字塔——成功企业三维集成管理体系研究》(科学出版社，2009 年版)一书的第七章"领域-过程维集成管理"。

工、安装和调试等)、包装、检验、运输、售后服务和辅助生产等过程，其中任何一个环节出问题都可能影响产品质量。产品质量控制就是针对产品质量形成的各个环节和内外部影响因素，通过环境预测、工作现场检测、产品实际质量特性测定等多种途径，根据产品质量标准(控制目标)，及时发现预计的质量偏差、引起质量偏差的行为和阶段性质量偏差等，并采取相应的质量改进措施的过程。

2. 产品质量控制的内容

产品质量控制的内容非常丰富，从产品的设计到成品出厂，从产品运输到售后服务，都需要进行质量控制。下面只简单介绍产品质量控制的一些主要内容。

(1) 产品设计质量控制

产品设计是产品质量形成的最源头的阶段，如果产品设计出了问题，将导致产品的先天不足，后续的其他质量控制环节是无法弥补的。因此，产品质量控制的起点和首要关注点应放在设计阶段，产品质量控制应从制造阶段进一步提前到设计阶段。首先提出这一观点的是日本著名质量管理专家田口玄一博士。20 世纪 70 年代，田口玄一提出了田口质量理论，将产品质量控制分为离线质量控制(主要指产品设计质量控制)和在线质量控制(主要指产品制造质量控制)，并认为产品质量首先是设计出来的，其次才是制造出来的。产品设计质量控制的内容主要是考察产品设计方案能否满足以下几个方面的质量要求：产品能否满足用户需求和社会发展、产品的成本和经济效益、产品使用的安全性和可靠性、产品是否易于使用、产品的外观和包装、制造技术先进性、生产工艺的合理性、产品的绿色环保特性等。

(2) 原材料质量控制

原材料是指企业用于制造产品并构成产品实体的购入物品，以及购入的用于产品生产但不构成产品实体的辅助性物资等，具体包括原料及主要材料、辅助材料、外购半成品、修理用备件、包装材料、燃料等。原材料质量是决定产品质量的基础条件，采用劣质的原材料是不可能生产出高质量成品的。原材料质量控制过程的主要环节包括供应商的选择、原材料采购过程监督、原材料入库检验、原材料储存条件保证、原材料的老化(如电子元器件)和筛选等。

(3) 工序质量控制

工序是指组成产品生产整个过程的各段加工环节，也指各段加工环节的先后次序。工序质量是构成产品质量的有前后关联的一系列质量单元，因此在产品生产过程中必须要对各个工序质量进行严格控制。工序质量是多种因素共同作用下的结果，其主要控制因素有 6 个方面(称为 5M1E)：操作者(man)的文化程度、技术水平、劳动态度、质量意识和身体状况等；机器设备及工艺装备(machine)的技术性能、加工精度、使用效率和维修状况等；原材料(material)的性能、规格、成分和形状等；工艺规程、操作规程和工作方法(method)的正确性、先进性和标准化等；测量器具和测量方法(measurement)的精确度、先进性和科学性等；工作环境(environment)的温度、湿度、照明、噪音和清洁卫生等。工序质量控制就是对 5M1E 的各种因素进行现场监督、检查和纠正偏差等活动。此外，工序质量控制还需要其他质量控制过程的配合，如人力资源质量控制和原材料质量控制等。

(4) 产品件质量控制

工序质量控制是对影响产品加工质量的各工序的条件和环境进行控制，以现场控制为主；而产品件质量控制是对在制品和产成品的质量进行控制，以反馈控制为主。在制品是指正在加工，尚未完成的产品零部件或半成品；产成品是指已经完成全部加工过程，符合技术标准，可以送交订货单位或对外销售的产品。产品件质量控制工作包括在各道工序中及加工后对在制品和产成品进行质量检验，对检验数据进行统计分析，发现和剔除不合格产品，对质量问题进行处理和纠正等的管理过程。

3. 产品质量控制的常用方法

产品质量控制的方法有很多，下面仅列举几个常见的质量问题分析和控制的方法，以便读者对这些方法有一个初步的了解。若要了解更多和更详细的质量控制方法，读者可阅读相关著作(张智光，2009)。

(1) 控制图法

控制图法是根据数理统计原理，为分析和判断工序或产品件质量是否处于稳定状态或规定范围内，采用控制界限图进行质量控制的方法。控制图的基本形式如图 8-6 所示。当质量特性值超出上或下控制线时，说明产品质量出现了非正常状态，需要采取相应的控制措施。

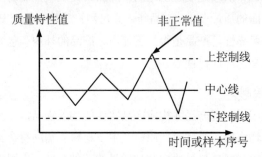

图 8-6 控制图的基本形式

(2) 抽样检验法

抽样检验法是运用抽样检验技术，判断产品是否达到控制目标的产品质量控制方法。它是从已交检的一批产品 N 中，随机抽取数量为 n 的样本进行测试，将测试的不合格率与质量统计标准进行比较，以判断整批产品 N 是否符合质量控制目标的要求。

(3) 因果分析图法

因果分析图法是用图示的方法表示产生某质量问题的若干原因，以及各原因背后更深层次的原因，如此层层分析，直至找到其根本原因。这是一种透过现象看本质的质量分析方法。只有找到了影响产品质量的根本原因，管理者才能制定出行之有效的控制方案。因果分析图由日本质量管理学家石川馨提出，又被称为鱼刺图、鱼骨图和石川图。图 8-7 给出了因果分析图法的一个示例。

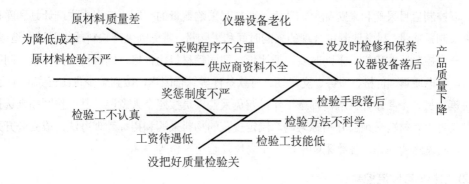

图 8-7　因果分析图示例

二、物流控制

1. 物流控制的概念

物流控制是组织的领域管理控制的一项十分重要的内容，物流费用的降低已被人们看作是继降低原材料资源消耗和降低人力资源消耗之后的"第三利润源泉"，近年来已引起企业界的广泛关注。物流控制即控制组织的供、产、销全过程的物资流动，包括对原材料、在产品和产成品等各类物资从采购、投料、库存、运输和销售等各个环节都要进行严格监控，将物资按需要的数量，以恰当的方式，在要求的时间内，送到规定的地点，也就是控制资金在组织内和组织间的实物化的运动过程。实践表明，加强物流控制是组织从经营中找利润的有效途径，也是增强组织竞争力的有力举措。

2. 物流控制的内容

从以上概念可以看出，物流控制所涉及的范围非常广泛，采购、投料、库存、运输和销售等各个环节都有物流控制问题，贯穿了供应物流、组织内部物流、销售物流和回收物流等各个物流过程(见第三章)。而从物流控制的内容看，物流过程控制的核心环节是库存控制，因为库存包含了物料(包括原材料、零部件、外协件等)、在产品和产成品等各类物资的仓储，也是联系采购、投料、运输和销售等各个环节的中心节点和缓冲器。因此，关于物流控制内容，我们更关注采购、物料库存和产品库存等几个物流控制点。

(1) 采购物流控制

采购是组织物资供应部门按已确定的物料供应计划和采购计划，通过市场采购、供应链采购、加工定制等各种渠道，取得组织生产经营所需要的各种物料的经济活动。采购物流控制是对组织供应环节的物流过程与员工行为进行控制，其目的是保证生产原料的质量、数量和时效，并降低采购成本。采购物流控制是物流控制的第一环节，对组织的生产经营至关重要。进行采购过程的控制主要应做好采购制度、采购数量、采购价格、供应商选择和采购招标等几方面工作。

首先，应建立严格的采购制度，规范组织的采购活动，提高采购效率，杜绝部门之间扯皮，预防采购人员的不良行为。采购制度应当明确规定物料采购的流程、采购申请的审批权限、采购合同的签订规则、各有关部门的责任和关系等，强化对请购、审批、采购、验收和付款等环节的控制，以控制盲目采购和采购乱象。其次，要加强采购数量的控制，应根据生产计划和库存量的变化来控制采购量，科学地制定合理的采购时间和采购量，避免因生产缺料或物料过剩造成损失。再次，严格控制采购价格，采购时要比质比价，即同等材料比价格、同等价格比质量、同等质量比服务，考虑质量、价格、服务、交货期、付款条件等综合因素，做到至少货比三家，综合分析，科学决策。另外，要做好供应商筛选工作，避免采购人员按照个人意愿，甚至按回扣来选择供应商。尤其对大宗材料必须公开招标采购，制定规范的物料采购和招标管理办法，成立公开采购管理小组，实施透明操作，杜绝采购中的不正之风及暗箱操作等弊端。

(2) 物料库存物流控制

物料库存物流控制是对物料的验收、储存和发放等过程的监控，这是物流控制的第二个环节。物料库存物流控制一方面要尽量压低库存量，减少库存成本和资金占用，另一方面要保证有一定的库存量，避免缺货，以满足生产环节的需要。其主要任务有：利用组织现有的库存容量和第三方物流的供应响应能力，将各类物料的库存量控制在合理的范围内；正确测算出最大库存量、最大合理库存量、经济订货批量、订货点、最小安全库存量和订货提前期等控制量，在保证供应的前提下尽可能降低库存水平，提高库存周转率；所有原材料购进后必须按规定程序验收入库，包括对采购人员核对、检验人员检验、保管人员接受和财务人员入账等过程的控制；对仓库的物料进行盘点、数据处理、科学保管、正确发放等，通过物料防腐、温湿度控制等手段，保持物料库存的最佳储存状态，减少库存积压、浪费、变质、报废和贬值等风险；根据各种可能出现的扰动及时进行库存调整，例如，生产计划的更改、设计方案的改变、货运时间的延长、未按期发货等。

(3) 产品库存物流控制

产品库存物流控制是指对在产品在各车间、各工序间流转，形成产成品并实现销售，以及废弃产品回收利用等物流过程中的产品库存控制，这是组织物流控制的第三个环节，也是流程最长的环节。加强这一环节的控制，有利于减少因管理不善造成的在产品和产成品短缺、丢失和损坏等问题，保证客户所需产品的供应以及废弃产品的回收，以实现组织投入产出率等管理目标。具体来说，组织要通过建立健全相关管理制度，加强在产品、产成品和回收产品的库存物流管理，包括入库、保存和出库管理，完善并严格遵守入库单、领料单、库存台账、销售出库发票及提货单等各类相关单据与台账的填写、核对和审批制度。通过这些管理手续和信息流及时发现产品库存物流中的问题和偏差，查找出造成问题的原因，并采取相应的措施解决问题，实现控制目标。

3. 物流控制的常用方法

(1) 定量订货控制法

定量订货控制法是指当库存量下降到预定的最低库存量(称作订货点)时，按规定数量(一般以经济订货批量为标准)进行订货和补充物资的一种库存控制方法。其原理如图8-8所示。该方法主要用于各种物料的库存控制，也可以用于在产品和产成品等库存的控制。当库存量下降到订货点 R 时，立即按预先确定的订货批量 Q 发出订货单，经过交纳期 G(订货至到货的间隔时间)，库存量继续下降，在到达安全库存量 S 之前，收到订货 Q，库存水平上升到目标库存水平 Q_0 的附近。

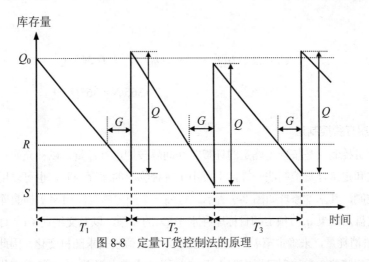

图 8-8　定量订货控制法的原理

该方法主要靠控制订货点 R 和订货批量 Q 两个参数来控制订货，以既能满足库存需求，又能使总费用最低为目的。

首先，我们来确定订货点 R。在需要量比较均衡，且订货交纳期比较稳定的条件下，订货点 R 由下式确定：

$$R=S+\beta \cdot G \cdot D/365 \tag{8-1}$$

式中，S 是安全库存量；G 是订货交纳期的天数；D 是某物料一年的需要量(可根据年度生产计划和历史数据计算得出)；β 是为克服实际订货交纳期波动以及期内物料需要量波动的保险系数(如可以取 $\beta=1.1$)，其目的是适当提高订货点 R，以确保最低库存量始终高于安全库存量 S。

假定物料需要量 D 是一个服从正态分布的随机变量，订货交纳期 G 为常数，订货点 R 也可以根据概率统计学由下式计算：

$$R = S + G \cdot D / 365 + z_{\alpha/2} \cdot \hat{\sigma} \tag{8-2}$$

式中，$z_{\alpha/2}$ 是正态分布在显著性水平为 α 时的临界值(由正态分布表可查出)；$\hat{\sigma}$ 是随机变量 D 的标准差估计值(由 D 的历史数据计算得出)。

然后，再来确定订货批量 Q。这里，我们以总库存成本最小为目标，计算经济订货批量 Q^* (economic order quantity，EOQ)，以此作为订货批量 Q。为此，先计算年总库存成本 C_T 如下：

$$C_T = DP + D\frac{C}{Q} + H\frac{Q}{2}; \qquad H = PF \tag{8-3}$$

式中，P 是物料单价；C 是每次订货成本(元/次)；H 是单位物料年保管成本(元/年)；$Q/2$ 是平均库存量；F 是年仓储保管费用率。

对式(8-3)中的订货批量 Q 求导，并令其为 0：

$$\frac{dC_T}{dQ} = -\frac{DC}{Q^2} + \frac{H}{2} = 0 \tag{8-4}$$

由式(8-4)可解得经济订货批量 EOQ 为：

$$Q^* = \sqrt{2DC/H} \tag{8-5}$$

此时，最低年总库存成本 C_T、目标库存水平 Q_0、年订货次数 N 和平均订货间隔周期 T 分别为：

$$C_T = DP + HQ^* \; ; \qquad Q_0 = R - G \cdot D/365 + Q^* \qquad (8\text{-}6)$$

$$N = D/Q^* \; ; \qquad T = 365/N = 365Q^*/D \qquad (8\text{-}7)$$

(2) 定期订货控制法

定期订货控制法是按预先确定的订货时间间隔按期进行订货，以补充库存的一种库存控制方法。该方法和定量订货控制法一样，主要用于各种物料的库存控制，也可以用于在产品和产成品等库存的控制。其基本原理如图 8-9 所示。每隔一个固定的时间周期 T 检查库存项目的储备量。根据第 i 次盘点结果 q_i 与预定的目标库存水平 Q_0 的差额，以及交纳期 G(从订货至到货的间隔时间)内的物料消耗量，来确定第 i 次订购批量 Q_i。这里假设需求随机变化，因此，每次盘点时的储备量都是不相等的，为达到目标库存水平 Q_0 而需要补充的数量 Q_i 也随着变化。这类控制方法的控制变量是检查时间周期 T 和目标库存水平 Q_0。当 T 和 Q_0 确定正确时，实际的最低库存量一般不会小于安全库存量 S。

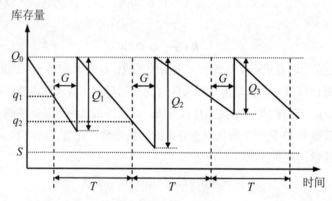

图 8-9 定期订货控制法的原理

该方法主要靠控制订货周期(也就是库存检查周期)T 和订货批量 Q 两个参数来控制订货，同样以既能满足库存需求，又能使总费用最低为目的。

首先，来确定订货周期 T。订货周期 T 可以根据经验确定，主要考虑制定生产计划的周期时间，通常取月或季度作为库存检查周期。也可以借用经济订货批量的计算公式确定使库存成本最低的订货周期 T。经济订货批量的计算方法与上述定量订货控制法相同，因此订货周期 T 就是定量订货控制法中的平均订货周期，即由式(8-5)和式(8-7)计算：$T = 365Q^*/D$。

然后，再确定每次的订货批量 Q_i。在定量订货控制法中，订货批量 Q 是固定的，因此只要确定订货点 R，就可以控制住目标库存水平 Q_0。而在定期订货控制法中，订货批量 Q 是不固定的，因此先要确定目标库存水平 Q_0，才能计算出每次订货的批量 Q_i。目标库存水平 Q_0 的确定方法与定量订货控制法中订货点 R 的计算公式(8-1)类似：

$$Q_0 = S + \gamma \cdot T \cdot D/365 \qquad (8\text{-}8)$$

式中，γ 是为克服订货周期内物料需要量波动的保险系数(如可以取 $\gamma = 1.1$)。

另外，也可以参照式(8-2)来计算目标库存水平 Q_0：

$$Q_0 = S + T \cdot D / 365 + z_{\alpha/2} \cdot \hat{\sigma} \tag{8-9}$$

根据式(8-8)或式(8-9)计算得出的目标库存水平 Q_0，可得到第 i 次的订货批量 Q_i 为：

$$Q_i = Q_0 - q_i + \frac{Q_0 - S}{T} G - h_i \tag{8-10}$$

式中，q_i 是第 i 次检查的实际库存量；h_i 是以前已订货且在本次订货交纳期 G 内将到货的物料量。由式(8-10)可见，订货批量 Q_i 等于检查库存时的缺货量和交纳期内的物料需求量之和，再扣除已订货且将到货的物料量。

物流控制的方法和技术有很多种，而且对于不同的物流控制问题有不同的方法，这里仅介绍了两种库存控制方法。其中，定量订货控制法的订货批量固定，订货周期不固定，适用于品种数量少、平均占用资金大、需重点管理的物料的库存控制问题；而定期订货控制法的订货周期固定，订货批量不固定，适用于品种数量大、平均占用资金少、只需一般管理的物料的库存控制问题。把这两种方法相结合，就可以产生使订货批量和订货周期均变得更加精确的库存控制方法，当然控制方案的复杂性也会随之增加。

第四节　层次维视角的控制尺度与集成

由于早期的管理控制多集中在较低的层次上，因此有些管理者认为，管理控制属于中层或基层管理的问题。甚至有些管理学著作把管理层次分为这样三个层次：战略决策层、战术管理层和运行控制层，认为战略层的主要功能是进行决策，战术层进行管理，而基层管理的任务主要是运行中的控制。其实，就像每一个层次都在进行管理和需要做出决策一样，组织的各个层次也都需要进行管理控制。近年来企业经营者越来越意识到战略控制的重要性，但是战略控制与战术和作业控制相脱节的现象仍然很普遍，因此我们需要从管理层次维研究组织的控制问题。

从管理层次维看，管理控制包含战略控制、战术控制和作业控制等在控制时间和控制范围具有不同尺度的控制类型，它们相互衔接、相互嵌套、相互支撑和相互保障，从而通过上层控制指导下层控制，而通过下层控制实现上层控制的目标。因此，关于层次维的控制我们着重介绍各层次的控制尺度及其要求、相互衔接关系和集成控制系统的构成等内容。

一、战略、战术和作业控制

1. 战略控制

战略控制是指组织在经营方向战略和管理领域战略的实施过程中，不断监测和预测组织内部和外部环境的变化趋势，检查组织在这种环境下为达到战略目标所进行的各项活动的进展情况，评价战略实施的阶段性结果，并根据战略控制目标判断已经发生和将要发生的战略实施偏差，分析产生偏差的原因，采取措施纠正或预防偏差，使组织战略的实施更好地与组织所处的内外部环境相协调，从而更好地实现组织的战略目标。

战略控制是一个大尺度的控制。从控制时间尺度看，它以组织高层战略规划的长远管理目标为控制目标，控制时间的跨度较长，一般为 5 年，甚至更长。从控制对象的范围尺度看，战略控制的直接控制对象为组织的各个中层战术管理部门，而完整的控制对象为整个组织的各个层次和各个领域。从控制内容的范围尺度看，战略控制不仅要对组织的总体战略进行控制，如企业的经营方向战略控制，而且还要对组织的各管理领域战略进行控制，如企业的市场营销战略控制、生产战略控制、研究与开发战略控制、人力资源战略控制、财务战略控制、供应与物流战略控制、信息系统战略控制等(参见第四章)。

控制尺度越大，控制的难度就越大，而控制的重要性也越强。组织的战略控制能力与效率的高低是组织成功实施战略决策的重要保障，也是制定战略决策的一个重要制约因素，它决定了一个组织战略执行力的大小。若战略控制能力强、控制效率高，则组织高层管理者可以做出较为大胆的、发展速度较大的战略决策；否则，只能做出较为稳妥和保守的战略决策。另外，在组织的长期运行过程中，会出现很多战略性的困难和挑战，这也是导致许多缺乏有效战略控制力的企业陷入经营困境，甚至倒闭的重要原因。因此，战略控制能力对一个组织来说是十分重要的，它不仅是为了实现组织的战略发展目标，而且也是为了避免组织生存过程中的各种隐患和危机，使组织可持续地发展下去。

战略控制的直接控制对象是战术管理层，但完整的控制对象是整个组织。因此，战略控制需要通过各类战术控制实现对更大范围的作业管理层的控制，而进一步地，还需要通过各类作业控制才能最终实现对整个组织的执行层的控制。这种在时间和范围上的大尺度性以及在控制手段上的间接性等特点，造成战略控制比低层次控制更加困难。因此，要提高战略控制能力，需要把战略控制、战术控制和作业控制作为一个整体加以研究和运用。

2. 战术控制

战术控制是指组织中层管理部门(如企业的子公司或某职能管理部门等)在战术计划的实施过程中，不断检测部门所管辖范围的内部和外部环境及战术执行效果，并根据战术控制判断已经发生和将要发生的战术实施偏差，分析产生偏差的原因，采取措施纠正或预防偏差，以实现战术计划的目标。

战术控制的控制尺度比战略控制小，控制的重点和难点也有所变化。从控制时间尺度看，某项战术计划的战术控制期与该计划期相一致，比相应的上级战略控制期短。一个长期战略控制时间段(如5年)可分为若干个中期战术控制阶段(如以1年为一个阶段)。因此，对于前馈控制，战术前馈控制对环境因素的分析和预测比战略控制的时间跨度短，重点是可对与该部门管辖的活动相关的环境变化进行中期预测。从控制对象的范围尺度看，战术控制的直接控制对象为某中层管理部门下属的各个作业管理部门，而完整的控制对象还包括相关的执行部门。因此，战术控制需要通过所管辖范围内的作业控制才能实现对相关执行层的控制。由于在时间和范围尺度上都比战略控制小，因此战术控制的难度相对于战略控制有所下降，但是战术控制的专业性和详细程度等都要高于战略控制。

战术控制在整个组织的控制链中起到承上启下的关联作用，这是它的工作重点和难点。战术控制不仅是实现战术计划的保障，也是实现战略控制的保障，同时又对作业控制起到指导、监督和支持等作用。首先，战术计划是由战略规划分解而来的，只有实现了各个战术计划，才有可能实现组织的战略控制目标；其次，战略控制的措施需要战术控制层来实现；再次，战术控制层无法纠正的偏差，需将有关信息反馈到战略控制层，从更高的管理层面去解决，以保证战略和战术两个层面的控制目标的实现；最后，战术控制也是联系战略控制和作业控制的纽带，以保证战略和战术控制的要求和方案最终通过作业控制来实现。

3. 作业控制

作业控制是指组织基层管理部门在作业计划的执行过程中，不断检测作业单元的环境和作业计划的执行结果，并根据作业控制目标判断已经发生和将要发生的执行偏差，分析产生偏差的原因，采取措施纠偏或预防偏差，以实现作业计划的目标。

作业控制的控制尺度更加窄小，控制对象更加具体，控制手段更加直接，控制要求更加明确和严格。从控制时间尺度看，某项作业计划的作业控制期比相应的战术控制期更短，一个中期战术控制期(如 1 年)可分为若干个短期作业控制阶段(如以 1 个月为一个阶段)。因此，对于前馈控制，作业前馈控制对环境因素的分析和预测也比战术控制的时间跨度更短，重点是可对与该作业单元的活动相关的环境变化进行短期调查、分析与预测。如预测下个月的市场销售量，估计某一次促销活动的近期效果等。从控制对象的范围尺度看，作业控制的控制对象为某基层作业单元管理者所管辖的一个作业执行单元(如企业的车间、班组、工段、仓库、营业部和销售点等)。与其他控制层不同，作业控制的控制对象已不属于管理层，而是直接对执行系统进行控制。因此，作业控制是组织的终端控制，如果作业控制失败，其他各层控制都不可能成功。

作业控制不仅是实现作业计划的保障，也是实现战术控制的保障，因而间接地也是实现战略控制的保障。首先，作业计划是由战术计划分解而来的，只有实现了各个作业计划，才有可能实现相应的战术控制目标；而只有实现了各个战术控制目标，才有可能实现组织的战略控制目标。其次，战略控制和战术控制的措施最终需要作业控制层来实现。再次，作业控制层无法纠正的偏差，需将有关信息反馈到战术控制层甚至战略控制层，从更高的管理层面去加以控制，从而保证战略、战术和作业各层面的控制目标的实现。

二、多层次集成控制系统

通过以上分析可知，战略控制、战术控制和作业控制应当构成一个既有分工又有协作的集成化的管理控制系统。没有战术控制和作业控制支撑，战略控制就是一个空壳，无法真正实现控制目标。这种分工和协作要在机制上确保下层控制既能实现上层的管控要求，又能实时向上层反馈管理信息；而上层控制既能在宏观和关键点上监控和指导下层的管理和运作，又能为下层管理者提供一个宽松、灵活和独立的管控氛围。

图 8-10 给出了多层次集成控制系统的简化的结构图。为了表达清晰和简洁起见，图 8-10 将图 8-5 进行了适当的简化，略去了其中的识别器、比较器，以及计划对组织和领导过程的信息流等部分，并将三个控制器合并在一起。然后，将战略、战术和作业控制分层次构筑了多层次集成控制系统。从图 8-10 可以看出，战略控制嵌套了一系列的战术控制和作业控制过程，而战术控制又嵌套了一系列的作业控制过程。这是一个多层次、多路径和多回路的集成化的管理控制系统。

粗略地说，图 8-10 所示多层次集成控制系统的总体控制机理如下：作业控制负责小范围和短期的管理控制问题；对于作业控制无法解决的较大范围和较长时期的问题，需移交给战术控制层完成；对于战术层无法解决的大范围和长时期的问题，需移交给战略控制层从更高的层次，用更大的力度去解决。而每一个管理层次的控制手段主要是由该层级的前馈、现场和反馈控制器，通过组织和领导过程，对控制对象进行调节。只有当各控制器无法解决问题时，才去修改该层的计划。一般来说，应当尽可能保证战略计划(规划)的稳定性，不宜轻易做大幅度修改，除非万不得已。

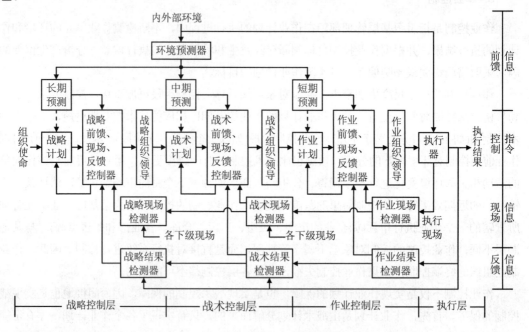

图 8-10　多层次集成控制系统结构图

具体来说，为实现以上控制过程，控制系统中的各个控制部件既要各司其职，又要相互配合。在前馈控制部分，预测器对内部和外部环境分别进行长期预测、中期预测和短期预测，并分送至相应的管理和控制层级。在现场控制部分，作业控制的现场是执行器；而战术和战略控制的现场则是各下级的管理和执行现场，其检测器一方面从下级现场检测器获取信息，另一方面也直接进行各下级的现场检测。在反馈控制部分，作业结果检测器从执行结果处获得结果反馈信息；而战术和战略的结果检测器一方面从下级结果检测器获得结果反馈信息，另一方面也直接进行结果信息检测。另外，各下级现场和结果检测器一方面将检测信息送给本级控制器，另一方面还要对这些信息进行综合后传递给上级现场和结果检测器。这些越级传递的信息，使得上级控制器一方面能够了解该层级的管理计划和目标在末端执行器的执行情况，另一方面能够了解下级控制器所无法解决的问题，以便对下级控制进行指导或从更高层级上去解决问题。各级控制器在收到前馈、现场和反馈信息后，进行偏差分析，分别判断前馈的预计偏差、现场的偏差行为和反馈的结果偏差，然后产生和下达控制指令，包括确定控制方案，并通过组织和领导过程对执行器采取控制措施。

另外，图 8-10 中的各种控制方式在不同控制层次中的作用或重要性是有所区别的。前馈控制在战略管理中的作用最大，随着管理层次的降低，其作用也逐步降低；反馈控制在各管理层次都很重要，而在低层管理中使用得更为频繁；现场控制主要用于作业管理，在中高层管理中，现场的含义有所变化，并不仅仅指执行现场，而且还包含下层管理现场。

第五节 管理控制信息系统

根据上述管理控制的系统结构和运行机理的介绍我们不难看出，管理控制过程乃至组织的整个管理都离不开信息，因而也离不开对信息进行有效收集、存储、加工、传输、维护和使用的管理信息系统。如果没有现代管理控制信息系统，仅仅依靠传统的手工信息管理方式，是无法很好实现上述复杂的集成化管理控制功能的。在本书的第二章就介绍过，信息技术的应用是管理现代化的主要标志之一，管理信息系统正改变着组织的运作方式和管理方式，因而也改变着组织的控制方式、控制效率和效果。

一、管理控制信息系统概述

1. 管理控制信息系统的概念

管理控制信息系统是管理信息系统的一种类型，是一类管理控制功能比较突出，以管理控制为主要目的，或者说是面向管理控制的管理信息系统。对于一个功能比较全面的管理信息系统来说，它必定已经包含了管理控制信息系统的功能，这时，管理控制信息系统只是这种管理信息系统的一个子系统。因此，我们得首先介绍管理信息系统的概念。

管理信息系统(management information system，MIS)是一个以人为主导，利用计算机硬件、软件、网络通信设备以及其他办公设备，进行信息的收集、传输、加工、存储、更新和维护，以实现组织的管理目标、提高效益和效率为目的的人—机系统。该系统支持组织的各个管理维度的集成化管理，包括生产管理、营销管理、人力资源管理和财务管理等各管理领域，组织的高层管理、中层管理和基层管理等各管理层次，以及计划、组织、领导和控制等各管理过程。

管理控制信息系统(management control information system，MCIS)是一个为组织的管理控制服务的计算机信息系统。它对组织的信息资源进行统一管理；辅助有关管理人员对控制对象的运行状态和运行结果，以及组织内外部环境信息进行采集；对信息进行加工、分析和处理，如环境预测、组织运行状态的评价和分析、运行状态与目标的比较、偏差识别与分析、控制方案的辅助决策等；提供一个多层次、多路径和多回路管理控制系统的信息网络；并向管理控制系统各类机构提供计划信息、目标信息、反馈信息、前馈信息、现场信息和控制指令等有关信息，以支持组织各个层次、各个领域的管理控制工作。

2. 管理控制信息系统的特征

由以上管理控制信息系统的定义可以看出，MCIS 具有以下特征。

(1) MCIS 是一个人机系统

这里的"人"包括作为控制主体的各类管理控制人员(即管理控制信息系统的"用户")、作为控制客体的组织内部和外部成员，以及作为系统管理者的相关技术人员；"机"是指计算机硬件、软件、网络通信设备、控制客体的检测设备、办公自动化(office automation，OA)设备等。所谓人机系统是由"人"和"机"两部分组成，这两个部分是缺一不可的，它们相互联系构成一个具有特定功能的有机整体。与工程控制系统(如自动化控制系统)不同，管理控制的控制对象是包含各类人员的组织，因此 MCIS 不是单纯的机器系统。MCIS 不可能完全取代管理者独立地、自动地进行管理控制，而且在 MCIS 中，人居于主导地位，各级管理人员通过 MCIS 的辅助作用对管理客体进行控制。

(2) MCIS 不仅是一个技术系统，而且是一个管理控制系统和社会系统

尽管管理控制信息系统是综合运用计算机技术、网络技术、通信技术、信息技术、管理工程技术等科学技术的先进的硬件与软件系统，但是它与一条自动化生产线不同，不是一个单纯的技术系统。

首先，MCIS 是一个管理控制系统。在 MCIS 的开发过程中，需要对组织现有的管理控制系统(可能是人工系统或初步的信息系统)进行分析，然后针对现有系统存在的问题，以及管理人员对管理控制的需求，根据科学、先进的管理控制系统的理论和模型(见图 8-10 的系统结构模型)，设计出适合于该组织实际情况的更加有效的管理控制系统(张智光，2007)。然后，运用信息系统开发技术，在技术层面上实现这一设计方案。可见，这样开发出来的管理控制信息系统不仅仅是一个技术系统，它已经注入了先进的管理控制理论和思想，实际上规定了组织管理控制的新的模式、流程和方法，已成为一种新型的管理控制系统。

其次，MCIS 联系着各类管理人员和被控制的人员(包括组织内部的管理者和执行者，以及组织外部的相关人员)，它不仅规定了组织的管理控制模式，实际上也规定了这些人员之间相互作用的组织内部与外部的社会关系，即这些人员在共同的经营活动过程中彼此间所结成的以这种管理控制模式为基础的相互关系，包括物质的和非物质的关系。从一些组织开发和实施管理控制信息系统失败的案例中我们可以看到，其失败的原因有时并不在于技术上的问题，而在于管理体制、组织文化和人际关系等方面的问题。总之，管理控制信息系统不仅仅是一个技术系统，更是一个管理控制系统和社会系统。

(3) MCIS 是一个管理控制的集成化系统

组织的管理控制问题是一个涉及组织的不同管理层次和各个领域，以及计划、组织和领导等管理过程的有机整体。例如，组织的成本控制就不仅仅是财务部门或生产部门的事情，它涉及从组织的宏观成本战略到微观的成本计量的不同管理层次，从采购成本到销售成本、从生产成本到管理成本的不同管理领域，以及从成本计划到成本监管的不同管理过程。因此，管理控制信息系统是一个管理控制的集成化系统，局部地和孤立地进行管理控制是难以奏效的。这种集成化包括不同管理领域的横向集成、不同管理层次的纵向集成，以及不同管理过程的第三维集成。图 8-10 的侧重点是描述包含反馈、前馈和现场控制的多层次集成控制原理，因此只反映了其中的层次维和过程维的集成关系，其实还蕴含着领域维的集成控制过程。

3. 管理控制信息系统的任务

管理控制信息系统的任务就是辅助管理者进行组织的管理控制，进行管理控制相关信息的收集、传输、加工、存储、维护和使用。例如，MCIS 的具体任务包括：组织各层次计划执行状态和组织内外部环境信息的收集；反馈信息、前馈信息、现场信息和控制指令的传输；反馈信息的评价、与控制目标的比较和偏差分析，环境信息的分析、预测并辅助管理者预估可能发生的偏差，现场信息的分析并辅助管理者识别偏差行为；各类相关控制信息在数据库中的存储和管理；新信息的添加、旧信息的更新、错误信息的修正、无用信息的删除等信息维护工作；管理者通过系统

能够方便地检索、处理、获得控制信息，MCIS 辅助管理者形成控制方案，进行控制指令传递等。可见，在以上任务中，有些简单的任务 MCIS 可以自行完成，而有些复杂的任务则需要和管理者进行交互，在管理者的主导下，辅助管理者完成控制工作。

4. 管理控制信息系统的目的

管理控制信息系统的目的有两个：提高管理控制的效率(efficiency)和提高管理控制的效能(effectiveness)。在提高效率方面，运用管理控制信息系统可以大大节省管理者在收集各类检测信息和环境信息、存储各类控制信息、传输控制指令和控制信息的预处理等方面的时间、精力和成本。在提高效能方面，管理人员利用 MCIS 可以缩短控制的滞后性，减少偏差造成的损失；能够更加准确地预测环境的变化，以便在偏差发生之前采取控制措施；能够更加敏锐地发现执行现场的问题；可以更加科学地制定正确和有效的控制方案。

二、管理控制信息系统的结构与功能

1. 管理控制信息系统的结构

实际的管理控制信息系统的种类很多，因而也有各自不同的结构，这里只介绍具有共通性的基本结构(也称为概念模型)，以便读者了解其工作原理。图 8-11 给出了智能化管理控制信息系统的概念模型。MCIS 由三个层次组成：用户终端、信息处理器和信息存储器。每个层次又包含着一些具体的组件。系统的各个部分均由系统管理人员根据用户的需要进行管理和维护。各部分之间的联系都是双向箭头，表示信息都是双向流动的。

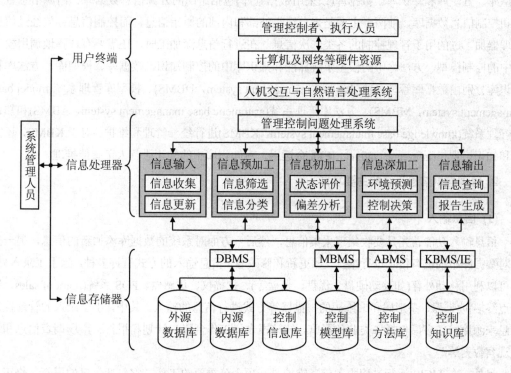

图 8-11　智能化管理控制信息系统的基本结构

在用户终端，系统用户包括组织的各类管理控制人员和作为控制对象的执行人员。管理控制人员使用 MCIS 是理所当然的，而执行人员也需要通过该系统查询反馈信息、了解执行现场的问题、接收控制指令等。各类用户在使用该系统时具有不同的权限。一般来说，执行人员主要是组织内部人员，但有时也包含组织外部的相关人员(如供应链控制中的合作伙伴等)。用户首先接触到的是计算机系统、网络系统和其他设备等硬件资源，如计算机显示屏、键盘、鼠标、多媒体设备、打印机等输入输出设备和网络设施。通过这些硬件资源，用户可以进入 MCIS 的人机交互与自然语言处理系统，以便使用系统的软件资源和信息资源。MCIS 人机交互与自然语言处理系统的设计及系统的内部功能、管理控制过程和用户的需求有关，应做到用户友好，便于用户使用。其中，自然语言处理部分是智能化系统的重要组件，它使得人机交互过程可以采用自然语言或接近自然语言的方式来表达和交流管理控制问题。

在信息处理器中，通过 MCIS 的管理控制问题处理系统的分析，系统将调用用户所需要的信息输入、输出和加工等应用程序。信息输入包括信息的收集、录入、更新、修改等功能。信息输出是指信息的提取和使用，包括信息查询、各类控制报告的生成、打印等功能。信息加工的内容很丰富，大致可以分为三个层次：控制信息的预加工、初加工和深加工。信息的预加工包括运行状态反馈、环境监测、执行现场检查等信息的过滤、筛选、分类和整理等功能；信息的初加工包括组织运行状态、环境状态、现场状态和运行偏差的分析与评价等功能；信息的深加工包括环境的预测、数据统计和分析、辅助控制决策等功能。

在信息处理器的处理过程中，需要调用信息存储器中的各种信息资源，包括各类控制数据库、模型库、方法库和知识库。数据库(或采用数据仓库)包括组织的外源信息数据库、内源信息数据库和控制信息数据库，前两者主要是来自组织外部和内部的原始信息，而控制信息存放经过信息处理器加工过的用于管理控制的各类二次信息。在进行信息深加工时，还需要有选择地调用模型库中的控制模型、方法库中的模型求解算法和知识库中的控制知识。数据库、模型库、方法库和知识库分别由数据库管理系统(database management system，DBMS)、模型库管理系统(model base management system，MBMS)、方法库管理系统(arithmetic base management system，ABMS)和知识库管理系统(knowledge base management system，KBMS)进行统一管理和维护。对于 KBMS，还需要和知识推理机(inference engine，IE)配合运用，对知识库中的知识进行人工智能推理。

2. 管理控制信息系统的主要功能

(1) 信息输入

信息输入功能首先是要收集或采集信息，然后一方面对系统的数据库添加新的信息，另一方面对数据库中的已有信息进行维护，如更新和修改等。信息输入的方式有许多种，除手工录入外，还可以利用移动外存(如移动硬盘、优盘、光盘等)、扫描仪、传感器、POS 系统(point of sales，销售点终端)读卡器、条形码和二维码的扫描器等方式进行信息的输入。其中，手工录入的管理控制信息来源途径较多，包括各类业务账单、统计报表、工作台账、计划和报告、市场调查信息和现场观察数据等。

另外，在 MCIS 运行过程中，信息维护是一项十分重要的工作，它包括信息的更新、修正、增补和删除等具体内容，也属于信息输入的范畴。其目的是要使 MCIS 中的信息始终处于新鲜、正确和可靠的状态。如果信息得不到及时维护，管理控制者就无法通过 MCIS 获得所需要的可靠信息，过时的、错误的、冗余的和不一致的信息就会大量充斥信息系统，造成控制错误，导致 MCIS 失去进一步存在和发展的生命力，进而被管理者所遗弃。分析企业信息系统运用的失败案例可以看到，许多信息系统建设和运用并不是败在系统开发上，而是输在系统的维护上。因此，我们要求 MCIS 应具有十分便捷、安全、稳定和可靠的信息维护功能。

(2) 信息加工

管理控制信息的加工或处理是 MCIS 的核心功能，它能够为管理者提供对控制过程更有价值的二次信息(未加工的原始信息称为一次信息)。MCIS 信息加工功能分为预加工、初加工和深加工 3 个层次。

首先，在信息的预加工阶段，需要对前馈环境信息、现场检测信息和反馈结果信息等一次信息进行一些初步的处理，获得合格的可用于查询的基础信息。例如，过滤掉一些没有价值或错误的信息，为某种控制需要筛选出一些有针对性的信息，按管理控制的层次、领域和用户等级等对信息进行汇总、分类和分组，对信息进行排序、格式规范、精度统一、正确性校验等整理工作。

其次，在信息预加工的基础上，再对信息进行初加工，获得可用于管理控制的各类状态信息。例如，对各类计划的执行状态进行分析和评价；对组织外部和内部环境信息进行分析和简单预测；对执行现场的工作状态进行评估；将状态信息与控制目标进行比较，以判断已发生或将发生的偏差，以及可能引起偏差的因素。

进一步地，对于初加工所无法提供的对控制更有价值的信息，就需要进行信息的深加工。例如，对于精度要求较高，或者随机波动较大，或者因果关系较复杂的环境预测问题，就需要运用相关的定量预测方法，建立预测数学模型，得出更为科学的预测结果；对组织的财务状况进行定量化经济分析，从各项财务指标的变化中，发现组织资金运行的隐患和问题；对质量控制信息进行数理统计分析，及时发现隐藏在数据背后的质量异常问题；对组织绩效进行定量化系统评价，从综合指标值和各单项指标值的变化，看出组织运行中的潜在问题；通过对控制方案进行仿真或优化，或者对非确定型控制问题进行决策分析等手段，支持或辅助管理者制定事前、事中和事后控制的各类决策方案。对于其中的非结构化或半结构化的控制问题，就需要调用知识库中的控制知识，并进行人工智能推理，提出应对措施。

(3) 信息输出

MCIS 的各项功能最终需要通过管理者的使用才能真正发挥作用，也就是需要进行合适和便捷的信息输出，包括信息的查询、报告生成和打印等功能。在信息查询方面，对不同的用户系统会设置不同的权限，根据用户的需要提供便捷的查询方式，在方便用户的同时保证系统的信息安全。除了信息的查询功能外，管理者经常需要获取一些比较完整的控制报告，如阶段性计划执行状态报告、市场预测与分析报告、控制方案报告等。不同的报告有不同的信息内容要求和输出形式要求，MCIS 能够满足各种要求。然后，这些查询到的信息和生成的报告需要以某种方式提供给用户，因此 MCIS 还要按照用户需要的形式和格式，提供方便的打印、显示、播放和保存功能。

信息的输出是为了使用，从管理控制信息系统使用的角度看，可分为一般使用和高级使用等不同的层次。MCIS 的一般使用包括组织运行状态报告的获得、控制信息的查询、控制指令的下达、管理控制相关文档的处理、控制问题电子会议的召开等。MCIS 的高级使用是指更进一步地发掘 MCIS 的各项功能,尤其是有效运用 MCIS 的信息深加工功能。例如,在线反馈控制、利用环境预测进行前馈控制、管理控制的优化决策、利用成本预算进行全组织成本监控、运用质量控制模型和评价体系进行全面质量管理等。为此,MCIS 的信息输出功能需要配合和满足不同的控制信息使用要求。

(4) 信息存储和传递

上述信息的输入、输出和加工等功能都需要 MCIS 的强大的信息存储和传递功能的支持。这两项功能是管理控制的基础性功能。

信息存储包括以下几类:通过数据库管理系统 DBMS 进行外源数据库、内源数据库和控制信息库的存储管理,分别存放和管理组织外部环境信息、组织内部信息、经过加工的控制信息等;通过模型库管理系统 MBMS 进行控制模型库的存储管理,存放和管理控制过程所需要的各种数学模型,如预测、决策和优化模型等;通过方法库管理系统 ABMS 进行控制方法库的存储管理,存放和管理各种数学模型的不同的求解算法等;对于智能化信息系统,还需要通过知识库管理系统 KBMS 进行控制知识库的存储管理,存放和管理相关的管理控制知识,如控制问题诊断、偏差特性识别、控制经验运用、偏差原因辨析等相关知识。控制信息的存储管理能够保证各类信息相互独立、冗余度较小,使之具有良好的一致性、整体性、系统性、层次性、共享性和结构化特性,从而简化和方便信息的收集、统计和使用,降低信息成本。

此外,MCIS 还应具有良好的控制信息传递功能。通过计算机网络将各类控制信息在管理控制主体和客体之间、管理者和管理者之间、执行者和执行者之间、数据和应用程序之间、组织和环境之间等进行快速、准确和清晰的传递。这些信息的传递包括环境和现场信息的传输、信息反馈、控制指令的下达、远程查询和监控等。

三、管理控制信息系统发展的历程与新趋势

1. 管理控制信息系统发展的历程

管理控制信息系统的发展阶段基本上和管理信息系统的发展同步,只是在管理控制的程度上有所差别。因此,可以通过管理信息系统的类型与发展过程,看出 MCIS 发展阶段和发展规律。表 8-2 总结了 MCIS 的发展阶段和可用于管理控制的典型系统。由表 8-2 可知,MCIS 的发展大致经历了单项数据处理、综合数据处理、系统数据处理和集成化数据处理等几个阶段。其总体发展脉络是从孤立的和单项的信息系统逐步向综合、系统和集成化方向发展,从信息的初步加工向深加工发展,从结构化管理控制向非结构化管理控制发展,从低层管理向高层管理发展,从简单数据处理向智能化问题处理发展,从单个管理领域向全组织管理,甚至向管理与制造一体化方向发展。关于每个发展阶段的详细介绍在此从略,读者可参阅有关文献[1]。

---

1. 此部分内容可参见张智光所著《管理金字塔——成功企业三维集成管理体系研究》(科学出版社,2009 年版)一书的第八章"基于管理现代化的三维集成管理支撑体系"。

表 8-2 MCIS 的发展阶段和相应的典型系统

发展阶段	时 期	可用于管理控制的典型系统	特 点	用户层次
单项数据处理阶段	20 世纪 50 年代—20 世纪 60 年代中	• EDPS(电子数据处理系统)	单项控制数据预处理	执行人员
综合数据处理阶段	20 世纪 50 年代中—20 世纪 60 年代初	• SRS(状态报告系统) • TPS(事务处理系统) • BIS(业务信息系统)	综合业务管理控制信息的处理	执行人员、基层管理人员
系统数据处理阶段	20 世纪 70 年代初至今	• MRP(物料需求计划) • MRPⅡ(制造资源计划: MRP+销售、财务、成本等) • 结构化 MIS(狭义 MIS)	结构化管理控制信息的处理	中低层管理人员
		• DSS(决策支持系统) • IDSS(智能化决策支持系统) • ES(专家系统) • EIS(经理信息系统)	不良结构管理控制问题的处理	中高层管理人员
		• OAS(办公自动化系统)	管理控制机构办公数据预处理与通信	各层次管理控制机构办公室人员
集成化数据处理阶段	20 世纪 80 年代初至今	• ERP(企业资源计划: MRPⅡ+市场、资金、物流、人力资源等)、ERM(企业资源管理) • IMIS(集成化 MIS: ERP 纵向和横向进一步集成 ERP+DSS、IDSS、ES、EIS、OAS 等)	集成化管理控制信息的处理	各层次管理人员
		• CIMS(计算机集成制造系统: CAD、CAM、CAPP、FMS、NC、MRPⅡ等) • CIMMS(计算机集成制造与管理系统: CIMS+IMIS)	集成化制造和管理控制信息的处理	各层次管理人员、工程技术人员、执行人员

2. 管理控制信息系统发展的新趋势

(1) 智能化和集成化趋势

表 8-2 中管理控制信息系统的最后两个发展阶段的部分内容目前还没有完成,仍然是今后的发展趋势,尤其是信息系统的智能化和集成化趋势。

在 MCIS 的智能化方面,目前还处于起步阶段,现实的智能管理控制功能离理论上的设想还相差很远。为此,首先要进行管理控制知识库的建设,需要收集和梳理相关的管理控制理论和成功的经验,把它们表达成知识,建立管理控制知识库,并构建相应的知识库管理系统。然后,要研究管理控制知识的推理机制和相应的推理软件,形成知识推理机,从而使得 MCIS 具有较强的人工智能功能,就可以在风险或偏差预测和识别、偏差原因分析、控制方案的优化等方面提供具有管理专家水准的判断和建议。

在 MCIS 的集成化方面,首先需要根据图 8-10 所示的集成控制原理和第一章介绍的三维管理金字塔理论,构建多层次、多领域、多路径和多回路的全组织集成化的管理控制系统。而目前的 ERP 系统只实现了部分集成化控制。其次,计算机集成制造与管理系统 CIMMS 也是一个重要的发展趋势。目前将制造控制信息系统和管理控制信息系统集成在一起还只是一种构想。CIMMS 实现后,管理控制不仅可以控制到执行器中的人员,而且可以直接控制执行器中的机器和自动化生产线，使"软控制"和"硬控制"相结合，这将极大地提高企业的管理控制效能。

(2) 新型网络化趋势

除智能化和集成化趋势外，大数据、云计算、物联网和移动互联网等新型网络化信息技术的运用，也必将推动未来 MCIS 的发展。

在大数据方面，大数据技术的运用可以使 MCIS 具有更加广泛的组织内部和外部信息来源，更加有利于组织的内部运行分析和外部环境预测，有利于各类管理控制。大数据(big data)是一种具有海量的数据规模、高速的数据增长、快速的数据流转、多样的数据类型和稀疏的价值密度等特征的数据集合(见第二章第三节)。一方面组织内部每天都会产生大量的数据，另一方面互联网也是大数据的一个重要来源，而这些大数据以往都是被忽略的。然而，大数据的捕获、存储、管理、分析和价值挖掘具有很大的难度，已经超出了传统数据库软件工具能力范围，需要新的技术，这就是大数据技术。大数据技术包括大规模并行处理(massively parallel processing，MPP)数据库、数据挖掘(data mining，DM)、分布式文件系统、分布式数据库、云计算平台、互联网和可扩展的存储系统等。如果将大数据技术用于 MCIS，则可以更好地获取组织内部的财务、成本、销售、物流、产品质量、人力资源、组织绩效等多方面的信息，也有利于获取组织外部的消费者需求和行为变化、经济发展趋势、价格波动、竞争对手影响、政策效应等诸多方面的信息，有利于组织采取相应的控制措施。

大数据与云计算是不可分割的。云计算是一种动态的易扩展的，且通常是通过互联网提供虚拟化资源的计算方式。一个组织每天都会创造大量的非结构化和半结构化数据，而组织外部的大数据量就更加可观，如果把这些海量的数据下载到组织内部 MCIS 的数据库中并进行分析，需要花费过多时间和资金，甚至是不可能的。因此，大数据的存储和分析需要与云计算联系在一起，需要依托云计算的分布式处理、分布式数据库和云存储、虚拟化技术等手段，从而能够使用云计算平台所提供的强大的硬件服务、软件服务、数据服务等资源。这样，组织的 MCIS 就不是一个封闭的系统，MCIS 自身就不需要拥有复杂而庞大的数据存储和信息处理能力，而可以通过网络进行各类资源的有效配置和使用，MCIS 将成为一个能够获得外部资源支持的具有大数据处理能力的局部开放系统。

在物联网方面，运用物联网技术可以进一步强化 MCIS 的物流控制、产品质量控制、生产安全控制、执行现场控制、生产进度控制等功能，可以实现对每件物料、在制品、产成品、车辆和人员等的流动过程进行实时控制。具体来说，通过二维码识读设备、射频识别(radio frequency identification，RFID)装置、红外感应器、全球定位系统和激光扫描器等信息传感设备，可以把任何物体的空间定位、运动轨迹和物理状态等信息通过互联网传递到 MCIS 中，从而实现对控制对象的智能化识别、定位、跟踪和监督，达到动态、实时和精准控制的目的。

另外，移动互联网技术也将使管理控制信息系统如虎添翼。一方面，移动互联网技术可以和上述物联网技术相结合，管理者可以通过手机等智能移动终端随时随地对受控物体进行远程监督和遥控。另一方面，管理者也可以通过智能移动终端随时随地接入 MCIS，查看各方面的控制信息，并发出控制指令。再者，执行者也可以利用移动互联网及时查看计划的执行情况，接收管理者的控制指令，迅速做出调整。

第六节 过程维(计划、组织、领导与控制)的集成管理

在第一章我们介绍过，计划过程属于决策的制定阶段，组织、领导和控制过程属于决策的实施阶段。这两个阶段的各管理过程相互作用、相互配合，才能更好地实现组织的管理目标。在本书第五章第一节"计划过程概述"中，我们已从决策的视角阐述了各管理过程的关联。在本章第二节"过程维视角的控制方式与原理"中，我们又通过各类管理控制系统结构图，描述了计划、组织、领导和控制4个管理过程职能之间的集成化系统结构。在这些论述的基础上，本节我们依次介绍两两管理过程之间的集成管理知识，作为第三篇(第五章至第八章)关于各管理过程的总结。

一、计划与实施管理的集成

计划是管理的第一步。但是仅仅有第一步是不够的，忽视了计划的实施管理，或者实施管理与计划脱节，都无法实现计划的目标。因此，必须将计划与实施管理进行有机的集成。

1. 计划与组织的集成

实施计划的第一步就是组织过程。组织是实现计划的体制和机制保障，通常称作"组织保障"。组织保障主要包含以下几个方面：有一个与计划相适应的合理的组织结构体制，包括组织机构(或部门)以及机构之间的关联；为实施计划，需要建立有效的运行机制，在各机构及其管理者之间进行合理的责、权、利分配；设计合理的运行流程，建立健全组织的规章制度；人力资源在组织结构中的合理配置，充分发挥各类人员的特长和作用，做到"人尽其才，才尽其用"；计划的各项子任务在组织机构及其管理者和执行者之间进行合理分配，明确各个机构与个人的任务和职责；其他资源(如财力资源和物力资源)在组织结构中的合理配置，使有限的资源能够发挥出更大的作用。

作为一个称职的管理者，不仅要有制定正确的决策方案和编制科学的实施计划的能力，还要具备相应的组织能力。一个新的计划，尤其是战略计划，往往需要有一个与之契合的组织结构相配套，才能有利于计划的实现。当然，不是每制定一个战略计划，就要重新设计一整套全新的组织结构。通常是在原有组织结构的基础上进行改进或优化，如机构的增减、职能的变更、制度的改进、人员的调整等。其中的一个重要内容是人员的安排和配置。一个管理者不一定是具体工作的专家或行家，他的管理才能体现在会用人、敢用人、用好人，让"能人"能够发挥应有的作用，这就是所谓的组织能力。例如，三国时期的刘备，论出谋划策不如诸葛亮，论冲锋陷阵不如关羽、张飞和赵子龙，但是论组织能力和用人水平则无人能及。这样的管理者才能带领组织成员很好地实现预定的计划。

2. 计划与领导的集成

计划的实施除了需要有一个良好的组织保障外，还需要有强有力的领导保障，为执行计划提供内在的动力来源。组织过程是一种比较僵硬和刚性的管理方式，因此还需要另一种灵活和柔性的管理方式，即领导过程，来弥补其不足。如果是管理纯粹的自然系统，如无人工厂或仓库的货物，只要把物质系统组织好、运行好就可以了，不需要领导过程。但是，现实中绝大多数计划都需要通过人力资源来完成，仅仅依靠组织过程是不行的。例如，对于人的心理、生理、需要、欲

望、情绪、情感、动机、压力、能力、自尊、人格特质和群体效应等各种因素所造成的对计划执行的种种影响，组织过程的作用是十分有限的。对此，我们需要通过有效的领导过程来调动组织成员的工作热情和积极性。例如，管理者通过描绘组织计划的美好愿景、解除对计划的疑虑、指明计划目标、实施激励措施等举措鼓舞员工，调动他们执行计划的积极性；通过提升管理者自身形象、以身作则、树立先进榜样、营造良好的内部环境等方式感染员工，激发他们执行计划的热情；通过工作指导和思想教育等途径塑造优良的人力资源队伍，提高他们完成计划的能力；通过有效沟通、协调人际关系、做好服务工作、关心员工疾苦等行为推动员工，增强他们完成计划的动力。这些非强制性的手段可以弥补僵硬的制度的缺陷，使得员工能够心甘情愿、自觉自愿地为实现组织的计划目标而努力奋斗。

3. 计划与控制的集成

制定了周密的计划，构建了良好的组织保障和领导保障体系，那么管理者是不是就可以高枕无忧了呢？其实不然。首先，计划可能有缺陷，组织结构体制及其运行机制可能不完善，领导过程也可能不到位或出现失误，这些管理问题都会导致计划实施过程出现偏差。其次，即使管理过程没有问题，组织内部和外部的环境也会发生变化，并对计划的执行产生干扰，结果导致计划的执行出现偏差或目标无法实现。例如，竞争环境发生了变化、其他公司推出了新产品、新技术的产生、组织员工受到来自内部和外部的干扰等，都会对计划的执行过程产生冲击或阻碍。对此，计划的实施还需要有一个保障，即控制保障。控制是实现计划目标的制导过程，因此计划是控制的基础、依据、目标和标准；而控制除了为计划的实现提供保障外，还反过来为计划的修正提供依据。在计划实施之前、之中和之后，以及在计划实施过程发生偏差之前、之中和之后，控制都会起到保驾护航的作用。此外，当事前、事中和事后控制均无法纠正偏差时，计划过程就会根据控制的信息，修正本次计划，或在下一个计划中予以纠正。

二、各实施管理过程的集成

在计划的实施过程中，组织、领导和控制等管理过程之间也存在密切的关联，需要相互协调，形成集成化的管理体系。任何单一的管理过程，或者相互脱节的管理行为都无法有效实现计划的目标和任务。

1. 组织与领导的集成

如果说组织过程是执行计划的"刚性"手段，或者说是"硬功夫"；那么领导过程就是执行计划的"柔性"手段，或者说是"软功夫"。两者相辅相成，缺一不可。但是，要协调好两者之间的关系，把握好两者关系的度，使它们成为集成化的管理手段，并不是一件很容易的事。

首先要在观念上有一个正确的认识。对于崇尚官僚组织理论(又称为科层组织理论，见第二章)的管理者来说，很容易过分夸大组织过程的作用，认为依靠严格的规章制度和完整的等级系统，就可以强制性地迫使组织的每一个成员通过追求整体理性去实现组织目标。由于官僚组织体系的专业化分工、人为设计、等级制度、权力集中、非人格化、遵从法理化规则等特征，使得各层级之间完全是委托与代理、命令与被命令、监督与被监督的关系。在理想化的官僚组织体系下，管理者似乎完全不需要运用人格魅力等非强制性影响力去激励和鼓舞员工。但是，在第六章中我们知道，管理者的权力包含职位权力和个人权力两个来源，前者是组织赋予的，后者是个人拥有的。而人格魅力是个人权力的一个重要来源，也是职位权力的一个重要补充和支撑。缺乏人格魅力的管理者很难掌握和运用好职位权力。也许是受官僚组织理论或独裁政治的误导，也许是对个人权力缺失的无奈，有些缺乏人格魅力的管理者甚至将塑造人格魅力与搞个人崇拜混为一谈。其实，两者在本质上是对立的[1]。搞个人崇拜的管理者恰恰是缺乏或失去人格魅力的独裁型官僚，他们希望用个人崇拜来弥补缺失的人格魅力，通过官僚组织体系下的强制性手段使组织成员服从于自己；而拥有人格魅力的管理者恰恰是无须搞个人崇拜的民主型领导者，他们通过良好的个人形象和领导行为等非强制性因素调动群众的积极性。

不可否认，官僚组织体系是管理的强有力的工具，它通过专注于技术性的、可预期的行为来实现组织的效率。但它的缺陷也十分明显，例如，过分强调简单和清晰的劳动分工，导致本位主义盛行，工作内容单调乏味；过分强调严格的等级服从制度，导致管理者高高在上、独断专行，组织缺乏民主氛围；过分强调人员甄选的技术资格标准，导致人选的综合素质较弱，难以胜任工作；过分强调制度的作用，导致规章制度膨胀、组织迷失根本目标、创造力和革新精神丧失、效率和效益低下；过分强调非人格性，导致人际关系紧张，反而给组织的决策和行动造成障碍；过分强调规范化的职业定向，导致组织成员的个性化和多样性发展受到制约，难以应对工作和社会需求。总之，过分夸大组织过程的作用，会使管理者忽视领导过程的功效，进而选择极端的官僚组织模式；反过来，过分强调领导过程，过分依赖管理者的人格魅力，将会忽视科学的组织结构的重要性，忽视必要的规则和制度，导致组织运行的无序和混乱。

此外，组织过程和领导过程还有其他多方面的关联。例如，一个组织的制度体系就包含了组织运行制度和领导过程制度等多个部分，而它们之间是相互关联和相互影响的，需要进行集成化设计。如果组织运行制度设计得不合理，就会挫伤员工的工作积极性，这就是一个领导的问题了；而领导的激励等过程的制度设计也不能违反组织运行制度的相关规定。

综上所述，组织过程应当和领导过程相互配合、相互补充、相互协调，这样才能形成一种高效的集成化管理模式和运行机制。

2. 控制与组织的集成

首先，控制系统的建立和运行需要通过组织过程来完成。组织过程不仅为计划的实施提供组织保障，同时也能为控制过程提供组织保障。以图 8-5 所示的控制系统为例，一个完整的事前—事后控制系统，需要设立以下主要的控制机构，并配备相应的人员：外部和内部环境调研机构，主要负责对市场调查信息、竞争对手的信息、宏观经济和行业发展信息、内部环境信息等进行采集、分析和预测，为前馈控制提供信息；计划执行结果和组织运行状态的检测机构，例如，质量检验机构、各部门的统计机构、成本核算机构、现场检测机构等，以便获得各类反馈信息和现场信息；控制方案的决策机构，对前馈、现场和反馈信息进行分析和评价，根据控制目标，发现预计偏差、识别现场偏差行为、找出执行结果偏差，分析偏差的性质和原因，分别制定前馈、现场和反馈控制的最佳控制方案。此外，还要设立管理控制信息系统 MCIS 机构，负责 MCIS 的开发、维护和管理等工作。

---

1. 参见张智光所著《管理学智慧：为官的定理》(南京大学出版社，2015 年版)一书中的 "9. 人格魅力与个人崇拜"。

其次，控制方案的实施需要组织过程的帮助。对于比较复杂的控制方案，直接下达给执行部门的效果较差，甚至无法完成，这时就需要通过组织和领导过程与控制方案采取控制措施。例如，如果控制方案需要调整组织的人、财、物和工作任务的分配，就需要相关部门(如人力资源管理部门、财务管理部门、物资供应部门、车间调度部门等)，通过组织过程来落实这一控制方案的实施。

再次，通过控制过程可能会发现组织过程的偏差，并建议优化组织结构和组织运行机制。例如，控制机构发现组织机构设置不合理，有些部门人浮于事，工作人员无所事事；有些部门权力太大，管理幅度太宽，整天穷于应付，工作效果很差；有些工作无人管理，出现了一些管理死角；有些工作分工不明确，出现了灰色地带；有些工作几个部门都在管理，出现了多头管理的情况，工作中矛盾很大……这时，就需要重新调整和优化组织结构，撤销一些部门，合并一些部门，分解一些部门，理顺部门之间的任务分配和工作关系。再如，控制机构发现某些管理部门或管理者的责、权、利不对等。有些部门权力太大，而责任很小，管理者到处乱指挥、瞎指挥，而不需要承担什么责任；有些决策问题，有权决策的人不需要对决策的执行后果负责，而对该决策执行后果负责的人却没有相应的决策权；有些管理者责任重大，但没有赋予应有的人权、财权和物资配给权，导致管理者难以实现管理目标，也极大地打击了他们的积极性；有些管理者缺乏应有的利益驱动机制，干好干坏一个样……解决这些问题的控制方案直接下达给受控当事人或部门是没有效果的，需要运用组织过程，从组织设计和运行机制上解决问题。

3. 控制与领导的集成

首先，控制部门和人员，一方面要对受控对象进行控制，另一方面他们自己也需要领导过程的激励。例如，有一个企业的领导者出台了一项针对产品质量控制部门的奖惩政策，质量检验员的奖金与产品检验的合格率挂钩，合格率高奖励就高，不合格率高就要扣除奖金。这一政策极大地打击了质量控制人员的工作积极性，导致有些检验员对不合格产品"睁一只眼，闭一只眼"，装作没有发现，以提高产品的检验合格率。结果，使得该企业的产品质量大幅度下降。可见，领导过程对控制过程具有重要的影响，应当充分调动控制部门和人员的工作积极性。

其次，控制方案的实施需要领导过程的帮助。对于比较复杂的控制方案的实施，需要管理者运用其影响力，通过领导技能的发挥，使得方案得以顺利实施。例如，某机械制造企业在产品质量控制时，为了解决某个加工质量问题，经工程技术人员和质量控制人员研究决定，在某个关键部件的加工过程中增加一道精细打磨工序。但车间管理者和作业班组对此意见很大，认为这样将增加很大的工作量，并影响生产进度的完成。为此，质检部和技术部的管理者与车间管理者和技术人员进行充分沟通、协调，讲明其中的道理，取得了他们的支持。然后，两个职能部门与车间管理者和技术人员组成联合领导小组一同下班组进行动员，说明增加这道工序的作用和意义，为工人们做技术辅导，并在工作条件和待遇上提供必要的服务和保障。于是，作业班组负责人和工人们在认识上得到很大提高，表示一定要按照新的技术要求认真完成工作。并且在工作中积极主动地动脑筋、想办法，提高加工效率和质量，最终保质保量地完成生产计划。这个案例说明了领导职能在控制过程中具有重要的作用。

再次，通过控制过程可以发现领导过程的不足，有利于改进管理者的领导方式，提高其领导水平。例如，某公司为进行人力资源控制，开展了员工抱怨的调查与分析。根据对问卷调查结果进行统计分析，发现员工工作积极性不高的原因是公司许多奖励和惩罚制度的出台都缺乏民主决策程序，管理者坐在办公室里想当然地制定的政策并不符合实际情况。导致干得好的员工并不能得到应有的奖励，而那些工作不太努力，但却对奖惩规定研究得很透彻的人反而能得到实惠。根据这一反馈信息，公司领导决定转变领导风格，改变官僚作风，大力提倡民主决策。通过反复征求意见，全面修订了奖惩制度。新制度实施后，员工对自己参与制定的制度十分支持，极大地提高了工作热情和积极性，使得公司的业绩有了明显的增长。可见，控制过程对改进领导过程具有积极的作用。

三、全管理过程的集成

以上从计划与实施管理之间以及实施中各管理过程之间两个角度，探讨了计划、组织、领导和控制四项过程之间的两两集成管理问题。在此基础上，我们可以进一步地探讨这四项管理过程的整体集成管理问题。

从计划过程的角度看，一个完整的计划包含了对组织、领导和控制过程的计划，它需要提出组织保障、领导保障和控制保障等方面的要求和方法。在第一章和第五章我们指出，计划书包含Why、What、When、Where、Who 和 How 6 个方面，其中，How 涉及实施计划的各类保障措施。此外，计划的其他几个方面对实施中的组织、领导和控制管理过程提出了目标和要求，是实施管理过程的指南，需要它们协同完成计划目标。

从组织过程的角度看，不管是组织结构体制，还是运行机制，都与其他几个管理过程有关，需要集成管理。在结构体制上，第六章所提到的管理过程部门化的部门设计方法，就与各管理过程有关。虽然任何层次和部门的管理者都需要同时从事四项管理过程，但有时还需要成立一些专门的部门，如发展计划处、机构改革办公室、综合协调办公室、信访办公室、风险控制中心等，分别着重从事计划、组织、领导和控制职能。在运行机制上，组织过程制定的组织总体运行制度必然会涉及计划、组织、领导和控制各个过程的运行规则，而计划、领导和控制过程制定的一些专门化的具体制度，又必须要服从组织总体运行制度。总之，整个组织，包括各个部门的各种制度，应该在组织总体运行制度的框架下，形成一个完整的制度体系，不能各自为政。

从领导过程的角度看，四项管理职能也是一个集成化的过程。首先，领导过程不仅要调动执行层的积极性，还要调动管理层的积极性，以及各级各部门管理者从事计划、组织、领导和控制过程的积极性。其次，管理者在从事计划、组织和控制的过程中，也需要考虑如何激励和调动员工积极性的问题。例如，计划目标制定得太高或太低都不利于调动积极性；组织过程在进行工作和部门的划分和设计时，要考虑工作的广泛性、复杂性、完整性和可测性(见第六章的工作内容设计)，以及工作技能的多样性、任务的同一性、任务的重要性、决策的自主性和绩效的反馈性(见第七章的工作特征模型)；控制过程的控制内容和目标的设定，也不能违反激励的原则，如把仪器设备的使用时间、材料的耗用量、员工的休息时间和下级的自主权等控制得太紧，就不利于调动积极性。再次，领导过程做好了，计划、组织和控制过程也可以成为或部分地成为非强制性的管理过程。这样，管理者就可以很轻松地实现管理目标，提高组织绩效，员工的满意度也会得到更大的提高。

从控制过程的角度看，从图 8-5 等所示的管理控制系统结构可以清晰地看到，控制过程是一个能够和必须把各个管理过程集成在一起的管理职能(其原理此处不再赘述)。但是在现实管理中，为控制而控制的现象还是很普遍的。因此，管理者需要明确，控制是为实现计划目标而控制的，同时要与组织和领导过程相互配合。

综上所述，计划、组织、领导和控制四项管理过程是一个具有有机联系的整体，需要进行集成化管理。同时，管理的过程维和层次维及领域维也构成一个三维管理金字塔状的有机整体，需要相互关联、相互协调和集成运行(见第一章"各维度之间的集成管理"部分)。这样，整个组织才有可能有条不紊地、可持续地不断向前发展，才有可能实现组织的战略性愿景。

习　题

一、单项选择题 (每题只有一个正确答案，将其前面的字母填入相应的空格中)

1. 质量检验科科长在生产现场发现一个工人没有按照作业规范进行操作，这样将影响产品质量，于是他立即上前去纠正。这种质量控制方式属于_____。

    A. 现场控制　　　B. 反馈控制　　　C. 前馈控制　　　　D. 无馈控制

2. 在计划执行过程中，对环境进行观察和预测，然后根据计划预计可能的偏差，并在偏差出现之前采取预防措施，从而获得满意的输出结果的控制方式称为_____。

    A. 事后控制　　　B. 事前控制　　　C. 事盲控制　　　　D. 事中控制

3. 产品质量控制的内容不包含_____质量控制。

    A. 产品广告　　　B. 产品设计　　　C. 工序　　　　　D. 原材料

4. 物流控制是组织的领域管理控制的一项十分重要的内容，物流费用的降低已被人们看作是"_____利润源泉"。

    A. 第一　　　　　B. 第二　　　　　C. 第三　　　　　D. 第四

5. 反馈控制在各管理层次都很重要，而在_____管理中使用得更为频繁。

    A. 事后　　　　　B. 高层　　　　　C. 低层　　　　　D. 中层

6. MCIS 的信息加工内容很丰富，大致可以分为_____3 个层次。

    A. 一次、二次和三次信息加工　　　B. 预加工、初加工和深加工

    C. 定性、定量和综合信息加工　　　D. 粗加工、细加工和精加工

二、是非判断题 (判断下列句子的正确性，用 T 表示正确，F 表示错误，填写在括号里)

1. 进行反馈控制的目的就是不允许出现执行结果的偏差，使计划的执行结果与计划目标始终保持一致。　　　　　　　　　　　　　　　　　　　　　　　　　　　　　　　(　　)

2. 不同管理层次的任务分工是：高层管理者制定决策和相应的计划，中层管理者通过组织和领导过程对计划的执行进行管理，基层管理者对计划的执行过程进行控制。　　(　　)

3. 管理控制信息系统(MCIS)是一个为组织的管理控制服务的计算机信息系统。　(　　)

4. 事前—事后控制是指同时采用事前、事中和事后控制。　　　　　　　　　(　　)

三、概念解释题

1. 什么是管理控制、控制目标和控制措施？

2. 根据产品质量的形成过程解释产品质量控制的概念。

3. 试解释管理控制信息系统的概念。

四、理论辨析题

1. 事前—事后控制构成了确保最终实现控制目标的哪几道防线？

2. 定量订货控制法和定期订货控制法的主要区别是什么？分别适合什么样的库存控制问题？

五、案例分析题

背景材料

某企业管理者从销售部门的反馈信息得知，从去年上半年以来，作为企业主要利润来源的产品 A-1 的销售额持续下滑，与控制目标的偏差越来越大。通过市场调研，并运用因果分析图法进行分析，企业管理者发现产品 A-1 销售额下滑的根本原因是产品设计落后，其功能、技术和款式在市场上都趋于淘汰。于是，企业决定开发新一代产品 A-2，以从根本上解决该产品的销售问题。经过一年的研制，新产品终于问世。但这一年来，企业原来的主打产品 A-1 的销量继续下跌，已无法盈利，其他产品的利润本来就很有限，而新产品还在研制之中。因此，企业的经营状况十分困难，几乎达到破产的边缘。而刚刚上市的产品 A-2 尚未被消费者认可，至少还需要一年的时间才能打开局面，而且其广告和促销的投入将非常有限。因此，企业管理者和员工们对企业的前途都十分悲观。

问　题

1. 该企业所采用的是哪一种控制方式？

2. 这种控制方法为什么会导致如此严重的后果？

3. 对于这类管理问题采用哪种控制方式更加合适？为什么？

全书模拟试卷

一、单项选择题 (每小题只有一个正确答案，将其前面的字母填入相应的空格中；每小题 1 分，共 20 分)

1. 三维管理金字塔体系是由管理的领域维、层次维和_____构成的。

    A. 决策维　　　　B. 过程维　　　　C. 领导维　　　　D. 实体维

2. 管理的外部环境可分为外部一般环境和外部_____。

    A. 特定环境　　　B. 狭义环境　　　C. 微观环境　　　D. 专业环境

3. _____学派主张通过分析企业管理的实际经验(通常是一些经典案例)，而不是从一般原理出发来研究管理问题。

    A. 权变管理　　　B. 管理过程　　　C. 经验管理　　　D. 决策理论

4. 在行为科学的研究中管理学家们进行了无数的科学实验，其中最著名的是_____。梅奥等人在此实验基础上创立了早期的行为科学——人际关系学说。

    A. 照明实验　　　B. 绕线实验　　　C. 生铁搬运实验　　D. 霍桑实验

5. 企业的资金运动表现为资金的_____。

    A. 循环与周转　　B. 运用与分配　　C. 来源与使用　　D. 投资与回收

6. 市场营销观念的演进经历了多个阶段，但不包括_____阶段。

    A. 产品观念　　　B. 推销观念　　　C. 绿色营销观念　　D. 质量观念

7. 企业物流过程由多个环节组成，但不包括_____物流环节。

    A. 供应与销售　　B. 人员交通　　　C. 回收或逆向　　D. 组织内部

8. 从易变特性来看，战略管理、战术管理和作业管理分别具有_____。

    A. 稳定性、灵活性和频繁性　　　　　B. 稳定性、频繁性和灵活性

    C. 频繁性、稳定性和灵活性　　　　　D. 灵活性、频繁性和稳定性

9. 作为一个战略管理者，为了让战略具有相对的稳定性，应当具有_____。

    A. 权变意识　　　B. 超前意识　　　C. 博弈意识　　　D. 风险意识

10. 在方案筛选的方法中，决策树法是一种适用于_____决策问题的常用方法。

    A. 确定型　　　　B. 不定型　　　　C. 风险型　　　　D. 竞争型

11. 计划阶段的决策制定步骤是：问题的识别、决策系统与环境的分析、决策目标的确立、决策备选方案的设计、决策方案的筛选、决策_____。

    A. 系统分析　　　B. 实施计划的编制　C. 方案的筛选　　D. 方案的实施

12. 餐饮连锁企业肯德基的商标、店堂布置和员工服饰等，构成了该组织的_____。

    A. 物质文化　　　B. 制度文化　　　C. 精神文化　　　D. 行为文化

13. 当主管的管理能力较强，下属的工作能力也较强时，_____。

    A. 管理幅度应该大些   B. 管理幅度应该小些

    C. 管理层次应该多些   D. 应采用高耸型组织结构

14. _____组织结构是 U 型和 M 型组织结构相结合而形成的二维组织结构。

    A. 直线型   B. 事业部型   C. 矩阵型   D. 职能型

15. 以下说法是错误的："H 型组织结构_____"。

    A. 是由多个组织构成的组织集团   B. 是由单个组织构成的组织结构

    C. 中各分公司具有独立法人资格   D. 又称作集团控股型组织结构

16. 高成就需要的个体通常_____。

    A. 渴望寻求更高职位和更多权力   B. 在大型组织中担任经理

    C. 喜欢有成功可能的挑战性目标   D. 渴望被他人喜欢和接纳

17. _____沟通渠道是指不受组织结构、部门划分、权力体系和组织规程等限制的进行工作内容之外的信息传递的路径。

    A. 外部   B. 葡萄藤状   C. 非正式   D. 小道消息

18. 路径－目标理论将_____情境作为领导情境变量。

    A. 工作和下属   B. 工作   C. 下属   D. 任务结构化

19. 反馈控制的过程不包括_____。

    A. 检测执行结果   B. 发现偏差   C. 环境预测   D. 采取控制措施

20. 产品质量控制的方法包括因果分析图法、抽样检验法和_____等。

    A. 鱼刺图法   B. 石川图法   C. 定量订货控制法   D. 控制图法

二、**是非判断题** (判断下列句子的正确性，用 T 表示正确，F 表示错误，填写在括号里；每小题 1.5 分，共 15 分)

1. 管理者向外界发布有关组织的计划、政策、行动和结果等信息时，所扮演的角色是发言人角色。   (   )

2. 在官僚组织理论中，马克斯·韦伯认为法理权力是官僚组织的权力基础。   (   )

3. 绿色管理的人性假设是"生态人"，即能与自然环境相协调、合理利用资源的自然人和法人。   (   )

4. 准时制是一种追求零库存或库存量最小的生产管理方式。   (   )

5. 制定战略规划是战略行动之前的运筹帷幄和部署任务的过程。   (   )

6. 头脑风暴法鼓励与会者自由畅想、大胆地提出自己的方案，并要求考虑其他人的观点，对他人错误的观点应当及时给予纠正。   (   )

7. 人们把那些为达到自己目的，不关心常规道德，不惜在人际关系中使用欺诈和机会主义手段，操纵和摆布别人的人称为马基雅维利主义者。   (   )

8. 信息的明晰性是指一种沟通媒介对于沟通中所传递的信息是否具有长期保留和事后再现的功能。   (   )

9. 菲德勒权变模型中的情境变量包含下属的意愿与能力两个变量。   (   )

10. 工序质量控制以反馈控制为主，而产品件质量控制以现场控制为主。   (   )

三、概念解释题 (每小题 3 分，共 15 分)

1. 请从三维管理体系的角度，解释管理的含义。

2. 什么是作业管理？以企业为例，列举出一些具体的作业单元及其作业活动。

3. 什么是情景计划？

4. 什么是同质群体和异质群体？两者各有什么特点？

5. 什么叫战略控制？

四、理论辨析题 (每小题 5 分，共 20 分)

1. 请简要阐述运用 ERP 系统实现领域维集成管理的原理。

2. 有人说，"细节决定成败"。这是不是说，宏观的战略决策不如微观的作业管理重要？请用管理层次的理论，解释这句话的含义。

3. 请用木桶盛水的道理简要说明编制计划的 4 个基本原理(限定因素原理、许诺原理、灵活性原理和改变航道原理)之间的关系和差异。

4. 在公司治理机制中，经理层和治理层的职责分别是什么？在治理层中，股东大会、董事会、监事会的职责分别是什么？

五、案例分析题 (20 分)

背景材料

SAS 软件研究所是世界上最大的私有软件公司之一，年销售额约为 11 亿美元，总部位于美国北卡罗来纳州。它拥有来自世界各地的 8000 名员工，被认为是全美国最适于就职的公司之一。SAS 公司员工的工作积极性很高，每周 35 小时的工作时间，表现十分出色。这与该公司管理者的领导行为有很大关系。为了保持员工具有较高的工作积极性，管理者努力满足工作场所中有利于员工做好本职工作的各种需要，这些需要主要包括以下两个方面。

一方面，SAS 公司通过公平的薪酬支付和给予安定的工作，满足员工对经济安全感的需要。同时公司员工都有自己的办公室和令人惬意的工作环境。公司认识到许多员工要兼顾工作和生活的需要，所以他们推行了每周 35 小时工作制，对员工的子女提供日托方便，采取医疗保健措施，实行不受限制的病假制。此外，公司还鼓励员工及其家属利用公司总部周围 200 英亩的地方作为举家散步和野餐的场地。

另一方面，SAS 公司一直优先考虑满足对员工工作具有内在激励作用的需要，力求各位员工都能从其所担任的工作中受到激励。为此，该公司在工作的技能性、完整性、重要性、自主权和反馈性等方面对工作内容进行合理的设计，并鼓励员工变换工作，以提高员工的工作兴趣，防止他们对其工作感到厌倦。此外，SAS 公司所有的新产品开发工作都在组织内部进行，这样员工就有机会体验到开发新产品过程，以及看到新产品获得成功的成就感。

问 题

1. 根据双因素激励理论，分析 SAS 公司所采用的是哪两类激励措施，并说明这两类措施的作用。

2. 根据工作特征模型，说明 SAS 公司的激励措施能够有效调动员工内在积极性的原因。

参 考 文 献

[1] Bass B M, Avolio B J. The implications of transactional and transformational leadership for individual, team and organizational development [A]. In: Woodman R W, Passmore W A (Eds.), Research in organizational change and development [C]. Greenwich, Connecticut: JAI Press, 1990.

[2] Bass B M. Lesdership and performance beyond expectations [M]. New York: Free Press, 1985.

[3] Bigliardi B, Dormio A I, Galati F. Successful co-opetition strategy: evidence from an Italian consortium [J]. International Journal of Business, Management and Social Sciences, 2011, 2(4): 1-8.

[4] Burns J M. Lesdership [M]. New York: Harper & Row, 1978.

[5] Daft R L, Marcic D. Understanding Management (4th Edition) [M]. London: Thomson Learning, 2004.

[6] David F R. 战略管理：概念与案例[M]. 13 版. 北京：中国人民大学出版社，2012.

[7] Drucker P F. Management: Tasks, Responsibilities, Practices [M]. New York: Harper & Row, 1973.

[8] Fayol H. General and Industrial Management [M]. London: Pitman, 1949 (Originally published, 1925).

[9] George J M. Understanding and Managing organizational behavior [M]. 北京：北京大学出版社，2006.

[10] Griffin R W. Management (9th Edition) [M]. Boston: Houghton Mifflin Company, 2008.

[11] Hollander E F J. Leadership Dynamics [M]. New York: Free Press, 1978.

[12] Iacocca L, Novak W. 艾柯卡自传[M]. 北京：中信出版社，2007.

[13] Jones G R, George J M. Contemporary Management (3rd Edition) [M]. New York: McGraw- Hill, 2003.

[14] Kinicki A, Williams B K. Management: A Practical Introduction [M], New York: McGraw- Hill, 2003.

[15] Koontz H, O'Donnell C. Principles of Management: An Analysis of Managerial Functions [M]. New York: McGraw-Hill, 1955.

[16] Koontz H, Weihrich H. Essentials of Management: An International Perspective (7th Edition) [M]. New York: McGraw Hill International, 2007.

[17] Koontz H, Weihrich H. 管理学[M]. 9 版. 北京：经济科学出版社，1993.

[18] Kotler P, Keller K L. 营销管理[M]. 15 版. 上海：格致出版社，2016.

[19] McGregor D. The Human Side of Enterprise [M], New York: McGraw-Hill, 1960.

[20] Miller L M. American Spirit: Visions of a New Corporate Culture [M]. New York: Warner Books, 1985.

[21] Mintzberg H. Managerial work: Analysis from observation [J]. Management Science, 1971, 18 (2): 79-110.

[22] Mintzberg H. The Nature of Managerial Work [M]. New York: Harper & Row, 1973.

[23] Morse J J, Lorsch J W. Beyond theory Y [J]. Harvard Business Review, 1970(May-June): 61-68.

[24] Popper M, Mayseless O, Castelnovo O. Transformational leadership and attachment [J]. Leadership Quarterly, 2000, 11(2): 267-289.

[25] Porter M E. The Competitive Advantage of Nations [M]. New York: Macmillan Press，1990.

[26] Robbins S P, Coulter M A. Management (13th Edition) [M]. Harlow: Pearson Education Limited, 2015.

[27] Robbins S P，Judge T A. 组织行为学[M]. 16 版. 北京：中国人民大学出版社，2016.

[28] Robbins S P. Management: Concepts and Applications [M]. New Jersey: Prentice-Hall, 1988.

[29] Shelton K. A New Paradigm of Leadership [M]. Provo, Utah: Executive Excellence Pub, 1997.

[30] Simon H A. The New Science of Management Decision [M]. New York: Harper & Row, 1960.

[31] Simons R. Control in an Age of Empowerment [J]. Harvard Business Review, 1995, (March-April): 81-88.

[32] Taylor F W. Principles of Scientific Management [M]. New York and London: Harper & brothers, 1911.

[33] Thompson A A, Strickland A J. Strategic Management: Concepts and Cases (13th Edition) [M]. New York: McGraw-Hill Higher Education, 2003.

[34] Trout J, Rivkin S. 重新定位[M]. 北京：机械工业出版社，2011.

[35] 曹桂银，郑晓奋，等. 现代物流管理[M]. 北京：中国科学技术大学出版社，2013.

[36] 陈传明，周小虎. 管理学原理[M]. 2 版. 北京：机械工业出版社，2012.

[37] 陈荣秋，马士华. 生产与运作管理[M]. 4 版. 北京：高等教育出版社，2016.

[38] 程熙镕，李朋波，梁晗. 共享经济与新兴人力资源管理模式——以 Airbnb 为例 [J]. 中国人力资源开发，2016(6)：20-25.

[39] 付亚和. 绩效管理[M]. 3 版. 上海：复旦大学出版社，2014.

[40] 黄志斌，朱孝忠，李祖永. 绿色管理内涵拓展及其目标设计[J]. 软科学，2004，18(5)：71-74.

[41] 罗锐韧. 哈佛管理全集[M]. 北京：企业管理出版社，1997.

[42] 马林，罗国英，等. 全面质量管理基本知识[M]. 北京：中国经济出版社，2004.

[43] 彭剑锋. 人力资源管理概论[M]. 2 版. 上海：复旦大学出版社，2017.

[44] 齐建军,陈曦. 大数据背景下企业决策管理的现实困境与应对策略[J]. 中国管理信息化,2016,19(4)：71-72.

[45] 乔玉洋，邱强，等. 财务管理学[M]. 南京：东南大学出版社，2017.

[46] 石真语. 管理就是走流程：没有规范流程，管理一切为零 [M]. 北京：人民邮电出版社，2014.

[47] 杨文士，张雁. 管理学原理，[M]. 北京：中国人民大学出版社，1994.

[48] 尤建新，周文泳，武小军，等，质量管理学[M]. 3 版. 北京：科学出版社，2014.

[49] 张浩，王婷睿，等. 采购管理与库存控制 [M]. 北京：北京大学出版社，2010.

[50] 张浩，王婷睿，等. 电子商务物流实务 [M]. 北京：机械工业出版社，2014.

[51] 张建华，欧阳款，等. 财务管理[M]. 重庆：重庆大学出版社，2009.

[52] 张明玉. 管理学[M]. 北京：科学出版社，2005.

[53] 张智光，蔡志坚，等. 管理学原理[M]. 南京：东南大学出版社，2002.

[54] 张智光，谢煜，杨明辉. 林业经济预测方法、模型与计算机支持系统[M]. 北京：中国林业出版社，2003.

[55] 张智光，等. 决策科学与艺术[M]. 北京：科学出版社，2006.

[56] 张智光. 战略、战术、作业管理：多层次一体化运行[J]. 经济管理，2006，(21)：35-38.

[57] 张智光. 决策的科学性与艺术性：基于决策科学体系的分析[J]. 东南大学学报：哲学社会科学版，2006，8(3)：19-23.

[58] 张智光. 面向集成化 MIS 的三维管理体系结构及其集成计划与控制[J]. 东南大学学报：自然科学版，2007，37(3)：531-536.

[59] 张智光. 决策者 SRS 综合素质的矛盾-调和模型及其优化思路[J]. 科学学与科学技术管理，2008，29(12)：9-13，28.

[60] 张智光. 管理金字塔——成功企业三维集成管理体系研究[M]. 北京：科学出版社，2009.

[61] 张智光，蔡志坚，等. 管理学原理：领域、层次与过程[M]. 2 版. 北京：清华大学出版社，2010.

[62] 张智光. 达庆利. 过程—路径—层次三维集成管理控制模式[J]. 东南大学学报：自然科学版，2010，40(3)：652-659.

[63] 张智光. 基于解构−建构方法的情景强化理论的多维结构模型研究[J]. 东南大学学报：哲学社会科学版，2013，15(6)：45-51.

[64] 张智光. 管理学智慧：为官的定理[M]. 南京：南京大学出版社，2015.

[65] 张智光. 管理学智慧：为人的定理 [M]. 南京：南京大学出版社，2015.

[66] 张智光. 面向生态文明的超循环经济：理论、模型与实例 [J]. 生态学报，2017a，37(13)：4549-4561.

[67] 张智光. 风险偏好与 Miles-Snow 战略的双向拓展：全耦合战略理论−手段体系[J]. 东南大学学报：哲学社会科学版，2017，19(1)：54-64.

[68] 中国注册会计师协会. 2017 年度注册会计师全国统一考试辅导教材：财务成本管理[M].北京：中国财政经济出版社，2017.

[69] 周三多，陈传明，等. 管理学原理[M]. 南京：南京大学出版社，2006.

[70] 周三多，陈传明，鲁明泓. 管理学——原理与方法[M]. 4 版. 上海：复旦大学出版社，2008.

[71] 朱长春. 公司治理标准[M]. 北京：清华大学出版社，2014.